图表细说

汽车传感器应用、检测与维修

孙余凯　孟 泉　项绮明　等编著

化学工业出版社

·北京·

本书系统、全面地介绍了汽车常用传感器及新型传感器的作用、结构、工作原理、检测与维修方法，内容包括温度传感器、流量传感器、位置传感器、汽车方位探测与角位传感器、压力传感器、速度传感器、气体浓度传感器、碰撞与爆震传感器等。本书采用图表的方式，提供了大量的具体车型检测与维修示例、数据，供查阅和对比参考。本书内容新颖、分类明确、图文并茂、浅显易懂，具有较强的实用性和可操作性。

本书既可作为中等职业相关专业学校的汽车维修技术学科的参考书，也可供广大汽车维修人员查阅使用。

图书在版编目（CIP）数据

图表细说汽车传感器应用、检测与维修/孙余凯等编著．—北京：化学工业出版社，2018.10（2023.1 重印）

ISBN 978-7-122-32839-7

Ⅰ.①图…　Ⅱ.①孙…　Ⅲ.①汽车-传感器-图解　Ⅳ.①U463.6-64

中国版本图书馆 CIP 数据核字（2018）第 187368 号

责任编辑：陈景薇　　文字编辑：冯国庆

责任校对：边　涛　　装帧设计：王晓宇

出版发行：化学工业出版社（北京市东城区青年湖南街 13 号　邮政编码 100011）

印　　装：三河市延风印装有限公司

787mm×1092mm　1/16　印张 22¾　字数 550 千字　　2023 年 1 月北京第 1 版第 2 次印刷

购书咨询：010-64518888　　售后服务：010-64518899

网　　址：http://www.cip.com.cn

凡购买本书，如有缺损质量问题，本社销售中心负责调换。

定　　价：96.00 元

前言

Foreword

本书是根据广大汽车维修人员的实际需要而编写的。本书在编写过程中，本着从汽车维修人员日常诊断与维修汽车的实际工作需要出发，在内容上力求简明实用，对原理阐述简略，尽量以简洁的图表方式介绍每种传感器的作用、安装位置、结构、原理、拆装方法、故障检测、维修操作方法等。本书通俗易懂，主要针对一般汽车维修人员和职业技术院校汽车维修专业师生，重点介绍传感器诊断技术与维修操作技能，使读者学习后，可以迅速应用到实际工作中。

1. 内容简洁，涉及面广

本书主要介绍了汽车传感器的基本知识、诊断手段、故障诊断与维修方面的知识，采用图表方式，便于读者理解和迅速应用到日常工作中，内容基本涵盖了现在汽车上使用的大部分传感器。

2. 突出新技术、新方法

本书突出了汽车传感器的新技术和诊断与维修汽车传感器的新方法，也就是说，在检测方法上，尽量以通用的检测仪表、检测方式来说明问题，以使读者一目了然，并提供了大量的检测数据供读者在实际工作中对比参考。

3. 便于举一反三

本书在介绍汽车传感器检测与维修技能时，系统地归纳了维修工作中常用到的方法，并结合一些实际检测与维修案例，以帮助读者提升实际诊断与维修技能，便于读者举一反三，也便于读者自学。在无条件参加学习班学习的情况下，读者如能认真学习钻研本书，可从初学入门，再通过自己的检修实践逐步提高认识，就可以成为一名熟练的维修人员。

4. 内容分类明确、图文同表，便于查找

本书在内容上涉及了许多具体的、典型的品牌车型，传感器的类型分类明确，层次分明、内容丰富、重点突出、文字简练，并采用图表组合的方式，也就是将一个问题或与此有关的内容和示意图归纳在一起独立成表，便于阅读和查找，不仅可以作初学者的学习用书，也可作维修人员随时查阅的工具手册。

本书主要由孙余凯、孟泉、项绮明编著，参加本书编写的人员还有吴永平、孙余正、项宏宇、张朝纲、罗国风、韩明佳、刘忠梅、孙静、刘军中、陈芳、孙永章、潘童、夏立柱、叶亚东、吴鸣山、陈帆、丁秀梅、王国珍、刘伟、刘跃等。

本书在编写过程中，参考了有关汽车技术方面的期刊、书籍、报纸等资料，在这里谨向有关单位和作者一并致谢。同时对给予我们支持和帮助的有关专家及部门深表谢意！

由于汽车传感器新技术的不断更新，对其的检测与维修技术发展极为迅速，限于笔者水平，书中存在的不足之处，诚请专家和读者批评指正。

编著者

目录

Contents

第7章 其他位置传感器

第8章 汽车方位探测传感器和角位传感器

第9章 压力传感器

第13章 汽车其他类型传感器

326

参考文献

354

第1章　汽车传感器的应用

随着电子技术的快速发展，传感器在汽车发动机、底盘和车身等各种电控系统上应用越来越广泛。

1.1　汽车常用传感器的基本组成与类型

由于传感器与传感器技术的迅速发展，故而使汽车使用的敏感器件的种类越来越多，捕捉信息的范围也越来越宽。

(1) 传感器的基本定义与组成

汽车电控系统中使用的传感器用于将各种非电输入量转变为电信号，传感器就是依据这种原理制成的。传感器的基本定义与组成如表 1-1 中所列。

表 1-1　传感器的基本定义与组成

项目	具体说明	
定义	国家标准	在国标 GB 7655—1987《传感器通用术语》中，把传感器定义为“能够感觉规定的被测量，并按一定的规律将其转换成输出信号的器件或装置，通常由敏感元件（指传感器中能直接感受或响应的被测量部分）和转换元件（指传感器中能将敏感元件感受发热或响应的被测量转换成适合于传输的电信号的部分）组成”
	国际标准	国际电工委员会的定义为“传感器是测量系统中的一种前置部件，它将输入变量转换成可供测量的信号”
基本组成	传感器通常由敏感元件、转换元件、输出电路以及辅助电源 4 个部分组成，其构成可用右图所示的方框图来表示。各部分的具体情况如下所述	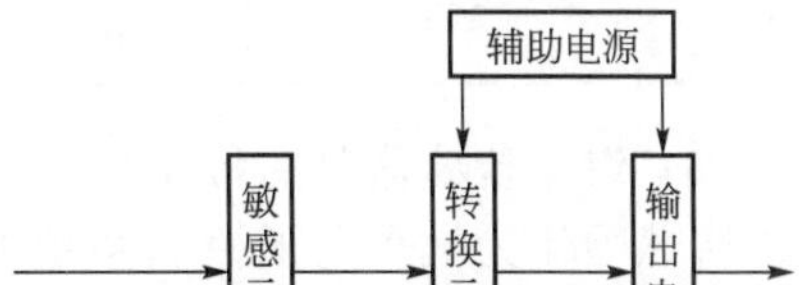
	敏感元件	组成传感器的敏感元件（也可能为敏感单元）是指直接感受被测量（通常为非电量），并输出与被测量成确定关系的其他量（通常为电量）的元件。例如冷却液温度传感器中的热敏电阻就是敏感元件，它的作用就是把发动机冷却液的温度转换成电阻值的变化
	转换元件	转换元件是指传感器中能把敏感元件感受（或响应）的被测量转换成适合于传输和测量的电信号部分
	输出电路	输出电路通常是指能够将传感元件的电参量转换为便于显示、记录、处理和控制的有用电信号的电路。该电路的类型与传感元件有关，常用电路多为驱动放大电路、阻抗变换器、振荡器、放大器电桥等
	辅助电源	辅助电源通常是把外部电路提供的电源作进一步的稳压或把该电源转换为适合的电压值提供给转换元件与输出电路

(2) 传感器的种类

汽车电控系统使用的传感器较多，根据分类方式的不同有多种形式，具体情况如表 1-2 中所列。

表 1-2 传感器的种类

<table>
<tr><th>项目</th><th colspan="2">具体说明</th></tr>
<tr><td rowspan="3">按是否需外加能量分类</td><td colspan="2">传感器按是否需要外加能量进行分类，主要分为主动型传感器与被动型传感器两大类，这两大类传感器的具体情况如下所述</td></tr>
<tr><td>主动型</td><td>主动型传感器的工作不需要外部提供电源，由其自身吸收其他能量(光能或热能)，经变换后再输出电能，它实际就是一个能量变换装置。例如，太阳能电池和热电偶输出的电能分别来源于传感器吸收的光能和热能。一般来说，采用热电效应、压电效应、光电效应、磁致伸缩效应等原理制成的传感器均属于主动型传感器</td></tr>
<tr><td>被动型</td><td>汽车上使用的传感器大多数属于被动型传感器，这种传感器需要外加输入电源(通常为+5V)才能输出电信号。例如温度传感器，它以所测温度的大小相应改变电阻值的方式向外输出电信号，但信号的输出需要外部提供电源。一般来说，凡是采用电阻、电容、电感，利用应变效应、热阻效应、磁阻效应制成的传感器均属于被动型传感器</td></tr>
<tr><td>按信号转换分类</td><td colspan="2">传感器按信号转换分类可分为由一种非电量转换成另一种非电量的传感器，如弹性敏感元件、气动传感器等；由非电量转换为电量的传感器，如热电偶温度传感器、压电式加速度传感器等</td></tr>
<tr><td>按使用功能分类</td><td colspan="2">传感器按其使用功能可以分为两大类，一类为使驾驶、维修人员了解汽车各部分状态的传感器，如温度传感器以及车速、发动机转速、液体压力传感器等，另一类是用于控制车辆运行状态的传感器，如节气门位置传感器、轮速传感器、减速度传感器、偏航率传感器等</td></tr>
<tr><td>按工作原理分类</td><td colspan="2">传感器按其工作原理进行分类，主要有电阻式、电容式、电感式、压电式、光电式、光敏式、热电式、应变式等</td></tr>
<tr><td>按制造工艺分类</td><td colspan="2">传感器按制造工艺进行分类，可以分为集成电路传感器、厚膜传感器、薄膜传感器、陶瓷传感器等类型</td></tr>
<tr><td>按输入量不同分类</td><td colspan="2">传感器按输入量不同(即按被测量情况分类)进行分类，可分为力、压力、力矩、位移、角位移、速度、加速度、角速度、气体成分、浓度、真空度、温度、电流等传感器</td></tr>
<tr><td rowspan="3">按输出信号形式分类</td><td colspan="2">传感器按其输出信号形式进行分类，主要可以分为输出模拟信号的传感器与输出数字信号的传感器(也包括开关型传感器)两大类。这两类传感器的具体情况如下所述</td></tr>
<tr><td>输出模拟信号的传感器</td><td>所谓模拟信号是指随时间延续而连续变化的电信号。在汽车电子控制单元系统中，大多数传感器属于输出模拟信号的传感器</td></tr>
<tr><td>输出数字信号的传感器</td><td>所谓数字信号是指随时间延续而不连续变化的电信号，该信号只有两种状态，即高电平和低电平，同时也包括一些开关信号。数字电压信号不需要经过 A/D(模拟/数字)转换，电子控制单元(ECU)就可以直接进行处理</td></tr>
</table>

(3) 汽车传感器总的特点

传感器作为汽车电子控制系统的信息源，是汽车电子控制系统实现闭环控制的重要部件。表 1-3 列出了汽车传感器检测特点、检测范围与检测要求。

表 1-3 汽车传感器检测特点、检测范围与检测要求

项目	具体说明
检测特点	汽车电子控制系统以电子控制单元为控制中心，利用安装在发动机、变速器、底盘、车身、舒适和安全等系统上的各种传感器，检测出汽车运行时各部件总成的运行参数，将其输入电子控制单元中，再按照控制单元中预存的控制程序精确地控制汽车上的各种执行器，满足汽车各种工况下都能正常行驶，使汽车各总成部件运行处于最佳状态
检测范围	汽车传感技术是随着汽车电子的发展而发展起来的一种技术。汽车传感器是汽车电子控制系统的输入装置，它把汽车运行过程中的各种工况信息(如动力总成运行参数、底盘部件运转参数、车身和舒适系统运行参数等)转化为电信号输送给电子控制单元，使汽车处于最佳运行状态。汽车传感器可对温度、压力、位置、转速、加速度、湿度、电磁、光电、气体、振动、图像等信息进行实时、有效而准确的测量和控制

续表

项目	具体说明
检测要求	由于汽车行驶环境中温度和气候条件差别较大，因此，要求传感器具有极强的适应能力。能够在－50～150℃（个别传感器可在1000℃以内）的环境中正常工作；同时，汽车传感器还要经受来自发动机内部、电器部件工作时的各种干扰，酸、碱、盐、油等物质的腐蚀，以及行驶过程中的路况引起的振动。因此，汽车对传感器的要求极为苛刻。汽车传感器必须具有稳定性好、精度高、响应快、可靠性好、抗干扰和抗震能力强、使用寿命长等特点

1.2 汽车电控系统常用传感器的性能要求

（1）基本要求

汽车电控系统对传感器的基本要求是反应灵敏、准确；工作可靠、稳定；能量转换效率要高；抗干扰能力要强。实际使用时，还要考虑到它的体积、重量、成本、耗电、拆装是否方便等因素。

（2）性能指标的要求

汽车用传感器的性能指标包括精度指标、响应性、可靠性、耐久性、适应性、结构紧凑性、输出电平与制造成本等，具体情况见表1-4中所列。

表1-4 汽车电控系统对传感器性能指标的要求

项目	具体说明
适应性方面	汽车工作的环境恶劣，温度通常在－40～80℃之间，而且要在各种复杂的道路条件下行驶，要经受各种变化载荷的冲击，其中，发动机承受的热负荷、热冲击、振动、油液与水汽等的腐蚀则更为严重。因此，汽车上使用的传感器适应性要强，要能够适应温度、湿度、冲击、振动、腐蚀及油液污染等恶劣的工作环境
再现性方面	由于微电脑在汽车上的应用，要求汽车上使用的传感器再现性一定要好。在再现性好的基础上，如果传感器线性特性不良，也便于通过系统对其进行修正
量产与通用性方面	伴随着汽车工业的发展，要求传感器应具有批量生产的可能性，并且还要具有通用性。也就是说，一种传感器最好可以用于多种控制，如将速度信号微分可得到加速度信号等
标准与精度方面	汽车上使用的传感器要符合有关行业标准的要求，要有较高的精度。表1-5中列出了部分汽车传感器的检测项目和精度要求
其他方面	汽车上使用的传感器要求小型化，便于安装使用，检测识别方便，还要有较高的工作稳定性及可靠性

表1-5 部分汽车传感器的检测项目和精度要求

检测项目	冷却液温度	进气歧管压力	空气流量	曲轴转角	节气门开度	排气中氧浓度
检测范围	－50～150℃	10～100kPa	6～600kg/h	10°～360°	0°～90°	$(0.4\sim1.4)\times10^{-6}$
精度要求/%	±2.5	±2	±2	±0.5	±1	±1
分辨能力	1℃	0.1%	0.1%	1°	0.2°	$1°\times10^{-6}$
响应时间	10s	2.5ms	2.5ms	20μs	10ms	10ms

1.3 汽车电控系统常用传感器的选用原则

汽车传感器的型号、品种繁多，即使是测量同一对象，可选用的传感器也较多。因此，在选择传感器时考虑要周到。

(1) 传感器的量程、分辨率、误差以及重复性的选用原则

表 1-6 中列出了选用汽车电控系统传感器的量程、分辨率、误差以及重复性时的基本原则。

表 1-6 选用传感器的量程、分辨率、误差以及重复性时的基本原则

项目	具体说明
量程	量程是传感器测量上限与下限的代数差。例如,检测车高用位移传感器,要求测量上限为 40mm,测量下限为 −40mm,则选择位移传感器的量程应为 80mm
分辨率	分辨率表示传感器可能检测出的被测信号的最小增量。例如,发动机的曲轴位置传感器,要求分辨率为 0.1°,也就是表示设计或选择数字传感器时,它的脉冲当量选择为 0.1°
误差	误差是指实际检测指示值与真实值之间的差值。有的采用绝对值来表示,如温度传感器的绝对误差为 ±0.2℃;有的则采用相对于满量程之比来表示,如空气流量传感器的相对误差为 ±1℃。传感器误差是系统总体误差所要求的,应当得到满足
重复性	重复性是指传感器在正常工作条件下,被检测的同一数值在一个方向上进行重复检测时,测量结果的一致性。例如,检测发动机在转速上升时期对某一个速度重复检测时,数值的一致性或误差值应满足规定要求值

(2) 传感器的灵敏度、线性度、可靠度、过载以及响应时间的选用原则

表 1-7 中列出了选用汽车电控系统传感器的灵敏度、线性度、可靠度、过载以及响应时间的基本原则。

表 1-7 选用传感器的灵敏度、线性度、可靠度、过载以及响应时间的基本原则

项目	具体说明
灵敏度	灵敏度是指传感器达到工作稳定时,输出量 y 的变化量 Δy 与引起此变化的输入量 x 的变化量 Δx 之比,即 $\kappa=\frac{\Delta y}{\Delta x}$ 显然希望 κ 越大越好,但当 κ 过大后,对干扰信号也会太敏感。因此,在满足要求的情况下,尽量选用灵敏度低的传感器,以增强抗干扰能力。一般希望检测极限大、范围宽,但往往又和灵敏度相矛盾,故两者应通盘考虑。例如,测量发动机冷却液温度的传感器,它的测量变化值为 170℃(−50～120℃),而它的输出电压值要求为 0～5V。所以选择其灵敏度为 5V/170℃
线性度	线性度是指该传感器的输入、输出关系曲线和其理论直线之间的偏差。这类偏差的选择要大小一定,重复性好,而且要有一定的规律,以便于微电脑在进行数据处理时可以采用硬件或软件进行补偿
可靠度	可靠度的含义是指在规定的条件(规定的时期,产品所处的环境条件、维护条件与使用条件等)下,传感器能够正常工作的可能性。例如,压力传感器符合上述条件时,工作 2000h,它的可靠性(概率)为 0.997(99.7%)。在选用时,要求传感器的工作时间长短及概率这两项指标均应符合要求,才能保证整个系统的可靠性指标
过载	过载是指传感器允许承受的最大输入量(被检测量)。在该输入量的作用下,传感器的各项指标均应保持在不超过其规定的公差范围,通常用允许超过测量上限(或下限)的被检测值与量程的百分比来表示,选择时只要实际工况超载量不大于传感器说明书上的规定值即可
响应时间	响应时间(或叫建立时间)是指阶跃信号激励后,传感器输出值达到稳定值的最小规定百分数(如 6%)时所需要的时间。例如,压力传感器的响应时间要求≤10ms,也就是要求该传感器在工作条件下,输入信号加入 10ms 以内输出值达到所要求的数值。该参数太小会直接对车辆工况变换的时间产生影响,如汽车启动时间的长短

(3) 无人驾驶汽车传感器的选用原则

无人驾驶汽车是一种智能化的移动交通工具,它能够代替人类驾驶员完成一系列驾驶行为,它涉及环境感知、导航定位及智能决策控制等众多学科。目前,世界上主流的无人驾驶汽车主要采用激光、雷达、摄像头等传感器,各种传感器的选用原则如表 1-8 中所列。

表 1-8 无人驾驶汽车传感器的选用原则

<table>
<tr><th>项目</th><th colspan="2">具体说明</th></tr>
<tr><td>基本要求</td><td colspan="2">在选择具体某个无人驾驶汽车传感器时，通常需要综合考虑其性能特点、价格、形状以及厂家供货周期等信息，在保证信息识别效果的同时提供性价比，并且最大化地使得无人车在外观上与原车型保持一致</td></tr>
<tr><td>应考虑天气因素</td><td colspan="2">在更复杂的情况下，还需要对天气现象进行了解和分析，通常需要关注的天气状况主要有雨、冰雪、风、雾、晴天等，对于白天黑夜，也需要考虑传感器在各种条件下的应用效果，以便于针对不同环境都有有效的传感器能够正常工作。因此，首先要进行调研能用来分辨这些情况的传感器及其应用情况，然后给出通过传感器匹配实现不同环境下的精确探测。表 1-9 中列出了各种环境下传感器的应用情况</td></tr>
<tr><td rowspan="6">不同天气情况下传感器的选用原则</td><td colspan="2">对于不同天气的感知和识别也需要通过相应的传感器技术来实现。具体选择要求和基本情况如下所述</td></tr>
<tr><td>晴天或雨天区分</td><td>通常情况下，晴天或雨天的区分可以用雨量传感器来进行探测，很多此类的传感器也集成了温度、光线强度、雨雪等环境的识别</td></tr>
<tr><td>风速的探测</td><td>风速大小对车辆的正常运行影响较大，可以通过风速传感器来感知风速的大小和方向，配合车辆运行状态，来区分车辆运动带来的风速还是外界环境带来的风速</td></tr>
<tr><td>浓雾的识别</td><td>浓雾会造成能见度降低，可通过摄像头、湿度和光线强度传感器等来进行识别</td></tr>
<tr><td>雪的探测</td><td>雪的探测在有些雨量传感器中已经集成有此项功能，也可以通过摄像头、温度传感器配合探测</td></tr>
<tr><td>白昼的区分</td><td>白天、黑夜的感知，可以采用光线强度传感器配合当地时间进行白天或黑夜的区分</td></tr>
<tr><td>实际应用参考</td><td colspan="2">传感器的安装与组合将直接决定着环境感知系统的能力和感知效果。在大多数无人驾驶车辆中，都使用了相似的传感器组合方式和传感器类型，但在一些具体细节上则有一定的差异。最基本的原则是使用组合式的传感器，提供一定的冗余量和覆盖率，以满足在复杂环境中安全导航的需求。一般认为传感器的检测范围以及检测速度比其所获得的信息量更为重要，而由于视频视觉系统信息巨大，所以多数无人驾驶汽车采用摄像头来识别交通标志、信号灯与停车线，以适用较为固定或者变化较慢的外界环境。激光雷达、超声波等传感器则用于测量一些变化较快的环境信息，如障碍物、车道线、路面等。有些研究单位，例如谷歌的无人驾驶汽车，除了通过摄像机、雷达传感器和激光测距仪来“看”外界环境之外，还充分利用谷歌街景地图的优势，使用详细的地图（通过手动驾驶车辆收集而来）来进行导航</td></tr>
</table>

表 1-9 各种环境下传感器的应用情况

传感器	晴天	雾天	雨天	风	冰雪	白天	黑夜
毫米波雷达	可用	可用	效果不好	可用	效果不好	可用	可用
激光雷达	可用	效果不好	效果不好	可用	效果不好	可用	可用
红外摄像机	可用	效果不好	效果不好	可用	可用	可用	可用
普通摄像机	可用	可用	效果不好	可用	可用	可用	效果不好

表 1-10 中列出了国内外无人驾驶汽车传感器的使用情况。

表 1-10 国内外无人驾驶汽车传感器的使用情况

<table>
<tr><th rowspan="2">公司或学校</th><th colspan="2">视觉传感器</th><th colspan="2">雷达传感器</th><th colspan="2">定位导航系统</th></tr>
<tr><th>种类</th><th>识别功能</th><th>种类</th><th>识别功能</th><th>种类</th><th>识别功能</th></tr>
<tr><td>谷歌</td><td>Camera</td><td>红绿灯、交通标志、停车线等</td><td>HDL-64E-Velodyne Lidar</td><td>障碍物检测，车道线及路面</td><td>GPS，INS</td><td rowspan="4">车辆定位位姿感知</td></tr>
<tr><td rowspan="2">弗吉尼亚理工大学（Odin）</td><td rowspan="2">Monocular Camera（*2）</td><td rowspan="2">道路检测，障碍物检测及分类</td><td>IBEO AlascaXT（*2）、IBEO Alasca A0</td><td>障碍物检测及分类</td><td>GPS</td></tr>
<tr><td>SICK LMS（*4）</td><td>道路、障碍物检测及分类</td><td>INS</td></tr>
<tr><td>斯坦福大学（Junior）</td><td>Camera</td><td>红绿灯、交通标志、停车线等</td><td>HDL-64E-Velodyne Lidar</td><td>障碍物检测，车道线及路面</td><td>GPS</td></tr>
</table>

续表

公司或学校	视觉传感器		雷达传感器		定位导航系统	
	种类	识别功能	种类	识别功能	种类	识别功能
斯坦福大学(Junior)	Camera	红绿灯、交通标志、停车线等	BOSCH Radar	较远处的移动障碍物	Applanix INS	车辆定位位姿感知
			Riegl laser、Sick laser、IBEO laser	补充 Velodyne Lidar 的盲点		
军事交通学院(猛狮 3 号)	Camera	红绿灯、交通标志、停车线等	HDL-64E-Velodyne Lidar	障碍物检测，车道线及路面	北斗	
卡耐基梅隆大学(Boss)	Camera	红绿灯、交通标志、停车线等	HDL-64E-Velodyne Lidar	障碍物检测，车道线及路面	GPS	
			IBEO Alasca Continental ARS Radar SICK LMS Lidar Continental ISF Lidar	补充 Velodyne Lidar 的盲点	Applanix INS	

(4) 车载倒车雷达传感器的选择

车载倒车雷达传感器是根据蝙蝠在黑夜里高速飞行而不会与任何障碍物相撞的原理设计开发的。表 1-11 列出了车载倒车雷达传感器的选用原则与频率的选择。

表 1-11 车载倒车雷达传感器的选用原则与频率的选择

项目	具体说明
倒车雷达传感器的展开与频率和距离之间的关系示意图	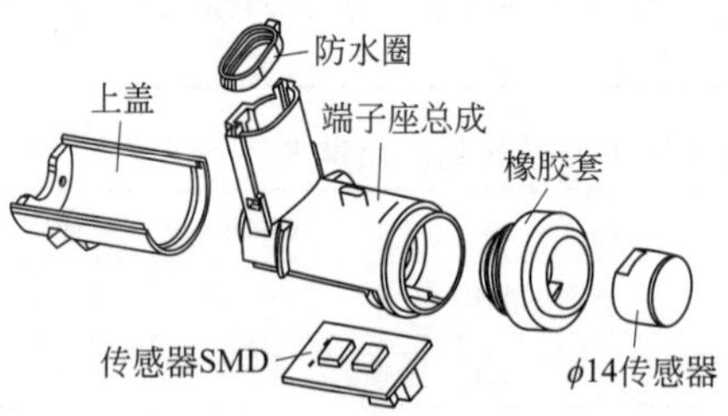 (a) 展开示意图 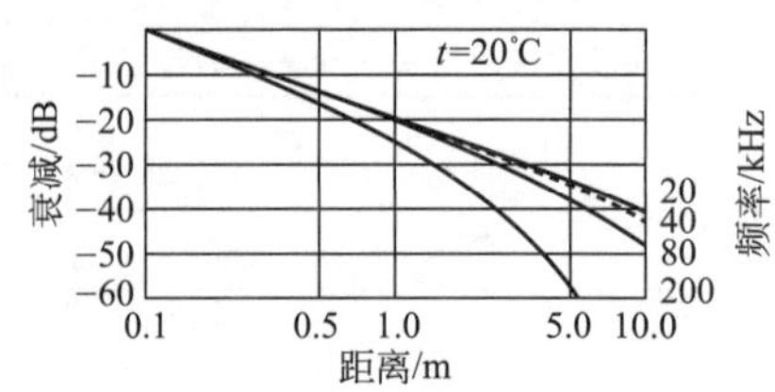 (b) 频率和距离关系
选用原则	倒车雷达传感器的展开示意图如图(a)所示。由于影响车载倒车雷达传感器性能的主要参数有外形尺寸和工作频率，故在进行选择时，应将这两项指标放在首要位置。对于外形尺寸，除了应根据实际车型进行选择外，还应结合其工作频率来综合兼顾进行考虑
频率的选择	倒车雷达传感器是整个倒车系统的关键部件，其工作频率依据所需要探测的距离及传感器的特性进行选择。一般来说，超声波能量与距离的平方成反比，故探测距离越远，反射回来的超声波能量越少，超声波的频率应根据使用要求来确定。超声波频率和距离之间的关系图(b)所示

1.4 应用于汽车上的传感器种类及其特点

目前，传感器在汽车自动控制中的作用越来越重要，应用越来越广泛，各种类型传感器的应用情况如下所述。

(1) 空气流量传感器

空气流量传感器的作用是把吸入发动机的空气量转换成电信号提供给电子控制单元

(ECU)，是确定基本喷油量的主要依据。表 1-12 中列出了空气流量传感器的类型及其特点。

表 1-12 空气流量传感器的类型及其特点

项目	具体说明
翼片式	翼片式空气流量传感器属于体积流量型，该传感器结构简单、成本低，但由于其运动件翼片占据进气道的大量面积，从而降低了进气系统的流动性，增大了进气阻力，故现在已经较少使用
卡门漩涡式	卡门漩涡式空气流量传感器属于体积流量型，在丰田、三菱汽车上应用较多。该传感器具有体积小、重量轻、无磨损、进气道简单、进气阻力小、检测精度高、响应较快等特点，但成本较高，多用于高档轿车上
热线式	热线式空气流量传感器属于质量流量型，可以直接检测进气空气的质量流量，不需要对进气温度与大气压力进行修正。由于该传感器没有运动件，进气阻力小、响应特性较好，可正确检测出急减速时空气的进气量，故应用较广泛
热膜式	热膜式空气流量传感器属于质量流量型，由美国通用公司开发研制，在通用与日本五十铃公司生产的车辆上被广泛应用。该传感器的工作原理和热线式传感器基本相同，仅是把发热体的热线改成热膜（由发热金属铂固定在薄的树脂膜上构成）。这种结构可使发热体不直接承受空气流动所产生的阻力，从而使强度增加，也提高了工作时的可靠性

(2) 发动机温度传感器

发动机温度传感器的作用是把气体或液体的温度变化情况转换成电信号提供给 ECU。表 1-13 中列出了发动机温度传感器的类型及其特点。

表 1-13 发动机温度传感器的类型及其特点

项目	具体说明
水温传感器	发动机冷却水温传感器安装在气缸体上，用于检测发动机冷却水的温度信息，并将该信息转换为电信号后提供给发动机电子控制单元(ECU)
进气温度传感器	发动机进气温度传感器在 L 型 EFI 系统中安装在空气流量传感器上，而在 D 型 EFI 系统中则安装在空气滤清器的外壳内或稳压罐内，为发动机电子控制单元(ECU)提供发动机进气温度的信息
燃油温度传感器	燃油温度传感器用于柴油发动机电子控制分配泵燃油喷射系统中，用于向发动机电子控制单元(ECU)提供燃油温度的信息，以便实现喷油量的精确控制

(3) 位置及速度传感器

节气门位置传感器、曲轴位置传感器、车速传感器、加速踏板位置传感器用于为 ECU 提供各种位置信息。表 1-14 中列出了这几种传感器的类型及其特点。

表 1-14 节气门位置传感器、曲轴位置传感器、车速传感器、加速踏板位置传感器的类型及其特点

项目	具体说明
节气门位置传感器	节气门位置传感器安装在节气门体上，可同时将节气门开度、怠速、大负荷等信息转换成电信号后提供给 ECU。节气门位置传感器有线性输出型与开关量输出型两种。相比较而言，后者检测性能较差，但结构简单，价格便宜。有的 EFI 系统同时安装了上述两种类型的节气门位置传感器，用开关量输出型传感器检测发动机怠速与全负荷状态；而使用线性输出型传感器来检测全程节气门的开度
曲轴位置传感器	曲轴位置传感器用于向 ECU 提供发动机曲轴转角位置信号、活塞行程位置信号以及发动机转速信号。有磁电式、光电式与霍尔式三种类型。前两种通常安装在分电器内和分电器一起转动，后一种安装在曲轴前端。由于磁电式传感器与霍尔式传感器抗干扰能力强、高速时识别能力好，故被广泛应用
车速传感器	车速传感器安装在变速器输出轴或主减速器上，为电子控制单元(ECU)提供汽车速度信号，该传感器的结构、原理与曲轴位置传感器十分相似
加速踏板位置传感器	加速踏板（油门踏板）位置传感器通常用于直喷式发动机上，为 ECU 提供负荷大小，负荷范围，加、减速的信息，ECU 根据这些信息来决定发动机燃烧成层区（直喷式发动机的燃烧形式有成层燃烧和均匀燃烧两种）的喷油量

(4) 排气净化类传感器

排气净化类传感器用于把排气中的有关信息转换成电信号提供给 ECU。表 1-15 中列出

了排气净化类传感器的类型及其特点。

表 1-15　排气净化类传感器的类型及其特点

项目	具体说明
氧传感器	氧传感器有氧化锆式与氧化钛式两大类，安装在排气管上，用于向 ECU 反馈实际空燃比信号，以此将实际空燃比收敛于理论值附近的狭窄范围内，形成闭环控制。相比而言，氧化钛式氧传感器具有结构简单、体积小、成本低等特点，但其阻值随温度的变化发生变化时的程度较大，故在高温下使用时，通常都采取一定的温度补偿措施
废气再循环位移传感器	废气再循环位移传感器主要用于向电子控制系统提供废气再循环控制阀的开度信息，以便于对废气处理系统的工作情况进行相应的控制
压差传感器	压差传感器安装在微粒捕捉器的下游，用于向电子控制系统提供微粒捕捉器压差信息，以便于适时地将微粒捕捉器中的微粒高温烧除，防止排气背压升高
NO_x 传感器	NO_x 传感器用于向电子控制系统提供废气后处理系统中 NO_x 的浓度信息，以便于对后处理 SCR 系统的工作情况进行相应的控制
排气温度传感器	排气温度传感器通常安装在三元催化转化器附近，用于检测其工作温度，并将该信号转换为电信号后提供给电子控制系统
EGR 温度传感器	EGR 温度传感器通常安装在 EGR 阀的下游，用于检测 EGR 的温度，并将该信号转换为电信号后提供给电子控制系统

(5) 自动空调系统传感器

自动空调系统使用的传感器除了温度传感器外，还有其他一些传感器，具体情况见表 1-16 中所列。

表 1-16　自动空调系统传感器的类型及其特点

项目	具体说明
车内温度传感器	车内温度传感器通常安装在仪表板下侧，是一种具有负温度系数特性的热敏电阻式温度传感器，用于向空调电子控制单元(ECU)提供车厢内的温度信号
车外环境温度传感器	车外环境温度传感器也是一种具有负温度系数特性的热敏电阻式温度传感器，通常安装在车辆前保险杠的下侧，用于向空调电子控制单元(ECU)提供车厢外部的温度信号
蒸发器温度传感器	蒸发器温度传感器通常安装在蒸发器壳体上，用于检测制冷装置内部温度的变化情况，并把检测到的信号提供给空调电子控制单元(ECU)
阳光辐射传感器	阳光辐射传感器是一种光敏二极管传感器，通常安装在汽车前挡风玻璃下方，用于将阳光辐射的程度转换为电信号后，提供给空调电子控制单元(ECU)
冷却剂流量传感器	冷却剂流量传感器通常安装在储液干燥器和膨胀阀之间，用于检测制冷剂的流量，并将该变化量转换为电信号后，提供给空调电子控制单元(ECU)
压缩机锁止传感器	压缩机锁止传感器是一种磁电式传感器，通常安装在压缩机内部，用于检测压缩机的转速，并将该变化量转换为电信号后，提供给空调电子控制单元(ECU)
烟雾浓度传感器	烟雾浓度传感器用于检测车厢内的烟雾程度，并将该变化量转换为电信号后，提供给空调电子控制单元(ECU)，ECU 根据该信息会自动开启或关闭空气交换器，以保持车厢内空气的新鲜
湿度传感器	湿度传感器用于对汽车风窗玻璃的防雾和车厢内的湿度进行检测，并将该变化量转换为电信号后，提供给空调电子控制单元(ECU)

(6) 液位传感器

液位传感器的结构形式主要有浮子式、舌簧开关式、热敏开关式、可变电阻式、电极式（测量蓄电池）等多种。表 1-17 中列出了液位传感器的类型及其特点。

表 1-17　液位传感器的类型及其特点

项目	具体说明
燃油液位传感器	燃油液位传感器用于检测燃油存储量的多少，并将该变化量转换为电信号后，提供给相关电子控制系统或燃油表，由有关系统来显示燃油量是否低于设定值
冷却液位传感器	冷却液液位传感器用于检测冷却液存储量的多少，并将该变化量转换为电信号后，提供给相关电子控制系统或水位显示系统，由有关系统来显示冷却液的量是否低于设定值
制动液位传感器	制动液位传感器用于检测制动液存储量的多少，并将该变化量转换为电信号后，提供给相关电子控制系统或制动液位显示系统，由有关系统来显示制动液的量是否低于设定值
蓄电池液位传感器	蓄电池液位传感器用于检测蓄电池内电解液存储量的多少，并将该变化量转换为电信号后，提供给相关电子控制系统或报警电路，由有关系统来显示电解液的量是否低于设定值

(7) 油液压力传感器

油液压力传感器的作用是把油液的压力变化情况转换成电信号提供给 ECU。表 1-18 中列出了油液压力传感器的类型及其特点。

表 1-18　油液压力传感器的类型及其特点

项目	具体说明
油轨燃油压力传感器	油轨燃油压力传感器通常安装在柴油发动机共轨式电控燃油喷射系统的油轨上，用于检测油轨内燃油的压力，并将该变化量转换为电信号后，提供给电子控制单元(ECU)
储油箱压力传感器	储油箱压力传感器通常安装在燃油箱内部，用于检测燃油箱内部燃油的压力，并将该变化量转换为电信号后，提供给相关电子控制系统或报警电路
机油压力传感器	机油压力传感器通常安装在发动机主油道内，用于检测机油的压力，并将该变化量转换为电信号后，提供给相关电子控制系统或报警电路
变速器油压传感器	自动变速器油压传感器通常安装在自动变速器输油泵内(或输出油道内)，用于检测变速器油的压力，并将该变化量转换为电信号后，提供给相关电子控制系统或报警电路

(8) 直列泵、分配泵用传感器

直列泵、分配泵均属于柴油发动机上应用的部件，表 1-19 中列出了这两种泵使用的传感器的类型及其特点。

表 1-19　直列泵、分配泵用传感器的类型及其特点

项目	具体说明
齿杆位置传感器	齿杆位置传感器主要安装在柴油发动机电子控制直列喷油泵喷射系统中，用于检测油量齿杆的位置，并将该变化量转换为电信号后，提供给电子控制单元(ECU)
喷油提前角传感器	喷油提前角传感器主要安装在柴油发动机电控燃油喷射系统中，通常安装在电子提前调节器上，用于为电子控制单元(ECU)提供直列喷油泵系统的喷油提前信息
控制套筒位置传感器	控制套筒位置传感器主要安装在柴油发动机电子控制分配泵燃油喷射系统中，用于检测控制套筒的位置，并将该变化量转换为电信号后，提供给电子控制单元(ECU)
溢油环位置传感器	溢油环位置传感器通常安装在柴油发动机"位置控制式"电子控制分配泵燃油喷射系统中，向 ECU 提供溢油环位置信息，用于控制喷油终点时刻
海拔高度传感器	海拔高度传感器主要安装在柴油发动机的燃油喷射系统中，用于检测海拔高度的信息，并将该变化量转换为电信号后，提供给电子控制单元(ECU)，以便适时地对发动机的喷油量进行调整
分配泵转角传感器	分配泵转角传感器通常安装在柴油发动机电子控制分配泵上，用于检测分配泵轴转角的信息，并将该变化量转换为电信号后，提供给电子控制单元(ECU)

(9) 电控悬架、电控转向系统用传感器

电控悬架用于改善车辆的平稳性，电控转向用于改善转向强度，表 1-20 中列出了电控

悬架系统、电控转向系统用传感器的类型及其特点。

表 1-20 电控悬架、电控转向系统用传感器的类型及其特点

项目	具体说明
前后悬架高度传感器	前后悬架高度传感器主要安装在电控悬架系统中，用于检测前后悬架的变形量，并将该变化量转换为电信号后，提供给悬架电子控制单元(ECU)
车身加速度传感器	车身加速度传感器主要安装在电控悬架系统中，用于检测车身的振动情况，并将该变化量转换为电信号后，提供给悬架电子控制单元(ECU)，以此间接地提供汽车行驶时的路面情况
车身位移传感器	车身位移传感器主要安装在电控悬架系统中，用于检测车身相对于车桥的位移情况，并将该变化量转换为电信号后，提供给悬架电子控制单元(ECU)，以此反映车身的平顺性和车身高度的变化情况
转向盘转角传感器	转向盘转角传感器主要安装在车辆电控转向系统中，用于检测转向盘的转角，并将该变化量转换为电信号后，提供给转向电子控制单元(ECU)，用于计算车身倾斜程度
转矩传感器	转矩传感器主要安装在车辆电控转向系统中，用于检测转向盘的转向负载转矩信号，并将该变化量转换为电信号后，提供给转向电子控制单元(ECU)
偏航率传感器	偏航率传感器用于检测、记录汽车绕垂直轴线运动情况，并将该变化量转换为电信号后，提供给转向电子控制单元(ECU)，以此来判断汽车是否在打滑
横向角速度传感器	横向角速度传感器用于检测汽车转弯时产生的离心率，并将该变化量转换为电信号后，提供给转向电子控制单元(ECU)，以此来判断汽车通过弯道时是否打滑

(10) 安全气囊、防撞系统用传感器

安全气囊、防撞系统均属于车辆的安全保护系统，前者用于对人体的保护，后者用于对车辆和行人的保护。表 1-21 列出了安全气囊、防撞系统用传感器的类型及其特点。

表 1-21 安全气囊、防撞系统用传感器的类型及其特点

项目	具体说明
碰撞传感器	常见的碰撞传感器主要有机械式碰撞传感器、磁力式碰撞传感器、压电式碰撞传感器、应变片式碰撞传感器、压阻片式碰撞传感器和水银开关式碰撞传感器。碰撞传感器用于检测汽车碰撞时的信号，并将该信号提供给安全气囊 ECU
安全传感器	安全传感器用于检测汽车(碰)撞击的轻重程度，并将该信号提供给安全气囊 ECU，起保险作用，防止气囊误张开
超声波测距传感器	超声波测距传感器通常安装在汽车后保险杠上，用于向车辆后方发射超声波，并把反射回来的超声波接收后转换为电信号提供给防撞控制 ECU
角声呐(角雷达)传感器	角声呐(角雷达)传感器通常安装在保险杠上，用于弥补超声波传感器存在的检测盲区的不足，并将检测到的信号转换为电信号后提供给防撞控制 ECU
爆震传感器	爆震传感器主要有磁致伸缩式、共振型压电式、非共振型压电式等几种类型。该类传感器通常安装在发动机体上，用于将发动机振动的信号转换为电信号后，提供给发动机电子控制单元(ECU)，以便检测爆震的发生时刻和幅度的大小

(11) 制动、巡航、导航系统用传感器

制动属于车辆的安全保护系统，巡航、导航属于车辆的舒适系统。表 1-22 列出了制动、巡航、导航系统用传感器的类型及其特点。

表 1-22 制动、巡航、导航系统用传感器的类型及其特点

项目	具体说明
制动压力开关传感器	制动压力开关传感器用于检测制动管路中制动液的压力，并将检测到的信号转换为电信号后提供给电子控制系统或报警控制电路

续表

项目	具体说明
制动灯开关传感器	制动灯开关传感器用于检测制动灯电路的通断情况，并将检测到的信号转换为电信号后提供给电子控制系统或有关控制电路
距离传感器	距离传感器用于检测汽车前后方障碍物以及与其他车辆之间的距离，并将检测到的信号转换为电信号后提供给防撞电子控制系统或有关控制电路
罗盘传感器	罗盘传感器用于对地磁场的情况进行检测，并将检测到的信号转换为电信号后提供给导航电子控制系统或有关控制电路，供判断行车方向
陀螺仪传感器	陀螺仪传感器用于检测汽车行驶的方向，并将检测到的信号转换为电信号后提供给导航电子控制系统或有关控制电路，以便自动记录数据

(12) 压力、速度用传感器

压力传感器主要有半导体压敏电阻式、电容式、膜盒传动的可变电感式和表面弹性波式等。前两种应用较为广泛，它们具有尺寸小、精度高、成本低、响应性能好、通用性强及检测范围广等特点。表1-23列出了压力、速度用传感器的类型及其特点。

表1-23 压力、速度用传感器的类型及其特点

项目	具体说明
进气歧管绝对压力传感器	进气歧管绝对压力传感器用在D型EFI系统中。与空气流量传感器不同的是，进气歧管绝对压力传感器采用的是间接测量方式，也就是依据发动机负荷变化测出进气歧管内绝对压力的相对值，进而测算发动机的进气量
增压压力传感器	增压压力传感器通常安装在增压发动机上，用于检测涡轮增压器的工作情况，并将该变化量转换为电信号后，提供给电子控制单元(ECU)，供ECU对喷油脉冲以及增压器压力的大小进行控制
气缸燃烧压力传感器	气缸燃烧压力传感器有两种：一种以燃烧室侧面为受压面的直接型传感器，英文缩写为PDS；另一种是紧固在火花塞上的垫圈形压力传感器，英文缩写为PGS。前者可实现燃烧室压力的线性检测，后者装配性好，适用于更高精度的爆震控制、断火检测等。气缸燃烧压力传感器用于向ECU提供气缸燃烧压力信号。控制系统从燃烧压力传感器可以获得大量信息，从而对发动机进行适时控制，如判断最佳点火时间与气门正时等
胎压检测传感器	胎压检测传感器采用温差补偿校正的方法，能够根据胎压、胎温、蓄电池电压的变化产生一系列的电子信号，并将其提供给ECU，适时测出胎压的高低。其工作压力最高可达1380kPa，工作温度为－40～125℃，精确率不低于1%
轮速传感器	轮速传感器用于检测车轮速度并将该信号提供给ABS的ECU，经处理后获得车速信号参数。轮速传感器通常安装在车轮、减速器或变速器上，一般利用电磁感应或光电感应原理获得信号。安装数量取决于系统布局与控制方式
减速度传感器	常用的减速度传感器主要有差动电压式减速度传感器与开关式减速度传感器两种。前者用车辆减速时滑动部件的运动检测出减速度信号，后者用车辆减速时惯性部件的移动位置感知减速度的大小。减速度传感器又称G传感器，用于检测车轮加速度或制动减速度，作为辅助信号用于阈值控制，并检测、控制低附着系数路面的制动过程

(13) 其他传感器

在汽车上应用的传感器，除了上述介绍的以外，还有一些不同功能的传感器，具体情况如表1-24中所列。

表1-24 其他传感器的类型及其特点

项目	具体说明
机油品质传感器	机油品质传感器采用陶瓷电容来检测机油介质的稳定性，以便提醒及时更换机油，减少发动机的磨损，延长其使用寿命

续表

项目	具体说明
电动座椅传感器	电动座椅传感器通常安装在座椅下部四周，用于把座椅前后、高低信号提供给座椅电子控制系统，来对座椅的位置进行自动调整，并具有记忆功能。一般是由4个传感器构成，包括滑动位置传感器、前垂直位置传感器、后垂直位置传感器与倾斜位置传感器
前照灯远近光控制传感器	前照灯远近光控制传感器用于夜间汽车会车时，感受对面来车的光照强度，并将该变化量转换为电信号后，提供给前照灯电子控制系统，以便适时地对灯光进行变换，防止眩目
指纹传感器	指纹传感器主要应用在汽车的安全防盗系统中，用于鉴别合法的驾驶者，检测的出错率低于0.01%

(14) 柴油发动机电控系统所用传感器的类型与作用

现在的柴油发动机也采用了电控燃油喷射方式，柴油发动机电控系统中的主要传感器及其作用见下面的介绍。

① 温度传感器的类型与作用见表1-25。

表1-25 温度传感器的类型与作用

项目	具体说明
冷却液温度传感器	该传感器为电子控制单元(ECU)提供发动机冷却液的温度信号。有的车型还利用该信号作为自动降低发动机功率的保护信号，一旦冷却液温度超过一定限度时便使发动机自动停机；还有些重型货车利用该传感器信号对冷却风扇进行控制
进气温度传感器	该传感器为电子控制单元(ECU)提供发动机进气管内空气的温度信号，作为喷油与排放控制信号，ECU将根据进气温度对喷油器的喷油脉宽调制信号进行调节，以控制排放
燃油温度传感器	燃油温度传感器通常安装在第二级燃油滤清器盖内，用于为电子控制单元(ECU)提供发动机燃油的温度信号。由于燃油随着温度的升高会膨胀，这将导致发动机功率降低，设置燃油温度传感器的目的，就是使ECU根据燃油温度变化的情况，自动调整提供给单体式喷油器的脉宽调制信号，以此来控制喷油量
机油温度传感器	该传感器为电子控制单元(ECU)提供发动机机油的温度信号，作为ECU报警和保护性停机信号。一旦机油温度超过正常的安全限值时，仪表板上的黄色报警灯就会点亮，当机油温度进一步上升到预设的最高温度限值时，就会触发发动机停机功能而使发动机停止运转 另外，多数电控发动机在启动时，尤其在寒冷气温状态下，还利用机油温度传感器输出的信号使ECU进入快怠速控制状态(也有发动机的ECU是利用冷却液温度传感器输入的信号进行快怠速控制的)。一旦机油温度(或冷却液温度)达到预设限值或发动机运转到规定的时间后，发动机的怠速转速就会自动恢复至正常状态。输入到ECU中的机油温度传感器信号还会使ECU改变喷油脉宽调制(PWM)时间，以控制发动机冷态时的白烟排放

② 位置与方向传感器的类型与作用见表1-26。

表1-26 位置与方向传感器的类型与作用

项目	具体说明
冷却液液位传感器	该传感器用于监测散热器上水室或膨胀水箱中冷却液的液位，监测到的信号主要是提供给电子控制单元(ECU)内部的保护电路。一旦冷却液液位过低，ECU就会输出保护控制信号使发动机停止运转。但在发动机没有启动时，输出的保护控制信号使发动机无法启动，同时也控制仪表板上的液位过低报警灯点亮
加速踏板位置传感器	常见的加速踏板位置传感器有电位计式与变阻器式两大类。通常安装在加速踏板的下面，用于向ECU提供驾驶员脚踩踏板的情况，实际上就是驾驶员所希望提供的油量。该传感器接受ECU提供的5V基准直流电压，当驾驶员踩下加速踏板时，加速踏板位置传感器向ECU提供反映加速踏板踩下的百分比。在加速踏板位置传感器上设有怠速确认开关，该开关可以保证即使在加速踏板位置传感器电路发生故障时发动机仍然能够保持怠速运转。在加速踏板处于怠速位置时，ECU向加速踏板位置传感器提供5V工作电源，电位计滑臂所处的位置使输入电压通过滑臂向ECU返回的电压大约只有4.5V，将该电压与存储的、代表加速踏板全开的电压值进行比较。加速踏板位于怠速和全开之间的任何位置时，由电位计滑臂位置决定的输出信号电压值与驾驶员要求供油量成正比例。因此，按照驾驶员要求的供油量，加速踏板位置传感器输出的电压信号在0.5～4.5V之间变化

续表

项目	具体说明
调节滑套位置传感器	调节滑套位置传感器提供给电子控制单元(ECU)的信号,主要作为喷油定时的基准信号
针阀升程传感器	针阀升程传感器提供给电子控制单元(ECU)的信号,主要作为喷油定时的基准信号

③ 压力传感器的类型与作用见表 1-27。

表 1-27　压力传感器的类型与作用

项目	具体说明
机油压力传感器	该传感器向电子控制单元(ECU)提供发动机机油主油道的压力情况,一旦机油压力低于设定值时,ECU 就会启动降低发动机转速与功率的保护程序,以此来调整发动机的转速与功率。如果监测到危险的机油压力时,ECU 就会输出控制信号使仪表板上的红色报警灯闪亮,向驾驶员进行报警,有些发动机或车辆还可能伴有蜂鸣声。对于 ECU 设置有停机保护功能的车辆,一旦机油压力低于设定值 30s 后,还会使发动机自动停机。不过,有该系统的车辆,通常还设置了手动延时按钮,通过按压该按钮,可以使发动机的转速时间延长 30s,以便于驾驶员能够将车辆安全地停靠到路边
冷却液压力传感器	该传感器通常应用于大排量发动机上,用来严密监测水泵与气缸体内冷却液的压力
燃油压力传感器	该类传感器通常用于监测第二级燃油滤清器出口处的燃油压力,输出的信号提供给电子控制单元(ECU)
共轨压力传感器	该传感器用于时刻监测共轨系统中的压力情况,并将监测到的信号转换为电压后提供给电子控制单元(ECU)
进气歧管压力传感器	该传感器提供的信号用于检查增压压力。发动机电子控制单元(ECU)会把实际检测值与增压压力曲线上设定值进行比较。如果发现实际值偏离设定值,则发动机电子控制单元(ECU)就会通过电磁阀对增压压力进行调整,从而实现了对增压压力的控制
大气压力传感器	该传感器向发动机电子控制单元(ECU)提供一个瞬时环境空气压力情况,该数值取决于海拔高度。有了该信号,发动机电子控制单元(ECU)就可以计算出一个控制增压压力和废气再循环的大气压力修正值
曲轴箱压力传感器	该传感器通常用于矿山、电站和船舶的大排量柴油发动机上,用来直接监测曲轴箱内的压力。在二冲程柴油发动机上,该传感器用于监测发动机气缸体中曲轴箱的空气压力

④ 速度传感器的类型与作用见表 1-28。

表 1-28　速度传感器的类型与作用

项目	具体说明
车速传感器	该传感器通常安装在汽车变速器输出轴上,用于向发动机电子控制单元(ECU)提供汽车速度信号。该信号用于进行巡航控制、车速限制
曲轴转速传感器	该传感器又称为发动机转速传感器,产生的信号记录发动机转速和准确的曲轴位置,利用该信号发动机电子控制单元(ECU)就会计算出喷油始点和喷油量
辅助转速传感器	辅助转速传感器又称为凸轮轴位置传感器,该传感器每转一圈向发动机电子控制单元(ECU)提供一个信号,发动机电子控制单元(ECU)据此确定哪个气缸的活塞处于压缩冲程上止点(TDC)

⑤ 空气流量传感器的类型与作用。空气流量传感器将检测到的信号转换为电压信号提供给柴油发动机电子控制单元（ECU），ECU 就会根据该传感器检测到的进气量来计算喷油量与废气再循环率。

1.5 汽车传感器常见故障及其对电控系统、电控发动机的影响

汽车运行在室外，受环境的影响很大，尤其是恶劣的环境，对车辆上使用的各种电器寿命产生了极大的影响，传感器也必然会受到影响，出现这样那样的问题在所难免。传感器出现问题后，就会对有关系统或部位产生影响。

(1) 汽油发动机使用的传感器

汽油发动机使用的传感器出现问题后，就会对电控燃油喷射系统与电控发动机产生直接的影响，具体情况见表1-29中所列。

表1-29　汽油发动机使用的传感器常见故障及其影响

传感器名称	常见故障	对电控系统的影响	对电控发动机的影响
冷却液温度传感器	热敏元件特性变劣、内部连接线出现接触不良或断线	电子控制单元(ECU)接收到的冷却液温度信号不准或接收不到信号	发动机运转不平稳，停转或间断运转，发动机功率降低，发动机无法启动
卡尔曼涡旋式空气流量传感器	电子元件特性变劣或失效	电子控制单元(ECU)接收不到空气流量的频率信号	发动机不容易启动，怠速不稳定，燃油消耗量增大，加速不良，爆燃
翼板式空气流量传感器	电位计滑动臂与碳膜电阻之间接触不良	电子控制单元(ECU)接收到的空气流量信号时有时无	发动机工作不稳定或不工作
	电位计电阻值不准确	电子控制单元(ECU)接收到的空气流量信号不正确	发动机功率下降、运行不平稳、燃油消耗量增大
	油泵开关触点接触不良	启动后燃油泵断电不能工作	发动机启动困难或启动后随即会自动熄火
	回位弹簧力变弱	电子控制单元(ECU)控制的喷油量过多	发动机燃油消耗过高
热膜式空气流量传感器	热膜严重受污	提供给ECU的空气流量信号电压下降而导致供油量过小	发动机不工作或运转不平稳，发动机运转无力、加速不良
	热敏电阻特性变劣	电子控制单元(ECU)接收到的空气流量信号电压不准确	发动机油耗过高或运行不平稳
	热膜损坏	电子控制单元(ECU)接收不到空气流量信号	发动机不能工作
滑动电阻式节气门位置传感器	电位计滑动臂与碳膜电阻之间接触不良	电子控制单元(ECU)接收到的节气门位置信号时有时无	发动机工作性能不良、发抖，喘振，加速性差，发动机加速失速
	电位计电阻值不准确	电子控制单元(ECU)接收到的节气门位置信号不正确	发动机功率下降
开关式节气门位置传感器	怠速触点接触不良	电子控制单元(ECU)接收不到怠速信号	发动机怠速不稳或没有怠速
	怠速触点调整不当	电子控制单元(ECU)接收到的怠速信号不正确	发动机怠速不稳，或怠速熄火，或怠速过高，无法调低。开空调(或用动力转向)时熄火
	全负荷触点接触不良	电子控制单元(ECU)接收不到全负荷信号	发动机加速困难

续表

传感器名称	常见故障	对电控系统的影响	对电控发动机的影响
综合式节气门位置传感器	怠速触点接触不良	电子控制单元(ECU)接收不到怠速信号	发动机怠速不稳或没有怠速
	怠速触点调整不当	电子控制单元(ECU)接收到的怠速信号不正确	发动机怠速不稳,或怠速熄火,或怠速过高,无法调低。开空调(或用动力转向)时熄火
	全负荷触点接触不良	电子控制单元(ECU)接收不到全负荷信号	发动机加速困难
	电位计电阻值不准确	电子控制单元(ECU)接收到的节气门位置信号不正确	发动机动力不足
	电位计滑动臂与碳膜电阻之间接触不良	电子控制单元(ECU)接收到的节气门位置信号时有时无	发动机工作性能不良、发抖,喘振,加速性差,发动机加速失速
电阻应变计式进气压力传感器	压力转换元件损坏	电子控制单元(ECU)接收不到进气量信息	发动机启动困难,动力不足,工作性能不良,油耗增加,加速性差
	真空管破裂	不能准确反映进气歧管绝对压力,进气量检测信号不准确,从而影响了基本喷油量	发动机工作性能不良,加速性差,油耗增加,发动机无力
真空膜盒式进气压力传感器	电路板损坏	电子控制单元(ECU)接收不到准确的进气量信息	发动机启动困难,动力不足,工作性能不良,油耗增加,加速性差
	真空管破裂	不能准确反映进气歧管绝对压力,进气量检测信号不准确,从而影响了基本喷油量	发动机工作性能不良,加速性差,油耗增加,发动机无力
进气温度传感器	热敏元件特性变劣、内部连接线出现接触不良或断线	电子控制单元(ECU)接收到的进气温度信号不准或接收不到信号	发动机运转不平稳,停转或间断运转,发动机功率降低,发动机无法启动
曲轴位置传感器	集成电路失效或线路板断路	电子控制单元(ECU)接收不到曲轴上止点的信号	发动机无法启动或启动困难,加速不良,怠速不稳,容易熄火,间歇性熄火
凸轮轴位置传感器	集成电路失效或线路板断路	电子控制单元(ECU)接收不到凸轮轴位置的信号	发动机无法启动,发动机工作不良,运转不佳,怠速不稳,间歇性熄火,发动机不易启动、高压火弱
氧传感器	内部线路断裂或脱落,陶瓷元件破损,加热电阻丝烧断	电子控制单元(ECU)接收不到排气管中氧浓度的信息	发动机油耗和排气污染增加,怠速不稳、缺火,喘振(抖)
爆震传感器	失效或不良	电子控制单元(ECU)接收不到爆震的信息	发动机转速下降,加速无力

(2) 汽车自动变速器、电控悬架、电控动力转向使用的传感器

表 1-30 列出了汽车自动变速器、电控悬架、电控动力转向系统使用的传感器常见故障及其影响。

表 1-30 汽车自动变速器、电控悬架、电控动力转向系统使用的传感器常见故障及其影响

系统名称	传感器名称	常见故障	对电控系统的影响	对电控发动机的影响
自动变速器系统	车速传感器	传感器本身损坏或其连接线路短路、断路	自动变速器电子控制单元(ECU)接收不到车速信号	换挡时的时刻不正确

续表

系统名称	传感器名称	常见故障	对电控系统的影响	对电控发动机的影响
自动变速器系统	转速传感器	传感器本身损坏或其连接线路短路、断路	自动变速器电子控制单元(ECU)接收不到变速器转速信号	换挡时会出现冲击现象
	油温传感器	传感器本身损坏或其连接线路短路、断路	自动变速器电子控制单元(ECU)接收不到自动变速器油温信号	换挡时会出现冲击现象
电控悬架系统	车身高度传感器	传感器本身损坏或其连接线路短路、断路	电控悬架系统电子控制单元(ECU)接收不到车辆悬架装置位移量的信号	无法对汽车车身的高度进行适应性的调整
	转角传感器	传感器本身损坏或其连接线路短路、断路	电控悬架系统电子控制单元(ECU)接收不到车辆转向轮的偏转角与偏转方向的信号	无法对车轮的转向角度和方向进行适应性的调整
电控动力转向系统	转矩传感器	传感器本身损坏或其连接线路短路、断路	电控动力转向系统电子控制单元(ECU)接收不到车辆转矩信号	转向盘没有助力感
电动座椅系统	电动座椅传感器	传感器本身损坏或其连接线路短路、断路	电控座椅系统电子控制单元(ECU)接收不到电动座椅的位置信号	电控系统无法自动对座椅进行调整

(3) 柴油发动机电控系统常用传感器

不同的高压共轨系统所使用的传感器的类型、数量有一定的差异，表 1-31 中列出了几种常用的传感器出现问题时对系统的影响。

表 1-31 几种常用的传感器出现问题时对系统的影响

类型	功能	对系统的影响
加速踏板位置传感器	通过检测开度的变化来对共轨系统喷油程度进行控制	油门踏板变成 0
轨压检测传感器	用于检测共轨燃油的压力值	信号波动或无信号输出，出现熄火
增压压力传感器	用于检测涡轮增压器后的空气压力值	信号波动或输出默认值
水温传感器	用于检测冷却水温度的变化情况	信号波动或输出默认值
空气流量计传感器	用于检测发动机进气温度及进气质量流量	信号波动或输出默认值
曲轴转速传感器	用于检测发动机的曲轴转速	没有信号输出，出现熄火，但在常温下可再次启动
凸轮轴位置传感器	用于检测柴油发动机 1 缸的压缩上止点与排气上止点	无法监控压缩、排气位置，出现冷启动差现象

第2章　汽车传感器的检测技能

检测汽车传感器好坏较常用、有效的方法主要有万用表法、解码器法、数据流法和示波器法等。

2.1　万用表检测传感器故障的方法

万用表是检测汽车电控系统传感器故障最常用的检测仪表，一般是采用万用表检测传感器线束插接件相关端脚之间的电阻、电压来判断其好坏或故障原因。

(1) 万用表检测传感器电阻的思路与适用场合

万用表检测传感器电阻主要有在路检测与开路检测（也就是拆下传感器，单独对其进行检测）两种情况。表2-1列出了万用表检测传感器电阻的思路与适用场合。

表2-1　万用表检测传感器电阻的思路与适用场合

项目	具体说明
检测思路	采用万用表检测传感器的电阻时，应先把点火开关置于“OFF”位置，然后用数字式高阻抗万用表的电阻挡检测传感器两端的电阻值。用检测到的数值与传感器的标准值进行对比，就可初步判断被检测的传感器是否有问题。如果两者相差较大，则说明有问题；如果两者相差较小，则可以暂时将其排除在外，先检查与该传感器有关的外围线束、插接件等是否有问题。如果检测传感器两端的电阻值近于零，则说明其有短路现象存在；如果检测到的电阻值为∞，则说明该传感器有断路现象存在；如果检测到的电阻值过大，则多为连接不良
适用场合	万用表电阻检测法适应面很广，不仅可以直接对各种传感器本身电阻进行检测，对于传感器外围线束的通断、插接件的连接情况等都可以进行检测。这种方法尤其适用于对可变电阻式传感器、电位计式传感器、磁电式传感器线圈的电阻进行检测

(2) 万用表检测传感器电压的思路与说明

万用表检测传感器电压是在电路上进行的，通常包括供电电压的检测与输出电压的检测两方面。表2-2列出了万用表检测传感器电压的思路与说明。

表2-2　万用表检测传感器电压的思路与说明

项目	具体说明
检测思路	采用万用表检测传感器的电压时，应先把点火开关置于“ON”位置，然后用万用表直流电压挡对传感器的供电电压以及输出信号电压进行检测。用检测到的数值与传感器的标准值进行对比，就可初步判断被检测的传感器是否有问题。如果两者相差较大，则说明有问题；如果两者相差较小，则可以暂时将其排除在外，先检查与该传感器有关的外围线束、插接件等是否有问题。如果检测传感器的供电电压近于零，则说明其有断路或短路现象存在；如果检测供电电压正常，但输出端电压异常，则在排除外部因素的情况下，可能为传感器本身有问题，可再结合电阻检测来最后确定。从各种传感器的连接情况来看，传感器的供电电源多为电子控制单元(ECU)提供，如果不正常，则应对ECU进行检查

续表

项目	具体说明
说明	对于某些有源传感器，例如磁电式曲轴位置传感器、凸轮轴位置传感器等，由于它们在工作时自身会产生一定的电压，故采用万用表对这些传感器的工作电压进行检测，往往可以直接判断其是否正常。但应注意，这些信号往往为交流信号，需要用万用表的交流低压（例如 mV）挡进行检测

2.2 解码器诊断发动机电控系统传感器故障的方法

发动机电控系统具有故障自诊断功能，故障自诊断系统时刻监测着电控系统的工作情况，一旦监测到异常就会将异常现象转变为故障码的形式存储起来，同时也会点亮故障报警灯。

（1）解码器诊断传感器故障必备的知识

解码器又称为汽车故障诊断仪，它可以通过数据插接器读取发动机电子控制单元（ECU）中存储的故障码。维修人员依据故障码的提示，就可以有的放矢地去查找故障原因了。表 2-3 列出了诊断传感器故障必备的知识。为了便于说明，这里以一汽大众系列轿车发动机电控系统为例。

表 2-3 解码器诊断传感器故障必备的知识

<table>
<tr><th>项目</th><th colspan="2">具体说明</th></tr>
<tr><td>传感器代码的特点</td><td colspan="2">汽车电控系统传感器故障内容，多采用故障码的形式存储在电子控制单元（ECU）自诊断系统的存储器中，采用解码器调出相应的故障码，就可以了解到传感器或其相关电路是否有问题</td></tr>
<tr><td>大众车型自诊断特点</td><td colspan="2">大众系列汽车电控系统所具有的故障自诊断功能，与其他车型一样也可以把检测到的传感器故障以代码的形式存储起来。但对于偶发故障，显示屏上会显示“SP”。出现偶发故障的原因，可能是由于接触不良或连接线断裂等原因引起的。如果偶发故障在发动机启动 50 次内再未出现，则该偶发故障码就会被自动清除</td></tr>
<tr><td rowspan="3">解码器类型</td><td colspan="2">用于对电控系统故障进行诊断读取故障码的故障解码器通常主要有专用解码器与通用解码器两大类，具体情况如下所述</td></tr>
<tr><td>专用解码器</td><td>专用解码器一般都是汽车生产厂家针对自己本厂生产的汽车故障所提供的专用于自己本厂车辆故障诊断的设备。例如大众专用的诊断设备主要有 VAG1551、VAG1552、VAG5052、VAS5051 等，前两种故障诊断设备在一般汽车修理部门使用较多，后两种故障诊断设备通常在大众 4S 店应用</td></tr>
<tr><td>通用解码器</td><td>通用型故障诊断解码器类型较多，通常多为国产故障诊断设备，例如金奔腾、修理王、电眼睛、金德等，这些故障诊断设备不仅能够诊断大众车辆故障，也可以用来诊断其他各种类型车辆电子控制单元（ECU）故障，但与大众公司的专用解码器相比，功能不如大众公司的强大。右图所示就是一种通用解码器的外形示意图
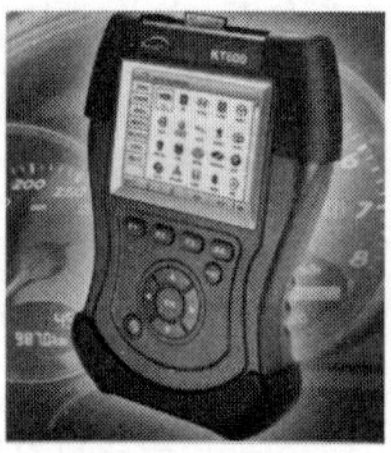</td></tr>
</table>

（2）解码器的检测功能

在使用解码器之前，一定要了解其所具备的检测功能及其操作使用方法。为便于说明，这里以大众系列车辆常用的专用解码器来介绍解码器的检测功能。具体情况见表 2-4。

表 2-4 大众系列车辆常用的专用解码器检测功能

<table>
<tr><th>项目</th><th>具体说明</th></tr>
<tr><td rowspan="2">VAG1551外形及与其配套的连接电缆示意图</td><td>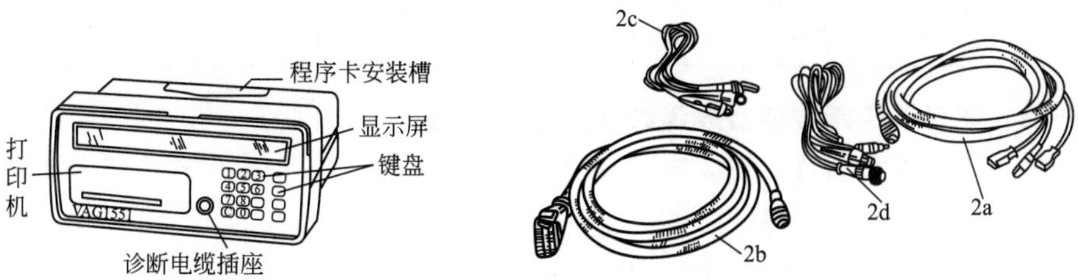

(a) 外形　　(b) 连接电缆</td></tr>
<tr><td>在图(b)的连接电缆图中，2a 为用于如奥迪轿车 2 端子扁插座的车型；2b 为用于如捷达、高尔夫、奥迪、红旗、桑塔纳等 16 端子的车型；2c 为用于 1 端子扁插座的车型；2d 为用于和燃油泵继电器连接的电缆</td></tr>
<tr><td>检测功能说明</td><td>大众系列车辆常用的专用解码器可以用来对发动机电子控制燃油喷射系统、自动变速器系统、制动防抱死(ABS)系统、安全气囊(SRS)系统、自动空调系统、组合仪表系统以及电子防盗系统等出现的各种故障进行诊断和检测。主要车辆如奥迪系列、宝来系列、高尔夫系列、捷达系列、红旗系列、帕萨特系列、桑塔纳系列、高尔系列、波罗(POLO)系列等</td></tr>
</table>

(3) 功能码及其使用方法

解码器所使用的功能码是进入电控系统进行相应功能检测的钥匙，表 2-5 列出了大众系列车辆专用解码器常用功能码的作用和使用方法。

表 2-5 大众系列车辆专用解码器常用功能码的作用和使用方法

项目	具体说明
功能码的作用	大众系列车辆专用解码器常用的功能码主要有 11 种，这些功能码的作用如表 2-6 中所列。在功能码 11 中，如果对防盗钥匙进行匹配，应先按下“1(快速数据传递模式)”→“25(防盗系统的地址码)”→Q(确认)→“11(登录功能)”→Q(确认)，再输入密码，就可以使丢失的钥匙失去作用，使新匹配的钥匙满足使用要求
需要说明的问题	上栏中的“→”表示进行功能操作时的先后顺序，由于电控汽车的电子控制系统以及电子元件很多，采用解码器进行故障诊断时，只能一步一步地输入相应的指令，才能到达需要调整的控制元件。通常，基本的操作顺序为：选择模式号→输入地址码→选择功能码，有时还需要输入通道号

表 2-6 大众系列车辆专用解码器常用功能码的作用

功能码	主要作用说明
01	用于查询需要检测电控系统的型号(版本)，例如发动机型号、系统类型、电脑号、系统类型、适用配置的设定号
02	用于查询电脑存储器中存储的故障码、故障内容
03	用于对驱动执行器元件进行检测，也就是使执行器动作，从开启到关闭，直接判断所测元件是否有问题
04	用于基本参数的设定，如点火正时、混合气浓度、怠速等
05	用于清除电脑存储器中存储的故障码
06	用于退出所检测的系统
07	用于进行编码，也就是根据使用汽车的国家、地区以及发动机、变速器和其他配置的不同，为控制单元输入适当的设定码
08	用于读取车辆运行时的数据流
09	用于读取车辆单个检测的数据
10	用于进行匹配、自适应，也就是根据车辆生产厂家的要求或实际需要，修改或输入某些设定值，该功能码通常仅用于厂家内部检测时使用

续表

功能码	主要作用说明
11	登录,也称为注册,这是一个工艺流程。对于关键数据的修改,必须通过"登录"程序,给控制单元提供一个身份识别码。只有当登录成功以后,修改后的数据才会被控制单元认可

(4) 解码器诊断传感器故障必须注意的问题

采用解码器诊断传感器故障是一项仔细、耐心的工作，不仅要了解上述的诊断故障的基本知识，还应注意一些具体问题。

① 解码前的准备与无故障码情况见表 2-7。

表 2-7　解码前的准备与无故障码情况

项目	具体说明
解码前的准备	在使用解码器进行故障码读取之前,发动机应满足表 2-8 所列的要求后再读取故障码,否则,读取的数据可能不准确或出现错误
无故障码情况	发动机电控单元自诊断系统不能监测到所有故障,有些故障无法形成故障码,这一点必须要注意到,以免误判。例如,当冷却液温度传感器的电阻值发生漂移而不准确时,如果电阻总阻值未超出规定值范围,虽然有故障,但不会形成故障码

表 2-8　使用解码器进行故障码读取之前发动机应满足的要求

要求	要求
蓄电池电压不能低于其额定允许值(例如 23V)	关闭所有附属设备(例如音响、灯光、空调器等)
节气门关闭	手动变速器位于空挡,自动变速器位于驻车挡
发动机处于正常工作温度	

② 故障码含义及其相关问题的说明见表 2-9。

表 2-9　故障码含义及其相关问题的说明

项目	具体说明
弄清故障码的含义	故障码指的是传感器或执行器自身故障还是线路故障;如果是线路故障,还要弄清是短路还是断路,是和电源短路或断路,还是和搭铁短路或断路等
注意相关系统故障	解码器读取的故障码一般仅说明某一系统或相关系统出现了问题。不要一看到故障码就断定是该传感器或执行器本身的故障,还要考虑与其相关的系统或部位出现问题时,也会出现相同的故障码
故障码提供的仅为提示	采用解码器诊断传感器故障仅能够了解电控系统或连接线路的问题,提供的仅仅是可能的故障原因或提示,对故障具体位置的查找,还需要采用其他仪表或工具做进一步检测、判断,最终才能解决问题

③ 历史性故障码与偶发性故障见表 2-10。

表 2-10　历史性故障码与偶发性故障

项目	具体说明
注意历史故障码	对解码器读取的故障码,还要弄清楚是当前与故障有关的故障码还是历史故障码,以及故障码出现的次数。对于历史性故障码,则说明故障较早之前出现过,但现在没有再出现了,这是 ECU 里存储器记忆功能的结果;对于当前故障码,则表示为最近出现的故障,这类故障码大多数情况下均与出现的系统故障有很大的关系
注意偶发性故障	大众公司解码器上故障码前显示的字母"SP",表示临时的偶发性故障。故障码出现的原因通常多为发动机运转或点火钥匙在打开的过程中拔下了某个电气插接件,或为某个传感器或执行器的插接件接触不良等

④ 无故障码时的处理方法见表 2-11。

表 2-11 无故障码时的处理方法

项目	具体说明
处理思路	如果出现采用解码器没有读得故障码，但车辆有故障症状时，则进一步可继续利用解码器读取 ECU 中存储的数据流，然后通过数据流来对传感器或执行器进行深入的分析和判断
注意数据流的含义	所谓数据流，简单来说就是电控系统中的一些主要传感器和执行器的当前工作参数(例如发动机转速、蓄电池电压、喷油时间、冷却液温度等)。结合故障现象，通过对数据流的分析，也可弥补因没有读取到故障码时没有参考点的情况。每个传感器和执行器在一定条件下的工作参数值是有一定标准范围的，可以通过对比实际读取值与规定值来分析、判断故障的可能原因或部位

⑤ 清除故障码的方法见表 2-12。

表 2-12 清除故障码的方法

<table>
<tr><th>项目</th><th colspan="2">具体说明</th></tr>
<tr><td>清除故障码的要求</td><td colspan="2">一旦参考解码器读取的故障码将故障排除后，还要采用解码器来清除 ECU 存储器中存储的该故障码，也就是从 ECU 内部记忆体中清除其故障码记忆，然后在发动机运转一段时间后(在有条件的情况下，可以进行路试)，采用同样的方法看能否继续读取到原先的故障码。如果不会出现原先的故障码，则说明故障已被排除；反之则说明问题没有彻底解决</td></tr>
<tr><td rowspan="3">清除故障码不当的后果</td><td colspan="2">不要采用断开蓄电池负极搭铁线的方法来清除故障码。这是因为新型车辆的故障码被存储在 ECU 和 EEPROM 中，采用断开蓄电池负极搭铁线往往无法消除存储的故障码，而且还会造成一些不良后果，具体情况如下所述</td></tr>
<tr><td>可保持存储器信息丢失</td><td>新型车辆的电子控制单元(ECU)多具备自适应和自学习功能，一旦断开蓄电池的负极搭铁线后，存储在 KAM(可保持存储器)中的自适应信息就会丢失，进而造成车辆运行不稳定</td></tr>
<tr><td>音响防盗系统防盗功能启动</td><td>当断开蓄电池负极搭铁线后，就会触发汽车音响防盗系统等的防盗功能启动工作而导致其锁死，如果不知道密码，音响就无法继续使用，预先设置在音响中的播放顺序、座椅的预定设置的位置信息也会丢失</td></tr>
</table>

(5) 解码器读取和清除故障码的步骤

采用解码器诊断传感器故障有一定的步骤，这里仍然以大众公司专用解码器为例来进行说明。

① 解码器读取故障码的步骤见表 2-13。

表 2-13 解码器读取故障码的步骤

步骤	具体说明
1	把大众专用解码器 VAG1551(或 VAG1552)与车辆诊断插座连接好，使发动机处于怠速状态，然后通过地址码“01”选择发动机控制单元
2	将点火开关置于“ON”位置，但不要启动发动机，按压“print”按键打开 VAG1551 打印机，按键里的报警灯必须点亮。显示屏显示出如下内容 Rapid dada transfer(快速数据传递)HELP(帮助) Selec function x x(选择功能 xx)
3	根据 VAG1551 显示屏显示的信息，按压“0”按键→按压“2”按键，选择“查询故障记忆”功能→按压“Q”按键确认，显示屏就会显示存储的故障码或无故障识别，显示屏显示出如下内容 xFaults recongnised x 个故障
4	如果存储器中存储一个或一个以上的故障码，则故障码此时就会在显示屏上显示出来。当然，也可利用 VAG1551 解码器所具有的打印功能将故障码打印出来
5	一旦存储器中存储的所有故障码均打印完后，则显示屏会显示出如下内容 Rapid dada transfer(快速数据传递)HELP(帮助) Selec function x x(选择功能 xx)

续表

步骤	具体说明
6	根据打印出来的故障码，查阅故障码的含义并对故障进行检修，检修结束后清除故障码。如果没有故障码，则根据显示屏上的提示进行操作，显示屏显示出如下内容 Rapid dada transfer(快速数据传递)HELP(帮助) Selec function x x(选择功能 xx)
7	按压 VAG1551 解码器上的“0”按键→“6”按键，选择“结束打印”→按压“Q”按键确认，关闭点火开关

② 解码器清除故障码的步骤见表 2-14。

表 2-14 解码器清除故障码的步骤

步骤	具体说明
1	把大众专用解码器 VAG1551(或 VAG1552)与车辆诊断插座连接好，使发动机处于怠速状态，然后通过地址码“01”选择发动机控制单元
2	根据 VAG1551 显示屏显示的信息，按压“0”按键→按压“2”按键，选择“查询故障记忆”功能→按压“Q”按键确认。持续按键，直到存储器存储的所有故障码均出现。按压“0”按键→按压“5”按键，选择“清除故障记忆功能”，按压“Q”按键确认，显示屏显示出如下内容 Rapid dada transfer(快速数据传递)HELP(帮助) Fault memory is erased(故障记忆被删除)
3	如果故障码无法被清除，则可能还存在故障，应进行故障排除。然后根据显示屏上的提示进行操作，显示屏显示出如下内容 Rapid dada transfer(快速数据传递)HELP(帮助) Selec function x x(选择功能 xx)
4	按压 VAG1551 解码器上的“0”按键→“6”按键，选择“结束输出”→按压“Q”按键确认

(6) 解码器读取数据流必备知识

采用解码器通过数据插接器读取发动机电子控制单元（ECU）中存储的数据流，然后通过分析也可以帮助维修人员有的放矢地去查找故障原因。

① 数据流的含义与特点见表 2-15。

表 2-15 数据流的含义与特点

项目	具体说明
数据流的含义	汽车电子控制单元内部存储器存储的数据流是指，电子控制单元(ECU)与传感器和执行器交流的数据参数通过诊断接口由专用诊断仪(解码器)读取的、会随时间和车辆工况的不同而发生变化的数据。该数据的传输就像队伍排队一样，一个一个通过数据线流向解码器
数据流的特点	汽车电子控制单元(ECU)内存储的数据流真实地反映了各传感器和执行器的工作电压和状态，为诊断汽车故障提供了依据。汽车数据流可作为 ECU 的输入、输出数据，便于维修人员随时了解车辆的现状，及时诊断故障。但数据流仅能通过专用诊断仪来读取 数据流分析是运用各种检测手段对电控系统的各类相关数据参数进行综合分析的过程，而采用解码器读取到的大量的数据流，是车辆的运行参数，使用和分析这些数据，可以帮助分析故障原因或部位。而对于传感器来说，可以了解各个传感器的工作状态，对判断其好坏有极大的帮助

② 数据流分析的一般步骤见表 2-16。

表 2-16 数据流分析的一般步骤

项目	具体说明
有故障码情况下的分析	如果采用解码器可以读出与故障有关的故障码，但根据故障码仍然不能确切知道故障可能的部位，则可以读取电控单元内存储的数据流来配合进行分析。这一方面可利用查看记录故障码时冻结的数据帧，确认故障发生时车辆的运行情况，同时也可以使车辆在冻结数据帧提示的工况下进行故障验证，以此来快速准确地确定故障部位；另一方面，可直接找出与该故障码相关的各组数据来配合进行分析，也就是根据故障码设定的条件，来分析故障码产生的原因，进而对数据的数值波形进行分析，找出故障点

续表

项目	具体说明
没有故障码情况下的分析	如果采用解码器没有读出与故障有关的故障码，对于此类故障，则只能从故障现象入手，根据电控系统的工作原理与结构特点，来推断相关数据参数，再用数据分析的方法对相关数据参数进行观察和全面分析。在进行数据分析时，通常需要了解所修车辆可能出问题的系统，其基本原理与结构特点、基本控制参数以及其在不同工况条件下的正确读取方法，然后经过认真、仔细地分析，最终来确定故障可能的原因或部位

(7) 读取电控发动机系统数据流的一般步骤

表 2-17 列出了解码器读取发动机数据流的一般步骤，供参考。为了便于说明，这里以一汽大众车型所采用的 VAG1552 解码器为例。

表 2-17 解码器读取发动机数据流的一般步骤

步骤	具体说明
1	把大众专用解码器 VAG1552 用 VAG1551/3 电缆与车辆诊断插座连接好，使发动机处于怠速状态，然后再打开解码器 VAG1552 的电源开关。此时，解码器 VAG1552 显示屏上就会显示如下内容 Test of Vehicle systems HELP 车辆系统测试 帮助 Enter address word xx 输入地址码 xx
2	输入发动机电子系统的地址指令“01”，也就是分别按压“0”按键→“1”按键，然后按压“Q”按键确认，显示屏显示出如下内容 330 907 404 1.8L R4/2V MOTR HS D01→Coding 08001 WSC x x x x 在上述显示中，330 907 404 表示发动机控制单元零件编号；1.8L 表示发动机排量；R4/2V 表示直列式发动机、4 缸、每缸 2 气门；MOTR 表示 Motronic；HS 表示手动变速器；D01 表示控制单元软件版本；Coding 08001 表示控制单元编码；WSCxxxx 表示维修站代码
3	根据实际情况的需要，对解码器 VAG1552 的功能进行选择，此时显示屏上的显示内容如下 Test of Vehicle systems HELP 车辆系统测试 帮助 Select function 选择功能 xx 解码器 VAG1552 具有多种检测功能，具体情况如表 2-18 中所列，实际使用时，可根据需要选择相应的功能，各种功能时点火开关与发动机的状态要求也在该表中列出
4	输入读测量数据块指令“08”，也就是分别按压“0”按键→“8”按键，然后按压“Q”按键确认，显示屏显示出如下内容 Read measuring value block HELP 读测量数据块 帮助 Enter display group number xx 输入显示组别号 xx
5	根据实际需要从解码器 VAG1552 按键上输入组别号，即可读出发动机各部分的数据流信息

注：以上为采用大众公司解码器 VAG1552 读取的数据流的方法，车型不同，读取数据流的方法也不一样；不同车型的各种数据块的显示界面及其含义也有差别，应以实际车型厂家提供的资料为准。

表 2-18 解码器 VAG1552 所使用的功能码及各种功能时点火开关与发动机的状态要求

功能码	含义	点火开关情况	发动机是否怠速运转
01	Interrogate control unit versions(询问控制单元版本)	接通	否
02	Interrogate fault memory(查询故障存储)	接通	是
03	Final control diagnosis(最终控制诊断)	接通	否
04	Introduction of basic settling(基本设定)	接通	否
05	Erase fault memory(清除故障存储)	接通	是
06	End out put(结束输出)	接通	是
07	Code control unit(控制单元编码)	接通	否
08	Read measuring value block(读取测量数据块)	接通	是
09	Read individual measuring value(读取单个测量数据)	—	—
10	Adaptation(匹配、自适应)	—	—
11	Log-on(登录)	—	—

(8) 数据流的分析要领

大众系列车辆专用解码器可以用来读取车辆上电子控制单元中的数据流，这些数据流也是诊断或判断故障的重要依据。尤其是在没有读得故障码的情况下，通过对数据流的分析，也可以快速判断故障的可能部位或原因。掌握分析解码器输出的数据流的要领，通常应注意表 2-19 中所列的几个方面的问题。

表 2-19 分析大众系列车辆专用解码器输出的数据流要领

内容	具体说明
划分数据流	在车辆的电控系统中，各种不同的数据之间存在着非常密切的联系，这些数据就构成了一个个数据链。在分析数据流时，可以把数据流中的所有数据划分为若干个数据链。但在对数据链进行分析时，一定要注意到数据链中的任何一个数据出现变化时，均会对其他相关数据产生影响这一情况。如果单独对某个数据进行分析，往往会出现误判
正常数据流的处理方法	对于解码器调出的数据流，如果均在正常值范围内，则说明传感器本身或其连接线路基本正常，此时就不必再对传感器进行检查了
抓主要矛盾	如果解码器调出的数据流有的数据正常，有的数据异常，此时就应认真分析，寻找一个入手点，以便抓住主要矛盾
熟记主要检测数据	对于车辆上的某些常用、主要检测数据，一定要熟记，以提高故障的检修速度。但要注意数据的单位，车辆上的有些数据不是采用法定方式来标注的，而且不同的车辆标注的单位也不一样，例如发动机负荷，有的车辆采用“ms”表示，有的车辆则采用“%”表示

(9) 数据流综合测量与分析步骤

当采用解码器读取到有关的数据流以后，下一步就需要对数据流进行分析了，通常有以下内容。

① 数据综合测量见表 2-20。

表 2-20 数据综合测量

项目	具体说明
发动机故障码测量	发动机电子控制单元通常在存储故障码的同时，也会点亮仪表板上的发动机故障报警灯。如果该报警灯点亮，则系统中一定存储有故障码。对此，就可根据维修手册所提供的故障码的含义，来分析判断故障的原因或可能的部位
发动机数据流测量	如果采用解码器进入自诊断系统没有读取到故障码，此时读取标准工况下 ECU 内存储的数据就十分重要，尤其应注意数据标准和数据的变化量。常规测量工况要选择热车状态下怠速工况和发动机转速在 2000r/min 左右时的无负荷工况
发动机实际数据流测量	通常需要检测的数据应该为车辆工作时的基本正常数据。这些数据有的车辆生产厂家的维修手册中会提供，对于没有提供这些数据的车辆，维修人员日常在维修各种车辆时，就应该有所积累，以便于日后维修对比时参考方便。对于发动机来说，数据内容较多，如气缸压力、发动机转速、燃油系统压力、机油压力、发动机冷却液温度、废气排放值等。对比时，发现实际值与正常值差距较大的数据，即为故障所在。例如，发动机电子控制单元(ECU)显示冷却液温度为 65℃，但实际测量到的冷却液温度为 80℃，这就说明发动机冷却液温度传感器的数据偏差较大，问题可能为线路有接触不良处，使接触电阻变大，也可能是电子控制单元内部的 A/D(模拟/数字)转换电路出现了问题等

② 数据综合分析见表 2-21。

表 2-21 数据综合分析

项目	具体说明
建立数据群模块	所谓建立数据群模块，实际上就是把某一故障所涉及的数据统一集中在一起，然后逐一进行检查、对比和分析。例如发动机怠速转速过高，达到 1000r/min，该故障所涉及的数据很多，包括蓄电池电压、车辆速度、挡位开关、燃油系统压力、喷油脉宽、冷却液温度、怠速控制系统、空调开关状态、发动机废气排放等

续表

项目	具体说明	
分析数据	与实际值比	也就是把电子控制单元(ECU)的数据和实际测量数据进行比较,两者相差越小,则就说明电子控制单元及传感器越精确
	与标准值比	也就是把电子控制单元(ECU)的数据和维修手册中的标准数据进行比较,如果误差值超过极限,则可以判断相应的数据即为工作异常的数据
	找出怀疑值	在找怀疑数据值时,有时会遇到这样一种情况,例如某传感器的输出电压规定值在 0.5～1.3V 之间,检测到的故障车辆上的该数据值也在上述规定值范围内,但新车实测的正常值则在 0.7～1.1V,与此值相比,故障车辆上实测的数据却有了很大的变化。对此,就应将该数据列为被怀疑的数据值
综合分析	根据数据流进行故障分析时,为了分析、判断的准确性,往往都需要把多个问题数据之间的关联关系联系起来逐一进行分析,根据找出的蛛丝马迹,一般均能够使问题得到圆满的解决,这种方法尤其适用于没有读取到故障码的情况	

2.3 示波器诊断传感器故障的方法

汽车电控系统使用了各种传感器，这些传感器产生各种各样的电压或电流信号，采用示波器可以将这些信号的变化以波形的方式反映出来，维修人员就可以根据波形情况判断电控系统的故障。

(1) 电控系统电子信号的类型

汽油或柴油发动机的电控系统电子信号的波形类型基本相同，主要有 5 大类，这 5 类电子信号波形的情况说明如下。

① 直流（DC）与交流（AC）信号波形见表 2-22。

表 2-22　直流（DC）与交流（AC）信号波形

类型	具体说明	
直流(DC)信号波形	如右图所示,采用示波器检测出的直流信号波形近似于一条直线。在汽车电子控制系统中,产生直流信号的传感器主要为模拟传感器,例如发动机冷却液温度传感器、进气温度传感器、燃油温度传感器、自动变速器油温传感器、蒸发器温度传感器、废气再循环阀位置传感器、进气歧管绝对压力传感器等	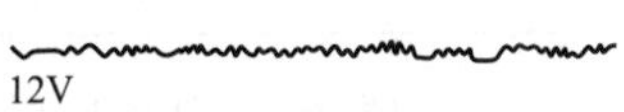
交流(AC)信号波形	右图所示为采用示波器检测到的交流信号的典型波形(车速传感器信号波形)示意图。在汽车电子控制系统中,产生交流信号的传感器主要有车速传感器(VSS)、磁脉冲式曲轴位置传感器(CKP)、凸轮轴位置传感器(CMP)等	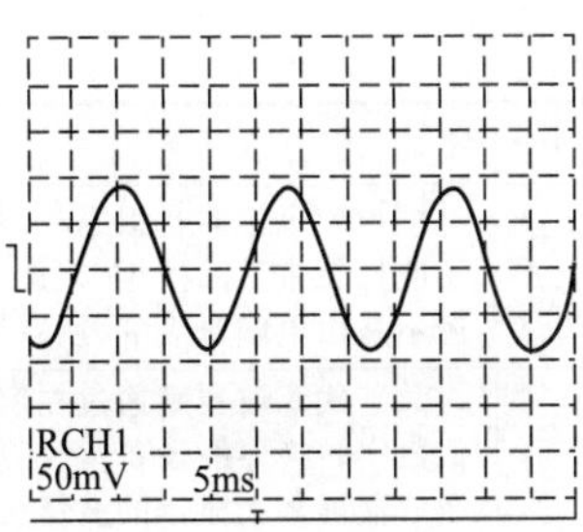

② 频率调制与脉宽调制信号波形见表 2-23。

表 2-23 频率调制与脉宽调制信号波形

类型	具体说明	
频率调制信号波形	右图所示为采用示波器检测到的频率调制信号的典型波形(数字式空气流量传感器信号波形)示意图。在汽车电控系统中,产生频率调制信号的传感器主要有数字式空气流量传感器、数字式进气歧管绝对压力传感器、光电式车速传感器(VSS)、霍尔式车速传感器(VSS)、光电式凸轮轴位置传感器(CMP)、光电式曲轴位置传感器(CKP)、霍尔式凸轮轴位置传感器(CMP)、霍尔式曲轴位置传感器(CKP)等	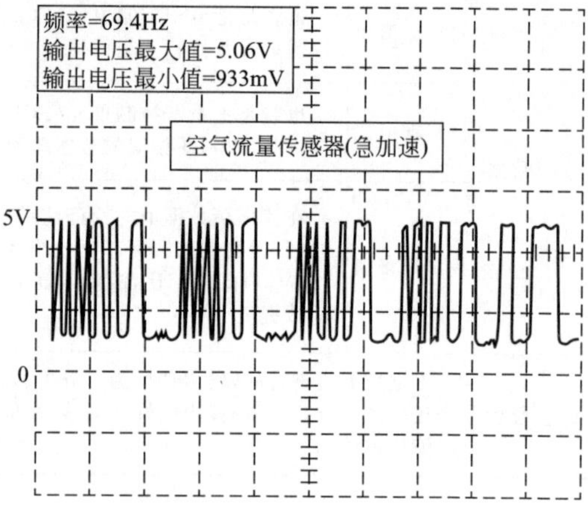
脉宽调制信号波形	右图所示为采用示波器检测到的脉宽调制信号的典型波形(电磁阀信号波形)示意图。在汽车电控系统中,产生脉宽调制信号的电路或装置主要有废气再循环控制(EGR)阀、排气净化电磁阀、涡轮增压电磁阀和其他控制电磁阀、喷油器、怠速控制电磁阀等	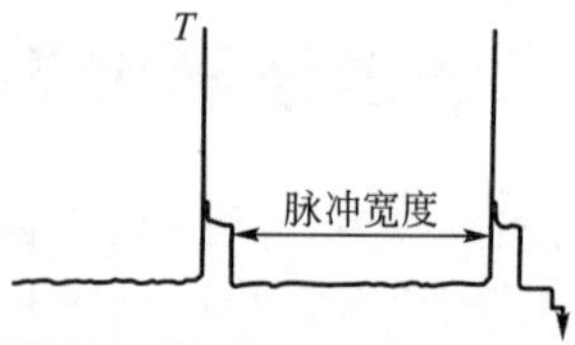

③ 串行数据(多路)信号波形见表 2-24。

表 2-24 串行数据(多路)信号波形

类型	具体说明	
串行数据(多路)信号波形	右图所示为采用示波器检测到的串行数据信号的典型波形(车载网络系统通信信号波形)示意图	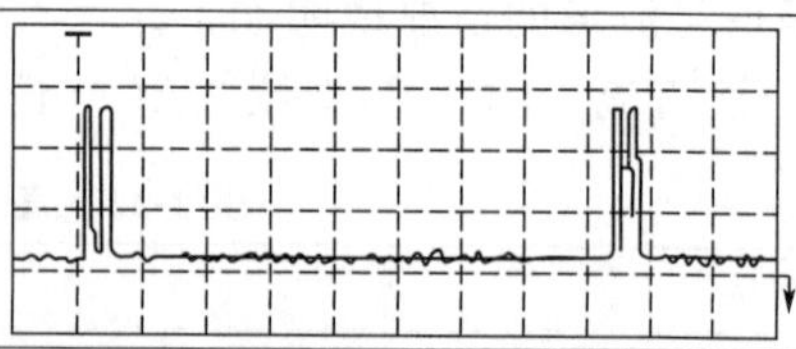
串行数据的产生情况	在汽车电控系统中,控制单元都具有自诊断功能以及其他串行数据传输功能,而串行数据信号是由发动机 ECU、车身控制模块(BCM)和制动防抱死系统控制模块(ABS ECU)或其他控制模块产生的	

(2) 示波器的类型及其特点

示波器主要有模拟式示波器与数字式示波器两大类,这两类示波器的基本特点如表 2-25 中所列。

表 2-25 两类示波器的基本特点

项目	具体说明
模拟式示波器	模拟式示波器是根据检测器探头的信号以一条连续的曲线来描述电压轨迹,能即时反映线路中的状态,由于波形轨迹不断闪烁,轨迹时刻变化,在确定造成间隙性故障的原因时会比较困难。模拟式示波器的波形轨迹不是由电脑产生的,所以无法记录和打印线路状态或将波形储存于数据库
数字式示波器	数字式示波器则通过在取样点间连接直线表示电压轨迹。数字式示波器设置有微处理器,电脑内有一个类似数字转换器的设备,根据从探测器中得出的模拟信号产生这些取样点,可将模拟电压信号转换为数字信号。示波器屏幕上显示的波形轨迹并不是即时状态,由于数字式示波器显示比模拟式示波器慢,故其图像比较稳定,也不会闪烁 数字式示波器不断地对信号进行采样和数字化,并将结果记忆在存储器中,直到屏幕图像需要更新为止。然后,存储器中的采样信号被重新调出,并在屏幕上显示新的波形。汽车专用示波器具有记忆功能,可以保存记录图像,路试时可以捕捉实际状态

(3) 示波器的功能

示波器主要用来显示控制系统中输入、输出信号的电压波形，以供维修人员判断电控系统的故障。

① 示波器的组成与外形见表 2-26。

表 2-26 示波器的组成与外形

项目	具体说明	
示波器的组成	汽车专用示波器种类较多，主要由诊断模块、测试主机、存储卡、外接电源线、热启动开关、主电源开关、串行接口、外部电源接口、测试线缆等组成	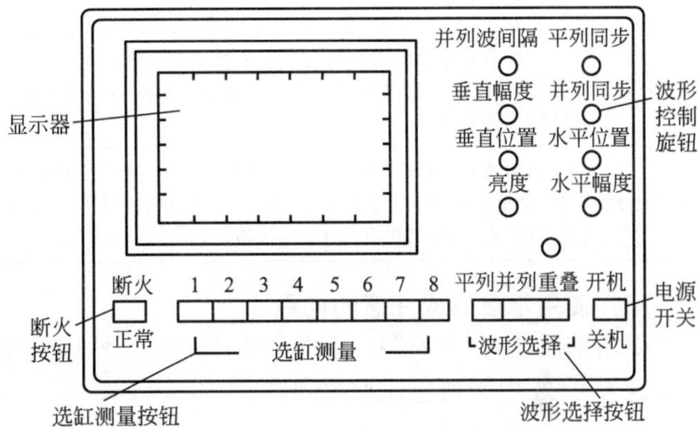
示波器的外形	右图所示为某型号汽车示波器的外形示意图。示波器的主要部分是显示屏幕，一般使用液晶屏幕(LCD)。它由两层玻璃组成，中间夹有液晶。当在液晶上加上电场时，液晶分子重新排列，使光线按照可控制的方式通过	

② 示波器的功能见表 2-27。

表 2-27 示波器的功能

项目	具体说明
观察波形	当探头与被检测线路连接后，两个探头之间的信号就会显示在屏幕上。模拟示波器扫描测试最适合测试手动控制的模拟式传感信号。将传感器在整个人工范围内进行操作，可扫描出这些传感器信号，示波器会自动锁定波形，以便于分析观察
查找间隙性故障	大多数汽车专用示波器具有特殊功能，可帮助使用者捕捉间隙性故障。有些示波器还能够记录和储存故障及屏幕波形，以便于重新调出进行分析
基本检查	基本检查主要是测试信号的频率(模拟式示波器无法显示频率)、脉冲宽度、电磁阀工作的百分比等
测试电压信号	主要测试交直流电压信号、数字阶梯信号、线性信号的电压，以及脉冲链和点火波形(包括一次、二次波形)及点火波形的分析
检测波形前应先了解的内容	采用示波器对传感器进行检测之前，应先了解：传感器的类别，是模拟信号还是数字信号，是直流信号还是交流信号；传感器如何向电子控制单元提供信息，是电压变化、数字阶梯信号还是脉冲信号；传感器的功能作用；传感器与线路的连接情况，并确认连接可靠；传感器的输出是何种标准波形等

(4) 示波器的使用方法

汽车专用示波器功能分为基本功能与附加功能。基本功能就是对汽车电控系统中的模拟信号和数字信号进行波形显示。附加功能包括万用表功能和发动机性能测试功能。表 2-28 列出了示波器的使用方法。

表 2-28 示波器的使用方法

项目	具体说明
检测技巧	新型汽车示波器多为双通道甚至四通道显示。示波器有多个通道接口，能够同时显示多个波形，将示波器连接到四个不同传感器与执行器，即可将四种信号波形同时显示出来，以便进行分析判断

续表

项目	具体说明
波形的锁定和存储	当测试波形信号需要进行分析时，通过功能键操作可对波形进行锁定和存储，以便于仔细分析波形、进行判断，也可以通过功能键操作重新查看和删除
屏幕坐标的匹配	通过设定信号电压的大小和改变扫描时间的长短，可以确定所测试波形的大小与屏幕坐标相匹配，以便于观察
波形对比	示波器设有波形资料库，它收集有各系统电子元件的标准波形，通过功能键可以调出所需要的标准波形，这些标准波形如传感器和执行器、点火波形等。可以通过测试波形与标准波形的对比，进行故障分析
附加功能	示波器附加功能是万用表功能和发动机性能测试功能。万用表功能可以很直接地显示出一些简单特定信号，为使用者提供方便。示波器备有一些附加测试探头与车辆连接，可以测试发动机的启动电流、交流发电机二极管等
检测连接	使用示波器时，只要打开示波器电源开关，把示波器地线与汽车蓄电池负极相连接，在汽车电控装置工作时，把示波器探头与被检测电路连接，就可以从屏幕上观察到所测得的电信号波形。通过将实测波形与正常波形相比较，就可以判定出所检测电信号是否异常

(5) 使用示波器应注意的问题

使用示波器进行波形检测时，不但要按示波器使用手册的方法和注意事项进行操作，还要注意表 2-29 中所列应注意的问题。

表 2-29 使用示波器应注意的问题

项目	具体说明
检测前的要求	在使用示波器检测波形之前，一定要确定被测试车辆在 P 挡并且已拉上驻车制动；确定车轮在地面上被锁上；保证车辆在通风顺畅的地方
检测方面	使用示波器时，所要检测的信号范围不能超出示波器的检测范围，否则会损坏示波器；移换存储卡时，必须先切断电源；在断开测试接头之前，应先断开搭铁线接头；还应注意保护示波器免受液体的浸入

(6) 常见传感器的正常波形

高档的示波器内设有波形资料库，资料库中收集有各系统电子元件的标准波形，如传感器波形、执行器波形、点火波形等。这些标准波形可以通过功能键调出。

① 电磁感应式凸轮轴位置传感器与车速传感器、数字式进气压力传感器的标准波形见表 2-30。

表 2-30 电磁感应式凸轮轴位置传感器与车速传感器、数字式进气压力传感器的标准波形

<table>
<tr><th>名称</th><th>电磁感应式凸轮轴位置传感器波形</th><th>车速传感器波形</th><th>数字式进气压力传感器波形</th></tr>
<tr><td>标准波形</td><td>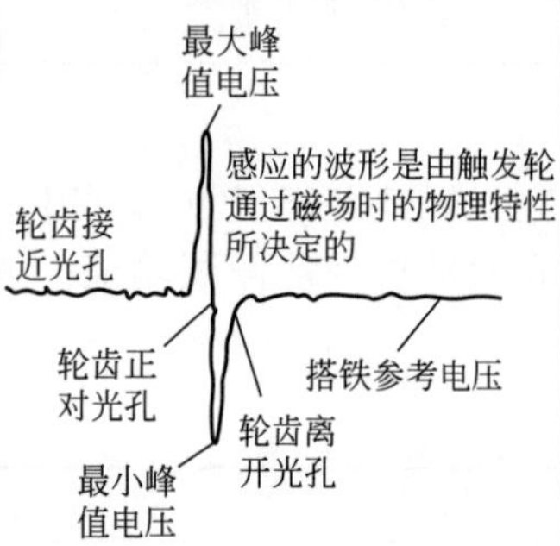
</td><td>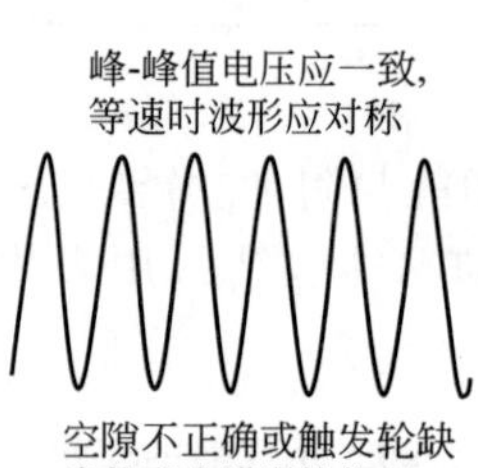
</td><td>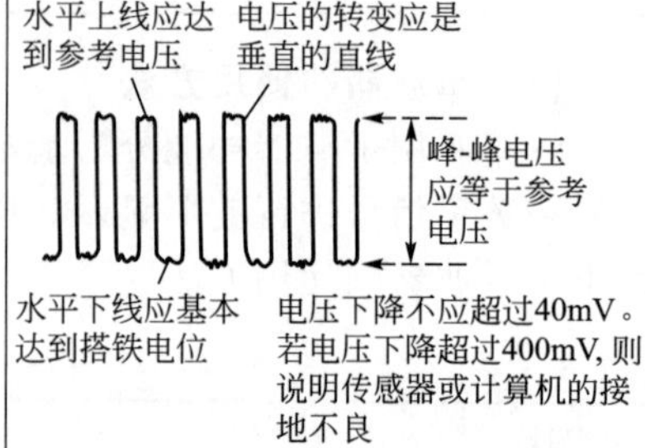
</td></tr>
</table>

② 进气温度传感器与霍尔效应式凸轮轴位置传感器的标准波形见表 2-31。

表 2-31 进气温度传感器与霍尔效应式凸轮轴位置传感器的标准波形

名称	进气温度传感器波形	霍尔效应式凸轮轴位置传感器波形
标准波形	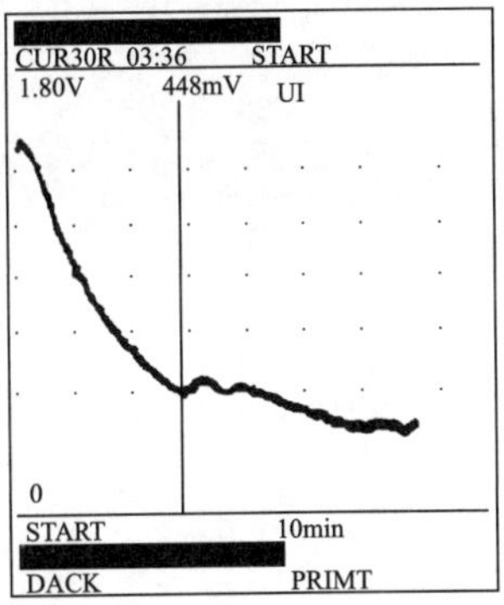	福特FROBE 2.0L 发动机在怠速时测得的转速信号波形，该传感器为霍尔效应式传感器 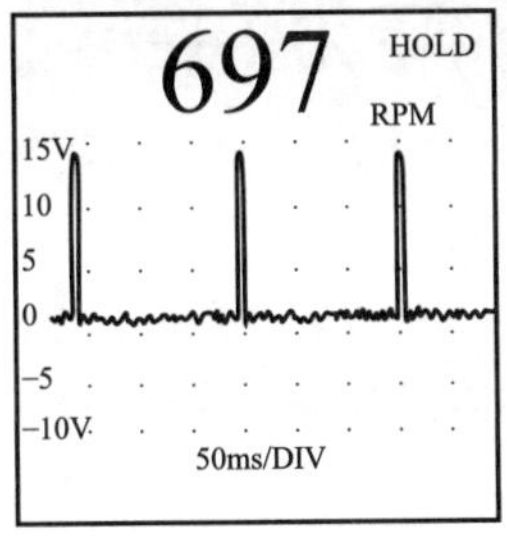 福特FROBE 2.0L 发动机在怠速时测得的凸轮轴定位信号波形，ECU 利用该信号确定一缸上止点位置 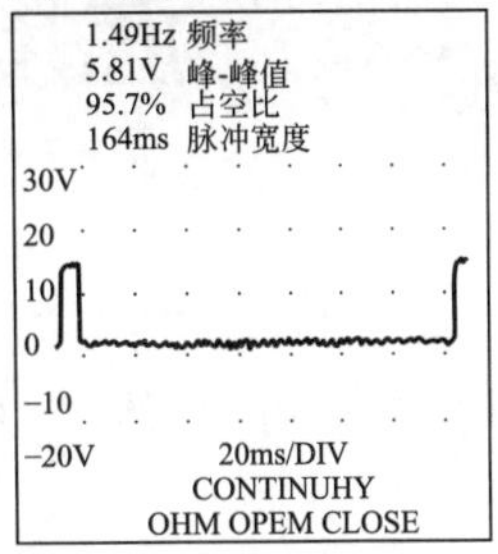

③ 霍尔效应式曲轴位置传感器、光电式曲轴位置与凸轮轴位置传感器的标准波形见表 2-32。

表 2-32 霍尔效应式曲轴位置传感器、光电式曲轴位置传感器与光电式凸轮轴位置传感器的标准波形

名称	霍尔效应式曲轴位置传感器波形	光电式曲轴位置传感器波形	光电式凸轮轴位置传感器波形
标准波形	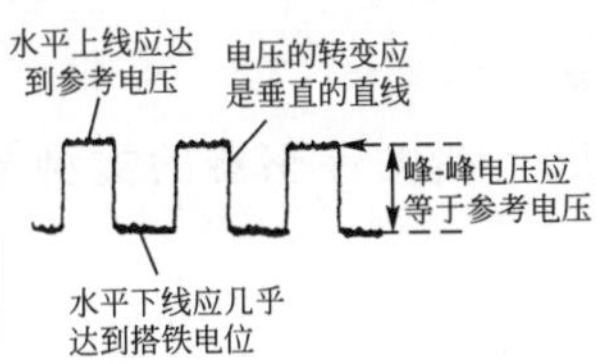		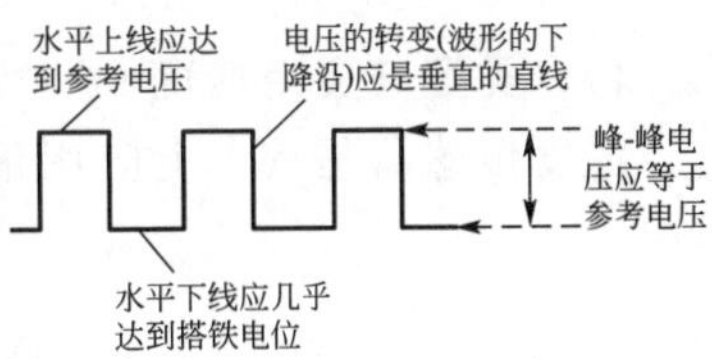

④ 冷却液温度、电磁感应式曲轴位置传感器与光电式车速传感器的标准波形见表 2-33。

表 2-33 冷却液温度传感器、电磁感应式曲轴位置传感器与光电式车速传感器的标准波形

名称	冷却液温度传感器波形	电磁感应式曲轴位置传感器波形	光电式车速传感器波形
标准波形	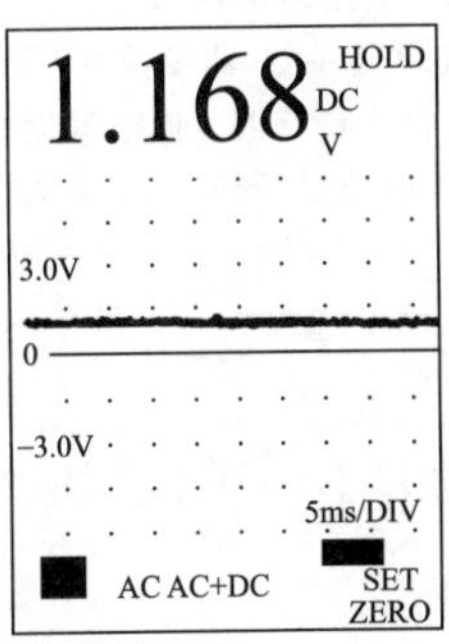	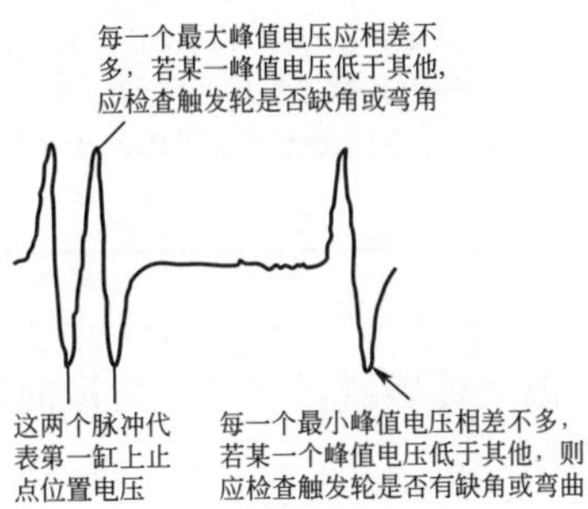	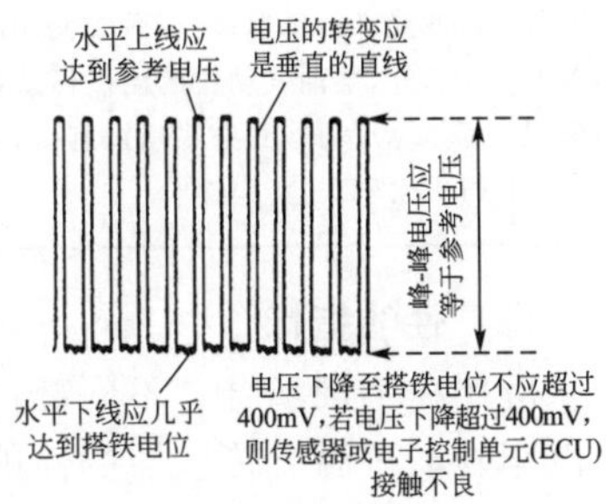

第3章 温度传感器

汽车上多个部位使用了温度传感器，虽然不同车型的温度传感器的使用数量有一定的差别，但这些传感器均用来对相关液体、气体或部位等的温度进行检测。

3.1 温度传感器概述

汽车上不同部位使用的温度传感器，其检测的目的和检测的范围是不一样的，使用的类型也不同。

(1) 类型与应用情况

温度传感器是汽车上应用最多的一类传感器，表3-1列出了温度传感器的类型与应用情况。

表3-1 温度传感器的类型与应用情况

项目	具体说明
类型	温度传感器类型较多，有绕线电阻式温度传感器、热敏电阻式传感器、扩散电阻式温度传感器、半导体二极管式温度传感器、金属芯式温度传感器、铜热电阻式温度传感器、铂热电阻式温度传感器。目前采用较多的是负温度系数热敏电阻式温度传感器、铜热电阻式(绕线电阻式)温度传感器以及热电偶式温度传感器三大类
温度传感器应用情况	目前，各种电控发动机上使用的温度传感器通常包括冷却液温度传感器、进气温度传感器、燃油温度传感器、机油温度传感器；空调系统使用的温度传感器通常包括车外温度传感器、车内温度传感器、蒸发器温度传感器等 另外，柴油发动机的温度传感器有时会与压力传感器集成在一起形成一个组合式传感器。此时温度传感器的工作原理与检测方式均没有变化。组合式传感器的优点在于可以减少系统零件的数量，同时也使发动机线束变得更简单

(2) 性能指标

应用在不同场合、不同部位的温度传感器，其性能指标的要求是不一样的，表3-2列出了汽车发动机温度传感器的性能指标。

表3-2 汽车发动机温度传感器的性能指标

工作范围	输出	精度	分辨率	响应速度	可靠性
−50～120℃ (满量程150℃)	0～5V	±2℃	±0.5℃	冷却水为10s，空气为1s	4000h

(3) 基本特点

汽车上使用的热敏电阻式、绕线电阻式与热电偶式三类温度传感器的基本特点是不一样的，具体情况如表 3-3 中所列。

表 3-3 汽车常用温度传感器的基本特点

类型	基本特性
热敏电阻式	这种传感器是利用半导体的电阻值随温度的变化而改变其特性制成的。热敏电阻式温度传感器虽然灵敏度较高，响应特性比绕线电阻式温度传感器好，但线性差，使用温度通常应限制在 300℃以内（当然，也有像氧化锆和尖晶石氧化物那样的高温型温度传感器）
绕线电阻式	这种传感器是在绝缘绕线架上绕上高纯度的镍线，然后罩上适当的外套而制成的。绕线电阻式温度传感器可用来检测冷却液温度或进气温度，是利用其电阻值会随温度变化而改变的特性来实现的，检测精度在±1%以内，但响应特性差，时间常数约为 15s
热电偶式	热电偶式（又称为温差电动势式）温度传感器是将两种材质不同的金属导线连接在一起（如右图所示），当在 A 与 B 两点之间形成温度差 ΔT_{AB} 时，两点之间就会出现电位差 ΔU_{AB}，通过检测该电位差，就可得到相应的温度 

(4) 冷却液温度传感器电阻值与液晶显示屏显示格数之间的关系

有些高档车辆的冷却液温度的显示，采用液晶显示屏显示格数的方式来显示冷却液温度传感器监测到的温度。表 3-4 列出了两类冷却液温度传感器与液晶显示屏显示格数之间的关系。

表 3-4 两类冷却液温度传感器与液晶显示屏显示格数之间的关系

冷却液温度/℃		50	60	80	90	100	105	115	130
冷却液温度传感器输入电阻/Ω	联电	228	150.4	72.4	53.7	43.3	33.3	26.9	19.4
	西门子	250	168.8	81.7	58.7	43.3	37.5	28.4	19.4
液晶显示屏显示格数		1	2	3	4	5	6	7	8
仪表输入端与搭铁端间电压/V		—	2.25	1.84～1.37	1.28～1.17	1	0.73	0.46	0.4～0.38

3.2 电控汽油发动机冷却液温度传感器

电控汽油发动机冷却液温度传感器简称水温传感器，新型车辆大都采用负温度系数的热敏电阻式冷却液温度传感器。

(1) 基本知识

冷却液温度传感器用来检测发动机冷却液的温度，并将该信号转换为电压后提供给发动机电子控制单元（ECU），作为燃油喷射系统和点火正时的修正信号，用于发动机空燃比与点火以及其他电控系统的控制信号。

① 冷却液温度传感器的功能与特点见表 3-5。

表 3-5 冷却液温度传感器的功能与特点

项目	具体说明
功能	冷却液温度传感器用于感知发动机冷却水的温度，即冷启动和暖车信号，此时微电脑控制器输出增加喷油量的控制信号，使混合气加浓，便于发动机的冷启动和迅速暖车

续表

<table>
<tr><th>项目</th><th colspan="2">具体说明</th></tr>
<tr><td>特点</td><td>由于冷却液温度传感器是由负温度系数热敏电阻制作而成的，其工作时具有如右图所示的典型特性曲线（不同型号的冷却液温度传感器，其特性曲线有一定的差别，但变化规律基本相同），故当冷却液温度较低时，这类传感器的电阻值较大，反之当冷却液温度升高时，则其电阻值会明显变小。由于热敏电阻的这种特性，冷却液温度传感器就可以随时感知冷却液温度的变化，并将该变化情况通过电路的连接转化为电压信号提供给 ECU，ECU 就会依据该信号并结合其他情况来对发动机的喷油量和喷油时间进行修正，同时也对空燃比进行调整，以保证冷机时供给较浓的可燃混合气，热机时供给较稀的可燃混合气，使发动机的工作状况始终处于良好与稳定的状态</td><td>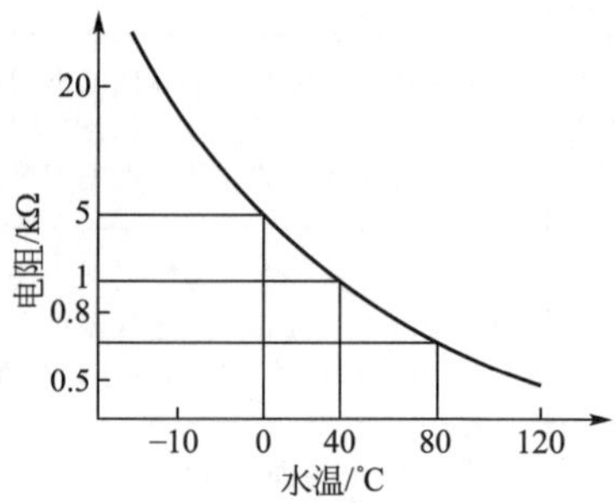
</td></tr>
</table>

② 两种不同材料冷却液温度传感器的特点。汽车上使用的冷却液温度传感器应用最多的是热敏电阻水温传感器与电热式水温传感器两大类。

a. 热敏电阻水温传感器的结构、组成与检测特点见表 3-6。

表 3-6 热敏电阻水温传感器的结构、组成与检测特点

<table>
<tr><th>类型</th><th colspan="2">具体说明</th></tr>
<tr><td>结构、组成示意图</td><td>右图所示为热敏电阻冷却液温度传感器的结构示意图，该传感器采用负温度系数热敏电阻制作而成。主要由热敏电阻、铜外壳、压簧座、绝缘套、压簧、密封胶垫、绝缘端盖、铜垫圈、弹簧垫圈、接线螺钉等组成</td><td rowspan="2">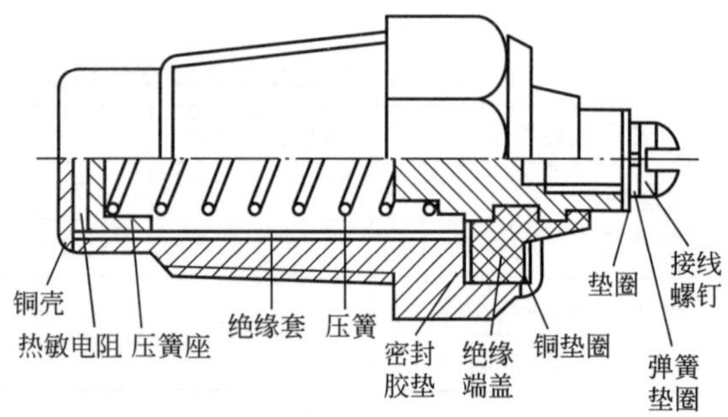
</td></tr>
<tr><td>检测特点</td><td>热敏电阻冷却液温度传感器利用水温的高低，使热敏电阻的电阻值大小做相应变化，以直接改变指示表内流过电热线圈中电流的大小，来指示出相应的温度值</td></tr>
</table>

b. 电热式水温传感器外形和结构特点见表 3-7。

表 3-7 电热式水温传感器外形和结构特点

<table>
<tr><th>类型</th><th>具体说明</th></tr>
<tr><td>电热式水温传感器外形和结构示意图</td><td>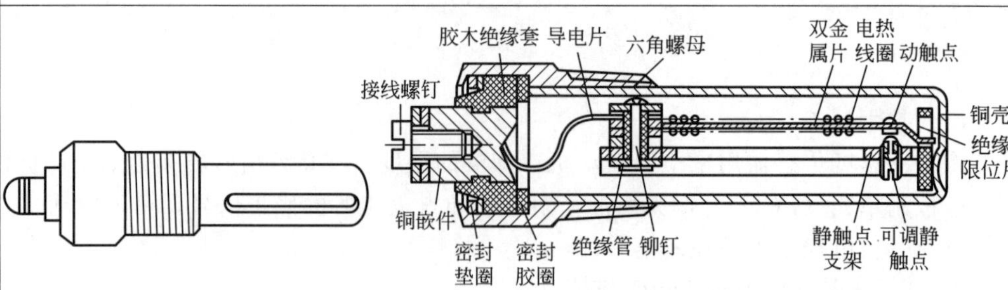

(a) 外形　(b) 结构</td></tr>
<tr><td>示意图说明</td><td>电热式水温传感器圆铜壳固装着与静触点支架铆合的双金属片触点组件，支架的一端有可调静触点并直接搭铁，另一端铆着双金属片，且两者绝缘。双金属片的一端有动触点，双金属片上绕有电热线圈，线圈的一端与动触点相连接，另一端与导电片相连，导电片与铜嵌件接触，铜嵌件上有供接线固定用的螺钉</td></tr>
</table>

③ 三种不同引脚冷却液温度传感器的特点。电控汽油喷射发动机根据引脚数量不同有三种冷却液温度传感器，冷却液温度传感器类型与外形示意图见表 3-8。

表 3-8 冷却液温度传感器的类型与外形示意图

<table>
<tr><th>项目</th><th>具体说明</th></tr>
<tr><td>外形示意图</td><td>

(a) 单线型　(b) 双线型　(c) 四线型

</td></tr>
<tr><td>示意图说明</td><td>冷却液温度传感器根据其引脚数量的不同分类，主要有单线型、双线型和四线型三种，上图是它们的典型外形示意图，前两者应用较多，四线型冷却液温度传感器用量较少。无论是哪一种冷却液温度传感器，它们均由热敏电阻、壳体、金属引线以及接线插座等构成</td></tr>
</table>

a. 单线型冷却液温度传感器的外形与连接电路见表 3-9。

表 3-9 单线型冷却液温度传感器的外形与连接电路

<table>
<tr><th>项目</th><th>具体说明</th></tr>
<tr><td>外形与连接电路示意图</td><td>

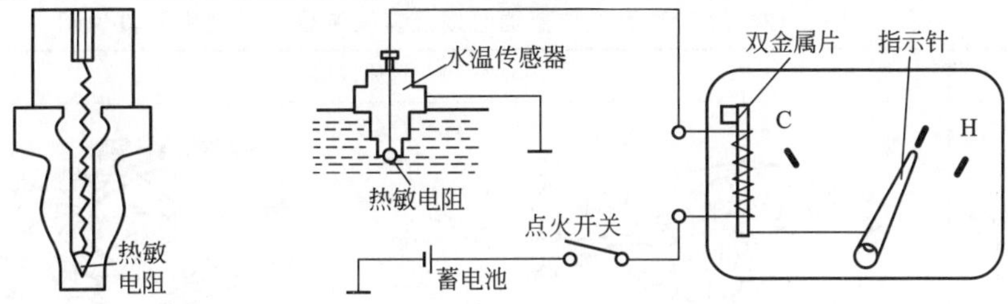

(a) 外形　(b) 连接电路

</td></tr>
<tr><td>示意图说明</td><td>图(a)所示为单线型冷却液温度传感器的典型结构，这类传感器仅有一个电极引脚与水温表相连接，如图(b)所示，而外壳作为另一个电极通常搭铁，用来显示水温</td></tr>
</table>

b. 双线型冷却液温度传感器的外形与连接电路见表 3-10。

表 3-10 双线型冷却液温度传感器的外形与连接电路

<table>
<tr><th>项目</th><th>具体说明</th></tr>
<tr><td>结构与连接电路示意图</td><td>

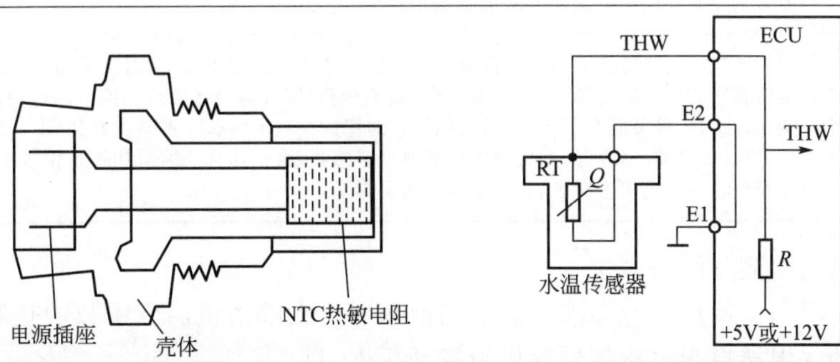

(a) 结构　(b) 连接方式

</td></tr>
<tr><td>示意图说明</td><td>双线型冷却液温度传感器的内部结构如图(a)所示，有两个电极引出脚，这两个引脚均与发动机 ECU 相连接，如图(b)所示。该传感器热敏电阻与 ECU 内部上拉电阻分压后，产生一个随热敏电阻值变化而变化的电压，发动机 ECU 根据这一电压的变化测得发动机冷却液温度，并根据该信号改变每次的喷油量，以满足发动机在各种工况下对供油量的不同需要
双线型水温传感器除了作为水温传感器外，有的车辆还将其作为水温报警灯的传感器使用，用于作为水温过高报警用</td></tr>
</table>

c. 四线型冷却液温度传感器的连接电路与结构特点见表 3-11。

表 3-11 四线型冷却液温度传感器的连接电路与结构特点

项目	具体说明	
连接电路示意图	右图所示为四线型冷却液温度传感器的连接电路示意图，这类传感器有四个电极引出脚，其内部是由两个热敏电阻组合在一起而成的	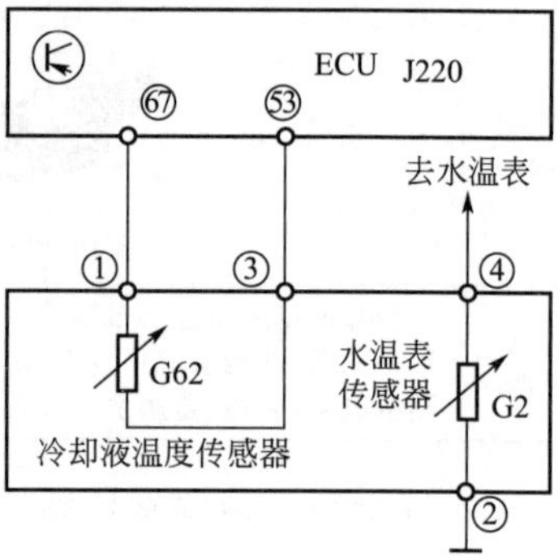
结构特点	四线型冷却液温度传感器实际上就是将上述单线型与双线型水温传感器的功能组合在一起而得到的。也就是一个热敏电阻传感器作为冷却液温度传感器，将检测到的信号提供给发动机电子控制单元(ECU)；而另一个作为水温表传感器，将检测到的信号提供给水温表指示当前水的相应温度	

④ 冷却液温度传感器总成及其安装位置示意图及其说明见表 3-12。

表 3-12 冷却液温度传感器总成及其安装位置示意图及其说明

项目	具体说明
冷却液温度传感器总成及其安装位置示意图	(a) 总成　(b) 安装位置
总成示意图说明	汽车上使用的冷却液温度传感器都是以总成的方式进行安装的，该总成通常是由冷却液温度传感器、垫圈、导线接头等组成，如图(a)所示
安装位置示意图说明	冷却液温度传感器通常安装在电喷发动机缸体缸盖的水套或上出水管等处，图(b)所示就是冷却液温度传感器的一种典型安装方式示意图
其他方面说明	在冷却液温度传感器与电子控制单元(ECU)之间的连接电路上，通常标注有 THW 字符，用于表示这类传感器的信号输出端脚，标注的 E2 字符表示搭铁(或称为接地)端，但不同国别、不同厂家或不同的车型，标注的代号可能有一定的差别(例如有的用数字表示)，这一点要注意到 另外，单引脚(单线型)方式的冷却液温度传感器，由于其有一端与其外壳相连接，安装在发动机上后，外壳已经与地线相连接了，故也相当于两引脚

(2) 通用检测与维修方法

从新型汽车上使用的冷却液传感器情况来看，大都由负温度系数的热敏电阻组成，用于将检测到的水温转换为电压信号提供给发动机 ECU。

① 冷却液温度传感器故障典型特征。

冷却液温度传感器不良，通常会导致车辆冷启动困难或热车启动困难、混合气变稀或变浓等故障。尤其是当冷却液温度传感器电阻值变大后，就会使发动机 ECU 误认为发动机处于低温状态，从而进行冷车加浓控制，其典型特征就是使发动机油耗过大。

② 冷却液温度传感器绝缘电阻的检测见表 3-13。

表 3-13 冷却液温度传感器绝缘电阻的检测

项目	具体说明
检测前的准备	断开(OFF)点火开关,拔下冷却液温度传感器线束连接器插头,从发动机上拆下水温传感器
绝缘电阻的检测	如右图所示,采用万用表电阻挡分别测量冷却液温度传感器 THW、E2 两端子与传感器外壳之间的电阻,其电阻值均应为无穷大,如果有电阻值存在或电阻值等于零,则说明冷却液温度传感器 THW、E2 两端子与传感器外壳之间有漏电现象存在,或出现了短路 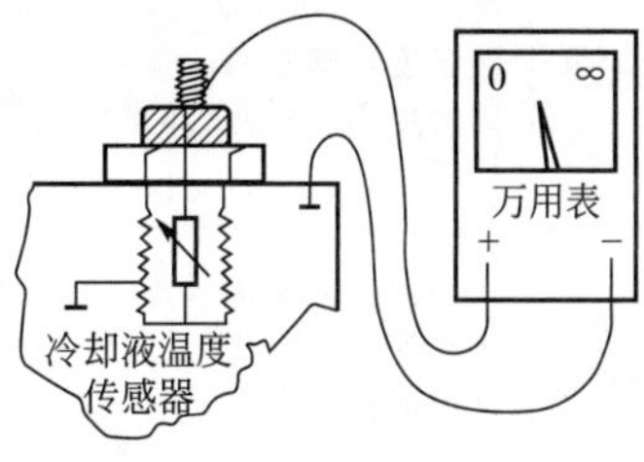

③ 加温检测冷却液温度传感器的电阻值见表 3-14。

表 3-14 加温检测冷却液温度传感器的电阻值

项目	具体说明
加热检测传感器电阻与输出特性示意图	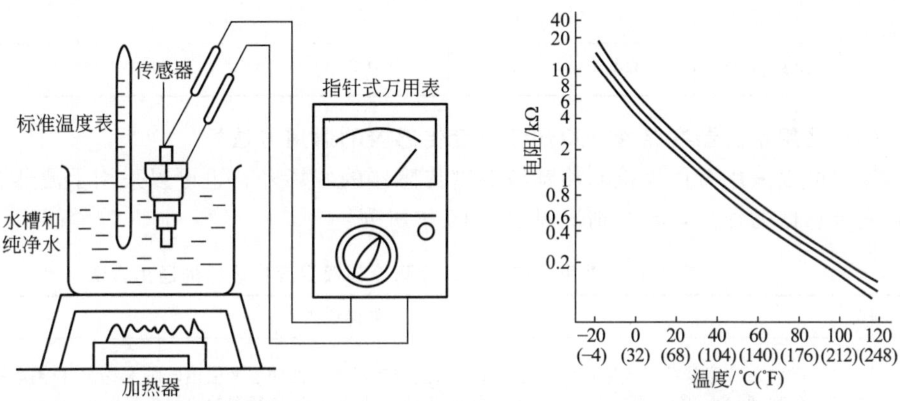 (a) 加热检测 (b) 输出特性
加温检测电阻值说明	①如图(a)所示,将冷却液温度传感器放在盛有水的烧杯内。用加热器加热烧杯中的水,并采用标准温度表对水温进行检测 ②用万用表电阻挡测量传感器两端子间的电阻,其电阻值随着温度变化的规律,应符合其特性曲线相应温度下的电阻值[图(b)]
需要说明的问题	如果不知道冷却液温度传感器温度与其电阻值之间的对应关系,也可参考所检测传感器的特性曲线来进行判断。将检测到的数据与被检测水温传感器的标准值进行对比,如果两者相差较大,则就说明其不良或损坏

④ 冷却液温度传感器的供电与输出电压检测见表 3-15。

表 3-15 冷却液温度传感器的供电与输出电压检测

项目	具体说明
供电检测	①拔下传感器插头,打开点火开关,测量插头上 THW 与 E2 之间的电压应为 5V ②若无电压,则应检查 EUC 连接器上 THW 端子与地间的电压,若电压为 5V,则为 ECU 与传感器之间线路接触不良,若仍无 5V 电压,则为 EUC 有故障
输出电压检测	插上冷却液温度传感器插头,启动发动机,采用万用表检测传感器两引脚之间在不同温度下的电压,应在 0.5~5V 之间,也就是检测到的电压值应随冷却液水温成反比变化。温度越低时电压则越高,温度越高时电压则越低。如果检测到的数据与标准值相差较大,则就说明被检测的水温传感器不良或损坏

⑤ 采用数字式万用表检测冷却液温度传感器的方法见表 3-16。

表 3-16 采用数字式万用表检测冷却液温度传感器的方法

<table>
<tr><th>项目</th><th colspan="7">具体说明</th></tr>
<tr><td>在车检测</td><td colspan="4">在汽车上采用汽车数字式万用表就车检测冷却液温度传感器的好坏时，可以在断开点火开关、室温状态下，如右图所示检测冷却液温度传感器两端脚的电阻值，应在 2～11kΩ 之间（不同的车型电阻值也不一样）。如果检测到的电阻值太大，则就说明该传感器损坏</td><td colspan="3" rowspan="2">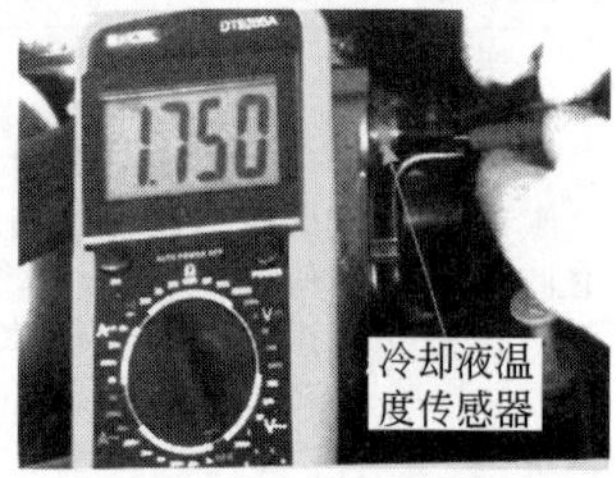
</td></tr>
<tr><td>阻值变大典型特征</td><td colspan="4">冷却液温度传感器电阻值变大后，就会使发动机 ECU 误认为发动机处于低温状态，从而进行冷车加浓控制，其典型特征就是使发动机油耗过大</td></tr>
<tr><td>加温检测</td><td colspan="7">由于在不同的水温时，水温传感器电阻值、电压值均不相同，故可以在不同的温度下测量其电阻值或电压值来判断其性能的好坏，下面列出了冷却液温度传感器的一组典型数据供对比判断。不同的车型，测得的数据可能不一样，但变化规律基本相同</td></tr>
<tr><td rowspan="3">典型参考数据</td><td>温度/℃</td><td>0</td><td>20</td><td>40</td><td>60</td><td>80</td><td>100</td></tr>
<tr><td>电压值/V</td><td>3.5</td><td>3.6</td><td>1.7</td><td>1</td><td>0.5</td><td>0.3</td></tr>
<tr><td>电阻值/Ω</td><td>5910</td><td>2470</td><td>1115</td><td>550</td><td>295</td><td>165</td></tr>
</table>

(3) 采用示波器在路检测冷却液温度传感器的通用方法

除了可以采用万用表检测冷却液温度传感器的好坏外，也可以采用示波器在路检测冷却液温度传感器的性能，具体情况见表 3-17 中所列。

表 3-17 采用示波器在路检测冷却液温度传感器的通用方法

<table>
<tr><th>项目</th><th>具体说明</th></tr>
<tr><td>检测方法</td><td>①将示波器跨接线或探针的一端连接到水温传感器连接器的信号输出端脚上，另一检测端搭铁
②接通点火开关，先在发动机没有运转的情况下，检测水温传感器输出的信号电压。然后启动发动机，在暖机的过程中，观察水温传感器随温度上升时电压的变化情况，并与正常的标准波形（如上图所示）进行对比，以判断水温传感器的好坏，区别不同温度下水温传感器对喷油量的影响
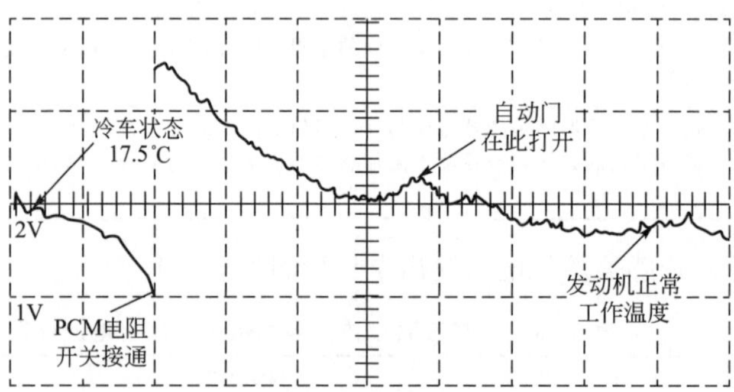
</td></tr>
<tr><td>正常数据</td><td>①在上述检测中，通常发动机没有启动，冷车时水温传感器的输出电压应在 2～5V（全冷态）之间，随着发动机的运转，该电压值会逐渐减小，当发动机进入正常工作温度时该电压会减到 1V 左右
②在任何给定温度下，正常工作的水温传感器会产生稳定的输出信号。当发动机冷却液水温传感器电路开路时，就会使示波器显示的电压波形出现向上的尖峰，发动机冷却液水温传感器电路短路时，就会使示波器显示的电压波形出现向下的尖峰（到搭铁）</td></tr>
<tr><td>故障原因分析</td><td>导致水温传感器输出波形异常的原因主要为：散热器过热；冷却液水位不足；水箱或水管漏水；水温传感器的＋5V 供电电压不良；ECU 输出的电压异常；搭铁不良</td></tr>
</table>

3.3 电控柴油发动机冷却液温度传感器

电控柴油发动机可实现自动控制，它能够根据环境、工况等的变化进行自我调节和控制，这主要是通过安装在发动机和车辆上的各种传感器来实施监测当前的运行参数。冷却液温度传感器就是其中的一类十分重要的传感器。

（1）热敏电阻式冷却液温度传感器

表 3-8 列出了电控柴油发动机上常用的热敏电阻式冷却液温度传感器的基本特点与检测方法。

表 3-18 电控柴油发动机上常用的热敏电阻式冷却液温度传感器的基本特点与检测方法

项目	具体说明
外形、基本特点与参考数据	电控柴油发动机常用的冷却液温度传感器为双线型热敏电阻式，其典型外形如右图所示。随着温度的升高，热敏电阻的阻值降低，正常情况下电阻值在 500Ω～40kΩ 之间变化，表 3-19 所示为一个典型的康明斯温度传感器的参数（不同车型有一定的差别，具体参数值可参考其电路图提供的技术参数表） 
安装位置	电控柴油发动机常用的冷却液温度传感器通常安装在柴油机节温器罩壳上
连接电路与检测方法	右图所示为电控柴油发动机常用的冷却液温度传感器的连接电路。随着温度的升高，热敏电阻值降低，从而使信号电压降低，根据温度传感器的工作原理，就可以采用检查热敏电阻阻值的方法来检查冷却液温度传感器，通过对比实际检测值与参考值，就可以判断其好坏。具体检测方法：先将传感器从线路中断开（即拔下接线插头）；采用万用表检测传感器当前温度下的电阻值，然后把该电阻值和发动机厂家提供的技术参数规范进行对比，就可判断该温度传感器的工作是否正常 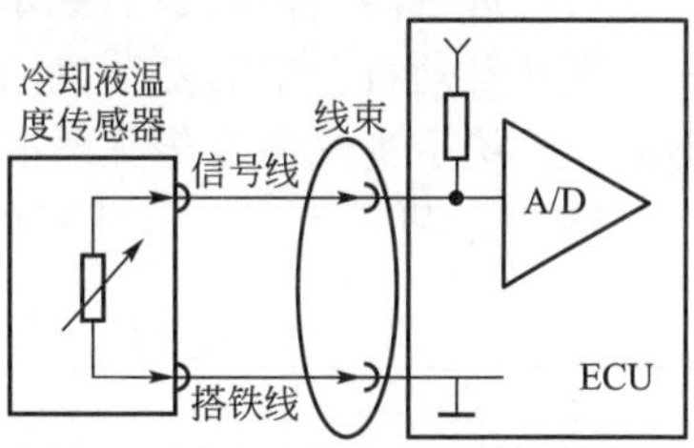

表 3-19 典型的康明斯温度传感器的参数

温度/℃	0	25	50	75	100
电阻值/Ω	5000～7000	1700～2500	700～1000	300～450	150～220

（2）铜热电阻式冷却液温度传感器

表 3-20 列出了电控柴油发动机上常用的铜热电阻式冷却液温度传感器的基本特点与检测方法。

表 3-20 电控柴油机上常用的铜热电阻式冷却液温度传感器的基本特点与检测方法

项目	具体说明
外形与安装位置	右图所示为铜热电阻式冷却液温度传感器的外形与其安装位置，这是应用在 CA6DE3 系列发动机电控系统中的冷却液温度传感器。铜热电阻式冷却液温度传感器与柴油发动机电子控制单元（ECU）之间的连接方式和热敏电阻式冷却液温度传感器的连接方式基本相同  (a) 外形 (b) 安装位置
检测方法	对铜热电阻式冷却液温度传感器的检测，可以采用万用表检测其在不同温度时的电阻值来判断其好坏，检测方法与检测热敏电阻式冷却液温度传感器基本相同，表 3-21 列出了应用在 CA6DE3 系列发动机电控系统中铜热电阻式冷却液温度传感器的正常电阻值

表 3-21 CA6DE3 系列发动机电控系统中铜热电阻式冷却液温度传感器的正常电阻值

温度/℃	−40	−30	−20	−10	0	10	20	30	40	50
最小值/Ω	33850	19543	11722	7273	4651	3055	2220	1520	1062	757
正常值/Ω	45300	25600	15080	9200	5800	3760	2500	1700	1180	873
最大值/Ω	61198	33850	19543	11722	7273	4651	2817	1903	1313	925.7
温度/℃	60	70	80	90	100	110	120	130	140	150
最小值/Ω	547.9	402.4	299.7	226.2	173	128.4	101.1	80.4	64.5	52.3
正常值/Ω	603	441	327	246	187	145	114	90	72	58
最大值/Ω	663.9	483.5	357.1	267.5	202.7	164.4	128.4	101.1	80.4	64.5

3.4 进气温度传感器

发动机电控燃油喷射系统使用的进气温度传感器的结构、类型、工作原理与冷却液温度传感器十分相似。

(1) 进气温度传感器的基本知识

汽油发动机与柴油发动机的电控燃油喷射系统都使用了进气温度传感器，下面介绍这两类电控系统中进气温度传感器的结构、安装位置与作用。

① 柴油机进气温度传感器的外形、安装位置与作用见表 3-22。

表 3-22 柴油机进气温度传感器的外形、安装位置与作用

项目	具体说明	
传感器的外形与安装位置	右图所示为进气温度传感器的典型外形示意图，该传感器通常安装在缸盖进气管上	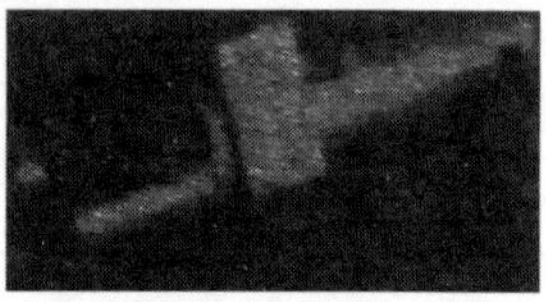
作用	柴油机进气温度传感器用于检测进气温度，并把温度的模拟电压信号传送给柴油发动机电子控制单元(ECU)，这类传感器的电路连接方式与汽油机进气温度传感器的连接方式基本相同	

② 汽油机进气温度传感器的外形、安装位置与连接电路见表 3-23。

表 3-23 汽油机进气温度传感器的外形、安装位置与连接电路

项目	具体说明
进气温度传感器的外形、与连接电路示意图	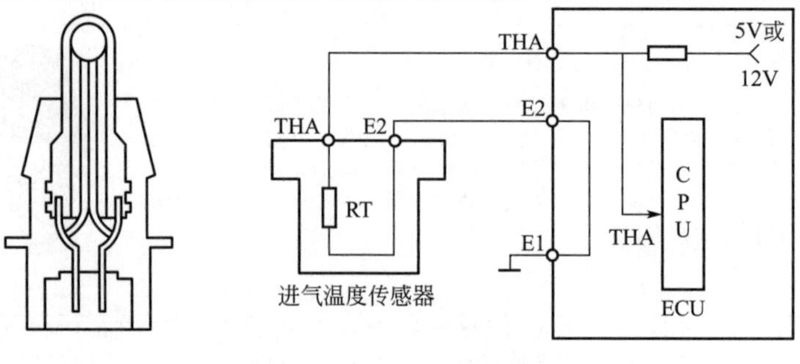(a) 外形 (b) 连接电路

续表

项目	具体说明
说明	图(a)所示为采用半导体热敏电阻制成的进气温度传感器外形，图(b)所示为其连接电路。该类传感器具有负温度特性，通常安装在空气滤清器(简称空滤器)壳体内或进气总管内(空气流量计中)，例如在 D 型 EFI 系统中安装在空气滤清器之后的进气软管处；在 L 型 EFI 系统中安装在空气流量传感器上；还有的将其安装在压力传感器部位。进气温度传感器输出的信号提供给 ECU，微电脑控制器根据进气温度的高低，对喷油量进行修正，让发动机达到最佳燃烧工况。当进气温度低(如启动冷车)时，ECU 控制喷油器加大喷油量(延长喷油时间)；进气温度高(如热车)时，就会减小喷油量(缩短喷油时间)

③ 进气温度传感器的结构与特性参数见表 3-24。

表 3-24 进气温度传感器的结构与特性参数

项目	具体说明
结构与特性参数示意图	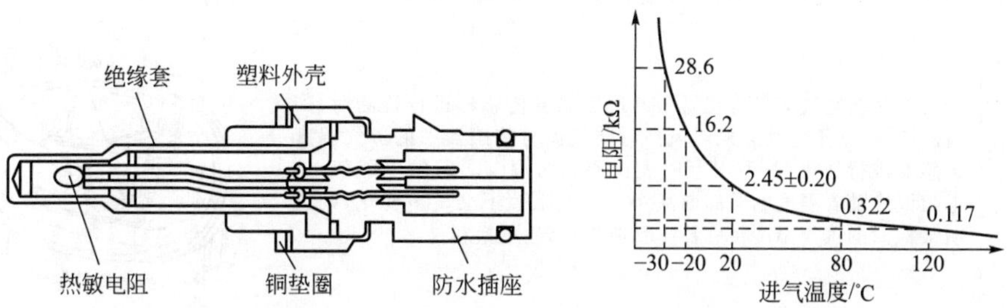 (a) 结构　(b) 工作特性
示意图说明	进气温度传感器，主要由热敏电阻、绝缘套、塑料外壳、铜垫圈、防水插座等组成；不同车型所使用的进气温度传感器的特性曲线有一定的差异，检测时，应根据实际检测的传感器的特性曲线来进行判断

(2) 进气温度传感器的通用检测与维修方法

进气温度传感器大都采用热敏电阻式，对其的检测，可以采用数字式万用表来进行，通常采用电压检测与电阻检测的方式来判断它的好坏。

① 进气温度传感器的电压检测见表 3-25。

表 3-25 进气温度传感器的电压检测

项目	具体说明	图示
在路测静态电压	如右图所示，拔下传感器插头，打开点火开关，测量插头上 THA 端子与 E2 之间的电压，应为 5V。若无电压，则应检查 ECU 连接器上 THA 端与 E_2 间电压。若此电压为 5V，则为 ECU 与传感器之间线路有故障；若无 5V 电压，则为 ECU 有故障	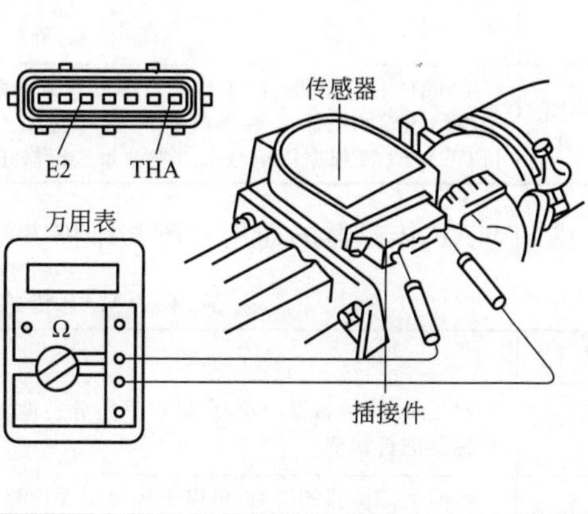
在路测动态电压	插回插件，启动发动机，如右图所示，测量传感器 THA 端与 E2 之间在不同温度下的电压，应在 4～0.55V 之间变化(车型不同略有差别，但变化规律基本上是相同的)。如果测得值与规定值不符，说明进气温度传感器有故障或者已经损坏，应重换新的配件	

② 进气温度传感器的电阻检测见表 3-26。

表 3-26 进气温度传感器的电阻检测

内容	具体说明
开路检测示意图	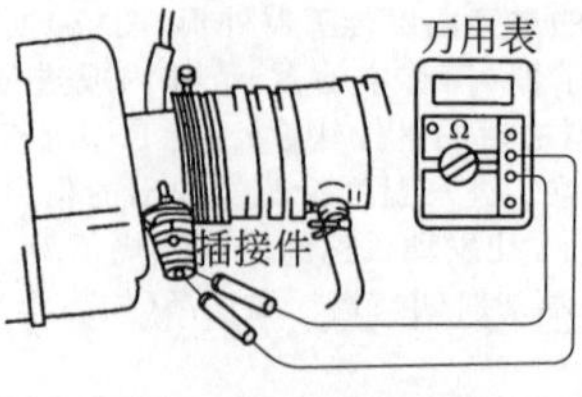 (a) 检测方法 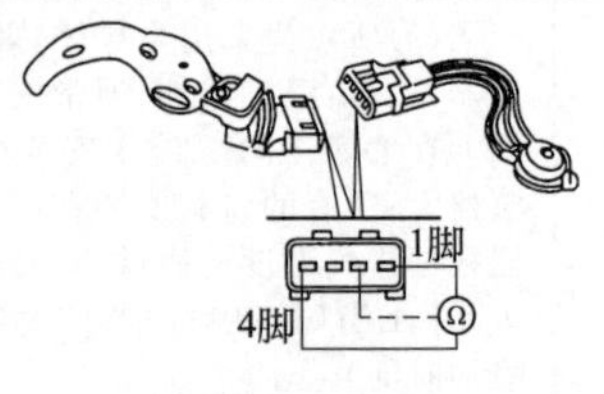 (b) 高尔夫轿车传感器端脚位置
开路检测说明	①断开点火开关，拔下进气温度传感器线束连接器，从发动机上拆下传感器 ②用制冷剂或压缩空气对进气温度传感器进行降温，也可采用将水加温的方法对被检传感器进行加温 ③如图(a)所示，用万用表电阻挡测量传感器两端子间的电阻，其电阻值随温度变化应发生相应的变化，其变化规律应符合其特性曲线的变化规律(不同车型的特性曲线有一些差别)。图(b)所示为检测高尔夫(Golf)轿车 1.6L 型电喷发动机进气温度传感器时的端脚位置
电吹风加温检测	对安装在空气流量传感器中的进气温度传感器进行检测时，如右图所示，采用电吹风机热风挡对空气流量传感器中的进气温度传感器进行加热，并采用万用表检测其两端脚之间的电阻值，该电阻值应随着温度的升高而减小。如电阻值不会发生变化，则说明被检测的进气温度传感器不良或损坏，应更换新件 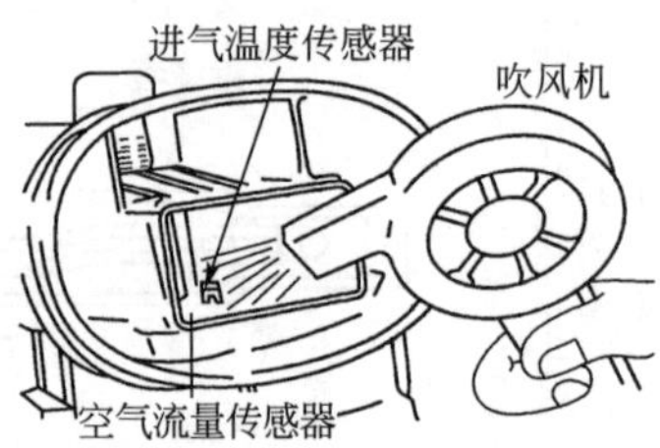

(3) 柴油发动机电控系统 TMAP 传感器的通用检测与维修方法

TMAP 是进气温度传感器与进气压力传感器集成在一起形成的组合式传感器的英文缩写，这类传感器的通用检测与维修方法如下。

① TMAP 传感器的外形与安装位置示意图及其说明见表 3-27。

表 3-27 TMAP 传感器的外形与安装位置示意图及其说明

项目	具体说明
外形与安装位置示意图	 (a) 外形  (b) 安装位置
示意图说明	TMAP 中的温度传感器属于负温度系数热敏电阻式，压力传感器属于压电晶体型。两者的主要作用是，用于检测涡轮增压器之后进气管内空气的压力与温度，检测的信号转换为电压信号提供给电子控制单元(ECU)，ECU 根据该信号来对喷油量进行修正

② TMAP 传感器的通用检测与维修方法见表 3-28。

表 3-28 TMAP 传感器的通用检测与维修方法

项目	具体说明
检测思路	对 TMAP 传感器的检测，可以采用分别检测的方法来判断其好坏，也就是分别对其内的温度传感器和压力传感器进行检测
温度传感器的检测	对温度传感器的检测，可以采用万用表检测其在不同温度时的电阻值来判断其好坏，检测方法与检测冷却液温度传感器基本相同，表 3-29 列出了应用在 CA6DE3 系列发动机电控系统中 TMAP 传感器内部进气温度传感器的正常电阻值

续表

项目	具体说明
压力传感器的检测	对压力传感器的检测，可以采用万用表检测其电压值或采用压力表检测其压力值来判断其好坏，检测方法与检测其他压力传感器基本相同。表 3-30 为进气温度与压力传感器的正常参数。右图所示为 TMAP 传感器内部进气压力传感器的特性曲线 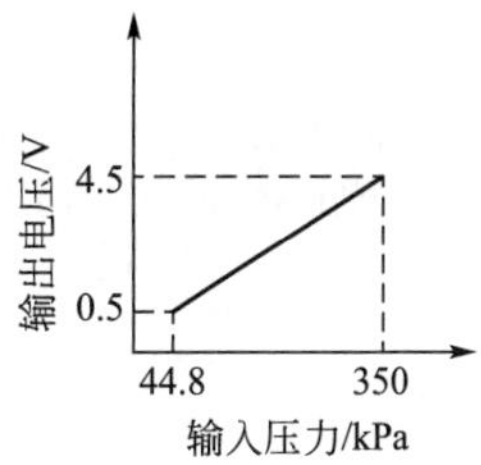

表 3-29　应用在 CA6DE3 系列发动机电子控制系统中 TMAP 传感器内部进气温度传感器的正常电阻值

温度/℃	−40	−30	−20	−10	0	10	20	25	30	40
最小值/Ω	41255	23935	14260	8716	5497	3553	2353	1940	1613	1114
正常值/Ω	44373	25572	15141	9202	5774	3714	2448	2014	1671	1150
最大值/Ω	47492	27209	16022	9689	6050	3875	2544	2089	1730	1186
温度/℃	50	60	70	80	90	100	110	120	130	
最小值/Ω	794.0	568.9	417.6	310.0	234.4	180.4	139.8	108.9	86.0	
正常值/Ω	816.7	583.1	426.7	315.8	238.1	182.8	141.2	110.3	87.4	
最大值/Ω	839.3	597.4	435.8	321.6	241.8	185.1	142.6	111.8	88.8	

表 3-30　进气温度传感器的进气温度与进气压力传感器的正常参数

参数	供电电压/V	检测压力范围/kPa	检测温度范围/℃	热敏电阻范围/Ω
数值	5.00±0.25	44.8～350	−40～130	86～47492

3.5　油温传感器

油温传感器不仅应用于发动机上，还应用于自动变速器上，前者用于检测发动机使用的燃油温度，后者用于检测变速器油的温度。

(1) 结构与原理

油温传感器主要用来对这变速器中液压油的温度进行检测的，故又称其为变速器油温传感器。表 3-31 列出了这类传感器的外形、安装位置与工作特点。

表 3-31　油温传感器的外形、安装位置与工作特点

项目	具体说明
外形示意图	右图所示为应用于电控自动变速器中的液压油温度传感器的外形示意图。该传感器内部是一个半导体热敏电阻，该电阻具有负的温度电阻系数。温度越高，电阻值越小；反之则电阻值越大 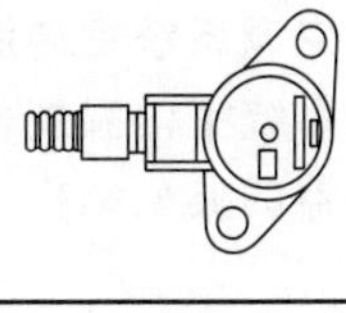

续表

项目	具体说明
安装位置	如右图所示，变速器油温传感器通常安装在自动变速器油底壳内的阀体(板)上，用于检测自动变速器液压油的温度，并将检测到的信息提供给自动变速器电子控制单元，自动变速器电子控制单元根据该传感器电阻值变化的情况，来作为换挡控制、油压控制和锁止离合器控制的依据 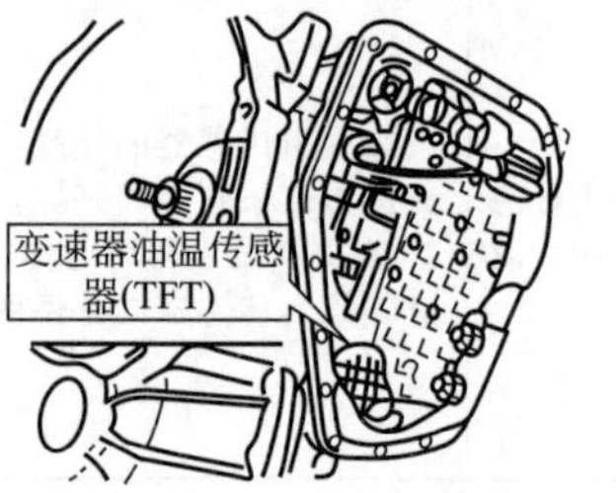
工作特点	油温传感器对变速器油液的温度进行检测，当油液温度升高时，该传感器的电阻值会变小；当油液温度降低时，该传感器的电阻值增大。这样，自动变速器电子控制单元就会根据油液温度传感器输送来的信号，对主油路压力进行调节和控制变速器是否进入热保护方式

(2) 通用检测与维修方法

表 3-32 中列出了油温传感器的通用检测与维修方法。

表 3-32 油温传感器的通用检测与维修方法

<table>
<tr><th>项目</th><th colspan="6">具体说明</th></tr>
<tr><td>连接电路</td><td colspan="6">右图所示为变速器油温传感器与变速器电子控制单元(ECU)之间的连接方式。该传感器通常有两个引脚，一个引脚通过电子控制单元(ECU)内部搭铁(接地)，另一引脚为信号输出端，传感器的供电电压来自于电子控制单元(ECU)内部，通过一个限流电阻后得到的 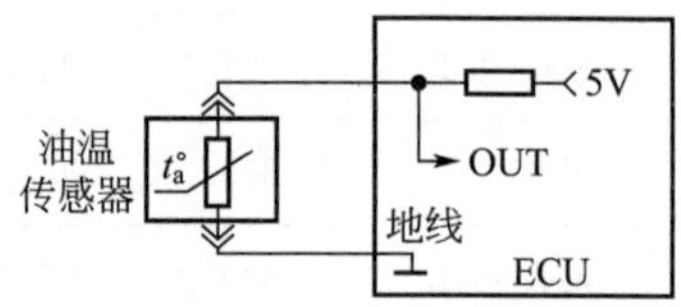 </td></tr>
<tr><td>故障特征</td><td colspan="6">当变速器油温传感器本身或其连接线路出现短路、断路故障时，由于电子控制单元得不到液压油温度信息，就无法控制自动变速器进行换挡</td></tr>
<tr><td>检测与维修</td><td colspan="6">自动变速器电控系统具有故障自诊断功能，一旦检测到油温传感器或与其有关的线路出现问题时，就会点亮故障指示灯，同时将故障转换为代码的形式存储起来。因此在检修故障时，优先读取故障码。当怀疑油温传感器不良时，可将其拆下来，放在有水的容器内(如右图所示)，加热容器中的水，通过测量不同温度时的电阻值，来判断其好坏。以下列出了油温传感器电阻值与温度之间的对应关系参考值(不同车型有一定差异，但变化规律是一致的)。如果检测到的电阻值与标准值相差较大或电阻值不随温度变化，则就说明被检测传感器有问题  </td></tr>
<tr><td rowspan="2">参考数据</td><td>温度/℃</td><td>0</td><td>20</td><td>40</td><td>60</td><td>80</td></tr>
<tr><td>电阻值/kΩ</td><td>4～7</td><td>2～3</td><td>0.9～1.5</td><td>0.5～0.8</td><td>0.2～0.4</td></tr>
</table>

3.6 空调系统温度传感器

在汽车空调系统中，应用了多种温度传感器，这些传感器各司其职，用于检测各个部位的温度并提供给空调电子控制单元，由电子控制单元对车厢内的温度进行调节。

(1) 空调系统室内温度传感器

空调系统室内温度传感器大都由负温度系数热敏电阻为核心制成，表 3-33 列出了这类温度传感器的典型结构、连接电路与工作原理。

表 3-33 空调系统室内温度传感器的典型结构、连接电路与工作原理

项目	具体说明
作用	空调系统室内温度传感器用于对车厢内的环境温度进行检测，并将检测到的信号转换为电压信号提供给空调电子控制单元
典型结构与连接电路示意图	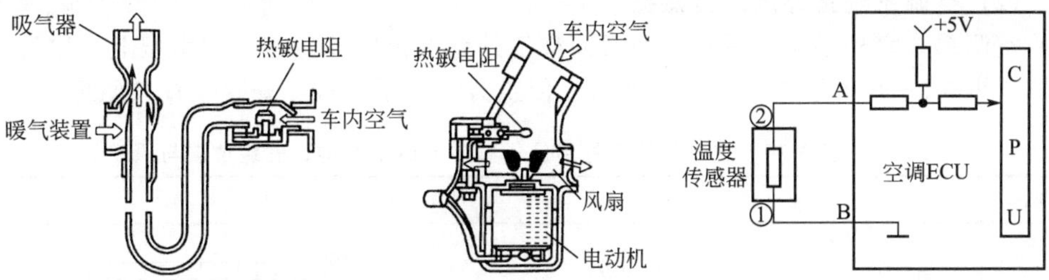 (a) 吸气型　(b) 电动机型　(c) 连接电路
示意图说明	空调系统室内温度传感器常见有吸气型与电动机型两大类，图(a)所示为吸气型温度传感器的典型结构示意图，图(b)所示为电动机型温度传感器的典型结构示意图，图(c)所示为连接电路示意图
安装位置	空调系统室内温度传感器，不同的车型使用的数量也不一样，有的车辆使用一个，有的车辆使用两个。使用一个传感器的车型，通常安装在驾驶室内靠近仪表板处(例如仪表板下面)；对于使用两个传感器的车辆，一个传感器安装在驾驶室内靠近仪表板处，另一个安装在后风窗玻璃下面
原理	室内温度传感器是一种将热敏电阻安装在塑料壳内制形成的，它是利用抽风装置(例如利用空调组件内的气流工作或设置专用电动机吸进空气)把车内空气从吸气孔处吸入塑料壳内来检测车厢内的温度

空调室内温度传感器及其连接电路出现短路或断路故障时，往往会使空调温度控制系统不能正常控制压缩机进行工作，而使室内温度不能保持恒定。表 3-34 列出了空调系统室内温度传感器的通用检测与维修方法。

表 3-34 空调系统室内温度传感器的通用检测与维修方法

项目	具体说明
检测与特性曲线示意图	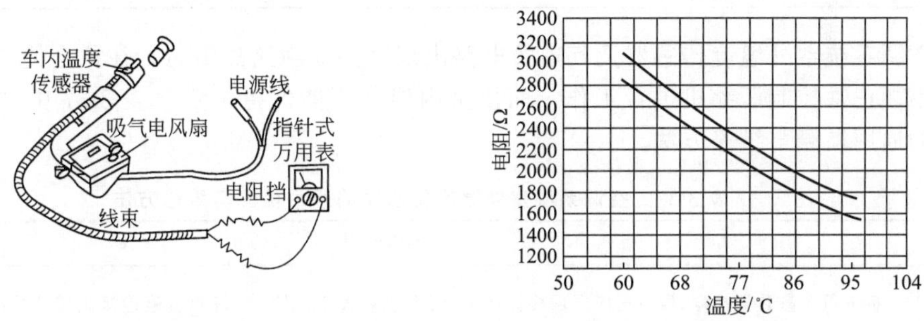 (a) 检测示意图　(b) 特性曲线
检测方法	将万用表置于电阻挡，如图(a)所示，将两表笔连接到传感器的连接导线上，然后采用电吹风热风挡对室内温度传感器进行加热，同时观察万用表指针指示的电阻值，该电阻值的变化规律应符合图(b)所示的温度与电阻值的特性变化曲线。如电阻值不会发生变化或变化较小，均说明该传感器损坏或不良
说明	如果一时不知道所测温度传感器的特性曲线，也可以参考表 3-35 中所列的电阻值与温度之间的关系进行检测判断，不同型号的室内温度传感器检测到的电阻值可能不完全一样，但变化规律基本是相同的，故该表具有一定的参考价值

表 3-35 汽车空调系统室内、室外温度传感器电阻值与温度之间的关系变化规律参考值

温度/℃	−15	−10	−5	0	5	10	15
电阻值/kΩ	12.75	9.9～11.5	7.8	6.1～6.5	4.95	3.99～4.1	3.24

续表

温度/℃	20	25	30	35	40	45	
电阻值/kΩ	2.5～2.65	2.19	1.5～1.81	1.51	1～1.27	1.07	

(2) 空调系统室外温度传感器

空调系统室外温度传感器（通常简称室外温度传感器）在有的车型上又称为环境温度传感器。表 3-36 列出了空调系统室外温度传感器的典型结构、安装位置与原理。

表 3-36　空调系统室外温度传感器的典型结构、安装位置与原理

项目	具体说明
典型结构与特性曲线示意图	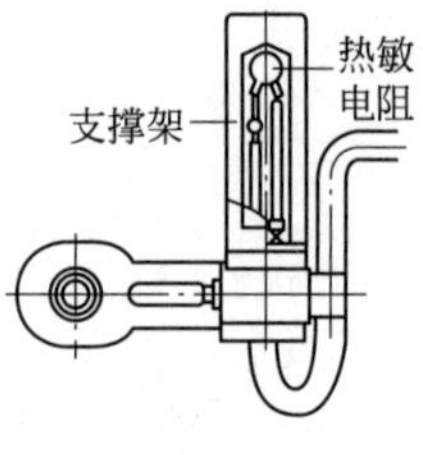 (a) 典型结构 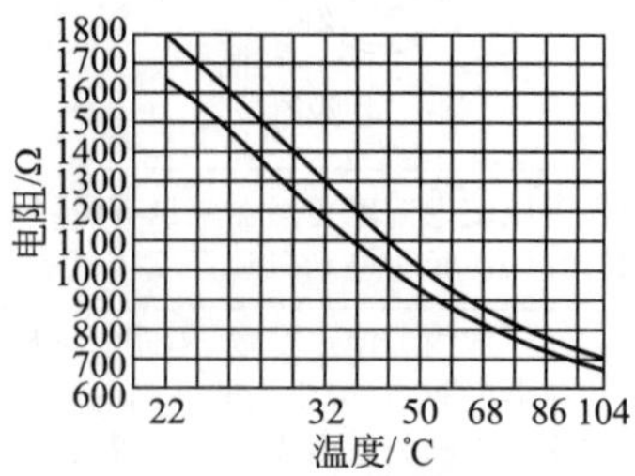 (b) 特性曲线
示意图说明	空调系统室外温度传感器与室内温度传感器一样，也属于负温度系数热敏电阻式，图(a)所示为该类传感器的典型结构，和空调 ECU 之间的连接方式与室内空气温度传感器的连接方式基本相同[见表 3-33 中的图(c)所示]，仅是与 ECU 连接的引脚字母代号不同
安装位置	空调系统使用的室外空气温度传感器，不同的车型，安装位置也不一样，但通常都安装在汽车前部的某个部位
原理	空调系统室外温度传感器用于对车外的环境温度进行检测，并将检测到的信号转换为电压信号提供给空调电子控制单元(ECU)，由 ECU 启动空调压缩机运转，以此来保持车厢内的温度恒定在一定范围内

空调系统室外温度传感器及其连接电路出现短路或断路故障时，往往会使空调温度控制系统不能正常控制压缩机进行工作，而使室内温度不能保持恒定。表 3-37 中列出了该类传感器的通用检测与维修方法。

表 3-37　空调系统室外温度传感器的通用检测与维修方法

项目	具体说明
检测方法	拆下汽车散热器护栅，拔下传感器插接器插头，将万用表置于电阻挡，将两表笔连接到传感器的连接导线上，然后采用电吹风热风挡对室外温度传感器进行加热，同时观察万用表指针指示的电阻值，该电阻值的变化规律是温度升高电阻值下降，也就是应符合所测温度传感器的温度与电阻值的特性曲线变化情况。如检测到的电阻值不会发生变化或变化较小，均说明该传感器损坏或不良
说明	如果一时不知道所测温度传感器的特性曲线，也可以参考表 3-36 中图(b)所示的电阻值与温度之间的特性曲线来进行检测判断，不同型号的室外温度传感器检测到的电阻值可能不完全一样，但变化规律基本是相同的，故该曲线具有一定的参考价值

(3) 空调系统蒸发器出口温度传感器

空调系统蒸发器出口温度传感器简称蒸发器温度传感器或蒸发器表面温度传感器等，表 3-38 列出了这类传感器的结构与原理。

表 3-38　空调系统蒸发器出口温度传感器的结构与原理

项目	具体说明
安装位置与连接电路示意图	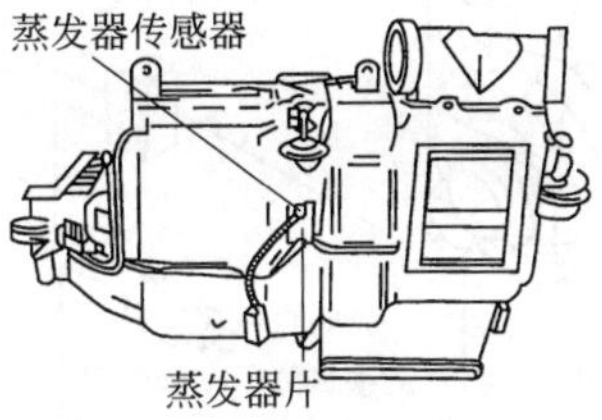 (a) 安装位置 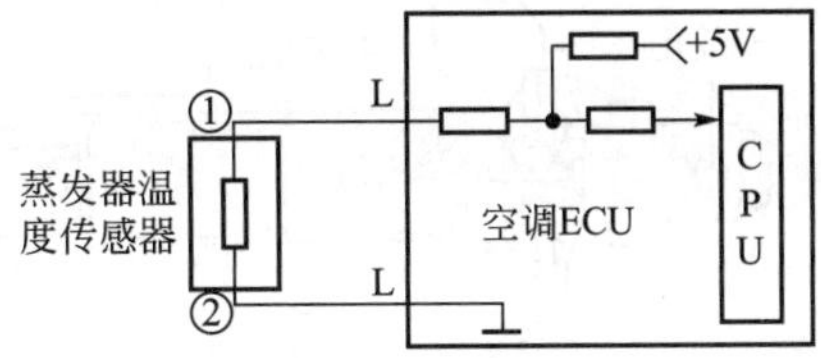 (b) 连接电路
示意图说明	空调系统蒸发器出口温度传感器安装在汽车空调系统的蒸发器片上，如图(a)所示，用于检测蒸发器表面的温度变化情况，以控制压缩机的工作状况。其与空调 ECU 之间的连接方式见图(b)
原理	工作时，空调蒸发器出口温度传感器检测蒸发器表面的温度，并将其转换为电信号后提供给空调 ECU，ECU 把输入的信号与预先设定的温度调节信号进行比较后，输出控制信号控制空调压缩机电磁离合器的通断，以此来对压缩机的工作进行控制，以防止蒸发器结冰

空调蒸发器出口温度传感器及其连接电路出现短路或断路故障时，往往会使蒸发器的冷媒出口即高压管路上结冰；同时，也会使空调温度控制系统不能正常控制压缩机进行工作。

① 空调蒸发器出口温度传感器连接情况的检测。采用万用表检测蒸发器出口温度传感器与空调控制器总成之间的插接器及导线之间的连接情况，检测空调控制器总成的状况。

② 空调蒸发器出口温度传感器的冷却和加热检测见表 3-39。

表 3-39　空调蒸发器出口温度传感器的冷却和加热检测

项目	具体说明	图示
检测前的准备	拆下蒸发器出口温度传感器的插接器，将万用表置于电阻挡，如右图所示，把两表笔连接在传感器插接器的 L-L 两端脚之间	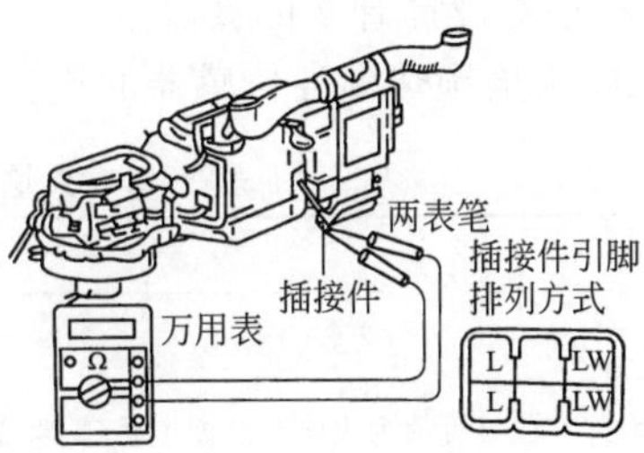
检测方法	一边加热或冷却传感器，一边观察万用表显示的电阻值，该电阻值应随着温度的升高或降低而变小或变大，如表 3-40 所示(不同型号的蒸发器出口温度传感器检测到的电阻值有一定的差别，但变化规律基本相同)。如检测到的电阻值不会发生变化或变化较小，均说明该传感器损坏或不良	

表 3-40　蒸发器出口温度传感器电阻值与温度之间对应关系参考值

温度/℃	−10	−5	0	5	10	15	20	25	30
电阻值/kΩ	7.2～9.2	5.7～7	4.5～5.4	3.5～4.2	2.7～3.3	2.2～2.6	1.7～2.1	1.4～1.6	1.1～1.3

(4) 散热器冷却风扇热敏铁氧体温度传感器

散热器冷却风扇热敏铁氧体温度传感器出现短路或断路现象时，散热器冷却风扇就会出现失控或控制不良故障。表 3-41 列出了该传感器的结构、连接方式、通用检测与维修方法。

表 3-41 散热器冷却风扇热敏铁氧体温度传感器的结构、连接方式、通用检测与维修方法

项目	具体说明
结构与连接方式示意图	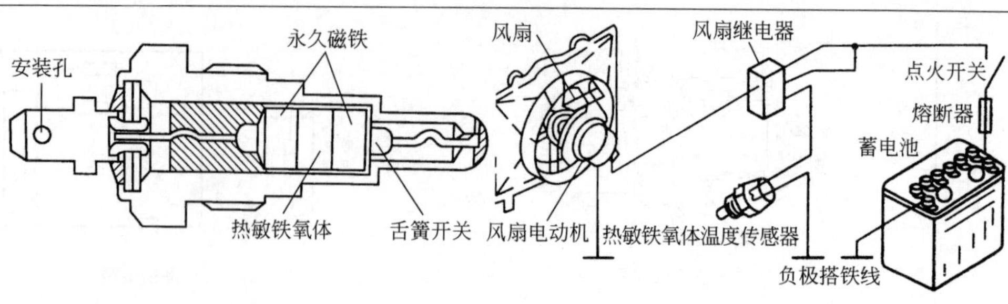 (a) 结构 (b) 接线圈
示意图说明	图(a)所示为热敏铁氧体温度传感器的典型结构，主要由永久磁铁、舌簧开关和热敏铁氧体等组成。图(b)所示为热敏铁氧体温度传感器的接线图
检测与维修	①拆下热敏铁氧体温度传感器，将其置于装水的容器中进行加热，将万用表置于电阻挡，两表笔连接在热敏铁氧体温度传感器的两端脚上 ②在加热的时候，同时观察万用表检测到的电阻值。当水温低于规定温度时，热敏铁氧体温度传感器舌簧开关闭合接通，传感器导通，万用表指示值为 0；当水温高于规定温度时，热敏铁氧体温度传感器舌簧开关断开，传感器不导通，万用表指示值为∞ 如果检测到的结果不符合上述规律，则说明被检测的热敏铁氧体温度传感器已经损坏，应更换新件

3.7 其他温度传感器

汽车上使用的温度传感器，除了上面介绍的外，还有一些使用量相对较小、在特殊场合应用的温度传感器。

(1) 火焰预热温度传感器

火焰预热温度传感器在一些重型载货汽车上用于车辆的冷启动预热控制用。斯太尔系列重型汽车就设置有该传感器。

① 火焰预热温度传感器的连接电路与工作原理见表 3-42。

表 3-42 火焰预热温度传感器的连接电路与工作原理

项目	具体说明
连接电路示意图	右图所示为火焰预热温度传感器 B8 在火焰预热装置中的连接方式示意图。当点火开关接通后，安装在发动机水道上的预热温度传感器电路接通。在该电路中，控制装置中的字母或数字或字母与数字的组合，均表示该装置各输出端脚的代号，熔丝 F34 为火焰预热系统的保险装置，当该熔丝熔断后，应查明原因并处理后，再更换新的熔丝，以防新换的熔丝再次熔断或造成故障的扩大。通常应重点检查火焰预热电热塞 R3、R4 是否出现短路 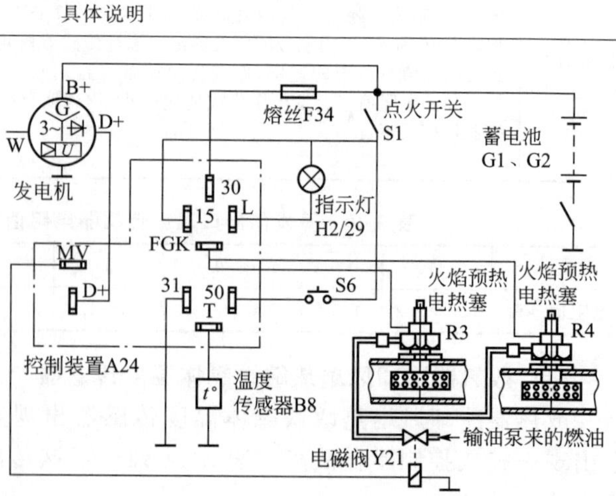

续表

项目		具体说明
工作原理	水温高于23℃	当水温高于23℃时，START信号指示灯H2/29不亮，火焰预热电路不会工作
	水温低于于23℃	当水温低于23℃时，预热温度传感器感应的信号送到火焰预热控制器A24，电路进入工作状态。START信号指示灯点亮，控制器内的继电器触点闭合，开始向电热塞供电，加热的时间依据不同的温度随机设定。当电热塞的发热体达到800～900℃时，供电转换为断续状态，START信号指示灯闪亮，此时启动发动机，电磁阀Y21吸合，接通油路，燃油通过油管进入电热塞，经雾化腔雾化后由发热体点燃，形成火炬，加热进气道里的空气，使发动机易于启动。如在30s内不启动发动机，电路自动停止工作。表3-43列出了火焰预热时间与水温之间的关系

表3-43 火焰预热时间与水温之间的关系

水温/℃	－32	－20	－10	0	10	20	＞23
火焰预热时间/s	180	145	110	85	65	45	不工作

② 火焰预热温度传感器的检测与维修数据见表3-44。

表3-44 火焰预热温度传感器的检测与维修数据

项目	具体说明						
检测与维修	预热温度传感器为负温度系数的热敏电阻，其电阻值变化范围在240～12000Ω之间，该传感器的性能直接影响预热控制电路的准确性。可以通过检测其在不同温度时的电阻值，来判断其好坏，下面列出了预热温度传感器温度与其电阻值之间的关系						
检测数据	温度/℃	20	10	0	－10	－20	－30
	电阻值/Ω	1040±10	1800±200	2700±500	4000±600	6800±1000	12000±1800

(2) 缸体温度传感器

T815-2型汽车发动机上使用了一种缸体温度传感器，由该传感器组成的电子自动控温装置，对发动机的温度进行自动控制。

① 缸体温度传感器的外形与连接电路见表3-45。

表3-45 缸体温度传感器的外形与连接电路

项目	具体说明
外形与连接电路示意图	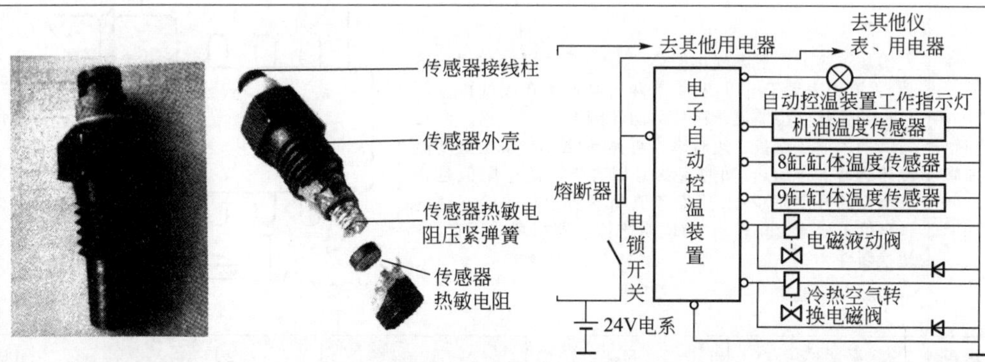 (a) 缸体温度传感器外形 (b) 缸体温度传感器内部结构 (c) 控制方式
示意图说明	图(a)所示为缸体温度传感器(有些车辆也采用该类传感器对机油温度进行监测)外形示意图，图(b)所示为缸体温度传感器内部结构示意图，图(c)所示为缸体温度传感器和电子自动控温装置之间的连接与控制方式示意图

② 缸体温度传感器的原理、检测与维修方法见表3-46。

表 3-46 缸体温度传感器的原理、检测与维修方法

项目	具体说明
原理	缸体温度传感器的感温体是一种高性能陶瓷材料的负温度系数的热敏电阻，其电阻值随着温度的变化在 100～100000Ω 之间变化，由于发动机机体温度的变化，缸体温度和机油温度传感器里面的热敏电阻的阻值不断变化，该信号被转换为电压后提供给自动控温装置。自动控温装置的工作原理是，工作时发动机温度不断上升，当机油温度上升到 115℃、缸体温度上升到 155℃时，电子自动控温装置接收到这些信号后，使电磁液动阀电路断开，大量的机油从发动机机油细滤器经油管进入液力耦合器，使液力耦合器鼓风机高速旋转，进行强风散热，以保证发动机缸体温度始终被控制在 155～185℃范围内，使发动机处于最佳工作状态。同时，电子冷却装置将冷热空气转换电磁阀电流断开，进气管活门自动回到原来的位置，从发动机舱外吸入自然冷空气
检测与维修	判断缸体温度传感器的好坏，可以把被检测的缸体温度传感器的感温部位置于盛有热水的玻璃杯中，采用万用表检测其电阻值与正常电阻进行对照，表 3-47 中列出了采用 VC890D 型数字式万用表实际检测到的一组正常电阻值，供检测时对比参考。如果检测到的数据与该数据相差较大，就说明被检测的传感器有问题

表 3-47 缸体温度传感器的温度与电阻正常值之间的关系

温度/℃	20	25	30	35	40	45	50
电阻值/kΩ	1.56	1.49	1.44	1.42	1.26	1.09	0.87

(3) 废气再循环 (EGR) 系统监测温度传感器

废气再循环（EGR）系统监测温度传感器不良或损坏（短路或断路）以后，往往会导致废气再循环停止。表 3-48 为废气再循环（EGR）系统监测温度传感器的通用检测与维修方法。

表 3-48 废气再循环（EGR）系统监测温度传感器的通用检测与维修方法

<table>
<tr><th>项目</th><th colspan="5">具体说明</th></tr>
<tr><td>外形结构</td><td colspan="2">右图所示为废气再循环(EGR)系统监测温度传感器的外形结构示意图，该传感器主要由负温度系数热敏电阻(检测元件)、辅助环、紧固螺栓、垫圈、连接导线等组成</td><td colspan="3">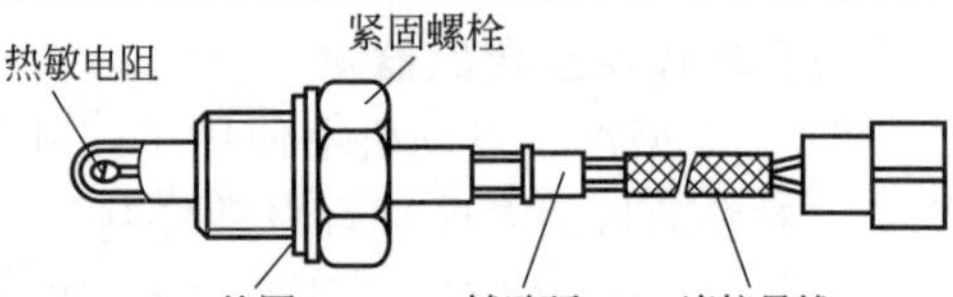
</td></tr>
<tr><td>安装位置</td><td colspan="2">右图所示为废气再循环(EGR)系统监测温度传感器安装位置示意图，该传感器通常安装在 EGR 阀的出气道上</td><td colspan="3" rowspan="2">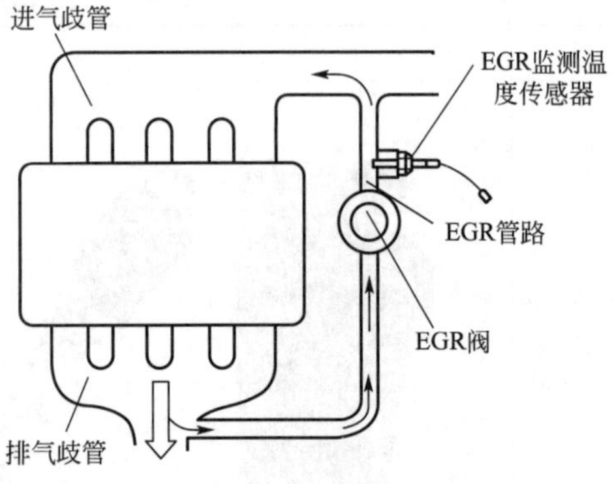
</td></tr>
<tr><td>检测与维修</td><td colspan="2">①从车辆上拆下废气再循环(EGR)系统温度监测传感器，将万用表置于电阻挡，将其两表笔连接在废气再循环(EGR)系统温度监测传感器的两端脚上
②采用加热设备一边对废气再循环(EGR)系统温度监测传感器进行加热，同时观察万用表指示的电阻值是否随温度的升高而减小，其参考值如下所示。如检测到的电阻值不变或变化较小，均说明该传感器损坏或不良，应更换新件</td></tr>
<tr><td rowspan="2">检测数据</td><td>温度/℃</td><td>50</td><td>100</td><td>200</td><td>400</td></tr>
<tr><td>电阻值/kΩ</td><td>635±77</td><td>85±9</td><td>5.0±0.6</td><td>1.6</td></tr>
</table>

(4) 排气温度传感器

排气温度传感器及其连接电路出现短路或断路故障时，往往会使三元催化转化器出现异常高温而损坏，同时也会使汽车尾气排放物严重超标。一旦三元催化转化器损坏，排气管发生堵塞，由于排气不畅，就会使发动机工作不稳。

① 排气温度传感器的类型与结构见表3-49。

表3-49 排气温度传感器的类型与结构

<table>
<tr><th>项目</th><th>具体说明</th></tr>
<tr><td>类型结构示意图</td><td>
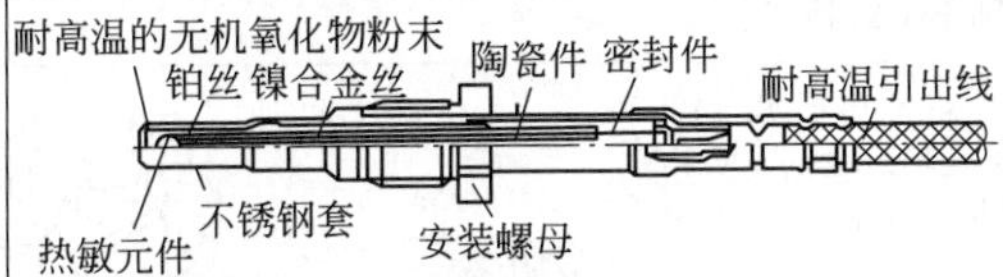

(a) 热敏电阻式
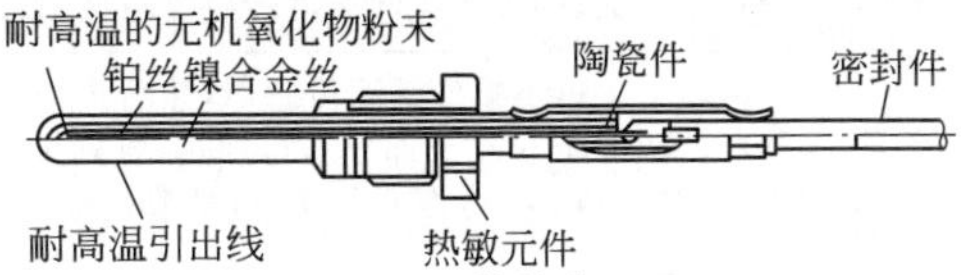

(c) 熔丝式
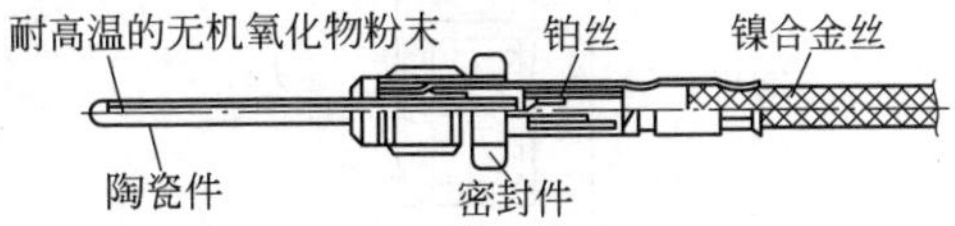

(b) 热电偶式
排气温度传感器主要有热敏电阻(属于负温度系数)式、热电偶式与熔丝式三大类。这三种传感器在结构上有较大的差别</td></tr>
<tr><td>安装位置</td><td>右图所示为排气温度传感器安装在车辆上的位置示意图，通常安装在排气装置的三元催化转化器上。一般和排气温度报警系统构成一个组件，用来检测三元催化转化器内的排气温度，并将检测到的信号转换为电信号后提供给电子控制单元。一旦检测到排气温度过高时，电子控制单元就会输出报警信号控制报警指示灯点亮。目前，大多数车辆均采用热敏电阻式排气温度传感器
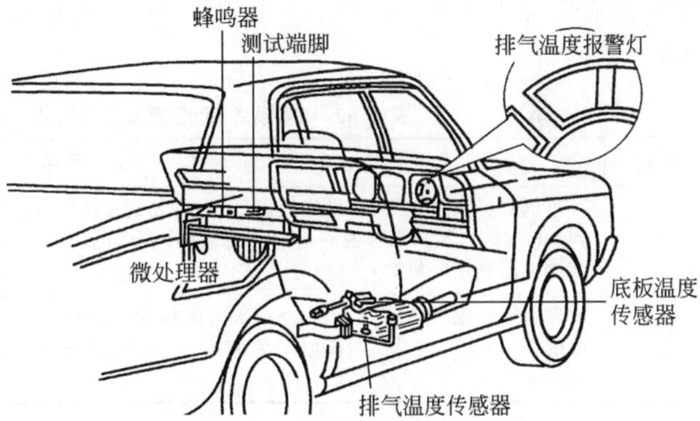
</td></tr>
</table>

② 排气温度传感器的连接方式与工作原理见表3-50。

表3-50 排气温度传感器的连接方式与工作原理

<table>
<tr><th>项目</th><th colspan="2">具体说明</th></tr>
<tr><td>连接方式示意图</td><td colspan="2">右图所示为排气温度传感器与控制电路、报警灯和蜂鸣器之间的连接方式。在该电路中，控制电路的第2脚还连接有底板温度传感器(采用正温度系数热敏电阻为核心制成，其典型特性是温度升高，电阻值会明显增加)，用于对车厢底板温度进行监测，该传感器与排气温度传感器共用一套报警系统
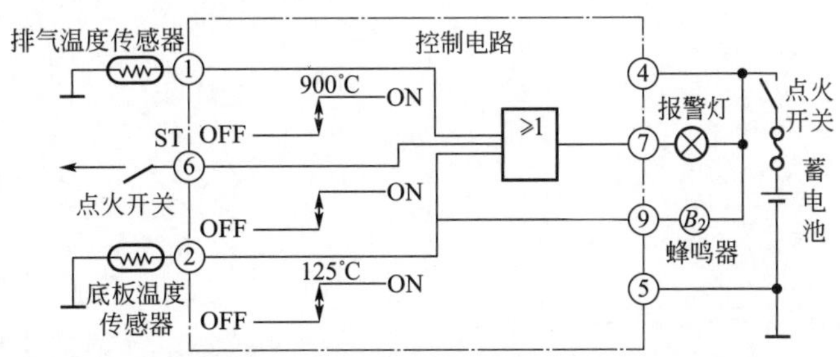
</td></tr>
<tr><td rowspan="2">工作原理</td><td>报警灯自检</td><td>由上图中可以看出，当发动机启动时，启动信号开关(ST)接通，同时点火开关也接通，此时控制电路会自动检测报警灯灯丝是否完好，如果完好，报警灯就会自动点亮一段时间后熄灭。如果不能点亮，则说明报警灯灯丝已经熔断</td></tr>
<tr><td>报警方式</td><td>车辆在行驶过程中，如果排气温度过高(超过900℃)，就会使排气温度传感器的电阻值降低(例如降低到0.43kΩ以下，不同型号的排气温度传感器该电阻值有一定的差异)，一旦该电阻值下降到设定值时，排气温度报警灯就会点亮，从而向驾驶人员发出报警</td></tr>
</table>

③ 排气温度与底板温度传感器的通用检测与维修方法见表 3-51。

表 3-51 排气温度与底板温度传感器的检测与维修方法

项目	具体说明	
观察判断	先观察在接通点火开关后仪表盘处的排气温度报警灯是否点亮，如能够点亮，且在发动机启动时该报警灯又会自动熄灭，则说明排气温度传感器良好；反之则不良或损坏	
开路检测	从车辆上拆下排气温度传感器，然后按右图所示，采用炉子对传感器的顶部 40mm 长部分进行加热，直到火焰处呈暗红色，此时采用万用表电阻挡检测传感器两端脚之间的电阻值，应在 0.4～20kΩ 之间	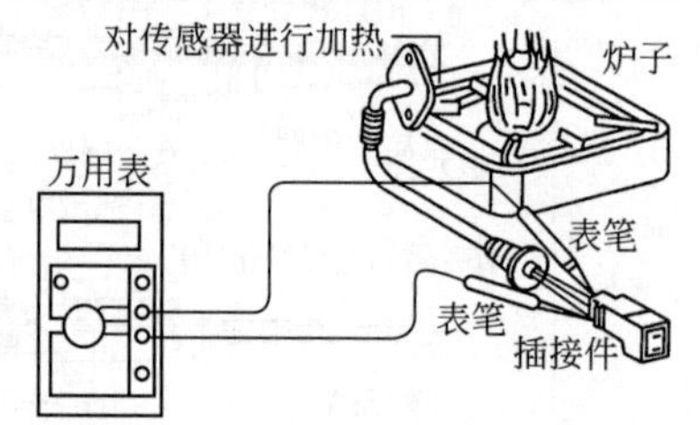
提示	当发现排气温度传感器引线的橡胶管出现损伤时，不能凑合继续使用，应更换新的、同规格的排气温度传感器	

(5) 底板温度传感器

底板温度传感器通常与排气温度传感器共用一套报警控制电路与报警指示灯和蜂鸣器，具体情况见表 3-50 中的介绍，表 3-52 列出了底板温度传感器的原理、通用检测与维修方法。

表 3-52 底板温度传感器的原理、通用检测与维修方法

项目	具体说明
原理	车辆在行驶过程中，如果底板温度过高（超过 125℃），就会使底板温度传感器的电阻值明显增加（例如增加到 2kΩ 以上，不同型号的底板温度传感器该电阻值有一定的差异），一旦该电阻值上升到设定值时，与排气温度传感器共用的报警灯就会点亮，同时蜂鸣器也发出蜂鸣声，从而向驾驶人员发出报警
检测与维修	拆下底板温度传感器，采用万用表电阻挡检测传感器插接器插头两端脚之间的电阻值，正常情况下当底板温度在 0～80℃之间时，该电阻值应在 30～250Ω 之间。如果检测到的电阻值相差较大，则说明该传感器有问题

第4章　流量传感器

汽车上使用的流量传感器常见的主要有空气流量传感器(又称为空气流量计)与液体流量传感器两大类。

4.1　流量传感器概述

汽车上应用的空气流量传感器类型较多，而应用的液体流量传感器主要为燃油和冷媒流量传感器。

(1) 基本情况

应用于汽车上的流量传感器用来检测气体或液体的流量，这类传感器的基本情况见表 4-1 中所列。

表 4-1　流量传感器的基本情况

<table>
<tr><th>项目</th><th colspan="3">具体说明</th></tr>
<tr><td rowspan="5">空气流量传感器</td><td colspan="3">空气流量传感器又称进气流量传感器，是决定喷油量的重要元件。它通常安装在空气滤清器后的进气管前，用来检测进气量的参数。单独检测进气量或进气压力就能反映进气量的情况，所以有的电喷发动机采用进气流量式检测(例如宝马、雷克萨斯等)，有的发动机则采用进气压力来检测(例如皇冠、北京切诺基等)</td></tr>
<tr><td rowspan="2">类型</td><td>质量型</td><td>质量型空气流量传感器的特点是可直接检测出吸入气缸空气的质量，故其检测精度较高，常见的有热丝式和热膜式空气流量传感器</td></tr>
<tr><td>体积型</td><td>体积型空气流量传感器的特点是只能检测出吸入气缸空气的体积，还需要根据温度传感器检测到的温度信息，并通过发动机电子控制单元(ECU)计算出吸入的气体质量，常见的有翼片式、量芯式与卡尔曼涡流式空气流量传感器</td></tr>
<tr><td>作用</td><td colspan="2">空气流量传感器用于检测发动机进气量的大小，并把该信息转换为电信号提供给发动机电子控制单元(ECU)，由 ECU 来确定喷油量和点火时间</td></tr>
<tr><td>故障特征</td><td colspan="2">当空气流量传感器或其连接线路出现问题时，就会使发动机电子控制单元(ECU)无法正确地控制发动机的喷油量和点火时间，往往会导致发动机不能正常运转</td></tr>
<tr><td>液体流量传感器</td><td colspan="3">燃油流量传感器主要是用于检测燃油的消耗量；冷媒流量传感器主要用于自动空调系统中，用来对制冷剂的通过量进行计量</td></tr>
</table>

(2) 一般检测步骤

流量传感器有多种类型，对它们的检测方法十分类似，表 4-2 列出了检测流量传感器的一般步骤。

表 4-2 检测流量传感器的一般步骤

项目	具体说明
线束电阻的检测	断开点火开关，拔下 ECU 与传感器之间相应插头，采用万用表检查各线束两端之间的电阻，判断电路的通断情况，正常导通时电阻值小于 0.5Ω。若测得值为∞，说明断路，同时还应检查相邻两线束之间是否短路，搭铁是否可靠
电源电压的检测	接通点火开关，万用表正极接电源正极、负极搭铁，测电压，正常值为 5V(或 12V)；检查油泵继电器电路，正常值为 12V
输出信号的检测	接通点火开关，检查信号端之间输出电压，踩油门踏板看信号电压的变化情况，若信号电压不符合标准，应更换传感器

4.2 热膜式空气流量传感器

热膜式空气流量传感器是在热线式空气流量传感器的基础上发展起来的，两者的工作原理基本相同。

(1) 结构与原理

热膜式空气流量传感器与热线式空气流量传感器最大的不同是将后者用于发热体的热线改为了热膜。

① 热膜式空气流量传感器的外形结构与特点见表 4-3。

表 4-3 热膜式空气流量传感器的外形结构与特点

项目	具体说明
外形结构示意图	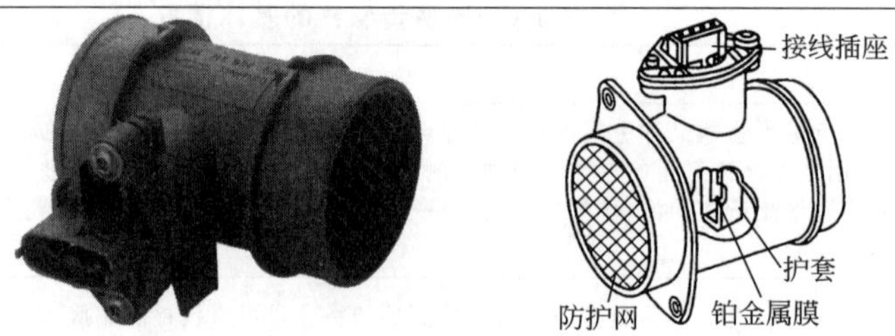(a) 实物 (b) 结构
示意图说明	图(a)所示为热膜式空气流量传感器的实物示意图，图(b)所示为热膜式空气流量传感器结构示意图。该类传感器中的热膜是固定在薄的树脂膜上的金属铂，或者用厚膜工艺将热线、冷线、精密电阻镀在一块陶瓷片上，从而有效地降低了制造成本
特点	热膜式空气流量传感器不采用价格昂贵的铂丝，且使发热体不直接承受空气流动所产生的作用力，从而提高了发热体的强度和工作可靠性，且结构简单，使用寿命长，不易受尘埃污染。不足之处是空气流速不均匀，对检测精度有一定的影响

② 热膜式空气流量传感器的内部元件与工作过程见表 4-4。

表 4-4 热膜式空气流量传感器的内部元件与工作过程

项目	具体说明
内部元件	下图所示为热膜式空气流量传感器内部元件示意图。在该图中，热膜电阻为发热元件，设在护套中，在护套的空气入口一侧设有空气过滤层，用于过滤空气中的污物，以免污物沉积到热膜电阻上影响测量精度。位于热膜电阻附近的、气流上游的温度补偿电阻(进气温度传感器)可防止进气温度变化使测量精度受到影响。上述两电阻与传感器内部控制电路连接，控制电路与线束连接器插座连接，线束插座设在传感器壳体中部

续表

<table>
<tr><th colspan="2">项目</th><th colspan="2">具体说明</th></tr>
<tr><td colspan="2">内部元件</td><td colspan="2">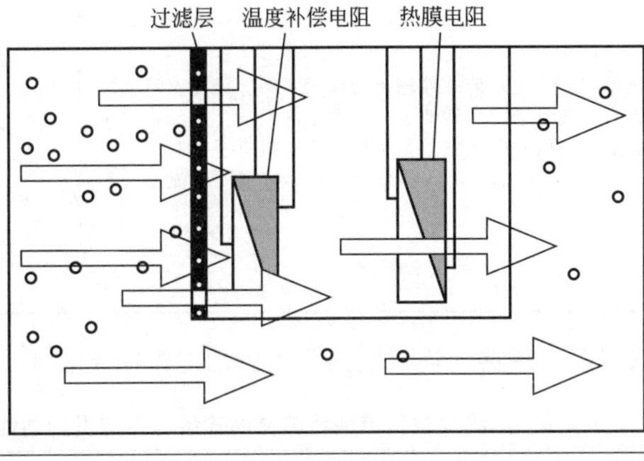</td></tr>
<tr><td rowspan="2">工作过程</td><td>怠速或热空气</td><td>当发动机怠速或空气为热空气时，由于怠速时节气门关闭或接近关闭，所以空气气流低，空气量少；又因空气温度越高，空气密度越小，所以在体积相同的情况下，热空气的重量轻，因此发热元件受到冷却的程度小，阻值减小幅度小，保持电桥平衡需要的电流小，如右图所示，故取样电阻上的信号电压低。ECU 根据信号电压即可计算出空气量</td><td>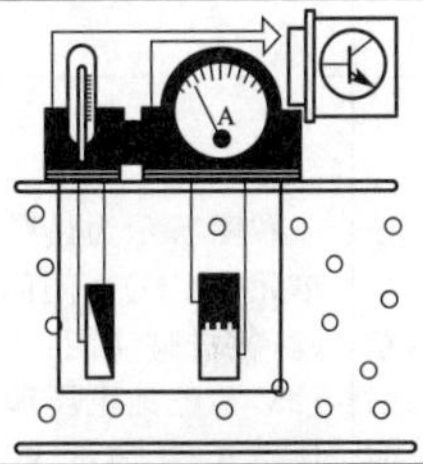</td></tr>
<tr><td>负荷增大或冷空气</td><td>当发动机负荷增大或空气为冷空气时，由于节气门开度增大，空气流速加快，使空气量增大；而冷空气密度大，在体积相同的情况下冷空气的重量大，因此发热元件受到冷却的程度增大，阻值减小幅度大，保持电桥平衡需要的电流增大，如右图所示，因此当发动机负荷增大时，信号电压升高</td><td>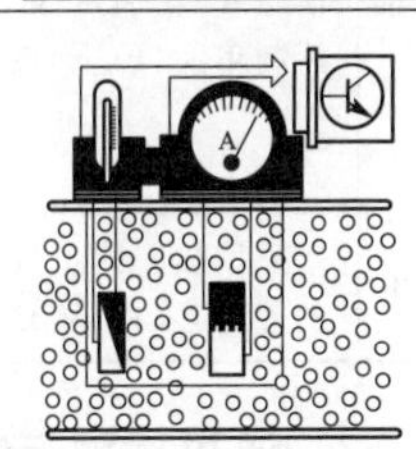</td></tr>
</table>

③ 热膜式空气流量传感器的原理与特性曲线见表 4-5。

表 4-5 热膜式空气流量传感器的原理与特性曲线

<table>
<tr><th>项目</th><th colspan="2">具体说明</th></tr>
<tr><td>电路工作原理</td><td>右图所示为热膜式空气流量传感器的电路原理示意图。热膜电阻(发热体)R_H 和进气温度计(又称为温度补偿电阻)R_K 与精密电阻 R_A、电桥电阻 R_B 共同构成惠斯顿电桥。集成电路 A 用于控制热膜电阻电流，使进气温度与热膜温度相差 100℃。R_H 和 R_K 均置于进气通道中的取气管内。发动机工作进气时，热膜电阻 R_H 通电产生热量被进气空气流吸收带走，因而热膜温度下降。空气流量越大，热膜损失的热量越多，要保持进气温度(R_K 的温度)与热膜温度(R_H 的温度)相差 100℃，集成电路 A 将根据进气温度与空气流量的大小加大或减小通过热膜电阻 R_H 的电流，使两者温度差保持恒定。当热膜电阻的电流通过精密电阻 R_A 时，就会在 R_A 上产生电压降，该电压降随着热膜电阻通过的电流(也就是空气量)的变化而变化，这样就可以根据其输出电压 U_o，检测出空气流量。怠速工况时，空气流量较小，传感器输出电压较低，大负荷时空气流量大，输出电压较高。空气流量计向 ECU 提供一个 0.3～4.5V(车型不同有一定的差别)的电压信号</td><td>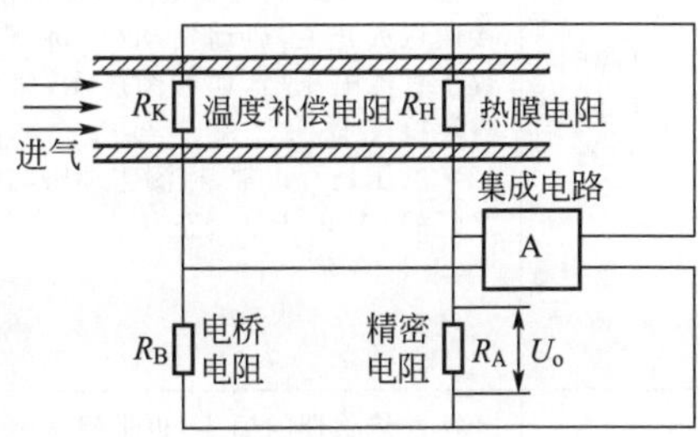</td></tr>
</table>

续表

项目	具体说明
特性曲线	右图所示为热膜式空气流量传感器输出特性示意图。该传感器的输出信号电压与空气流量之间近似于 4 次方根的关系。热膜式空气流量传感器输出的信号电压主要是提供给发动机电子控制单元(ECU)，ECU 就会根据该信号电压的高低计算出空气质量流量的大小 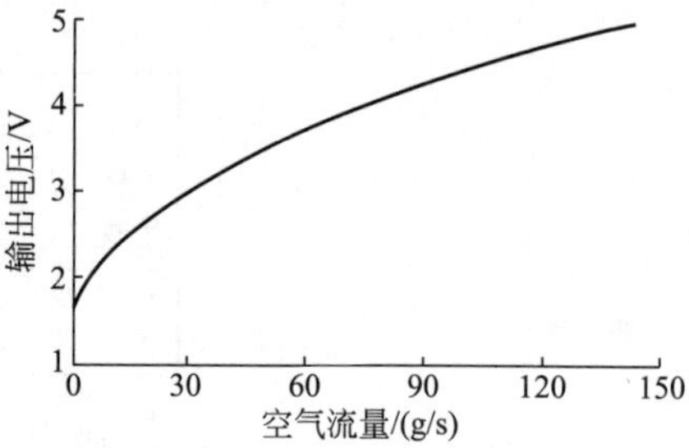

④ 热膜式空气流量传感器的连接电路与引脚功能说明见表 4-6。

表 4-6　热膜式空气流量传感器的连接电路与引脚功能说明

项目	具体说明
连接电路示意图与引脚功能	右图所示为热膜式空气流量传感器与发动机电子控制单元(ECU)之间的连接方式。这类传感器通常有 5 个引脚，各引脚功能：①表示搭铁(也就是接地端)端；②表示 12V 蓄电池电压输入端，该电压属于受控电源；③表示负信号线；④表示 5V 电源输入端，该电压是由发动机电子控制单元(ECU)内部提供的；⑤表示正信号线 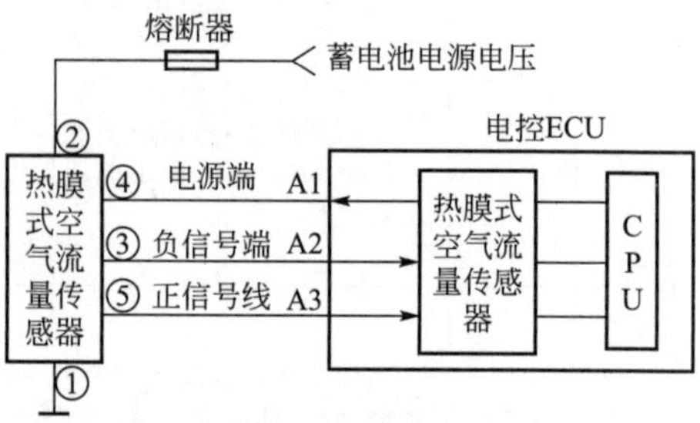
说明	采用热膜式空气流量传感器的车型很多。例如大众车系中，帕萨特系列、宝来系列、桑塔纳 2000 系列、捷达系列等，均采用热膜式空气流量传感器

(2) 通用检测与维修方法

无论哪一种型号的热膜式空气流量传感器，对其的检测思路与方法基本上是通用的。表 4-7 列出了热膜式空气流量传感器的通用检测与维修方法。

表 4-7　热膜式空气流量传感器的通用检测与维修方法

项目	具体说明
电源电压的检测	拔下热膜式空气流量传感器的插头，接通点火开关，启动发动机；将万用表置于直流电压挡，如右图所示，采用两表笔检测插头②端脚与搭铁之间的 12V 电压是否正常，检测④端脚与搭铁之间的 5V 电压是否正常 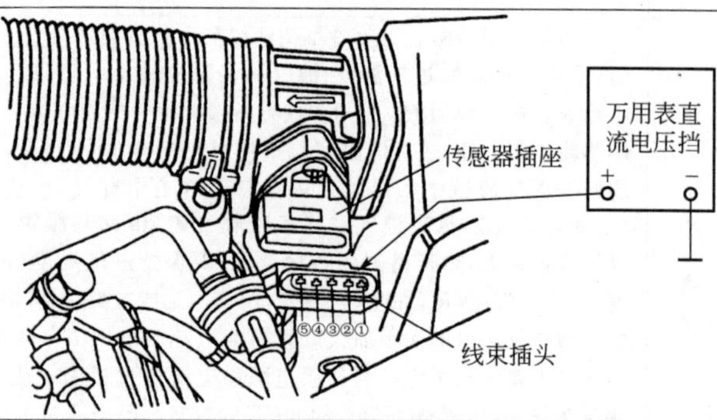
信号电压的检测	插好传感器的插头，拆下空气滤清器以后，接通(ON 位置)点火开关，但不要启动发动机，万用表置于直流电压挡，检测热膜式空气流量传感器插头⑤(红表笔接该脚)与③(黑表笔接该脚)端脚之间的电压，该电压正常值在 2～4V 之间(车型不同有一定的差异，应根据实际车型确定)；在上述状态下，采用电吹风的冷风挡向热膜式空气流量传感器的空气入口吹气，观察信号电压的变化情况，如该信号电压不变化，则被检测的传感器损坏或不良

续表

项目	具体说明
连接导线的检测	断开点火开关，采用万用表电阻挡，拔下热膜式空气流量传感器与ECU两端的连接插接件，采用万用表检测热膜式空气传感器插接件④脚与插接件A1端、③脚与A2端、⑤脚与A3端之间的导线的导通情况，所有导线的导通电阻值均应小于1Ω
导线之间绝缘的检测	在断开热膜式空气流量传感器与ECU两端的连接插接件的情况下，采用万用表检测A1、A2、A3导线相互之间，以及它们与搭铁之间的电阻值，正常情况下均应为∞。如发现有电阻值存在或电阻值为0，则就说明有漏电或短路现象存在

4.3 热丝式空气流量传感器

热丝式空气流量传感器（又称为热线式空气流量传感器）根据其铂金热线安装位置的不同，主要分为主流测量方式（热线电阻安装在主进气道中）与旁通测量方式（热线电阻安装在旁通气道中）两大类。

(1) 结构与原理

热丝式空气流量传感器一般应用在采用德国波许公司LH型汽油喷射系统的汽车上，它取消了机械传感零件，故具有测量精度高、响应速度快、进气阻力小和不会磨损等优点。

① 两类热丝式空气流量传感器的典型结构示意图、结构特点与工作特点说明见表4-8。

表4-8 两类热丝式空气流量传感器的典型结构示意图、结构特点与工作特点说明

类型	主流测量方式的热丝式空气流量传感器	旁通测量方式的热丝式空气流量传感器
示意图	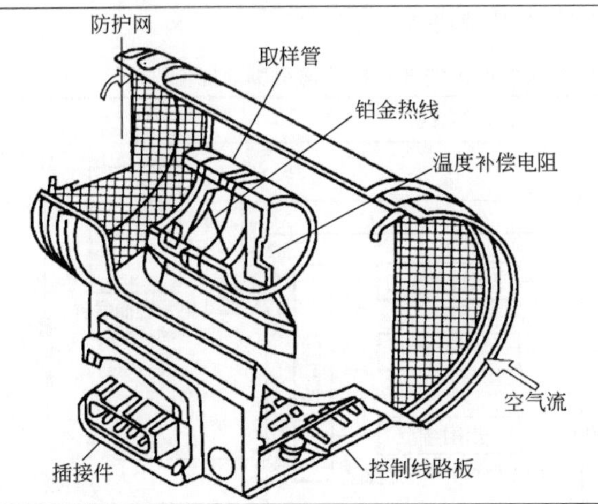	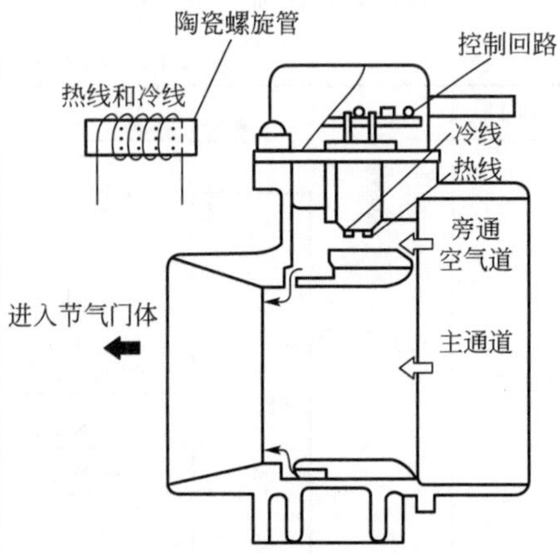
结构特点说明	这类传感器主要由铂金热线、温度补偿电阻（冷线）、取样管、控制线路板、防护网与插接件等组成。热丝是一根直径约为0.07mm的铂金丝，该热丝安装在取样管内的支承环上，其电阻值会随着空气温度的变化而发生改变	这类传感器与主流测量方式的热线式空气流量传感器在结构上基本相同，主要区别是前者将热线和补偿电阻用铂丝缠绕在陶瓷螺线管上，且将铂金热丝和温度补偿电阻（冷线）安装在旁通气道上
工作特点	无论是哪一种热丝式空气流量传感器，它们的工作原理都是利用空气流过热金属丝时的冷却效应，在气流的通道中设置一根金属丝，当恒定电流通过该金属丝使其加热后，该金属丝就达到一定的温度，如流过该金属丝周围的空气流量增加，金属丝的温度就会降低。要使金属丝保持恒定的温度，则应根据空气流量调节金属丝的电流，空气流量越大，需要的电流就越大。热丝式空气流量传感器就是依据这种恒温控制来工作的	

② 热丝式空气流量传感器的工作原理见表4-9。

表 4-9 热丝式空气流量传感器的工作原理

<table>
<tr><th>项目</th><th colspan="2">具体说明</th></tr>
<tr><td>原理示意图</td><td colspan="2">如右图所示，一根直径 70μm 的铂丝（热丝）置于进气流中，进入气缸内的气流都将流过铂丝周围。热丝电阻 R_H 与电阻 R_K、R_1、R_2 和 R_3 组成惠斯登电桥。在该图中，放大器属于电子元件，一般都为集成电路。U_M 为传感器的输出信号；I_M 为流过热丝电阻 R_M 中的电流；R_X 为进气温度计
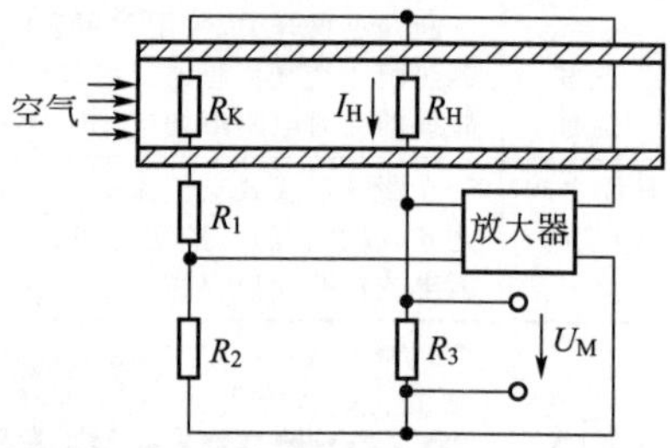
</td></tr>
<tr><td rowspan="3">工作原理说明</td><td>空气流量增加</td><td>当空气以某一恒定质量流过热丝时，电源电流使热丝的温度和电阻保持在某一定值，这时电桥保持平衡。若空气流量有增加，热丝温度就要降低，其电阻就要减小，使电桥失去平衡。这时，放大器就会增加加热电流 I_H，使热丝电阻 R_H 恢复到原来的温度和电阻值，直到电桥重新达到平衡为止。由于电流增加，R_3（精确电阻）上的电压降 U_M 增加，因此只要测量 R_3 两端的电压降 U_M，就可以得到空气流量传感器的输出信号。这个信号表示加热电流，也间接地表示流过空气流量传感器的空气质量。根据热丝传感器的输出信号，发动机动力控制模块（PCU）就能确定需要的喷油量</td></tr>
<tr><td>补偿电阻丝 R_K</td><td>为了消除进气温度对惠斯登电桥的影响，在靠近热丝的气流中还装有一根补偿电阻丝 R_K（冷线）。冷线补偿电阻的温度起着一个参照标准的作用。在工作时，放大器使热丝温度始终高于冷线 100℃。由于热丝式空气流量传感器在测定空气流量时没有运动部件，热丝对空气的流动阻力也很小，所以空气的计量更加准确</td></tr>
<tr><td>烧净功能</td><td>热丝式空气流量传感器长期使用后会使热丝粘上杂质，这样将使测量发生误差，为此，发动机动力控制模块（PCU）在每次发动机停机时，给热丝高温（1000℃）加热 1s，以便把黏附于热丝表面的污物烧净，这种功能被称为烧净功能。如果热丝断了，发动机仍然可以继续运转，仅是油耗会增加，这是由于在发动机动力控制模块（PCU）事先存储有发生这种故障的工作方式，以保证汽车可以行驶到维修点进行修理，这种功能称为应急功能</td></tr>
</table>

③ 热丝式空气流量传感器的连接电路与引脚功能见表 4-10。

表 4-10 热丝式空气流量传感器的连接电路与引脚功能

<table>
<tr><th>项目</th><th>具体说明</th></tr>
<tr><td>连接电路</td><td>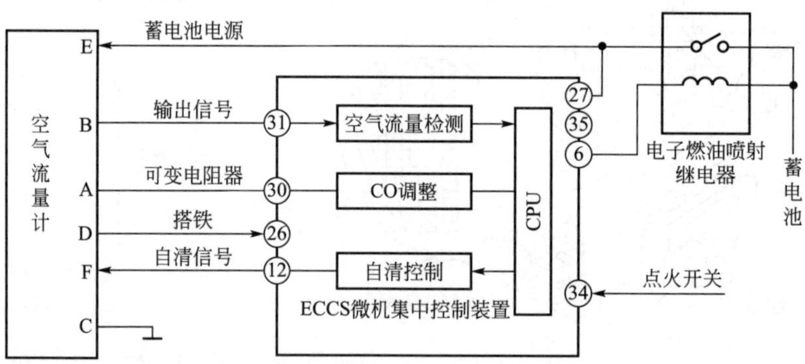
</td></tr>
<tr><td>示意图与引脚功能说明</td><td>上图所示为热丝式空气流量传感器与发动机电子控制单元（ECU）[有的车型称为微机集中控制装置（ECCS）]之间的连接方式示意图。热丝式空气流量传感器插接件一般有 5 引脚式与 6 引脚式两种，后者应用最广泛。6 引脚式热丝式空气流量传感器各引脚功能说明如下。E 表示蓄电池供电电压输入端，一般为 12V；B 表示热线式空气流量传感器信号输出端，输出的信号提供给微机集中控制装置（ECCS）作控制检测信号；A 表示调整 CO（一氧化碳）的可变电阻器的输出端脚；D 表示热线式空气流量传感器接地（即搭铁端）；F 表示自清信号输入端，信号来自 ECCS 控制电路</td></tr>
</table>

（2）通用检测与维修方法

插接件为 5 引脚式与 6 引脚式的热丝式空气流量传感器，两者接线线路与电路结构基本相同，检测方法也类似。

① 热丝式空气流量传感器的拆装与外观检查见表 4-11。

表 4-11 热丝式空气流量传感器的拆装与外观检查

项目	具体说明
拆卸方法	①清除空气流量传感器外部的尘垢，拔下其线束插头，拆下与空气流量传感器相连的空气滤清器 ②将空气流量传感器出口处空气软管上的卡箍松开，并卸下空气流量传感器的固定螺栓 ③将空气流量传感器从发动机上小心取下
安装方法	将检修后的空气流量传感器放回，并用螺栓固紧。将空气软管连接在空气流量传感器出口上，并锁紧卡箍。装回空气滤清器，并将线束插头对准插孔插在插座上
外观检查	对拆下的空气流量传感器进行外观检查，看其护网有无堵塞或破裂，并从进口处查看铂丝热线是否脏污、折断

② 热丝式空气流量传感器的在路与开路检测见表 4-12。

表 4-12 热丝式空气流量传感器的在路与开路检测

<table>
<tr><th>项目</th><th colspan="3">具体说明</th></tr>
<tr><td>在路检测</td><td colspan="3">①接通点火开关，不启动发动机。测量热丝式空气流量传感器插座内 E 与 D 之间的电压应为 12V 左右
②如果测量 E 与 D 之间无电压，再测量 E 与 C 之间的电压，其值若为 12V，则说明 B、D 端搭铁不良，应检查 D 与 ECCS 之间的导线或 ECCS 的搭铁线是否良好
③测量 B 与 D 之间的电压，应为(1.6±0.5)V。启动发动机，测量 B、D 之间的电压，应在 2～4V 之间变化</td></tr>
<tr><td rowspan="2">开路检测</td><td>静态检查</td><td>如右图所示，将蓄电池正极与热丝式空气流量传感器插座内的 E 端子相接，负极与插座内的 D 端子相连，并将万用表置于 10V 直流电压挡，两表笔测量插座的 B、D 两端子间的电压，该电压值正常情况下应为(1.6±0.5)V。如测得值与规定值不符，应更换或修理热丝式空气流量传感器</td><td>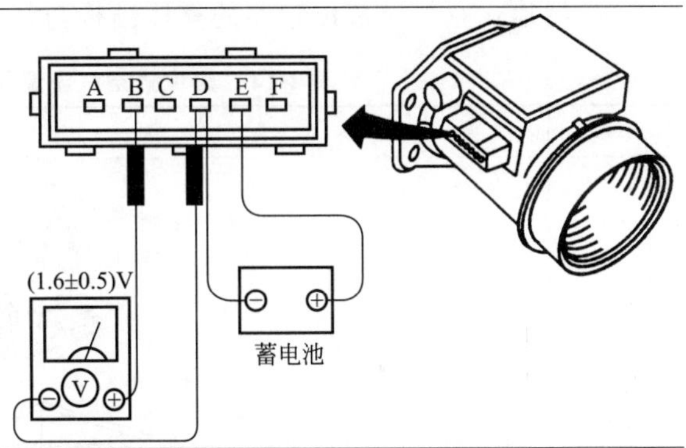
</td></tr>
<tr><td>动态检查</td><td>保持上述接线状态不变，如右图所示，用电风扇向热丝式空气流量传感器进口处吹入空气的同时，用电压表测量 B、D 端脚之间的电压，该电压值正常情况下应为 2～4V。如测得值与规定值不符，应查找原因或换装新的热丝式空气流量传感器</td><td>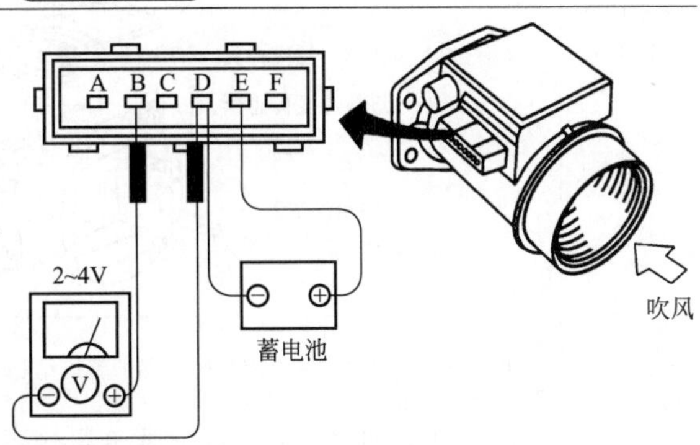
</td></tr>
</table>

③ 热丝式空气流量传感器中热丝好坏的检测见表 4-13。

表 4-13 热丝式空气流量传感器中热丝好坏的检测

项目	具体说明
直观检查	①启动发动机，并使其以 2500r/min 以上的转速运转 ②使发动机怠速运转，拆下空气滤清器和空气流量传感器进口处的管道 ③关断点火开关，从空气流量传感器进口部位查看流量传感器内的铂丝热线是否在熄灭 5s 内被加电至发出红光，并持续 1s 时间

续表

项目	具体说明
万用表测量	①使发动机水温上升至60℃以上，发动机转速超过1500r/min ②用万用表10V DC挡，将其两表笔接在插座的F与D之间 ③关闭点火开关，万用表上的示值电压应回到零并在5s后又跳跃上升，1s后再回到零 如检测或直观检查结果与上述要求不符，且进一步检查电子控制单元与空气流量传感器连接导线均无问题的话，可换一个新的空气流量传感器试试

4.4 翼片式空气流量传感器

翼片式空气流量传感器又称为翼板式或活门式空气流量传感器，是一种利用力矩平衡原理与电位计原理制成的机械式传感器。

(1) 翼片式空气流量传感器的结构与原理

由于翼片式空气流量传感器具有结构简单、可靠性高、价格便宜等优点，虽然属于早期产品，但现在不少车辆仍有应用。

① 翼片式空气流量传感器的整体结构与特点见表4-14。

表4-14 翼片式空气流量传感器的整体结构与特点

项目	具体说明
翼片式空气流量传感器的整体结构示意图	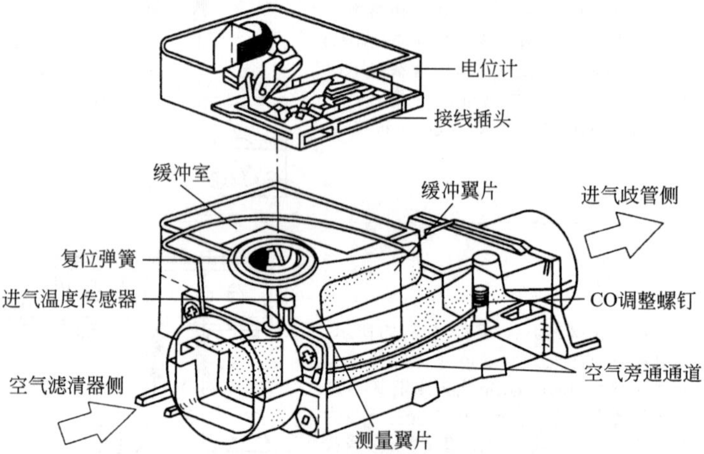
示意图说明	上图所示为翼片式空气流量传感器的整体结构示意图，该传感器主要由翼片机构、电位计机构与接线端脚三个部分组合而成。该传感器的一端与空气滤清器相连接(见上图箭头指向)，另一端与进气歧管侧相通。为了对进入的空气温度检测测量，在翼片式空气流量传感器上还设置了进气温度传感器，用于对进气温度进行检测
特点	翼片式空气流量传感器属于机械式检测方式，结构简单，通常安装在空气滤清器与节气门之间的进气通道上，L型电喷燃油系统的汽车上就采用这类传感器。它是利用进气气流对叶片的推动，改变叶片位置，然后通过测量叶片(测量板)位置的变化就可直接测量进气量

② 翼片式空气流量传感器的翼片与电位计结构示意图及其说明见表4-15。

<table>
<caption>表 4-15 翼片式空气流量传感器的翼片与电位计结构示意图及其说明</caption>
<tr><th>项目</th><th colspan="2">具体说明</th></tr>
<tr><td>翼片结构组成示意图及其说明</td><td>右图所示为翼片式空气流量传感器的翼片机构组成示意图，该机构主要由测量翼片（在主空气道内旋转）与缓冲翼片（在缓冲室内偏转，对翼片起阻尼作用，当发动机吸入的空气量急剧变化和气流脉动时，用来减小翼片的脉动）构成，两者铸为一体</td><td>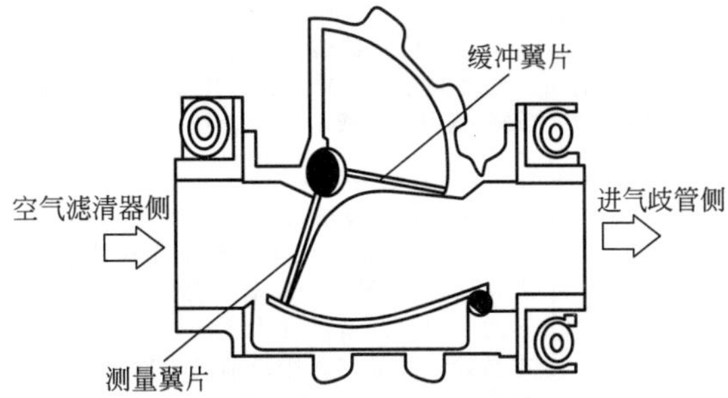
</td></tr>
<tr><td>电位计结构组成示意图及其说明</td><td>右图所示为翼片式空气流量传感器的电位计机构组成示意图，该机构中的电位计位于空气流量传感器壳体的上方，内部设置了平衡配重、滑臂、复位弹簧、调整齿圈以及印制电路板等</td><td>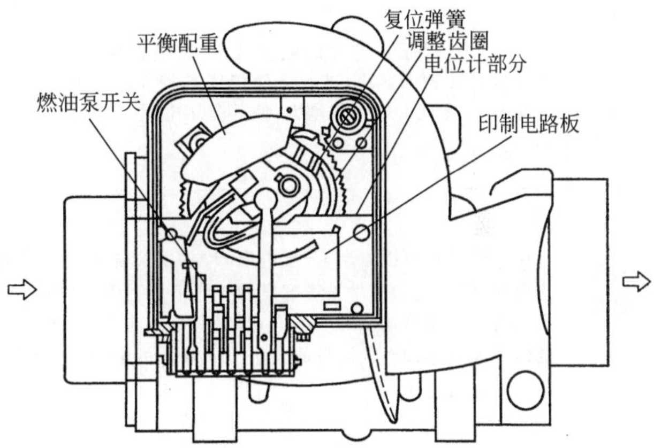
</td></tr>
</table>

③ 翼片式空气流量传感器的连接电路与引脚功能说明见表 4-16。

<table>
<caption>表 4-16 翼片式空气流量传感器的连接电路与引脚功能说明</caption>
<tr><th>项目</th><th colspan="2">具体说明</th></tr>
<tr><td>连接电路</td><td>右图所示为翼片式空气流量传感器内部电路及其与连接插接件之间的连接方式示意图。这类传感器通常共有 7 个引脚，对于取消了燃油泵控制触点的翼片式空气流量传感器（例如日产的部分轿车使用的翼片式空气流量传感器），则只有 5 个引脚</td><td rowspan="2">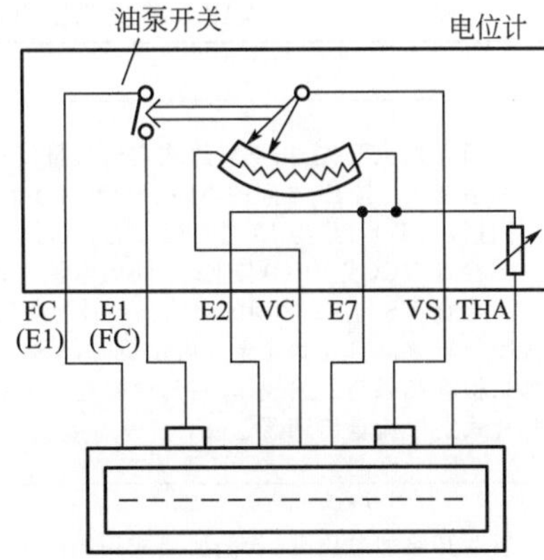
</td></tr>
<tr><td>引脚功能说明</td><td>翼片式空气流量传感器的引脚在电路中往往采用一定的字母或字母与数字组合来表示其功能，不同的车型采用的字母或字母与数字组合也不统一，右图所示为日本产的（包括合资品牌）汽车上经常使用的字母或字母与数字组合，这些字母或字母与数字组合的含义：FC（或 E1）表示油泵开关端；E1（或 FC）表示油泵开关搭铁端；E2 与 E7 表示搭铁端；VC 表示空气流量传感器信号输入端；VS 表示进气流量传感器信号输出端；THA 表示进气温度传感器信号端</td></tr>
</table>

④ 翼片式空气流量传感器的工作原理见表 4-17。

表 4-17 翼片式空气流量传感器的工作原理

项目		具体说明	
工作原理		右图所示为翼片式空气流量传感器的工作原理示意图。当空气通过传感器的主通道时，叶片就会受吸入空气气流的压力与回位弹簧的弹力共同作用而动作，具体动作情况如下所示	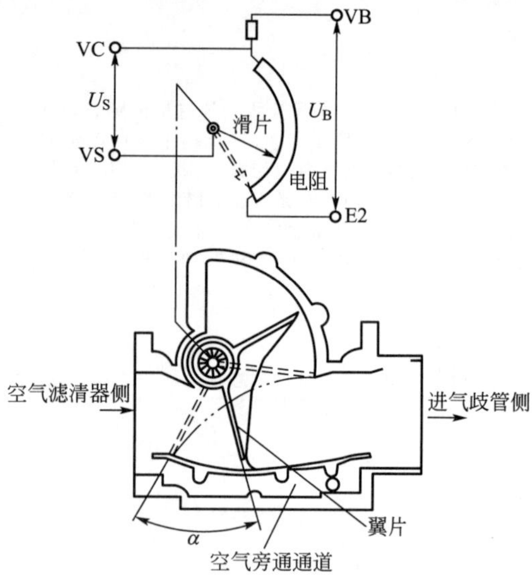
	空气流量增大	当节气门开度增大时，空气流量增大，气流压力也将增大，该压力作用在翼片上使其偏转，使其转角 α 逐渐增大，直到气流的压力和回位弹簧的弹力平衡。与此同时，电位计的滑臂与翼片转轴同轴旋转，使接线端脚 VC 与 VS 之间的电阻值变小，使其分压电压 U_S 的值降低	
	空气流量减小	当吸入空气的流量减小时，就会使转角 α 逐渐减小，进而又使接线端脚 VC 与 VS 之间的电阻值增大，使其分压电压 U_S 的值升高	
特性曲线		由上述分析可以看出，分压电压 U_S 的值会随着空气流量的增大或减小而发生变化，该变化的信号被送到发动机电子控制单元(ECU)以后，ECU 就会根据空气流量传感器输出的 U_S/U_B(加到传感器电位计两固定端脚之间的电压值)的信号大小感知空气流量的大小。U_S/U_B 的电压比值与空气流量成反比，其变化规律如右图所示	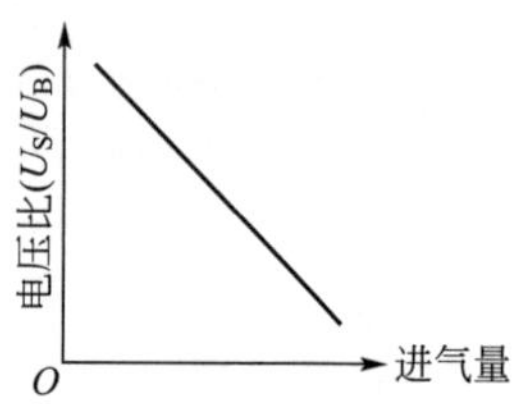

(2) 指针式万用表检测翼片式空气流量传感器的通用方法

翼片式空气流量传感器出现问题时，电子控制单元（ECU）就无法接收到正确的进气量信号，往往会造成混合气的空燃比过大或过小而使混合气过稀或过浓，最终会对发动机的正常运转产生影响。

① 翼片式空气流量传感器的开路检测与维修方法见表 4-18。

表 4-18 翼片式空气流量传感器的开路检测与维修方法

项目	具体说明
开路检测	①断开点火开关，拔下翼片式空气流量传感器配线连接器插头，从车上拆下传感器 ②检查 FC 与 El 之间的电阻。当叶片不转动(计量板完全关闭)时，FC 与 El 之间应不通，用手稍稍拨动叶片(计量板打开)，FC 与 El 之间应导通(测得电阻为 0)，说明油泵开关正常；否则说明油泵开关已损坏 ③检查 VC(或 VCC)与 E2 之间的电阻。计量板在任何位置时，VC 与 E2 间电阻均应为 200～400Ω ④检查 VS 与 E2 之间的电阻。在计量板完全关闭时，VS 与 E2 两端子间电阻应为 200～600Ω；计量板由完全关闭位置逐渐打开到完全开启位置时，VS 与 E2 两端子间的电阻应在 200～1200Ω 之间连续变动 如果检查结果与上述规律不符，说明空气流量计和油泵开关有故障，应进行修理(更换进气温度传感器)或重换翼片式空气流量传感器总成
开路加温检测	所谓开路加温检测，就是加温或用制冷剂改变翼片式空气流量传感器的温度，同时用万用表测量 THA 与 E2 两脚间在不同温度时的电阻值，以此来判断翼片式空气流量传感器中进气温度传感器是否损坏 THA 与 E2 间在不同温度时的开路电阻值如表 4-19 中所列。如果检测结果与上述规律不符，说明空气流量计中的进气温度传感器有问题，应进行修理(更换进气温度传感器)或重换翼片式空气流量传感器总成

表 4-19 翼片式空气流量传感器开路电阻参考值

测量引字母代号	温度/℃	翼片开启程度	电阻值/kΩ	测量引字母代号	温度/℃	翼片开启程度	电阻值/kΩ
VS 与 E2	—	完全关闭	0.2～0.6	THA 与 E2	20	—	2～3
	—	任何开度	0.2～1		40	—	0.9～1.3
FC 与 E1	—	完全关闭	∞		60	—	0.4～0.7
	—	任何开度	0	VC 与 E2	—	—	0.1～0.3
THA 与 E2	−20	—	10～20	VB 与 E2	—	—	0.2～0.4
	0	—	4～7	FC 与 E2	—	—	∞

② 翼片式空气流量传感器的在路检测与维修方法见表 4-20。

表 4-20 翼片式空气流量传感器的在路检测与维修方法

项目	具体说明
工作电压的检测	接通点火开关，不启动发动机，用万用表检查 ECU 连接器引脚＋B(供电电压输入端)与车身接地(搭铁)间是否有电压。如果没有电压，应检查 ECU 电源电路是否断路，必要时应修理或更换 ECU
搭铁的检测	如果检查 ECU 的供电电压正常，可断开点火开关，用万用表电阻挡检查 ECU 连接器端子 El 与车身接地间的连接导线是否导通
传感器的检测	如果检查 El 与车身接地良好，接通点火开关，用万用表检测传感器各相关端脚间的电压，应符合表 4-21 中所列的正常值。如果检查结果与上述规定不符，应更换翼片式空气流量传感器
配线与连接器的检测	断开点火开关，拔下空气流量传感器配线连接器和 ECU 配线连接器插头，用万用表电阻挡检查传感器与 ECU 间的连接导线是否短路、断路或接触不良

表 4-21 翼板式空气流量传感器在路检测数据参考值

端脚	检测条件		电压值/V	端脚	检测条件		电压值/V
VC 与 E2	接通点火开关	计量板在任何位置	4～6	VS 与 E2	接通点火开关	计量板由完全关闭位置逐渐打开到完全开启位置	连续变动
VS 与 E2		计量板完全关闭状态	3.7～4.3	VS 与 E2	3000r/min	—	0.3～1.0
VS 与 E2		计量板完全打开状态	0.2～0.5	VS 与 E2	怠速运转	—	2.3～2.8

(3) 数字式万用表检测与维修翼片式空气流量传感器的通用方法

这里以日本丰田汽车上使用的翼片式空气流量计为例，来介绍采用汽车数字式万用表检测翼板式空气流量计性能的方法。

① 翼片式空气流量计的静态检测与维修方法见表 4-22。

表 4-22 翼片式空气流量计的静态检测与维修方法

项目	具体说明
检测方法	①接通点火开关，但不要启动发动机，采用汽车数字式万用表的直流(DC)电压挡，测量翼片式空气流量计的信号输出端(通常用字母 V_S 表示)与搭铁(接地)端之间的电压。在翼片关闭的情况下，该电压约为 4V ②用手缓慢拨动流量计的翼片，观察输出的信号电压 U_S 应逐渐降低，一旦翼片全部打开时，该电压应约为 0.5V ③启用汽车数字式万用表的最大值/最小值(MAX/MIN)动态记录功能，观察表的示值是否会出现最大值 5V 或最小值 0 的异常现象
说明	如果发现表的示值会出现 5V 或 0 异常现象，则应拔下翼片式空气流量计的连接插头，采用电阻挡直接检查翼片式空气流量计内部电位器的接触情况，检测与判断方法和检查普通的电位器基本相同

② 翼片式空气流量计的动态检测与维修方法见表 4-23。

表 4-23 翼片式空气流量计的动态检测与维修方法

项目	具体说明
检测方法	①关闭车辆上全部附属电器设备的电源，然后启动发动机，怠速运转一段时间，使其转速稳定 ②采用汽车数字式万用表的直流(DC)电压挡，测量翼片式空气流量计的信号输出端(VS)与搭铁(接地)端之间的电压。怠速时，该电压约为 2V ③将发动机的转速由怠速变换为油门全开状态(也就是全加速，但不要使发动机超速运转)，让其运转约 2s，在此过程中，仔细观察汽车数字式万用表的示值能否从 1V 逐渐跳变至约 4V ④再将发动机转速进行减速变回怠速状态，并保持 2s 左右，同时观察汽车数字式万用表的示值也应逐渐下降至约 2V。此时，按动汽车数字式万用表上的 MAX/MIN 动态记录键，如果汽车数字式万用表记录的电压最大值约为 4V、最小值约为 1V，则说明所测的翼片式空气流量计性能良好，如果测得的最大值≥(4.5±0.3)V，则说明被测翼片式空气流量计的信号误差过大，如果测得的最小值为 0，则该翼片式空气流量计电阻可能存在断路之处
说明	大多数翼片式空气流量计的输出电压会随着进气量的增加而升高，但日本丰田车的情况则相反，这一点必须注意

4.5 卡尔曼涡流式空气流量传感器

根据涡流频率检测方式的不同，卡尔曼涡流式空气流量传感器常见的主要有超声波式卡尔曼涡流式空气流量传感器与反光镜式卡尔曼涡流式空气流量传感器两大类。

(1) 超声波式卡尔曼涡流式空气流量传感器

超声波式卡尔曼涡流式空气流量传感器是依据卡尔曼涡流的原理制成的。日本三菱、韩国现代的部分车辆就采用这类传感器。

① 超声波式卡尔曼涡流式空气流量传感器的结构与安装位置见表 4-24。

表 4-24 超声波式卡尔曼涡流式空气流量传感器的结构与安装位置

项目	具体说明
结构示意图及其说明	右图所示为超声波式卡尔曼涡流式空气流量传感器典型结构展开后的示意图，该传感器主要由超声波发生器、超声波接收器、混合集成电路(IC)、控制电路、涡旋稳定板、涡旋发生柱、传感器壳体(上面设置有主通道与旁通道)、进气温度传感器、大气压传感器等组成 超声波式卡尔曼涡流空气流量传感器是利用卡门涡旋引起的空气密度变化进行测量的。它是在空气流动垂直的方向上安装超声波信号发生器，在与其相对的位置上安装超声波接收器。卡门涡旋造成空气密度变化，受其影响，信号发生器发出的超声波到达接收器的时机或早或晚，测出其相位差，利用放大器使其形成矩形波，矩形波的脉冲频率即为卡门涡旋的频率 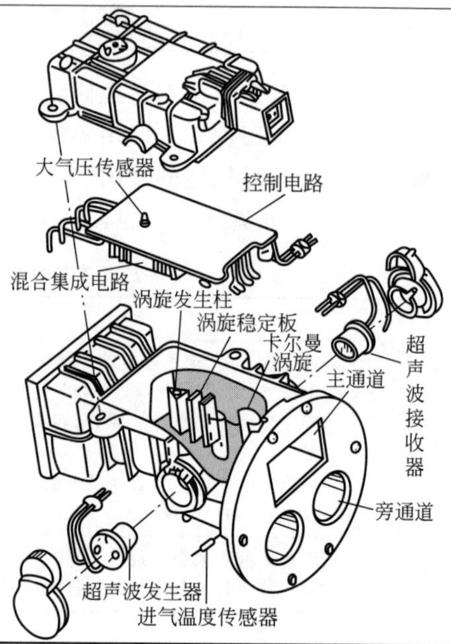

续表

项目	具体说明
安装位置示意图	右图所示为超声波式卡尔曼涡流式空气流量传感器的安装位置示意图。超声波式卡尔曼涡流式空气流量传感器设置有主空气与旁通空气两个空气道。涡流发生器设置在主空气道上。设置旁通空气道是为了调节主空气道的流量，这对于不同排量的发动机来说，通过改变旁通空气道截面积的大小，就可以使用同一规格的流量传感器来满足流量检测的要求 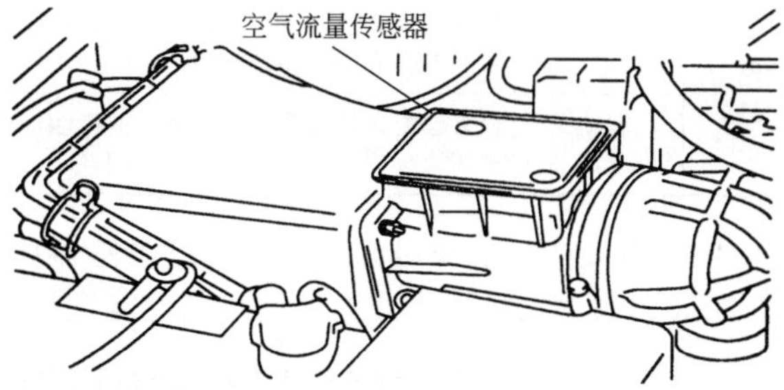

② 超声波式卡尔曼涡流式空气流量传感器的工作原理见表 4-25。

表 4-25 超声波式卡尔曼涡流式空气流量传感器的工作原理

项目	具体说明
超声波发射	右图所示为超声波式卡尔曼涡流式空气流量传感器的工作原理示意图。当发动机运转并吸入一定的气体时，超声波式卡尔曼涡流式空气流量传感器中的超声波发生器，通过发射器不断向接收器发出一定频率（通常为 40kHz）的超声波 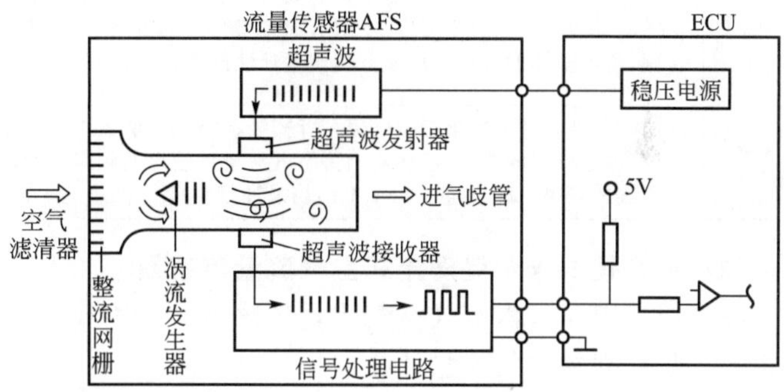
超声波接收	上述发生器发送的超声波通过进气气流达到接收器时，由于受到气流移动速度和漩涡数量变化的影响，接收到的超声波信号的相位（时间间隔）以及相位差（时间间隔之差）就会发生变化，且进气量越大、漩涡数越多、移动速度越快，接收到的超声波的相位和相位差越大；反之，则越小
控制电路	控制电路会根据超声波信号的相位或相位差的变化，计算出涡流的频率，并将其提供给发动机电子控制单元（ECU），ECU 根据输入的进气涡轮信号就可以计算出进气量

③ 超声波式卡尔曼涡流式空气流量传感器的通用检测与维修方法见表 4-26。

表 4-26 超声波式卡尔曼涡流式空气流量传感器的通用检测与维修方法

项目		具体说明
连接电路与传感器引脚功能说明		右图所示为超声波式卡尔曼涡流空气流量传感器与发动机电子控制单元（ECU）之间的连接方式示意图。该传感器的①脚为空气流量信号输出端；②脚为蓄电池电压输入端，该电压通常受燃油继电器常开触点的控制；④脚为搭铁线；⑤脚为大气压力传感器信号输出端；⑥脚为传感器供电电压输入端，该电压一般为 5V，来自电控 ECU 的内部 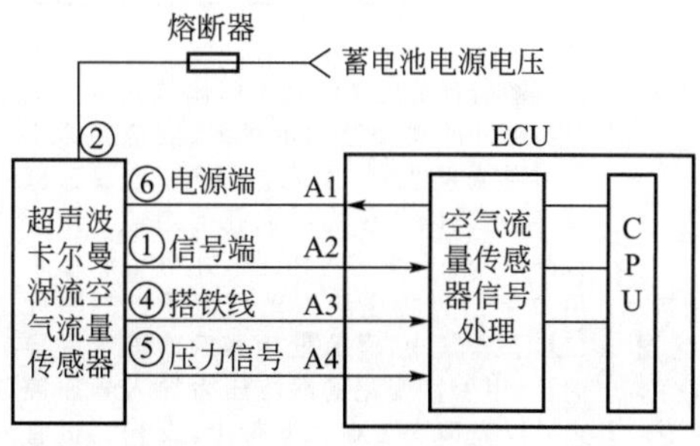
检测与维修	静态检测	接通点火开关到 ON 位置，采用万用表直流电压挡，检测超声波式卡尔曼涡流空气流量传感器插接件①脚与搭铁之间的 5V 电压是否正常
	动态检测	启动发动机使其转速达到约 3000r/min，观察此时检测到的超声波式卡尔曼涡流空气流量传感器插接件①脚与搭铁之间的电压是否在 2.1～3.3V 之间

续表

<table>
<tr><th>项目</th><th colspan="2">具体说明</th></tr>
<tr><td rowspan="2">检测与维修</td><td>检测电阻值</td><td>断开点火开关，采用万用表电阻挡检测超声波式卡尔曼涡流空气流量传感器插接件④脚与搭铁之间的电阻值，该电阻值应近于0</td></tr>
<tr><td>检测结果分析</td><td>如果检测到的结果与上述情况不符，则说明被检测的超声波式卡尔曼涡流空气流量传感器不良或损坏</td></tr>
</table>

④ 超声波式卡尔曼涡流式空气流量传感器属于频率输出型空气流量计，采用汽车数字式万用表的频率挡可以十分方便地对其性能进行快速判断，具有方法见表 4-27 中所列。

表 4-27　汽车数字式万用表检测频率输出型空气流量计的通用方法

项目	具体说明
检测方法	①采用汽车数字式万用表检测频率输出型空气流量计的性能时，先将万用表置于直流（DC）电压挡，按压功能选择按键使其处于“DC＋Hz”挡 ②找出频率输出型空气流量计的频率信号输出引脚，并将万用表的表笔连接在该引脚与搭铁（接地）端 ③启动发动机以后，在逐渐加速的同时，观察万用表主显示部位的直流（DC）电压与副显示部位的频率是否会随发动机转速的改变而发生变化，大多数频率输出型空气流量计的频率，会随进气量的增加而发生改变。否则，说明被测的频率输出型空气流量计性能不良或损坏
需要说明的问题	对于某些将频率输出型空气流量计安装在空气滤清器中的车型（例如日本三菱系列车型），在进行上述检测时，随着进气量的改变，会使输出型空气流量计输出的频率与脉冲宽度均发生改变。对此，应采用汽车数字式万用表的频率（Hz）占空比（DUTY）挡来进行测量

(2) 反光镜式卡尔曼涡流式空气流量传感器

反光镜式卡尔曼涡流式空气流量传感器又称为反光镜式卡门涡旋式空气流量传感器或反光镜式卡尔曼涡流空气流量计。

① 反光镜式卡尔曼涡流空气流量传感器的外形与结构见表 4-28。

表 4-28　反光镜式卡尔曼涡流式空气流量传感器的外形与结构

<table>
<tr><th>项目</th><th colspan="2">具体说明</th></tr>
<tr><td>外形示意图</td><td>右图所示为反光镜式卡尔曼涡流式空气流量传感器的外形示意图，这类传感器在日本丰田系列的多种车辆上（包括某些合资生产的车型）得到了广泛的应用，如丰田雷克萨斯系列、丰田皇冠 3.0 系列等轿车</td><td>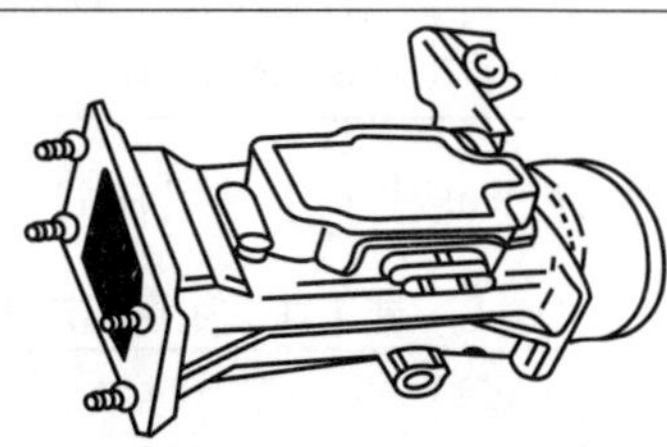</td></tr>
<tr><td>结构示意图</td><td>右图所示为反光镜式卡门涡旋式空气流量传感器的典型结构示意图，该传感器主要由涡流发生器、发光二极管、光敏三极管、反光镜以及压力导向孔等组成。用于检测吸入空气的体积流量，并将检测结果用数字信号传递给发动机电子控制单元（ECU）。其中，涡流发生器后面设置的导向孔，用于将变化的涡流压力导入导压腔内。反光镜安装在张紧带上，发光二极管与光电三极管安装在反光镜上，发光二极管发出的光经反光镜反射后使光电三极管导通</td><td>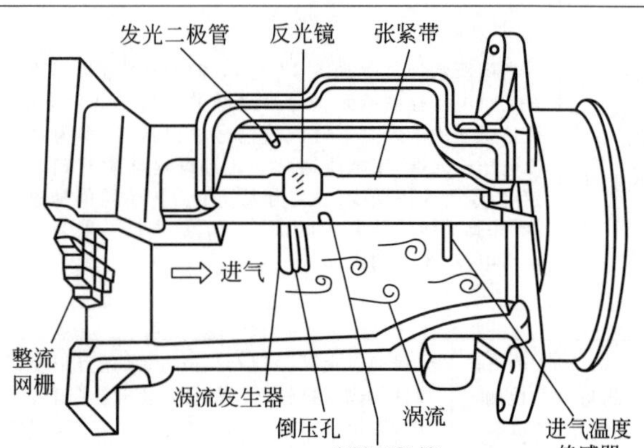
</td></tr>
</table>

② 反光镜式卡尔曼涡流式空气流量传感器的工作原理见表 4-29。

表 4-29 反光镜式卡尔曼涡流式空气流量传感器的工作原理

项目	具体说明
整流网栅的作用	整流网栅呈蜂窝状，设置在反光镜式卡尔曼涡流式空气流量传感器的空气入口处，用于使吸入的空气在涡流发生器上游形成比较稳定的气流，来保证气流经涡流发生器后产生与流速成正比的涡流
工作过程	涡流发生器通常采用合成树脂和厚膜集成控制电路封装为一体。当进气气流流过涡流发生器时，发生器两侧就会交替产生涡流，两侧的压力就会交替发生变化。进气量越大，产生的涡流数量越多，压力变化频率就越高。变化的压力被导压孔引导到导压腔中使张紧带产生振动，从而带动张紧带上面的反光镜一起振动，且振动频率与单位时间内产生的涡流数量（即漩涡频率 f）成正比。由于反光镜的振动，被反光镜反射的光束也以同样频率变化，使得光电三极管也随光束的变化以同样的频率导通与截止，所以光电三极管导通与截止的频率和漩涡频率成正比。信号处理电路把涡流频率信号转换为方波电压后提供给发动机电子控制单元（ECU），ECU 就可以计算出进气量的大小

③ 反光镜式卡尔曼涡流式空气流量传感器在日本丰田系列汽车上（也包括合资生产的车辆）应用较多，其连接电路与插接件示意图见表 4-30。

表 4-30 反光镜式卡尔曼涡流式空气流量传感器的连接电路与插接件示意图

<table>
<tr><th>项目</th><th>具体说明</th></tr>
<tr><td>连接电路与插接件示意图</td><td>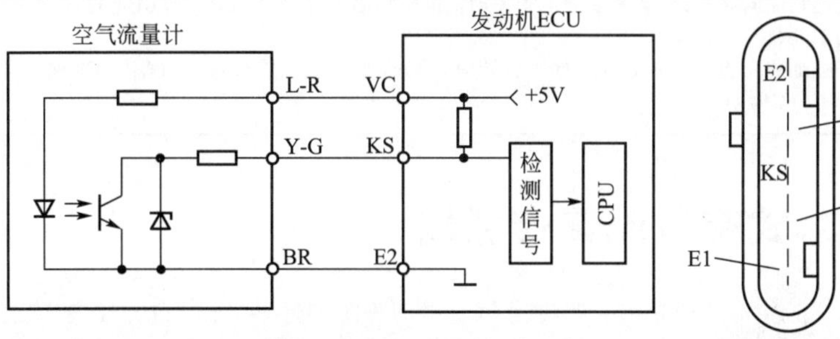

(a) 电路连接方式　(b) 连接器端子引脚</td></tr>
<tr><td>示意图说明</td><td>图（a）所示为反光镜式卡尔曼涡流式空气流量传感器与发动机电子控制单元（ECU）之间的连接方式。在该图中，空气流量传感器中的进气温度传感器没有画出，进气温度传感器有两个引出脚，也就是图（b）中的 E1 与 THA，E1 为进气温度传感器的接地引脚，THA 为进气温度传感器的输出引脚。进气温度传感器输出的信号也是提供给发动机 ECU 的</td></tr>
</table>

④ 反光镜式卡尔曼涡流式空气流量传感器的开路温度检测与维修方法见表 4-31。

表 4-31 反光镜式卡尔曼涡流式空气流量传感器的开路温度检测与维修方法

<table>
<tr><th>项目</th><th colspan="5">具体说明</th></tr>
<tr><td>检测前的准备</td><td colspan="3">断开点火开关，拔下空气流量传感器配线连接器插头，从车上拆下空气流量传感器</td><td colspan="2" rowspan="2">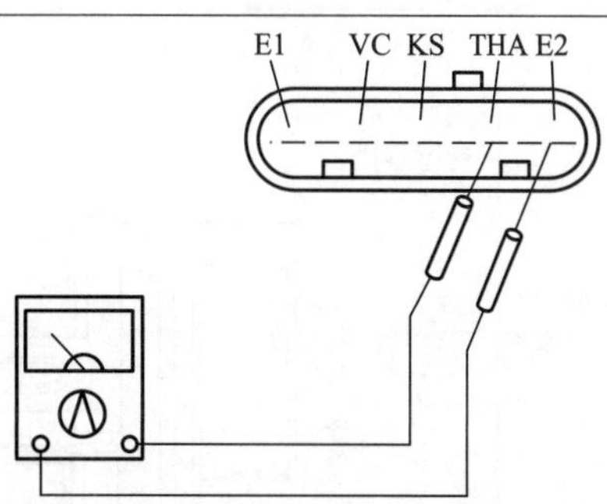
</td></tr>
<tr><td>检测操作方法</td><td colspan="3">一边用电热吹风机和制冷剂改变空气流量传感器上的进气温度传感器的温度，一边用万用表电阻挡测量进气温度传感器，如右图所示，也就是检测 ECU 配线连接器 THA 与 E2 两端子间的开路电阻值应符合如下面所列的规律。如果测得值与规定不符，说明进气温度传感器有故障，应修理或更换新件</td></tr>
<tr><td rowspan="2">检测数据</td><td>测量时的温度/℃</td><td>−20</td><td>0</td><td>20</td><td>40</td><td>60</td></tr>
<tr><td>测的电阻值/kΩ</td><td>10～20</td><td>4～7</td><td>2～3</td><td>0.9～1.3</td><td>0.4～0.7</td></tr>
</table>

⑤ 卡尔曼涡流式空气流量传感器的在路检测与维修方法见表 4-32。

表 4-32 卡尔曼涡流式空气流量传感器的在路检测与维修方法

项目	具体说明
测量 KS、E2 两端子间的电压	①接通点火开关，但不要启动发动机，用万用表电压挡测量 ECU 配线连接器 KS、E2 两端子间的电压，其值应为 4～6V ②接通点火开关，启动发动机使其运转(或怠速运转)，用万用表电压挡测量 ECU 配线连接器 KS、E2 两端子间的电压，其值应为 2～4V。KS 信号为反光镜检测方式的卡门涡旋式空气流量传感器传送给 ECU 的脉冲信号，测量时该电压既不是 0，也不是 5V，进气量越大，电压越高 ③如果测得值与上述规律不符，则应检查空气流量传感器与 ECU 间的配线和连接器 ④如果检查配线或连接器有问题，应进行修理或更换新件
测量 VC 与 E2 两端子间的电压	①如果检查配线或连接器无问题，可拔下空气流量传感器配线连接器插头，接通点火开关，用万用表电压挡测量 ECU 配线连接器 VC 与 E2 两端子间的电压，其值应为 4.5～5.5V ②如果测得值符合规定，说明空气流量传感器有故障，应进行修理或更换 ③如果测得值不符合上述规定，应重换一个新的 ECU 后重新进行检查
进行自诊断	①如果测得 ECU 配线连接器 KS 与 E2 两端子间的 2～4V 电压正常。可进一步利用 ECU 的故障自诊断功能进行自诊断。如果自诊断显示有相应的故障码，且发动机有时启动性能不良、怠速不稳，甚至熄火停转，则说明空气流量传感器控制电路有问题 ②先更换一个正常的空气流量传感器后重新检查，如果故障仍然存在，且检查空气流量传感器与 ECU 间的线路均无问题的话，问题多是由于发动机电子控制单元(ECU)有故障引起的，可重换一个新的发动机电子控制单元(ECU)试试 ③接通点火开关，在发动机怠速运转时，检查 ECU 配线连接器 THA 与 E2 两端子间电压，应为 0.5～3.4V(20℃时)

4.6 量芯式空气流量传感器

量芯式空气流量传感器是在翼片式空气流量传感器的基础上，经过一定的改进后制作而成的。

(1) 结构与原理

量芯式空气流量传感器具有进气阻力小、计量精度高、工作性能可靠等优点，在日本马自达系列车辆（包括合资生产的车型）上应用较多。

① 量芯式空气流量传感器的外形与结构示意图及其说明见表 4-33。

表 4-33 量芯式空气流量传感器的外形与结构示意图及其说明

项目	具体说明
外形与结构示意图	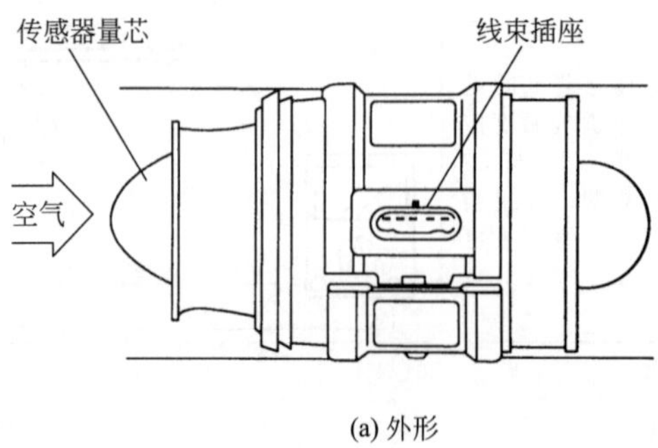(a) 外形 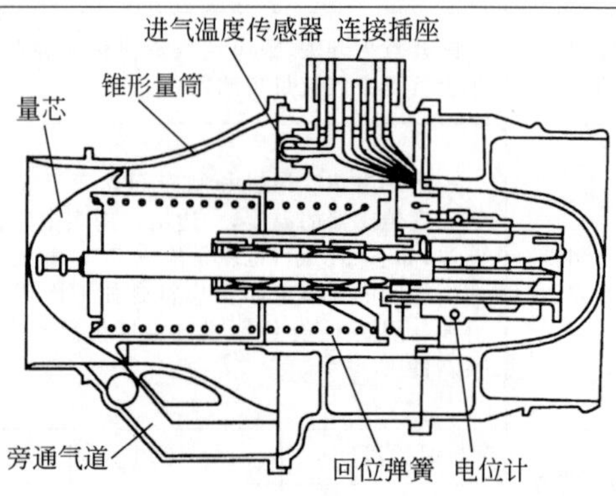(b) 结构

续表

项目	具体说明
示意图说明	图(a)所示为量芯式空气流量传感器的外形示意图，图(b)所示为其结构示意图，该传感器主要由量芯、进气温度传感器、电位计、锥形量筒、回位弹簧、连接插座等组成。其中的量芯呈椭圆形，为主要的进气量测量部件，它安装在进气道内，并可沿着进气道移动

② 量芯式空气流量传感器的工作原理见表 4-34。

表 4-34 量芯式空气流量传感器的工作原理

项目	具体说明
机械系统工作情况	量芯式空气流量传感器中的量芯相当于翼片式空气流量传感器中的翼片，也就是说，量芯式空气流量传感器中的量芯取代了翼片式空气流量传感器中的翼片，电位计滑动臂的一端与量芯连接，另一端是滑动触点，当量芯移动时，触点可在印制电路板的滑动电阻上移动
电路部分工作原理	发动机运行时，电子控制单元(ECU)就会向量芯式空气流量传感器的 VC 端输送一个不变的 5V 电压，量芯在进气气流的推动下向后移动，由此就会使传感器的 VS 端有一个可变的电压输出提供给发动机电子控制单元(ECU)，由于进气量与 VS 电压变化值呈正比，因此可以得到进气量的大小 与此同时，进气温度传感器将检测到的进气温度的信息，也提供给发动机电子控制单元(ECU)，用于对进气量进行修正，以使 ECU 按最佳比例控制空燃比，保证发动机在任何工况下均可正常工作
说明	量芯式空气流量传感器没有旁通进气道，也没有怠速混合气调整螺钉。而发动机怠速时，混合气的浓度由电子控制单元(ECU)根据氧传感器的反馈信号进行空燃比的调整

(2) 通用检测与维修方法

量芯式空气流量传感器常见故障主要为，量芯卡滞或移动不灵活，电位计滑动触点磨损后出现了接触不良或电阻值不准确，回位弹簧弹性减弱等。表 4-35 列出了量芯式空气流量传感器的通用检测与维修方法。

表 4-35 量芯式空气流量传感器的通用检测与维修方法

项目	具体说明			
连接方式	量芯式空气流量传感器的连接方式与翼片式空气流量传感器相同，字母代号也一样			
检测方法	对汽车燃油喷射电控系统的量芯式空气流量传感器故障进行检测时，可以参考下面所示的要求与数据来判断其好坏。检测方法与检测翼片式空气流量传感器基本相同，不再重述			
检测数据	检测的端脚	VC 与 E2 之间	VS 与 E2 之间	THA 与 E2 之间
	电阻值/kΩ	0.2～0.4	—	20℃时为 2～3；60℃时为 0.4～0.7
	电压值/V	5	怠速时为 2.8；停机时为 4	20℃时为 2.5

4.7 空调静电式冷媒流量传感器

汽车上使用的流量传感器除了以上介绍的气体类流量传感器外，还有一些液体类流量传感器，如空调静电式冷媒流量传感器。

(1) 结构与原理

空调静电式冷媒流量传感器在日本丰田的某些车辆空调（也包括在合资生产的某些车型）上应用较多。表 4-36 列出了空调静电式冷媒流量传感器的安装位置与工作原理。

表 4-36 空调静电式冷媒流量传感器的安装位置与工作原理

项目	具体说明
空调静电式冷媒流量传感器的安装位置示意图	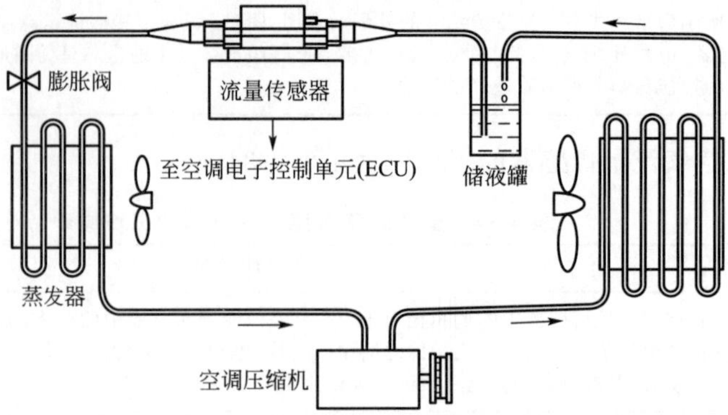
示意图说明	上图所示为空调静电式冷媒流量传感器的安装位置示意图，该传感器安装在储液罐与膨胀阀之间，用于检测冷媒量的变化，并将其转换为频率后提供给空调 ECU，供 ECU 判断冷媒是否正常
工作原理	空调静电式冷媒流量传感器主要应用于采用微电脑控制的汽车空调上检测冷媒的流量。它是利用静电容的变化来对冷媒量进行检测的，也就是通过传感器的电极来检测冷媒量的变化，并将这种变化转换为频率方式提供给空调 ECU，ECU 将该脉冲信号变换为电压后进行对比判断，如果发现冷媒流量异常，则会有报警控制信号输出，以驱动监控显示系统进行显示报警

(2) 通用检测与维修方法

空调静电式冷媒流量传感器的常见故障多为插接件插脚出现接触不良或其连接线路损坏等。表 4-37 列出了空调静电式冷媒流量传感器的通用检测与维修方法。

表 4-37 空调静电式冷媒流量传感器的通用检测与维修方法

项目	具体说明
表笔的连接	①先将静电式冷媒流量传感器的橡胶套拔下来，以便于万用表进行电压测量 ②在发动机运行状态，打开空调系统，采用万用表直流电压挡检测静电式冷媒流量传感器信号输出端两引脚之间的电压变化频率
具体操作	将出风量设置为最大、温度设置最低，并提高发动机转速，以改变流过流量传感器的冷媒流量，同时观察万用表指示的电压变化频率是否有变化。如果没有变化，则说明被检测的传感器不良或损坏

4.8 光电式燃油流量传感器

在汽车上应用的光电式燃油流量传感器，是利用光电耦合的原理制作而成的，用来对燃油量进行监测。

(1) 结构与原理

表 4-38 列出了光电式燃油流量传感器的内部结构示意图与引脚功能说明、工作原理。

表 4-38 光电式燃油流量传感器的内部结构示意图与引脚功能说明、工作原理

项目	具体说明
内部结构示意图与引脚功能说明	下图所示为光电式燃油流量传感器的典型结构示意图，该传感器主要由发光二极管、遮光板、光敏三极管等组成。光电式燃油流量传感器通常有三个引出脚。其中，+5V 的引脚为传感器内部发光二极管的供电电压输入端，该 5V 电压通常来自仪表控制电路；S 端为传感器信号输出端，该信号提供给仪表显示电路；传感器还有一个引脚属于接地端

续表

<table>
<tr><th>项目</th><th>具体说明</th></tr>
<tr><td>内部结构示意图与引脚功能说明</td><td>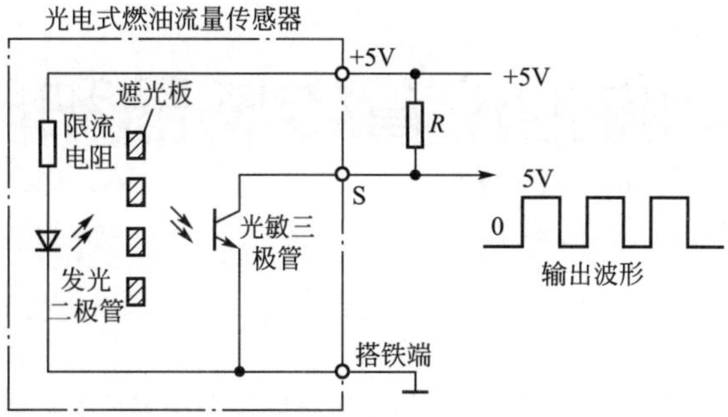
</td></tr>
<tr><td>工作原理</td><td>右图所示为光电式燃油流量传感器工作原理示意图。正常情况下，当传感器有+5V电压加到发光二极管两端时就会点亮发光。这样，当叶轮旋转时，遮光板也会随着叶轮在发光二极管与光电三极管之间旋转，当遮光板转到透光部位时，发光二极管发出的光线就会照射到光敏三极管上而使其导通；而遮光板转到遮光部位时，发光二极管发出的光线就会被阻断，不会被照射到光敏三极管上而使其截止。光敏三极管就处于一会儿导通，一会儿截止的状态，光电式燃油流量传感器输出的信号为矩形波，属于数字信号。这样，仪表板电控系统根据光敏三极管导通的次数就可以检测出燃油量
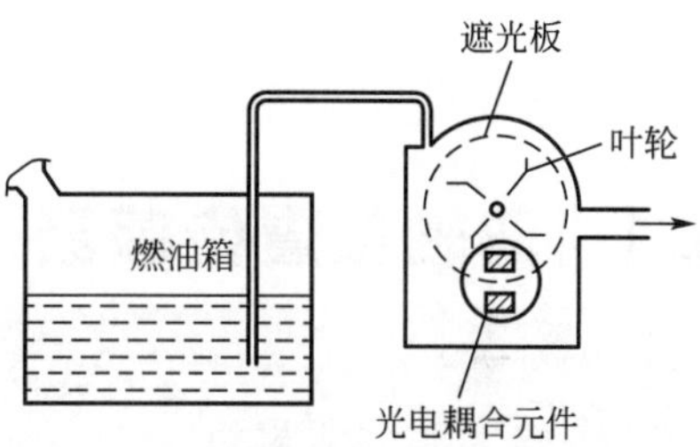
</td></tr>
</table>

(2) 通用检测与维修方法

对光电式燃油流量传感器的检测，主要是检测其供电、输出电压的情况，具体检测情况见表4-39中所列。

表4-39 光电式燃油流量传感器的通用检测与维修方法

项目	具体说明
供电检测	接通(ON位置)点火开关以后，采用万用表直流电压挡，检测提供给光电式燃油流量传感器的+5V电源电压是否正常
输出电压检测	当发动机处于怠速运行状态时，采用万用表检测光电式燃油流量传感器输出端与搭铁端之间的电压变化情况。该电压为脉冲电压形式，且脉冲之间的时间间隔均匀，当发动机转速升高时，该脉冲电压的频率也应明显加快
检测结果分析	如果检测到的情况符合上述规律，则说明被检测的传感器性能良好；反之，则说明被检测的传感器不良或损坏

第5章 曲轴位置传感器和凸轮轴位置传感器

在汽车位置传感器中，曲轴和凸轮轴位置传感器是应用最广泛，也是故障率较高的两种传感器，故本章将其单独列出来进行介绍。

5.1 曲轴位置传感器

曲轴位置传感器一旦出现问题，汽车发动机的经济性能和加速性能均会受到很大的影响，严重时还会导致发动机无法启动。

(1) 曲轴位置传感器概述

曲轴位置传感器是汽车上重要的传感器之一，英文缩写为 CKP，又称为曲轴转角传感器。

① 曲轴位置传感器的定义、功能与类型见表 5-1。

表 5-1 曲轴位置传感器的定义、功能与类型

<table>
<tr><th>项目</th><th colspan="4">具体说明</th></tr>
<tr><td>定义</td><td colspan="4">所谓曲轴位置传感器是指能够为发动机电子控制单元(ECU)提供一组信号的装置，这一组信号分别为 1°信号、上止点信号和判缸信号</td></tr>
<tr><td>功能</td><td colspan="4">发动机电子控制单元(ECU)根据曲轴位置传感器提供的信号，确定曲轴所处的位置，保证喷油正时与点火正时的精确进行；同时，曲轴位置传感器中的 1°信号也为发动机转速信号，发动机电子控制单元(ECU)根据空气流量计信号和发动机转速信号确定基本喷油量</td></tr>
<tr><td rowspan="3">类型</td><td colspan="4">根据结构的不同，曲轴位置传感器主要有磁感应式曲轴位置传感器、霍尔式曲轴位置传感器与光电式曲轴位置传感器三大类。下表列出了部分品牌汽车使用的曲轴位置传感器情况</td></tr>
<tr><td>传感器类型</td><td>磁电式</td><td>霍尔式</td><td>光电式</td></tr>
<tr><td>车型(生产厂家)</td><td>乐驰(上汽通用五菱)；长安奔奔(长安汽车)；F0 与 F3(比亚迪)；哈弗(长城汽车)；凯越(上海通用)；本田雅阁、本田锋范、本田奥德赛</td><td>五菱荣光(上汽通用五菱)；长安之星(长安汽车)；名爵与荣威(上汽集团)；波罗(上汽大众)；捷达(一汽大众)；奥迪 A6、奥迪 A4、大众高尔夫、大众朗逸；别克君威(上海通用)、英朗(上海通用)；日产奇骏、日产天籁、日产阳光、丰田凯美瑞、丰田卡罗拉、丰田锐志</td><td>索纳塔(韩国现代)</td></tr>
</table>

② 曲轴位置传感器的安装位置与信号盘的特点见表 5-2。

表 5-2 曲轴位置传感器的安装位置与信号盘的特点

项目	具体说明			
安装位置	曲轴位置传感器的安装位置通常都设置在与曲轴转速相关的部位，如曲轴上、凸轮轴上、分电器内或飞轮上等，随曲轴一起旋转。但曲轴位置传感器中的判缸信号一定安装在凸轮轴上或分电器内（奇数缸发动机可以安装在曲轴上）。下面列出了曲轴位置传感器安装在不同位置时的示意图			
	安装在曲轴前端	安装在分电器内	安装在飞轮壳体上	安装在气缸体中部
	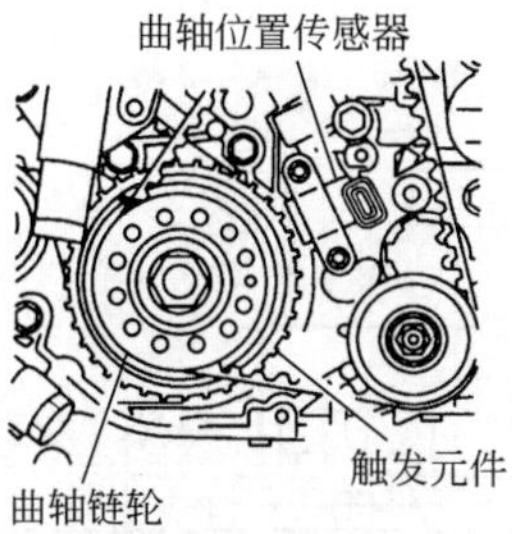	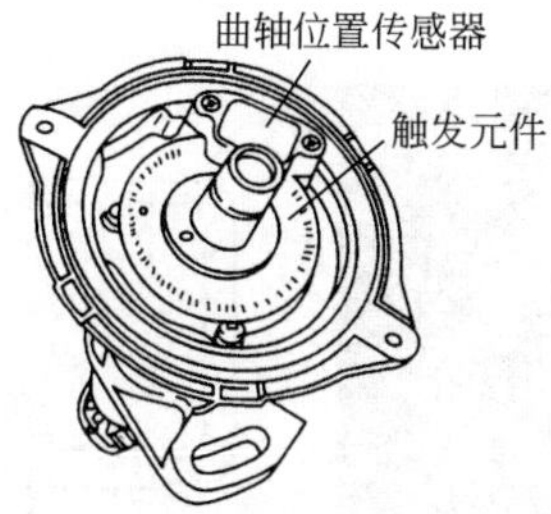	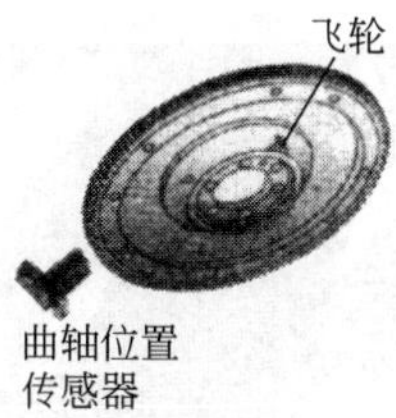	
信号盘的特点	无论是哪一种类型的曲轴位置传感器，具体产生 1°信号、上止点信号还是判缸信号，都是由传感器的信号盘形状决定的。如果信号盘上只有一个齿或一个光孔，或者是霍尔式曲轴位置传感器只有一个窗口，这个信号盘产生的信号一般为判缸信号，当然该信号盘还要满足安装在分电器内或凸轮轴上。如果信号盘上有许多相同的齿、光孔或窗口，这个信号盘产生的信号一般为 1°信号			

③ 曲轴位置传感器故障对发动机的影响见表 5-3。

表 5-3 曲轴位置传感器故障对发动机的影响

项目	具体说明
无 1°信号或信号很弱	如果曲轴位置传感器故障导致无 1°信号或 1°信号很弱，则发动机电子控制单元（ECU）将无法确定曲轴所处的位置，而且不能准确地发出点火指令。由于发动机电子控制单元（ECU）得不到 1°信号，则发动机无法启动
无判缸信号或信号很弱	如果曲轴位置传感器故障导致无判缸信号或判缸信号很弱，对发动机的影响还要看判缸信号具体起什么作用。如果判缸信号仅是喷油基准信号，而不是点火基准信号，则发动机可以启动工作，故障现象不明显，但对发动机的经济性和动力性有一定影响
无上止点信号或信号很弱	如果曲轴位置传感器故障导致无上止点信号或上止点信号很弱，也要看上止点信号具体起什么作用。一般来说，上止点信号都作为点火基准信号。所以，无上止点信号或上止点信号很弱，发动机将无法启动

④ 曲轴位置传感器检测的几种方法见表 5-4。

表 5-4 曲轴位置传感器检测的几种方法

项目	具体说明
检测自身电阻	采用万用表电阻挡，检测曲轴位置传感器本身的电阻值，但这种检测方法仅适用于磁感应式曲轴位置传感器，对于霍尔式或光电式曲轴位置传感器，由于它们的内部往往设置有整形电路，故检测电阻往往很难进行准确判断
检测信号电压	采用万用表电压挡检测曲轴位置传感器输出信号电压。但这种检测是在根据电路图及信号波形分析的情况下进行的。当发动机转速发生变化时，磁感应式曲轴位置传感器信号峰值电压和频率发生了变化，发动机转速越高，信号峰值电压和频率都变大，万用表检测到的信号电压也会随之变大。对于光电式和霍尔式曲轴位置传感器，它们的信号峰值电压和占空比不会随发动机转速变化而改变，只是频率发生了变化，采用万用表检测其信号电压时，信号电压将不变，这一点必须注意到
检测输出波形	采用示波器来检测曲轴位置传感器的输出波形，这种检测可以直观地看到传感器的波形情况，磁感应式曲轴位置传感器的输出波形一般为锯齿波；而光电式与霍尔式曲轴位置传感器的输出波形为方波

(2) 磁感应式曲轴位置传感器

磁感应式曲轴位置传感器的功能是检测曲轴转角、发动机转速和活塞上止点位置，并将信号传送给发动机电子控制单元，用来控制点火时间和喷油正时。

① 磁感应式曲轴位置传感器的结构与组成见表 5-5。

表 5-5 磁感应式曲轴位置传感器的结构与组成

项目	具体说明
结构示意图	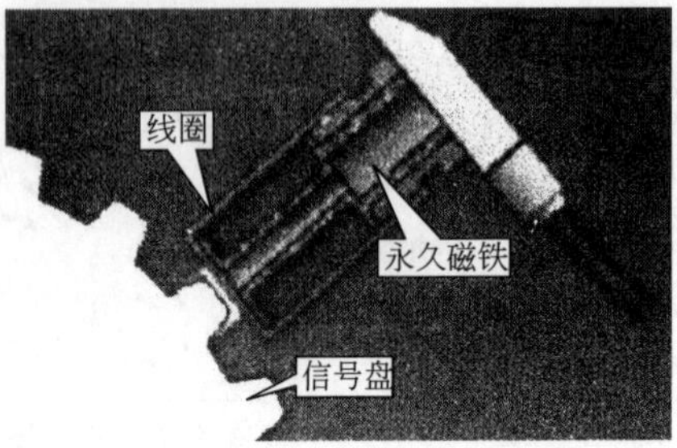 (a) 基本结构实物示意图 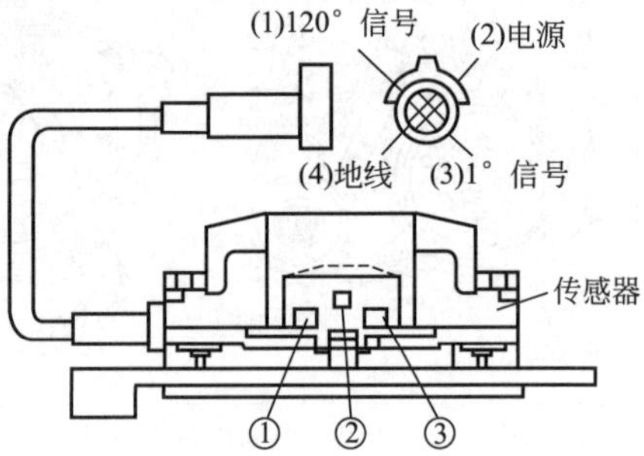 (b) 传感器总成示意图
示意图说明	图(a)所示为磁感应式曲轴位置传感器的基本结构实物示意图，主要由信号发生器与信号盘为核心组成。信号发生器由永久磁铁和电磁线圈组成；信号盘是一种能够导磁的转子，转子上有齿，也就是说，磁感应式曲轴位置传感器通常主要由带齿和凸起的信号转子及装有 3 个磁头(传感头)的信号发生器组成。图(b)所示为磁感应式曲轴位置传感器总成示意图

② 磁感应式曲轴位置传感器的工作原理与连接方式见表 5-6。

表 5-6 磁感应式曲轴位置传感器的工作原理与连接方式

项目	具体说明
工作原理	磁感应式曲轴位置传感器的信号盘随发动机旋转，信号盘上的齿经过信号发生器时，电磁线圈内的磁通量就会有一个增加到最大然后逐渐减少的过程。增加的过程在线圈中产生感应电压，减小的过程在线圈中产生相反方向的感应电压。信号盘转速越快，线圈中磁通量变化率就越大，所产生的感应峰值电压就越高
连接方式	按照磁感应式曲轴位置传感器的工作原理，一般产生一个信号只需要两条线，即信号正和信号负，但为了防止外界信号的干扰，增加了一条屏蔽线。从线束插头看就是 3 条线，右图所示为磁感应式曲轴位置传感器与发动机电子控制单元(ECU)之间的连接方式示意图 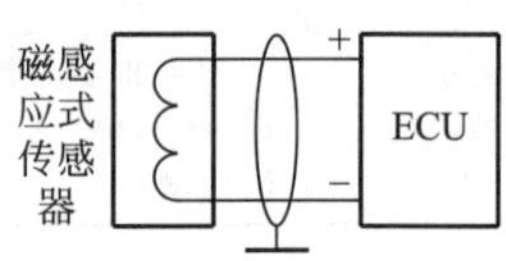

③ 磁感应式曲轴位置传感器的工作过程见表 5-7。

表 5-7 磁感应式曲轴位置传感器的工作过程

项目	具体说明
示意图	磁感应式曲轴位置传感器主要由永久磁铁、传感线圈和信号转子(或称为变磁阻转子)三大部分组成。传感器工作过程如右图所示。从该图中可以看出，其一个周期的工作过程有三种情况。这三种情况下的磁通回路为永久磁铁的 N 极→空气隙→信号转子→空气隙→铁芯→永久磁铁的 S 极，最终形成一个闭合回路 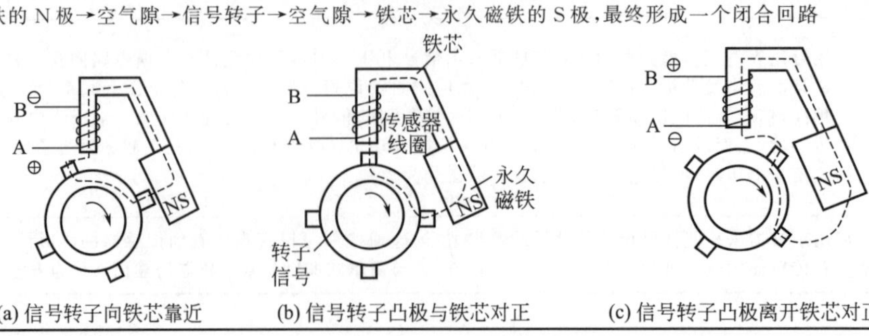 (a) 信号转子向铁芯靠近 (b) 信号转子凸极与铁芯对正 (c) 信号转子凸极离开铁芯对正位置

续表

<table>
<tr><th>项目</th><th colspan="2">具体说明</th></tr>
<tr><td rowspan="3">工作过程</td><td>信号转子向铁芯靠近</td><td>当信号转子顺时针方向转动，其凸极向铁芯方向靠近时，如图(a)所示位置，转子凸极与传感线圈铁芯间的空气间隙越来越小(即磁阻逐渐变化)，穿过传感线圈的磁通逐渐增多，传感线圈中产生出感应电动势；根据楞次定律，其感应电动势的方向总是阻碍磁通的增加，其大小与磁通的变化率成正比。当信号转子转到铁芯位于信号转子两个凸极之间的某一位置时，磁通的变化率最大，所对应的感应电动势也最大，具有正的最大值，使传感线圈输出端 A 为正、B 端为负</td></tr>
<tr><td>信号转子凸极与铁芯对正</td><td>当信号转子的凸极正好与铁芯对正时，如图(b)所示，转子凸极与铁芯间的气隙最小(即磁阻最小)，穿过传感器线圈的磁通量最大，但此时的磁通变化率为零，故传感器线圈中的感应电动势也为零</td></tr>
<tr><td>信号转子凸极离开铁芯对正位置</td><td>当信号转子凸极从铁芯对正位置离开时，如图(c)所示，转子凸极与铁芯间的气隙越来越大，磁通减少，当转至某一位置时，其减少的变化率最大，线圈中的感应电动势最高，呈负的最大值
此后，由于磁通减少的速度变慢，故线圈中的感应电动势呈负值减小。在此期间，传感线圈输出端 A 为负，B 端为正</td></tr>
</table>

④ 磁感应式曲轴位置传感器又称为磁脉冲式或磁电式曲轴位置传感器，对这类传感器主要进行电阻、电压以及间隙的检测。

a. 磁感应式曲轴位置传感器的直观检查与电阻检测见表 5-8。

表 5-8　磁感应式曲轴位置传感器的直观检查与电阻检测

项目	具体说明
直观检查	应检查曲轴位置传感器信号盘齿圈上的齿有无变形、齿间有无脏物堵塞，信号盘有无翘曲变形等。若信号盘或齿圈上的齿变形应更换新的信号盘。若信号盘齿圈上的齿与齿间有杂物，应彻底清洗干净
初步判断	拔下传感器的连接插头，将万用表拨至交流电压挡，将其两表笔接在传感器输出信号插头上，启动发动机带动触发轮转动，仔细观察万用表有无信号电压指示。如无电压指示，则说明传感器有故障
电阻检测	关闭点火开关，拔下传感器插头，用万用表 $R\times10\Omega$ 挡测量传感器感应线圈的电阻值，测量值应符合原厂规定。其阻值一般在 150～1500Ω 之间

b. 磁感应式曲轴位置传感器的在路检测见表 5-9。

表 5-9　磁感应式曲轴位置传感器的在路检测

项目	具体说明
AC 电压检测	用万用表 AC 电压挡测量其输出的电压：启动时应高于 0.1V；运转时应为 0.4～0.8V。如果在传感器上能检测到电压信号，而在 ECU 连接器上检测不到信号，则应检测传感器至 ECU 之间的导线及插头
其他检测方式	采用频率表测磁感应式曲轴位置传感器的工作频率或采用示波器检测磁感应式曲轴位置传感器的输出信号波形，也可以判断传感器的好坏

c. 磁感应式曲轴位置传感器热稳定性不良的检测见表 5-10。

表 5-10　磁感应式曲轴位置传感器热稳定性不良的检测

项目	具体说明
热稳定性不良检测示意图	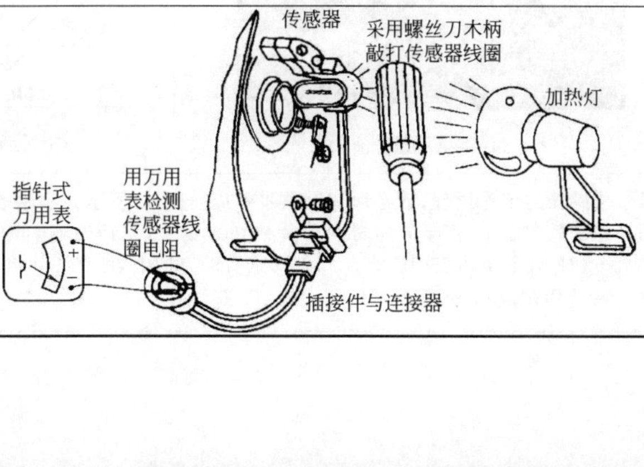

续表

项目	具体说明
检测操作方法	对于某些冷机工作正常、热机后(即工作一段时间)就出现故障的车辆,若怀疑传感器热稳定性不良,如上图所示,可用白炽灯对其进行烘烤加热,待热到适当温度后再用欧姆表测量传感器线圈的电阻,然后再与线圈的标准电阻值进行比较,即可看出其热稳定性的好坏。与此同时,还可用螺丝刀柄部轻轻敲击传感器,以检查其内部是否松旷、有无间歇性故障等

d. 磁感应式曲轴位置传感器间隙的检测与调整见表5-11。

表 5-11 磁感应式曲轴位置传感器间隙的检测与调整

项目	具体说明
传感铁芯间隙的检查	当检查信号发生器线圈良好但传感器仍不能正常工作时,则应重点检查传感器信号线圈铁芯与转子凸极对准时的空气间隙是否符合规定,相关结构示意图如右图(a)所示。对于磁电式(磁脉冲式)传感器来说,其信号凸极与传感铁芯之间的空气间隙,因汽车发动机的类型不同而有一些差异,但一般标准的空气隙为0.2～0.4mm。检查时,可用塑料厚薄规进行测量 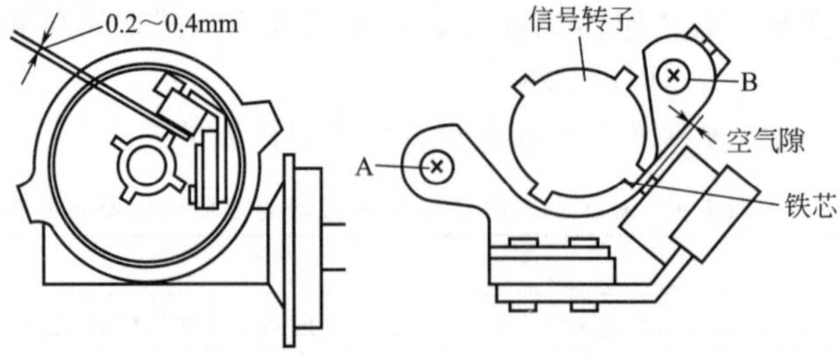 (a) 间隙检查 (b) 间隙调整
间隙的调整	若测得间隙不符合要求,可按上图(b)所示的方法,松开螺钉A和B,并以A螺钉为支点,稍稍移动螺钉B加以调整,直至满足所规定的要求为止

(3) 霍尔式曲轴位置传感器

霍尔式曲轴位置传感器是利用霍尔效应的原理制成的,传感器输出的是脉冲信号,具有陡峭的前沿和后沿。由于霍尔式曲轴位置传感器输出的脉冲信号既不受发动机转速的影响,也不受温度、湿度等的影响,故其控制精度及可靠性较高,故障率较低,应用范围较广。

① 霍尔效应的原理与特点见表5-12。

表 5-12 霍尔效应的原理与特点

项目	具体说明
霍尔效应实物与原理示意图	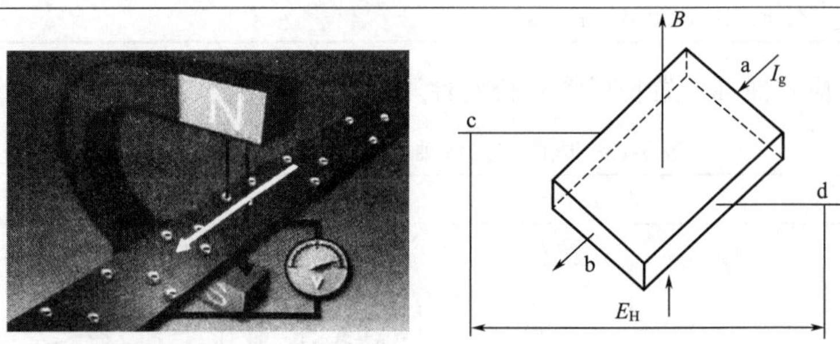 (a) 实物示意图 (b) 原理示意图
霍尔效应原理表达式	要理解霍尔传感器的工作原理,就必须知道霍尔效应。图(a)所示为霍尔效应原理的实物示意图,图(b)为原理示意图。霍尔效应是指,把半导体材料薄片放在磁场中,并让磁场B和薄片平面垂直。当在薄片a、b两端通以电流I_g时,在和电流方向垂直又和磁场垂直的方向上,即在c、d两端有电势差产生,这种现象称为霍尔效应,E_H称为霍尔电动势,其值可用下式表示,即

续表

项目	具体说明
霍尔效应原理表达式	$$E_H=\frac{R_H I_g B}{d}$$ 式中，R_H 为霍尔系数；I_g 为电流强度；B 为磁感应强度（磁场方向）；d 为霍尔元件（基片）厚度 上述这种霍尔效应不仅在半导体材料上有，而且在金属材料上也有，只是半导体材料的霍尔效应特别显著。因此，目前的霍尔元件都是用半导体材料制成的
霍尔效应特点	假设上图中外磁场 B 的方向是周期性地交替改变着的，则 E_H 的极性也必然要做周期性的改变，于是便能获得一个与外界磁场极性同步的交变电压，也即由交变磁场转换成交变的电压。利用这种原理制成的霍尔传感器可以用来检测外界变化磁场或作无触点式控制的传感元件
霍尔传感器制作特点	从上面的分析可以看出，给霍尔元件前后方向通上电流，上下垂直方向通磁场，由此就会使霍尔元件两端产生电位差，如果磁场消失，霍尔电压就消失。霍尔式曲轴位置传感器就是利用霍尔元件这一特性制成的。信号盘随着发动机一起旋转，由于信号盘上有缺口，磁力线将间断地穿过霍尔元件，从而使霍尔元件上产生间断的电压。发动机转速越快，霍尔电压间断的频率也就越高

② 霍尔式曲轴位置传感器的实物与结构示意图见表 5-13。

表 5-13 霍尔式曲轴位置传感器的实物与结构示意图

项目	具体说明
实物与结构示意图	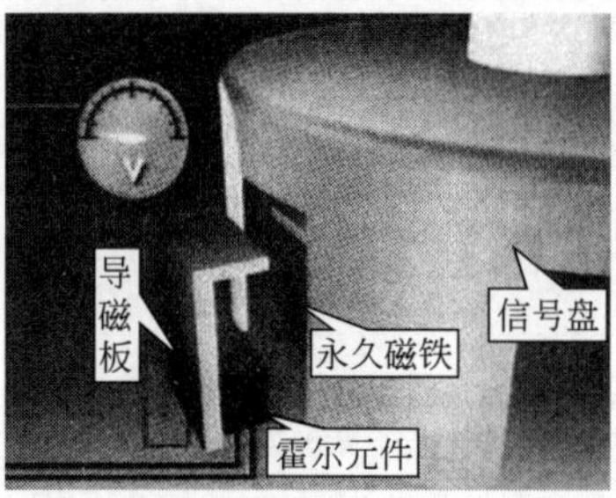 (a) 实物示意图 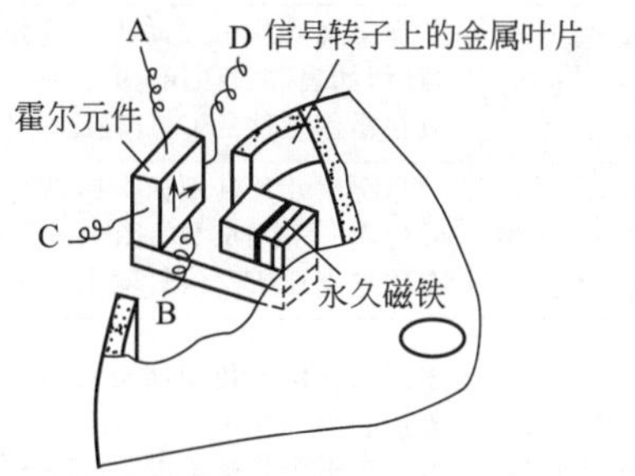 (b) 结构示意图
示意图说明	图(a)所示为霍尔式曲轴位置传感器的基本结构实物示意图，图(b)所示为霍尔式曲轴位置传感器基本结构示意图，主要由霍尔发生器与信号盘为核心组成。霍尔发生器由霍尔元件和永久磁铁构成；信号盘一般由铁片制成，有缺口，处于霍尔元件与永久磁铁之间。霍尔传感器有 4 个接线端：A、B 分别为电流 I_g 的输出端和输入端，C、D 分别为霍尔电压 E_H 两输出端，在制成传感器时，A、B 与 C、D 两组引脚中有两个引脚连接在一起作为接地线，故实际的传感器一般为三引脚方式

③ 霍尔式曲轴位置传感器安装位置与类型见表 5-14。

表 5-14 霍尔式曲轴位置传感器安装位置与类型

项目	具体说明
安装位置	右图所示为霍尔式曲轴位置传感器的安装位置示意图，该传感器用于监测曲轴的位置及检测发动机的转速，使 ECU 精确控制发动机的点火和喷油正时 
类型	霍尔式曲轴位置传感器根据其触发元件的不同主要有触发翼片式和触发轮齿式两种

④ 触发翼片式霍尔式曲轴位置传感器的结构与工作原理。触发翼片式霍尔式曲轴位置传感器的结构与工作原理，可以从以下几个方面来进行分析说明。

a. 触发翼片式霍尔式曲轴位置传感器的结构见表 5-15。

表 5-15 触发翼片式霍尔式曲轴位置传感器的结构

项目	具体说明
结构示意图	图(a)所示为触发翼片式霍尔式曲轴位置传感器结构示意图，主要由触发金属叶片（或称为触发叶轮）、霍尔元件（霍尔集成电路）、导磁体（磁轭或导磁钢片）与永久磁铁组成。其中触发金属叶片安装在转子轴上，随转子轴一同旋转，叶轮上制有翼片 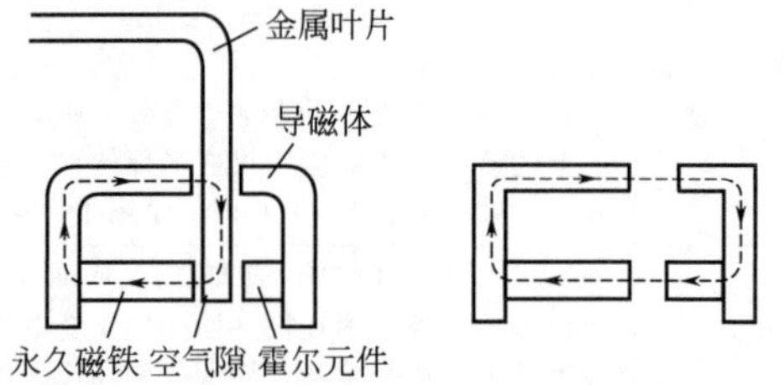 (a) 金属叶片进入空气隙 (b) 金属叶片离开空气隙
示意图说明	当曲轴转动并带动转子轴旋转时，触发叶轮随转子轴一同旋转，触发叶轮的翼片就会从霍尔元件与永久磁铁之间的气隙中转过。永久磁铁的磁力线可以穿过空气间隙垂直进入霍尔元件，如图(b)虚线所示，也可由叶片遮挡而不进入霍尔元件，如图(a)虚线所示

b. 触发翼片式霍尔式曲轴位置传感器的工作原理与电路连接方式见表 5-16。

表 5-16 触发翼片式霍尔式曲轴位置传感器的工作原理与电路连接方式

项目	具体说明	
工作原理	霍尔元件磁力线被叶片遮挡	当金属叶片由发动机通过分电器轴带动旋转，金属叶片进入霍尔元件与永久磁铁之间的空气隙时，如表 5-15 中的图(a)所示，因原来垂直进入霍尔元件的磁力线被金属叶片所阻挡而旁路，故在霍尔元件的 C、D 输出端不能得到霍尔电压，即 $E_H=0$
	霍尔元件磁力线不被叶片遮挡	当金属叶片转离永久磁铁与霍尔元件之间的空气隙时，永久磁铁中的磁力线又垂直进入霍尔元件，如表 5-15 中的图(b)所示，霍尔元件受到磁场的作用而产生了霍尔电压，即在其输出端就有霍尔电压 E_H 信号输出
连接电路与引脚功能	右图所示为霍尔式曲轴位置传感器与发动机电子控制单元(ECU)之间的连接方式。该传感器通常有 3 个引脚，一个引脚为霍尔元件提供 5V 的工作电源，另一个引脚为搭铁端，还有一个引脚就是信号输出端。从该图中可以看出，当霍尔电压产生时，三极管导通，信号电压 OUT=0；当霍尔电压消失时，信号电压 OUT=12V。采用示波器可以检测出 0～12V 的方波信号 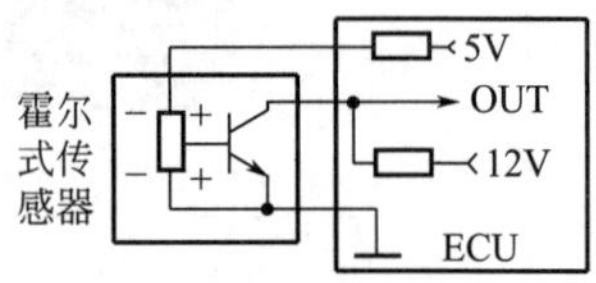	

⑤ 触发轮齿式霍尔式曲轴位置传感器的结构与原理见表 5-17。

表 5-17 触发轮齿式霍尔式曲轴位置传感器的结构与原理

项目	具体说明
结构与外形示意图	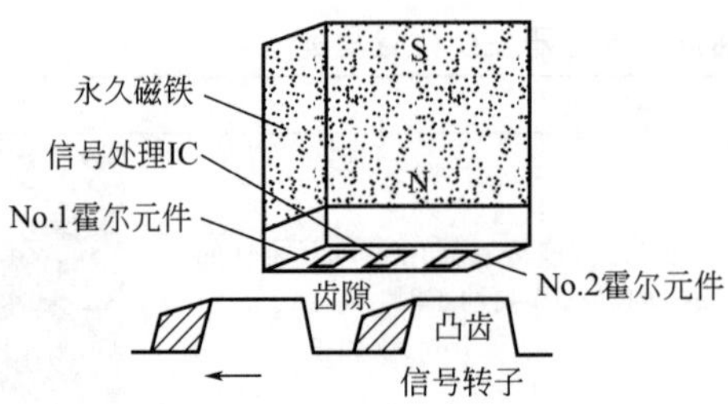 (a) 传感器典型结构 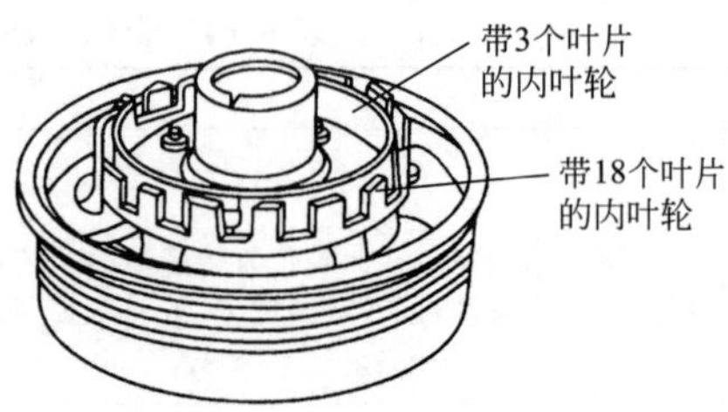 (b) 传感器典型外形
结构说明	触发轮齿式霍尔式曲轴位置传感器也就是差动霍尔式曲轴位置传感器，也称为双霍尔式曲轴位置传感器。其外形如图(b)所示，触发轮齿式霍尔曲轴位置传感器的作用是检测曲轴转角、发动机转速和活塞上止点位置，并将信号传送给发动机电子控制单元，用来控制点火时间和喷油正时。该传感器安装在曲轴前端（其他霍尔式曲轴位置传感器有的安装在分电器中，也有的安装在飞轮附近），它主要由两个霍尔信号发生器和配线等组成，其结构与磁脉冲式曲轴位置传感器十分相似，主要由凸齿的信号转子与霍尔信号发生器构成，如图(a)所示

续表

项目	具体说明
工作原理	触发轮齿式霍尔式曲轴位置传感器的信号转子即凸齿转子安装在发动机曲轴上（部分车辆以发动机的飞轮为信号转子），当发动机曲轴或飞轮转动时，传感器的信号转子随其一同旋转，从而使信号转子的齿缺与凸齿转过霍尔电路（主要由霍尔元件、放大电路、稳压电路、温度补偿电阻、信号变换电路与输出电路等组成）探头，使齿缺或凸齿与霍尔探头之间的气隙会发生变化，从而使磁通量随之变化，即磁场强度 B 发生变化，根据霍尔效应原理，在传感器的霍尔元件中就会产生电压信号，其输出电压由两个霍尔信号电压叠加而成。由于输出信号为叠加方式，故转子凸齿与信号发生器之间的气隙可以增大到（1.0±0.5）mm，而普通霍尔式传感器的气隙仅为0.2～0.4mm，由此可将信号转子制成像磁感应式传感器转子一样的齿盘式结构，以便于信号转子的安装

⑥ 在对霍尔式曲轴位置传感器进行检测之前，应先检查其连接导线是否牢固，尤其是导线的插接件较易灌入泥水等杂物而导致接触不良或短路。表 5-18 列出了霍尔式曲轴位置传感器的通用检测与维修方法。

表 5-18　霍尔式曲轴位置传感器的通用检测与维修方法

项目	具体说明
连接电路与引脚功能说明	曲轴位置传感器与发动机电子控制单元（ECU）之间用 3 根导线相连接，如右图所示。一根是传感器的电源线 A；另一根是传感器的输出信号线 B；还有一根是传感器的接地线（即搭铁线）C 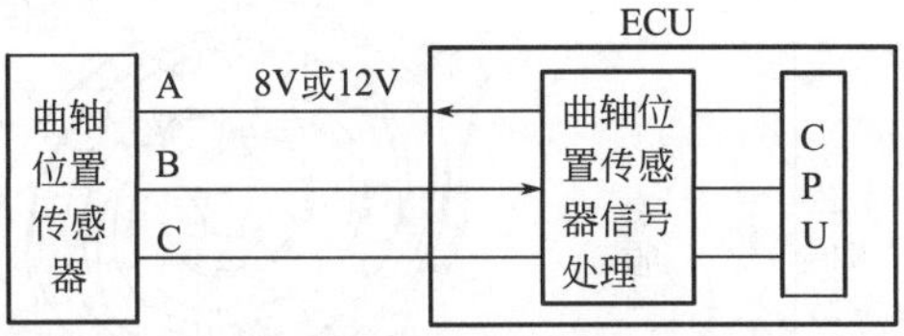
供电检测	拔下传感器插头，打开点火开关，采用万用表检测插头上电源端子与搭铁之间的电压应为 8V 或 12V（根据车型不同而不一样）。若无电压，则应检查霍尔式传感器到 ECU 之间的线路及 ECU 上相应端子上的电压，ECU 相应端子上如有电压，则为传感器至 ECU 之间线路断路；如 ECU 相应端子上无电压，则为 ECU 有故障
输出电压的检查	将拔下的传感器插头重新插好，启动发动机，采用万用表检测霍尔曲轴位置传感器输出端子的信号电压，正常值为 3～6V。若无电压，则为传感器本身的问题，应修理或检查更换
输出波形的检查	也可通过检查传感器信号输出端电压的波形，来确定传感器本身是否损坏。如无信号或信号异常，则说明传感器有问题

(4) 光电式曲轴位置传感器

光电式曲轴位置传感器是利用光电转换的原理来检测 1°信号、上止点信号和判缸信号的传感器。

① 光电式曲轴位置传感器的结构见表 5-19。

表 5-19　光电式曲轴位置传感器的结构

项目	具体说明
结构与实物示意图	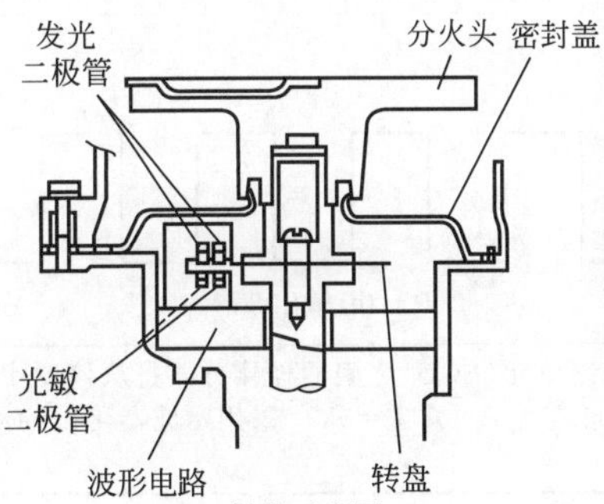 (a) 结构示意图 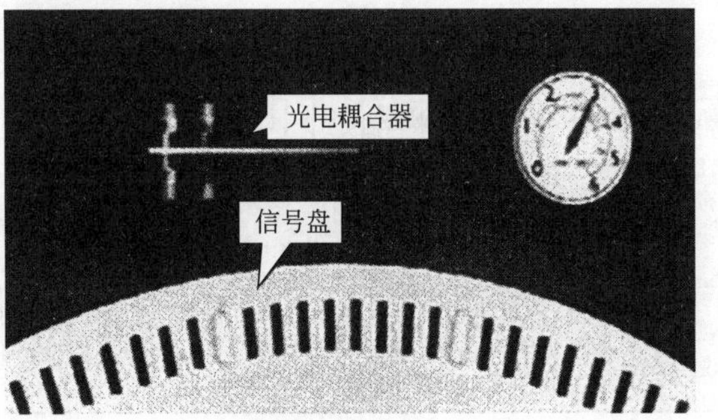 (b) 实物示意图

续表

项目	具体说明
基本结构说明	图(a)所示为光电式曲轴位置传感器的基本结构示意图,图(b)所示为实物示意图。光电式曲轴位置传感器主要由带透光槽的信号转子和带光电耦合元件的信号发生器与转盘(也称为信号盘或遮光盘)三个部分组成。光电信号发生器(即光电耦合器)一般由发光二极管与光敏三极管组合而成,信号盘上有光孔,信号盘处于发光二极管与光敏三极管之间。发光二极管作为光源,可发出红外光束,且发光二极管耐震、使用寿命长;光敏晶体管作为接收器,当红外线光束照射到晶体管时,电路后级的晶体管导通 发光二极管、光敏二极管和控制电路都装在固定底板座上,发光二极管与光敏晶体管位置相对,分别位于信号盘的两侧。信号盘固定在分电器轴上,与分电器轴随曲轴一起转动。信号盘边缘分别刻有 360 条缝隙,每转过一条缝隙对应凸轮轴 1°转角。在信号盘边缘还刻有表示一缸上止点位置的缝隙和 60°(六缸机)或 90°(四缸机)间隔的缝隙

② 光电式曲轴位置传感器的安装位置见表 5-20。

表 5-20 光电式曲轴位置传感器的安装位置

项目	具体说明
安装位置与信号盘结构示意图	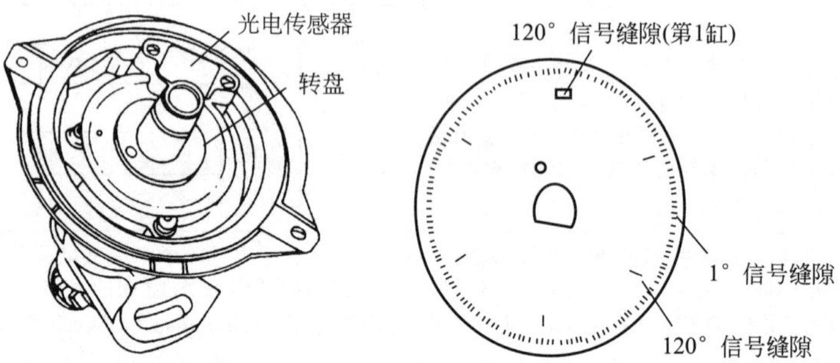(a) 安装位置　(b) 信号盘传感器
说明	光电式曲轴位置传感器多安装在分电器内,没有分电器的则安装在凸轮轴左前部[如图(a)所示]。图(b)所示的信号盘安装在分电器轴上,其外缘内侧开有 360 条透光槽(窄缝),用来产生 1°信号,供发动机电子控制单元计算曲轴转角和发动机转速。紧靠 360 条透光槽(窄缝)的内侧开有 6 个透光槽(小方孔),用来产生 120°信号,供发动机电子控制单元确认活塞上止点位置。在这 6 个间隙 60°的透光槽中,有 1 个孔口较宽的槽(大方孔),它产生的是供发动机电子控制单元确认 1 缸上止点位置的 120°信号

③ 光电式曲轴位置传感器的工作原理、连接电路与输出波形示意图及其说明见表 5-21。

表 5-21 光电式曲轴位置传感器的工作原理、连接电路与输出波形示意图及其说明

项目	具体说明
工作原理	光电式曲轴位置传感器的信号盘随着发动机转动,信号盘上由于有光孔,所以发光二极管产生的光线将间断地投射在光敏三极管上。当光线投射在光敏三极管上时,三极管导通;当信号盘遮住了光线时,三极管截止。在发动机运转的过程中光敏三极管处于导通和截止的交替状态,发动机转速越快,交替的频率就越大
连接电路与输出波形示意图	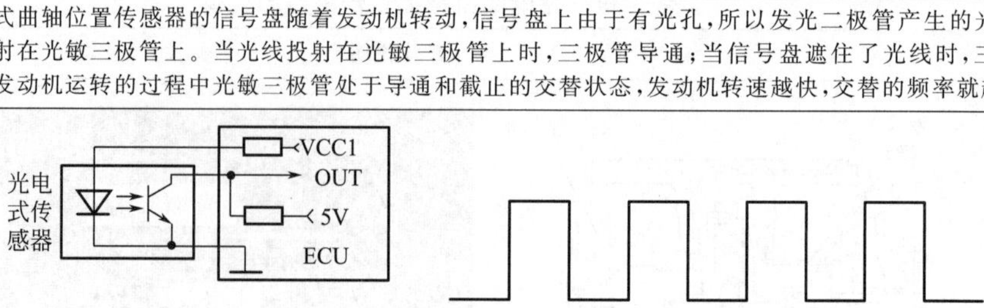(a) 连接电路　(b) 输出波形
示意图说明	图(a)所示为光电式曲轴位置传感器与发动机电子控制单元(ECU)之间的连接方式。从该图中可以看出,当三极管导通时,信号电压 OUT=0;当三极管截止时,信号电压 OUT=5V。采用示波器可以检测出 0~5V 的方波信号,如图(b)所示

④ 光电式曲轴位置传感器的工作过程见表 5-22。

表 5-22 光电式曲轴位置传感器的工作过程

项目		具体说明
工作过程示意图		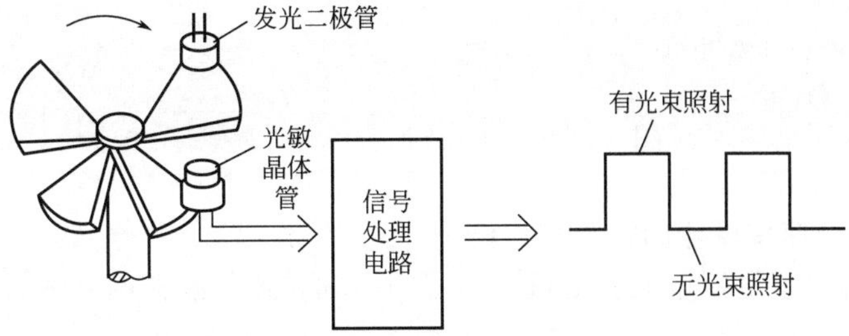
信号盘工作情况	透光	当信号盘转到透光位置时，发光二极管发出的光束就会照射到光敏晶体管上，光敏晶体管受到感光而导通产生电压，信号发生器输出为高电平信号
	遮光	当信号盘转到遮光位置时，发光二极管发出的光束被遮住，光敏晶体管截止，产生的电压为零，信号发生器输出低电平信号
电子电路工作情况		将上述信号传送给电子电路进行整形、放大处理以后，即可作为发动机电子控制单元计算曲轴转角、发动机转速和确认活塞上止点位置基准信号

⑤ 光电式曲轴位置传感器的输出特性波形解析见表 5-23。

表 5-23 光电式曲轴位置传感器的输出特性波形解析

项目		具体说明
输出特性波形示意图		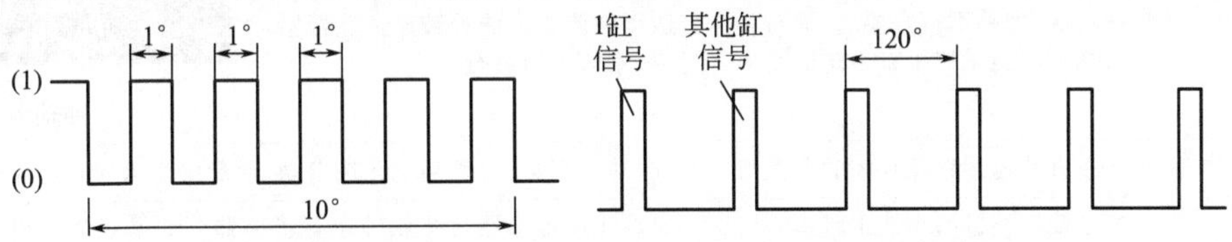(a) 1° 信号时的波形　(b) 120° 信号时的波形
波形解析	1°信号时的波形	由于工作时信号转子随分电器轴一起旋转，并且上面开有 360 个透光槽（窄缝），所以信号转子每转 1 圈（360°），即曲轴每转两圈（720°），1°信号发生器输出 360 个高电平信号和 360 个低电平信号，共 720 个信号。于是 1°信号发生器有表示有电压信号输出的高电平和表示无电压输出的低电平信号，分别对应于曲轴的 1°转角。其波形如图（a）所示
	120°信号时的波形	由于 120°信号的产生时间已经预先设定，即信号转子上透光槽（大方孔）的起始点位于一缸上止点前 70°，所以信号转子每转 1 圈，120°信号发生器在各缸上止点前 70°输出 1 个高电平，共有 6 个高电平信号，其波形如图（b）所示

⑥ 对光电式曲轴位置传感器的检测，通常也从连接线束、电源电压、信号电压几个方面入手。表 5-24 列出了光电式曲轴位置传感器的通用检测与维修方法。

表 5-24 光电式曲轴位置传感器的通用检测与维修方法

项目	具体说明
供电电压的检查	拔下传感器插头，打开点火开关，检查插头上电源端子与搭铁端子之间的电压应为 5V 或 12V（根据车型不同而不一样）。若无电压，则应检查传感器至 ECU 的导线和 ECU 上相应端子上的电压。若 ECU 端子上有电压，则为 ECU 至传感器之间的导线断路；否则为 ECU 故障
信号电压的检查	插回传感器插头，启动发动机，使其转速保持在 2500r/min 左右，采用万用表检测传感器输出端子上的电压，正常值一般为 2～3V，如电压不对，则为光电式曲轴位置传感器损坏

5.2 曲轴转速传感器

许多厂家将柴油发动机电控系统使用的曲轴位置传感器称为曲轴转速传感器，通常与凸轮轴相位传感器配合使用。

（1）曲轴转速传感器的检测与维修

表5-25列出了电控柴油发动机上常用的曲轴转速传感器的基本特点与检测方法。

表5-25 电控柴油发动机常用的曲轴转速传感器的基本特点与检测方法

项目	具体说明
外形与工作情况	电控柴油发动机常用曲轴转速传感器检测柴油发动机的转速，并将检测到的信号转换为电压后提供给柴油发动机电子控制单元(ECU)，ECU根据该信号计算出发动机的转速，并参考凸轮轴相位传感器信号，知道各缸活塞在气缸内的行程位置，从而控制喷油时刻、喷油器压力、喷油量等 
安装位置	柴油发动机上安装的曲轴转速传感器，通常设置在飞轮壳外侧。右图所示为曲轴转速传感器安装位置示意图。曲轴转速传感器与飞轮顶面之间都有一定的间隙，发动机型号不同，该间隙的数值也不一样。例如有的发动机为(1.0±0.5)mm，更换传感器后必须采用塞尺进行检查确认，如果不符合要求，应对其进行适当的调整。曲轴转速传感器紧固螺钉的旋紧扭矩有一定的要求，应按厂家的规格进行 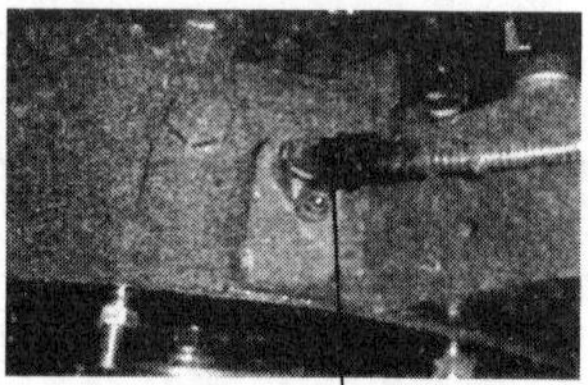 曲轴转速传感器
故障特征	曲轴转速传感器故障的典型特征为，起动机正常，但发动机无法启动，诊断仪显示的同步信号故障
故障原因	电控柴油机的喷油正时主要取决于曲轴转速传感器与凸轮轴位置传感器。如果柴油机出现不能启动、2个信号全部丢失情况，其可能原因主要有：传感器损坏，传感器连接线束短路或断路；传感器出现松动，致使传感器与感应齿之间的间隙过大或过小，该间隙正常情况下一般在(1.0±0.5)mm
检测与维修	通常应按以下顺序检查各个部位或零件：检查曲轴转速传感器、凸轮轴传感器是否完好无损，插接件和导线是否完好无损，有无断路或短路→拆下曲轴转速传感器、凸轮轴传感器，检查其是否有脏物附着→采用万用表检测传感器静态电阻值是否在750～950Ω之间，ON挡电压是否在2～3V之间→采用故障诊断仪进行检测，看是否有故障码存在。有故障码则按故障码提示的要求进行检修，没有故障码按常规方法进行检修

（2）双霍尔式曲轴转速传感器的检测与维修

现在的新型柴油发动机电控系统，许多机型应用了双霍尔式曲轴转速传感器，表5-26列出了这类传感器的检测与维修方法。

表5-26 柴油发动机双霍尔式曲轴转速传感器的检测与维修方法

项目	具体说明
外形与安装位置示意图	图(a)所示为应用在CA6DE3系列发动机电子控制系统中的双霍尔式曲轴转速传感器，该传感器用于检测曲轴角度和发动机转速信号，它与凸轮轴位置传感器共同构成正时信号。双霍尔式曲轴转速传感器把感应到的、飞轮的磁场变化情况转换成脉冲信号后，提供给柴油发动机电子控制单元(ECU)。飞轮圆周上的齿共有60－2＝58(个)，每齿相差6°曲轴转角，因此曲轴每转一周，曲轴转速传感器就输出60－2＝58(个)脉冲 如图(b)所示，双霍尔式曲轴转速传感器安装在靠近曲轴飞轮的飞轮壳上，它的安装方向与飞轮的旋转方向具有唯一的对应关系 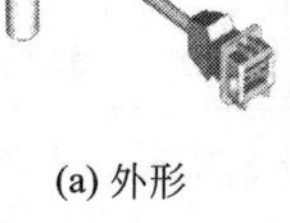 (a) 外形 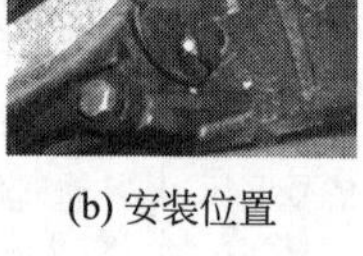 (b) 安装位置

续表

项目	具体说明
检测与维修方法	对双霍尔式曲轴转速传感器的检测，可以采用万用表检测其供电电压值，对于绝缘电阻可以采用绝缘电阻表进行检测，对于输出的脉冲信号则可以采用示波器进行检测，对于飞轮空气间隙则可以采用厚薄规进行检测。表5-27所示为双霍尔式曲轴转速传感器的有关参数，供检测时对比参考

表 5-27 双霍尔式曲轴转速传感器的有关参数

供电电压/V	绝缘电阻/MΩ	低电位/V	检测转速范围/(r/min)	与飞轮空气间隙/mm	脉冲信号幅值/V
5.00±0.25	＞1	＜0.5	15～8000	1.5±0.1	5.00±0.25

5.3 汽油发动机凸轮轴位置传感器

凸轮轴位置传感器又称为同步信号发生器，该传感器产生与曲轴位置传感器信号对应的同步信号，用于采集配气凸轮轴的位置，供发动机电子控制单元（ECU）识别1缸压缩上止点，以便对顺序喷油、点火时刻与爆燃进行控制。

(1) 凸轮轴位置传感器概述

由于凸轮轴位置传感器具有识别哪一缸活塞即将到达上止点，故又称为判缸传感器，其作用是向发动机电子控制单元提供判缸信号。

① 凸轮轴位置传感器类型与安装位置见表5-28。

表 5-28 凸轮轴位置传感器类型与安装位置

项目		具体说明
类型		根据工作原理不同分类，凸轮轴位置传感器可以分为磁电式、霍尔式、光电式与磁阻式供四种，前三种的工作原理与曲轴位置传感器相同。车辆上使用最多的是霍尔式凸轮轴位置传感器，其次是磁电式凸轮轴位置传感器，光电式与磁阻式凸轮轴位置传感器仅在少量车型上使用
安装位置示意图		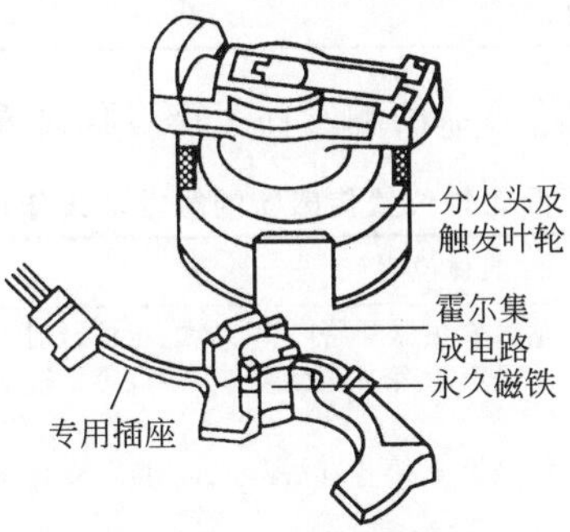 (a) 有分电器安装位置  (b) 无分电器安装位置
安装位置说明	有分电器	对于有分电器的电控点火系统的车型，霍尔式凸轮轴位置传感器（又称为霍尔式同步信号传感器）一般安装在分电器内，如图(a)所示
	无分电器	对于没有分电器的电控点火系统的车型，霍尔式凸轮轴位置传感器一般安装在凸轮轴上，如图(b)所示

② 安装在分电器内的霍尔式凸轮轴位置传感器的结构特点见表5-29。

表 5-29　安装在分电器内的霍尔式凸轮轴位置传感器的结构特点

<table>
<tr><th>项目</th><th colspan="2">具体说明</th></tr>
<tr><td>结构示意图</td><td>右图所示为安装在分电器内的凸轮轴位置传感器分解后的结构示意图，利用该传感器送来的信号，发动机电子控制单元(ECU)不仅可测知下一个即将到达上止点的是哪个气缸的活塞，而且还可判定该活塞接近上止点时，是处于压缩进程还是排气行程</td><td rowspan="2">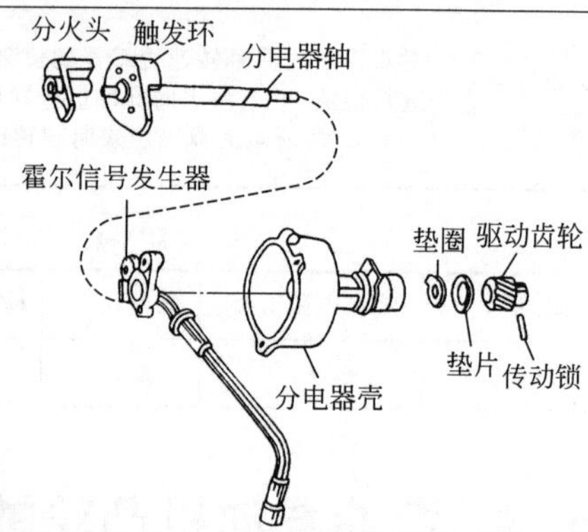</td></tr>
<tr><td>特点说明</td><td>安装在分电器内的凸轮轴位置传感器主要由随分电器轴一起转动的触发环和固定在分电器壳体上的霍尔信号发生器组成。触发环的外缘一部分为半圆环，另一部分为缺口，半圆环与缺口的圆弧长度均为180°弧长。霍尔信号发生器主要由永久磁体和霍尔元件组成</td></tr>
</table>

③ 安装在分电器内的霍尔式凸轮轴位置传感器的工作原理见表 5-30。

表 5-30　安装在分电器内的霍尔式凸轮轴位置传感器的工作原理

<table>
<tr><th>项目</th><th colspan="2">具体说明</th></tr>
<tr><td>示意图</td><td colspan="2">霍尔式同步信号传感器的工作过程可用右图的示意图来说明。正常工作时，传感器触发环随分电器轴一起转动。当触发环上的半圆环通过信号发生器时，穿过霍尔元件的磁力线增强，霍尔元件产生电压
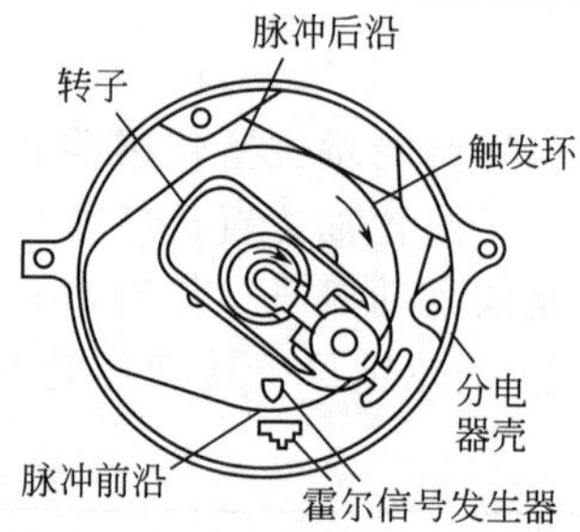</td></tr>
<tr><td rowspan="2">工作原理</td><td>缺口通过发生器</td><td>当霍尔式同步信号传感器触发环上的缺口通过霍尔信号发生器时，穿过霍尔元件的磁力线变弱，霍尔元件不产生电压</td></tr>
<tr><td>半圆环通过发生器</td><td>当触发环上的半圆环通过霍尔信号发生器时，同步信号传感器输出高电平(约为5V)；当触发环上的半圆环离开霍尔信号发生器时，同步信号传感器输出低电平(0)。在分电器轴旋转一圈中，高低电平各占180°(各相当于曲轴转角360°)</td></tr>
</table>

④ 安装在分电器内的霍尔式凸轮轴位置传感器的触发环工作过程见表 5-31。

表 5-31　安装在分电器内的霍尔式凸轮轴位置传感器的触发环工作过程

项目	具体说明
触发环前沿进入霍尔信号发生器	当触发环前沿进入霍尔信号发生器，使同步信号发生器开始产生5V电压信号时 对于4缸发动机表示：下面即将到达上止点的是第1、第4缸活塞。其中，第1缸活塞为压缩行程，第4缸活塞为进气行程 对于6缸发动机表示：下面即将到达上止点的是第3、第4缸活塞。其中，第4缸活塞为压缩行程，第3缸活塞为排气行程
触发环后沿离开霍尔信号发生器	当触发环的后沿离开霍尔信号发生器，使同步信号传感器输出电压开始降为0时 对于4缸发动机表示：下面即将到达上止点的仍然是第1、第4缸活塞。但此时的第4缸活塞为压缩行程，第1缸活塞为排气行程 对于6缸发动机表示：下面即将到达上止点的仍然是第3、第4缸活塞。但此时第3缸活塞为压缩行程，第4缸活塞为排气行程
ECU的判断方法	工作时，发动机电子控制单元(ECU)利用同步信号传感器送来的高低电位信号，可判定4缸发动机的第1、第4缸活塞，或6缸发动机的第3、第4缸活塞是处于压缩行程还是处于排气行程，并根据曲轴位置传感器传送来的信号测知发动机转速和活塞上止点前运行位置，从而控制发动机点火时间和喷油正时

⑤ ECU判断与控制过程见表5-32。

表5-32　ECU判断与控制过程

项目	具体说明
传感器输出信号的上升沿出现	当传感器输出信号的上升沿出现时，发动机电子控制单元可判定：4缸发动机的第4缸活塞处于排气行程；6缸发动机的第3缸活塞处于排气行程。于是，根据曲轴位置传感器传送来的信号，当活塞行至排气行程上止点前64°时，电子控制单元发出指令，使4缸发动机第4缸喷油器、6缸发动机第3缸喷油器喷油 同时，当传感器输出信号的上升沿出现时，发动机电子控制单元也同时判定：4缸发动机的第1缸活塞处于压缩行程；6缸发动机的第4缸活塞处于压缩行程。于是，发动机电子控制单元根据发动机负荷和转速等信息，在活塞行至压缩行程上止点前的适当时机发出点火指令，使该缸火花塞跳火，点燃气缸内的混合气
传感器输出信号下降沿出现	当传感器输出信号的下降沿出现时，发动机电子控制单元也可判定4缸发动机两个气缸的活塞、6缸发动机两个气缸的活塞所处行程是排气行程还是压缩行程（与传感器输出信号上升沿出现时活塞所处行程正好相反），从而控制这两缸的点火时间和喷油正时 由于同步信号的设立，给判定发动机两缸所处行程提供了依据。因此，发动机电子控制单元可根据曲轴位置传感器等传送来的信息进行综合分析，并根据发动机的工作次序，准确地控制发动机各缸的点火时间和喷油正时

⑥ 安装在凸轮轴上的霍尔式凸轮轴位置传感器的结构特点见表5-33。

表5-33　安装在凸轮轴上的霍尔式凸轮轴位置传感器的结构特点

项目	具体说明
安装位置与结构示意图	右图所示为安装在凸轮轴上的霍尔式凸轮轴位置传感器，该传感器具体位置多在气缸盖前端链轮之后 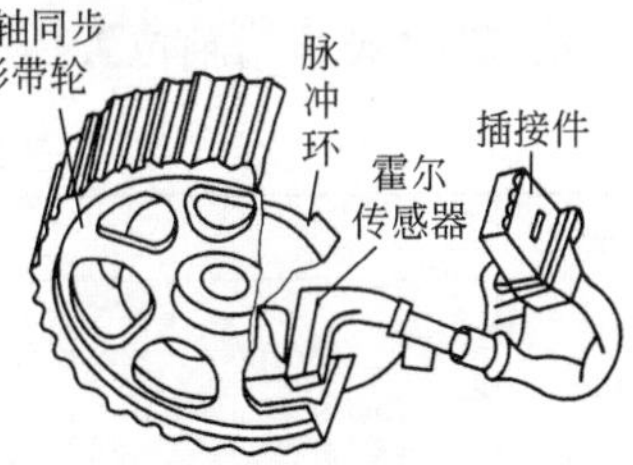
说明	安装在凸轮轴上的霍尔式凸轮轴位置传感器的基本结构和工作原理与安装在分电器内的传感器相同，主要由一个半周（180°）的脉冲环与霍尔传感器组成

（2）磁阻式凸轮轴位置传感器的结构与原理

利用磁阻效应原理制成的磁敏电阻元器件叫作磁阻元件，利用磁阻元件制成的传感器即为磁阻元件式凸轮轴位置传感器，简称磁阻式凸轮轴位置传感器或MRE传感器，MRE是英文Magneto Resistance Element首字母的缩写，含义为磁阻元件。

① 磁阻效应原理见表5-34。

表5-34　磁阻效应原理

项目	具体说明
定义	磁阻效应是指半导体材料的电阻值随与电流相同或垂直方向的磁场强弱而变化的现象
磁阻效应原理	在一个长方形半导体元件的两端面通电，在无磁场时，电流电极间的电阻值取最小电流分布。当长方形元件处于磁场中时，由于两电极间的电流路径因磁场作用而加长，从而使电极间的电阻值增加
特点	利用磁阻效应，可以实现磁和电→电阻的转换。对于非铁磁性物质，外加磁场通常使电阻率增加，也就是产生正的磁阻效应

② 磁阻式凸轮轴位置传感器的组成与工作原理见表5-35。

表 5-35　磁阻式凸轮轴位置传感器的组成与工作原理

项目	具体说明	
模块组成与磁阻式凸轮轴位置传感器工作原理示意图	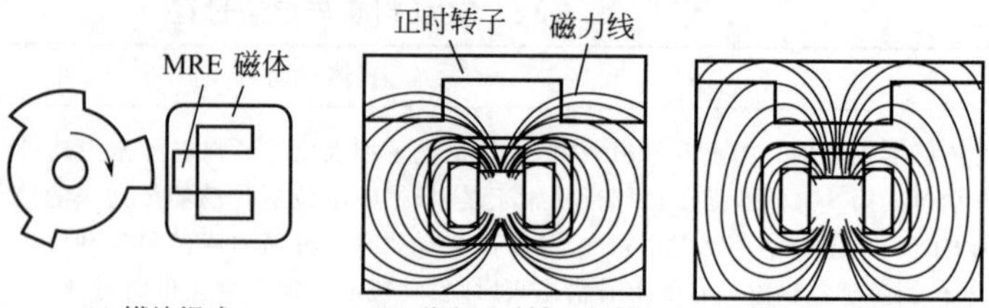 (a) 模块组成　(b) 磁头正对转子凹槽　(c) 磁头正对转子翼片	
传感器的组成	磁阻式凸轮轴位置传感器主要由信号发生器、磁铁与采用树脂封装的信号处理集成电路模块等组成，如图(a)所示	
磁头与转子的工作原理	磁头正对转子凹槽	当磁阻式凸轮轴位置传感器的磁头正对转子凹槽时，磁力线向两侧的翼片分布构成闭合磁路，此时磁阻元件电阻较小，通过磁阻元件的磁力线较少，磁场强度较弱，且磁力线与磁阻元件呈一定角度，如图(b)所示。此时，磁阻元件输出 5V 的高电平信号
	磁头正对转子翼片	当磁阻式凸轮轴位置传感器的磁头正对转子翼片时，磁力线通过正对的翼片构成闭合磁路，此时磁阻元件电阻较大，通过磁阻元件的磁力线较多，磁场强度较强，且磁力线与磁阻元件垂直，如图(c)所示。此时，磁阻元件输出 0 的低电平信号
信号处理过程	在上述工作过程中，随着转子的旋转，翼片的凸起与凹槽交替变化，由此就会使磁阻元件的磁力线的强弱与角度发生改变，由于磁阻效应的作用，磁阻元件的电阻也发生变化，进而通过 MRE 装置的电流也随之改变，这种电流的变化通过信号放大电路、滤波与整形电路处理后，就会形成二进制数字信号，该信号提供给发动机电子控制单元(ECU)后，ECU 就可以判断出进、排气凸轮轴的位置	

③ 磁阻式凸轮轴位置传感器的安装位置见表 5-36。

表 5-36　磁阻式凸轮轴位置传感器的安装位置

项目	具体说明	
安装位置示意图	右图所示为丰田新皇冠轿车发动机智能可变正时系统(VVT-i)中磁阻式凸轮轴位置传感器安装位置示意图，它是在每一气缸组上的进、排气凸轮轴上设置 1 个传感器，一共有 4 个。进、排气凸轮轴上的凸轮轴位置传感器正时转子有三个凸起，所对应的凸轮轴角分别为 90°、60°、30°，即所对应的曲轴转角分别为 180°、120°、60°	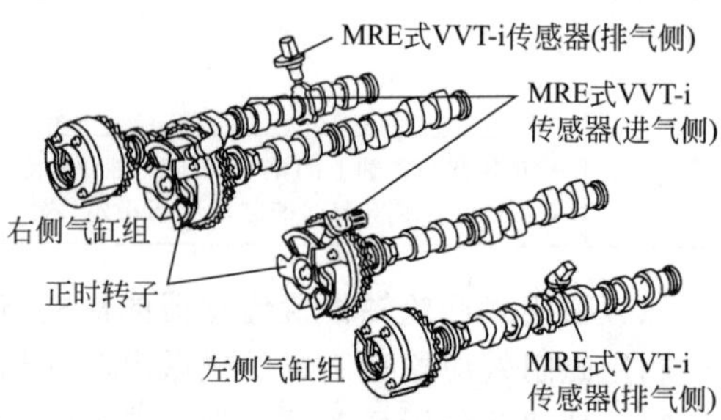
说明	在丰田新皇冠轿车发动机智能可变正时系统中，曲轴每旋转两周，进、排气凸轮轴旋转一周，产生三个大小不同的脉冲，智能可变气门正时系统通过凸轮轴位置传感器的检测，由 ECU 占空比控制油压控制电磁阀，进而将进气与排气凸轮轴分别控制在 40°与 35°曲轴转角之间，提供最合适发动机工作特性的气门正时，以改善发动机所有转速范围内的转矩，提高燃油经济性，减少污染物的排放	

(3) 凸轮轴位置传感器的通用检测与维修

对凸轮轴位置传感器的检测可用专用故障诊断测试仪来进行，也可以用万用表来进行检测。

① 凸轮轴位置传感器的连接电路。

无论是安装在分电器内的凸轮轴位置传感器还是安装在凸轮轴上的凸轮轴位置传感器，它们的连接电路基本相同，具体情况见表 5-37 中所列。

表 5-37 凸轮轴位置传感器的连接电路与引脚功能说明

项目	具体说明
连接电路	右图所示为安装在分电器内的凸轮轴位置传感器与发动机电子控制单元(ECU)之间的连接方式示意图。安装在凸轮轴上的凸轮轴位置传感器与 ECU 之间的连接方式与此基本相同,仅是与 ECU 连接的引脚编号不同 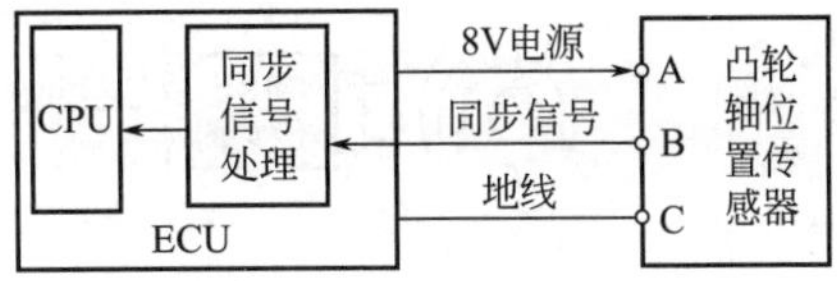
引脚功能说明	凸轮轴位置传感器有三个引脚,其中,A 为凸轮轴位置传感器供电电源输入端,供电电压来自发动机电子控制单元(ECU),正常电压一般约为 8V(或 5V);B 为凸轮轴位置传感器信号(同步信号)输出端,输出的信号去电子控制单元(ECU);C 为凸轮轴位置传感器接地线端,与电子控制单元的地线相连后通过内部电路接地(即搭铁)

② 安装在分电器内的凸轮轴位置传感器的通用检测与维修方法见表 5-38。

表 5-38 安装在分电器内的凸轮轴位置传感器的通用检测与维修方法

项目	具体说明
供电检测	凸轮轴位置传感器的供电来自于电子控制单元(ECU),可采用万用表直流电压挡进行检测传感器接线端子 A 与接地之间的电压,正常值该电压应为 8V 左右
搭铁检测	如检查传感器 C 端与 ECU 接线器脚连接良好,且检查 ECU 与搭铁(接地)间接线均无问题,一般即为同步信号传感器有问题,应对其进行检查或更换
同步信号的检测	将万用表置于 10V DC 挡(10～25V 之间的直流电压挡均可用),红表笔接传感器接线器 B 端,黑表笔接接线器 C 端(搭铁端);接通点火开关,电压表指示值应为 8V 或 0
ECU 电路的检测	如果测得的 8V 电压异常或无电压,且检查配线或接线器均无问题的话,则故障多为 ECU 电路异常引起的,应检查 ECU 电路;如果测得 A 端与地间的 8V 电压正常,可再检查传感器接线端子 C 与 ECU 接线器端脚之间的电阻,应为 0。如不通,应检查或更换配线或接线器

③ 安装在凸轮轴上的凸轮轴位置传感器的通用检测与维修方法见表 5-39。

表 5-39 安装在凸轮轴上的凸轮轴位置传感器的通用检测与维修方法

项目	具体说明
接插件的检测	检查凸轮轴位置传感器的插接件接触是否良好,检测传感器插接件三个端脚之间是否有短路或严重漏电现象存在
供电检测	检测凸轮轴位置传感器端脚 A 所对应的插头与搭铁之间的 5V 供电电压是否正常,如果该电压异常或电压为 0,则检测 ECU 相应端上的 5V 电压是否正常,如正常,则为连接导线的问题,如果也不正常,则为 ECU 问题
搭铁检测	检测凸轮轴位置传感器端脚 C 所对应的插头与 ECU 相应连接的端脚之间是否相通,是否与蓄电池负极相通,正常情况下均应相通,电阻值应小于 0.5Ω
输出电压的检测	先检测凸轮轴位置传感器端脚 B 所对应的插头与 ECU 相应连接的端脚之间是否相通,确认导通后,再启动发动机,采用万用表检测传感器 B 端脚与搭铁之间是否有低电平(0～400mV)、高电平(4.5～5.5V)的脉冲电压信号输出

④ 磁阻式凸轮轴位置传感器的通用检测与维修方法。

a. 磁阻式凸轮轴位置传感器的连接电路与输出特性曲线见表 5-40。

表 5-40　磁阻式凸轮轴位置传感器的连接电路与输出特性曲线

<table>
<tr><th>内容</th><th>具体说明</th></tr>
<tr><td>连接电路与输出特性曲线示意图</td><td>
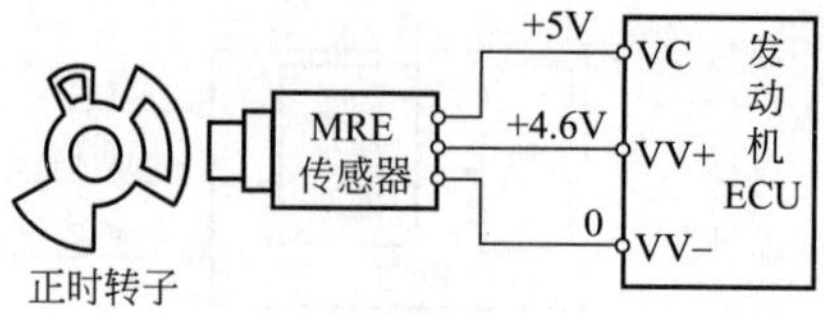

(a) 连接电路
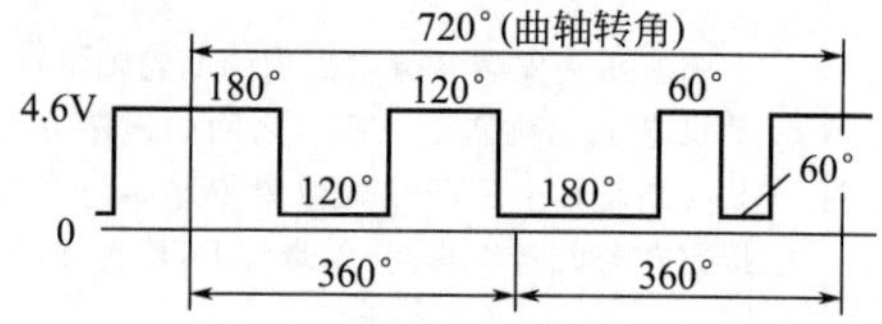

(b) 输出特性曲线
</td></tr>
<tr><td>示意图说明</td><td>图(a)所示为丰田新皇冠系列轿车发动机智能可变正时系统(VVT-i)中使用的磁阻式凸轮轴位置传感器与发动机电子控制单元(ECU)之间的连接方式示意图,图(b)所示为该传感器的输出波形特性曲线示意图,供采用示波器检测波形时参考</td></tr>
</table>

b. 磁阻式凸轮轴位置传感器的检测与维修见表 5-41。

表 5-41　磁阻式凸轮轴位置传感器的检测与维修方法

内容	具体说明
供电检测	在断开点火开关的情况下,再断开凸轮轴位置传感器插接件,然后接通点火开关(置于 ON 位置),采用万用表检测 VC 引脚与 VV－之间的电压,该电压正常值应为 5V。如果检测到的电压为 0,则应检查 VV－与 ECU 之间的线路连接情况。如果检测线路没有问题,则为发动机 ECU 的问题
参考电压的检测	在断开点火开关、断开凸轮轴位置传感器插接件的情况下,再接通点火开关(置于 ON 位置),然后采用万用表检测 VV＋引脚与 VV－之间的电压,该电压正常值应为 4.5V 左右。如果检测到的电压为 0,则应检查 VV＋与 ECU 之间的线路连接情况。如果检测线路没有问题,则为发动机 ECU 的问题
波形检测	在插好凸轮轴位置传感器插接件的情况下,启动发动机使其运转,采用示波器检测 VV＋引脚与 VV－之间的电压波形,该波形正常曲线如上述表 5-40 中图(b)所示。如果波形形状相差较大或没有波形输出,则为凸轮轴位置传感器本身故障,应更换新件

5.4　柴油发动机凸轮轴位置传感器

在柴油发动机的电控系统中,也使用了凸轮轴位置传感器,该传感器有的汽车生产厂家又称为辅助转速传感器或位置传感器。

(1) 结构与原理

柴油发动机上应用的凸轮轴位置传感器与汽油发动机一样,也是与曲轴位置传感器配合使用的。

① 凸轮轴位置传感器的类型与结构特点见表 5-42。

表 5-42　凸轮轴位置传感器的类型与结构特点

<table>
<tr><th>项目</th><th>具体说明</th></tr>
<tr><td>类型示意图</td><td>
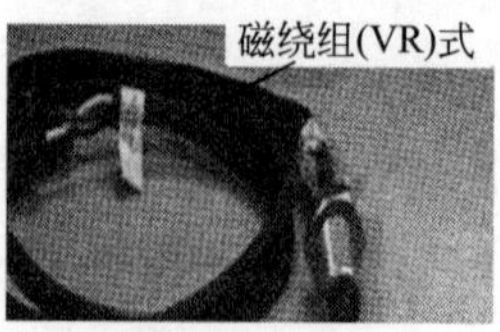

(a) 磁绕组式外形
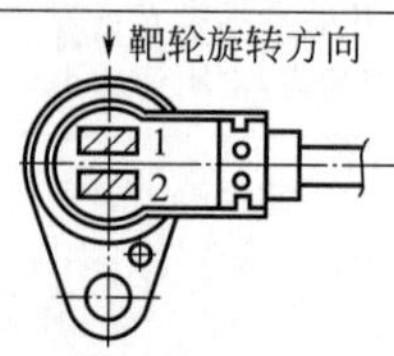

(b) 霍尔式外形
</td></tr>
<tr><td>类型说明</td><td>汽车电控柴油发动机使用的凸轮轴位置传感器用于检测发动机运行速度和凸轮轴的位置。通常有磁绕组(VR)式与霍尔效应式两大类,如上图所示</td></tr>
</table>

续表

项目	具体说明
结构特点	汽车柴油发动机使用的凸轮轴位置传感器，多为单霍尔方式，其基本结构如图(b)所示。其主要用于检测出凸轮的实际位置，以使ECU能够判断出发动机第1缸位置，从而确定喷油的时刻，其与曲轴位置传感器共同组成正时信号。靶轮上通常设置有6+1=7(个)槽，凸轮每转一周，凸轮轴位置传感器就会输出6+1=7(个)槽。其中1～6槽，每槽相差120°曲轴转角，第0槽与第6槽相差30°曲轴转角

② 凸轮轴位置传感器的安装位置见表5-43。

表5-43 凸轮轴位置传感器的安装位置

项目	具体说明
安装位置示意图	右图所示为凸轮轴位置传感器安装位置示意图，柴油机上安装的凸轮轴位置传感器，通常设置在高压油泵外侧或安装在凸轮轴端部位置，用于检测柴油发动机转速并确定发动机的相位  凸轮轴转速传感器
需要说明的问题	在发动机电控系统的线束上，凸轮轴位置传感器的插接件端通常有与曲轴位置传感器一样的颜色标记，采用双绞线与柴油发动机电子控制单元(ECU)进行连接

(2) 通用检测与维修方法

① 凸轮轴位置传感器的故障原因与检测思路见表5-44。

表5-44 凸轮轴位置传感器的故障原因与检测思路

项目	具体说明
故障原因	电控柴油机的喷油正时，主要取决于曲轴转速传感器与凸轮轴位置传感器。如果柴油机出现不能启动、2个信号全部丢失情况，其可能原因主要有：传感器损坏，传感器连接线束短路或断路；传感器出现松动，致使传感器与感应齿之间的间隙过大或过小，该间隙正常情况下一般在(1.0±0.5)mm
检测要求	①检查传感器是否出现松动现象。如松动且检查间隙也发生了改变，则应对传感器与感应齿之间的间隙进行适当的调整，使其满足要求 ②检查传感器本身是否损坏。如损坏，应更换新的、同规格的传感器；检查传感器连接线束是否有短路或断路现象，如有，应对其进行修理或更换
检测电阻、电压	对汽车柴油发动机凸轮轴位置传感器的好坏的检测判断，可以采用万用表对其进行电阻和电压的测量，并与表5-45所列的正常值进行对比，以判断其好坏

表5-45 凸轮轴位置传感器的典型数据

检测参数	供电电压/V	绝缘电阻/MΩ	低电位/V	转速范围/(r/min)	与飞轮空气间隙/mm	脉冲信号幅度/V
正常值	5.00±0.25	>1	<0.2	0～4000	1.4±0.1	5.00±0.25

② 磁绕组（VR）式凸轮轴位置传感器的原理、检测与维修见表5-46。

表 5-46 磁绕组（VR）式凸轮轴位置传感器的原理、检测与维修

项目	具体说明
工作原理	磁绕组(VR)式速度传感器的工作原理示意图如右图所示，该传感器内部有一个电磁铁芯和磁场绕组，电磁铁芯产生电磁场，速度信号轮在旋转时切割磁场，在磁线绕组上产生交流信号，ECU通过计算交流信号的频率就可计算出信号轮的转速 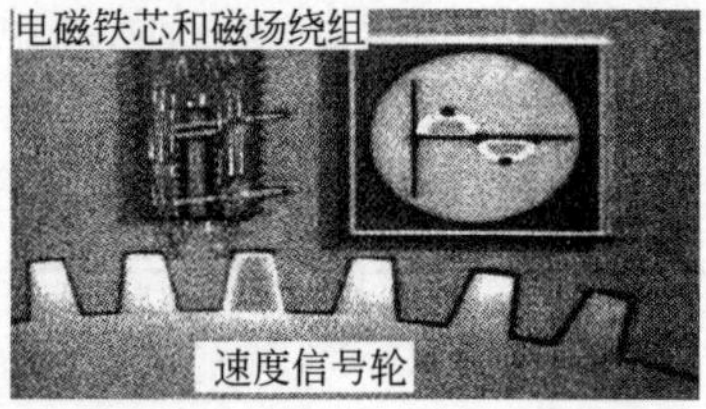
检测方法	磁绕组(VR)式速度传感器可以通过检测其线圈电阻值来检查其工作是否正常
说明	有些磁绕组(VR)式速度传感器内部设置了2组线圈绕组，这两组绕组功能完全一样，只不过其中的一组是另一组的备用绕组。检测方法与温度传感器的检测方法基本相同

③ 霍尔效应式凸轮轴位置传感器的原理、检测与维修见表5-47。

表 5-47 霍尔效应式凸轮轴位置传感器的原理、检测与维修

项目	具体说明
工作原理	霍尔效应式凸轮轴位置传感器又称为霍尔效应式速度传感器，该传感器的工作原理示意图如右图所示。霍尔效应式凸轮轴位置传感器内部有一个特殊半导体，在金属物体接近该半导体时其电阻值会发生变化，通过传感器内部电路输出信号电压 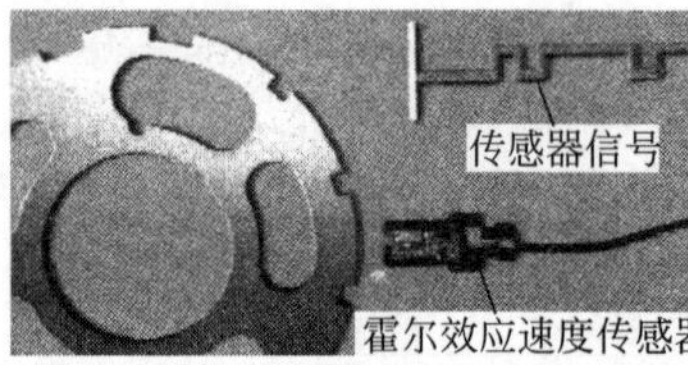
检测方法	霍尔效应式速度传感器无法通过检测其电阻值来判断其工作是否正常，但可以通过发动机缓慢转动检测其输出电压的方法来判断其工作的好坏。在发动机缓慢转动时，正常工作的霍尔效应式位置传感器的输出电压在0和5V之间切换(0和5V为名义电压，实测电压值一般比0稍高，比5V稍低)。其检测方法与压力传感器的检测方法基本相同
需要说明的问题	在速度信号轮上做出一个异形的齿轮或其他的标记，速度传感器即可测量出凸轮轴(或曲轴)的位置。所以，速度传感器也可以是发动机位置传感器。通常把安装在凸轮轴上的传感器称为位置传感器，安装在曲轴上的传感器称为速度传感器

第6章 加速踏板位置传感器和节气门位置传感器

在汽车上应用的位置传感器类型较多，本章主要介绍加速踏板位置传感器与节气门位置传感器。

6.1 加速踏板位置传感器

加速踏板位置传感器（Accelerator Pedal Position Sensor）的英文缩写为 APPS，电路中往往仅用前三个大写字母，即 APP。

(1) 加速踏板位置传感器概述

加速踏板位置传感器是随着智能电子节气门、电控柴油共轨系统而产生的一种新型的位置检测装置。

① 加速踏板位置传感器的功用与类型见表 6-1。

表 6-1 加速踏板位置传感器的功用与类型

项目	具体说明	
功用	采用电控高压共轨系统的汽车电喷柴油发动机系统通常都使用了电子油门，右图所示为电子油门踏板外形示意图，与电子油门配合的加速踏板位置传感器用于检测加速踏板的运动行程，向发动机电子控制单元(ECU)反映驾驶意图的信息，也就是说，汽车柴油发动机使用的加速踏板传感器用于检测加速踏板的开度，并将检测到的加速踏板角度变化，转换为线性电压后提供给 ECU，以确定基本喷油量和扭矩需求 	
类型	电位计式	汽车柴油发动机电位计式加速踏板传感器是由两路类似于普通收音机上使用的电位器组合而成的，故其特性曲线类似于线性，根据该特性，对其的检测就可以按照检测收音机上使用的电位器的方法来进行
	双霍尔式	汽车柴油发动机霍尔式加速踏板传感器是由两路非接触式的霍尔传感器组成的，没有怠速开关。ECU 通过比较两路传感器输出信号的数值来确定加速踏板的开度

② 电位计式加速踏板位置传感器的外形、安装位置与特性曲线见表 6-2。

表 6-2 电位计式加速踏板位置传感器的外形、安装位置与特性曲线

项目	具体说明
外形与安装位置	汽车柴油电喷发动机系统使用的加速踏板位置传感器的外形如图(a)所示，通常安装在发动机舱内，通过一根拉索连接在加速踏板上，如图(b)所示。用于检测加速踏板的运动行程，向发动机电子控制单元(ECU)反映驾驶意图的信息 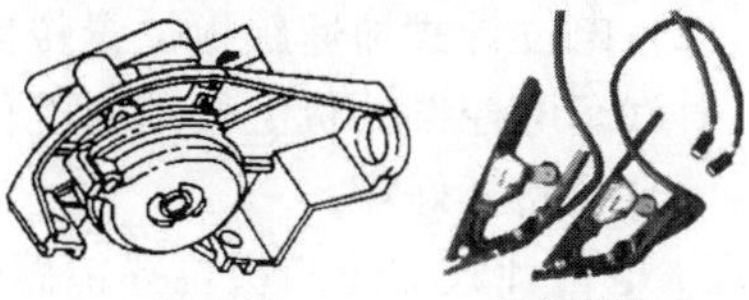 (a) 外形 (b) 连接方式

续表

项目	具体说明
特性曲线	与电控高压共轨柴油发动机系统使用的电子油门配合的加速踏板位置传感器通常多为两路相同的电路，有两路信号输出，右图所示为装配博世EDC16电控高压共轨系统柴油发动机上使用的电子油门踏板两路位置传感器的特性曲线示意图，图中的APS1为第一路加速踏板位置传感器的特性曲线，APS2为第二路加速踏板位置传感器的特性曲线，这是踏板位置(WOT)与其传感器输出电压之间关系的特性曲线，依据该曲线可以大致检测两路传感器的好坏。由于两路传感器的内部结构与连接电路基本相同，故也可以采用对比检测的方法来判断哪一路传感器不良 不过，不同车型所使用的电子油门踏板位置传感器的特性曲线可能有差异，对于上图来说，油门1信号与油门2信号输出电压成2∶1的比例关系，在发动机怠速情况下，油门1信号电压约为0.75V，油门2信号电压约为0.35V 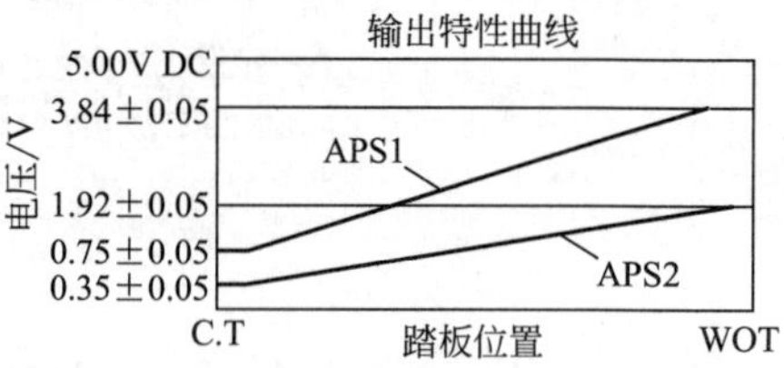

③ 霍尔式加速踏板位置传感器的原理与特性曲线见表6-3。

表6-3　霍尔式加速踏板位置传感器的原理与特性曲线

<table>
<tr><th>项目</th><th colspan="2">具体说明</th></tr>
<tr><td rowspan="3">原理</td><td colspan="2">应用于电控节气门系统中的加速踏板位置传感器，采用非接触式的霍尔集成电路来提高其可靠性，并被安装在加速踏板臂上。包括一个固定在踏板轴上的永磁铁，一个输出电压与磁通量成正比的霍尔集成电路，一个有效地将永磁铁的磁通量转入霍尔集成电路的定子。其具体工作情况如下所述</td></tr>
<tr><td>加速踏板完全关闭</td><td>如右图所示，当加速踏板全闭时，流入霍尔集成电路的磁通量保持最小，此时传感器输出电压最小
</td></tr>
<tr><td>加速踏板完全打开</td><td>如右图所示，当加速踏板全开时，流入霍尔集成电路的磁通量保持最大，此时传感器输出电压最大
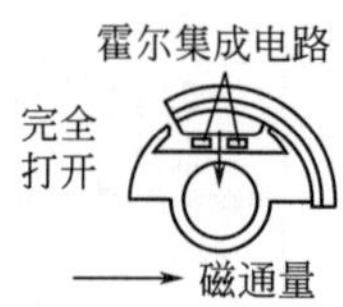</td></tr>
<tr><td>特性曲线</td><td colspan="2">由此可见，根据加速踏板位置的不同，霍尔集成电路传感器就会产生不同的电压值，该电压提供给发动机电子控制单元(ECU)。加速踏板主传感器和副传感器的输出信号曲线如右图所示
为了保证系统的绝对可靠性，电控节气门系统中通常都采用2个加速踏板位置传感器，即加速踏板位置主传感器与加速踏板位置副传感器，这是为了提高系统检测的准确性与可靠性
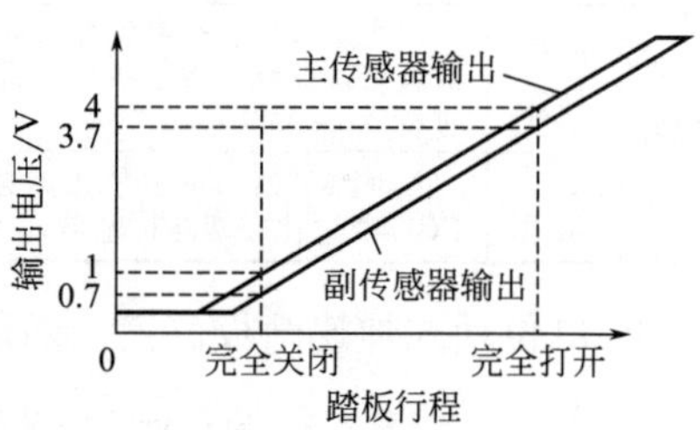</td></tr>
</table>

(2) 电位计式加速踏板位置传感器

对汽车电控柴油机上使用的电位计式加速踏板位置传感器的检测，主要是检测其电阻、电压等来判断其好坏。

① 电位计式加速踏板位置传感器的安装位置与连接方式见表6-4。

表 6-4 电位计式加速踏板位置传感器的安装位置与连接方式

项目	具体说明
安装位置与连接方式	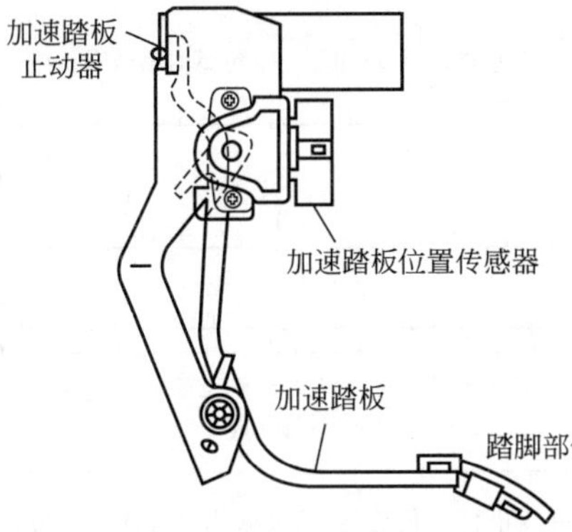 (a) 安装位置 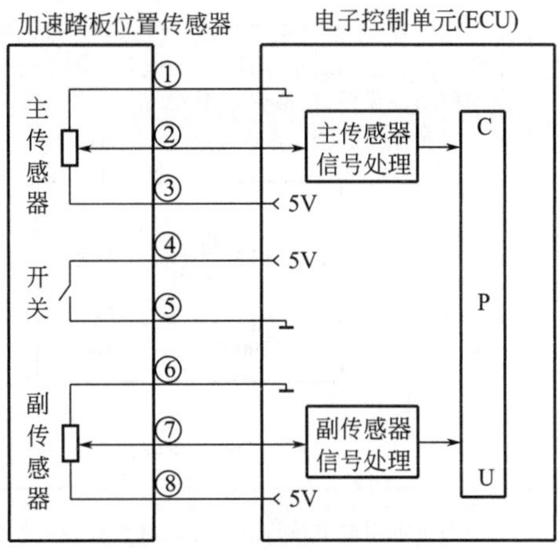 (b) 连接方式
示意图说明	图(a)所示为汽车电控柴油发动机上使用的电位计式加速踏板位置传感器安装位置。其与柴油发动机电子控制单元(ECU)之间的连接方式如图(b)所示

② 电位计式加速踏板位置传感器的通用检测与维修方法见表 6-5。

表 6-5 电位计式加速踏板位置传感器的通用检测与维修方法

项目	具体说明
电阻的检测	在点火开关断开的情况下，断开电位计式加速踏板位置传感器连接插接件，采用万用表电阻挡，单独检测传感器各端脚之间的电阻值，并与表 6-6 中所列的正常值进行对比，如差别较大，则说明其不良或损坏
电压的检测	在断开电位计式加速踏板位置传感器连接插接件的情况下，接通点火开关，采用万用表直流电压挡，检测传感器线束侧③脚与搭铁、⑧脚与搭铁之间的电压，该电压均应在 4.9～5.2V 之间；④脚与搭铁之间的电压应大于 4V
输出信号初始电压的检测	在连接好电位计式加速踏板位置传感器连接插接件的情况下，接通点火开关，采用万用表直流电压挡，检测传感器线束侧②脚与搭铁、⑦脚与搭铁之间的电压，该电压正常值应在 0.8～1.2V 之间

表 6-6 电位计式加速踏板位置传感器的各引脚之间的正常电阻参考值

检测的端脚	正常的电阻值	
①与②端脚之间	3.5～6.5kΩ	
②与③端脚之间	将加速踏板由怠速位置直到完全踩下，其电阻值应随加速踏板的踩下而平稳地变化	
④与⑤端脚之间	放松加速踏板	0
	踩下加速踏板	∞
⑤端脚与搭铁之间	2Ω 以下	
⑥与⑧端脚之间	将加速踏板由怠速位置直到完全踩下，其电阻值应随加速踏板的踩下而平稳地变化	
⑦与⑧端脚之间	3.5～6.5kΩ	

(3) 内带电阻的电位计式加速踏板位置传感器

内带电阻的电位计式加速踏板位置传感器是一种冗余设计方式，也就是两个电位计的固定电阻部分采用并联方式，滑动部分则各自单独引出。

① 内带电阻的电位计式加速踏板位置传感器的检测与维修见表 6-7。

表 6-7　内带电阻的电位计式加速踏板位置传感器的检测与维修

<table>
<tr><th>项目</th><th>具体说明</th></tr>
<tr><td>内部结构与引脚功能</td><td>图(a)所示为加速踏板位置传感器原理电路，该图中的电阻值为法国雪铁龙系列车型的数据(例如东风雪铁龙爱丽舍系列轿车等，RV2的电阻值因不同车型而有一定的差别)，图(b)所示为该传感器端脚排列方式与各引脚功能说明，供检测时参考
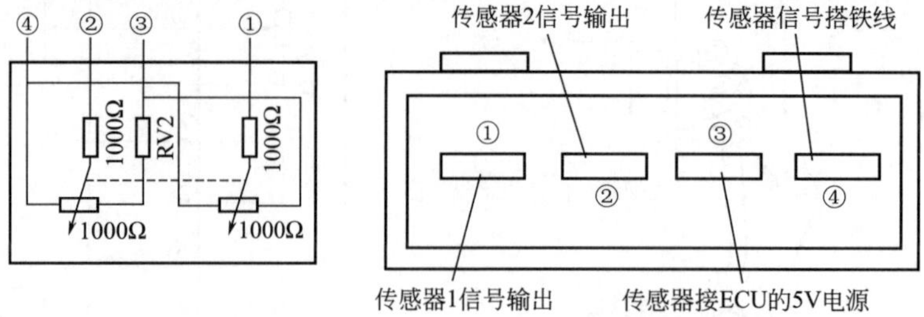

(a) 内部结构　(b) 引脚功能</td></tr>
<tr><td>检测方法</td><td>内带电阻的电位计式加速踏板位置传感器也是一种双电位器传感器，两者采用同方向安装方式，也就是两者的电阻值会同时线性增加或减小。其目的与电子节气门总成中的两个电位器一样，增加系统的可靠性，保证行车的安全性
采用万用表的电阻挡对加速踏板位置传感器中的两个电位器进行检测时，其检测方法与检测普通收音机中使用的电位器十分相似。为便于检测，图(a)中给出了两个电位器及其分压电阻的电阻值，该电阻值因不同品牌的车型而有一定的差别</td></tr>
</table>

② 内带电阻的电位计式加速踏板位置传感器的初始化见表 6-8。

表 6-8　内带电阻的电位计式加速踏板位置传感器的初始化

项目	具体说明
初始化条件	以东风雪铁龙爱丽舍系列轿车发动机系统加速踏板位置传感器为例，当出现表 6-9 中所列的情况时，就必须进行初始化(也就是学习程序)
操作方法	不踩油门踏板→接通点火开关到点火位置→踩下加速踏板到底→松开加速踏板→启动发动机，不踩加速踏板
说明	在执行加速踏板位置传感器初始化程序时，一定要清楚加速踏板位置传感器的停止位，以便了解加速踏板的停止位；清楚加速踏板位置传感器的最大位置，以便了解加速踏板踩到底时的位置

表 6-9　加速踏板位置传感器必须进行初始化的情况

出现的情况	情况 1	情况 2	情况 3	情况 4	情况 5
具体说明	更换发动机电子控制单元(ECU)	维修、更换加速踏板位置传感器	发动机电子控制单元(ECU)下载后	发动机电子控制单元(ECU)的远程编码	更换发动机冷却液温度传感器

(4) 双霍尔式加速踏板位置传感器

电控柴油发动机上常用的双霍尔式加速踏板传感器的连接方式及其检测方法见下面的介绍。

① 双霍尔式加速踏板传感器的连接方式与连续电压的检测见表 6-10。

表 6-10　双霍尔式加速踏板传感器的连接方式与连续电压的检测

项目	具体说明
连接方式	双霍尔式加速踏板位置传感器广泛应用在三菱系列轿车上，该传感器与发动机电子控制单元(ECU)之间的连接方式如下图所示

续表

<table>
<tr><th>项目</th><th>具体说明</th></tr>
<tr><td>连接方式</td><td>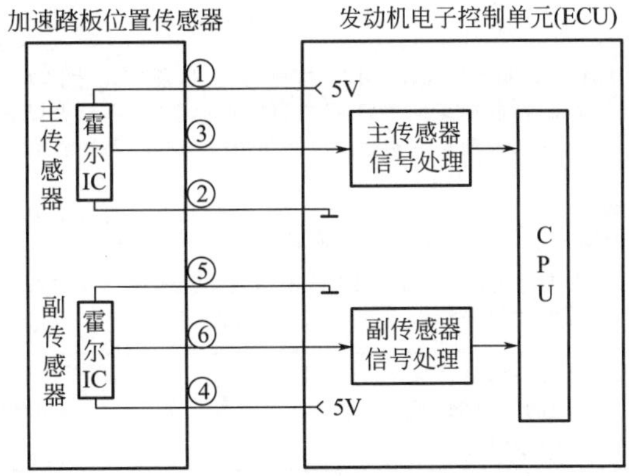
</td></tr>
<tr><td>连续电压的检测</td><td>对于霍尔式加速踏板位置传感器,可以采用万用表检测其输出信号来判断其是否正常。具体方法如下
在连接好双霍尔式加速踏板位置传感器连接插接件的情况下,接通点火开关,采用万用表直流电压挡,检测传感器线束侧③与②端脚、⑤与⑥端脚之间的电压,该电压正常情况下随着加速踏板的踩下而连续变化,而且应平稳,不会出现突变现象。否则说明该传感器或其连接线路不良或损坏</td></tr>
</table>

② 双霍尔式加速踏板传感器输出电压、供电的检测见表 6-11。

表 6-11　双霍尔式加速踏板传感器输出电压、供电的检测

项目	具体说明
输出电压检测	对于双霍尔式加速踏板位置传感器输出电压的检测,可以在怠速、全负荷工况下,采用万用表对其进行输出电压的测量,并与表 6-12 所列的正常值进行对比,以判断其好坏
供电检测	在断开双霍尔式加速踏板位置传感器连接插头的情况下,接通点火开关,采用万用表电压挡,检测传感器①与②端脚、④与⑤端脚之间的+5V 供电电压是否正常
需要说明的问题	判断双霍尔式加速踏板位置传感器的好坏,也可以采用解码器调出 ECU 中存储的数据流,看其电压数据是否可以随加速踏板的下压而同步变大。如果变化不同步或中间有断点,也说明被检测传感器或其连接线路不良或损坏

表 6-12　双霍尔式加速踏板传感器的输出电压参考值

检测参数	供电电压/V	传感器 1 怠速电压/V	传感器 2 怠速电压/V	传感器 1 和传感器 2 同步误差/V	传感器 1 全负荷电压/V	传感器 2 全负荷电压/V
正常值	5.00±0.25	0.70±0.05	0.375±0.050	两者相差±0.07	3.84±0.25	1.92±0.30

6.2 节气门位置传感器

节气门位置传感器是发动机集中控制系统中的一个非常重要的传感器，它主要是为怠速控制、起步加速控制、急加速控制、急减速控制、断油控制、点火提前角控制、汽油蒸气回收控制以及自动变速器换挡控制提供电信号。

(1) 节气门位置传感器的控制功能

节气门位置传感器的作用是将节气门开度大小的状态变为电信号后提供给发动机电子控制单元（ECU），ECU 依据该信号可实现多种控制功能。

① 点火提前角和怠速控制功能见表 6-13。

表 6-13 点火提前角和怠速控制功能

项目	具体说明
基本点火提前角控制功能	因点火提前角的大小会对发动机油耗、功率、排放污染、爆震等产生影响，而最佳点火提前角则可以保证发动机的动力性、经济性和净化性的提高。在 ECU 控制的点火系统中，点火提前角有如下的关系式 实际点火提前角＝初始点火提前角＋基本点火提前角＋修正点火提前角 在节气门位置传感器怠速触点 IDL 为 OFF 时，即发动机在非怠速工况时，ECU 根据节气门位置传感器的节气门开度信号和发动机转速信号确定基本点火提前角，而在 D 型燃油喷射系统中，ECU 则根据进气管绝对压力信号和发动机转速信号确定基本点火提前角。当发动机怠速时，节气门位置传感器怠速触点闭合，IDL 为 ON，ECU 进入怠速时的点火提前角控制模式。ECU 根据发动机转速以及空调开关和动力转向开关是否接通来确定基本点火提前角，以保证发动机平稳运转，并减小排放污染
怠速控制功能	怠速时，节气门位置传感器的怠速触点接通，IDL 为 ON，ECU 依据该信号使怠速控制阀 IAC 受控工作，以达到暖机控制与负荷变化控制的目的，保证发动机运转平稳。如果 IDL 为 OFF 或 V_{TA} 电压信号过高，则怠速控制阀 IAC 就不会工作，发动机无怠速

② 加、减速方面的控制功能见表 6-14。

表 6-14 加、减速方面的控制功能

项目	具体说明
起步加速时的控制功能	起步时，节气门由全关闭状态转换为开启状态，IDL 由 ON 变为 OFF，发动机负荷增大，ECU 就会根据节气门位置传感器的信号增加燃油喷射(异步喷射)，加浓了混合气，提高了起步加速性能。否则，由于混合气的瞬间变稀，发动机会产生“喘息”，汽车会随之产生前后方向的窜动(发闯)现象，导致起步加速不平顺(发闯)故障
急加速时的控制功能	以上海别克轿车为例，该车辆在急加速时，节气门开度迅速增大，节气门位置传感器的输出电压信号 V_{TA} 变化率大，发动机动力系统控制模块 PCM 根据节气门位置传感器信号调动浓度控制单元，采用增加异步喷射的方式对燃油量进行修正，增加燃油喷射量，使空燃比变小，混合气加浓，提高急加速时的响应性，防止由于急加速时造成混合气瞬时过稀而导致发动机动力性下降
急减速时的断油控制功能	以上海别克 GL(采用 L46 型发动机)轿车为例，该车辆在高速工况下，突然松开油门踏板，节气门快速关闭，返回到怠速位置，节气门位置传感器将输出较大的减速度信号和怠速信号(怠速触点 IDL 由 OFF 变为 ON)，动力系统控制模块 PCM 将判定为不需要供给燃油的急减速工况，随即进入燃油停供状态，降低空燃比以减少 CO 和 HC 的排放量，降低燃油消耗量并使汽车尽快减速。当转速降至怠速时，PCM 又恢复供油并使怠速空气控制装置发生作用，以保证发动机怠速运转，防止发动机熄火。如果只是放松油门踏板减速，那么 PCM 通过感知节气门位置传感器的变化率，来减少喷油器通电时间以降低喷油量 又如广州本田雅阁轿车发动机，当行车中驾驶员快收油门减速时，节气门完全关闭，ECM/PCM 通过节气门位置传感器的 V_{TA} 信号，进入减速断油控制模式，ECM/PCM 将切断燃油喷射控制电路，使喷油器停止喷油，当发动机转速降至 1100r/min 时，又恢复供油，从而改善发动机的燃油经济性。另外，在燃油停供期间，一旦节气门打开(IDL 由 ON 变为 OFF 时)，电控系统又会立即恢复燃油喷射，从而保证发动机的动力性能
大负荷控制功能	发动机在大负荷或满负荷工况下，要求发动机能发出最大功率，ECU 必须增加燃油量以提供浓于理论空燃比的功率混合气。大负荷信号由节气门位置传感器的功率开关 PSW 提供，或由节气门位置传感器的开启角度信号 V_{TA} 来决定。当节气门开度大于 70%时，ECU 按功率空燃比计算喷油量，并按开环方式对燃油喷射进行控制

③ 其他方面的控制功能见表 6-15。

表 6-15 其他方面的控制功能

项目	具体说明
断油清缸控制功能	如果发动机多次启动仍未成功，进气管内就会积存过多的燃油，从而造成淹缸(火花塞变湿)现象，发动机将难以启动。为此，上海别克轿车 PCM 设有清除溢流功能。启动时，踩下油门踏板，使节气门全开，或节气门开度为 80%～100%时，节气门位置传感器把开度信号提供给 PCM，PCM 就会打开清溢油模式。PCM 以相当于空燃比 20∶1 的状态发送喷油脉冲，供给极稀的混合气，PCM 有时还会不再提供喷油脉冲，完全切断燃油供应，以消除过多的燃油。因此，电喷发动机启动时，不必踩下油门踏板，否则可能因进入清溢油模式而使发动机无法启动

续表

项目	具体说明
EGR 排气再循环控制功能	当发动机处于怠速工况、小负荷工况、大负荷工况以及急加速或急减速时，ECU 将根据节气门位置传感器中的 IDL 信号、PSW 信号和 V_{TA} 信号进行判定。ECU 控制 EGR 电磁阀处于关闭状态，排气再循环系统不起作用。否则，就会出现燃烧不稳定，缺火、断火严重，将造成发动机怠速不稳，加速不良，大负荷时动力性不足
汽油蒸气回收控制功能	当发动机怠速运转时（IDL 触点为 ON），ECU 据此使炭罐控制真空 VCV 电磁阀关闭，防止混合气过浓
自动变速器换挡控制功能	节气门位置传感器是电控自动变速器控制中的关键传感器之一。自动变速器的换挡点是由车速传感器和节气门位置传感器的 V_{TA} 信号决定的。节气门开度越小，升降挡车速越低；节气门开度越大，升降挡车速越高。另外，节气门位置传感器的信号还决定着主油压的高低，使主油路调压阀随节气门开度的变化来改变主油压的大小，使自动变速器获得不同负荷下的主油路油压的最佳值。因此正确调整节气门位置传感器的初始位置，自动变速器才能正常工作

（2）检测与维修节气门位置传感器必须注意的问题

节气门位置传感器通常安装在节气门体（也称为节流阀体）上，与节气门轴保持联动，对其的检测与维修一定要注意表 6-16 所列的几个方面的问题。

表 6-16 检测与维修节气门位置传感器必须注意的问题

项目	具体说明
故障典型特征	当节气门位置传感器出现问题时，可能会引发以下故障：行驶性能不良，动力不足；加速不顺畅；发动机熄火；转速不稳定
不要改变安装位置	在维修车辆故障时，不能随意改变节气门位置传感器在节气门体上的安装位置。否则，由于初始位置失准，就会引起输出电压偏高或偏低，这将会导致发动机以及电控自动变速器无法正常工作
不要乱调	节气门体上的限位螺钉不能乱调，该螺钉仅起到防止节气门卡死作用，无法用来对怠速的高低进行调整
进行基本设定	有些发动机的电子控制单元（ECU）具有基本设定功能，它能够记录点火开关断开时节气门控制组件的停止位置。如果拆装、更换了新的节气门控制组件或者发动机 ECU，都必须按规定要求进行基本设定，也就是要完成发动机 ECU 与节气门控制组件之间的匹配工作

6.3 线性输出型节气门位置传感器

节气门位置传感器一般有线性输出型与开关触点型、编码式等几种，它们的作用基本相同，用于将发动机节气门开度信号转换成电信号，然后输送到 ECU，用以感知发动机负荷的大小及其加速或减速时的工作情况。

（1）线性输出型节气门位置传感器的结构与原理

线性输出型节气门位置传感器又称可变电阻式节气门位置传感器或电位计（滑动电阻）式节气门位置传感器。

① 线性输出型节气门位置传感器的结构特点见表 6-17。

表 6-17 线性输出型节气门位置传感器的结构特点

项目	具体说明
结构示意图与引脚功能	右图所示为线性输出型节气门位置传感器结构示意图。该类传感器通常有 4 个引出脚，各引脚功能在电路图中往往采用字母来表示，具体表示情况如下所述：输入端（＋5V）采用 UC 或 VCC 表示；输出端采用 UTA 或 VTA 表示；怠速开关输出采用 IDL 表示；搭铁端采用 E 或 E2 表示。在右图所示示意图中，有两组活动触点，第 1 组活动触点图中已经注明（见右图上部），第 2 组活动触点就是图中下部注明的加速时信号输出（IDL 信号触点） 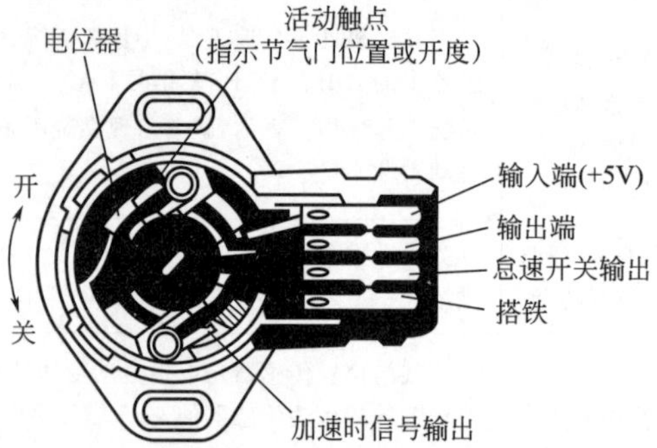
特点	线性节气门位置传感器由一个线性电位器和一个怠速开关组成。变阻电位器采用炭精镀膜电阻或陶瓷薄膜电阻制成，滑动触点用复位弹簧控制，与节气门同轴转动，其上有两对（活动）触点，其中一对作主电位器，另一对作节气门关闭位置指示的微型开关。其活动触点实为滑动触点，与节气门同轴。当活动触点随节气门的打开而改变电位器的电阻值时，其输出电压与节气门的开度成比例增大。节气门微型开关还具有发动机全负荷时加浓混合气的功能

② 线性输出型节气门位置传感器的连接电路与输出特性见表 6-18。

表 6-18 线性输出型节气门位置传感器的连接电路与输出特性

项目	具体说明
连接电路与输出特性曲线示意图	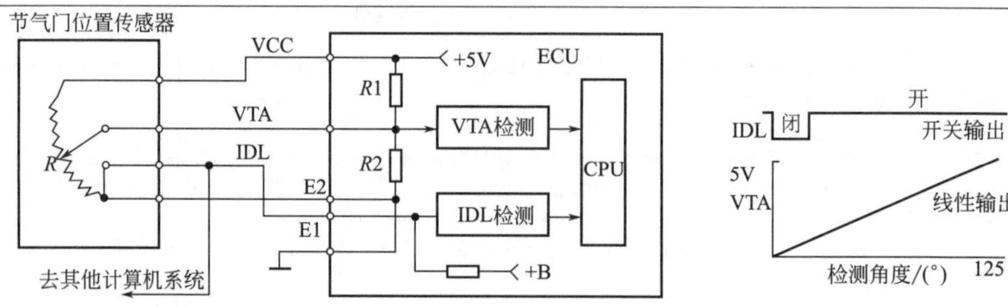 (a) 连接电路　(b) 输出特性
示意图说明	图（a）所示为线性输出型节气门位置传感器与发动机电子控制单元（ECU）的连接方式。节气门开度信号滑动触点可在电阻体上滑动，利用变化的电阻值，测得与节气门开度成正比的线性输出电压 VTA 信号。根据输出电压值，ECU 可知节气门开度及节气门开度的变化率，从而精确地判断发动机的运行工况，提高控制精度和效果。怠速信号使用的滑动触点属于常开方式，只有在节气门全关闭时才与怠速触点 IDL 闭合，产生 IDL 信号，主要用于怠速控制、断油控制和点火提前角的修正。节气门位置传感器的输出特性如图（b）所示

③ 三线型节气门位置传感器的结构与特点见表 6-19。

表 6-19 三线型节气门位置传感器的结构与特点

项目	具体说明	
三线型节气门位置传感器结构示意图	目前，常用的线性输出型节气门位置传感器有三线型与四线型两大类结构，四线型节气门位置传感器的结构在上面已经做过介绍，右图所示为三线型节气门位置传感器的典型结构示意图	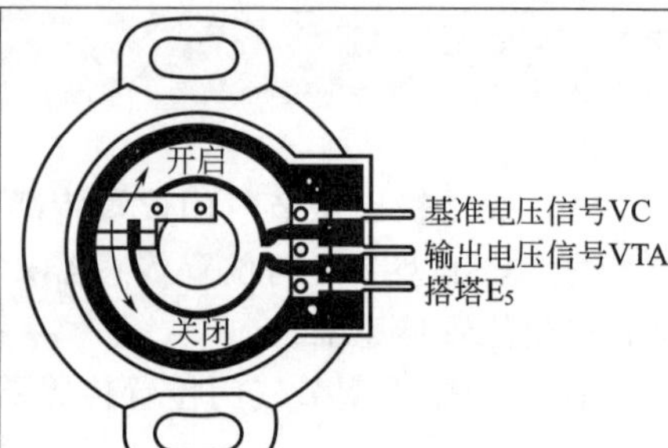
特点	三线型节气门位置传感器是在四线型节气门位置传感器的基础上去掉怠速触点 IDL 后而成的。三线型节气门位置传感器的节气门全关闭信号，即 IDL 信号，通常都是由 VTA 输出信号的最小电压值来决定的	

(2) 线性输出型节气门位置传感器的通用检测与维修方法

线性输出型节气门位置传感器主要由电位器、微动开关和外壳等组成。电位器包括电阻片、芯轴和装在芯轴上的电刷；微动开关包括触点、触点臂等。

① 线性输出型节气门位置传感器的典型故障特征与线束导通性检测见表 6-20。

表 6-20 线性输出型节气门位置传感器的典型故障特征与线束导通性检测

项目	具体说明					
典型故障特征	如果节气门位置传感器不良或损坏，通常会引起加速滞后或怠速不稳等故障。正常的节气门位置传感器，在节气门关闭时输出的直流电压低于 1V，节气门全开时输出约 5V 的直流电压信号					
线束导通性检测	断开点火开关，拔下电子控制单元和传感器线束插头，用万用表欧姆挡检测两插头上相应端脚之间导线的电阻值，其值应小于 0.5Ω，如下所示					
	线束	VC 与 VC 之间	VTA 与 VTA 之间	IDL 与 IDL 之间	E2 与 E2 之间	VC 与 E2 之间
	电阻值/Ω	<0.5	<0.5	<0.5	<0.5	任意状态

② 线性输出型节气门位置传感器的开路与在路检测见表 6-21。

表 6-21 线性输出型节气门位置传感器的开路与在路检测

项目	具体说明
开路电阻的检测	用万用表 $R\times100\Omega$ 挡分别测量线束插件与传感器相连的各端子之间的开路电阻值，应符合表 6-22 所示的电阻值(车型不同可能有一些差异，但变化规律是相同的)。如果电阻值相差较大，则可能是节气门位置传感器已损坏
在路电压的检测	将上述节气门位置传感器插件重新插好→打开点火开关，但不要启动发动机→用万用表 10V DC 挡检测线束插件各端子之间的电压，应符合表 6-23 所列值。如电压值相差较多，应检查线路、ECU 及节气门位置传感器。可先将节气门位置传感器拆下，测量其开路电阻是否正确。当确定节气门位置传感器无问题，且检查线路及供电均无故障后，再检查 ECU

表 6-22 线性输出型节气门位置传感器正常开路电阻参考值

节气门开度	端子 VTA 与 E2 间/kΩ	端子 IDL-E2 间	端子 VC 与 E2 间/kΩ	节气门开度	端子 VTA 与 E2 间	端子 IDL-E2 间	端子 VC 与 E2 间/kΩ
全关闭	0.2～0.8	0	固定值(3.1～7.2)	从全关闭到全打开	阻值逐渐变大	∞	固定值(3.1～7.2)
全打开	2.8～8	∞	固定值(3.1～7.2)				

表 6-23 线性输出型节气门位置传感器正常在路电压参考值

节气门开度	端子 VTA 与 E2 间/V	端子 IDL 与 E2 间/V	端子 VC 与 E2 间(基准电压)/V	端子 VC 与 E2 间(输出电压)/V
全关闭	0.7	低于 1	5	0.3～0.9
全打开	3.5～5	4～12	5	3.2～5
从全关闭到全打开	电压逐渐增大	4～12	5	电压逐渐增大

(3) 采用汽车数字式万用表 MAX/MIN 功能检测节气门位置传感器的通用方法

线性输出型节气门位置传感器一般由一个可变电阻线性式节气门位置传感器（TPS）和一个怠速开关触点（IDL）组合而成，输出的节气门位置信号作为发动机 ECU 计算发动机负荷、点火时间、废气再循环、怠速控制的信号，故也可以采用数字式万用表 MAX/MIN 功能来对其进行检测，具体检测方法见表 6-24 所列。

表 6-24 采用汽车数字式万用表 MAX/MIN 功能检测节气门位置传感器的通用方法

项目	具体说明
连接表笔	闭合接通点火开关，不要启动发动机，将汽车数字式万用表的两表笔连接在节气门位置传感器的信号输出端
检测过程	缓慢将节气门从关闭状态调整到打开状态，观察其输出的信号是否符合上述电压值要求，可以反复检测几次来进行确认。也可以采用汽车数字式万用表的最大值/最小值（MAX/MIN）功能，来观察最小电压值是否低于 1V，最大电压值是否约为 5V

（4）线性输出型节气门位置传感器的更换与调整方法

在故障检修中往往会遇到线性输出型节气门位置传感器更换与调整问题，具体方法与步骤如表 6-25 中所列。

表 6-25 线性输出型节气门位置传感器的更换与调整

项目	具体说明
更换	将节气门开度保持在 45°左右。拧下节气门位置传感器的 2 个固定螺钉，拆下节气门位置传感器→把新的节气门开关的心轴转到底，然后装到节气门轴上，拧紧 2 个固定螺钉→重新调整节气门位置传感器
调整	拧松节气门位置传感器的 2 个固定螺钉→把厚度为 0.35mm 的厚薄规插入节气门限位螺钉与限位杆之间，同时用万用表检测怠速开关的导通情况→逆时针转动节气门位置传感器，使怠速开关触点断开，然后按顺时针方向慢慢地转动节气门位置传感器，直到怠速开关闭合为止→拧紧节气门位置传感器的 2 个固定螺钉→分别用 0.3mm 与 0.4mm 的厚薄规插入节气门限位螺钉与限位杆之间，同时检测怠速开关导通情况，当厚薄规为 0.3mm 时，怠速开关应导通，当厚薄规为 0.4mm 时，怠速开关应断开，否则，应重新对节气门位置传感器进行调整

6.4 开关量输出型节气门位置传感器

开关量输出型节气门位置传感器也称为开关式节气门位置传感器或开关触点式节气门位置传感器。

（1）结构与原理

开关量输出型节气门位置传感器属于两极型，属于双触点开关。节气门轴随加速踏板行程大小变化而转动。

① 开关量输出型节气门位置传感器的结构与引脚功能见表 6-26。

表 6-26 开关量输出型节气门位置传感器的结构与引脚功能

项目	具体说明
结构示意图	右图所示为开关量输出型节气门位置传感器典型结构示意图，主要由节气门体轴、功率触点、怠速触点、导向凸轮与连接装置等组成 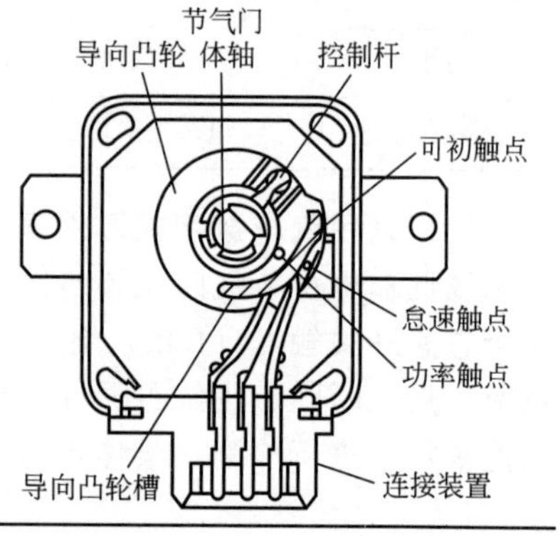

续表

项目	具体说明
引脚功能说明	开关量输出型节气门位置传感器有三个引出脚,靠左边的引脚为功率触点端脚,通常采用字母 PSW 表示;中间引脚为可动触点,通常采用字母 TL 或 E 表示;靠右边的引脚为怠速端脚,通常用字母 IDL 表示

② 开关量输出型节气门位置传感器的特点与动作情况见表 6-27。

表 6-27 开关量输出型节气门位置传感器的特点与动作情况

项目	具体说明
构成特点	开关量输出型节气门位置传感器由检测怠速位置的怠速触点 IDL 以及检测全负荷位置的全开触点(也就是功率触点)PSW 和可动触点构成,形成两副触点:一副为怠速触点;另一副为全负荷触点。这两副触点的开关状态由一个同轴的凸轮控制。也就是说,开关量输出型节气门位置传感器主要由一个可动触点和两个固定触点——功率触点及怠速触点构成
动作情况	开关量输出型节气门位置传感器的可动触点可以沿导向凸轮沟槽移动,导向凸轮由固定在节气门轴上的控制杆驱动。当节气门全关闭时,可动触点与怠速触点接触,可检测节气门的全关闭状态;当节气门开度达 50%以上时,可动触点与功率触点接触,可检测节气门的大开度状态;在中间开度时,动触点与任一个触点都不接触

③ 开关量输出型节气门位置传感器的工作原理与特性曲线见表 6-28。

表 6-28 开关量输出型节气门位置传感器的工作原理与特性曲线

项目	具体说明
怠速状态	右图所示为节气门位置传感器与发动机电子控制单元(ECU)之间的连接方式。当节气门全关闭时,可动触点与怠速触点接触,产生怠速触点 ON 信号,ECU 可检测节气门的全关闭状态,使怠速控制阀 IAC 启动工作或急减速断油。也就是说,怠速触点在节气门处于怠速位置时为 ON(闭合)状态,在其他时间均为 OFF(断开)状态,怠速触点可向 ECU 提供怠速增量与燃油中断信号 当节气门稍微打开后,可动触点与任何一个触点都不接触,ECU 即可判定发动机处于中小负荷工况 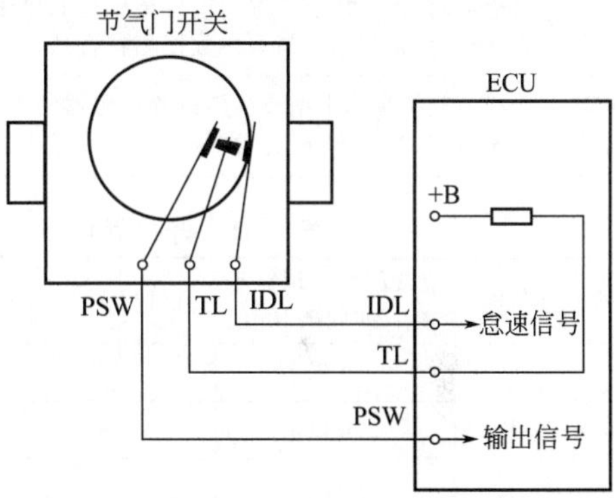
全开状态	当节气门开度达 50%以上时,可动触点与功率触点 PSW 接触,产生功率触点 ON 信号,ECU 可检测节气门大开度状态,触发 ECU 的浓度调节单元,使空燃比变小,混合气加浓。也就是说,功率触点在达到一定开度时处于 ON(闭合)状态,动触点与 PSW 触点闭合,可把全开增量信号提供给 ECU,进行大负荷增量控制,供给功率混合气。节气门开度与输出电压信号之间的关系如右图所示 不踩加速踏板时,电源向 ECU 的怠速端脚(IDL)供给电压,在高负荷时,功率触点处于 ON(闭合)状态,电源向 ECU 的功率端脚(PSW)提供电压 开关量输出型节气门位置传感器不能检测节气门开启和关闭时的快慢程度,因此这种传感器只用于采用翼片式空气流量传感器的燃油喷射系统,利用翼片式空气流量传感器中电位器的"加速率"和"减速率"的输出功能,触发 ECU 浓度调节单元,发令加浓或断油 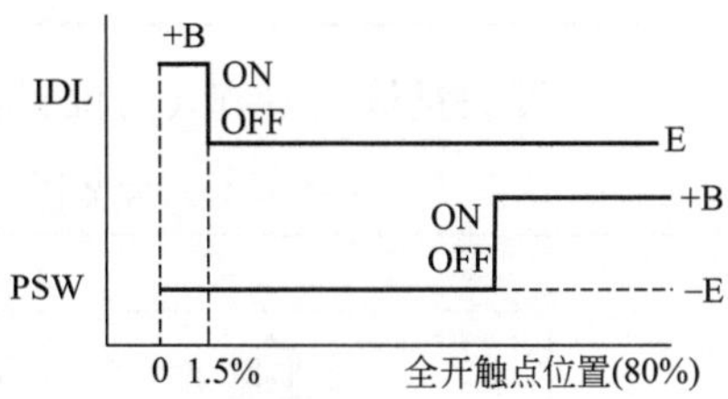

(2) 通用检测与维修方法

开关量输出型节气门位置传感器怠速触点与功率触点输出的均是高("1")、低("0")的电平信号,检测就是根据这一特性来进行的。

① 开关量输出型节气门位置传感器一般性检查的思路见表 6-29。

表 6-29　开关量输出型节气门位置传感器一般性检查的思路

项目	具体说明
检测思路	开关量输出型节气门位置传感器的结构简单，对其检查时只需采用万用表测量怠速触点和功率触点的通断情况即可判定其好坏。一般可根据典型特性来判断其好坏
怠速触点典型特征	汽车发动机电控系统使用的开关量输出型节气门位置传感器在节气门全闭时怠速触点应闭合，节气门略打开一点儿即断开
功率触点典型特征	汽车发动机电控系统使用的开关量输出型节气门位置传感器在节气门开度小于50°时，功率触点应断开，节气门开度超过50°时应闭合 开关量输出型节气门位置传感器是用怠速触点和功率触点检测怠速状态及高负荷状态的，一般把可动触点称为TL触点，怠速触点称为IDL触点，功率触点称为PSW触点 由于节气门与其连动机构使得导向凸轮转动，故可动触点TL沿着导向凸轮移动。节气门全闭时，可动触点TL和怠速触点IDL接触，可检测出节气门全闭的状态 当节气门开到一定角度以后，可动触点和功率触点接触，可检测出节气门处于大开度的状态。节气门在中间开度时，节气门可动触点不与任何触点接触，这就是采用万用表检测这类传感器的依据。为了检测发动机的加速状态，有些发动机在节气门位置传感器中还增加了ALL信号输出端子

② 开关量输出型节气门位置传感器的初步检测与供电检测见表6-30。

表 6-30　开关量输出型节气门位置传感器的初步检测与供电检测

项目	具体说明
初步检测	对开关量输出型节气门位置传感器进行开路检查时，其怠速触点可通过间隙检查，功率触点可经过角度检查来确认其好坏 检测时，首先拔下节气门位置传感器的接线，用万用表和塞规两者配合进行检测，然后与表6-31中所列的数据进行对照，检测结果与表中数据相符合的，一般即可判断其为正常，否则应查找原因
供电检测	拔下开关量输出型节气门位置传感器的连接插头，采用万用表电压挡检测线束插接件中TL端脚上的12V电压是否正常。如电压异常，应检查连接导线是否有断路处

表 6-31　开关量输出型节气门位置传感器正常开路检测数据

两触点名称	节气门调整螺钉与杠杆间间隙/mm	节气门开度/(°)	万用表的电阻示值/kΩ
IDL与TL	0.44以下	—	0
	0.66以上	—	∞
	0.55	—	瞬间显示0，此状态为正常，应将节气门位置传感器固定牢
TL与PSW	—	55以上	0
	—	45以下	∞

③ 开关量输出型节气门位置传感器怠速与功率触点的检测见表6-32。

表 6-32　开关量输出型节气门位置传感器怠速与功率触点的检测

项目	具体说明
怠速与功率触点的检测示意图	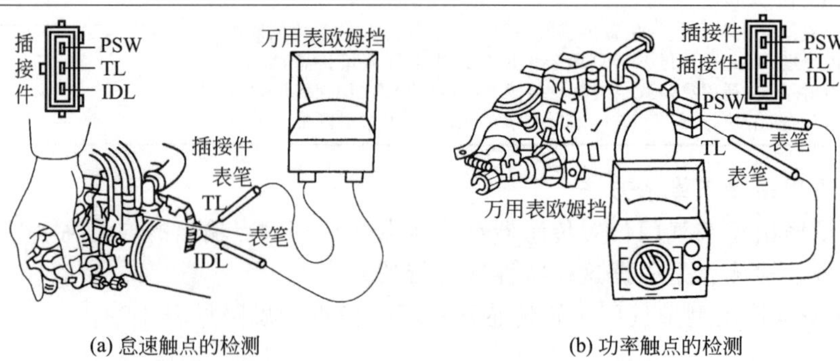 (a) 怠速触点的检测　　(b) 功率触点的检测

续表

项目	具体说明
怠速触点的检测	先拔下开关量输出型节气门位置传感器连接插接件，然后如图(a)所示，采用指针式万用表电阻挡检测传感器怠速触点(IDL)与可动触点(TL)之间的电阻值，该电阻值近于0，而转动节气门轴在约40°以下时，其电阻值应为∞
功率触点的检测	先拔下开关量输出型节气门位置传感器连接插接件，然后如图(b)所示，采用指针式万用表电阻挡检测传感器功率触点(PSW)与可动触点(TL)之间的电阻值，该电阻值近于∞，而转动节气门轴约55°以上时，其电阻值应为0
检测数据	表6-33中列出了在各种不同的检测条件下，采用指针式万用表检测开关量输出型节气门位置传感器相应端脚之间的电压、电阻时的参考值，供检测时参考。表中的"E"为接地端

表 6-33 万用表检测开关量输出型节气门位置传感器相应端脚之间的电压、电阻时的参考值

<table>
<tr><th>检测条件</th><th colspan="2">检查端脚</th><th>参考数据</th></tr>
<tr><td rowspan="2">点火开关置于ON位置，节气门全关闭(IDL闭合)</td><td colspan="2">引脚IDL与E之间</td><td>大于0.5V</td></tr>
<tr><td colspan="2">引脚PSW与E之间(PSW触点没有接触)</td><td>4.5～5V</td></tr>
<tr><td rowspan="2">点火开关置于ON位置，节气门全开</td><td colspan="2">引脚IDL与E之间</td><td>4.5～5V</td></tr>
<tr><td colspan="2">引脚PSW与E之间</td><td>大于0.5V</td></tr>
<tr><td rowspan="2">点火开关置于ON位置，节气门处于全闭与全开之间(部分负荷)</td><td colspan="2">引脚IDL与E之间</td><td>不能同时小于0.5V</td></tr>
<tr><td colspan="2">引脚PSW与E之间</td><td>不能同时小于0.5V</td></tr>
<tr><td rowspan="2">点火开关处于断开(OFF)状态，拔下传感器连接插接件</td><td rowspan="2">节气门全关闭状态</td><td>引脚IDL与E之间</td><td>小于10Ω</td></tr>
<tr><td>引脚PSW与E之间</td><td>大于1MΩ</td></tr>
<tr><td rowspan="2">点火开关处于断开(OFF)状态，拔下传感器连接插接件</td><td rowspan="2">节气门全开状态</td><td>引脚IDL与E之间</td><td>大于1MΩ</td></tr>
<tr><td>引脚PSW与E之间</td><td>小于10Ω</td></tr>
<tr><td>点火开关处于断开(OFF)状态，拔下传感器连接插接件</td><td>节气门在全闭与全开之间时</td><td>引脚IDL与E之间</td><td>不能同时小于10Ω</td></tr>
</table>

④ 开关量输出型节气门位置传感器输出信号电压的检测见表6-34。

表 6-34 开关量输出型节气门位置传感器输出信号电压的检测

项目	具体说明
电平信号的检测	在传感器线束正常连接的情况下，接通点火开关，采用万用表检测开关量输出型节气门位置传感器输出端的电压信号，该信号会随节气门轴的转动而交替变化，也就是由低电平"0"变为高电平"1"或由高电平"1"变为低电平"0"
开度电压的检测	汽车节气门位置传感器中功率输出信号是否正常，也可以根据节气门的开度来进行判断 ①电子控制单元(ECU)接线端PSW与El间的电压在节气门开度为45°以下时为0，开度为55°以上时电压约12V，此时属正常 ②节气门位置传感器的接线端TL与PSW间的电压在节气门开度约45°以下时为12V，开度为55°以上时电压为0，属正常

6.5 编码式节气门位置传感器

编码式节气门位置传感器安装在节气门室上，与节气门轴联动，用于检测发动机的怠速状态、负荷状态和加减速状态。当驾驶员踩油门踏板时，可同时对各个接点进行检测。

(1) 结构与原理

编码式节气门位置传感器有多组工作触点，当驾驶员踩油门踏板时，可同时对各个接点进行检测。

① 编码式节气门位置传感器的结构与触点特性见表 6-35。

表 6-35 编码式节气门位置传感器的结构与触点特性

<table>
<tr><th>项目</th><th colspan="3">具体说明</th></tr>
<tr><td>结构</td><td colspan="2">右图所示为编码式节气门位置传感器的典型结构示意图，主要由 IDL 触点、PSW 触点、ACC1 与 ACC2 触点等组成。各组触点的特性如下所述</td><td rowspan="3">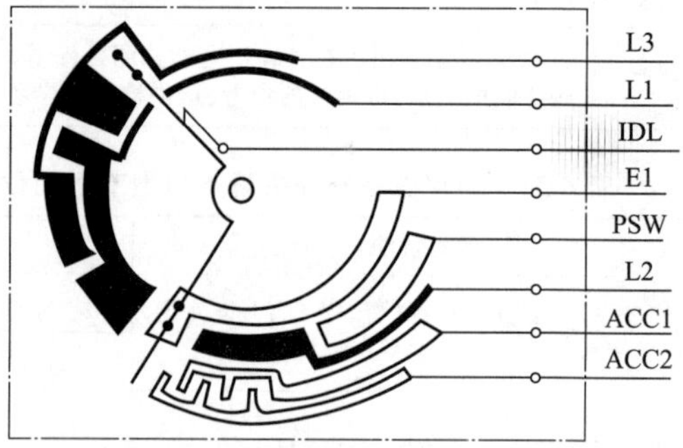
</td></tr>
<tr><td rowspan="3">触点特点</td><td>功率触点</td><td>功率触点为滑动型，从 70% 开度到全开为滑动式</td></tr>
<tr><td>动触点</td><td>滑动的同时有一个加速触点接通锯齿形的电路 ACC2、ACC2，以指示加速信号，并在减速时不会使 ACC2、ACC2 接通</td></tr>
<tr><td>IDL 触点</td><td colspan="2">IDL 触点用于检测怠速状态，PSW 触点检测高负荷状态，ACC2 和 ACC2 用于检测加速状态</td></tr>
</table>

② 编码式节气门位置传感器的工作原理见表 6-36。

表 6-36 编码式节气门位置传感器的工作原理

项目	具体说明
怠速时	在怠速状态时，IDL 触点处于 ON(闭合)状态，也就是可检测出怠速状态。同时，在发动机转速高时，如该触点闭合(ON)，ECU 将判断为减速状态，进行燃油喷射中断的控制
加速时	在加速状态，加减速检测触点与印制电路板的加速线路、ACC1 和 ACC2 交替处于 ON/OFF(闭合/断开)状态，对于在一定时间内的急加速，在信号检出的同时，ECU 进行非同步喷射控制，以提高加速喷油量
高负荷时	在高负荷状态，当节气门打开一定程度的高负荷时，全开(功率)接点(PSW)处于 ON(闭合)状态，即可检测出高负荷状态
减速时	在减速状态，加减速检测接点处于 OFF(断开)状态，ECU 不进行非同步喷射控制

(2) 通用检测与维修方法

对编码式节气门位置传感器各触点之间的导通性进行检测时，采用万用表的欧姆挡按表 6-37 中的要求，在不同工况下对各端脚之间的导通性进行检测，以大致判断其好坏。

表 6-37 编码式节气门位置传感器的通用检测与维修方法

负荷工况	IDL 与 E1 之间	ACC1 与 E1 之间	ACC2 与 E1 之间	PSW 与 E1 之间
怠速状态	闭合	打开	打开	打开
中小负荷状态	打开	打开/闭合	打开/闭合	打开
大负荷状态	打开	打开	打开	闭合

6.6 冗余式节气门位置传感器

所谓冗余式，是指这类传感器采用了两个传感器并联使用，多用了一个节气门位置传感器。这种传感器多应用在电子节气门总成或智能电子节气门控制系统中。

冗余式节气门位置传感器根据其冗余部分使用的元件不同，常见主要有霍尔效应式与线性电位计式两大类。下面以几个实际车型为例来介绍这类传感器的结构、安装位置、原理、检测与维修方法。

(1) 天津一汽丰田 2.5L 锐志智能 ETCS-I 系统冗余式节气门位置传感器

ETCS-I 是英文 Electronic Throttle Control System-intelligence 首字母的缩写，其含义为智能电子节气门控制系统。

在智能 ETCS-I 系统中，节气门位置传感器在电路图中为 TPS，是英文 Throttle Position Sensor 首字母的缩写。

① 冗余式节气门位置传感器的结构、安装、原理见表 6-38。

表 6-38 冗余式节气门位置传感器的结构、安装与原理

项目	具体说明
结构、安装与原理示意图	右图所示为天津一汽丰田锐志智能 ETCS-I 系统节气门位置传感器的外形结构示意图，采用双传感器设计方式，通常安装在节气门体内，用来感知节气门的开度 
工作特点说明	当节气门电动机转动时，磁铁随齿轮和节气门一起转动，穿过每个霍尔元件的磁场(磁通量)发生变化而输出霍尔电压，该电信号被传送给发动机电子控制单元(ECU)后，用来确认节气门开启是否达到所需位置，实现对发动机的精确控制

② 冗余式节气门位置传感器的连接电路见表 6-39。

表 6-39 冗余式节气门位置传感器的连接电路

项目	具体说明
连接电路	右图所示为天津一汽丰田锐志智能 ETCS-I 系统节气门位置传感器与发动机电子控制单元(ECU)之间的连接方式。该传感器属于双霍尔效应式，也就是主副 2 个霍尔 IC(集成电路)对置。节气门位置传感器采用 6 针脚连接器与外电路进行连接，但传感器仅用了 4 个引出脚，另有两个引脚为 M+与 M-，是节气门电动机的连接端脚 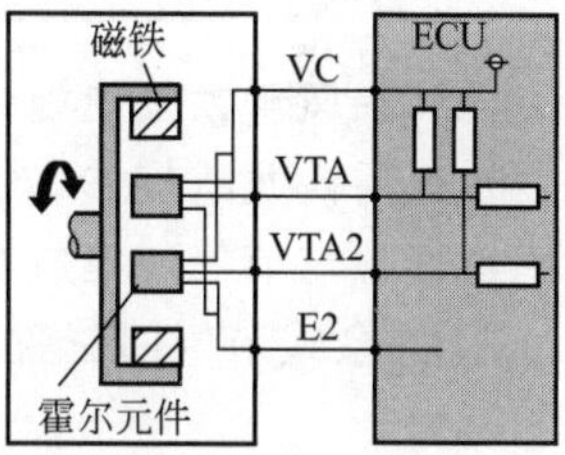
引脚功能说明	传感器使用的 4 个端脚的功能分别是：端脚 VTA 与 VTA2 为信号输出端；VC 为 5V 供电电压输入端；E2 为搭铁端，电源和搭铁端脚为 2 个霍尔元件共用

③ 冗余式节气门位置传感器的特性曲线见表 6-40。

表 6-40 冗余式节气门位置传感器的特性曲线

项目	具体说明
示意图	右图所示为天津一汽丰田锐志智能 ETCS-I 系统节气门位置传感器输出特性曲线，供检测时参考。从该曲线可以看出如下所述的几个特点 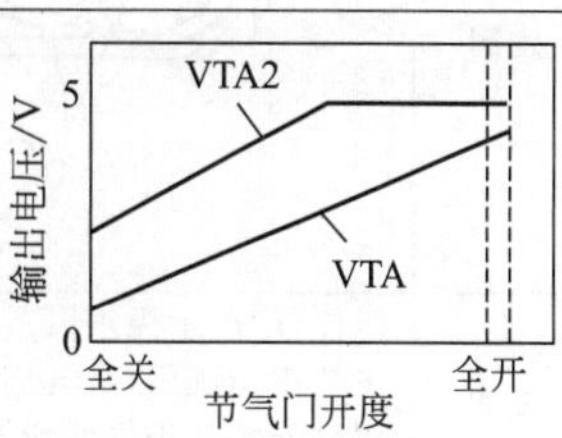

续表

项目		具体说明
曲线特点说明	线性输出	2个霍尔元件的输出电压信号均为线性输出，也就是输出特性曲线为直线，说明输出电压与节气门的开度成正比（注意：这与发动机的非线性控制并不矛盾）
	输出同向	传感器中使用的2个霍尔元件的输出同向，输出的电压均会随着节气门开度的增大而增大
	输出线不平行	2条输出线不平行，说明在节气门开启的过程中，2个霍尔元件输出之差不是常数。怠速时实际测量：VTA=0.8V，VTA2=2.4V，差值为1.6V，加速时，差值在节气门开度约为70%以前逐渐增大，之后逐渐变小
	数据流比值变化	数据流显示电压比为VTA=16%，VTA2=48%，即测量值与电源电压5V之比，且加速时比值差值逐渐增大，直到VTA2=5V，以此作为划分负荷大小的依据

④ 冗余式节气门位置传感器的检测与维修见表6-41。

表6-41　冗余式节气门位置传感器的检测与维修

项目		具体说明
检测	有了上述节气门位置传感器输出特性曲线和了解了它的几个基本特点以后，就可以依据该曲线和特点来对其进行检测了。检测时，既可以采用万用表来对传感器的输出电压进行检测判断，也可以调取系统检测到的数据流来进行分析判断	
说明	发动机不启动也有输出	只要点火开关置于IG（也称为ON）挡，不管发动机是否启动，节气门位置传感器均会有输出
	怠速确认信号	怠速检测信号（即怠速确认信号）电压分别为0.8V和2.4V，因节气门位置传感器中没有怠速开关，怠速状态需要通过节气门位置传感器的检测值来确认，即所谓的软信号；节气门全关，确认电压为0.7V（学习值）
	双传感器的设置方式	节气门位置传感器采用双传感器的设置方式，主要是为了能够通过2个传感器输出电压差值的变化来反映发动机加速的快慢；如果其中一个传感器失效，ECU通过对比确认后启动失效安全模式，并采用另一个传感器的信号来控制发动机，同时点亮发动机故障指示灯
失效保护	当两个节气门位置传感器中一个传感器失效时，ECU通过对比确认后启动失效安全模式，并采用另一个传感器的信号来控制发动机，同时点亮发动机故障指示灯	

(2) 东风雪铁龙凯旋轿车电控冗余式节气门位置传感器

东风雪铁龙凯旋DC7205型轿车PSARFN 10LH3X型发动机上使用的电控节气门位置传感器通常与节气门集成在一起形成一个组件。

① 冗余式节气门位置传感器的外形与安装位置见表6-42。

表6-42　冗余式节气门位置传感器的外形与安装位置

项目	具体说明
外形与安装位置示意图	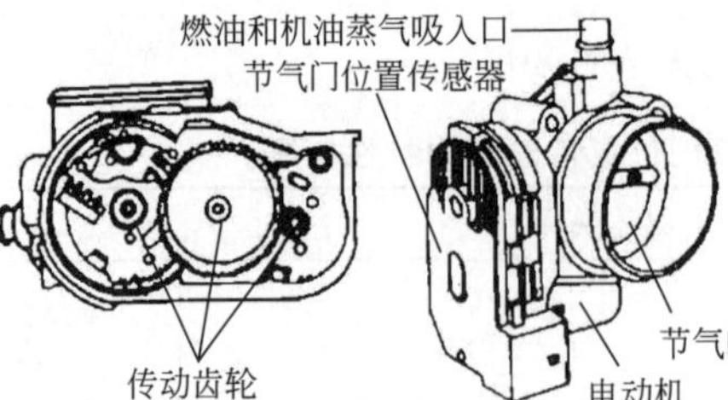(a) 外形结构 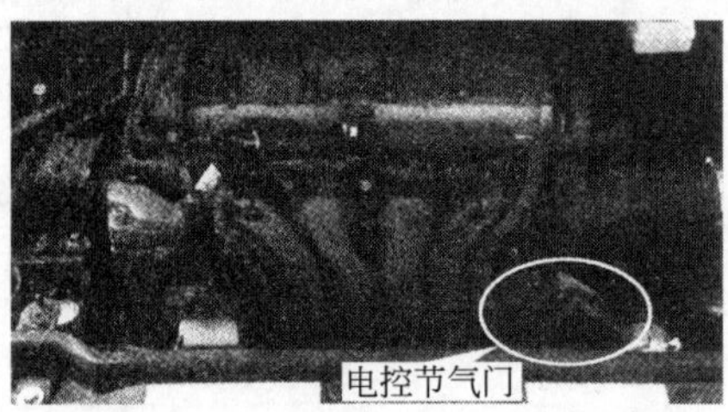(b) 安装位置
示意图说明	图(a)所示为东风雪铁龙凯旋轿车由节气门位置传感器为核心构成的电控节气门组件的外形结构示意图，主要由节气门、节气门电动机与节气门位置传感器等组成。图(b)所示为节气门组件的安装位置示意图。该组件安装在进气滤清器后方的进气总管上

② 冗余式节气门位置传感器的连接电路、检测与维修见表6-43。

表6-43 冗余式节气门位置传感器的连接电路、检测与维修

<table>
<tr><th>项目</th><th colspan="2">具体说明</th></tr>
<tr><td>传感器连接电路与引脚功能说明</td><td colspan="2">右图所示为节气门组件与发动机ECU之间的连接方式示意图。该组件有6个引出脚，引脚1为节气门位置传感器的供电电压输入端，该脚的5V供电来自于发动机ECU的A4端脚的内部；引脚2为进气门位置传感器1的信号输出端；引脚3为节气门电动机的供电电压输入端；引脚4为节气门电动机的控制线；引脚5为节气门位置传感器的搭铁端；引脚6为节气门位置传感器2信号输出端
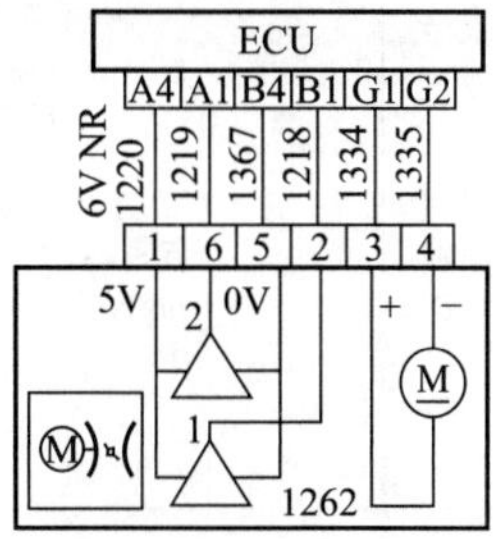
</td></tr>
<tr><td rowspan="3">检测与维修</td><td>检测电动机线路</td><td>采用万用表检测传感器线束端脚3与搭铁之间的电压应为12V左右；断开点火开关与蓄电池负极线，拆下发动机ECU的连接器，检测线束端脚4与发动机ECU连接器端脚G2之间的电阻，应<0.5Ω</td></tr>
<tr><td>检测传感器线路</td><td>检测传感器线束端脚1与搭铁之间的电压，应为5V；检测端脚2与搭铁之间的电压，应约为5.5V；检测端脚6与搭铁之间的电压，也应约为5.5V；检测端脚5与搭铁之间的电阻，应<0.5Ω</td></tr>
<tr><td>故障码</td><td>与节气门传感器有关的故障码及其含义如下：故障码P1161，其含义为节气门电动机故障；故障码P0122，其含义为节气门位置传感器1信号错误；故障码P1157，其含义为节气门位置传感器2信号错误；故障码P1157，其含义为电控节气门需要进行初始化</td></tr>
</table>

(3) 上海桑塔纳3000轿车冗余式节气门位置传感器

上海大众桑塔纳3000型轿车配装BKT 1.8L电控燃油喷射发动机和5挡手动变速器。表6-44列出了上海桑塔纳3000轿车冗余式节气门位置传感器的检测与维修方法。

表6-44 上海桑塔纳3000轿车冗余式节气门位置传感器的检测与维修方法

<table>
<tr><th>项目</th><th colspan="2">具体说明</th></tr>
<tr><td>传感器连接电路与引脚功能说明</td><td colspan="2">右图所示为上海桑塔纳3000轿车冗余式节气门位置传感器与发动机电子控制单元J220之间的连接方式示意图。该传感器有6个引脚，引脚T6L/1与引脚T6L/4为传感器G187与G188信号输出端；引脚T6L/2为公共搭铁端；引脚T6L/3与T6L/5为节气门驱动电动机G186控制信号输入端；引脚T6L/6为两个传感器的供电电压输入端，该电压来自J220的T121/91引脚
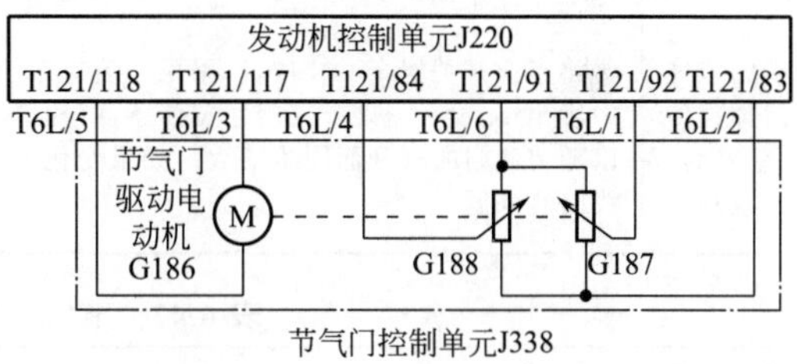
</td></tr>
<tr><td rowspan="2">检测与维修</td><td>直观检查</td><td>在检测冗余式节气门位置传感器之前，可拆下节气门控制单元J338进行检查，观察节气门体上积炭是否过多，用手拨动节气门阀片是否灵活，是否有卡滞现象。如果发现问题应先排除</td></tr>
<tr><td>单体电阻值检测</td><td>采用万用表检测节气门控制单元J338各引脚之间的电阻来判断节气门位置传感器的好坏。正常情况下，检测T6L/1与T6L/2引脚之间的G187电阻，在怠速位置应为1.266kΩ，缓慢开启节气门到底，电阻值应由1.266kΩ逐渐连续减小到0.484kΩ；检测T6L/4与T6L/2引脚之间的G188电阻值，在怠速位置应为0.535kΩ，节气门全开位置时应为1.250kΩ，整个节气门行程范围内阻值应呈连续变化；检测T6L/3与T6L/5引脚之间的G186节气门电动机阻值，应为1.6Ω；检测T6L/6与搭铁间的电压，应约为5V；检测T6L/3或T6L/3与T6L/2之间的电压，约为3.4V</td></tr>
</table>

(4) 三菱系列汽车冗余式节气门位置传感器

三菱系列汽车电控节气门系统由加速踏板位置传感器、发动机ECU和节气门位置传感器、节气门控制伺服电动机、节气门体等组成。

① 冗余式节气门位置传感器的安装位置与特性曲线见表6-45。

表 6-45 冗余式节气门位置传感器的安装位置与特性曲线

项目	具体说明
冗余式节气门位置传感器的安装位置与特性曲线示意图	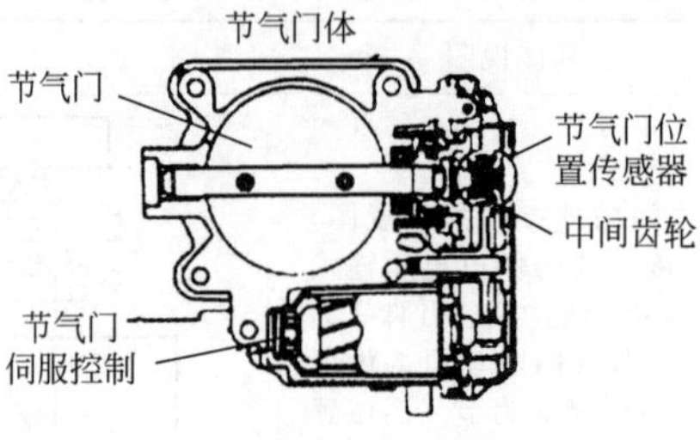(a) 安装位置 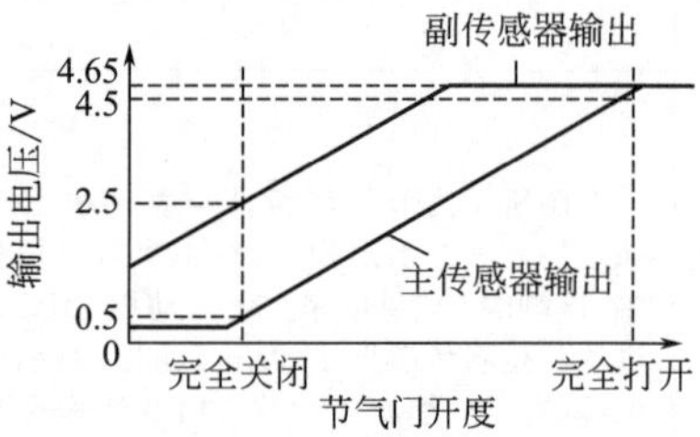(b) 特性曲线
安装位置说明	三菱系列汽车节气门位置传感器安装在节气门体内，如图(a)所示。该传感器的功能是测量节气门的位置，向发动机 ECU 提供与节气门轴转角成正比的电压信号。根据该传感器的输出电压，发动机 ECU 控制节气门伺服电动机进行反馈控制
特性曲线说明	图(b)所示为三菱系列汽车节气门位置传感器的输出特性曲线示意图。由于该传感器属于非接触式的霍尔集成电路双传感器(主与副)信号输出方式，故在该特性曲线中同时给出了主传感器输出特性曲线与副传感器输出特性曲线

② 冗余式节气门位置传感器的数据流和故障码的读取见表 6-46。

表 6-46 冗余式节气门位置传感器的数据流和故障码的读取

项目	具体说明
数据流	在维修过程中，采用三菱专用解码器读出电控节气门系统的数据流，就可以准确、快速地判断故障部位。节气门位置传感器的正常数据流如表 6-47 所示
故障码	在维修过程中，采用三菱专用解码器读出电控节气门系统的故障码，就可以有的放矢地去查找、判断故障部位。与节气门传感器有关的故障码及其可能的故障原因如表 6-48 中所列
主副节气门位置传感器的检测	将点火开关置于 ON 位置，采用三菱专用解码器 MUT-Ⅲ，断开进气歧管，用手缓慢打开节气门，从数据流中读出 14 项——副节气门位置传感器，和 79 项——主节气门位置传感器的电压数值，看该电压数据是否可以随节气门的打开而同步变大。如果变化不同步或中间有断点，均说明该节气门位置传感器本身或其连接线路有问题

表 6-47 节气门传感器的正常数据流

数据流项目	MUT-Ⅲ显示的项目	条件	正常数据
8A	主节气门位置传感器开度/%	用手指完全封闭节气门	0～12
		用手指完全打开节气门	75～100
9A	主节气门位置传感器中间开度学习值/V	—	0.8～1.8
79	主节气门位置传感器输出电压/V	用手指完全封闭节气门	0.3～0.7
		用手指完全打开节气门	≥4.0
14	副节气门位置传感器输出电压/V	用手指完全封闭节气门	2.2～2.8
		用手指完全打开节气门	≥4.0
实测	节气门控制伺服机构(+)	加速踏板从完全打开→完全关闭	从蓄电池电压轻微降低大约 2V
	节气门控制伺服机构(−)		

注：所有显示项目均应在点火开关置于 ON 条件下进行。

表 6-48 与节气门传感器有关的故障码及其可能的故障原因

故障码	含义	可能的原因
P0122	主节气门位置传感器输入电压过低	①主节气门位置传感器本身故障 ②副节气门位置传感器电路断路/短路或插接件接触不良 ③发动机 ECU 故障
P0123	主节气门位置传感器输入电压过高	
P0222	副节气门位置传感器输入电压过低	①副节气门位置传感器本身故障 ②副节气门位置传感器电路断路/短路或插接件接触不良 ③发动机 ECU 故障
P0223	副节气门位置传感器输入电压过高	
P0642	节气门位置传感器电源异常	发动机电子控制单元(ECU)有故障
P2135	主、副节气门位置传感器范围/性能故障	①节气门位置传感器本身有问题 ②节气门位置传感器电路断路/短路或插接件接触不良 ③发动机 ECU 故障

(5) 丰田卡罗拉 EX 轿车冗余式节气门位置传感器

丰田卡罗拉 EX（COROLLA EX）1.6L 轿车，配装 1ZR-FE 型电控燃油喷射发动机，采用手动变速器。

① 冗余式节气门位置传感器的外形与输出特性见表 6-49。

表 6-49 冗余式节气门位置传感器的外形与输出特性

项目	具体说明
外形与输出特性示意图	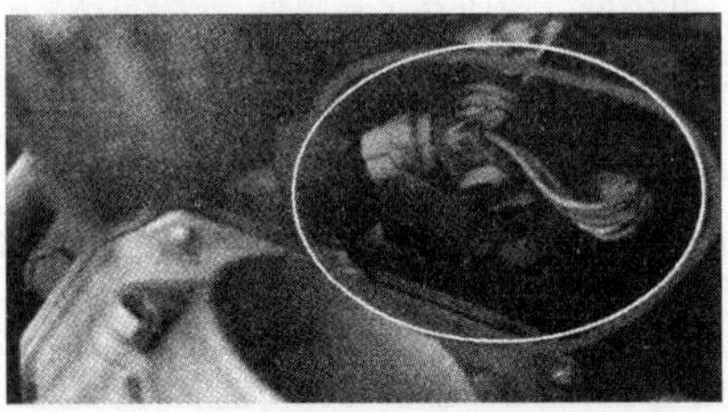 (a) 外形 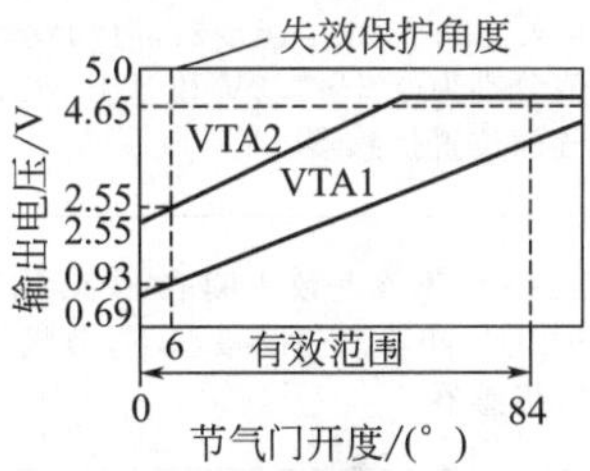 (b) 输出特性
示意图说明	图(a)所示为丰田卡罗拉 EX 轿车节气门位置传感器的外形示意图，图(b)所示为该传感器的输出特性曲线示意图。该传感器有两路输出信号，分别为 VTA1 与 VTA2。输入信号 VTA 用于检测节气门的开度，输入信号 VTA2 用于检测 VTA1 的故障。传感器信号电压与节气门开度成比例，在 0～5V 之间变化，该信号被送到发动机 ECM 作为节气门开度信号

② 冗余式节气门位置传感器的连接电路与插接件引脚位置排列见表 6-50。

表 6-50 冗余式节气门位置传感器的连接电路与插接件引脚位置排列

项目	具体说明
连接电路与插接件示意图	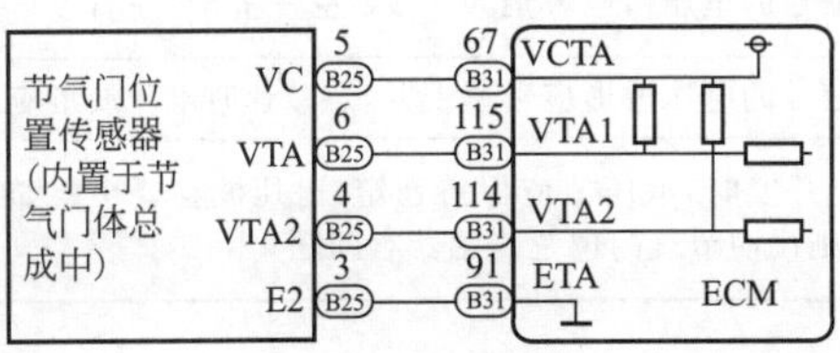 (a) 连接电路 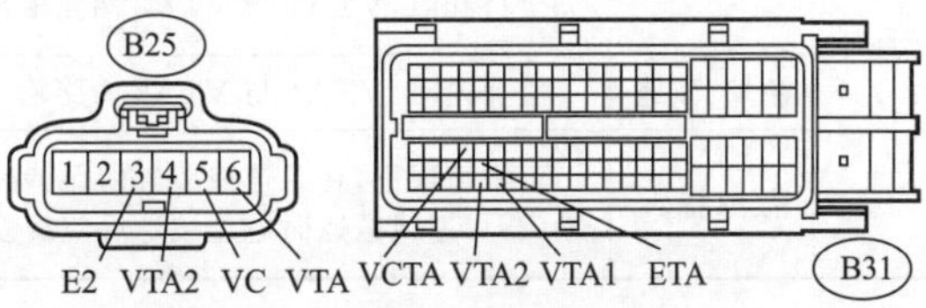 (b) 插接件引脚位置排列
示意图说明	图(a)所示为节气门位置传感器与发动机 ECM 之间的连接方式示意图，图(b)所示为传感器线束连接器 B25 与发动机 ECM 线束连接器 B31 有关引脚位置示意图。节气门位置传感器有 4 个引脚，ECM 通过 VC 端脚给节气门位置传感器提供+5V 的电压，传感器经过 E2 端脚通过 ECM 搭铁

③ 冗余式节气门位置传感器的供电、搭铁、线路的检测与维修见表 6-51。

表 6-51 冗余式节气门位置传感器的供电、搭铁、线路的检测与维修

项目	具体说明
供电检测	拔下传感器线束连接器 B25，把点火开关置于 ON 位置，用万用表检测 B25 插头上端脚 5 与搭铁间的电压，该电压正常值应约为 5V；否则，拔下 ECM 线束连接器 B31，检查 B25 插头的端脚 5 与 B31 插头的端脚 67 之间的导通电阻，该电阻正常值应小于 0.5Ω，如正常，则多为 ECM 的问题，应更换 ECM
搭铁检测	把点火开关置于 OFF 位置，拔下 B25，用万用表检测 B25 插头端脚 3 与搭铁之间的电阻，该电阻正常值应小于 0.5Ω，否则，应检查 B25 插头端脚 3 与 B31 插头端脚 91 之间的导线电阻，该电阻正常值应小于 0.5Ω；如该电阻不对，应检查 ECM 外部搭铁电路是否正常，如正常，说明 ECM 内部搭铁转换电子开关电路有问题，应更换 ECM
信号线路检测	分别拔下 B25 与 B31 连接器，检测 B25 插头上的端脚 6 与 B31 插头上端脚 115 之间的导线电阻，检测 B25 插头上的端脚 4 与 B31 插头上端脚 114 之间的导线电阻，该电阻正常值应小于 0.5Ω，否则说明齿圈信号线有问题

④ 冗余式节气门位置传感器动态情况的检测见表 6-52。

表 6-52 冗余式节气门位置传感器动态情况的检测

<table>
<tr><th>项目</th><th colspan="2">具体说明</th></tr>
<tr><td>万用表检测</td><td colspan="2">分别插好 B25 与 B31 连接器，启动发动机，用万用表分别检测 B25 端脚 6、4 与搭铁间的电压，该电压在怠速时的正常值分别为 0.5～1.2V 和 2.1～3.1V，当踩下油门踏板时的电压应分别为 3.3～4.9V 和 4.6～5V，否则，应更换节气门位置传感器</td></tr>
<tr><td>读取数据流</td><td colspan="2">采用 KT300 型诊断仪来读取 ECM 内存储的数据流。在点火开关置于 ON、节气门全关闭时，节气门开度应显示 8%～20%；随着油门踏板踩下，节气门开度值应立即加大，全开时的开度应显示 64%～96%，否则，应更换节气门位置传感器</td></tr>
<tr><td rowspan="5">波形检测</td><td colspan="2">采用示波器检测 B25 的端脚 6、4 与搭铁之间的信号波形，检测到的正常波形如右图所示。可以根据车辆不同工况时波形的实际情况来进行分析，具体分析情况如下所述
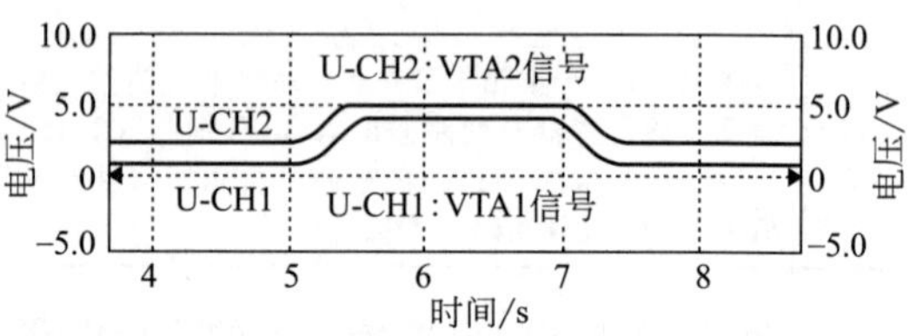
</td></tr>
<tr><td>怠速</td><td>在发动机怠速时，VTA1 与 VTA2 两路输出信号的电压值应分别为 0.78V 左右和 2.5V 左右</td></tr>
<tr><td>加速</td><td>在发动机加速时，VTA1 与 VTA2 两路输出信号的电压值应上升，当油门踏板完全踩下、节气门完全打开时，VTA1 与 VTA2 两路输出信号的电压值应分别为 4.2V 左右和 5V 左右</td></tr>
<tr><td>急加、减速</td><td>急加速时，VTA1 与 VTA2 两路输出信号的电压波形应迅速上升，急减速时电压波形应迅速下降</td></tr>
<tr><td>故障特征</td><td>正常情况下，在怠速或节气门保持一定开度时，电压值应保持稳定，电压波动要小。如果电压波动大，加速或减速时电压波形反应缓慢，则说明节气门位置传感器有问题</td></tr>
</table>

(6) 宝来轿车 EPC 系统冗余式节气门位置传感器

EPC 是英文 Electronic Power Control 首字母的缩写，中文含义为电子节气门系统。宝来 1.6L 轿车配装 BJH 型发动机的车型都采用了该系统。

① 冗余式节气门位置传感器的安装位置与特性示意图见表 6-53。

表 6-53 冗余式节气门位置传感器的安装位置与特性示意图

项目	具体说明
安装位置与特性示意图	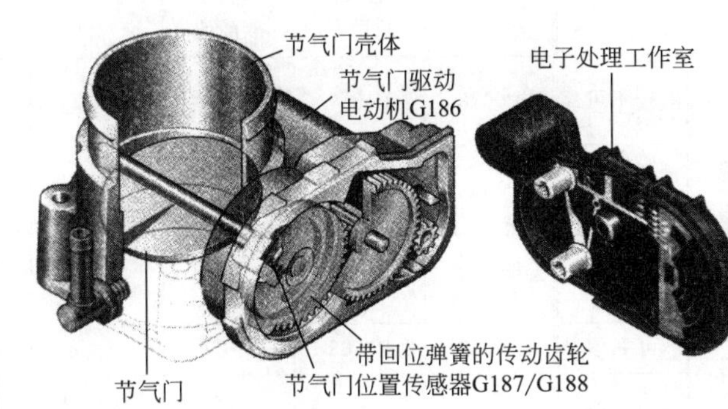 (a) 安装位置 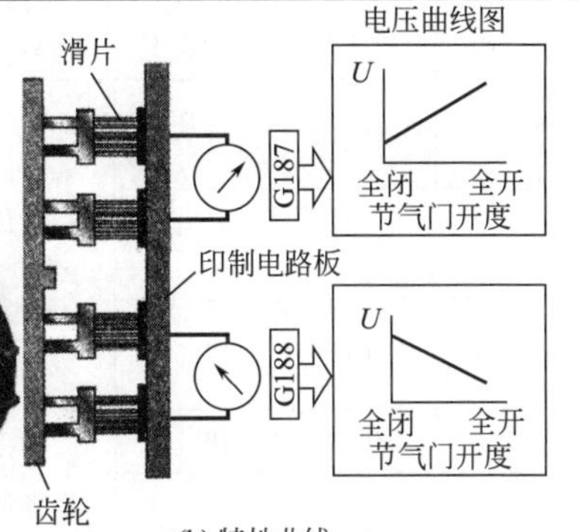 (b) 特性曲线
示意图说明	图(a)所示为宝来轿车EPC系统节气门位置传感器的安装位置示意图;图(b)所示为节气门开度与输出信号电压之间的关系曲线示意图

② 冗余式节气门位置传感器的连接电路与引脚功能说明见表 6-54。

表 6-54 冗余式节气门位置传感器的连接电路与引脚功能说明

项目		具体说明
连接电路示意图		右图所示为宝来轿车EPC系统节气门位置传感器与发动机控制单元和节气门控制单元J338之间的连接方式 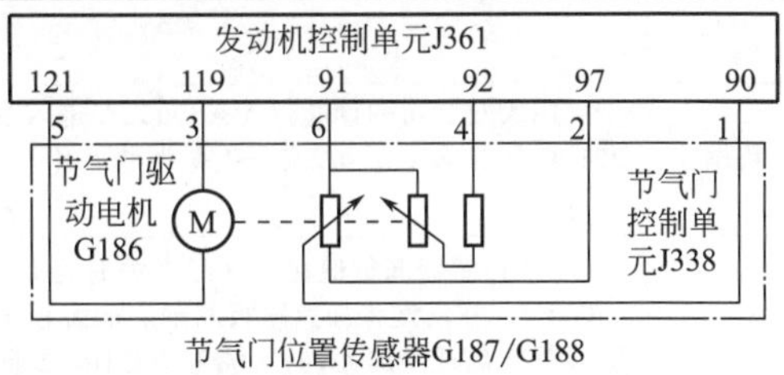
引脚功能说明	引脚6与2	节气门控制单元J338有6个引脚,引脚6为2个节气门传感器的供电电压输入端,该电压为5V,来自于J361的91脚;引脚2为搭铁端
	引脚3与5	引脚3与5为节气门驱动电动机控制信号输入端,控制信号来自于J361的121与119引脚,该控制电流会使G186电动机进入运转状态,并驱动相关机构调整气门的开度,以实现发动机进气量的改变,保证发动机转速的正常调节
	引脚4与1	引脚4与1为节气门位置传感器G187/G188信号输出端,当节气门逐渐开大时,其转轴带动这2个传感器的滑片电刷移动,G187的滑变电阻相应变小,其反馈到发动机控制单元J361的90号引脚的信号电压则平稳增大。与此相反,G188的滑变电阻相应变大,其反馈到发动机控制单元J361的92号引脚的信号电压则平稳变小,从而实现发动机控制单元对节气门开度的精确监控

③ 冗余式节气门位置传感器的故障码见表 6-55。

表 6-55 冗余式节气门位置传感器的故障码

项目	具体说明
故障码	气门位置传感器G187/G188的滑片、电刷等因长时间使用后会磨损,信号失真。可以采用大众公司的诊断仪VAS5052A进入"车载诊断(OBD)-01-004",查询发动机电子控制系统存储的故障码,当出现表6-56所列的故障码时,就说明节气门体出现了故障,要进入"车载诊断(OBD)-01-010",读取车辆测量值块的数据流,进行分析判断。参考故障码,可以重点检查相关元件和系统的数据测量值块,以帮助确定故障元件的工作参数
说明	当节气门接收到发动机控制单元的开度信号,节气门驱动电动机运作,通过啮合齿轮传动,带动节气门转动。驱动电动机的动作是否灵敏及转动的角度精确程度通过相关节气门转角传感器的信号进行反馈比较,同时发动机控制单元监控节气门驱动电动机的电流情况,出现故障会生成故障码17966。另外,还有相关节气门控制单元J388的故障码,通过故障码可以读取其信号不良或节气门驱动电动机工作不正常的记录,但没有G186的测量数据流

表 6-56 节气门系统故障码及其含义

OBD故障码	SAE故障码	VAG故障码	故障元件	故障原因	OBD故障码	SAE故障码	VAG故障码	故障元件	故障原因
P0121	P1542	17950	节气门位置传感器G187	信号不可靠	P0638	P1559	17967	节气门控制单元J338	基本设定故障
P0122	P1543	17951		信号过低	P0638	P1564	17972		设定时电压过低
P0123	P1544	17952		信号过高	P0638	P1565	17973		控制未达下限
P0221	P1171	17579	节气门位置传感器G187	不可靠信号	P0638	P1568	17976		机械
P0222	P1172	17580		信号过低	P2101	P1545	17953	节气门控制	控制错误
P0223	P1173	17581		信号过高	P2106	P1558	17966	节气门驱动电动机G186	电路故障
P0638	P1579	17987	节气门控制单元J338	自调整未启动					

④ 冗余式节气门位置传感器的数据流见表 6-57。

表 6-57 冗余式节气门位置传感器的数据流

项目	具体说明
数据流	采用大众公司的诊断仪 VAS5052A 进入“车载诊断(OBD)-01-010.02”,读取数据流,其中的数据流组 062 与 064 见表 6-58 中所列,该表数据为点火开关接通、发动机不运转时的参考值,也就是节气门全关状态下的规定值范围
故障分析	G187 传感器调整值在节气门全关时是在 0.24～0.81V,G188 传感器调整值在节气门全关时是在 4.195～4.761V。在慢慢将加速踏板踩到底的过程中,观察测量值组 062 的显示区 1 和显示区 2 中相应数值变化情况:随着节气门开度加大,显示区 1 的 G187 数据则随节气门开大信号均匀变大,变化范围值在 3%～87%,并未完全使用;显示区 2 的 G188 数据是随节气门开大而信号均匀变小,变化范围在 87%～3%,它们信号的变化基本以一定的比率平滑变化(节气门传感器信号电压与节气门开度变化关系可参考上面已经介绍过的其输出信号特性曲线),如果其中有一个突然跳变或信号不连贯,就说明该传感器信号滑片出现磨损,信号中断,多次出现时,就会产生相关的故障码

表 6-58 数据流组 062 与 064 中与节气门位置传感器有关的规定值范围

测量值组号:062-电子节气门-各传感器电压对比				测量值组号:064-节气门电位计电压调整值			
显示区	显示屏显示数值/%	数值代表含义	规定值/%	显示区	显示屏显示数值/V	数值代表含义	规定值/V
1	××	节气门位置传感器 G187	3～20	1	××.×××	节气门位置传感器 G187 调整值	0.24～0.81
2	××	节气门位置传感器 G188	82～97	2	××.×××	节气门位置传感器 G188 调整值	4.195～4.761

⑤ 冗余式节气门位置传感器的自适应见表 6-59。

表 6-59 冗余式节气门位置传感器的自适应

项目	具体说明
自适应条件	当更换节气门控制单元(包括其内的传感器等)或发动机电子控制单元(ECU)后,均需要对节气门进行自适应处理
自适应方法	进入测量值组 060(表 6-60 所示,该数据为点火开关接通,发动机不转时的数据流)进行自适应程序自动执行方式,其中显示区 4 显示的是自适应的完成情况,如果显示“ADP OK”表示设定成功;显示“ADP Running”表示正在执行;显示“ADP ERROR”表示设定错误,系统中如果存在故障,会导致不能正常设定

表 6-60 测量值组 060 显示的数据

测量值组号:060-转速调节-电子节气门-自适应				测量值组号:060-转速调节-电子节气门-自适应			
显示区	显示屏显示数值/%	数值代表含义	规定值/%	显示区	显示屏显示数值	数值代表含义	规定值
1	××	节气门位置传感器 G187	3～20	3	×	自学习计数器	0
2	××	节气门位置传感器 G188	82～97	4	Text	自适应状态	ADP OK

(7) 东风雪铁龙爱丽舍系列轿车冗余式电子节气门传感器

东风雪铁龙爱丽舍系列轿车电喷发动机系统使用的电子冗余式节气门位置传感器与节气门其他部件集成在一起，形成一个总成，该总成英文缩写为 ETC。

① 冗余式电子节气门传感器的总成结构与作用见表 6-61。

表 6-61 冗余式电子节气门传感器的总成结构与作用

项目	具体说明
冗余式电子节气门传感器的总成结构示意图	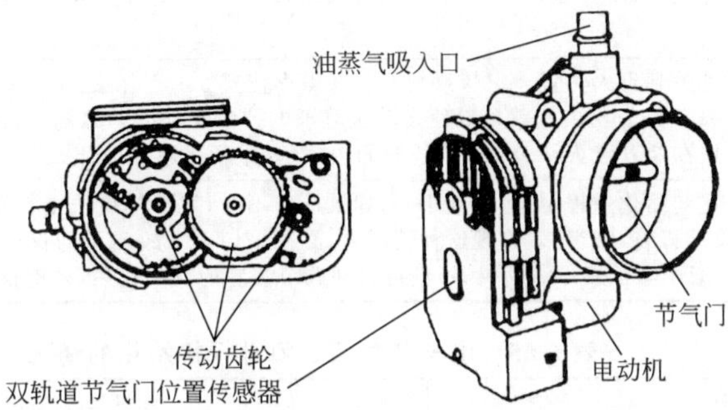
示意图说明	上图所示为东风雪铁龙爱丽舍系列轿车电喷发动机系统使用的电子冗余式节气门位置传感器与节气门其他部件集成在一起形成的总成示意图，该总成主要由节气门、电动机、传动装置、双轨道节气门位置传感器等构成
总成作用	汽车电喷发动机系统使用的电子节气门总成一方面执行来自发动机电子控制单元(ECU)的指令，调节节气门开度以控制进气量；另一方面可以输出反映节气门位置的信号，供系统监控节气门的实际开度

② 电子冗余式节气门位置传感器内部电路与插接件引脚功能见表 6-62。

表 6-62 电子冗余式节气门位置传感器内部电路与插接件引脚功能

项目	具体说明
内部电路与插接件以及功能示意图	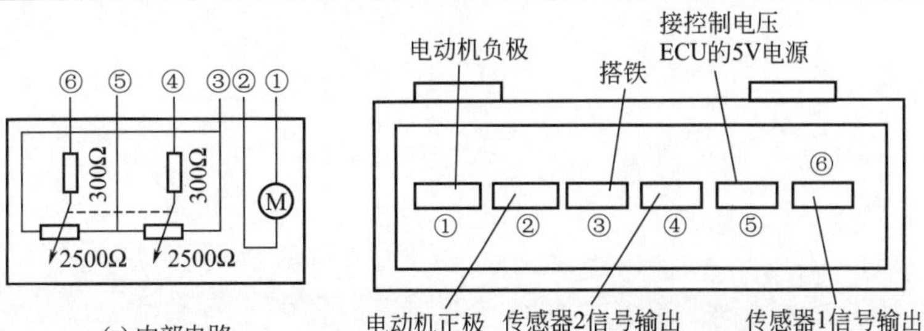(a) 内部电路 (b) 插接件引脚功能
示意图说明	图(a)所示为冗余式电子节气门位置传感器的内部电路示意图，该传感器属于双电位计冗余方式，也就是两个电位计固定电阻的两端采用并联连接方式，滑动端脚单独引出；图(b)所示为 ETC 总成插接件的端脚排列方式与各引脚功能说明，供检测时参考

③ 电子冗余式节气门位置传感器的检测与维修见表 6-63。

表 6-63 电子冗余式节气门位置传感器的检测与维修

项目	具体说明
电动机的检测	从冗余式电子节气门位置传感器的内部电路示意图[见表 6-62 中的图(a)所示，以下同，不再重述]中可以看出，其①与②端脚为电子节气门电动机，可以采用万用表直接检测这两端之间的电阻值或直接施加直流电压来判断其好坏，检测方法与一般的直流电动机基本相同
电位器的检测	在电子节气门总成中有两个电位器，这两个电位器是反向安装的，当节气门的位置发生变化时，2 路信号电压均线性变化，其中一个增加的同时，另一个减小，其目的是两者互相检测，当一个传感器发生故障时能够及时被识别，以增加系统的可靠性，保证行车的安全性 采用万用表的电阻挡对电子节气门总成中的两个电位器进行检测时，其检测方法与检测普通收音机中使用的电位器十分相似。为便于检测，表 6-62 的图(a)中给出了两个电位器及其分压电阻的电阻值，该电阻值因不同品牌的车型有一定的差别

④ 电子冗余式节气门位置传感器的初始化见表 6-64。

表 6-64 电子冗余式节气门位置传感器的初始化

项目	具体说明
初始化条件	东风雪铁龙爱丽舍系列轿车电子节气门出现如表 6-65 中所列的情况时，则必须进行初始化(也就是学习程序)
初始化方法	接通点火开关到点火位置→保持点火开关在点火位置 30s，但在此间不要断开点火开关，也不要踩加速踏板→断开点火开关 15s，由此就可以使发动机电子电控单元(ECU)控制 EEPROM 存储器来存储节气门的初始化参数。但在断开点火开关 15s 这段时间内，不要重新接通点火开关
需要说明的问题	在进行上述初始化过程中，应仔细小心，如果操作不当，发动机电子电控单元(ECU)就不能准确控制节气门的开度，发动机将“跛行”。出现这种情况时，必须采用电子故障诊断仪(例如东风雪铁龙爱丽舍系列轿车可采用 PROXIA 电子故障诊断仪等)进行自动调节装置的初始化后，才能恢复正常

表 6-65 电子节气门必须进行初始化的情况

出现的情况	情况 1	情况 2	情况 3	情况 4	情况 5
具体说明	更换发动机电子控制单元(ECU)	更换电子节气门	修复节气门后	发动机电子控制单元(ECU)下载后	发动机电子控制单元(ECU)的远程编码

第7章 其他位置传感器

应用于汽车上的位置传感器，除了上一章介绍的几种之外，还有一些与检测位置有关的位置类传感器。例如离合器位置类、制动踏板位置传感器，油位、液位传感器，高度位置传感器，喷油器针阀升程传感器，溢流环位置传感器，座椅位置传感器，废气再循环系统电位计式EGR阀传感器，自动空调空气混合风挡位置传感器，气缸位置传感器，废气再循环与提升传感器等，这些就是本章所要介绍的内容。

7.1 离合器位置类传感器

离合器位置类传感器主要是指电控自动离合器中使用的几种传感器，如离合器踏板位置传感器(简称离合器位置传感器)、变速杆位置传感器、挡位传感器等。

(1) 离合器位置类传感器的结构与原理

汽车电控自动离合器中使用了多种传感器来对有关信息进行检测，以便于自动对离合器的各种状态进行控制。

① 电控自动离合器类传感器的连接电路与工作情况见表 7-1。

表 7-1 电控自动离合器类传感器的连接电路与工作情况

项目	具体说明
连接电路示意图	不同的车辆，应用于电控自动离合器中的位置类传感器的数量有一定的差异，右图所示为韩国登宝株式会社生产的SMSC型自动离合器上使用的位置类传感器与ACM(自动离合器控制器)之间的连接方式[Matiz(新巧龙，也称为“马蒂兹”)乘用车上就安装了该自动离合器系统]。在右图电路中，使用了挡位传感器、离合器位置传感器、车速传感器、变速杆位置传感器。其中的ACM属于电子控制电路，主要由单片微电脑芯片构成，通过插接件与各种传感器相连接 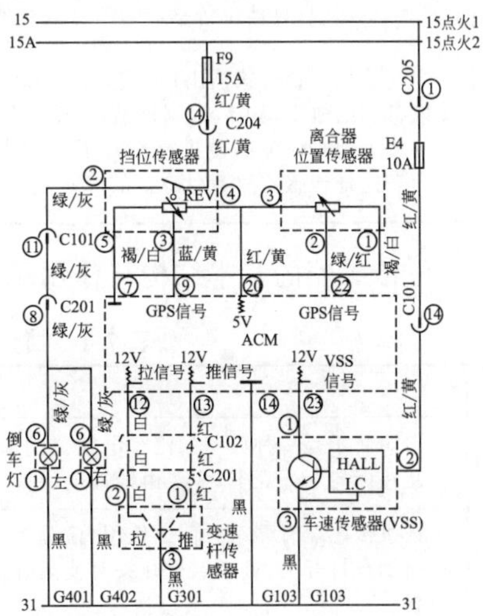

续表

项目	具体说明
工作情况	驾驶员通过推拉变速杆来操纵变速器，开关式变速杆传感器可通过变速杆的推拉动作与变速杆的位置状态产生挂挡、空挡与摘挡信号。挡位传感器与离合器位置传感器为电位计式，由ACM提供5V参考电压，并通过ACM搭铁，分别产生挡位信号与离合器位置信号，其中挡位传感器带倒车灯开关，汽车倒车时，接通倒车灯电路
其他信号处理	车速信号由三线霍尔传感器提供。而节气门位置信号和发动机转速信号来自发动机控制器（ECM）。这些传感器信号和有关开关（前左右车门开关、机罩开关、停车灯开关、压力开关）信号输入ACM

② 离合器位置传感器的基本结构与作用见表7-2。

表7-2　离合器位置传感器的基本结构与作用

项目	具体说明
基本结构示意图	右图所示是一种典型的汽车电控自动离合器中使用的离合器位置传感器。该传感器和活塞相连接，用于把离合器的位置信息提供给ACM（自动离合器电控单元）控制器 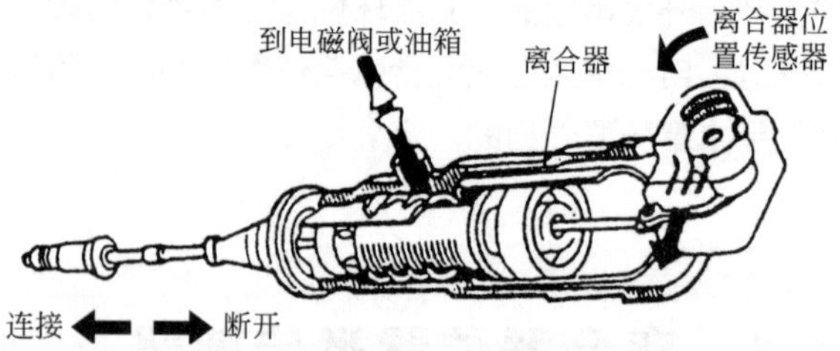
作用	离合器位置传感器为电位计式，由ACM提供5V参考电压，并通过ACM搭铁，用于产生离合器位置信号。离合器位置传感器主要用来为ACM提供离合器接通动力或断开动力、预置位置等控制功能提供可靠的信息

③ 变速杆位置传感器的基本结构、作用与故障码见表7-3。

表7-3　变速杆位置传感器的基本结构、作用与故障码

项目	具体说明	
基本结构	右图所示是一种典型的汽车电控自动离合器中使用的变速杆位置传感器。在变速杆手柄上有2个开关，也就是“拉”开关（拉变速杆时开关关闭）和“推”开关（推变速杆时开关关闭）	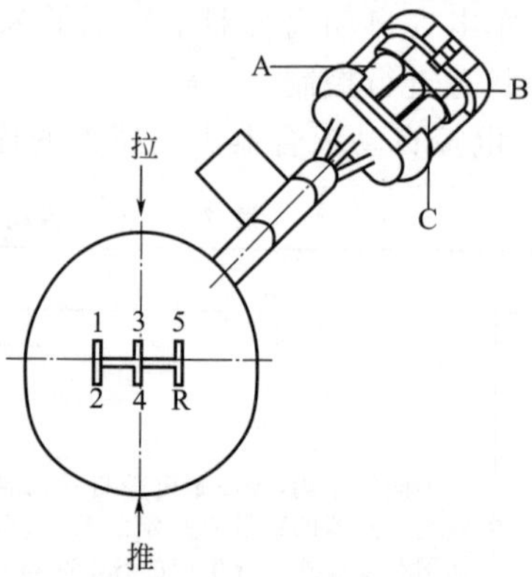
作用	如果驾驶员施加在变速杆手柄上的力大于预定的最低值，就会关闭2个开关中的1个，则准备换挡的信息就会提供给ACM。当该传感器出现问题时，ACM只好从来自挡位传感器的信号进行推断而得	
故障码	当变速杆位置传感器出现问题时，采用解码器可以读取存储的故障码07，根据该故障码的提示，就可以有的放矢地对故障部位进行检查了。07故障码的含义为变速杆传感器故障（推/拉故障）	

④ 挡位传感器的基本结构与作用见表7-4。

表7-4　挡位传感器的基本结构与作用

项目	具体说明	
基本结构	右图所示是一种典型的汽车电控自动离合器中使用的挡位传感器。该传感器安装在齿轮箱外壳上，主要由线性电位计与倒车灯开关为核心构成	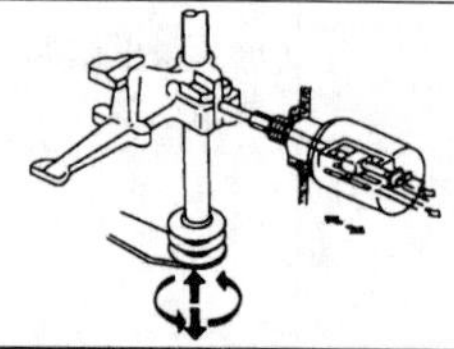
作用	挡位传感器有多个方面的作用：检测1～5挡与倒挡的位置；在倒挡位置时同时接通倒车灯开关；接通点火开关时使离合器处于空挡位置，而在挂挡时进入接入位置	

(2) 电控自动离合器类传感器的检测与维修

电控自动离合器类传感器的检测与维修见表 7-5。

表 7-5 电控自动离合器类传感器的检测与维修

项目	具体说明				
检测说明	自动离合器系统发生故障时，蜂鸣器会警告驾驶员，同时将故障以代码的方式存储起来。在进行故障维修时，可优先采用解码器读取系统中存储的故障码，然后再根据故障码的提示，就可以有的放矢地对故障部位进行检查了				
位置传感器故障码	与离合器位置传感器有关的故障码及其含义如下				
	故障码	03	04	09	23
	含义	离合器位置传感器故障(延时断开)	离合器位置传感器故障(不能断开)	离合器位置传感器故障	离合器位置传感器故障(控制错误)
挡位传感器故障码	与挡位传感器有关的故障码及其含义				
	故障码	17		20	
	含义	挡位传感器(无效信号)		挡位传感器复位故障	

(3) 电控机械驻车制动系统离合器踏板位置传感器

电控机械驻车制动系统离合器踏板位置传感器用于监测离合器踏板的动作，表 7-6 列出了该传感器的结构与安装位置、工作原理。

表 7-6 离合器踏板位置传感器的结构与安装位置、工作原理

项目	具体说明
结构与安装位置示意图	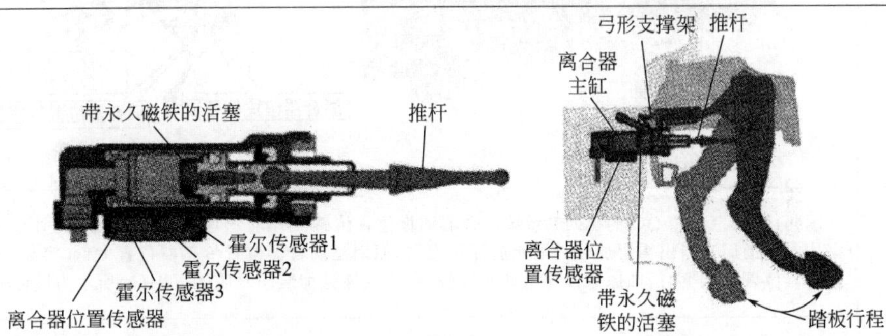(a) 结构 (b) 安装方式
示意图说明	图(a)所示为电控机械驻车制动系统离合器踏板位置传感器的基本结构示意图，图(b)所示为离合器踏板与位置传感器安装方式示意图，供拆卸时参考。离合器位置传感器采用卡箍固定在主缸上，主缸通过一个卡扣，安装在轴承支撑架上。当踩下离合器踏板时，推杆推动主缸的活塞
工作原理	当踩下离合器踏板时，推杆头和推杆一起沿离合器位置传感器方向被推动。在活塞的最前端是一块永久磁铁。集成在离合器位置传感器极板中的是一排共 3 个霍尔传感器。永久磁铁经过霍尔传感器，该传感器就会向电子控制单元输出控制信号

在电控机械驻车制动系统离合器踏板位置传感器极板中，通常安装了一排共 3 个霍尔传感器，这 3 个霍尔传感器输出的信号作用与检测方法如表 7-7 中所列。

表 7-7 电控机械驻车制动系统离合器踏板位置传感器的通用检测与维修方法

项目		具体说明
霍尔传感器 1	作用	霍尔传感器 1 是一种数字式传感器，用于把电压信号提供给发动机电子控制单元，以关闭巡航控制系统
	检测	可以采用移动位置传感器前端推杆的方法来对霍尔传感器 1 进行检测。既可以采用示波器检测其输出波形，也可以采用万用表检测其高、低电平是否正常来判断其好坏

续表

项目		具体说明
霍尔传感器2	作用	霍尔传感器2是一种模拟式传感器，用于将一个频宽可调脉冲信号（PWM信号）发送到电控机械驻车制动控制单元，由此就可以监测到离合器踏板的准确位置。控制单元可在动态起步时，计算出驻车制动的最佳解除时间点
	检测	可以采用移动位置传感器前端推杆的方法来对霍尔传感器2进行检测。既可以采用示波器检测其输出波形，也可以采用万用表检测其0～5V的电压是否正常来判断其好坏
霍尔传感器3	作用	霍尔传感器3是一种数字式传感器，用于把电压信号提供给车载网络控制单元，供车载网络控制系统判断是否踩下了离合器踏板。只有当离合器踏板被踩下后，才可以启动发动机，以实现互锁功能
	检测	可以采用移动位置传感器前端推杆的方法来对霍尔传感器3进行检测。既可以采用示波器检测其输出波形，也可以采用万用表检测其高、低电平是否正常来判断其好坏

（4）奇瑞QQ的AMT系统离合器踏板位置传感器

AMT是英文Automated Mechanical Transmission首字母的缩写，其含义为手自一体自动机械变速器。

① 离合器踏板位置传感器的外形与安装位置、连接电路见表7-8。

表7-8　离合器踏板位置传感器的外形与安装位置、连接电路

项目	具体说明
外形与安装位置	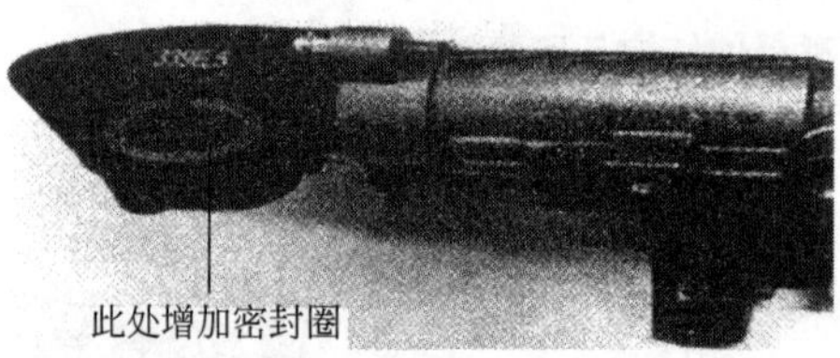 (a) 外形 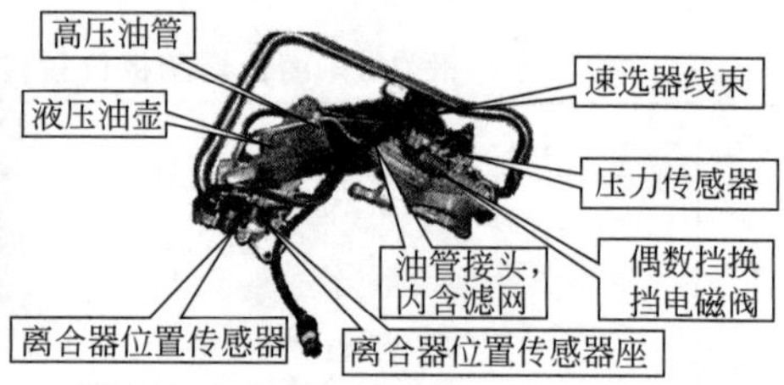 (b) 安装位置
示意图说明	图(a)所示为奇瑞QQ的AMT系统离合器踏板位置传感器外形示意图，在该图中，此处增加的密封圈是厂家技术援助周刊指出需要加装的防水胶圈示意图，原因是离合器位置传感器位置太低，容易进水，在维修更换离合器位置传感器时，如原来没有该防水胶圈，则应在该处加装防水胶圈。图(b)所示为该传感器的安装位置
连接电路	右图所示为奇瑞QQ的AMT系统离合器踏板位置传感器与变速器电控单元（TCU）之间的连接方式示意图。该传感器有3个引出脚，引脚1为供电电压输入端，引脚2为信号输出端，引脚3为搭铁端 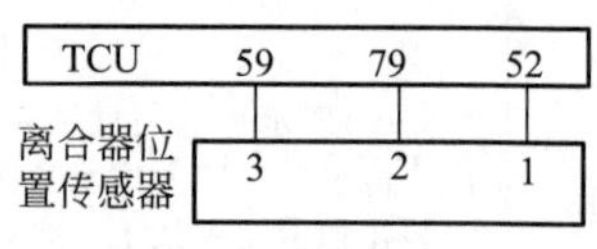

② 离合器踏板位置传感器的检测与维修见表7-9。

表7-9　离合器踏板位置传感器的检测与维修

项目	具体说明
检测与维修	对离合器踏板位置传感器进行检测时，既可以采用万用表检测传感器各引脚之间的电压来判断故障，也可以提取变速器电控单元（TCU）内部存储的数据流来判断故障，表7-10中列出了ATM正常数据流的参数。应重点观察数据流中离合器位置与离合器参考位置栏中的信息，如果显示的数据与正常数据相差较大，则应重点对与离合器位置传感器本身及与其有关的线路、插接件等进行检查
故障码	奇瑞QQ的AMT系统采用的马瑞利系统，自诊断能力较强，当读取的故障码为P1743时，就说明离合器踏板位置传感器或与其有关的线路、连接器等有问题

表 7-10　奇瑞 QQ 的 ATM 正常数据流的参数

项目	怠速时	低速行驶时	项目	怠速时	低速行驶时
挡位位置/mm	8.2	8.2	外部温度/℃	20	20
换挡位置/mm	7.9	7.9	电压/V	13.8	13.9
离合器位置/mm	18.3	24.5	发动机转速/(r/min)	908	1300
离合器参考位置/mm	18.3	24.5	离合器转速/(r/min)	0	1300
液压压力/MPa	4.14	4.14	车速/(km/h)	0	20
发动机温度/℃	78	79			

(5) 东风标致 3008 电子驻车制动系统离合器踏板位置传感器

表 7-11 所示为东风标致 3008 电子驻车制动系统离合器踏板位置传感器的检测与维修方法。

表 7-11　东风标致 3008 电子驻车制动系统离合器踏板位置传感器的检测与维修方法

项目	具体说明
结构、安装位置与原理	右图所示为离合器踏板位置传感器的外形与安装位置示意图，这种传感器在装备手动变速器的车辆上使用，用于把离合器踏板的信息发送到 ESP 动态稳定性控制系统的 ECU 中，用来监控发动机运转状态和驾驶员的意愿 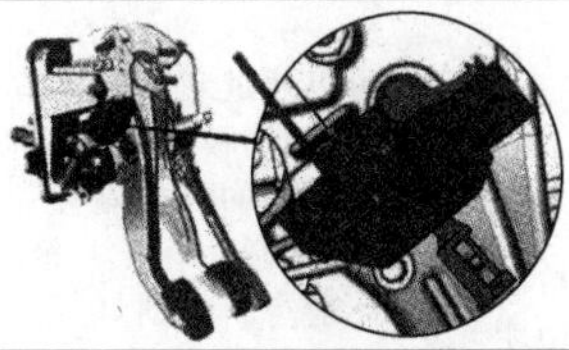
检测与维修	右图所示为离合器踏板位置传感器电气示意图。离合器踏板位置传感器属于滑动电阻式，其有三个引脚。端脚 1 为供电电压输入端，有＋5V 的直流电压加在该脚上；端脚 2 为信号输出端，用于把检测到的信号提供给 ESP 动态稳定性控制系统的 ECU；端脚 3 为搭铁端，该传感器实际上就是一个分压电路，随着离合器踏板位置的不同，将＋5V 电压分压后输出。该分压电路的最大输出电压为 5V，最小输出电压为 0 对该传感器的检测可以像检测电位器那样，既可以检测其分压电压，也可以检测其直流电阻来判断其好坏 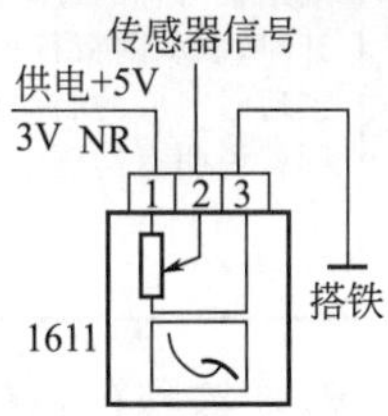

7.2　制动踏板位置传感器

制动踏板位置传感器是指应用于混合动力汽车上的一类传感器。荣威 750BSG 型混合动力汽车制动踏板位移传感器以总成的方式安装在制动踏板总成中。

① 制动踏板位移传感器的安装方式与输出特性见表 7-12。

表 7-12　制动踏板位移传感器的安装方式与输出特性

项目	具体说明
安装方式与输出特性示意图	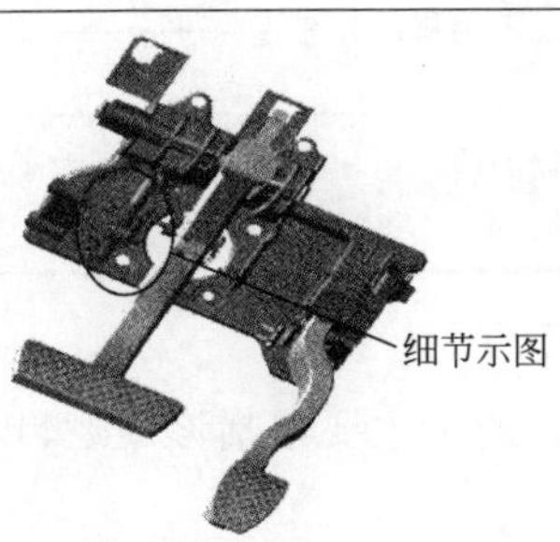 (a) 制动踏板总成示意图  (b) 制动踏板位移传感器总成示意图 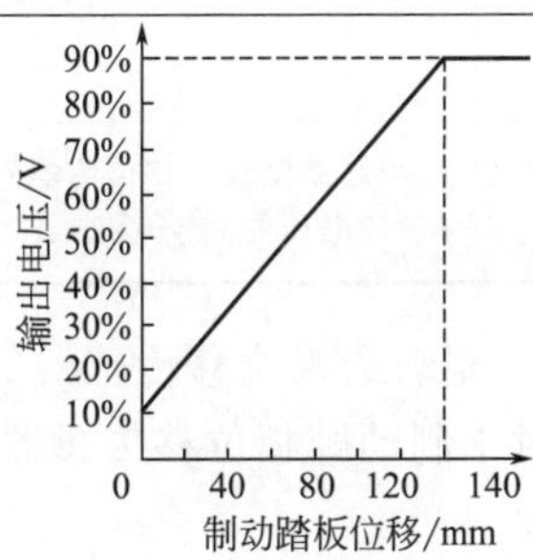 (c) 输出特性

续表

项目	具体说明
示意图说明	图(a)所示为制动踏板总成示意图,制动踏板位移传感器是一种接触式旋转位移传感器,其安装方式如图(b)所示。采用5V供电,其输出电压与踏板旋转的绝对位移呈线性关系,这样通过电压输出就可以转化为制动踏板的位移。制动踏板位移传感器的输出特性如图(c)所示

② 制动踏板位移传感器的检测与维修见表7-13。

表7-13　制动踏板位移传感器的检测与维修

项目	具体说明
检测数据	制动踏板位移传感器的供电电压为5V,其输出电压范围在0.5～4.5V之间,转化为对应5V的百分比参考电压在5V的10%～90%之间,对应的踏板位移为0～140mm。故对制动踏板位移传感器的检测,可以参考以上这些数据来进行
检测说明	可以通过观察制动灯开关接通或断开时,制动踏板位移情况来判断制动踏板位移传感器的性能好坏。如上图所示特性曲线,当制动灯开关接通时,制动踏板行程不应小于制动灯开关断开时对应的制动踏板行程的最小值;或当制动灯开关断开时,制动踏板行程不应大于制动灯开关接通时对应的制动踏板行程的最大值,否则就说明有问题 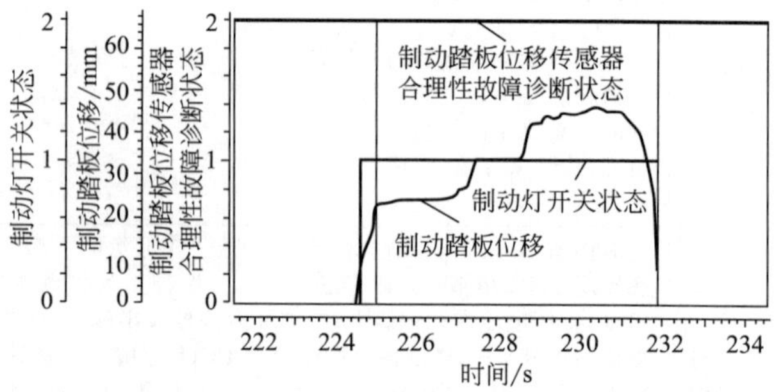

③ 制动踏板位移传感器的短路故障波形见表7-14。

表7-14　制动踏板位移传感器的短路故障波形

项目	具体说明	
故障诊断	当ECU检测到的电压值超出正常值范围,如果仅为偶尔一次,ECU的诊断程序不会认为是故障,但如果不正常时间持续一段时间,则故障诊断程序即判断制动踏板位移传感器电路存在故障。此类故障通常有对搭铁短路与对电源短路两种情况	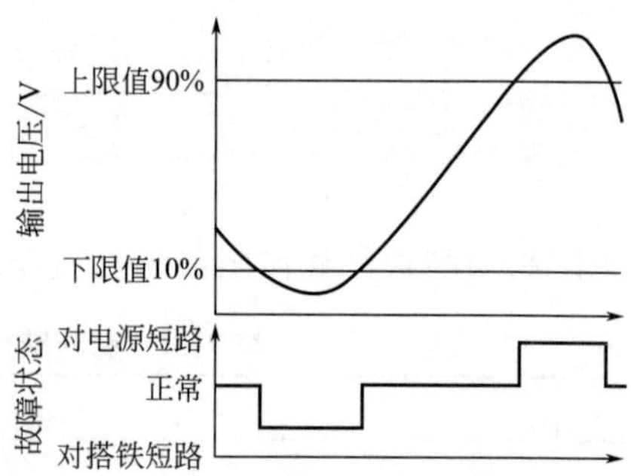
对搭铁短路	当制动踏板位移传感器对搭铁短路时,如右图所示,传感器的输入电压或相应的信号低于某一个特定的值(参考电压的10%)	
对电源短路	当制动踏板位移传感器对电源短路时,如右图所示,传感器的输入电压或相应的信号大于某一个特定的值(参考电压的90%)	

④ 制动踏板位移传感器的零点补偿值学习。

对于制动踏板位移传感器的零点补偿值学习内容,通常主要包括诊断逻辑与诊断数据两个方面。

a. 制动踏板位移传感器的诊断逻辑见表7-15。

表 7-15 制动踏板位移传感器的诊断逻辑

<table>
<tr><th>项目</th><th>具体说明</th></tr>
<tr><td>诊断逻辑示意图</td><td>右图所示为制动踏板位移传感器零点补偿值学习故障诊断逻辑，供参考。制动踏板位移传感器零点补偿值学习得好坏直接影响混合动力汽车对制动踏板相对位移的判断，从而影响到怠速停机和制动能量回馈等功能。因此，有必要对制动踏板零点补偿值的学习情况进行诊断检测
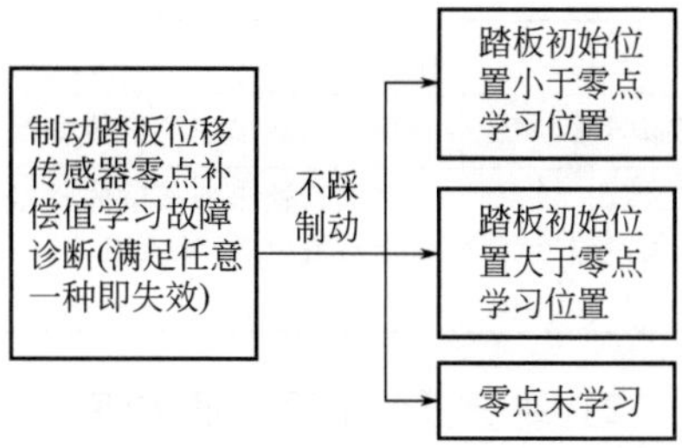
</td></tr>
<tr><td>诊断情况的处理</td><td>若学习值在合理范围内，则诊断通过；若由于制动踏板的磨损造成零点补偿学习值漂移超出合理范围（过大或过小），则诊断失效，说明此零点补偿学习值是无效的，需要重新学习零点补偿值。此外，如果制动踏板零点补偿值根本没有学习过，也需要诊断识别</td></tr>
</table>

b. 制动踏板位移传感器的诊断数据见表 7-16。

表 7-16 制动踏板位移传感器的诊断数据

<table>
<tr><th>项目</th><th colspan="2">具体说明</th></tr>
<tr><td>诊断数据</td><td colspan="2">右图表示制动踏板位移传感器零点补偿值学习后，如果不踩制动踏板，制动踏板位移的角度值与零点学习值是很接近的，两者的差值几乎为零，诊断结果为通过；而当踩下制动踏板后，待制动灯开关接通，此时制动踏板位移的角度值会随着脚施加在制动踏板上的力度变大而变大，制动踏板位移的角度值就会远大于零点学习值，此时由于制动灯开关已经接通，此诊断逻辑将不再执行，诊断结果为待定
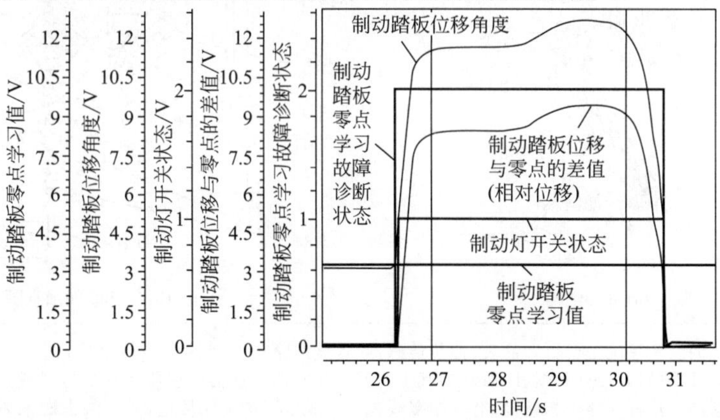
</td></tr>
<tr><td rowspan="2">诊断结果失效的 2 种情况</td><td>满足诊断逻辑</td><td>如果在满足诊断逻辑条件的前提下，制动踏板位移的角度值与零点学习值相比过大或过小，即判断此时零点学习值是无效的</td></tr>
<tr><td>零点学习值为零</td><td>如果零点学习值为零，而制动踏板位移的初始角度值又大于可标定值，即判断制动踏板位移传感器零点补偿值没有学习成功</td></tr>
</table>

7.3 液位传感器

液位传感器是液体位置传感器的简称，汽车上使用的液体有油液、水液：油液包括燃料油（柴油、汽油）、机油、水液包括冷却液、清洗液等。

(1) 液位传感器概述

在汽车上应用的液位传感器，主要有模拟量输出型液位传感器与开关量输出型液位传感器两大类，这两类传感器的功能和类型见表 7-17。

表 7-17 液位传感器功能和类型

项目	具体说明
模拟量输出型	模拟量输出型液位传感器主要有浮子式、电热式、电容式等几种，通常用于检测燃油箱的燃油量
开关量输出型	开关量输出型液位传感器主要有浮子式、热敏电阻式与干簧管式三种，通常用于测量制动液液位、洗涤液液位、冷却液液位，一旦监测到液位低于一定值时，就会有开关控制信号提供给报警电路进行报警提醒

(2) 浮子可变电阻式液位传感器

浮子可变电阻式液位传感器属于传统的液位传感器，由于其结构简单，故应用相当广泛，至今还有不少车辆仍然有应用。浮子可变电阻式液位传感器是利用浮子在液体中上、下移动，带动浮子臂在滑动电阻上滑动→回路电阻值改变，进而使仪表回路电流改变来使仪表指示液位高低的。

① 浮子可变电阻式液位传感器的外形、工作原理示意图与结构特点见表 7-18。

表 7-18 浮子可变电阻式液位传感器的外形、工作原理示意图与结构特点

<table>
<tr><td>项目</td><td>具体说明</td></tr>
<tr><td>外形结构与工作原理示意图</td><td>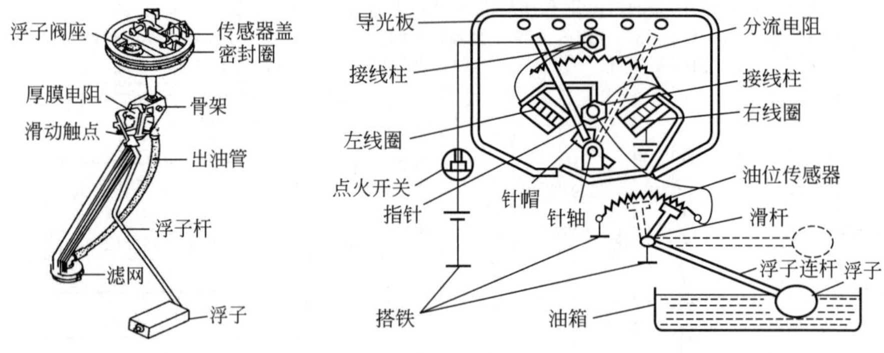

(a) 外形结构　(b) 工作原理示意图</td></tr>
<tr><td>结构特点</td><td>燃油指示系统主要由燃油表、油位传感器、连接线束以及燃油介质等组成，图(a)所示为可变电阻式燃油传感器外形结构示意图，图(b)所示为其工作原理示意图。这类传感器为一个塑料或金属外壳的密封件，对外有可动浮子连杆与浮子相连接，有一个接线柱。厚膜电阻的一端接地，另一端去燃油表，厚膜电阻(油位传感器)的下部有一个浮子杆的转轴，转轴的内端固装着滑动触点，该触点可沿电阻作滑动接触，轴的外端装有与滑动触点成一个角度的浮子杆，杆端固定着浮子，浮子通常为塑料或薄金属空筒，插入油箱内并随油面一起升降</td></tr>
</table>

② 浮子可变电阻式液位传感器的工作原理见表 7-19。

表 7-19 浮子可变电阻式液位传感器的工作原理

<table>
<tr><td>项目</td><td colspan="2">具体说明</td></tr>
<tr><td>连接方式</td><td colspan="2">由表 7-18 中图(b)所示的工作原理示意图中可以看出，燃油指示仪表与浮子可变电阻式液位传感器采用串联连接方式，具体工作情况如下所述</td></tr>
<tr><td rowspan="2">原理说明</td><td>油箱油量满</td><td>当燃油满油箱时，浮子升到最高位置，滑动臂滑向左方，此时串联回路中的可变电阻值增大，使仪表指针向高位(油量多的方向)偏转</td></tr>
<tr><td>油箱油量较少</td><td>当燃油箱内燃油较少时，浮子降到最低位置，滑动臂滑向右方，此时串联回路中的可变电阻值变小，使仪表指针向低位(油量少的方向)偏转</td></tr>
</table>

③ 对于浮子可变电阻式液位传感器的检测，既可以采用模拟检测方式，也可以采用加

注燃油方式来对其进行判断。

a. 浮子可变电阻式液位传感器的模拟检测方式见表7-20。

表 7-20 浮子可变电阻式液位传感器的模拟检测方式

项目	具体说明
检测思路	所谓模拟检测方式，就是将浮子可变电阻式液位传感器从油箱中取出，采用模拟浮子上、下位置移动的方法，来检测可变电阻值是否发生改变，来判断传感器的好坏
操作方法	将万用表置于$R\times1$k挡，如右图所示，将万用表的表笔与传感器插接件引脚两端相连接，观察万用表是否有一定的电阻值指示 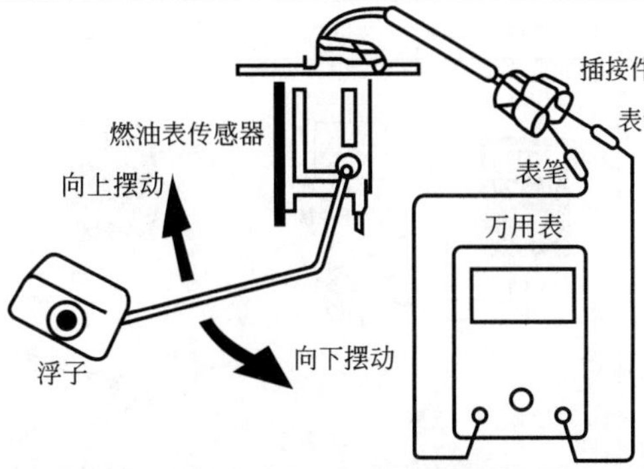
检测结果分析	如果检测到的电阻值为∞，则为传感器的电阻器出现了断路现象，应更换新的配件
	如果有一定的电阻值存在，再按图示方法上下摆动浮子，看万用表指示的电阻值是否也会随之不断地发生变化：如果万用表指针有连续的电阻值变化，则说明燃油传感器本身是好的；如果万用表指针没有明显的电阻值变化，或电阻值有断续现象，则说明传感器本身不良或损坏

b. 浮子可变电阻式液位传感器的加注燃油检测方式见表7-21。

表 7-21 浮子可变电阻式液位传感器的加注燃油检测方式

项目	具体说明
检测思路	所谓加注燃油检测方式，就是在不从油箱中取出浮子可变电阻式液位传感器的情况下，向油箱内逐次加注一定数量的燃油，然后通过检测浮子可变电阻式液位传感器的电阻值变化情况，来判断被检测传感器的好坏
参考数据	表7-22中列出了每次向油箱内加1L或2L燃油时检测油位传感器输出电阻的变化情况，以及燃油表指示的位置，供检测时参考

表 7-22 加注燃油时油位传感器输出电阻的变化情况

加油量/L	电阻值/Ω	燃油表指示位置	加油量/L	电阻值/Ω	燃油表指示位置	加油量/L	电阻值/Ω	燃油表指示位置
0	115	第一红线	12	56.1		33	15.1	
1	103		14	49.7		35	12.2	
2	94	第二红线	16	48		37	10	
3	86		18	42		39	6.8	
4	81.2		20	38	1/2	40	5.9	
5	77		22	30.8	1/2	41	4.6	F
6	76		24	27.6		42	3.6	
7	75.6	1/4	26	24.6		43	3.7	
8	69.3		27.6	21.6		44	3.7	
9	68.1		29	20.2	3/4			
10	64.1		31	17.1	3/4			

（3）一汽捷达系列轿车燃油液位传感器

一汽捷达系列轿车燃油液位传感器属于浮子可变电阻式，表 7-23 列出了该轿车燃油液位传感器的检测与维修方法。

表 7-23 一汽捷达系列轿车燃油液位传感器的检测与维修方法

项目	具体说明
检测思路	对燃油液位传感器进行检测时，可以在油箱内或油箱外进行检测。如果在油箱内进行检测，可以采用加油或放油的方法来改变液位。最方便的方法是对燃油液位传感器总成进行试验台检测或万用表欧姆挡检测
检测示意图	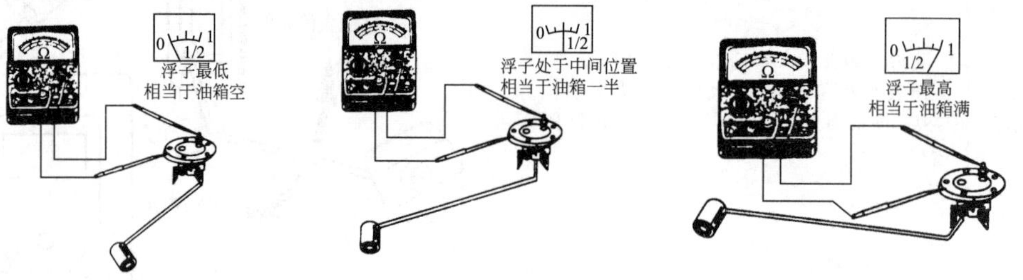(a) 浮子最低 (b) 浮子在1/2位置 (c) 浮子最高
检测具体操作方法	采用万用表欧姆挡检测捷达轿车燃油液位传感器的好坏时，可以将燃油液位传感器的两根引出线与万用表两表笔相连接，万用表置于欧姆挡，然后通过改变传感器浮子的高度，来观察万用表指针的变化情况以判断被检测传感器的好坏。正常情况下表针的变化应平稳、无跳跃现象。如图(a)所示，当浮子在最低位置时，检测到的电阻值为(283±5)Ω；如图(b)所示，当浮子在 1/2 位置时，检测到的电阻值为(78±2)Ω；如图(c)所示，当浮子在最高位置时，检测到的电阻值为(40±1)Ω，否则说明传感器损坏

（4）新爱丽舍轿车燃油位置传感器

新爱丽舍轿车为神龙汽车公司生产，由燃油位置传感器构成的车辆燃油显示系统主要由车身智能控制盒（BSI）、发动机电子控制盒（CMM）、汽车组合仪表（CMB）等控制单元组成。

① 燃油位置传感器的外形与安装位置见表 7-24。

表 7-24 燃油位置传感器的外形与安装位置

项目	具体说明
安装位置	右图所示为燃油位置传感器在车辆上的安装位置示意图，燃油传感器把当前的电阻值传递给 BSI，BSI 将阻值转化为油箱内测量的油量。同时，CMM 把发动机当前燃油的消耗值传递给 BSI，BSI 根据这两组值进行综合计算后得出一个剩余油量值，并把剩余油量值传递给组合仪表进行显示，驾驶员通过组合仪表及时了解当前剩余油量信息 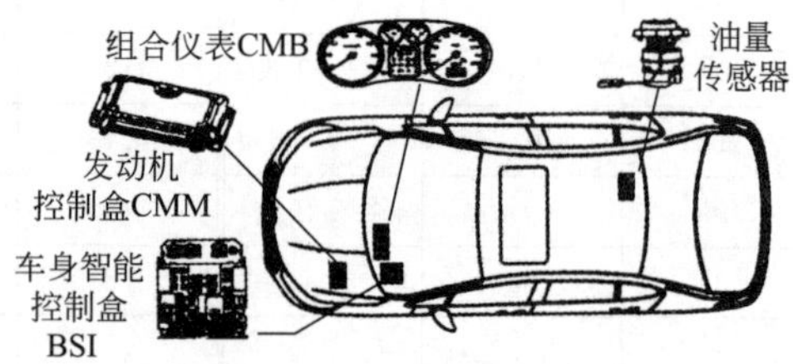
外形结构	右图所示为燃油位置传感器的外形及其连杆变化情况示意图。燃油位置传感器设置在油箱内部，通过调节连杆角度来调节滑动变阻器的自身电阻，在连杆端点连接一个漂浮于汽油液面的浮子。当油箱内油量发生变化时，液面高度就会发生变化，浮子的高度也会随之发生变化，连杆角度改变，触点位置变化对应滑动变阻器产生不同的电阻值 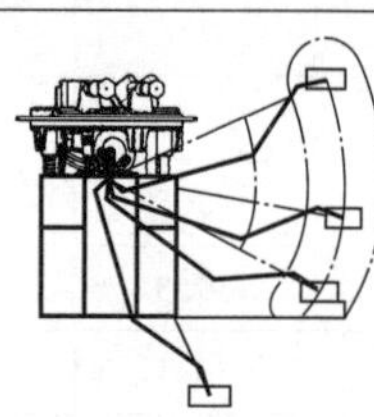

② 燃油位置传感器的工作原理见表 7-25。

表 7-25 燃油位置传感器的工作原理

项目	具体说明
工作原理	右图所示为燃油位置传感器信号处理过程示意图。在新爱丽舍轿车中，燃油传感器的阻值通过 BSI 转化为数据，与车身其他控制单元进行信息交流与传输，通常在 BSI 内部能够实时记录并反映以下相关数值：传感器电阻值 X1，测量油箱油量 X2，计算剩余油量 X3，爱丽舍轿车仪表显示百分比 X4 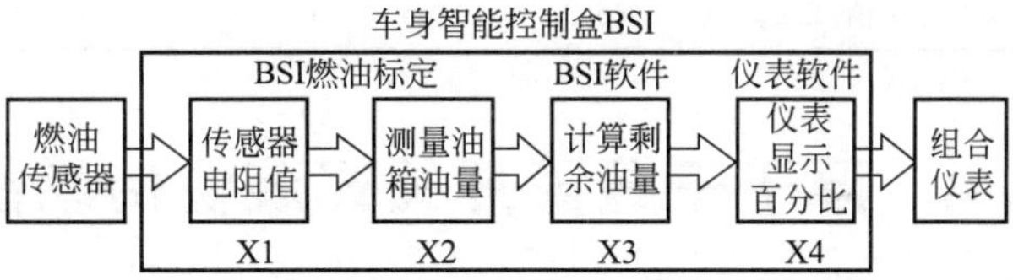
其他情况说明	燃油位置传感器将其阻值传递给 BSI 后，BSI 通过对应的标定和计算将其分别转化为不同的数据值 X1、X2、X3，最终换算成燃油显示百分比 X4 输出给组合仪表，组合仪表根据 X4 这个值显示对应的刻度值或确定指针的位置。这种燃油显示的结构原理不仅应用在新爱丽舍轿车中，在带 CAN 总线网络架构的车型中也普遍运用

③ 燃油位置传感器的显示比例关系、检测与维修见表 7-26。

表 7-26 燃油位置传感器的显示比例关系、检测与维修

项目	具体说明
显示比例关系	组合仪表燃油显示通常有两种方式：指针式与液晶刻度式。指针式刻度盘显示可以直接通过 BSI 输出的仪表显示百分比和指针的指示位置来确定是否一致；而液晶刻度盘显示的格数数量一般不一样，在燃油显示比例上则需要一个转化对应关系。新爱丽舍轿车有 8 格刻度，世嘉轿车有 12 格刻度。这两种燃油显示比例对应规则如表 7-27 和表 7-28 中所列
检测与维修	不同的车辆因车身结构布置都不一样，油箱的结构也不一样，油量传感器的电阻值对应的油量标定关系也就不一样，表 7-29 中列出了新爱丽舍轿车燃油位置传感器的电阻值与其油量标定关系，供检测时参考

表 7-27 新爱丽舍轿车燃油显示比例对应规则

比例/%	0～4	5～15	16～27	28～39	40～50	51～63	64～75	76～87	88～100
显示格数	0	1	1～2	1～3	1～4	1～5	1～6	1～7	1～8

表 7-28 世嘉轿车燃油显示比例对应规则

比例/%	0～2	3～10	11～17	18～25	26～33	34～42	43～50	51～58	59～67	68～75	76～83	84～92	93～100
显示格数	0	1	1～2	1～3	1～4	1～5	1～6	1～7	1～8	1～9	1～10	1～11	1～12

表 7-29 新爱丽舍轿车燃油位置传感器的电阻值与其油量标定关系

油量表标定	满油位	3/4	1/2	1/4	报警点	空油位	下止点
电阻值/Ω	50+5	118.6+5	161.4+5	212.9+5	264.3+5	307.1+5	350
高度/mm	189.5	173.2	138.9	109.5	74.2	40.0	13.1

(5) 其他车型燃油位置传感器检测数据

不同型号车辆的浮子可变电阻式传感器的检测方法都很相似，但检测数据往往有差异，为便于检测时对比，下面再提供两组检测数据供参考。

① 标致 307 轿车燃油位置传感器数据见表 7-30。

表 7-30 标致 307 轿车燃油位置传感器的电阻值与其油量标定关系

油量表标定	满油位	3/4	1/2	1/4	报警点	空油位	下止点
电阻值/Ω	50+5	100+8	150+9	200+9	250+10	300+10	350^{+5}_{-11}
高度/mm	204.7	172	138.6	105.3	72.9	42.2	14

② 苏州金龙系列大、中型客车燃油位置传感器数据见表 7-31。

表 7-31 苏州金龙系列大、中型客车燃油位置与其电阻值之间的关系正常值

刻度	0	1/4	1/2	3/4	1	备注
测得的电阻值/Ω	10	45±5	87±3	133±5	165	传感器型号为 VD-RG902C2

7.4 浮子干簧管开关式液位传感器

浮子干簧管开关式液位传感器又称为浮子舌簧开关式液位传感器，是一种浮子舌簧开关式磁敏传感器。

(1) 浮子干簧管开关式液位传感器的结构与原理

浮子干簧管开关式液位传感器主要以干簧管为核心构成，是一种十分简单的磁电转换式传感器。

① 干簧管的结构与原理示意图、结构特点见表 7-32。

表 7-32 干簧管的结构与原理示意图、结构特点

项目	具体说明
结构与原理示意图	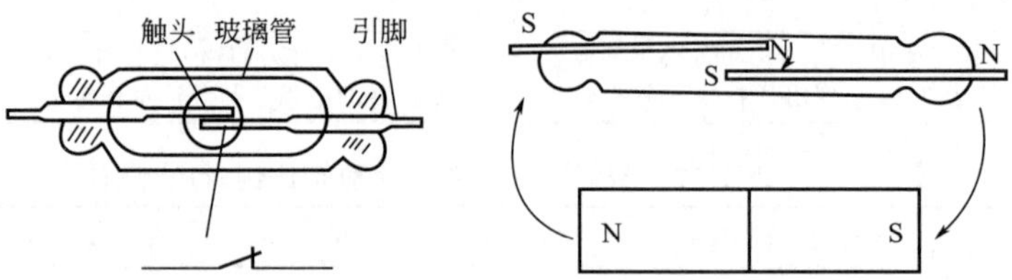 (a) 结构示意图 (b) 原理示意图
结构特点说明	图(a)所示为干簧管结构示意图，这是由一对触头组成的常开触点干簧管，触点是用导磁材料制成的，封装在真空或充有惰性气体（氦等）的细长玻璃管中。图(b)为干簧管工作原理示意图，在外加磁场的作用下，簧片被磁化，干簧管中的常开触点出现异性磁极，互相吸引而闭合，一旦磁场消失，簧片立即靠自身的弹性复原

② 浮子干簧管开关式液位传感器的结构与连接电路示意见表 7-33。

表 7-33 浮子干簧管开关式液位传感器结构与连接电路示意

项目	具体说明
外形结构与连接电路示意图	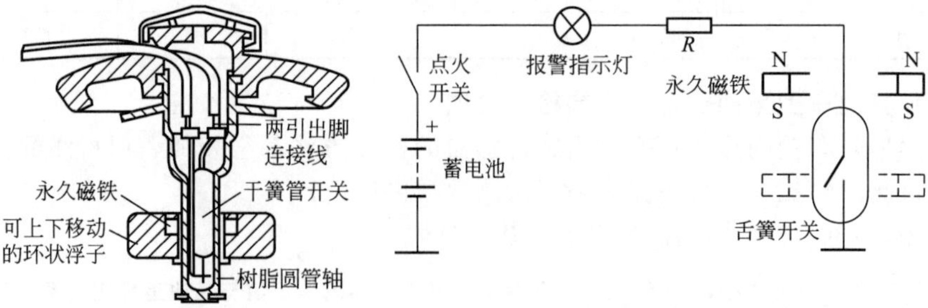 (a) 外形结构 (b) 连接电路
示意图说明	图(a)所示为汽车浮子干簧管开关式液位传感器的典型结构示意图，主要由干簧管（舌簧）开关、永久磁铁与可上下移动的环状浮子以及树脂圆管制成的轴等组成。干簧管开关（触点为强磁性材料制成，随浮子位置的不同而闭合或断开）设置在树脂圆管制成的轴内，浮子内嵌有永久磁铁。图(b)所示为由该传感器组成的报警电路的连接方式

③ 浮子干簧管开关式液位传感器的工作原理见表 7-34。

表 7-34 浮子干簧管开关式液位传感器的工作原理

项目	具体说明
液位正常	当液位在正常位置时，浮子在高端位置[见表 7-33 中图(b)实线所画的永久磁铁]，也就是永久磁铁在高端，没有磁力线穿过干簧管开关内的磁触点，在干簧管本身弹力的作用下，干簧管处于常开位置不会改变，由于整个电流回路没有形成，故报警灯不会点亮，以示液体位置在正常范围内
液位低于设定位置	当液位低于设定位置时，浮子位置在低端位置[见表 7-33 中图(b)虚线所画的永久磁铁]，也就是永久磁铁在低端接近干簧管开关触点，由此就会有磁力线穿过干簧管开关内的磁触点，如右图所示，由于磁力大于干簧管本身的弹力，故干簧管两常开金属触点产生吸引力而闭合接通，由于整个电流回路形成，故报警灯会点亮，以示液体位置已经低于设定位置 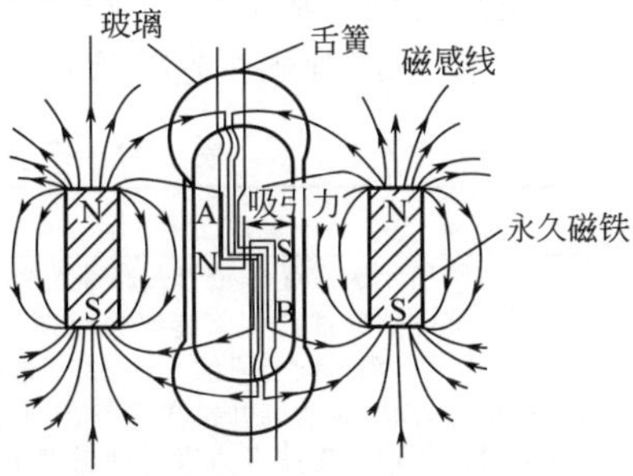

④ 浮子干簧管开关式液位传感器实际应用举例见表 7-35。

表 7-35 浮子干簧管开关式液位传感器实际应用举例

项目	具体说明
实际应用举例	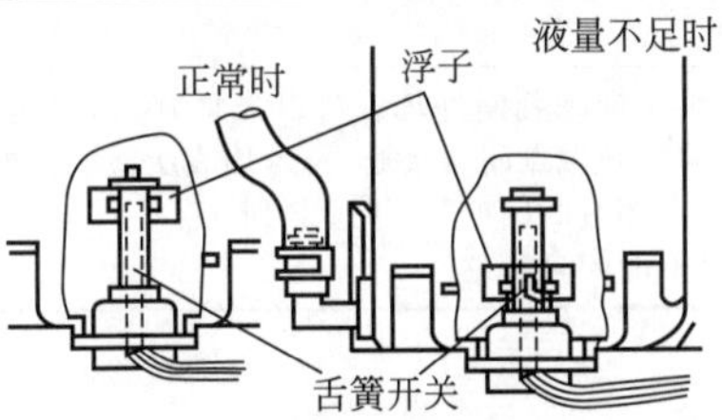 (a) 冷却液液位传感器工作情况示意图 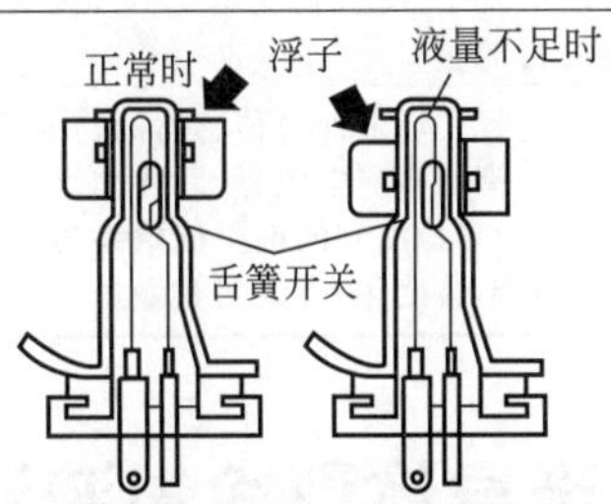 (b) 洗涤液液位传感器工作情况示意图
说明	在图(a)中，左图为冷却液液位传感器在液位正常时，浮子所处的位置；右图则为冷却液液位传感器在液位低于设定位置时，浮子所处的位置 在图(b)中，左图为洗涤液液位传感器在液位正常时，浮子所处的位置；右图则为洗涤液液位传感器在液位低于设定位置时，浮子所处的位置

(2) 浮子干簧管开关式液位传感器的通用检测与维修方法

浮子干簧管开关式液位传感器常见故障多为浮子不良或损坏，舌簧弹性丧失而无法正常工作等。表 7-36 列出了浮子干簧管开关式液位传感器的通用检测与维修方法。

表 7-36 浮子干簧管开关式液位传感器的通用检测与维修方法

项目	具体说明	
连接表笔	在点火开关断开的状态下，采用万用表电阻挡检测浮子干簧管开关式液位传感器两接线脚之间的电阻	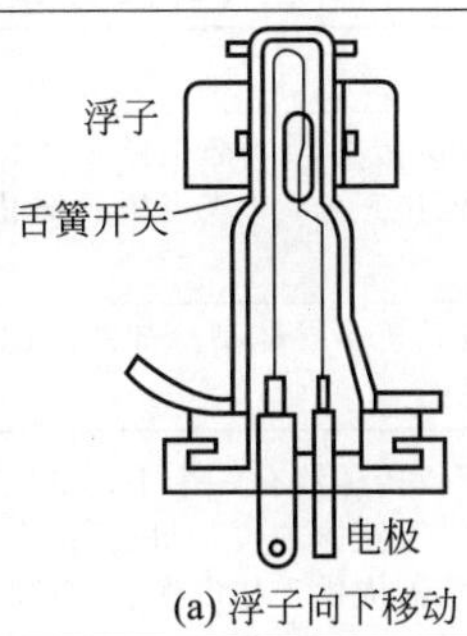 (a) 浮子向下移动 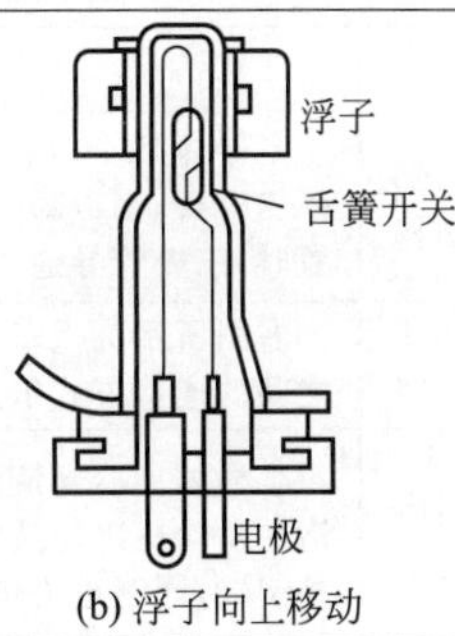 (b) 浮子向上移动
浮子向下移动	当浮子向下移动时，如图(a)所示，干簧管传感器开关触点应可靠接通，万用表指示的电阻值应为 0	
浮子向上移动	当浮子向上移动时，如图(b)所示，干簧管传感器开关触点应断开，万用表指示的电阻值应为∞	

续表

项目	具体说明
检测结果分析	如果检测到的结果不符合上述规律，则就说明被检测的浮子干簧管开关式液位传感器不良或损坏，应更换新的配件

(3) 欧曼舒适版汽车干簧管式燃油油位传感器

欧曼舒适版车辆上广泛应用一种干簧管式燃油油位传感器，主要代表车型有昆仑 I290、I340 等。表 7-37 列出了这类液位传感器的检测与维修方法。

表 7-37　干簧管式燃油油位传感器的检测与维修方法

项目	具体说明
外形与内部结构	右图所示为欧曼干簧管式燃油位置传感器的外形及其内部电路原理图。该传感器内部是由 13 个干簧管与 13 个电阻共同组成的。这 13 个电阻串联组成了分压电路，而干簧管则并接在各个分压点上，当某个干簧管被浮漂内的磁铁吸力吸合使其常开触点闭合时，其左端的串联电阻就会被短路，仅有右端的串联电阻起作用。这样，当不同的干簧管被吸使其触点闭合接通后，就会有不同的串联电阻形成，进而就会有不同的电流流过形成的串联电阻电路，由于不同的干簧管触点闭合后，电阻串联电路中有不同的电流形成，表针偏转位置也会发生变化，由此就达到了显示车辆燃油油面位置的目的 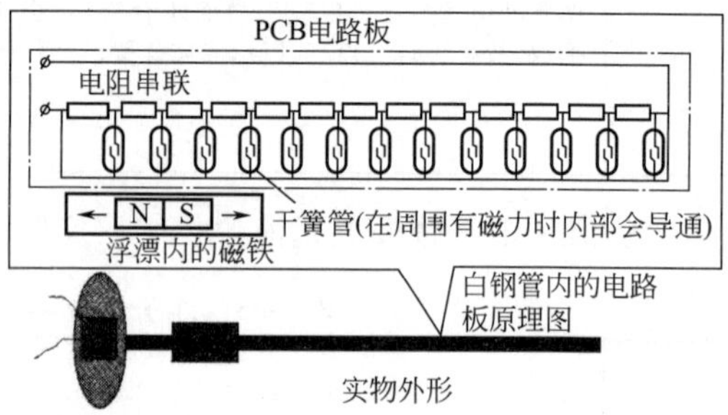
检测与维修方法	对干簧管式燃油油位传感器的检测，可以利用其工作原理来判断好坏。可以先将万用表两表笔连接在传感器的两个端脚上检测电阻，然后移动浮漂逐段使干簧管的常开触点闭合接通，看万用表所检测到的电阻值是否会发生改变，如果检测到的电阻值始终为∞，则说明传感器内部有断路处；如果检测到在某一段或几段，万用表检测到的电阻值不会变化，则说明有干簧管损坏，其常开触点不能闭合接通

7.5 半导体型冷却液液位传感器

半导体型冷却液液位传感器在别克 G/GL/GS 系列轿车上应用较广泛，其内部的工作原理类似于三极管。

(1) 结构与原理

半导体型冷却液液位传感器主要用于对汽车发动机冷却液的液位进行检测，一旦液位下降到设定值时，就会控制报警灯进行报警。

① 半导体型冷却液液位传感器的内部结构、连接电路与引脚功能见表 7-38。

表 7-38　半导体型冷却液液位传感器的内部结构、连接电路与引脚功能

项目	具体说明	
内部结构	半导体型冷却液液位传感器内部电路的工作原理，类似于一个晶体三极管，当冷却液液位正常时，该三极管截止；当液位低到一定位置时，三极管导通	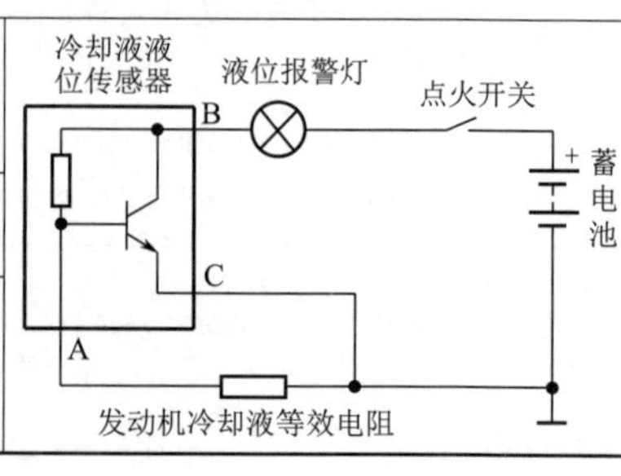
连接电路	右图所示为汽车发动机半导体型冷却液液位传感器与液位报警灯之间的连接方式示意图	
引脚功能	半导体型冷却液液位传感器有三个引出脚，其中的 A 引脚电极浸泡在发动机冷却液中，对液体的位置进行探测；B 引脚既是报警信号控制端，同时也为传感器提供工作电源；C 引脚为搭铁端	

② 半导体型冷却液液位传感器的工作原理见表 7-39。

表 7-39 半导体型冷却液液位传感器的工作原理

项目	具体说明
液位正常	当发动机冷却液液位正常时，发动机冷却液导电能力相对较强，发动机冷却液等效电阻较小，根据分压原理，A 端（见表 7-38 中右图中所标）电位较低，晶体三极管截止，报警灯供电电流通路无法形成，报警灯不会点亮
液位较低	当发动机冷却液液位低到设定位置时，发动机冷却液等效电阻较大，根据分压原理，A 端（见表 7-38 中右图中所标）电位较高，晶体三极管导通，报警灯供电电流通路形成，从而使报警灯自动点亮，以提醒驾驶员添加冷却液

(2) 通用检测与维修方法

半导体型冷却液液位传感器的故障多为其 A 端的探测电极不良或损坏，其次是传感器本身内部不良。表 7-40 列出了半导体型冷却液液位传感器的通用检测与维修方法。

表 7-40 半导体型冷却液液位传感器的通用检测与维修方法

项目	具体说明
供电的检测	断开半导体型冷却液液位传感器的连接插头，接通点火开关，采用万用表电压挡检测提供给 B 端脚的蓄电池电压是否正常。断开点火开关，采用电阻挡检测传感器 C 端的搭铁是否良好
检测信号端	由于传感器的 B、C 端之间并非电阻信号，故在发动机冷却液液位正常的情况下，采用万用表电阻挡检测传感器本体的 B、C 端之间不应导通。但拔出半导体型冷却液液位传感器后，则 B、C 端之间应导通
需要注意的问题	①在进行上述检测时，一定要注意表笔的正、负极不要接反 ②在发动机冷却液液位正常的情况下，如果发动机液位报警灯仍然会点亮，此时应先检查液位报警灯到液位传感器 B 端脚之间的线路是否有短路处

7.6 电容式液位传感器

电容式液位传感器在大众系列及奥迪轿车上广泛应用，用于监测机油液位、机油品质和机油温度。

(1) 结构与原理

电容式液位传感器是利用其两电极之间油液面的高度不同，会引起电容值的改变原理而制成的。

① 单电容式液位传感器的结构与原理见表 7-41。

表 7-41 单电容式液位传感器的结构与原理

项目	具体说明	
信号转换原理	当电容式液位传感器浸泡在燃油中后，其电容量与电容两极浸入油液的深度有关，也就是和液位高低有关。利用电容量的变化，就可以把液位高低转换为电信号的高低电平，进而就可以通过有关电路进行液位报警。这类传感器通常可对机油、冷却液以及燃油的液位进行监测	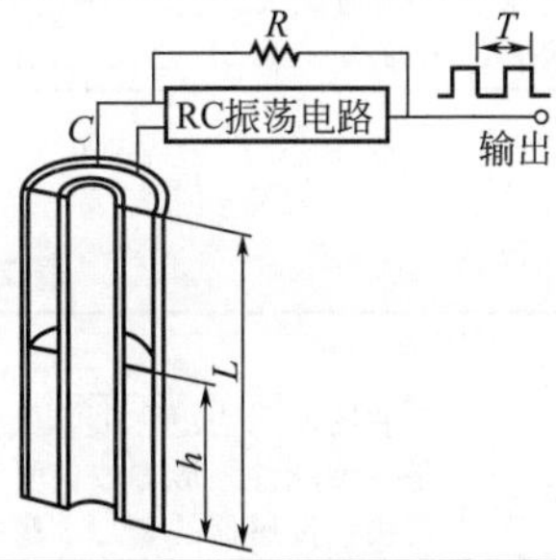
监测原理	右图所示为单电容式液位传感器的结构示意图，当该传感器处于燃油或冷却液中时，随着燃油或冷却液液面高度 h 发生改变时，就会引起电容与电极间电介质的不同，即电容发生变化，电容的变化又导致 RC 振荡电路的振荡周期的变化，通过计算振荡频率，就可以得到液面的状态	

② 组合电容式液位传感器的结构与原理见表 7-42。

表 7-42 组合电容式液位传感器的结构与原理

项目	具体说明
结构示意图	右图所示为应用于大众系列及奥迪轿车上的组合电容式液位传感器结构示意图，该传感器安装在油底壳 8（见图中所注）上。在右图中，各数字含义分别为：1—壳体；2—外部金属管；3—内部金属管；4—发动机机油；5—机油液位传感器；6—机油状态传感器；7—传感器电子装置；8—油底壳；9—铂温度传感器 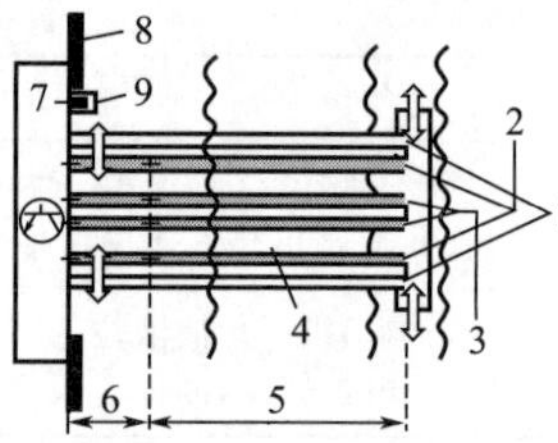
结构特点	以帕萨特 1.8L ANQ 发动机为例（以下均同，不重述），组合电容式液位传感器在该轿车电路上的编号为 G1，称为机油状态传感器。该传感器由两个重叠安装的筒形电容器组成，两根金属管 2 与 3 作为电容器电极嵌套安装在电极之间，发动机机油 4 作为电介质
机油状态的监测	机油状态的监测是通过下面的机油状态传感器 6 来实现的，作为电介质的机油因磨损碎屑不断增加以及添加剂的分解而使介电常数发生变化，相应的电容值将在传感器电子装置 7 中被处理成数字信号，并作为发动机机油状态信息提供给仪表 ECU
机油液位的监测	机油液位的监测由机油液位传感器 5 来实现，该传感器设置在机油状态传感器 6 的上部，用于测量机油液位这一部分的电容值，该电容值会随着机油液位的变化而发生改变，该信号在传感器电子装置 7 中被处理成数字信号，也被传送给仪表 ECU
机油温度监测	机油温度的监测是由安装在机油状态传感器底座上的铂温度传感器 9 来实现的，并将监测到的温度信号提供给仪表 ECU，再输出到机油温度表进行温度显示

(2) 通用检测与维修方法

对电容式液位传感器的检测，既可以采用万用表检测其电阻和电压，也可以采用示波器检测其输出波形来判断其好坏。

① 电容式液位传感器的电阻、电压与搭铁的检测见表 7-43。

表 7-43 电容式液位传感器的电阻、电压与搭铁的检测

项目	具体说明	
连接电路	右图所示为组合电容式液位传感器与仪表 ECU 之间的连接方式。该传感器是一种三线式数字信号传感器，引脚 1 为供电电压输入端；引脚 2 搭铁；引脚 3 为信号输出端	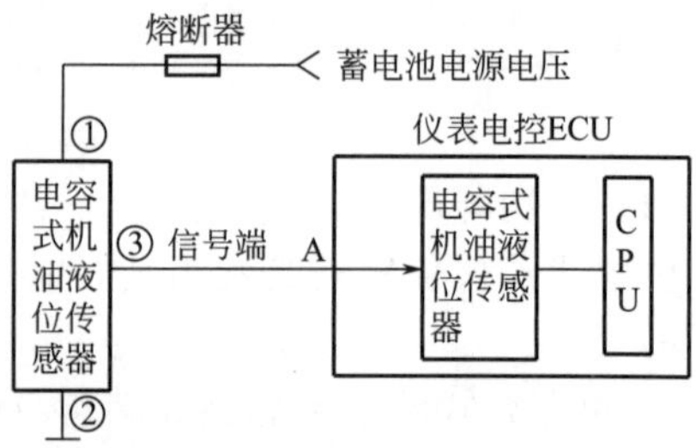
供电检测	接通点火开关，采用数字式万用表直流 20V 挡检测机油状态液位传感器①脚与搭铁之间的电压，应为蓄电池电压	
搭铁检测	采用万用表电阻挡，检测机油状态液位传感器②脚与车身搭铁之间的电阻值，正常的电阻值应为 0，否则说明搭铁不良	
输出电压检测	接通点火开关，采用数字式万用表直流 20V 挡检测机油状态液位传感器③脚与搭铁之间的电压，该电压应在 9.7～10.5V 之间，且在怠速时该电压应基本不变	

② 电容式液位传感器波形的检测与故障码见表 7-44。

表 7-44 电容式液位传感器波形的检测与故障码

项目	具体说明
示波器检测	右图所示为组合电容式液位传感器输出波形示意图，是一种脉冲矩形方波信号。检测时，可将示波器的探头连接在传感器的 2 与 3 脚之间，然后观察检测到的波形是否正常，如果检测不到波形或波形异常，均说明传感器有问题，应进行修理或更换

续表

项目	具体说明
故障码	当电容式液位传感器本身或其连接线路、插接件出现问题时，系统会有故障码 00562 产生，故在进行故障检修之前，可采用大众公司的专用故障诊断仪(例如 VAG1551)来读取故障码

7.7 热敏电阻式液位传感器

热敏电阻式液位传感器组成的液位过低报警电路，是利用热敏电阻的电阻值会随液位过低→散热不良→电阻值变小来实现的。

(1) 热敏电阻式液位传感器的结构与原理

热敏电阻式液位传感器中使用的热敏电阻属于负温度系数型，随热敏电阻本身温度的升高电阻值会变小。

① 热敏电阻式液位传感器的外形与连接电路见表 7-45。

表 7-45 热敏电阻式液位传感器的外形与连接电路

项目	具体说明
外形与连接电路示意图	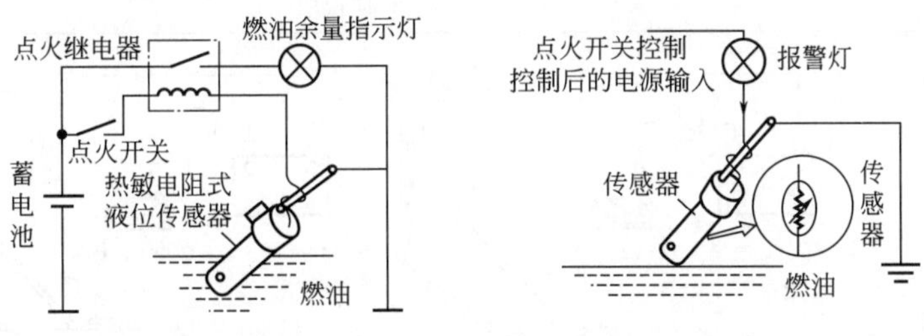(a) 继电器式控制电路 (b) 直接控制式电路
示意图说明	热敏电阻式液位传感器的外形见上图中所注，由该传感器组成的液位报警电路通常有两种连接方式：一种为采用继电器组成图(a)所示的电路，该电路由热敏电阻式液位传感器控制继电器线圈中的电流通路，再由继电器常开触点闭合来控制报警指示灯进行油位报警；另一种为由热敏电阻式液位传感器直接控制指示灯的亮、灭，来提示燃油量的多少，如图(b)所示

② 热敏电阻式液位传感器的工作原理见表 7-46。

表 7-46 热敏电阻式液位传感器的工作原理

项目		具体说明
发热特性		当在热敏电阻两端加上适当的电压后，就有电流在热敏电阻中流过，在电流的作用下，热敏电阻本身会发热。具体工作情况如下所述
工作原理	燃油量正常	当油箱中的燃油量正常时，热敏电阻式液位传感器在油料中热量易散发，故热敏电阻的温度不会升高而使其电阻值增加
	燃油量减少	一旦油箱中的燃油量减少到设定位置，使热敏电阻暴露在空气中时，由于热敏电阻的热量难以散发，故其电阻值急剧下降。当热敏电阻的电阻值下降到一定值时，电路中流过的电流增大到可以使继电器触点闭合，进而就会使油面过低报警灯点亮报警

(2) 热敏电阻式液位传感器的通用检测与维修方法

由热敏电阻式液位传感器组成的液位报警电路大都采用继电器连接方式，下面以该电路为例来介绍热敏电阻式液位传感器的通用检测与维修方法。

① 热敏电阻式液位传感器的电阻检测见表 7-47。

表 7-47　热敏电阻式液位传感器的电阻检测

项目	具体说明
传感器电阻的检测	右图所示为采用万用表电阻挡检测热敏电阻式液位传感器燃油端脚电阻值变化情况示意图。检测时，如图所示从上到下改变浮筒位置，同时采用万用表电阻挡检测热敏电阻式液位传感器燃油端脚与搭铁端脚之间的电阻值变化情况。当浮筒处于不同位置时，万用表检测到的电阻值应符合规定 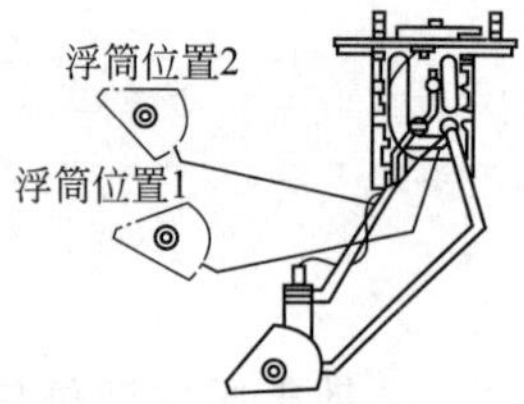
报警灯检测	液位报警灯连接在继电器常开触点的蓄电池电压输出端与搭铁端，判断报警灯是否有问题，既可以采用万用表直接检测报警灯两端的电阻值，也可以用一根短导线直接连接在继电器触点引脚的两端，看报警灯能否点亮，如不能点亮，排除报警灯连接线路的问题后，就可判断报警灯损坏

② 液位报警开关的检测与维修见表 7-48。

表 7-48　液位报警开关的检测与维修

项目		具体说明
液位报警开关检测示意图		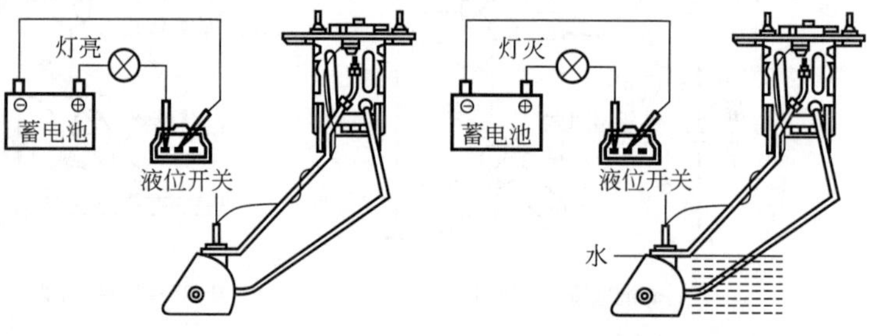 (a) 放在空气中　(b) 放入水中
液位报警开关检测操作方法	连接好检测电路	先取下燃油油量表的外壳，按图(a)或图(b)左边的连接电路，连接好外接的报警灯(可采用一只12V、5W左右的灯泡代替)与蓄电池之间的连接线，两表笔连接在插接件上的两端脚，就是液位报警开关的两端；换句话说就是液位报警开关的两端串联在检测回路中，但此时先不要接通蓄电池正极
	放在空气中	也就是将液位报警开关放在空气中，然后接通上述检测电路中的蓄电池正极，正常情况下报警灯应点亮，如图(a)所示
	放在水中	也就是将液位报警开关放入水中，然后接通上述检测电路中的蓄电池正极，正常情况下报警灯应熄灭，如图(b)所示
检测结果分析		在进行上述检测时，如果发现报警灯放在空气中不能点亮，或放在水中不能熄灭，则都为液位传感器不良或损坏，应更换新件

(3) 东风雪铁龙 C5 轿车刮水清洗系统清洗液液位传感器的检测与维修

东风雪铁龙 C5 轿车搭载 ES9A 型电控燃油喷射发动机［发动机电子控制单元（ECU）的型号为 BOSCH ME7.4.7］。

① 清洗液液位传感器的外形、安装位置与工作情况见表 7-49。

表 7-49 清洗液液位传感器的外形、安装位置与工作情况

项目	具体说明
传感器外形与安装位置示意图	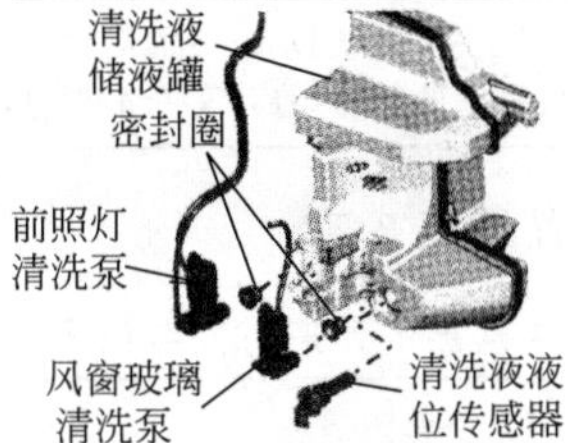 (a) 安装位置 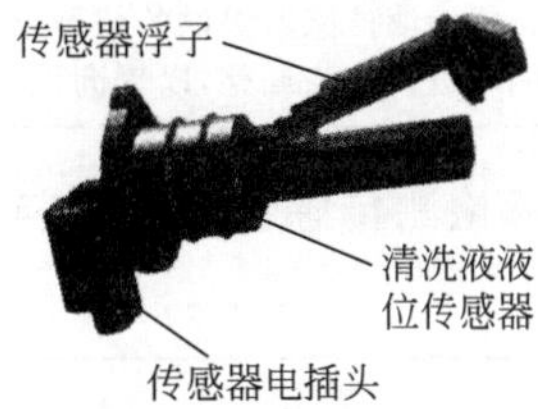 (b) 外形
示意图说明	图(a)所示为该传感器在清洗系统中的安装位置示意图,图(b)所示为东风雪铁龙 C5 轿车刮水清洗系统清洗液液位传感器外形示意图
工作情况	清洗液液位传感器在电路中的编号为 5110,用于检测清洗液液位的高低,当前风窗玻璃清洗泵电动机工作时,如清洗液液位过低,该传感器就会发出报警信号(低电位搭铁信号),通过导线 512 传递给 PSF1,通过 CAN 车身网线 9017 和 9018 传递给智能控制盒 BSI,BSI 通过 CAN 舒适网线 9024 和 9025 传递给组合仪表 0004,0004 在仪表盘中显示"风窗玻璃清洗液不足",警示驾驶员添加风窗玻璃清洗液

② 清洗液液位传感器在车辆上的位置、连接电路与检测和维修见表 7-50。

表 7-50 清洗液液位传感器在车辆上的位置、连接电路与检测和维修

项目	具体说明
在车辆上的位置与连接电路示意图	 (a) 安装位置 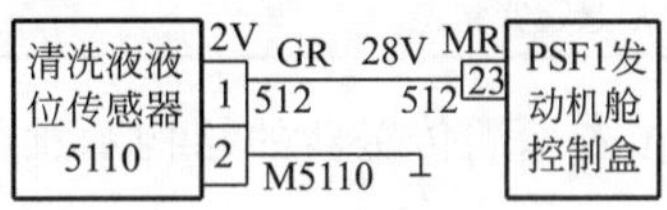 (b) 连接电路
示意图说明	图(a)所示为东风雪铁龙 C5 轿车刮水清洗系统清洗液液位传感器在车辆上的位置,图(b)所示为该传感器与发动机舱 PSF1 之间的连接方式示意图,是通过一个 2V GR 插接件与外电路相连接的
检测与维修	如果清洗液液位在报警液位之上,但只要将刮水器开关置于风窗玻璃清洗挡,组合仪表 0004 上就显示报警信息,则故障多为清洗液液位传感器上的导线 512 搭铁引起的,可采用万用表测电阻的方法查找搭铁部位。当然,如果清洗液液位低于报警液位时,组合仪表 0004 不报警,则可用一根短导线将传感器的 1 脚直接搭铁,看组合仪表 0004 是否有报警显示。如果有报警显示,则为传感器本身故障,如果仍然没有报警显示,则为报警显示系统的问题

7.8 光电式车辆高度位置检测传感器

光电式车辆高度位置检测传感器简称光电式车高传感器,主要应用在汽车电控悬架系统中。

(1) 光电式车辆高度位置检测传感器的结构与原理

光电式车高传感器对车身高度变化(悬架的位移变形量)的检测,是利用光电效应原理来实现的。

① 高度位置检测传感器的功能说明见表 7-51。

表 7-51 高度位置检测传感器的功能说明

项目	具体说明
高度调整功能说明	汽车悬架电控系统光电式车高传感器用于将车身高度的变化(悬架的位移变形量)转变为传感器轴的转角的变化,并检测出该轴的旋转角度,转换成电信号后提供给悬架电控 ECU。ECU 据此通过执行元件,对车身高度进行调整,以保证车身高度基本不随载荷的变化而改变

续表

项目	具体说明
刚度调整功能	高度位置检测传感器提供的信号，也会在车辆起步、转向、制动以及前后、左右车轮载荷发生变化时，对车轮悬架的刚度进行适当调整，以提高汽车抗俯仰、抗侧倾的能力，维持车身高度基本不变

② 高度位置检测传感器的外形与安装位置见表 7-52。

表 7-52　高度位置检测传感器的外形与安装位置

项目	具体说明
外形与安装位置示意图	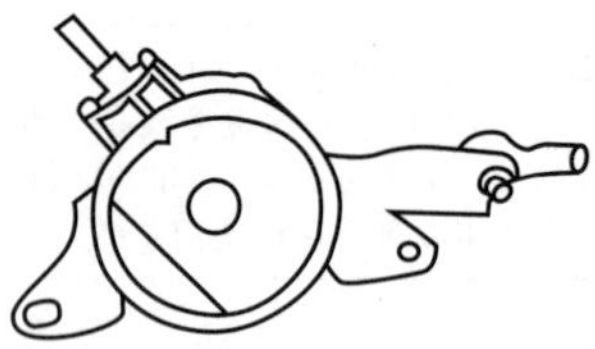 (a) 外形 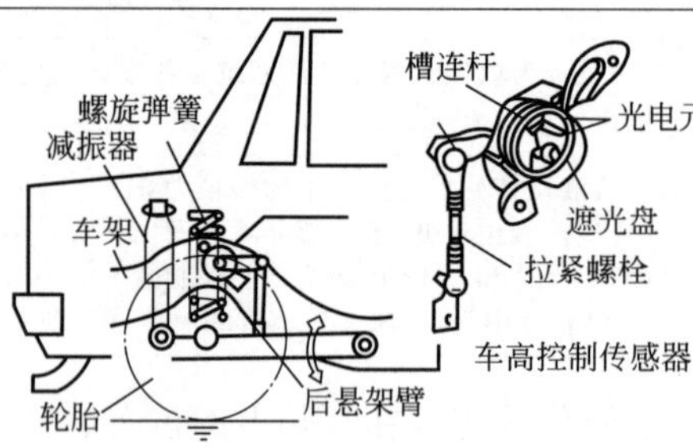 (b) 安装位置
示意图说明	图(a)所示为光电式车高传感器外形示意图，图(b)所示为光电式车高传感器安装位置示意图。该传感器通常安装在左右前轮胎的挡泥板上或后桥的中部。传感器轴通过导杆与拉紧螺栓的一端铰链，拉紧螺栓的另一端与后悬架臂相连

③ 高度位置检测传感器的结构示意图见表 7-53。

表 7-53　高度位置检测传感器的结构示意图

项目	具体说明
高度位置检测传感器的结构示意图	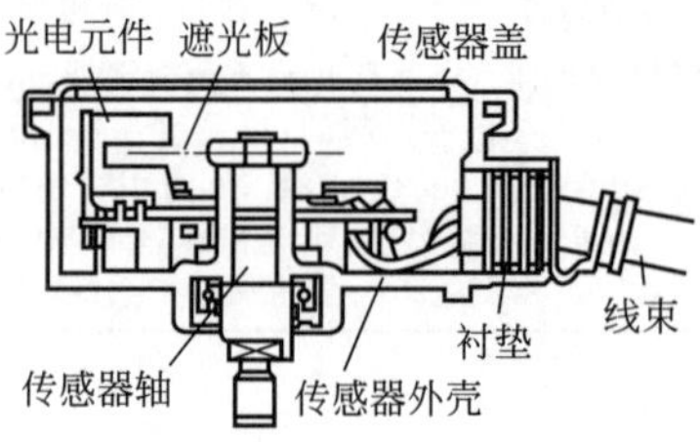 (a) 结构示意图 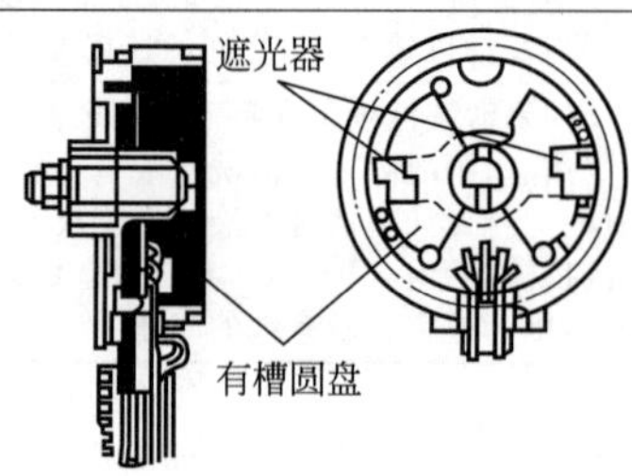 (b) 剖视图
说明	图(a)所示为高度位置检测传感器的结构示意图，该传感器主要由光电元件、遮光板、传感器轴等组成。图(b)所示为高度位置检测传感器的剖视图

④ 高度位置检测传感器的工作原理见表 7-54。

表 7-54　高度位置检测传感器的工作原理

项目	具体说明
光电元件结构原理示意图	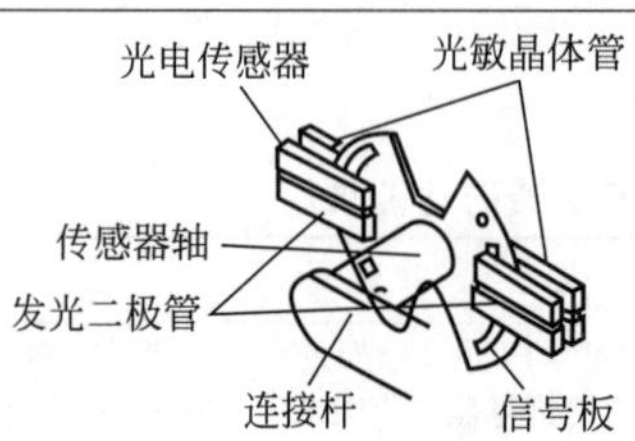 (a) 光电元件结构 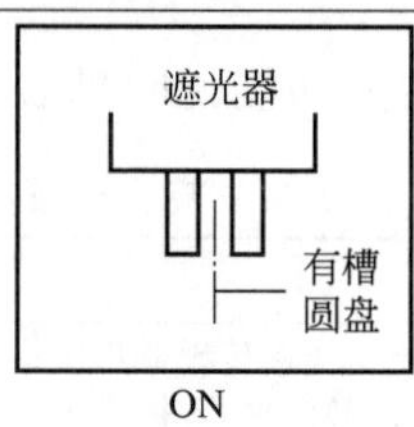 (b) ON状态 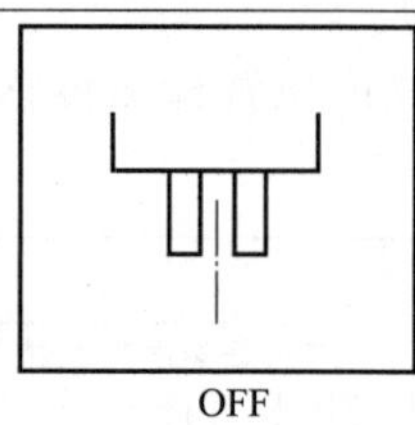 (c) OFF状态

续表

项目	具体说明
光电元件结构说明	图(a)所示为光电式高度传感器中光电元件结构示意图，主要由发光二极管与光敏晶体管组成，且分布在带孔的透光板的两侧。每个高度控制传感器由1个信号板和4个信号发生器组成。当汽车高度发生变化时，连接杆摆动使信号板随之旋转，由此就会在光电传感器中产生出通断信号。4个信号发生器的信号组合成16种高度状态
工作原理	当汽车行驶时由于道路不平坦而引起车辆高度变化时，悬架的位移发生变化，与悬架连接在一起的拉紧螺栓移动，从而带动导杆和传感器轴转动，传感器轴的转动又带动透光板的转动，使发光二极管和光敏晶体管之间时而透光[见图(b)所示]，时而被透光板挡住[见图(c)所示]，从而使光敏晶体管时而导通，时而截止，进而使电路时而接通(ON)，时而断开(OFF)。传感器把这种电路的通断信号(即ON、OFF信号)提供给悬架ECU，ECU根据输入的信号检测出透光板的转动角度，进而可检测出车身高度的变化情况

(2) 光电式车辆高度位置检测传感器的通用检测与维修方法

有的车辆设置了前车辆高度传感器与后车辆高度传感器，由于两者使用了相同的传感器，且连接电路也一样，故对传感器的检测方法也基本相同。表7-55列出了光电式车辆高度位置检测传感器的通用检测与维修方法。

表7-55 光电式车辆高度位置检测传感器的通用检测与维修方法

项目	具体说明
电源检测	拔下光电式车高传感器插头，万用表置于直流电压挡，接通点火开关，采用两表笔检测线束插接器上的电源端脚与搭铁之间的电压，应为蓄电池电压
信号电压检测	①在拔下传感器连接插头的情况下，用导线将插头上的电源与传感器连接起来，并使传感器外壳搭铁 ②接通点火开关，缓慢转动传感器轴，同时采用万用表检测传感器插头上信号输出引脚输出的电压，该电压正常值在0～1V之间变化。如果电压不变化或变化很小，均说明该传感器损坏或不良
波形检测	对于汽车悬架电控系统使用的光电式车辆高度传感器好坏的判断，也可以采用汽车专用示波器检测其输出信号的波形来进行判断，该波形应为矩形方波

(3) WABCO电子控制空气悬架系统高度传感器

WABCO（威伯科）开发的电子控制空气悬架系统的英文是Electronically Controlled Air Suspension，其首字母的缩写为ECAS。

① 高度传感器的外形与安装位置。

高度传感器是汽车电子控制空气悬架系统最重要的感知器件，它与悬架电子控制单元(ECU)、电磁阀共同构成了ECAS系统。表7-56中列出了高度传感器的外形、安装位置与功能。

表7-56 高度传感器的外形、安装位置与功能

项目	具体说明
外形与安装位置示意图	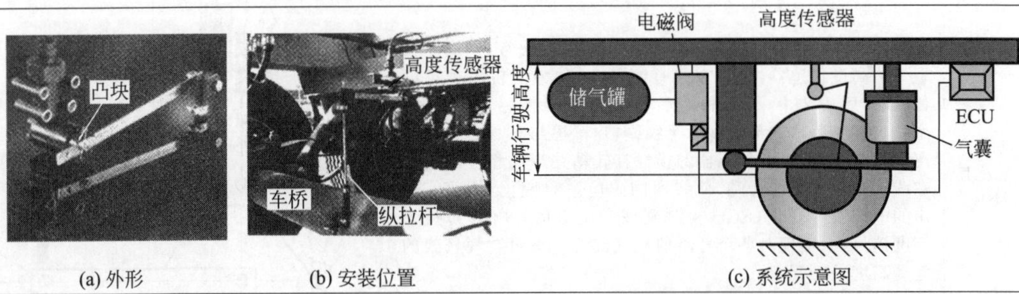 (a) 外形　(b) 安装位置　(c) 系统示意图
示意图说明	图(a)所示为高度传感器的外形示意图，图(b)所示为高度传感器的安装位置，图(c)所示为由高度传感器构成的ECAS系统示意图。高度传感器通常固定在左右车架纵梁上或通过支架与车架相连接，通过高度横摆杆和纵拉杆与车桥相连接

续表

项目	具体说明
功能	安装在车桥上的高度传感器实时检测车辆高度(车架与车桥间的距离)的变化,并将该信息提供给悬架 ECU,同时 ECU 还接收其他的输入信号,如车速信息、制动信息、车门状态和压力信息等。然后 ECU 根据所有的输入信息来判断当前车辆状态,按照其内部预先设定的控制逻辑来控制电磁阀的动作,从而实现对各个气囊的充气和放气来调节空气悬架的气囊高度。ECU 是采用脉冲方式来控制电磁阀的开启的,它先是根据当前实际高度与预期调节高度的偏差来计算电磁阀的调节脉冲长度,然后精确控制车辆的高度调节速度,由此可避免出现高度的过冲及振荡调节现象

② 高度传感器的连接线路与工作原理见表 7-57。

表 7-57　高度传感器的连接线路与工作原理

<table>
<tr><th>项目</th><th>具体说明</th></tr>
<tr><td>连接线路与原理示意图</td><td>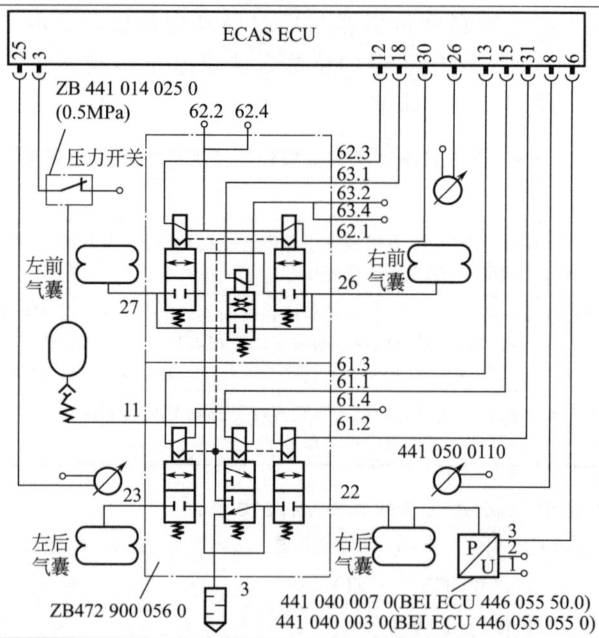
</td></tr>
<tr><td>示意图说明</td><td>上图所示为高度传感器与 ECAS ECU 之间的连接方式示意图,在该图中,ECAS ECU 的各引脚连接的元件及其引脚功能说明如下所述:3—压力开关控制信号输入端;8—右后高度传感器信号输入端;12—左前电磁阀控制信号输出端;13—左后电磁阀控制信号输出端;15—中央充气电磁阀控制信号输出端;18—侧面电磁阀控制信号输出端;25—左后高度传感器信号输入端;26—右前高度传感器信号输入端;30—右前电磁阀控制信号输出端;31—右后电磁阀控制信号输出端</td></tr>
<tr><td>结构原理示意图及其说明</td><td>右图所示为高度传感器结构原理示意图。通常,一辆车设置 3 个高度传感器,分布方式有两种:一种为前桥 1 个高度传感器,后桥 2 个;另一种为后桥 2 个高度传感器,前桥 1 个。高度传感器内部包含一个线圈,当车桥与车身之间的距离发生变化时,高度传感器的横摆杆转动并带动相应的电枢在线圈中上下直线运动,使线圈的感应系数变化,从而使输出的电流发生变化,ECU 检测到该变化信息并将其转换为高度信号,以实现对各个气囊的充气或放气来对空气悬架的气囊高度进行调节
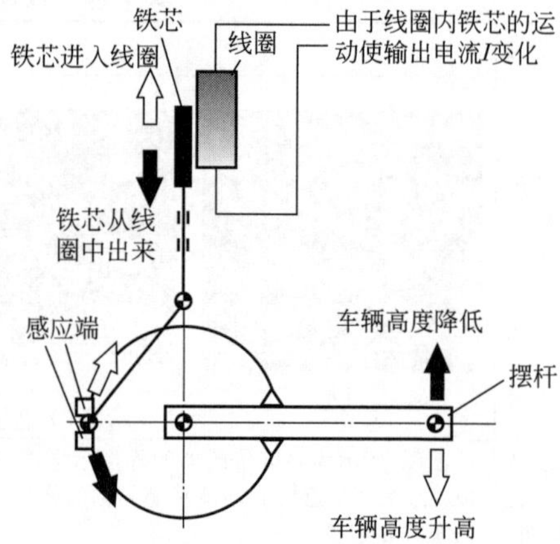
</td></tr>
</table>

③ 高度传感器的检测与维修见表 7-58。

表 7-58 高度传感器的检测与维修

项目	具体说明
检测思路	右图所示为高度传感器的线束连接示意图。对高度传感器的检查主要是检测其与 ECAS ECU 之间的连接线是否有断裂、短路、搭铁等问题。高度传感器的电缆线为 2 芯线，棕色线连接 ECU，黑色线搭铁。采用数字式万用表进行检测时，可以参考上述的与 ECAS ECU 之间的连接方式示意图来查找两者之间的连接线路是否有问题 
电阻检测	高度传感器的两极角间电阻为 120Ω 左右(不同的车型有一定的差别)，如果检测到的电阻值为 0 或∞，均说明该高度传感器有问题
电流检测	由于高度传感器是依靠感应系数进行工作的，故在高度传感器工作时，不能用欧姆表直接检测其线圈的电阻值，但可以在工作时，检测其输出电流是否能够变化来判断其好坏，如果电流不会变化，则就说明该传感器有问题

④ 更换高度传感器后的标定。

当更换高度传感器（更换 ECAS 系统中的其他元件也一样）后，就需要对车辆进行重新标定，具体方法如表 7-59 中所列。

表 7-59 更换高度传感器后的标定

项目	具体说明
标定基本要求	对高度的标定，通常标定高度传感器的 3 个高度值，即正常高度、上限高度与下限高度。其中，上限高度和下限高度不一定等同于气囊运动行程的极限高度，应取决于实际要求，在标定之前要保证高度传感器的正确匹配设计，车辆必须静止在平坦的路面上，轮胎气压均匀 标定可通过诊断软件、诊断仪及闪码 3 种方式，这里仅以诊断软件的标定过程为例来介绍标定方法，诊断软件标定界面如图 7-1 所示
正常高度标定	进入诊断软件的标定菜单，通过对前后桥气囊的充放气，把车辆调整到正常高度，此时，把 3 个高度传感器的横摆杆调到水平位置。点击“储存正常高度”，ECU 自动记忆为正常高度。当横摆杆在水平位置时，高度传感器计数一般在 80 左右
最高高度标定	通过对气囊充气，把车辆上升到车辆生产厂家要求的最高高度，点击“储存最高高度”，ECU 记忆为最高高度。在车辆上升时，高度传感器数值增大，一般上限值计数为 115～130
最低高度标定	通过对气囊放气，把车辆下降到车辆生产厂家要求的最低高度，点击“储存最低高度”，ECU 记忆为最低高度。在车辆下降时，高度传感器数值减少，一般下限值计数为 35～50
说明	车辆在出厂时，ECU 都采用了初始化标准高度传感器的计数，正常高度计数为 80，上限高度计数为 120，下限高度计数为 45。如果设置的数值与此有较大的差异，应进行重新标定，并把标定好的数据拷贝到所有的 ECU 中。另外，在上述标定过程中，高度传感器的计数必须符合表 7-60 中所列的要求

表 7-60 高度传感器的计数要求

项目	输入的高度	上限停止高度	下限停止高度
计数要求	输入的高度传感器值必须大于计数 4，小于计数 255	上限停止高度必须大于正常高度加上 3 倍的高度公差(参数 11/13 设置的计数)再加上计数 3	下限停止高度必须小于正常高度减去 2 倍的高度公差

⑤ 标定后的验证与调整。

当上述标定程序过程完成后，系统会提示标定成功或失败的信息。如果标定成功则还需进行验证或调整，具体情况见表 7-61 中所列。

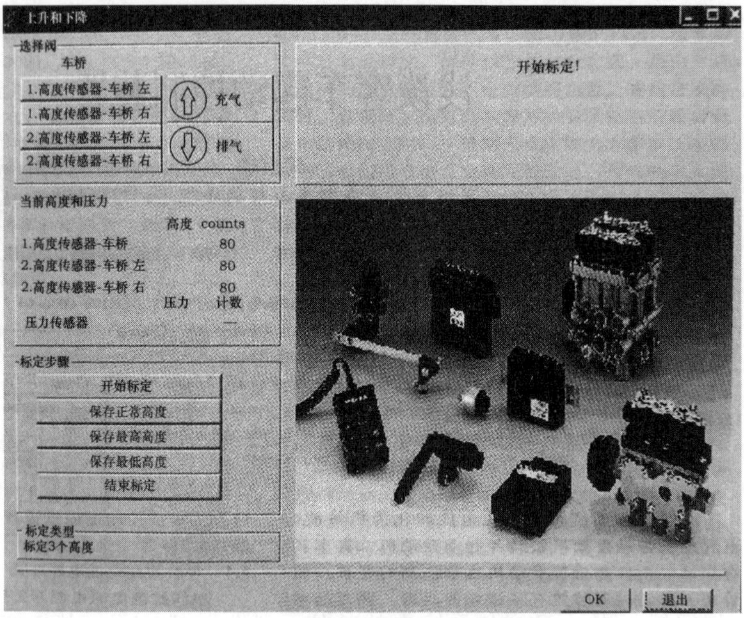

图 7-1　诊断软件标定界面示意图

表 7-61　标定后的验证与调整

项目	具体说明	
验证	完成标定后，还需要进行高度的功能测试来进行验证，具体方法与步骤如下所述	
	复位检查	按“复位”键，车辆将恢复正常高度。此时，可验证车辆高度与设定的正常高度的一致性，一般正常高度=80±高度公差
	下降检查	按“下降”键，车辆高度将下降到标定的最低高度。如果标定的最低高度值低于车辆的物理最低高度，在这种情况下，ECU识别在一定的时间内(一般是缓冲块识别时间)实际高度并没有下降，则默认当前高度为最低高度，同时控制气囊停止放气
	上升检查	按“上升”键，车辆高度将上升到标定的最高高度。此时可验证车辆高度与设定的最高高度的一致性，一般最高高度=标定的上限高度值−高度公差−3，这样可以防止减振器过载和线束受力，保护底盘零部件
调整	对于已经标定好的车辆，如果高度值与要求值有一定的偏差，可以通过调整高度传感器纵拉杆来消除偏差，如右图所示，调整纵拉杆使其长度增加时，气囊高度上升；调整纵拉杆使其长度减短时，气囊高度降低。通常先调整后桥高度传感器，再调整前桥高度传感器。第1次调整后，按下正常高度按键，观察调整后的效果，一般需要反复调整2次左右即可满足要求 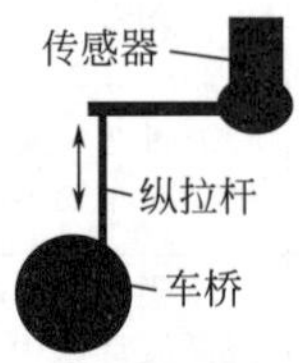	

7.9　喷油器针阀升程传感器

喷油器针阀升程传感器通常应用于电控分配泵或柴油机中，用于确定喷油阀喷油始点，使喷油阀喷油始点进行闭环控制。喷油器针阀升程传感器主要有差动式与霍尔式两大类。

(1) 差动式喷油器针阀升程传感器

差动式喷油器针阀升程传感器安装在喷油器内部，表 7-62 列出了这类传感器的结构、通用检测与维修方法。

表 7-62　差动式喷油器针阀升程传感器的结构、通用检测与维修方法

项目		具体说明
结构		右图所示为汽车电控柴油机差动式喷油器针阀升程传感器典型结构，主要由传感器电磁线圈、传动杆、调整螺钉等组成 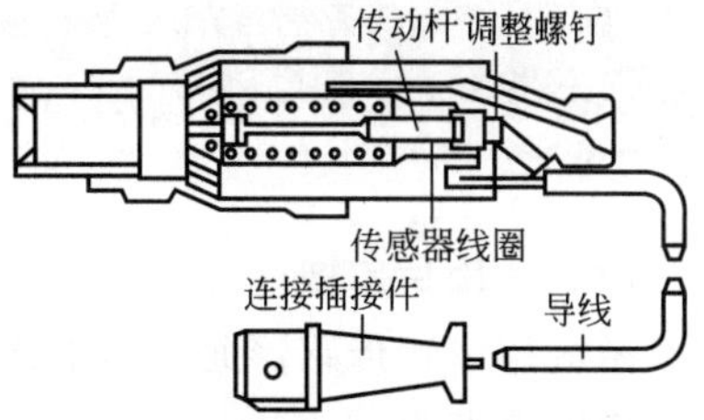
电阻检测	开路电阻检测	在断开差动式喷油器针阀升程传感器连接插接件的情况下，采用万用表电阻挡检测传感器两端脚之间的电阻值，该电阻值正常情况下在 80～120Ω 之间
	导线检测	如果检测传感器电阻正常，再检测与传感器连接的线束导线与插接件之间、各个导线之间、导线与搭铁之间是否有短路、断路、搭铁现象
波形检测		先将示波器连接在差动式喷油器针阀升程传感器信号输出引脚两端，然后启动发动机，观察示波器检测到的波形。正常情况下，差动式喷油器针阀升程传感器输出端应有如右图所示的波形输出。如果检测不到波形或波形异常，均说明传感器损坏或不良，应进行修理或更换 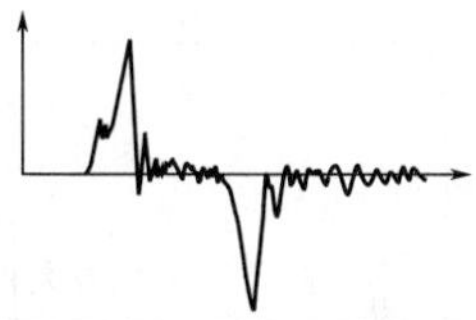

(2) 霍尔式喷油器针阀升程传感器

霍尔式喷油器针阀升程传感器是利用霍尔效应原理制成的，下面介绍这类传感器结构与通用检测与维修方法。

① 霍尔式喷油器针阀升程传感器的结构与原理示意图见表 7-63。

表 7-63　霍尔式喷油器针阀升程传感器的结构与原理示意图

项目	具体说明
结构与原理示意图	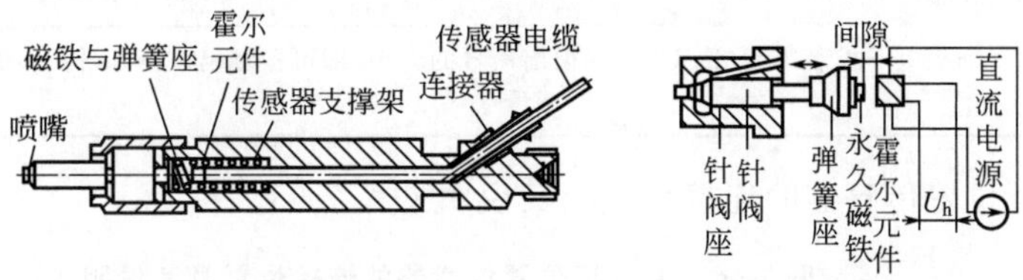 (a) 结构　(b) 工作原理
示意图说明	图(a)所示为霍尔式喷油器针阀升程传感器的结构示意图，该传感器主要由霍尔元件、永久磁铁、弹簧座等组成。图(b)所示为工作原理示意图

② 霍尔式喷油器针阀升程传感器的原理、通用检测与维修方法见表 7-64。

表 7-64　霍尔式喷油器针阀升程传感器的原理、通用检测与维修方法

项目		具体说明
原理		霍尔式喷油器针阀升程传感器的工作原理：在平时，由于霍尔元件与永久磁铁之间有一定的间隙，该间隙设定为霍尔元件不会有霍尔电压产生；一旦喷油器针阀动作，使两者之间的间隙变小而引起霍尔效应时，就会有霍尔电压 U_h 产生并提供给电子控制单元
检测与维修	供电检测	在对霍尔式喷油器针阀升程传感器进行检测时，在不拔开霍尔传感器线束连接器的情况下，用电压表在线束侧检查加在霍尔传感器连接器"＋""－"两端子间的供电电压(通常为蓄电池电压)是否正常
	输出波形检测	可采用万用表或示波器连接在传感器的信号输出端，在喷油器工作时，万用表应能够检测到有交流电压信号，示波器应能够检测到方波信号输出。如果测不到交流电压信号或波形，则说明该传感器有故障，应进行修理或更换新件

7.10 溢流环位置传感器

溢流环位置传感器通常应用在电子控制柴油喷射式 VE 型分配式喷射泵系统中，用于实现喷油量的电子控制。

(1) 结构与原理

溢流环位置传感器通常由电磁线圈、铁芯等组成，是利用可调电感的原理制成的，故属于可调电感方式。

① 溢流环位置传感器的工作原理见表 7-65。

表 7-65 溢流环位置传感器的工作原理

<table>
<tr><th>项目</th><th colspan="2">具体说明</th></tr>
<tr><td>原理示意图</td><td colspan="2">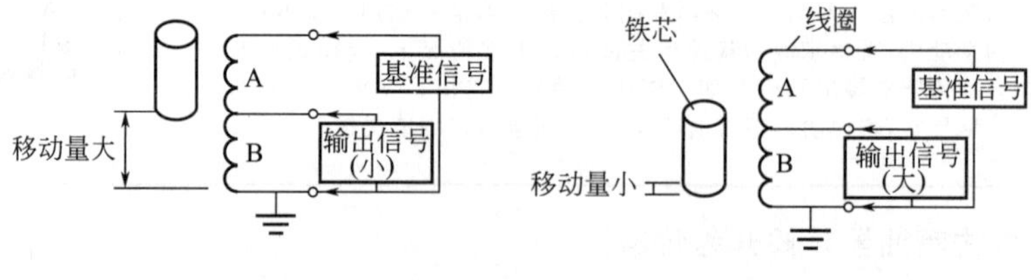

(a) 电感量$L_A>L_B$　(b) 电感量$L_B>L_A$</td></tr>
<tr><td rowspan="4">原理说明</td><td colspan="2">溢流环位置传感器中线圈的内部有铁芯，铁芯与被检测位置的部件一起动作，具体动作情况如下所述</td></tr>
<tr><td>铁芯移动量大</td><td>当铁芯上下移动量较大，一旦铁芯移动到上端时[图(a)]，此时由于 A 与 B 两组线圈中电感量不同，且电感量 $L_A>L_B$，故输出信号较小</td></tr>
<tr><td>铁芯移动量小</td><td>当铁芯上下移动量较小[图(b)]，此时由于 A 与 B 两组线圈中电感量不同，且电感量 $L_B>L_A$，故输出信号较大</td></tr>
<tr><td colspan="2">这样，发动机电子控制单元(ECU)根据输出信号的大小，即可检测出被测部件的位置，从而实现对喷油量的瞬时控制</td></tr>
</table>

② 溢流环位置传感器的连接位置及其说明见表 7-66。

表 7-66 溢流环位置传感器的连接位置及其说明

项目	具体说明
连接位置示意图	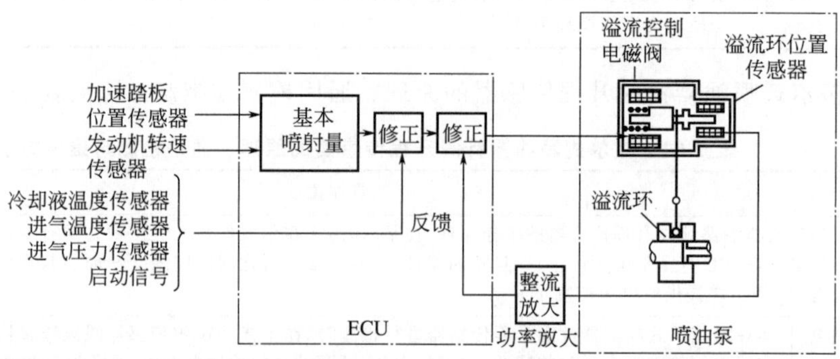
示意图说明	上图所示为溢流环位置传感器在柴油机电控喷射系统中所处的位置，它用于检测溢流环的位置(也就是实际的喷油量)，并将检测到的信号反馈给电子控制单元(ECU)，由 ECU 控制有关执行器来保证电子控制的精确性与准确性

(2) 通用检测与维修方法

溢流环位置传感器通常多为可调电感式，其常见故障多为线圈短路或断路。可以采用万用表电阻挡检测该传感器两端脚之间的电阻值，并与其正常值（参考维修手册）进行对比。如检测到的电阻值为 0 或∞，均说明被检测的传感器已经损坏。

7.11 座椅位置传感器

座椅位置传感器主要应用于由电子控制单元（ECU）控制的电动机控制的座椅上，以实现对电动座椅的自动控制。

(1) 结构与原理

应用于电动座椅自动控制系统中的座椅传感器常见的主要有座位滑移传感器、前后直立传感器、斜躺传感器等。

① 座椅位置传感器的外形结构示意图及其说明见表 7-67。

表 7-67　座椅位置传感器的外形结构示意图及其说明

项目	具体说明
外形结构示意图	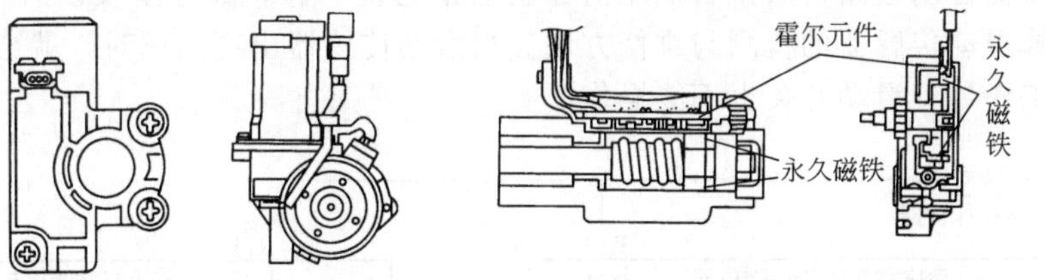(a) 外形1　(b) 外形2　(c) 座位导轨、前与后垂直传感器　(d) 靠背位置传感器
示意图说明	图(a)所示为座位导轨、前与后垂直传感器外形，图(b)所示为靠背位置传感器外形，图(c)所示为座位导轨、前与后垂直传感器结构，图(d)所示为靠背位置传感器结构。这些座椅传感器都为霍尔式，主要由霍尔元件和永久磁铁等组成

② 座椅位置传感器的安装位置见表 7-68。

表 7-68　座椅位置传感器的安装位置

项目	具体说明
作用	座椅位置传感器应用于电子控制单元(ECU)控制的动力座椅上，并设置有供驾驶员或其他人员操作的按钮开关以供操作，电子控制单元(ECU)根据预先操作时记忆下来的座椅位置状态(这些状态主要包括前后直立位置、滑动位置、斜躺角度等)，再次使用时，根据记忆的数据，会自动调节座椅的状态
安装示意图	右图所示为各种座椅位置传感器安装位置示意图，其中的座椅滑移传感器、前后直立传感器通常安装在座椅壳内的蜗轮上；斜躺传感器通常安装在斜躺电动机壳内的螺旋齿轮上 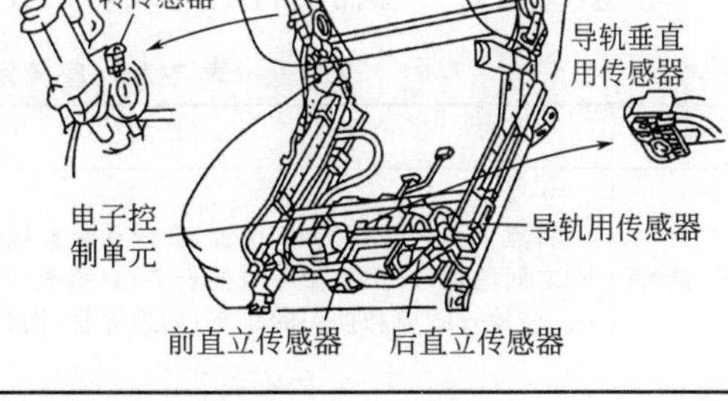

③ 座椅位置传感器的连接电路、引脚功能与工作原理见表 7-69。

表 7-69　座椅位置传感器的连接电路、引脚功能与工作原理

项目	具体说明
连接电路与引脚功能说明	各种座椅位置传感器与座椅电子控制单元(ECU)之间的连接方式基本相同,均可以用右图所示的连接方式来表示。不论是哪一种座椅位置传感器,它们多为三引脚方式,其中的一个引脚为供电电压输入端,供电电压通常由座椅电子控制单元(ECU)提供;另一个引脚为接地(即搭铁)端;还有一个引脚为信号输出端 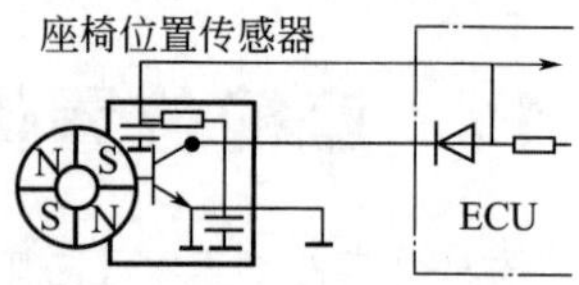
工作原理	座椅位置传感器是通过霍尔元件把旋转永久磁铁的变化位置引起的磁通密度变化检测出来,并将其转换为脉冲电压信号,该信号提供给座椅电子控制单元(ECU)后,座椅电子控制单元(ECU)就会依据该信号(前后直立位置、斜躺角度、滑动位置等)来对各种电动机进行相应的控制

(2) 日产 Y50 风雅汽车座椅位置传感器

日产 Y50 风雅属于豪华高档轿车，该车辆后排电动座椅控制系统使用了滑动传感器来对座椅进行控制。

① 座椅位置传感器的连接电路。

日产 Y50 风雅汽车座椅滑动传感器构成的控制电路如图 7-2 所示。从该图中可以看出，后排左侧座椅控制电路与后排右侧座椅控制电路完全一样，故这里仅以后排左侧座椅为例，来说明座椅滑动传感器的检测与维修方法。当滑动传感器出现问题时，就会导致电动座椅复位功能不工作，且滑动开关也不能操作。

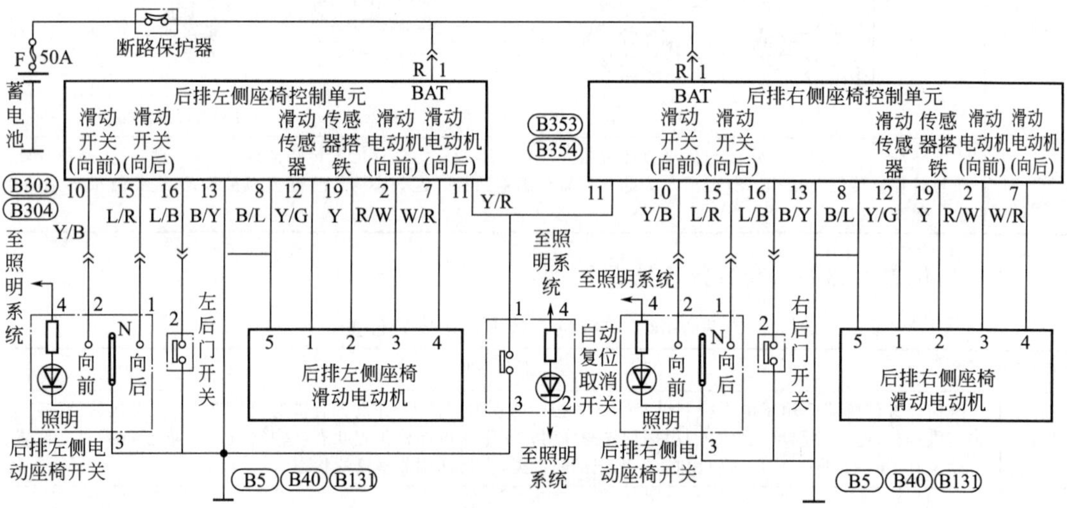

图 7-2　日产 Y50 风雅汽车座椅滑动传感器构成的控制电路

② 座椅滑动传感器的检测与维修见表 7-70。

表 7-70　座椅滑动传感器的检测与维修

项目	具体说明
供电检测	将点火开关转到 OFF 位置,在滑动装置被激活的状态下,用示波器检测后排座椅控制单元插头端脚 12 和搭铁之间的信号,正常参考值如表 7-71(该表也同时给出了电子控制单元其他引脚的工作参数)中所列。如果正常,应检查线束和插头的状态;如果异常,则检查其线束

续表

项目	具体说明
电阻检测	断开后排座椅控制单元插头与后排座椅滑动电动机之间的插头，分别检查后排座椅控制单元插头端脚 12 和 19 与后排座椅滑动电动机插头端脚 1 与 2 之间的导通情况。正常时，均应处于导通状态。检查后排座椅控制单元插头端脚 12 和 19 与搭铁之间的导通情况，正常时应不导通。如果正常，更换后排座椅滑动电动机；如果异常，应修理或更换后排座椅控制单元与后排座椅电动机之间的线束

表 7-71　后排座椅控制单元各引脚正常工作数据

端脚号	接线颜色	项目	状态	工作电压/V
1	R	电源(BAT)	—	蓄电池电压
2	R/W	滑动电动机前移控制信号输出端	滑动开关向前操作	蓄电池电压
			除滑动开关向前操作的其他情况	0
7	W/R	滑动电动机后移控制信号输出端	滑动开关向后操作	蓄电池电压
			除滑动开关向后操作的其他情况	0
8	B/L	搭铁(电源)	—	0
10	Y/B	滑动开关向前控制信号输入端	滑动开关向前操作	0
			除滑动开关向前操作的其他情况	蓄电池电压
11	Y/R	取消开关控制信号输出端	取消开关(ON)	5
			取消开关(OFF)	0
12	Y/G	滑动传感器信号输入端	滑动装置激活	占空比 2∶1 的脉冲信号
			滑动装置没有激活	0 或 5
13	B/Y	搭铁(信号)	—	0
15	L/R	滑动开关后移控制信号输入端	滑动开关向后操作	0
			除滑动开关向后操作的其他情况	蓄电池
16	L/G	后车门开关信号输入端	后车门打开(ON)	0
			后车门打开(OFF)	蓄电池电压
19	Y	传感器搭铁	—	0

7.12　废气再循环系统电位计式 EGR 阀传感器

EGR 为英文 Exhaust Gas Recirculation 的首字母缩写，其含义是废气再循环系统， EGR 阀传感器就应用于该系统中。

(1) 结构与原理

废气再循环 EGR 系统分为开环控制 EGR 与闭环控制 EGR 两大类，两者的最大区别就是闭环控制增加了 EGR 阀传感器，而开环控制则没有设置该传感器。

① 电位计式 EGR 阀传感器的安装位置与作用。

电位计式 EGR 阀传感器通常安装在 EGR 阀上部，用于检测 EGR 阀阀杆的上下移动位置，并将检测到的信号转换为电信号后提供给发动机电子控制单元（ECU），RCU 就会根据该信号确定阀门开度的大小。

② 电位计式 EGR 阀传感器的结构与连接方式示意图见表 7-72。

表 7-72 电位计式 EGR 阀传感器的结构与连接方式示意图

项目	具体说明
结构与连接方式示意图	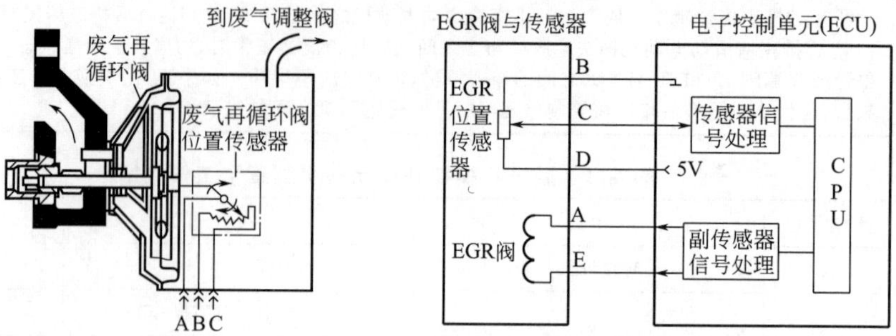 (a) 结构　　(b) 连接方式
示意图与引脚功能说明	图(a)所示为汽车废气再循环系统电位计式 EGR 阀传感器的典型结构，其与电子控制单元(ECU)之间的连接方式如图(b)所示。电位计式 EGR 阀传感器通常有 5 个引出脚，其中的引脚 A 与 E 用于废气再循环真空控制电磁阀的驱动；引脚 B 为搭铁端，通过电子控制单元(ECU)内部搭铁；引脚 C 为信号输出端；引脚 D 为供电电压输入端，该电压来自于电子控制单元(ECU)内部

③ 电位计式 EGR 阀传感器的工作原理见表 7-73。

表 7-73 电位计式 EGR 阀传感器的工作原理

项目	具体说明
工作特性	EGR 阀传感器的阀针和电位计的滑动触点臂相连接，EGR 阀随着占空比的变化，控制的真空吸力不同，由此引起的 EGR 阀阀门开启的大小也不一样，阀杆上升的位移也不同
工作过程	当 EGR 阀传感器的阀杆上升时，就会推动与其相连接的滑动触点臂位置移动，也就是使滑动触点在滑动电阻上滑动，由此就会产生不同的电压信号，该信号提供给发动机电控单元(ECU)用于监测 EGR 阀的位置，以确保阀门对 EGR 的指令作出正确的响应，从而调整和修正 EGR 阀开启时刻与占空比，精确控制再循环量的大小，以确保排放始终处于最佳状态

(2) 通用检测与维修方法

对废气再循环系统电位计式 EGR 阀传感器好坏的判断，通常可以通过检测其电阻、电压、波形等进行。

① 电位计式 EGR 阀传感器的故障典型特征与原因分析见表 7-74。

表 7-74 电位计式 EGR 阀传感器的故障典型特征与原因分析

项目	具体说明
故障典型特征	当 EGR 阀传感器不良或损坏时，就会造成发动机怠速不稳、加速不稳、车辆行驶无力等故障现象，从而影响发动机动力性
原因分析	当发动机在怠速、低速、小负荷及冷机时，发动机电子控制单元(ECU)控制废气不参与再循环，以防发动机性能受影响。因此，当 EGR 阀传感器(或发动机的 EGR 系统)出现问题时，尤其是当发动机怠速、低速、小负荷及冷机工况、使废气参与再循环时，就会对发动机混合气的正常燃烧产生影响而出现上述典型特征

② 电位计式 EGR 阀传感器的供电与搭铁的检测见表 7-75。

表 7-75 电位计式 EGR 阀传感器的供电与搭铁的检测

项目	具体说明
供电检测	在拔下电位计式 EGR 阀传感器连接插接件的情况下，接通点火开关，采用数字式万用表电压挡检测传感器 D 端脚与搭铁之间的 +5V 供电是否正常

续表

项目	具体说明
搭铁检测	断开点火开关，采用万用表电阻挡，检测 B 端脚与搭铁之间的电阻值，该电阻值应近于 0，否则说明搭铁不良

③ 电位计式 EGR 阀传感器的电压与电阻检测见表 7-76。

表 7-76 电位计式 EGR 阀传感器的电压与电阻检测

项目	具体说明
输出电压检测	在连接好电位计式 EGR 阀传感器连接插接件的情况下，接通点火开关，采用万用表电压挡检测传感器 C 端脚与搭铁之间的电压，该电压在 EGR 阀全关闭时应在 0.14～1.2V 之间（车型不同而不一样，以下均同）；采用手动方式打开 EGR 阀时，该信号电压会随着 EGR 阀开度的变化而改变，全开时在 4.5～5V 之间
电阻检测	在拔下电位计式 EGR 阀传感器连接插接件的情况下，采用万用表电阻挡单独检测传感器 B 与 D 端脚之间的电阻值，应在 4.7～5.5kΩ 之间，B 与 C 端脚之间的电阻值应随 EGR 阀开度的变化而发生改变

④ 电位计式 EGR 阀传感器的波形检测见表 7-77。

表 7-77 电位计式 EGR 阀传感器的波形检测

项目	具体说明
波形示意图	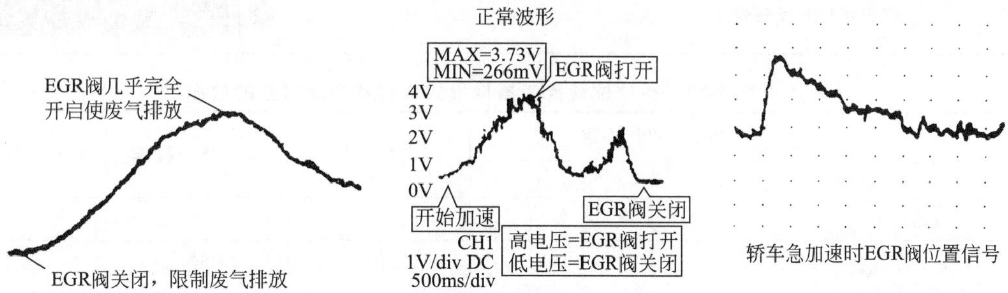 (a) EGR阀开启、关闭波形　(b) 正常波形　(c) 急加速波形
操作说明	把示波器信号检测线探针插入传感器信号线中，启动发动机加速，观察波形变化情况，如上图所示。当 EGR 阀打开时波形上升，如图(a)所示，此时废气排放；当 EGR 阀关闭时，波形下降，此时限制废气排放；汽车怠速时，EGR 阀是关闭的，不需要废气再循环，如图(b)所示；车辆正常加速时，EGR 阀开大；车辆减速时，EGR 阀也是关闭的；如图(c)所示为车辆急加速时 EGR 阀的位置信号曲线

7.13 其他位置传感器的检测与维修

除了上述介绍的各种位置传感器外，车辆上还使用了其他一些位置传感器，对于这些传感器，限于篇幅，仅以实际车型来介绍它们的检测与维修方法。

(1) 江淮同悦纯电动汽车挡位传感器

江淮同悦纯电动汽车（2012 年款国产二代），搭载额定功率为 11kW 的永磁直流无刷电动机，车辆识别码为 LJ1EFKRN4B4218951，动力电池组为磷酸铁锂动力电池。表 7-78 列出了江淮同悦纯电动汽车挡位传感器的检测与维修方法。

表 7-78　江淮同悦纯电动汽车挡位传感器的检测与维修方法

项目	具体说明
挡位传感器的结构与控制关系示意图	 (a) 正面  (b) 反面 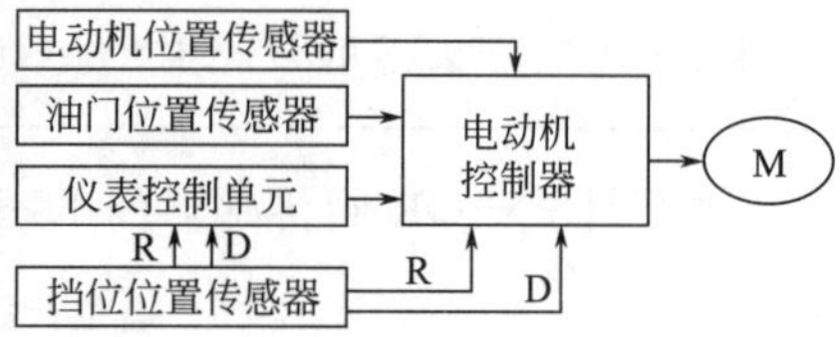 (c) 控制关系
示意图说明	图(a)与(b)所示为江淮同悦纯电动汽车挡位传感器正面、反面示意图。图(c)所示为江淮同悦纯电动汽车挡位传感器与电动机控制器之间的控制关系示意图
工作原理	从图(c)可以看出，挡位传感器的信号一方面直接提供给电动机控制器；另一方面还提供给仪表控制单元。正常情况下，只有当电动机位置传感器、油门位置传感器、仪表显示信息以及挡位位置传感器 4 个信号量同时满足的情况下，电动机控制器才会控制电动机运转
电压检测	右图所示为检测倒挡位置传感器到仪表控制单元的电压示意图，该电压正常值应约为 0.1V，如果该电压异常，就会无倒挡，应查找电压异常的原因。表 7-79 中列出了挡位位置传感器输出的 3 种状态所对应的数据，供检测时参考，该数据主要提供给仪表控制单元 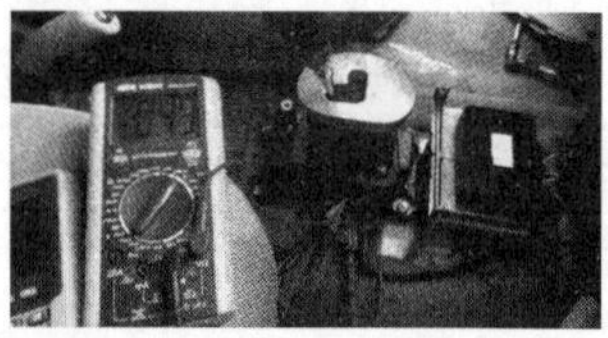

表 7-79　挡位位置传感器输出的 3 种状态所对应的数据

挡位	挡位位置传感器		仪表控制单元	电动机控制器	电动机运转状态
	D 线/V	R 线/V			
N 挡	0	0	00	00	不转
D 挡	1	0	10	10	正转
R 挡	0	1	01	01	反转

(2) 丰田佳美轿车自动空调空气混合风挡位置传感器

丰田佳美 SXV20（搭载 5S-FE 型电喷发动机）型轿车与 MCV20（搭载 5MF-FE 型电喷发动机）型轿车采用的自动空调类型基本相同，使用的空气混合风挡位置传感器也一样，表 7-80 列出了对该传感器的检测与维修方法。

表 7-80　丰田佳美轿车自动空调空气混合风挡位置传感器的检测与维修

项目	具体说明
安装位置与连接电路	丰田佳美轿车自动空调空气混合风挡位置传感器与空气混合伺服电动机组合在一起形成一个组件。图(a)所示为空气混合伺服电动机的安装位置示意图。空气混合风挡位置传感器用于对空调混合风挡的全热位与全冷位进行转换。图(b)所示为空气混合风挡位置传感器与空调 ECU 之间的连接电路 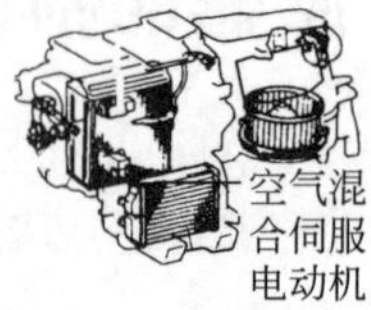 (a) 安装位置 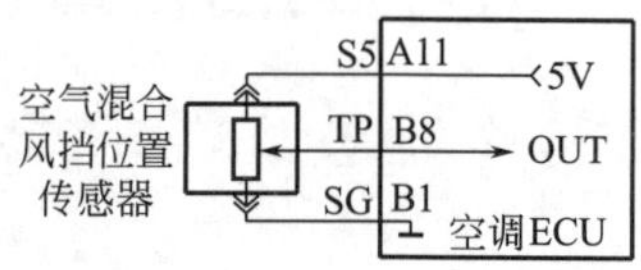 (b) 连接电路
检测与维修	空调 ECU 内设置有自检程序。在接通点火开关的情况下，同时按下 AUTO 与循环(R/F)2 个按钮，ECU 则进入自检程序，先对指示灯进行检测，然后自动检测传感器，并将检测结果显示在显示器上。当显示器显示故障码“31”时，其含义为空气混合风挡位置传感器电路(短路或断路)。对此，应检查空气混合风挡位置传感器本身以及空气混合风挡位置传感器与空调控制盒之间的线束或连接器

(3) 本田奥德赛轿车上止点位置传感器

本田（HONDA）奥德赛（ODYSSEY）轿车对手动/自动一体化自动变速器的控制与对发动机的控制，均是由同一块 PCM（发动机与自动变速器电控单元）来实现的，在电路中的编号为 10。表 7-81 列出了本田奥德赛轿车上止点位置传感器的检测与维修。

表 7-81 本田奥德赛轿车上止点位置传感器的检测与维修

项目	具体说明
连接电路	上止点传感器安装在曲轴皮带轮上机油泵上方。右图所示为本田奥德赛轿车上止点位置传感器和发动机与自动变速器电控单元(PCM)之间的连接方式示意图,该传感器有 2 个引脚。引脚 1 为传感器信号输出端(＋)；引脚 2 为传感器搭铁端 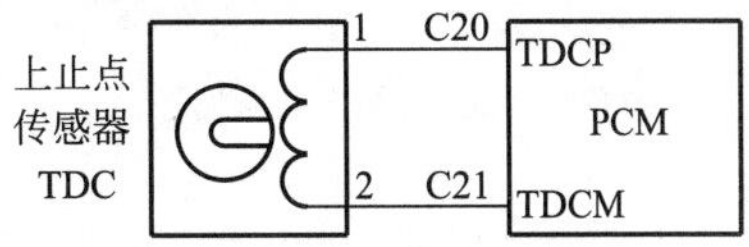
检测	可采用万用表检测上止点位置传感器各引脚上的电压来判断其好坏。正常情况下,引脚 1 在发动机运转时有脉冲信号输出；引脚 2 电压为 0

(4) 本田奥德赛轿车气缸位置传感器

表 7-82 列出了本田奥德赛轿车气缸位置传感器的检测与维修。

表 7-82 本田奥德赛轿车气缸位置传感器的检测与维修

项目	具体说明
连接电路	右图所示为本田奥德赛轿车气缸位置传感器和发动机和自动变速器电控单元(PCM)之间的连接方式示意图,该传感器有 2 个引脚。引脚 3 为检测第 1 缸传感器信号输出端(＋)；引脚 4 为传感器搭铁端 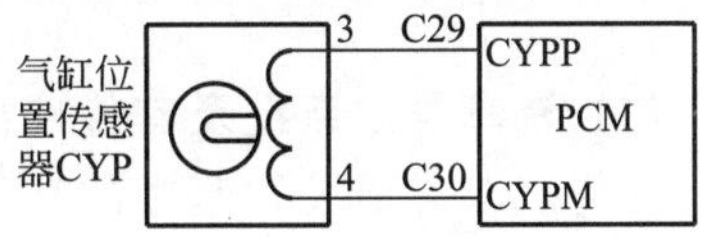
检测	可采用万用表检测气缸位置传感器各引脚上的电压来判断其好坏。正常情况下,引脚 3 在发动机运转时有脉冲信号输出；引脚 4 电压为 0

(5) 本田奥德赛轿车废气再循环和提升传感器

表 7-83 列出了本田奥德赛轿车废气再循环和提升传感器的检测与维修。

表 7-83 本田奥德赛轿车废气再循环和提升传感器的检测与维修

项目	具体说明
连接电路与引脚功能	右图所示为本田奥德赛轿车废气再循环和提升传感器与发动机及自动变速器电控单元(PCM)之间的连接方式示意图,该传感器有 5 个引脚。引脚 1 为传感器信号输出端；引脚 2 为传感器搭铁端；引脚 3 为传感器供电电压输入端；引脚 4 为 EGR 阀控制信号输入端；引脚 5 为 EGR 阀搭铁端 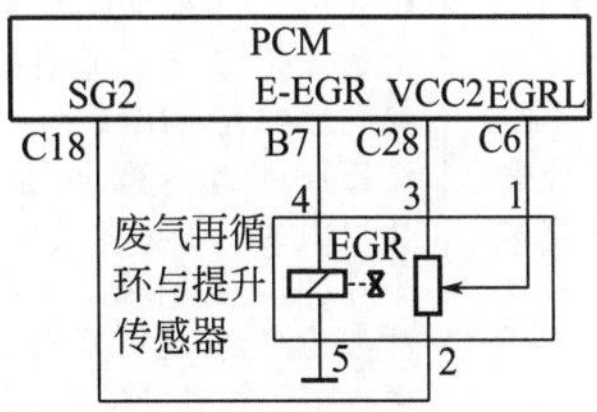
检测与维修	可采用万用表检测废气再循环和提升传感器各引脚上的电压来判断其好坏。正常情况下,引脚 1 在怠速时的电压约为 1.2V,EGR 阀全开时的电压约为 3.8V；引脚 2 电压为 0；引脚 3 在点火开关置于 ON 位置时电压为 5V,点火开关置于 OFF 位置时电压为 0；引脚 4 在发动机不运转时电压为 0,发动机完全预热、EGR 阀工作时电压为 12；引脚 5 电压为 0

第8章 汽车方位探测传感器和角位传感器

汽车方位探测传感器主要应用于汽车导航、倒车防撞系统中，角位传感器主要应用于电控助力转向、电子稳定程序（或系统）等系统中。

8.1 地磁方位传感器

地磁方位传感器是一种以地磁为基准检测车辆方向的装置，通常简称为车辆方位传感器。

(1) 汽车导航系统及其传感器

任何汽车导航装置基本的功能就是将汽车的实时位置（一般由 X 及 Y 两个位置参数来确定）及方位（一般以目的地为基准，汽车即时位置与目的地夹角表示）时时告诉给驾驶员。表 8-1 列出了汽车导航系统传感器的类型。

表 8-1 汽车导航系统传感器的类型

项目	具体说明
导航行驶系统类型	汽车内部信息导航行驶系统的构成因所采用的方向传感器不同，而分为汽车地磁导航行驶系统（汽车地磁导航系统）和汽车惯性导航行驶系统（汽车惯性导航系统）
汽车距离传感器类型	汽车距离传感器类型较多，但目前用得最多的是将汽车后轮的转数（或转角）变成距离的光电式或霍尔元件式汽车距离传感器。后轮通过机械连接（一般通过软轴）带动一个光电盘。光电盘的外圆上有均匀分布的透光孔，其光孔垂直的上下方分别放置发光二极管和光敏管。汽车前进或后退时，软轴带动光孔盘转动，光孔盘的孔每次转到发光管下面时，光线通过盘孔便照到光敏管上，使光敏管导通；孔转过去后，光线被盘片挡住，光敏管截止，通过电子电路便产生一个电脉冲。光孔盘转一圈就产生 n 个脉冲（光孔盘假设有 n 个孔），因为后车轮和光孔盘是机械连接，有一定的转速比（例如转速比为 i），后车轮每转一周则会产生 $i\times n$ 个脉冲，车轮周长是一定的。每个脉冲所代表的距离则为车轮周长/$(i\times n)$，所以微机通过计数器把距离脉冲数检测到，就可算出汽车所行驶的距离。如果采用舌簧管、霍尔元件、电磁线圈代替上述光电传感器，即可构成舌簧管开关式、霍尔元件式及磁电式汽车距离传感器
方位传感器类型	根据原理的不同，方位传感器可分为磁通阀门式车辆方位传感器、发电式车辆方位传感器与霍尔元件式车辆方位传感器。由于地磁场很弱，因此容易受到外界磁场的干扰。此外，车外的铁桥、大楼、其他车辆、隧道、高架路也是干扰源。克服干扰带来的误差是这类传感器的关键

(2) 磁通阀门式车辆方位传感器

磁通阀门式车辆方位传感器用于检测汽车需要行驶的方向。表 8-2 列出了磁通阀门式车辆方位传感器的结构与原理。

表 8-2 磁通阀门式车辆方位传感器的结构与原理

项目	具体说明
结构	右图所示为磁通阀门式车辆方位传感器的结构示意图。该传感器主要由高磁导率材料（如坡莫合金）的环形磁芯、交流励磁线圈、X 和 Y 地磁场分量检测线圈等组成。这几组电磁线圈在环形磁芯上的绕制方法有一定的工艺要求，要求其绝缘性能良好，采用高强度的电磁线材料 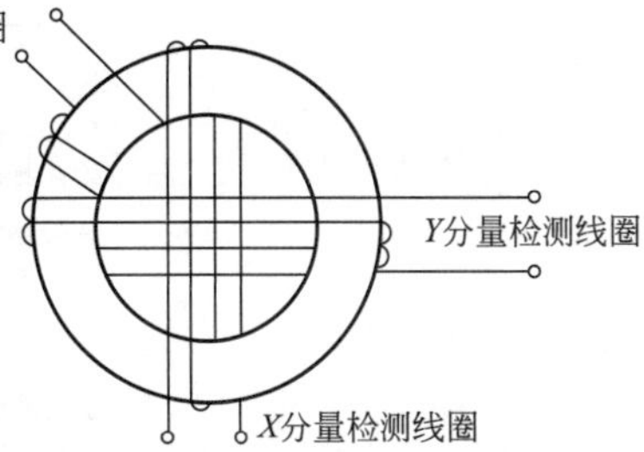
原理	磁通阀门式车辆方位传感器的工作原理是利用交流励磁磁场使磁性材料饱和时，其 X 和 Y 线圈输出电压的二次谐波成分，与待测地磁场通过其两个线圈的地磁场分量的强度成正比来完成的。交流励磁线圈接在一个振荡源上，其励磁磁场强度应使环形磁芯充分饱和。由于磁芯外部的地磁场加入，使磁芯内部磁工作点改变，磁芯内部磁滞回线迁移，引起磁通的变化，因此，在 X 和 Y 分量检测线圈中产生输出电压，输出电压则与通过该线圈的地磁分量有一定关系。穿过 X 和 Y 分量检测线圈的地磁磁场分量与汽车方向相关，所以通过检测到两个线圈的输出电压就可以测出汽车的行驶方向

(3) 发电式车辆方位传感器

发电式车辆方位传感器也是用来检测汽车需要行驶的方向的。

① 发电式车辆方位传感器的结构与连接电路见表 8-3。

表 8-3 发电式车辆方位传感器的结构与连接电路

项目	具体说明	图示
结构	图(b)所示为发电式车辆方位传感器的结构示意图，该传感器主要由修正用的电位器、铁芯、电磁线圈、光电断续器、修正用的发电部分、电动机以及相关机械系统共同组成。从图(b)所示结构也可以看出，发电式车辆方位传感器实际上就是一个双线圈式发电机型地磁矢量传感器。由于上、下线圈的相位相反，故垂直方向的磁感应电动势互相抵消	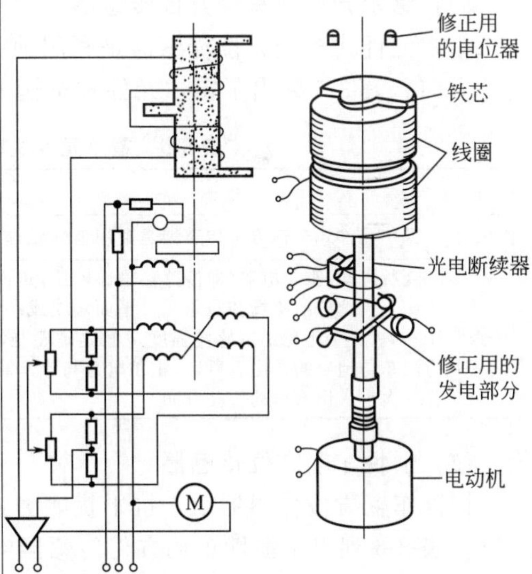 (a) 电路 (b) 结构
连接电路	图(a)所示为发电式车辆方位传感器的连接电路示意图。图中设置了两组功能基本相同的分压电路与相应的线圈组串联连接，信号经放大器处理后控制电动机以及有关电路的工作	

② 发电式车辆方位传感器的工作原理见表 8-4。

表 8-4 发电式车辆方位传感器的工作原理

项目	具体说明
原理与波形示意图	下图所示为发电式车辆方位传感器的工作原理示意图，这是发电式车辆方位传感器地磁的水平分量图。如采用电动机来转动发电式车辆方位传感器的线圈和铁芯，就会使铁芯片中的磁通密度发生变化，从而建立起磁场。在图(a)位置，磁场方向朝内；在图(b)位置上磁场强度为零；在图(c)位置，磁场方向朝外

续表

项目	具体说明
原理与波形示意图	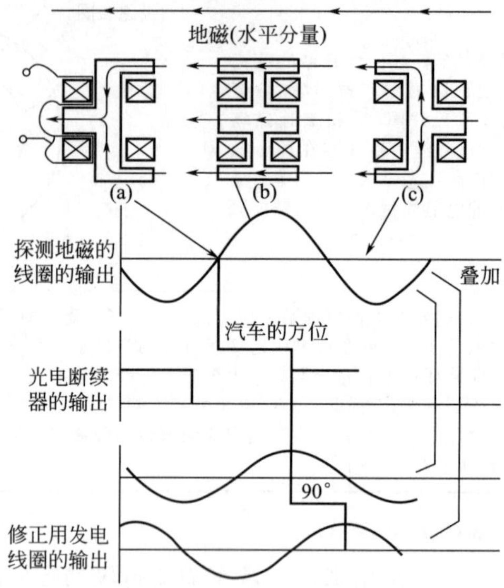
说明	在地磁检测线圈中，产生一个正弦交变电压，其相位由地磁场的方位决定，另一方面由光电断续器发出相位固定的脉冲信号，根据这两个输出信号的相差，就可以检测出地磁的方向，进而也就可以确定汽车行驶的方位了

（4）霍尔元件式车辆方位传感器

霍尔元件式车辆方位传感器是利用地磁磁场作为霍尔元件的外加磁场来检测汽车需要行驶的方向。表 8-5 列出了霍尔元件式车辆方位传感器的作用与原理。

表 8-5　霍尔元件式车辆方位传感器的作用与原理

项目	具体说明
作用	霍尔元件式车辆方位传感器是利用地磁磁场作为霍尔元件的外加磁场，以便对汽车方位进行探测
原理	众所周知，霍尔电势(即传感器输出电压)正比于控制电流和磁感应强度乘积，当电流一定时，即和磁场强度成正比。当地磁的磁场和霍尔元件平面法线成一定角度 θ 时，则作用在元件上的有效磁场是其法线方向的分量，即 $B\cos\theta$。B 为地磁的磁感应强度，θ 角是地磁与霍尔元件法线的夹角，元件固定在汽车上，因此这个角度可以转化为汽车与地磁的角度。所以，霍尔电势与汽车和地磁的夹角有一定的数学关系，通过微机的运算就可从霍尔电势的大小求出汽车的行驶方向

（5）惯性车辆方位传感器

惯性车辆方位传感器由于抗干扰能力强，故在汽车导航领域（在航天领域）应用越来越广泛。表 8-6 列出了惯性车辆方位传感器的结构与工作原理。

表 8-6　惯性车辆方位传感器的结构与工作原理

项目	具体说明
结构	图(a)所示为惯性车辆方位传感器结构示意图，该传感器实际上就是一个电子陀螺，其与目前世界上 100 多种陀螺相比有以下一些优点 ①可靠性与寿命比一般陀螺高 1～2 个数量级 ②价格为其他传感器的 1/3～1/2 ③响应时间短，为 50～80ms ④过载能力强等，同时它不会像地磁方位传感器那样易受外界磁场干扰

续表

项目	具体说明
结构	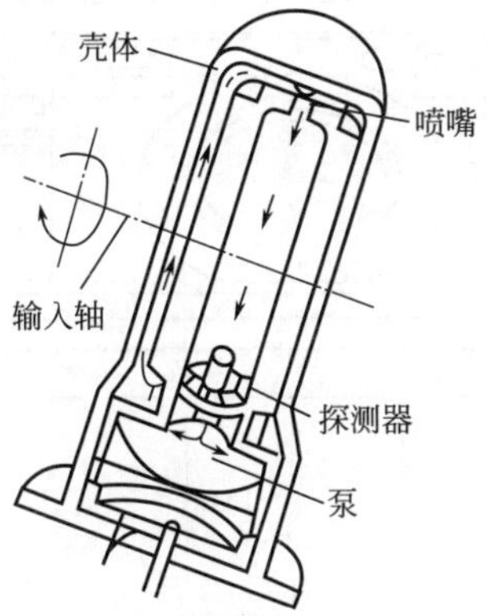(a) 构造原理 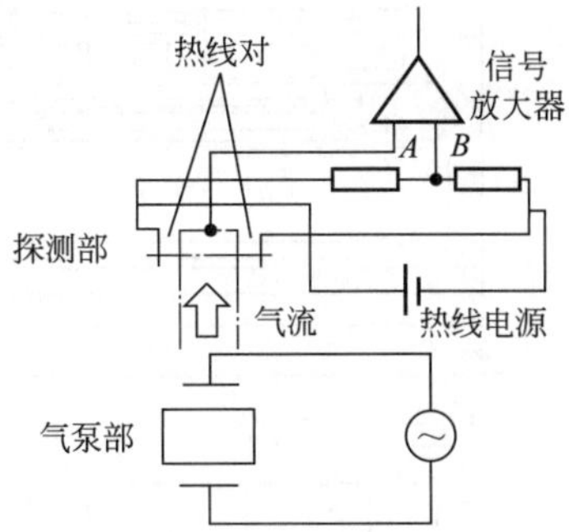(b) 电路
工作原理	惯性车辆方位传感器是利用氦气的惯性检测方向，而不是利用地磁。密封在容器内的氦气，在压电振子循环泵的作用下，在容器内循环。当汽车直线行驶时，氦气使两根热线均匀冷却，故两根热线温度相等。一旦汽车改变方向，氦气流由于本身的惯性而过分偏向一侧，使固定在汽车上的检测器的两热线冷却程度不等，结果产生温度差，并以电位差的形式表现。两热线构成电桥电路[如图(b)所示]，故可检测出 A、B 两点之间的电位差。该输出电压与汽车偏移率成正比

(6) 汽车导航系统及其传感器

汽车导航系统又称为汽车导向系统，它是利用传感器检测地磁场并将其转换为电信号，用于指示车辆方位的偏差。

① 传感器方位判断方式及其安装位置见表 8-7。

表 8-7 传感器方位判断方式及其安装位置

项目	具体说明
示意图	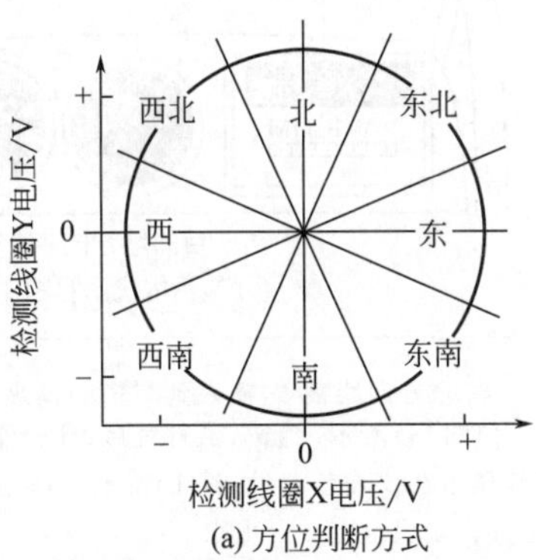(a) 方位判断方式 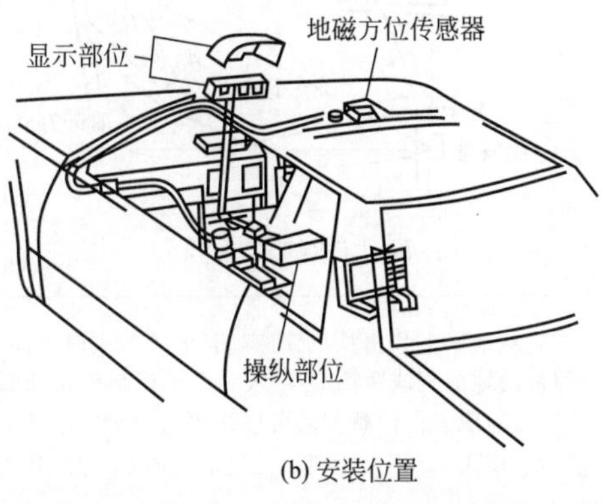(b) 安装位置
说明	图(a)所示为传感器方位判断示意图。当传感器励磁线圈在环状磁芯上产生方向、强度呈周期变化的交变磁场时，如果得到检测线圈 X、Y 上的输出电压，就可以知道该处所示的方位了。图(b)所示为方位传感器在车辆上的安装位置(因车型不同而有一定的差异，这是丰田轿车导航系统传感器的安装位置)

② 方位传感器组成的导航电路见表 8-8。

表 8-8 方位传感器组成的导航电路

<table>
<tr><th>项目</th><th>具体说明</th></tr>
<tr><td>连接电路示意图</td><td>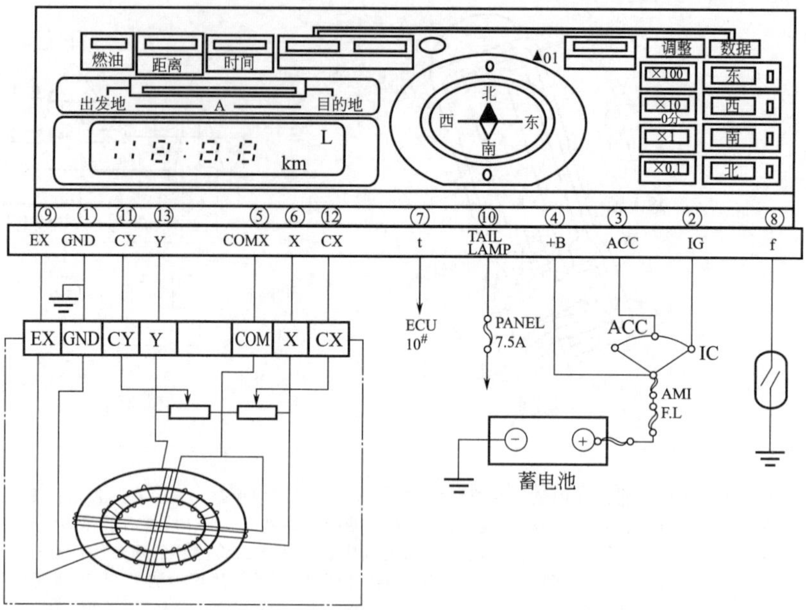
</td></tr>
<tr><td>说明</td><td>上图所示为由方位传感器组成的、应用在丰田轿车上的导航系统电路，该系统主要由操纵系统、显示系统、地磁方位传感器以及行驶距离传感器等组成</td></tr>
</table>

③ 方位传感器组成的导航电路原理见表 8-9。

表 8-9 方位传感器组成的导航电路原理

<table>
<tr><th>项目</th><th>具体说明</th></tr>
<tr><td>工作原理与显示情况示意图</td><td>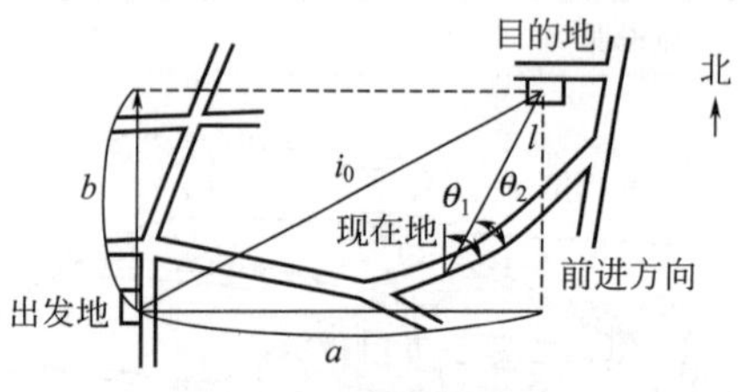

(a) 工作原理示意图
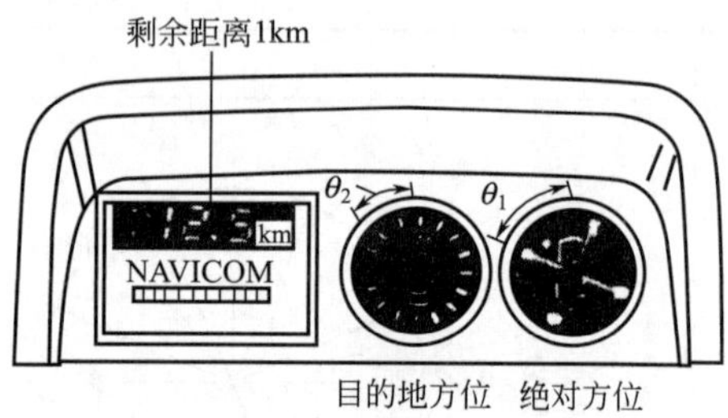

(b) 显示情况示意图</td></tr>
<tr><td>原理说明</td><td>先从地图上找出从出发地到目的地的东西方向距离 a，南北方向距离 b，输入到车辆的操纵系统，同时也将到目的地的直线距离 i_0 输入到电子控制单元(ECU)中，如图(a)所示。当车辆行驶后，无论车辆向哪个方向移动，地磁方位传感器均可以检测出绝对方向 θ_1，并将其显示在仪表盘上，如图(b)所示，同时还通过电子控制单元(ECU)计算出距离目的地的方向 θ_2 与距离 l，也将其在仪表盘上显示出来</td></tr>
</table>

(7) 无人驾驶汽车常用环境位置感知传感器

无人驾驶汽车对环境的感知多采用传感器来实现，常用环境位置感知传感器主要有毫米波雷达、微光雷达、摄像头等传感器。

① 毫米波雷达传感器的特性与主流产品见表 8-10。

表 8-10 毫米波雷达传感器的特性与主流产品

项目	具体说明			
毫米波雷达特性	毫米波雷达使用毫米波(millimeter wave),通常毫米波是指 30～300GHz 的频域(波长为 1～10mm)。毫米波的波长介于厘米波与光波之间,因此毫米波兼有微波制导和光波制导的优点。与厘米波导引头相比,毫米波导引头具有体积小、重量轻和空间分辨率高的特点。与红外、激光、电视等光学引头相比,毫米波导引头穿透雾、烟、灰尘的能力强,具有全天候(大雨天除外)、全天时的特点。另外,毫米波导引头的抗干扰、反隐身能力也优于其他微波导引头。不足之处是,大气中传播衰减严重,器件加工精度要求高			
目前主流的毫米波雷达传感器特性	型号(或公司)	主要参数		外形示意图
	ARS308 (Continental)	远距离	探测距离 200m,分辨率 2m;视角 56°,分辨率 1°	
		中距离	探测距离 60m,分辨率 0.25m;视角 17°,分辨率 0.1°	
	ESR(Delphi)	远距离	探测距离 174m,分辨率 2.5m;视角±10°,分辨率 0.5°	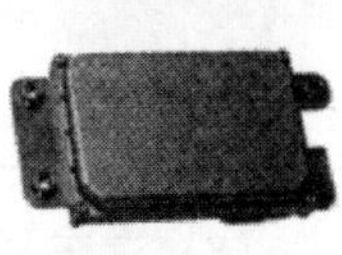
		中距离	探测距离 60m,分辨率 0.4m;视角±45°,分辨率 0.2°	

② 激光雷达传感器的特性与主流产品见表 8-11。

表 8-11 激光雷达传感器的特性与主流产品

项目	具体说明		
特性	在无人驾驶汽车中,国内外很多高校以及公司在其自主研发的无人驾驶车辆中都使用了激光雷达作为环境感知传感器。其优点有:方向性好,波束窄,测角精度高;采取专门的脉冲压缩技术,可把脉冲宽度压缩到几十纳秒(毫微秒)甚至皮秒(微微秒)量级,峰值功率可达几百兆瓦,从而大大提高了测距精度;激光雷达不受地面杂波干扰,没有多路径效应,故能在低仰角下工作。但激光雷达也有很大的缺点:受大气的光传输效应影响(包括光速、折射率的变化和散射现象)会使其检测精度降低,因此不能全天候工作,遇到浓雾、雨天、雪天将无法工作;由于波束窄,在大空域中捕获目标困难,须借助引导才能进入自动跟踪。目前主流的激光雷达主要型号如表下表中所列		
主流产品	型号或公司	主要参数	外形示意图
	HDL-64E-Velodyne	采用 64 线封装。扫描距离 120m,分辨率<2cm;扫描角度 360°,分辨率 0.09°;垂直扫描角度－24.8°～＋2°,分辨率 0.4°	
	HDL-32E-Velodyne	采用 32 线封装。扫描距离 70m,分辨率<2cm;扫描角度 110°,分辨率 0.125°;垂直扫描角度 6.4°,分辨率 0.8°	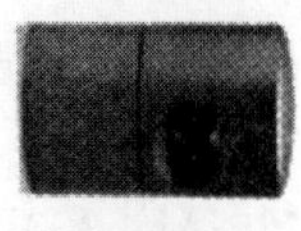
	IBEO LUX	采用 8 线封装。扫描距离 200m,分辨率 10cm;水平扫描角度 360°,分辨率 0.09°;垂直扫描角度－24.8°～＋2°,分辨率 0.4°	
	IBEO LUX	采用 4 线封装。扫描距离 200m,分辨率 4cm;水平扫描角度 110°,分辨率 0.125°;垂直扫描角度 3.2°,分辨率 0.8°	
	SICK LMS511	采用单线封装。扫描距离 26～80m,分辨率 1m;扫描角度 190°,分辨率 0.25°	

③ 视觉传感器的特性与主流产品见表 8-12。

表 8-12 视觉传感器的特性与主流产品

<table>
<tr><td>项目</td><td colspan="6">具体说明</td></tr>
<tr><td>视觉传感器特性</td><td colspan="6">目前，无人驾驶汽车常用的视觉传感器一般包括红外摄像技术以及普通摄像技术。红外摄像技术照射距离远，画质细腻清晰，也更加经久耐用。红外摄像头的工作原理：红外灯发出红外线照射物体，红外线发生漫反射，被监控摄像头接收，形成视频图像。从光谱学角度来讲，和普通摄像技术感知可见光原理类似。视觉感知技术中主要分为单目视觉、彩色图像以及立体视觉 3 种类型</td></tr>
<tr><td rowspan="2">目前主流视觉传感器特性</td><td>型号或公司</td><td>主要参数</td><td>外形示意图</td><td>型号或公司</td><td>主要参数</td><td>外形示意图</td></tr>
<tr><td>Point Grey Firefly</td><td>每秒帧数 60；像素单位 6.0μm×6.0μm；分辨率 752（H）×480（V）</td><td></td><td>IDS uEye XS</td><td>每秒帧数 63；像素单位 1.4μm×1.4μm；分辨率 2592（H）×1944（V）</td><td></td></tr>
</table>

(8) 汽车导航罗盘传感器

汽车导航系统的罗盘传感器，用于通过地球磁场的感应来测定汽车的前进方向和行驶路线状态。表 8-13 列出了汽车导航罗盘传感器的通用检测与维修方法，供参考。

表 8-13 汽车导航罗盘传感器的通用检测与维修方法

<table>
<tr><td>项目</td><td colspan="2">具体说明</td></tr>
<tr><td>结构特点</td><td colspan="2">右图所示为汽车导航罗盘传感器的典型结构示意图，它是在环状铁芯上缠绕励磁线圈，而两个互成直角的感应线圈绕在具有高磁导率的环状铁芯的磁场中心制作而成的
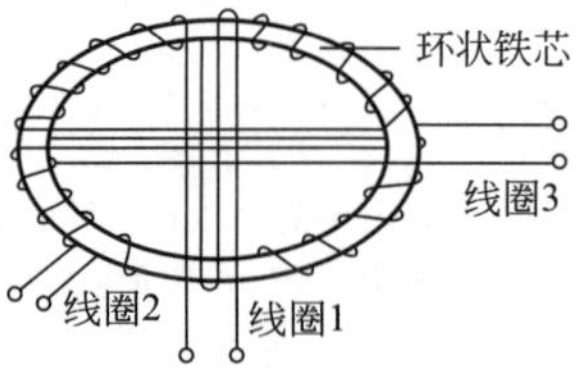
</td></tr>
<tr><td rowspan="2">检测与维修</td><td>先排除外界干扰</td><td>利用地磁制成的罗盘传感器，因地磁的强度很小，很容易受到外界的磁场干扰。故在检测该传感器故障之前，先应排除有无干扰地磁现象</td></tr>
<tr><td>检测输出信号</td><td>采用数字式万用表逐级检测传感器的信号输出是否随汽车方向的改变而发生相应变化。如果怀疑传感器本身不良，则可以把传感器的连接线拆开，采用万用表电阻挡检测传感器两个线圈的电阻情况。如果发现电阻值为 0 或为∞，均说明传感器本身有短路或断路现象</td></tr>
</table>

(9) 天籁轿车导航系统陀螺传感器的检测与维修

天籁（TEANA）轿车配置 NISSAN VQ 系列的 V6 发动机，安装有导航的车型主要为 230JM、350JM 等。

① 基本组成与原理示意图见表 8-14。

表 8-14 基本组成与原理示意图

<table>
<tr><td>项目</td><td>具体说明</td></tr>
<tr><td>基本组成与系统原理示意图</td><td>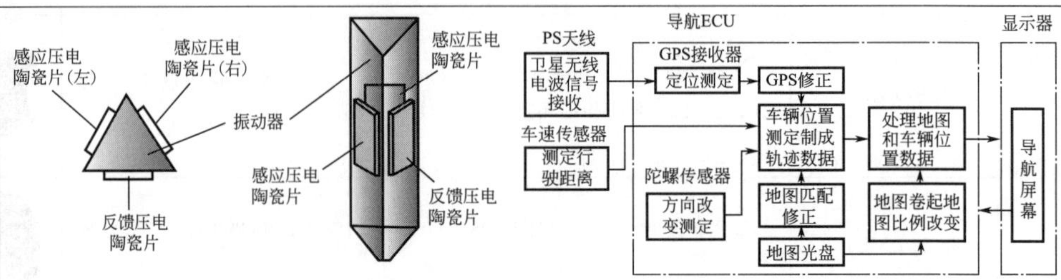

(a) 基本组成　　(b) 系统原理</td></tr>
</table>

续表

项目	具体说明
示意图说明	图(a)所示为陀螺传感器的基本组成示意图，该传感器安装在导航电子控制单元(ECU)内，由振动器和贴附在其上的压电陶瓷片组成。图(b)所示为由陀螺传感器等组成的导航系统原理示意图

② 陀螺传感器组成的系统原理见表 8-15。

表 8-15　陀螺传感器组成的系统原理

项目	具体说明
车辆位置计算	导航电子控制单元根据陀螺传感器的方向保护信号和车速传感器的行驶距离信号，计算车辆位置(方向和当前位置)，导航电子控制单元收集车辆位置数据后绘制车辆行驶轨迹
处理数据	主要是指在地图上处理车辆位置数据。导航电子控制单元处理车辆位置、轨迹和地图光盘上的地图数据，在地图上显示出车辆的位置和轨迹
地图匹配	导航电子控制单元比较地图光盘上的地图数据与车辆的位置和轨迹，将车辆位置与最近的路线相连
GPS 修正	电子控制电控单元将车辆位置与 GPS 测定的位置相连，并将 GPS 的测定位置与车辆位置及轨迹的数据进行比较，出现重大偏差时修正测定位置与其相符
距离修正	对从车速传感器的行驶距离信号与轮胎和地面之间的滑移，轮胎的磨损等造成的误差进行距离修正。导航电子控制单元为减少行驶距离信号与地图距离数据之间的差异，对行驶距离信号的修正值进行自动更新

③ 陀螺传感器的类型特点、检测与维修见表 8-16。

表 8-16　陀螺传感器的类型特点、检测与维修

项目	具体说明
传感器类型特点	陀螺传感器又称为陀螺仪或纵舵调整器，其包含一个传感器，对车辆前进方向的变化产生的转角速度进行测定。目前主要有以下几种陀螺传感器类型：振动传感器、光纤传感器和气体传感器。天籁轿车导航系统采用振动式陀螺传感器。这类传感器，由于对其通以交流电而振动，振动器的振动使压电陶瓷片产生交流电。车辆在直行状态时，左右压电陶瓷片产生的电压相等；当车辆转弯时，左右压电陶瓷片输出的电压有差异，根据这一差异测定偏转的方位和角度。由于陀螺传感器安装在导航系统电子控制单元内部，故导航系统电子控制单元采用水平安装方式，维修时不可随意改变其安装方式，否则陀螺传感器无法正确测定方位
检测与维修	由于陀螺传感器安装在导航系统电子控制单元内部，不可能单独对其进行检测，只能对整个导航电子控制单元进行检查。但导航系统出现故障时，不一定是由导航电子控制单元引起的，也可能是由软件程序引起的。导航系统的故障诊断功能有维修检查模式、显示检查模式与导航检查模式三种。维修检查模式显示导航系统中每个设备及其之间通信的显示诊断结果；显示检查模式为显示功能检查结果；导航检查模式显示导航功能检查结果。对陀螺传感器的判断主要采用维修检查模式，可以检查 NAVI 电子控制单元的汽车信号值输入情况

8.2　倒车雷达超声波传感器

以超声波传感器为核心构成的倒车雷达又称为泊车辅助系统，是汽车停车的一种安全辅助装置。

(1) 倒车雷达超声波传感器的结构、特点与类型

超声波传感器俗称超声波换能器或超声波探头，有压电式、磁致伸缩式、电磁式等多种类型，但汽车上使用的主要为压电式超声波传感器。表 8-17 列出了倒车雷达超声波传感器的结构、特点与类型。

表 8-17 倒车雷达超声波传感器的结构、特点与类型

项目		具体说明
示意图		右图所示为压电式超声波传感器的结构示意图，该传感器主要由压电元件锆钛化铅为核心构成。具有一定的方向性，传感器用的蜂鸣器纸盆为椭圆形，其目的是使传感器的水平方向特性宽，而垂直方向受到限制 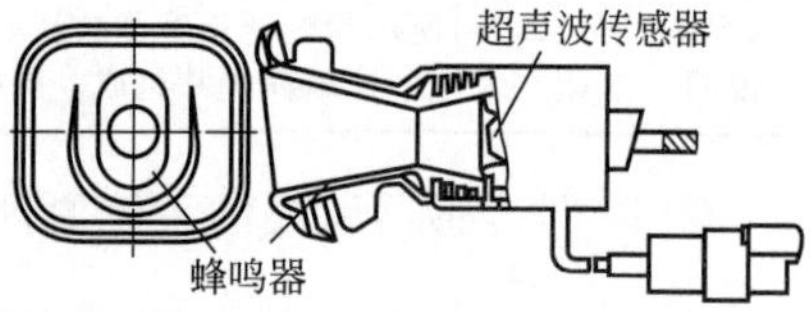
特点	发射器	压电式超声波传感器的发射器是利用压电材料的压电效应进行工作的。当在压电材料上施加交变电压时，就会使压电元件产生机械振动，从而产生超声波
	接收器	压电式超声波传感器的接收器是利用压电材料的逆效应进行工作的。其结构与超声波发生器基本相同，有的就使用同一个换能器兼职发射与接收两种功能。当超声波作用到压电材料上时，就会使压电材料收缩，在晶片的两个界面上便产生了交变电荷，该电荷经有关电路转换为电压信号，再经测量电路处理后，就可以被记录并由显示器显示出来
类型		汽车用超声波传感器根据其探测的距离可分为短距离与中距离两类。其中短距离超声波传感器的探测距离约为 500mm，中距离超声波传感器的探测距离约为 2m，现在的车辆多使用中距离超声波传感器

(2) 倒车雷达超声波传感器的安装位置与原理框图

超声波传感器俗称探头，是整个倒车系统中的最核心部件，其作用是发出（发射）及接收超声波信号。

① 超声波传感器的安装位置见表 8-18。

表 8-18 超声波传感器的安装位置

项目	具体说明
安装位置示意图	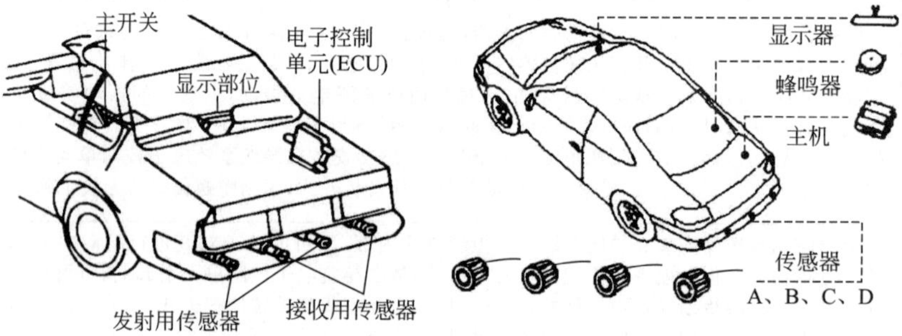 (a) 安装方式一 (b) 安装方式二
示意图说明	上图所示为两种倒车雷达超声波传感器在车辆上的安装位置示意图。压电式超声波传感器通常安装在汽车尾部，有两个传感器用于发射超声波信号，另两个用于接收受到阻挡而返回来的信号 显示器（或蜂鸣器）用于显示超声波传感器检测到的障碍物的距离，采用蜂鸣器进行报警，这两个部件与控制器共同构成了倒车雷达。倒车雷达通常采用超声波测距原理，传感器在控制器的控制下发射超声波，当遇到障碍时，产生回波信号。传感器接收到回波信号后，经控制器进行数据处理，并判断出障碍物的位置，显示距离并发出其他警示倒车雷达信号，从而达到安全泊车的目的

② 超声波传感器的原理框图见表 8-19。

表 8-19 超声波传感器的原理框图

项目	具体说明
倒车雷达原理框图	右图所示为倒车雷达工作原理示意图。MCU（Microprocessor Control Unit）通过预定的程序设计，控制相应电子模拟开关驱动发射电路，使超声波传感器工作 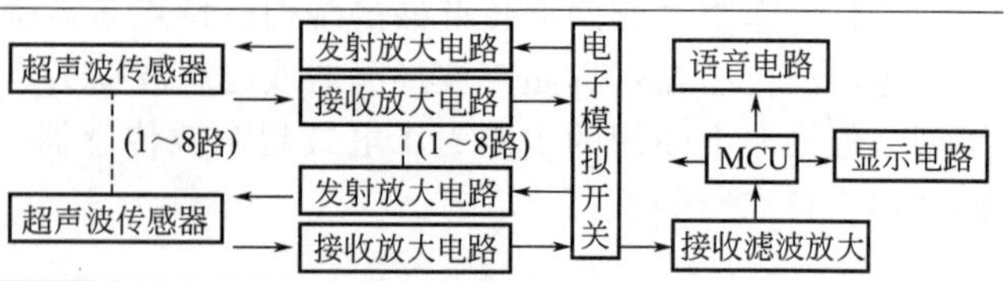

续表

项目	具体说明
原理框图说明	超声波回波信号通过专有的接收滤波放大电路进行处理后，由 MCU 的 I/O(输入/输出)端口对其进行检测。当全部传感器工作完成后，由系统通过特定的算法得出最近的距离，并驱动显示电路工作，来提醒驾驶员最近的障碍物距离和方位

(3) 倒车雷达超声波传感器的工作原理

以超声波传感器为核心构成的倒车雷达能以声音或更为直观地显示告知驾驶员周围障碍物的情况，解除驾驶员倒车时左右探视所引起的困扰，提高倒车安全性。表 8-20 列出了倒车雷达超声波传感器的工作原理。

表 8-20 倒车雷达超声波传感器的工作原理

项目	具体说明
工作原理	右图所示为倒车雷达超声波传感器的工作原理示意图。它是利用超声波传感器产生的超声波对车后发射，如在一定范围内碰到物体，就有反射波返回发射源(超声波传感器的表面)，主机利用发射波和反射波之间的延迟时间和声波速度就能够测得距离 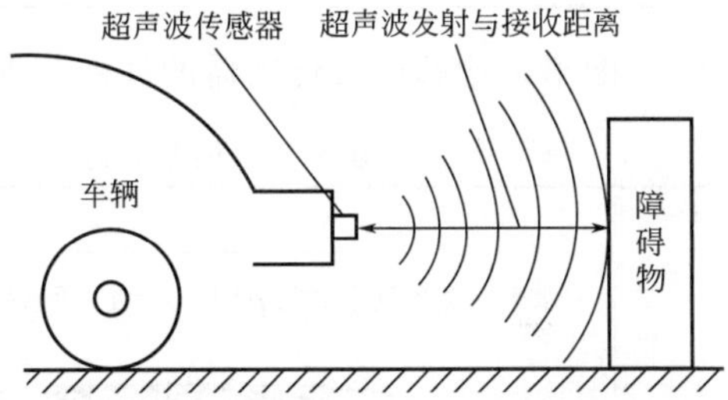
发射原理	当车辆处于倒车状态时，倒车雷达开始启动，控制器控制超声波传感器发射超声波信号后，再检测超声波的回波信号。超声波的发射是由控制器发射一串脉冲信号，经放大电路放大后，通过超声波传感器发射出去
接收原理	当超声波发射完成后，控制器立即检测是否有经障碍物反射回来的超声波信号，通过主机上的滤波电路，并计算发射的时间，利用以下公式就可以计算出障碍物的距离 $S=\frac{TV}{2}$ 式中，S 表示障碍物的距离；T 表示发射/接收的时间差；V 表示音速

(4) 倒车雷达超声波传感器的特性参数

倒车雷达超声波传感器的频率目前常用的有 40kHz、48kHz、58kHz 等。特性参数主要为工作频率、性能与高度、仰角关系。

① 倒车雷达超声波传感器的工作频率特性见表 8-21。

表 8-21 倒车雷达超声波传感器的工作频率特性

项目	具体说明
类型说明	不同频率的倒车雷达超声波传感器其侦测范围也不一样，由此可以满足不同车型的需要。选用时，应根据实际情况选择合适频率的超声波传感器
侦测范围示意图	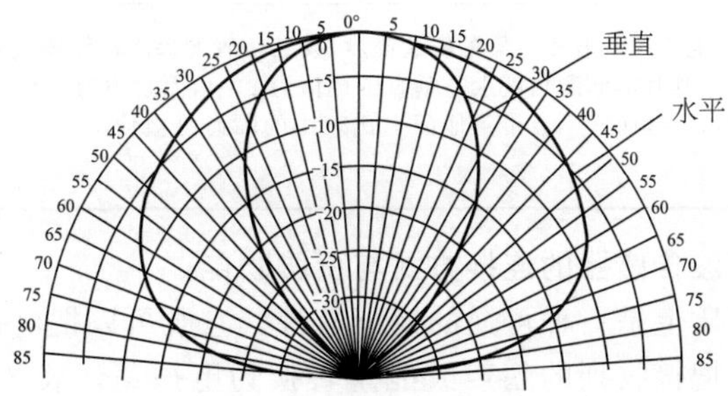 (a) 频率为40kHz的传感器

续表

项目	具体说明
侦测范围示意图	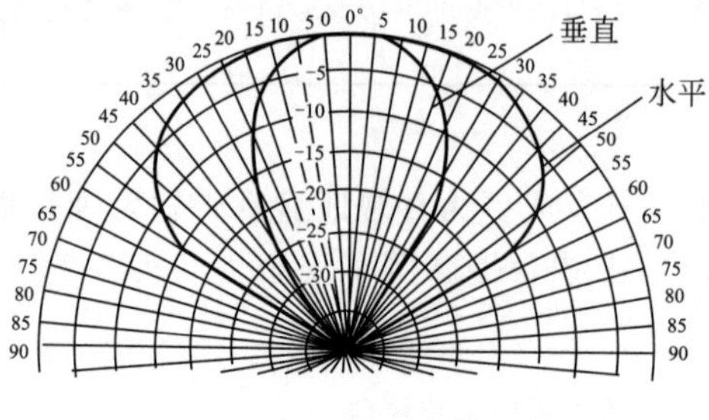 (b) 频率为48kHz的传感器 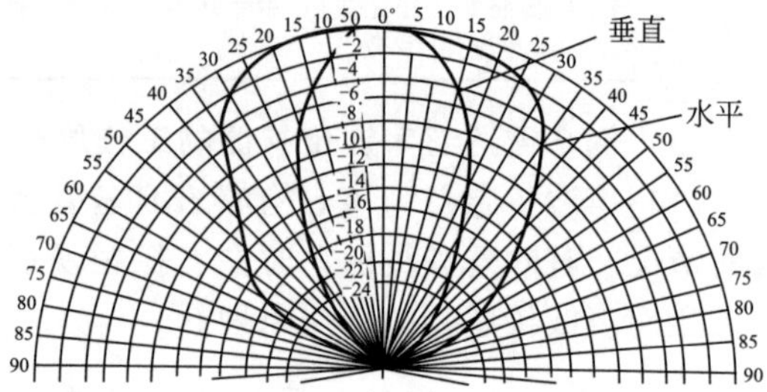 (c) 频率为58kHz的传感器

② 倒车雷达超声波传感器的性能与高度、仰角关系见表 8-22。

表 8-22　倒车雷达超声波传感器的性能与高度、仰角关系

项目	具体说明
探测角度	水平探测角度示意如右图(a)所示，垂直探测角度示意如右图(b)所示 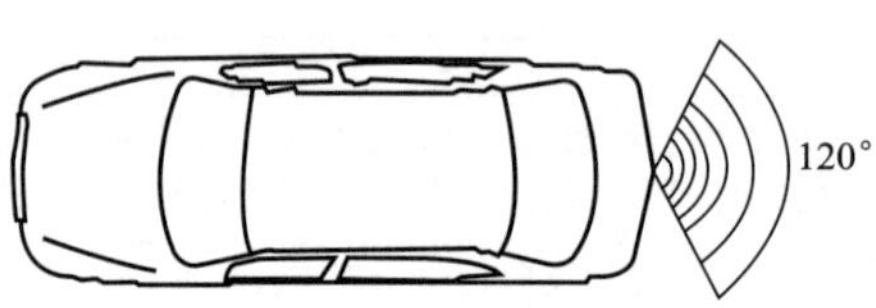 (a) 水平探测角度示意图 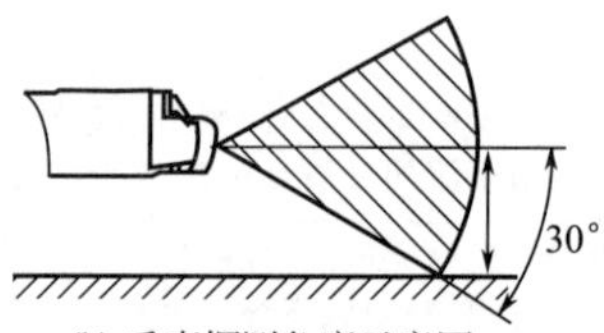 (b) 垂直探测角度示意图
探测距离示意图	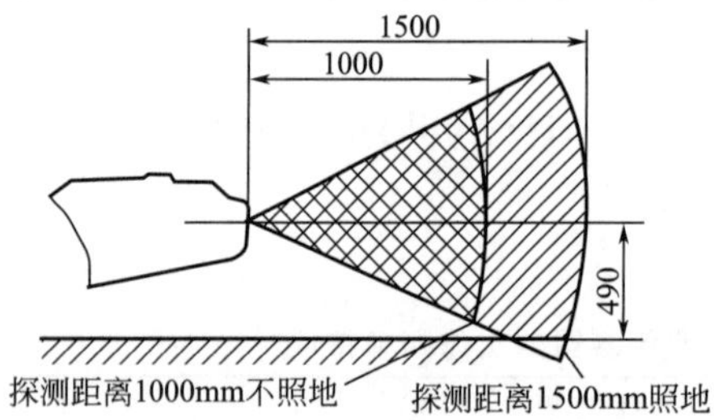 (a) 相同安装高度，探测距离较远易照地 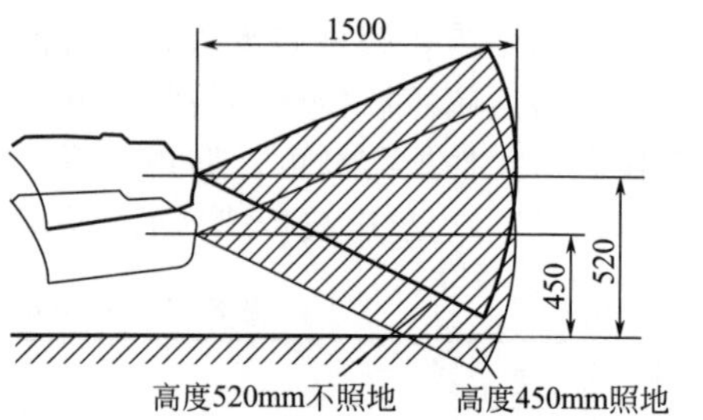 (b) 相同探测距离，安装高度较低易照地
安装说明	倒车雷达的性能与超声波传感器的安装高度、安装位置的保险杠仰角关系最为密切。由上述传感器的原始特性，可以了解到其基本侦测角度水平垂直的比值为 2∶1，而且约为 120°∶60° 在实际应用上，一般而言不会希望地面上比较小的障碍物被侦测到，或是在不平整的碎石头路面有“误动作”的发生

(5) 压电式超声波传感器的连接方式与引脚功能

超声波传感器实质上是一种可逆的换能器件，它既可以把电振荡的能量转换为机械振荡形成超声波，又可以把接收到的超声波能量转换为电振荡。表 8-23 列出了其与控制单元之间的连接方式与引脚功能。

表 8-23 压电式超声波传感器与控制单元之间的连接方式与引脚功能

项目	具体说明
连接电路	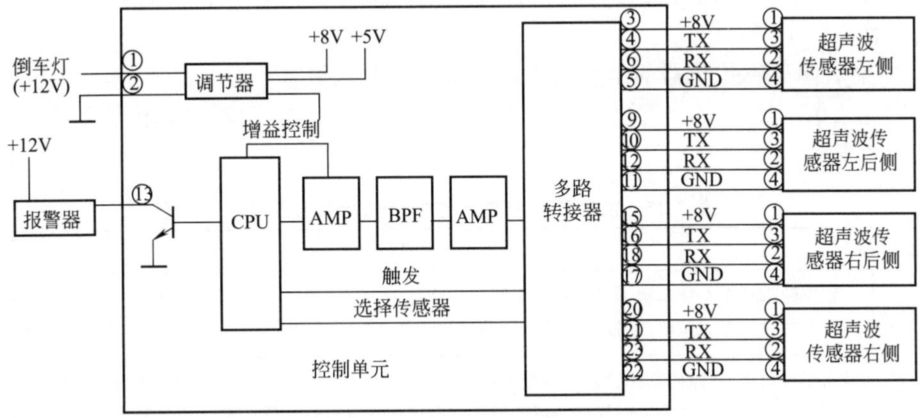
示意图与引脚功能说明	上图所示为汽车倒车压电式超声波传感器与电子控制单元之间的连接方式示意图，现代伊兰特轿车就采用该电路。整个系统通常由控制单元、检测障碍物的超声波传感器、发出报警音的报警器等部件组成。这类传感器的引脚1为+8V供电电压输入端，该供电来自电子控制单元；引脚2(TX)为发射信号控制端；引脚3(RX)为接收信号输出端；引脚4为搭铁端，通过电子控制单元内部电路搭铁

(6) 压电式超声波传感器的通用检测与维修方法

对压电式超声波传感器的检测方法较多，既可以利用其本身的故障诊断模式（通常采用蜂鸣器提示音进行提示）进行故障诊断，也可以采用检测的方法进行判断。表8-24列出了几种检测、判断压电式超声波传感器好坏的方法。

表 8-24 几种检测、判断压电式超声波传感器好坏的方法

项目	具体说明
经验判断	让汽车进入倒车工作状态，将耳朵贴近超声波传感器表面，仔细听是否有轻微的"滴答"声，可与正常传感器的声音进行比较，如果响声正常，说明传感器电源正常，然后检查传感器与控制器之间的信号连接线路是否有问题，可用万用表测电阻来进行判断
供电检测	在断开压电式超声波传感器连接插接件的情况下，接通点火开关，采用万用表电压挡分别检测与传感器断开的插接件的①与④端脚之间的工作电压(该电压车型不同而不一样，大多为8V，也有的为12V或5V的)。如果均检测不到电压，应重点检查从倒车挡开关处提供给控制单元的蓄电池电压是否正常
波形检测	对于压电式超声波传感器本身的好坏，则可以采用示波器检测其发射端脚TX与接收端脚RX上的电压波形是否正常来进行判断。但要在确认线束连接完好的情况下，车辆挂入倒车挡，利用背查法来进行。右图所示为发射端脚与接收端脚上的信号波形示意图，供检测时参考 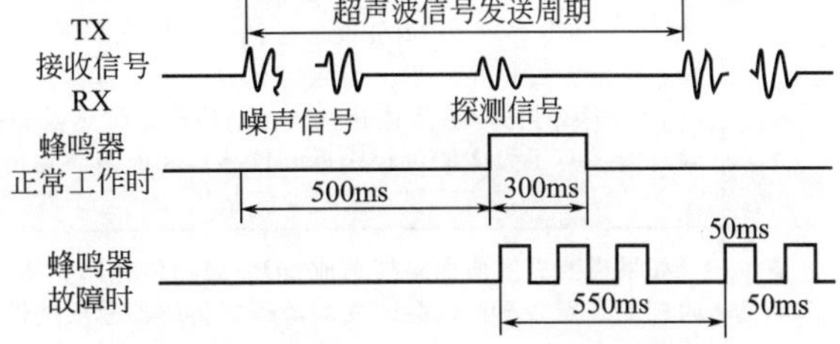

(7) 别克荣御轿车双驻车辅助系统前后障碍物传感器的检测与维修

别克荣御（Royaum）轿车装配了双驻车辅助系统（DPA），该系统用于在低速操纵车辆（如驻车）过程中以报警音提醒驾驶员注意车辆前方（或后方）障碍物，以此来提高行车的安全性。

① 前后障碍物传感器的结构特点与原理、探测区域。

别克荣御（Royaum）轿车双驻车辅助系统（DPA）前后障碍物传感器有 8 个，前后保险杠中各安装 4 个。表 8-25 列出了前后障碍物传感器的结构特点与原理、探测区域。

表 8-25 前后障碍物传感器的结构特点与原理、探测区域

项目	具体说明
结构特点	别克荣御轿车双驻车辅助系统前后保险杠的蒙皮中各装有 4 个障碍物传感器总成。每个传感器都作为超声波脉冲发射器和接收器，接收到的电脉冲（回波）经过放大、处理，然后作为数字信号返回到控制模块
原理	当系统启动后，障碍物传感器相继发射短超声波脉冲，然后接收从测量范围内障碍物反射的回波。控制模块利用来自 1 个或多个障碍物传感器的回波数据计算障碍物的距离。相应的报警器会发出间歇报警音，提醒驾驶员在系统有效范围内探测到了障碍物。前报警器通知驾驶员障碍物位于车辆前方，而后报警器通知驾驶员障碍物位于车辆后方。随着离障碍物越来越近，报警音的频率将增高，并在障碍物距车辆后部约 30cm 时变成连续音
探测区域	安装在保险杠中的前后障碍物传感器，因布置位置的原因使其各自的波形略有重叠，如右图所示，由此可以使整个探测区域的覆盖范围处于最佳状态。最大探测距离由控制模块软件设置为 150cm 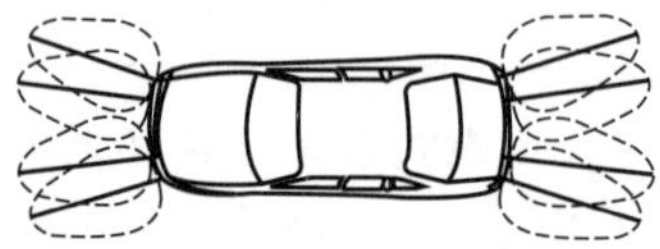

② 拆卸与安装。

别克荣御轿车双驻车辅助系统前后障碍物传感器总成的拆卸与安装有一定的技巧，具体情况如下所述。

a. 前障碍物传感器的拆卸与安装见表 8-26。

表 8-26 前障碍物传感器的拆卸与安装

项目	具体说明
拆卸与安装特点	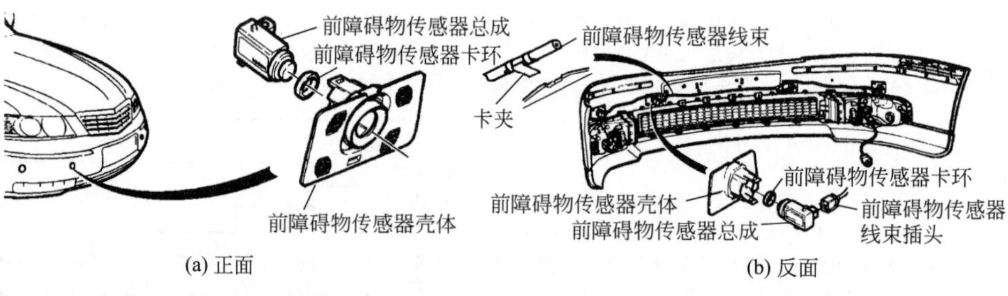 (a) 正面 (b) 反面 4 个前障碍物传感器总成安装在前障碍物传感器壳体中，如上图所示，壳体采用超声波焊接技术焊接在前保险杠上。有了壳体便可轻松拆卸传感器和前障碍物传感器卡环
注意事项	如果需要更换前保险杠总成，前障碍物传感器壳体必须更换。新的壳体可采用专门的胶黏剂固定在新的保险杠上。安装不正确会改变前障碍物传感器总成的性能

b. 后障碍物传感器的拆卸与安装见表 8-27。

表 8-27 后障碍物传感器的拆卸与安装

项目	具体说明
拆装特点	4 个后障碍物传感器总成安装在后障碍物传感器壳体中，壳体热固在后保险杠上。有了壳体便可轻松拆卸传感器和后障碍物传感器卡环，参见上述的前障碍物传感器总成示意图
注意事项	如果需要更换后保险杠总成，则切掉 4 个热固点后就可从保险杠蒙皮上拆卸未损坏的壳体。拆下的壳体可用烙铁热固到新的蒙皮上，但如原壳体已损坏，则只能更换新壳体

c. 需要说明的问题。用于更换障碍物传感器总成的配件，在供货时已预先漆成车身颜色，更换后不需要进行涂漆，否则会影响障碍物传感器的性能。

③ 故障诊断与维修。

双驻车辅助系统具有自诊断功能，由此可以帮助确定故障部位。表 8-28 列出了障碍物传感器故障的诊断与维修方法。

表 8-28 障碍物传感器故障的诊断与维修方法

<table>
<tr><th>项目</th><th colspan="7">具体说明</th></tr>
<tr><td>连接电路</td><td colspan="7">图 8-1 所示为别克荣御轿车双驻车辅助系统 8 个障碍物传感器与控制模块(A98)之间的连接方式，供检测故障时参考</td></tr>
<tr><td rowspan="4">自诊断</td><td>进入自诊断模式的步骤</td><td colspan="6">按下双驻车辅助系统检测开关→接通点火开关，但不要启动发动机→按住双驻车辅助系统检测开关达 5s，如果系统有故障，则此时报警器就会有报警音发出，不同的报警音表示不同的故障，具体情况见表 8-29 中所列。一般先报告车辆前部传感器的故障，然后才报告车辆后部传感器的故障。当系统处于自诊断模式时，故障内容会不停地重复报告</td></tr>
<tr><td rowspan="3">说明</td><td colspan="6">在进行自诊断时，车辆所有传感器周围至少 50cm 的区域内不能有障碍物存在。报警音与故障部位的对应关系见表 8-29 所列，该表中各有关词语的含义说明如下</td></tr>
<tr><td>词语</td><td>开始</td><td>结束</td><td>启动</td><td>间隔</td><td>停止</td></tr>
<tr><td>含义</td><td>声音启动 3s，然后停止 1s</td><td>声音停止 2s</td><td>声音启动 1s</td><td>间隔因(0.5s 启动，0.5s 停止)</td><td>声音停止 1s</td></tr>
<tr><td>检测与维修</td><td colspan="7">当采用自诊断读取了故障的可能部位以后，进一步就可以对有关部位进行检测了。通常主要是依据图 8-1 所示的连接电路，采用万用表检测传感器或与传感器有关的各个部件的供电或搭铁情况，连接导线之间的绝缘情况，以及连接导线两端间的导通情况，如果均没有查出问题，则要重点对传感器进行检查</td></tr>
</table>

表 8-29 报警音与故障部位的对应关系

报警音	连续循环音，3s 启动、3s 停止(只有开始和结束音)	开始 启动 停止 结束	开始 启动 停止 启动 停止 结束	开始 启动 停止 启动 停止 启动 停止 结束	开始 启动 停止 启动 停止 启动 停止 启动 停止 结束	开始 间隔 间隔 间隔 结束
故障情况	没有故障	左传感器故障	左中传感器故障	右中传感器故障	右传感器故障	发动机控制模块故障

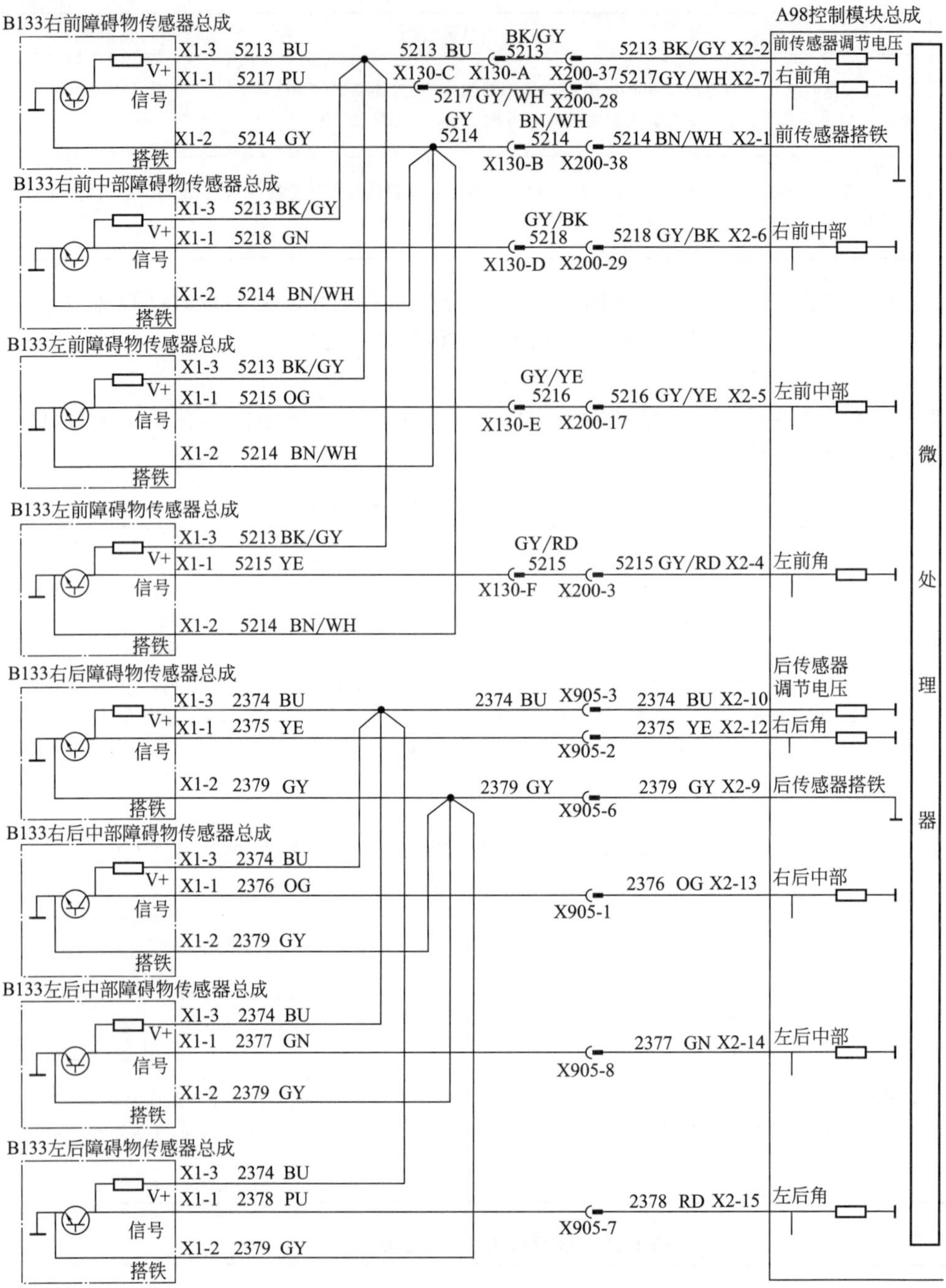

图 8-1　双驻车辅助系统 8 个障碍物传感器与控制模块（A98）之间的连接方式

8.3　雷达传感器

RADAR（雷达传感器），是 RAdio Detection And Ranging 首字母的缩写，意为电磁波探测与目标定位。

(1) 雷达传感器概述

由于雷达传感器与超声波传感器、红外线传感器相比受环境的影响较小，而且可以透射非金属材料，故非常适用于作为车辆防撞探测机动车的传感器。

① 雷达传感器的外形与安装位置见表 8-30。

表 8-30 雷达传感器的外形与安装位置

项目	具体说明
外形与安装位置示意图	 (a) 外形 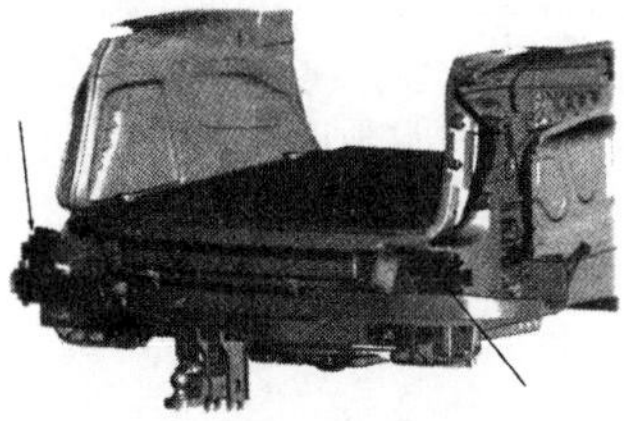 (b) 安装位置
示意图说明	图(a)所示为雷达传感器与控制模块的外形示意图。图(b)所示为该传感器的安装位置示意图。雷达传感器与换道辅助系统控制单元微处理器集成在一起形成了模块封装方式。其中，右侧雷达传感器与主控制单元J769集成在一起(以大众系列车型为例，如奥迪 Q7 等轿车，以下均同，不再重述)，用于对车辆右侧的区域进行探测；左侧雷达传感器与副控制单元 J770 集成在一起，用于对车辆左侧的区域进行探测。这就形成了两个组件，这两个组件安装在车辆保险杠处罩板上。为了防止雨水的侵蚀，采用了罩板遮盖式密封安装方式

② 雷达传感器的天线与数字信号处理电路见表 8-31。

表 8-31 雷达传感器的天线与数字信号处理电路

项目	具体说明
雷达传感器的天线	雷达传感器的天线电路板集成在换道辅助系统控制单元模块内，分为发射天线与接收天线两部分，如右图所示。通过连接接插件与其他电子控制电路进行连接。其中，发射天线由 40 个方形铜片(也称为贴片)基板构成，3 个接收天线主要由 8 个或 16 个方形铜片构成 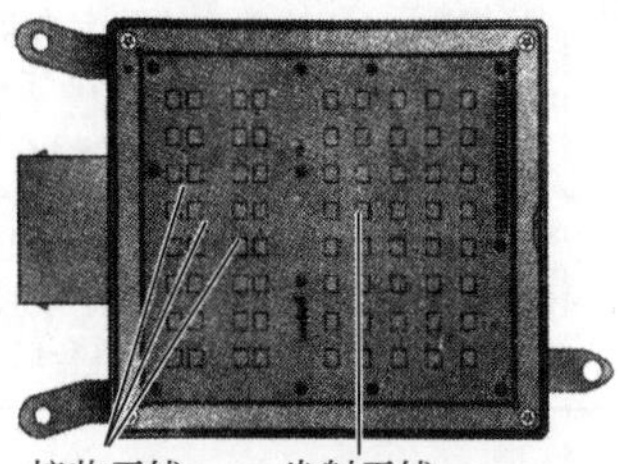
雷达传感器内部的数字信号处理电路	雷达传感器内部的数字信号处理电路主要用来解析接收天线接收到的反射波的物理特性，据此计算出反射对象的大小、位置与速度。这些信号提供给换道辅助系统作为识别变换行车道时的报警控制信号。一旦识别到可能发生交通危险时，系统就会发出图像提示或声音报警

③ 雷达传感器的探测原理见表 8-32。

表 8-32 雷达传感器的探测原理

项目	具体说明
工作原理	雷达传感器是通过探测静止物体的距离和角度来识别其位置的。对于移动的物体来说，可以探测到运动物体当前的位置、速度和移动方向。其工作原理如下 正常工作时，雷达传感器先向外发射高频电磁射线，也就是向外发射微波，该信号遇到物体后就会有信号反射回来，雷达传感器接收到反射回来的信号，经有关电路分析判断，就可以得到物体与车辆之间的距离
说明	由于物体的反射特性各不相同，金属物体能够很好地反射微波射线，而塑料则几乎能够完全透射微波射线。因此，通过雷达传感器可以非常有效地探测机动车的位置

④ 雷达传感器探测的区域见表 8-33。

表 8-33 雷达传感器探测的区域

项目	具体说明	
探测区域示意图	雷达传感器探测的区域可以用右图来表示。在车辆的每一侧均有一个监控区域，每一个监控区域都由一个后部区域与一个侧面区域组成	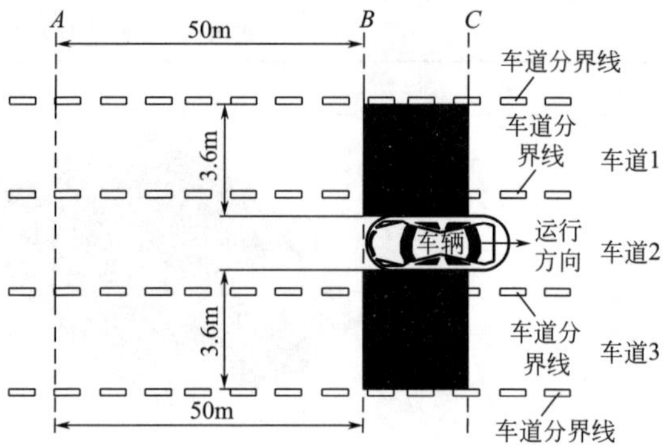
探测区域说明	后部探测区域	后部探测区域是从车辆后边缘开始向后延伸约 50m，相当于 A 线段与 B 线段之间的区域
	侧面探测区域	侧面探测区域是从车辆后部边缘开始延伸到 C 处为止，也就是 B 线段与 C 线段之间的深色区域，该区域也就是两个约为 3.6m 的区域

⑤ 雷达传感器探测区域说明见表 8-34。

表 8-34 雷达传感器探测区域说明

项目	具体说明
弯曲道路探测区域情况	在探测区域示意图中（见表 8-33 中的图）是指车辆行驶在一条直线道路上的情况。当车辆在弯曲的道路上行驶时，由于换道辅助系统的使用条件是道路的曲率半径必须大于约 170m，一旦道路的曲率半径小于 170m 限值时，换道辅助系统就会自动关闭而停止工作，这主要是由于此时雷达发射的射线已经无法继续探测整个 50m 的后部监控区域。由于换道辅助系统的关闭限值具有 30m 的滞后特性，也就是说，当换道辅助系统由于道路的曲率半径过小关闭后，只有当道路的曲率半径增加到 200m 以上时，系统才会重新启动工作
曲率计算依据	换道辅助系统控制单元是根据 ABS 控制单元 J104 提供的偏航角速率和各个车轮速度计算行驶道路曲率的。在转弯时，换道辅助系统控制单元利用其内部预先存储的软件将弯道监控区域模拟为直线行驶道路。由此就可以将车轮直线道路行驶和弯道行驶时的计算方法与判断基础保持一致

（2）雷达传感器的调整

以奥迪 Q7 车型多媒体可视防撞图声报警系统的换道辅助系统为例，来说明雷达传感器的调整方法。

① 需要调整的几种情况与调整工具见表 8-35。

表 8-35 需要调整的几种情况与调整工具

项目	具体说明
需要调整的几种情况	由雷达传感器组成的换道辅助系统能否正常工作，通常还与雷达传感器的正确位置有关，包括雷达传感器的高度、水平角度等，如果车辆出过事故，后部发生过碰撞、更换过保险杠及其相关支架，或者由于故障更换过系统部件后，使雷达传感器的位置发生了变动等，就有可能对后方车辆进行错误的探测，因此就会影响判断的准确性。对此，均需要对雷达传感器系统进行调整
调整工具	为了方便雷达传感器的调整，奥迪公司开发了一些很实用的工具，主要有采用多普勒原理的校准面板 VAS 6350、车轮定心件 VAS 6350/1，以及采用激光测量技术的测量装置 VAS 6350/2。该校准面板既适用于校准换道辅助系统的雷达传感器，也适用于校准倒车摄像机

② 雷达传感器的调整方法见表 8-36。

表 8-36 雷达传感器的调整方法

项目	具体说明
正确定位校准面板	这一步主要是正确定位校准面板，然后将校准面板以规定的距离对准两个后车轮。校准时，先采用专用的装置将车轮定心件(也称为“叶片”)安装到车轮螺母上。活动的叶片在重力的作用下垂直对准地面
正确对准面板	再利用电子测量仪将校准面板的两侧调节到规定的距离，而后采用位于校准板中央的激光划线装置，将校准面板与汽车中心纵轴对准，但不要改变已经设置好的间距。激光在车尾形成一条垂直的虚线，如果面板已经正确对准，车尾的奥迪徽标会正好被激光线分为两等分
校准方法	结束上述对准以后，即可通过诊断测试仪进行校准。校准过程由内部电路自动进行。安装在校准面板上的黑色圆圈仅用于校准倒车摄像机。校准雷达传感器时，是使用所谓的“多普勒原理”。它利用旋转的风扇叶轮模拟移动的物体，其标准位置厂家预先已经存储在存储器之中。控制系统在进行自动校准时，是将检测到的实际位置与标准位置进行比较，然后将差值计算并转化为修正值，供系统进行自动校准时使用

8.4 角位传感器

在汽车 EPS 系统、 EPHS 系统、 ESP 系统、电子悬架系统中使用了一些与角位有关的传感器，如转矩传感器、转 (向)角传感器、偏航率传感器等。汽车 EPS 系统使用的角位传感器主要为转矩传感器，转 (向)角传感器在 EPHS 系统、 ESP 系统、电子悬架系统中均有应用，偏航率传感器主要用在 ESP 系统中。几种缩写字母的含义见表 8-37。

表 8-37 几种缩写字母的含义

项目	具体说明
EPS	EPS 是英文 Electronic Power Steering 首字母的缩写，其含义为电子控制电动助力转向系统
EPHS	EPHS 是英文 Electrically Powered Hydraulic Steering 首字母的缩写，其含义为电控液压助力转向系统，又称为车速感应式电液动力转向系统
ESP	ESP 是英文 Electronic Stability Program 首字母的缩写，其含义为电子稳定程序(或系统)

(1) 角位传感器概述

角位传感器的类型与特点见表 8-38。

表 8-38 角位传感器的类型与特点

项目		具体说明
类型		角位传感器主要有滑动电阻式、光电耦合式、磁感应式、霍尔式、各向异性磁阻式等多种，实际上就是接触式和非接触式两大类，最常见的主要为滑动电阻式、光电耦合式，这两种转向传感器的主要特点如下所述
特点	滑动电阻式	滑动电阻式转向传感器根据不同转角处滑动电阻的阻值不同，输出不同的电压值，但属于模拟信号
	光电耦合式	光电耦合式转向传感器是通过光电耦合产生脉冲信号，由 3 个脉冲输出共同决定转角大小和转动的方向。光电耦合编码器是这类传感器中产生脉冲信号的部分

(2) 转矩传感器

① 非接触式磁电转矩传感器的外形与特点见表 8-39。

表 8-39　非接触式磁电转矩传感器的外形与特点

项目	具体说明	
外形示意图	右图所示为非接触式磁电转矩传感器的结构示意图，该类传感器有一对磁极环，当输入轴与输出轴之间发生扭转角度时，磁极环之间的空气间隙发生变化，进而引起电磁感应系数的变化，并将其转换为电压信号提供给 EPS ECU 电路	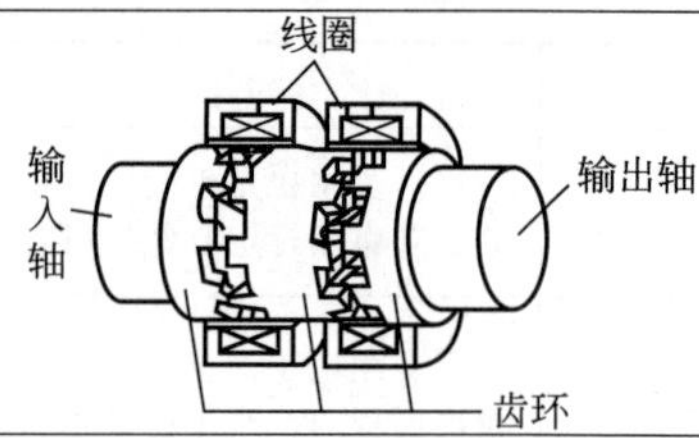
特点	电动助力转向系统中的非接触式转矩传感器的优点是体积小、精度高，但其生产成本较高	

② 接触式转矩传感器的外形与安装位置见表 8-40。

表 8-40　接触式转矩传感器的外形与安装位置

项目	具体说明	
外形示意图	右图所示为接触式转矩传感器的结构示意图。接触式转矩传感器主要由扭杆、电位计、滑块、环、钢珠、球套等组成。钢珠固定在由输入轴外侧和滑块内侧共同形成的螺旋球道内。滑块相对于输入轴可以在螺旋方向移动。同时，滑块通过一个销子安装在输出轴上，使其只可以相对于输出轴在轴线方向移动。昌河北斗星系列轿车电子控制电动助力转向 EPS 控制系统就采用这类传感器	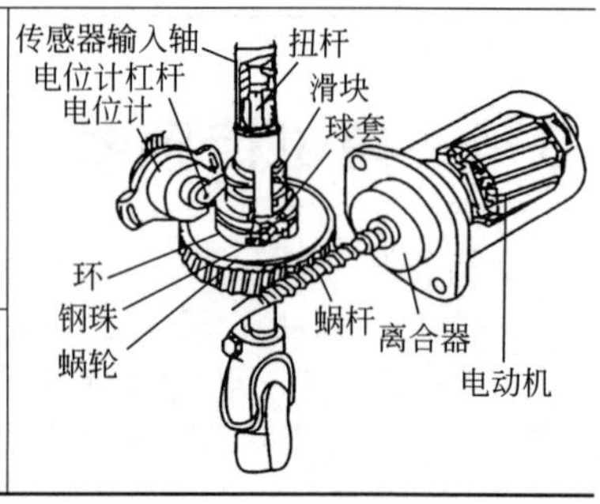
安装位置	接触式转矩传感器通常安装在转向轴上，用来检测转向盘操作力的大小和方向，然后将其变换为相应的电压值提供给 EPS ECU	

③ 接触式转矩传感器工作原理见表 8-41。

表 8-41　接触式转矩传感器工作原理

项目	具体说明
工作原理	根据接触式转矩传感器的结构可以看出，当转动转向盘时，输入轴相对于输出轴转动，滑块就会在轴线方向移动；同时，滑块通过其外表面的槽带动电位计的杠杆沿杠杆的轴线方向转动。这样，电位计里的触针就会随着在电位计上滑动。转向力矩越大，扭杆变形越大，电位计的杠杆转动角度就越大。接触式转矩传感器就会将转向盘的力矩和方向信号变换为电位计的电压信号，提供给电子控制单元(ECU)
工作特点	接触式转矩传感器内设置两个电位计，用于同时向 EPS ECU 输送主、辅信号，EPS ECU 对这两个信号进行对比，以确认转矩信号是否正确。设置两个电位计的目的，主要是为了保证接触式转矩传感器信号的可靠性

④ 接触式转矩传感器的连接电路与输出特性见表 8-42。

表 8-42　接触式转矩传感器的连接电路与输出特性

项目	具体说明	
连接电路	右图所示为转矩传感器与电子控制单元(ECU)之间的连接方式示意图。该传感器有 4 个引脚。端脚 R 为供电电压输入端，该电压来自电子控制单元(ECU)的 A 插件③脚，约为＋5V；端脚 W 为传感器主信号输出端，输出的信号提供给 ECU 的 A 插件⑧脚，该脚电压约为 2.5V；端脚 G 为传感器搭铁端，通过 ECU 内部搭铁，该脚电压为 0；端脚 B 为传感器主信号输出端，输出的信号提供给 ECU 的 A 插件⑩脚，该脚电压约为 2.5V	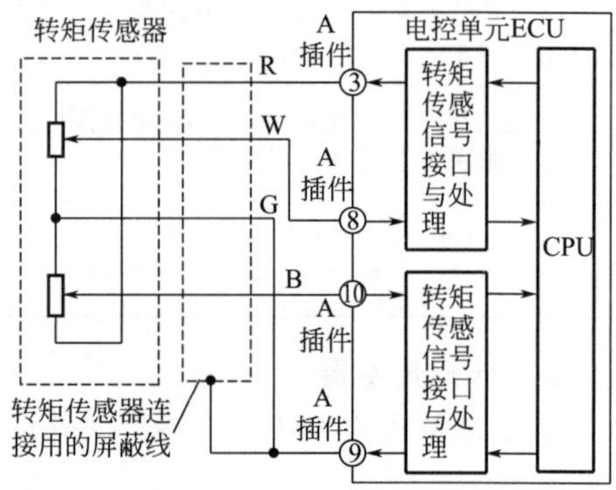

续表

项目	具体说明
输出特性	转矩传感器转矩杆的扭转有一个固定的角度，而且由于采用蜗轮、蜗杆机构，故而可使转矩传感器的检测精度得以提高。转矩传感器的输出特性（电动机电压与转角的关系）可由右图所示的曲线来表示 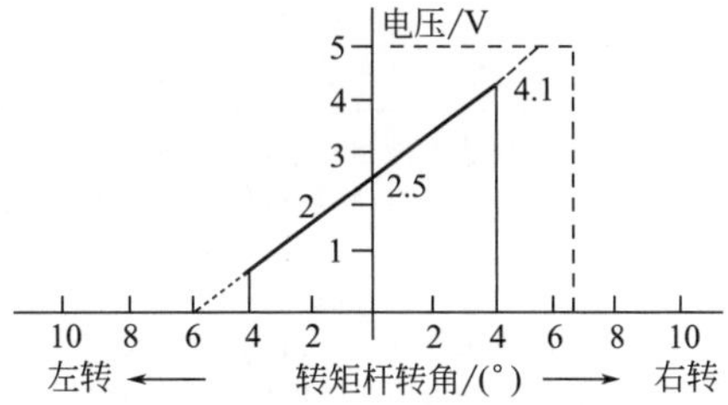

⑤ 扭杆式转矩传感器的功能与工作特点见表 8-43。

表 8-43 扭杆式转矩传感器的功能与工作特点

项目	具体说明
功能	应用于 ESP 系统的扭杆式转矩传感器，主要功能是检测转向盘的操纵方向和操纵力矩的大小
工作特点	扭杆式转矩传感器属于接触式转矩传感器，必须通过电位计杠杆上的小轴承与滑套电位计导槽上边缘部分紧密接触，跟踪滑套行程的变化，来检测转向的实时状态

⑥ 扭杆式转矩传感器的组成与输出特性见表 8-44。

表 8-44 扭杆式转矩传感器的组成与输出特性

项目	具体说明
组成与输出特性示意图	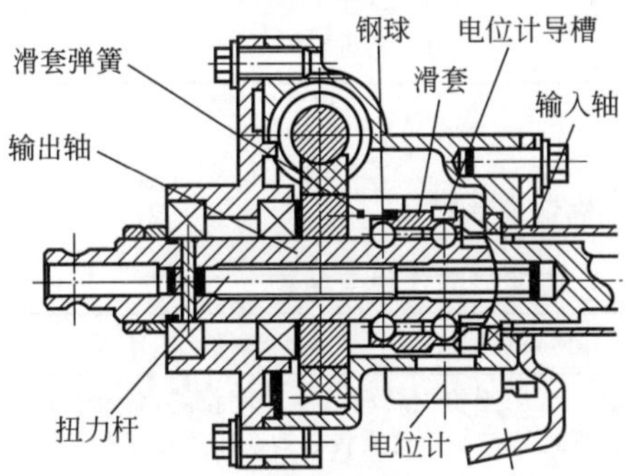 (a) 结构 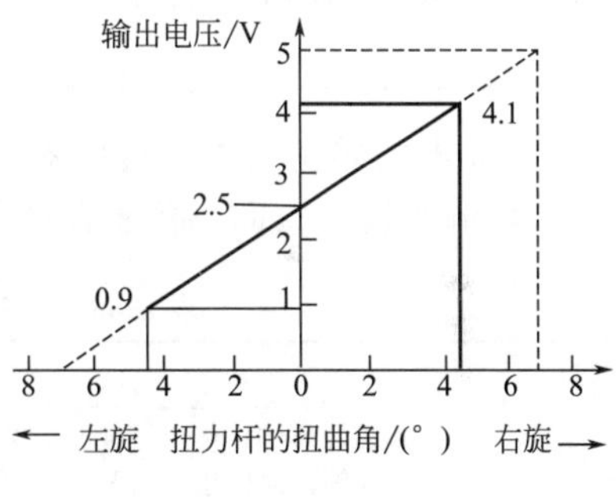 (b) 输出特性
说明	图(a)所示为扭杆式转矩传感器的结构示意图，主要由扭力杆、转角-位移变换器以及电位计等组成。其中，电位计的电阻值通常为 1.1kΩ±0.22kΩ，独立线性为 1%。为保证转矩传感器信号的可靠性，该传感器内部设置了 2 组电位计，向 ECU 同时输送主、辅信号，ECU 把主、辅信号进行对比，以判断转矩信号的正确性。图(b)所示为转矩传感器的输出特性曲线示意图，该曲线与接触式转矩传感器的输出特性基本相同

⑦ 扭杆式转矩传感器组成件的作用见表 8-45。

表 8-45 扭杆式转矩传感器组成件的作用

项目	具体说明
扭力杆	扭力杆的主要作用是检测驾驶员作用在转向盘上的转矩，并将其转换为相应的转角值
转角-位移变换器	转角-位移变换器为一对螺旋机构，由钢球、螺旋槽（在输出轴上，用于放置钢球等）和滑套等组成，主要作用是把扭力杆两端的相对转角的变化转化为滑套的轴向位移

⑧ 扭杆式转矩传感器主要部件安装特点与检测原理见表 8-46。

表 8-46 扭杆式转矩传感器主要部件安装特点与检测原理

项目	具体说明
主要部件安装特点	扭杆式转矩传感器的滑套相对于输入轴可以在螺旋方向移动，同时滑套通过钢球安装在输出轴上，可以相对输出轴在垂直方向上移动
检测原理	当输入轴相对于输出轴转动时，滑套按照输入轴的旋转方向和相对于输出轴的旋转量垂直移动。当转动转向盘时，转矩被传递到扭力杆，输入轴相对于输出轴方向出现偏差。该偏差使滑套出现轴向移动，滑套上的电位计导槽带动电位计杠杆使扭杆式转矩传感器旋转，电位计里的触针便随之在电阻片上移动而使电位计的电阻值随之变化，电阻的变化通过电位计转换为电压。这样，转矩信号就转换为电压信号，转向力矩越大，扭力杆变形越大，电位计的杠杆转动角度就越大。由此转矩传感器将转向盘的力矩和转向信号转换为电位计的电压信号，并传送给 ECU

⑨ 扭杆式转矩传感器的工作过程见表 8-47。

表 8-47 扭杆式转矩传感器的工作过程

项目	具体说明	图示
右转	当转向盘右转时[如图(a)所示]，滑套向下垂直运动，电位计上的杠杆朝箭头方向顺时针方向旋转	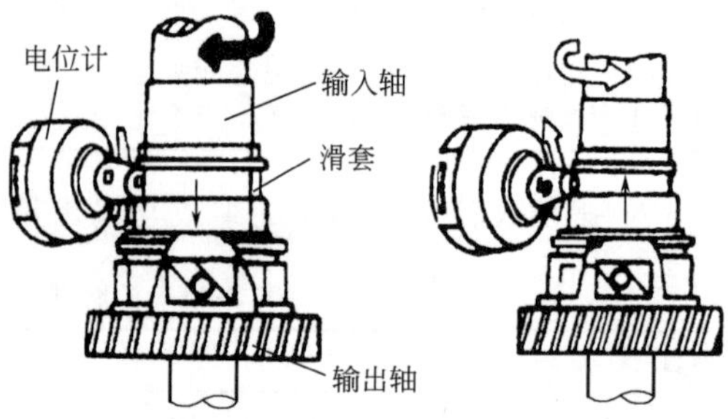 (a) 转向盘右转 (b) 转向盘左转
左转	当转向盘左转时[如图(b)所示]，滑套和电位计的变化与右转刚好相反。向下垂直运动，电位计上的杠杆朝箭头方向顺时针方向旋转	

(3) 光电式转角（向）传感器

① 光电式转角（向）传感器的作用与结构见表 8-48。

表 8-48 光电式转角（向）传感器的作用与结构

项目	具体说明
作用	光电式转角(向)传感器通常安装在转向开关总成上，用于检测转向盘的中间位置、转动方向、转向角度和转动速度等转向信息，供相关控制单元对有关执行器进行控制。这类传感器在车辆稳定控制系统、电子悬架系统中、电子控制电动助力转向系统中均有应用
外形与结构示意图	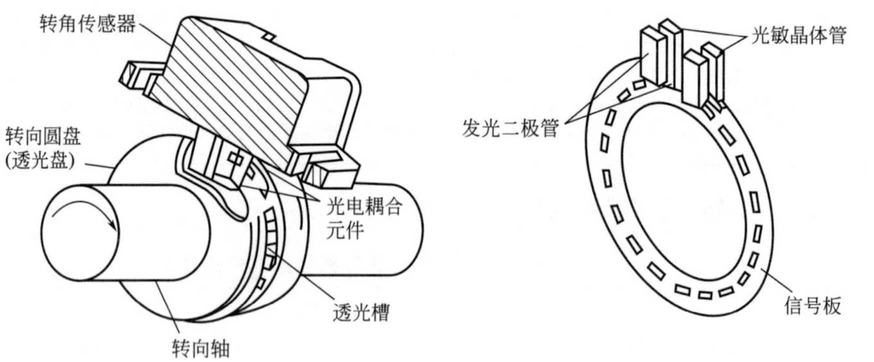 (a) 外形 (b) 结构
结构示意图说明	图(a)所示为汽车转向盘光电式转角传感器的典型外形示意图，安装在转向轴管上，对于电子悬架系统来说，用于 ECU 来对车身的侧倾进行控制。图(b)所示为该传感器的结构示意图，主要由有槽信号盘和光电传感器组成

续表

项目	具体说明
工作特点	以悬架系统为例，正常工作时，转向传感器有槽信号盘随方向盘一起转动，在光电传感器中产生通、断信号，悬架控制 ECU 根据传感器送来的信号确定转弯方向和角度。当检测的方向盘转角和转弯方向大于设定值时，ECU 使减振力和弹簧刚度增加

② 光电式转角（向）传感器光电元件的工作情况见表 8-49。

表 8-49 光电式转角（向）传感器光电元件的工作情况

项目	具体说明
光电元件结构原理示意图	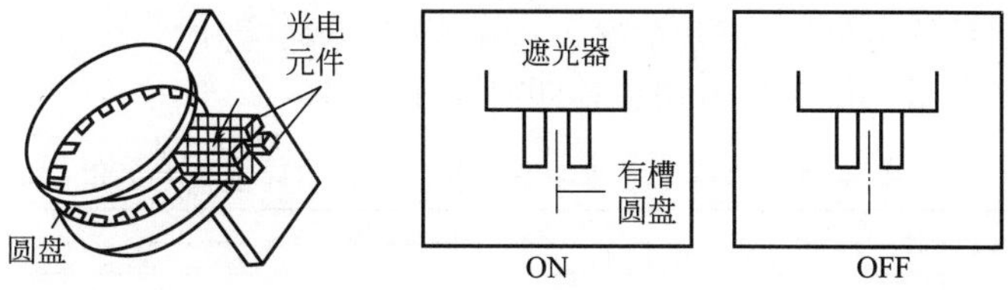 (a) 光电元件结构 (b) ON状态 (c) OFF状态
光电工作原理	图(a)所示为光电式高度传感器中光电元件的结构示意图，主要由发光二极管与光敏晶体管组成，且分布在带孔的透光板两侧。该传感器的工作原理是利用带有槽的转向盘的转动，使圆盘一侧的发光二极管发出的光线透过圆盘的小槽[见图(b)所示]或被圆盘挡住[见图(c)所示]，从而使圆盘另一侧的光敏晶体管导通与截止，进而使电路导通与截止，产生“ON”或“OFF”的电压信号。由此就可以根据光敏晶体管的导通、截止速度检测出转向器的速度，根据检测到的脉冲信号的相位差就可判断出转向盘的转动方向

③ 光电式转角（向）传感器内部电路的工作情况见表 8-50。

表 8-50 光电式转角（向）传感器内部电路的工作情况

项目	具体说明
内电路示意图	右图所示为光电式转角(向)传感器内部电子电路结构示意图。上面已经介绍过，光敏晶体管在透光盘的作用下，或者导通产生“ON”信号，或者截止产生“OFF”信号，根据光敏晶体管的导通和截止速度，可以检测出转向器的速度。在设计时是使两个光电耦合元件(晶体管 VT1、VT2)之间的导通与截止的相位差定在 90°，根据先导通的脉冲信号(波形下降)可以检测出转向器的旋转方向 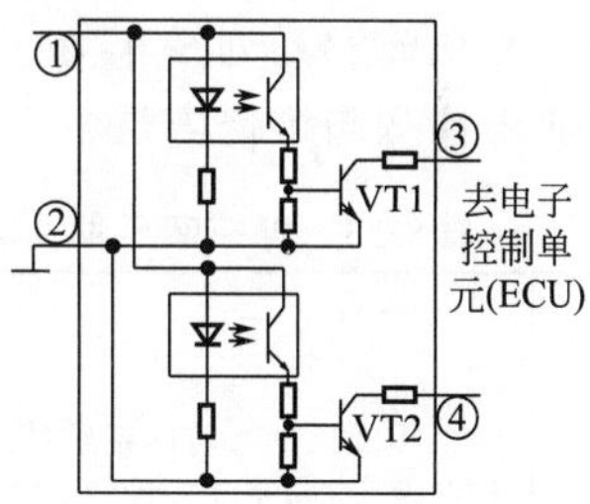
输出特性	当车辆直线行驶时，上述图中③脚输出为“OFF”状态(高电平)的中间位置，转向时，根据③脚输出信号下降沿处，④脚输出信号的状态，即可判断出转向的方向 当③脚输出信号由“OFF”状态转变为“ON”状态(低电平)时，如果④脚输出的信号为“ON”状态，则为左转向，如果④脚输出的信号为“OFF”状态，则为右转向，如右图所示的动作特性曲线示意图 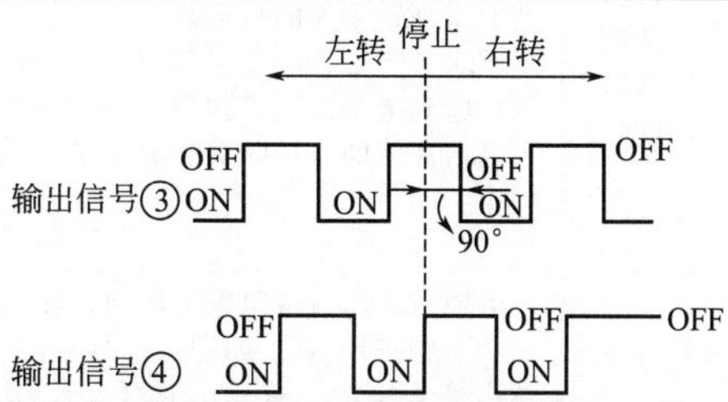

(4) 电动助力转向系统接触式转矩传感器

电动助力转向系统的电子控制系统通常都具有故障自诊断功能，故在对转矩传感器故障进行检测与维修时，可先读取故障码，以便有的放矢地排除转矩传感器故障。

① 与转矩传感器有关的故障码及其含义见表 8-51，以昌河北斗星 CH7100A 系列轿车为例。

表 8-51 昌河北斗星 CH7100A 系列轿车转矩传感器故障代码及其含义

故障码	故障原因	检查部位或元器件
11	转矩传感器	检查转矩传感器本身是否损坏或其主连接线路断裂、短路、接触不良
13	转矩传感器主、辅信号差异	检查转矩传感器主线路与辅助线路输出信号之间差异较大的原因并排除
14	转矩传感器电源异常	应检查转矩传感器电源电压过高或过低的原因并排除
15	转矩传感器辅助线路不良	转矩传感器本身损坏或其辅助连接线路断裂、短路、接触不良

② 电阻检测及其数据。

转矩传感器通常有 4 个引出脚 R、W、G、B（以昌河北斗星系列轿车电子控制电动助力转向 EPS 控制系统为例），正常情况下这 4 个引出脚在路时，转向盘在不同位置时的电阻值分别如表 8-52 所示，供采用万用表检测时对比参考。

表 8-52 转矩传感器在路时转向盘在不同位置时的电阻值

<table>
<tr><th>转矩传感器电源端 A 插件的引脚</th><th>检测条件</th><th>电阻值/Ω</th><th>说明</th></tr>
<tr><td>R 与 G 脚之间</td><td>—</td><td>1.1</td><td>电源电路</td></tr>
<tr><td rowspan="3">W 与 R 脚之间</td><td>转向盘处于汽车直行位置</td><td>0.8</td><td rowspan="3">主信号电路</td></tr>
<tr><td>转向盘处于转向最左端位置</td><td>1</td></tr>
<tr><td>转向盘处于转向最右端位置</td><td>0.5</td></tr>
<tr><td rowspan="3">B 与 R 脚之间</td><td>转向盘处于汽车直行位置</td><td>0.8</td><td rowspan="3">辅助信号电路</td></tr>
<tr><td>转向盘处于转向最左端位置</td><td>0.5</td></tr>
<tr><td>转向盘处于转向最右端位置</td><td>1</td></tr>
</table>

(5) 电控液压助力转向系统转角传感器

由转角传感器组成的电子控制液压助力转向系统在大众系列轿车的多种车辆上都有应用，例如大众波罗系列轿车等。表 8-53 列出了电控液压助力转向系统转向盘转角传感器的结构与通用检测与维修方法。

表 8-53 电控液压助力转向系统转向盘转角传感器的结构与通用检测与维修方法

<table>
<tr><th>项目</th><th>具体说明</th></tr>
<tr><td>转向盘转角传感器外形示意图</td><td>电控液压助力转向系统使用的转向盘转角传感器通常安装在转向盘下，同安全气囊组合在一起，其外形如右图所示（以大众波罗系列轿车为例），检测到的信号先提供给 ABS-ECU，主要为带 EDS/ASR/ESP 的 ABS 提供输入信号，再通过 CAN-BUS 总线传输到电子控制液压助力转向系统的电子控制单元（J500），由电控液压助力转向系统的电子控制单元（J500）来确定助力的大小
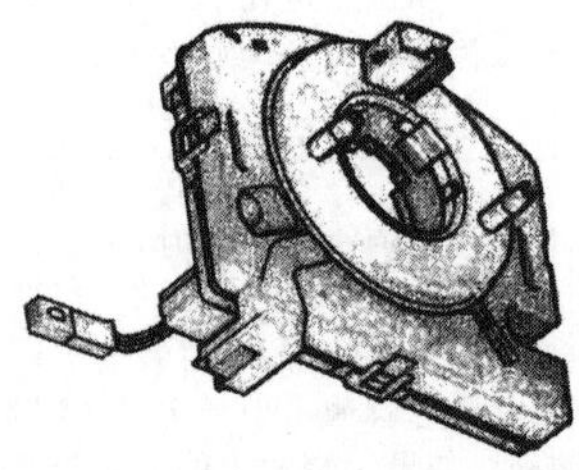</td></tr>
<tr><td>检测与维修</td><td>电控液压助力转向系统转向盘转角传感器有 3 个引出脚，其中的一个引脚与＋5V 供电电压相连接，另有一个引脚搭铁，剩下的即为信号输出引脚。对该传感器进行检测时，应先检测其＋5V 的供电是否正常，搭铁端连接是否牢固，采用示波器检测其输出端是否有信号输出，该波形为方波信号</td></tr>
</table>

(6) 转向盘光电式转角传感器

在采用万用表检测转向盘光电式转角传感器之前，应检查转向盘光电式转角传感器的窄槽圆盘是否弯曲变形，其表面是否有杂质。表 8-54 列出了转向盘光电式转角传感器的通用检测与维修方法。

表 8-54 转向盘光电式转角传感器的通用检测与维修方法

项目	具体说明
输入电路的检测	接通点火开关，采用万用表电压挡检测汽车转向盘光电式转角传感器与①与②脚(见表 8-50 的图中所注，以下同，不重述)插接件上的电压，该电压应在 3.5～4.5V 之间，否则应查找原因
输出电路的检测	缓慢转动转向盘，采用万用表电压挡分别检测传感器③、④脚与②脚之间的电压，应在 5～10V 变化(万用表正极接③、④脚)；否则，应修理或更换电子控制装置到转角传感器之间的电路

(7) 东风雪铁龙凯旋轿车 ESP 系统转向盘角度传感器

东风雪铁龙凯旋（C-Triomphe）中级轿车安装了 ESP 系统，该系统中使用的转向盘角度传感器在电路中的编号为 7130，通常简称转向角度传感器。

① ESP 系统转向盘角度传感器的外形结构、检测与维修见表 8-55。

表 8-55 ESP 系统转向盘角度传感器的外形、检测与维修

项目	具体说明
外形结构示意图	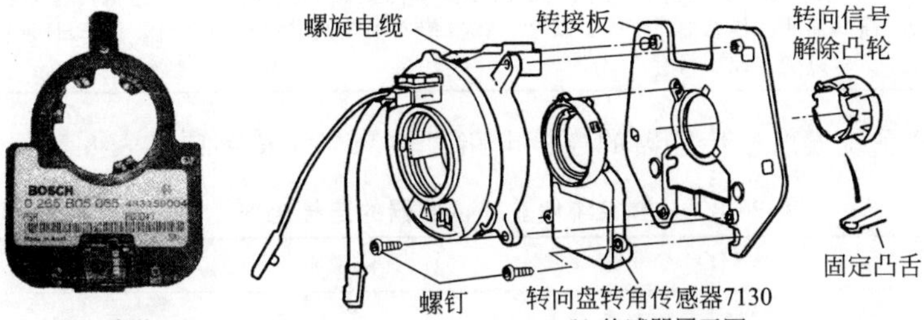(a) 外形　(b) 传感器展开图
示意图说明	图(a)所示为东风雪铁龙凯旋轿车 ESP 系统转向角度传感器的外形示意图，图(b)所示为转向角度传感器展开示意图。该传感器安装在转向盘下转换模块 CVOO 中，是 ESP 系统独有的一个元器件
检测与维修	右图所示为转向角度传感器输出特性波形示意图，供采用示波器检测时参考。转向盘角度传感器输出 2 个方波信号 S1 与 S2，相位错开 90°±30°，供 ESP 电子控制单元计算转向盘旋转方向，通过 9000A、9001A 高速总线网将转向盘旋转方向、旋转速度和旋转角度的信息提供给智能盒 BSII 和 ESP 计算机 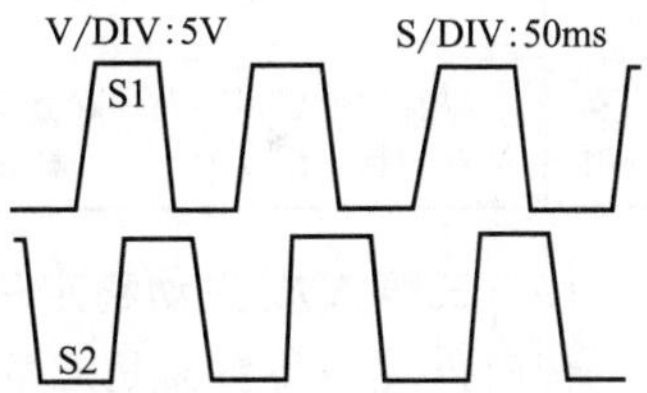

② ESP 系统转向盘角度传感器的初始化见表 8-56。

表 8-56 ESP 系统转向盘角度传感器的初始化

项目	具体说明	
需要进行初始化的情况	在调节车轮、更换转向盘下转换模块以及维修转向柱或转向柱支架后，都必须对转向角度传感器进行初始化标定。初始化的方法通常有以下 2 种	
2 种初始化的具体操作方法	在路面上标定	将车轮的位置摆正，连接好检测仪，车辆沿着 100m 平直且无侧向强风路面上行驶，尽可能保证转向盘的位置。停驶后确认转向盘角度为 0°，即转向角度传感器完成了初始化标定。如果转向盘角度超过±15°，则需用检测仪选定"转向盘角度传感器初始化标定项"进行检测标定
	在举升器上标定	也就是在 HUNTER 举升器上进行标定。先将前轮调直，检测仪选定"转向盘角度传感器初始化标定项目"操作，标定后，还需要试车，沿直线或弯道以时速 20km/h 行驶 2km，观察 ESP 故障灯，如果不会点亮，则标定成功，拆除检测仪即可 如果 ESP 故障灯点亮，则需要采用检测仪查询故障，修理或更换故障件后，仍需要按上述方法进行初始化标定

(8) 东风雪铁龙凯旋轿车 ESP 系统偏航率传感器

东风雪铁龙凯旋（C-Triomphe）中级轿车安装了 ESP 系统，该系统中使用的偏航率传

感器在电路中的编号为 7804。

① ESP 系统偏航率传感器的外形与安装位置见表 8-57。

表 8-57 ESP 系统偏航率传感器的外形与安装位置

项目	具体说明
外形与安装位置示意图	图(b)所示为东风雪铁龙凯旋轿车 ESP 系统偏航率传感器的外形示意图，图(a)所示为偏航率传感器的安装位置示意图，位于驾驶舱中央杂物箱下面 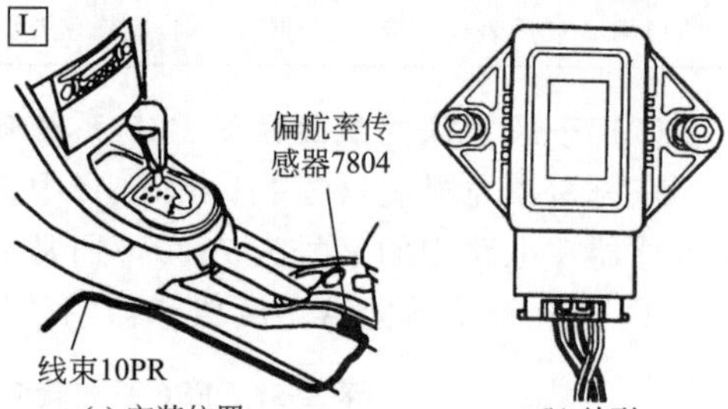 (a) 安装位置 (b) 外形
2 个传感器功能说明	ESP 系统传感器包括 2 个部件：横向偏摆率传感器，用于向 ESP 计算机传递车辆绕其纵轴的旋转角度信息；横向加速度传感器，用于向 ESP 计算机传递车轮侧向滑移量信息。供 ESP 计算机计算检测汽车实际运行轨迹，以确定控制目标

② ESP 系统偏航率传感器的连接电路、检测与注意事项见表 8-58。

表 8-58 ESP 系统偏航率传感器的连接电路、检测与注意事项

项目	具体说明
连接电路与检测	右图所示为偏航率传感器 7804 与智能盒 BSII 之间的连接方式示意图。与检测有关的参数如下：偏摆角速度在汽车停止时为 0°/s；转向盘偏转到底时的偏摆角速度＝±40°；对于导线的导通性，可以参考右图进行检测 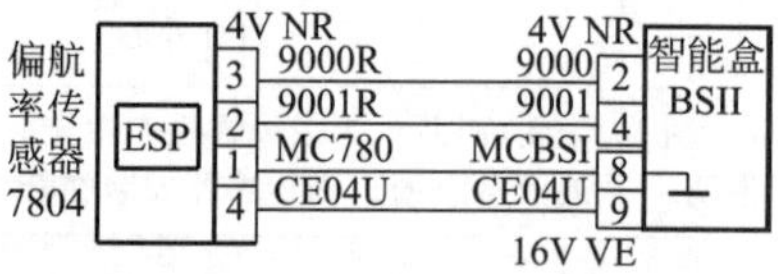
注意事项	偏航率传感器不允许碰撞或跌落地下，如有，必须更换新件。安装偏航率传感器时，要注意对准，防错记号，并检查安装平面度为±3°。偏航率传感器厂家出厂时已经进行了初始化，维修时不必进行初始化操作

(9) 三菱 V77 主动稳定牵引控制系统转向盘转角传感器

转向盘转角传感器是三菱 V77 主动稳定牵引控制系统使用的另一个重要传感器。下面介绍与该类传感器的结构、检测与维修方面有关的知识。

① 转向盘转角传感器的外形、安装位置与作用见表 8-59。

表 8-59 转向盘转角传感器的外形、安装位置与作用

项目	具体说明
外形与安装位置	右图所示为转向盘转角传感器的外形与安装位置示意图。该传感器位于转向盘时钟弹簧内下部，与时钟弹簧采用组合安装方式 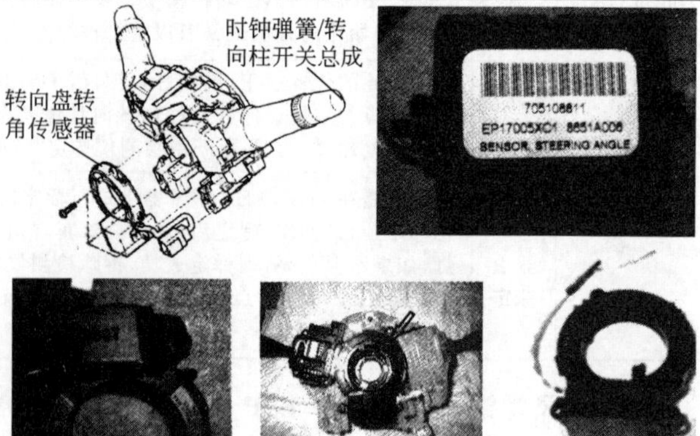

续表

项目	具体说明
作用	转向盘转角传感器主要用于监测转向盘旋转的角度与方向。M-ASTC-ECU 依据该信号计算转向盘转角的大小与转角变化速率，从而识别驾驶员的操作意图，并把转向盘转向角度与车辆实际偏转角度相比较，判断车辆是否处于转向不足或转向过度状态

② 转向盘转角传感器的组成与工作原理见表 8-60。

表 8-60 转向盘转角传感器的组成与工作原理

项目	具体说明
组成	如右图所示，转向盘转角传感器是一种由发光二极管、光电二极管、信号盘组成的光电耦合式传感器 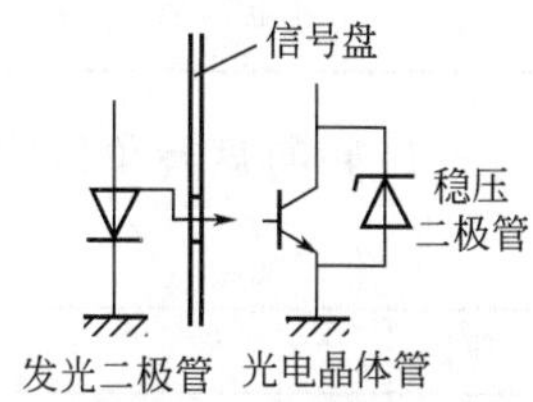
工作原理	当驾驶员转动转向盘时，转向柱带动转向盘转角传感器的转子随转向盘一起转动。当传感器转子叶片处于发光二极管与光电晶体管之间时，光源被隔断，光电晶体管接收不到光源，不能形成光电流，在信号侦测端（光电晶体管）形成高电平；当传感器转子缝隙处于发光二极管与光电晶体管之间时，光源就会通过转子缝隙照在传感器的感光元件上，产生信号电流，在信号侦测端形成低电平
稳压二极管作用	传感器还将一个稳压二极管与光电晶体管并联，用于检测传感器输出电路是否存在断路故障。通过光电编码，转向盘转角传感器转过一定角度后，处理器可以通过脉冲序列来确定当前转向盘的绝对转角

③ 转向盘转角传感器的转角检测方式见表 8-61。

表 8-61 转向盘转角传感器的转角检测方式

项目	具体说明
转角检测方式信号波形示意图	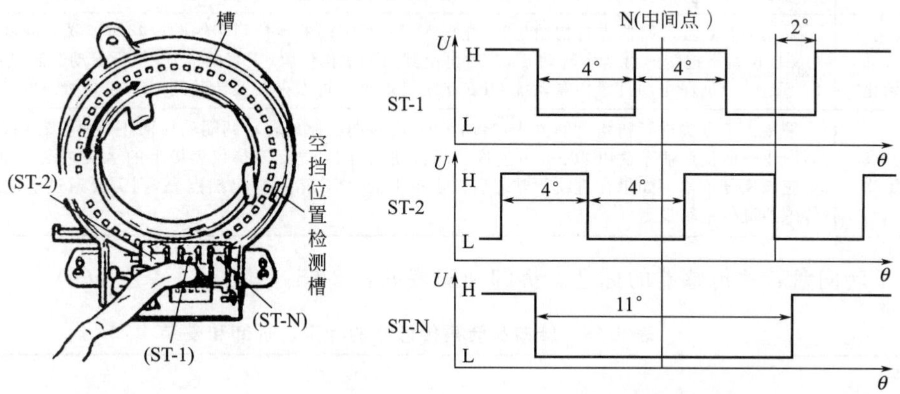 (a) 结构 (b) 信号波形
转角检测方式说明	如图(a)所示，用于向 M-ASTC-ECU 提供转向盘转角信号的传感器共有 3 组，它们共用一个信号盘。第 1 组(ST-1)与第 2 组(ST-2)对应的信号盘圆周上均匀刻有 45 个光孔，两组光电组件安装位置相互错开 2°。当转向盘转动时，ST-1 与 ST-2 信号产生差异，据此就可以确定转向盘转动的角度和旋转的方向。第 3 组(ST-N)对应的信号盘圆周上只有一个缺口，用于确定转向盘的正直中心位置。计算转向角时以 ST-N 输出低电平的中间位置为 0°。3 组输出信号的情况如图(b)所示。3 组输出信号与 M-ASTC-ECU 和其他 ECU 的数据传输是通过 CAN 总线来进行的

④ 转向盘转角传感器的检测与维修方法。

由于转向盘转角传感器输出端信号是通过 CAN 来传送检测到的信息的，故采用万用表无法测得有关数据，通常采用解码器查其数据流来判断其工作情况。

a. 转向盘转角传感器的连接电路与供电的检测见表 8-62。

表 8-62　转向盘转角传感器的连接电路与供电的检测

项目	具体说明	
连接电路与引脚说明	右图所示为转向盘转角传感器与发动机-A/T-ECU 之间的连接方式。该传感器有 5 个引脚，引脚 1 与 2 为供电电压输入端；3 脚与 4 脚为 CAN 总线端；5 脚为搭铁端	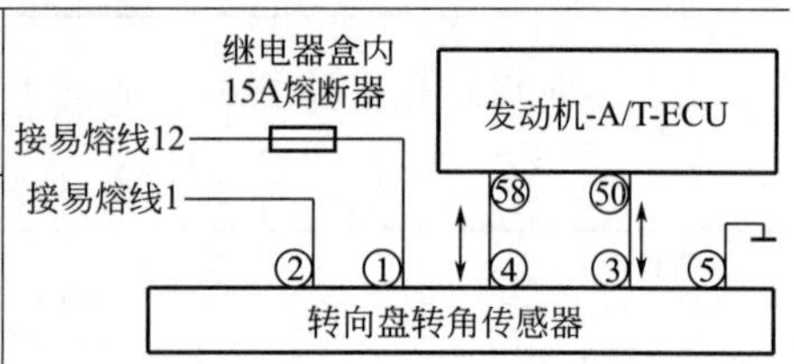
供电检测	首先检测转向盘转角传感器的工作电压是否正常，也就是采用万用表检测该传感器的 1 脚、2 脚与 5 脚之间的蓄电池电压是否正常	

b. 转向盘转角传感器的输出信号的检测见表 8-63。

表 8-63　转向盘转角传感器的输出信号的检测

项目	具体说明
检测方式	转向盘转角传感器的 3 脚与 4 脚为 CAN 总线端，无法用万用表进行检测。采用三菱专用的 MUT-Ⅲ解码器进行检测时，先进入 M-ASTC 系统菜单，查阅 data list(数据流)，读取其 32 项
说明	数据流 32 项为“ST ANGLE(转向角度)”，通过该项来读取转向盘转角传感器转角的大小，其单位为 Deg(°)。由于转向盘转角有左右之分，因此其数值分别采用“－”“＋”来表示转向盘的左右转向

c. 转向盘转角传感器的初始化见表 8-64。

表 8-64　转向盘转角传感器的初始化

项目	具体说明
需要初始化的情况	当拆下蓄电池时，ASC OFF 指示灯会点亮，且会设置故障码 83。另外，在转向盘转角传感器示值不正确时，均需要进行转向盘转角传感器的初始化，使转向盘转角传感器学习空挡点。转向盘转角传感器的初始化有 2 种方式，即使用 MUT-Ⅲ进行初始化与采用人工方法初始化，具体操作方法如下所述
采用 MUT-Ⅲ初始化	采用 MUT-Ⅲ解码器进行初始化时，先把 MUT-Ⅲ解码器连接到车辆的诊断插接器上→将点火开关置于 ON 挡位置→把转向盘至少转动 8°，然后再使其回到空挡位置(正直向前)→执行促动器测试的第 14 项“ST SNSR：0”→确保主动打滑控制系统 OFF 指示灯熄灭→将点火开关转动到 LOCK 位置→断开 MUT-Ⅲ即可
人工方法初始化	采用人工方法进行初始化的方法：启动车辆，将转向盘原地转动两圈然后回正→再把转向盘向右打死，然后回正→回正后使车辆以 40km/h 速度直线行驶大约 1s，之后等待仪表板上的 ASC 指示灯熄灭。此时，系统应该恢复正常。如果在直线行驶之后仪表板上的 ASC 指示灯仍然点亮，则需要通过上述的解码器来对传感器进行重新设定

d. 转向盘转角传感器的标定、拆卸和安装见表 8-65。

表 8-65　转向盘转角传感器的标定、拆卸和安装

项目	具体说明
标定	更换转向盘转角传感器时，一定要进行标定，以使 M-ASTC-ECU 学习空挡点
传感器的拆卸和安装	在更换转向盘转角传感器的具体维修操作过程中，为防止损坏该传感器，一定要从转向柱开关上拆下时钟弹簧。安装时钟弹簧时，注意将时钟弹簧正确对中，如果时钟弹簧没有正确安装，则可能无法充分转动转向盘或会损坏时钟弹簧内的电缆，从而导致 SRS 安全气囊不工作或功能不正确

⑤ 转向盘转角传感器的故障码。

转向盘转角传感器故障除了上述采用读取数据流的方法来判断其好坏外，也可以通过读取系统中存储的故障码来判断故障原因。表 8-66 中列出了与转向盘转角传感器有关的故障码的含义。

表 8-66　与转向盘转角传感器有关的故障码的含义

故障码	检查项目	故障码	检查项目
66	转向盘转角传感器自诊断故障	68	转向盘转角传感器输出故障(固定不当)
67	转向盘转角传感器通信线路故障	83	转向盘转角传感器初始化没有完成

(10) 宝马新 7 系 F01/F02 系列轿车光学转向角传感器

在宝马新 7 系 F01/F02 车型的转向柱开关中心系统中，使用了一种新型的光学转向角传感器。

① 光学转向角传感器的结构与特点见表 8-67。

表 8-67　光学转向角传感器的结构与特点

<table>
<tr><th>项目</th><th colspan="2">具体说明</th></tr>
<tr><td>传感器结构</td><td colspan="2">右图所示为光学转向角传感器的结构示意图。该传感器安装在印制电路板上，主要部件包括发光二极管、光缆单元、代码盘、光电晶体管等。由于影响行驶动力性的所有系统需要转向角和转向角速度作为计算基础，光学转向角传感器就是为此而设置的。光学转向角传感器输出的信号由转向柱开关中心内的电子装置进行处理，并通过 FlexRay 总线发送至集成式底盘管理系统，由电控系统计算出绝对转向角或转向盘圈数等信息。光学转向角传感器检测转向角的范围为－640°～＋640°
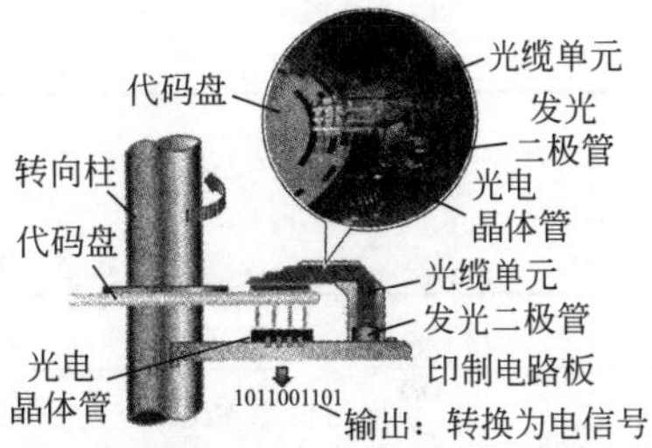</td></tr>
<tr><td rowspan="2">特点</td><td>发光二极管与光缆单元</td><td>发光二极管与光缆单元的任务是从上方照射代码盘。光线通过每个凹槽都形成一个光照区，并向下照射到代码盘上，根据代码盘的纹路决定是否允许光线通过</td></tr>
<tr><td>光电晶体管</td><td>在转向柱开关中心光学传感器的印制电路板上，凹槽下方各有 4 个光电晶体管，探测穿过代码盘的光学信号，并通过光电晶体管转化为电信号</td></tr>
</table>

② 光学转向角传感器的工作原理见表 8-68。

表 8-68　光学转向角传感器的工作原理

<table>
<tr><th>项目</th><th>具体说明</th></tr>
<tr><td>转向角速度的探测方式</td><td>如右图所示，代码盘的每个光照区域产生一个 4 位的数字代码，数字代码连续排列后形成 12 位数字代码，并通过各个数字代码的变化确定转向角速度
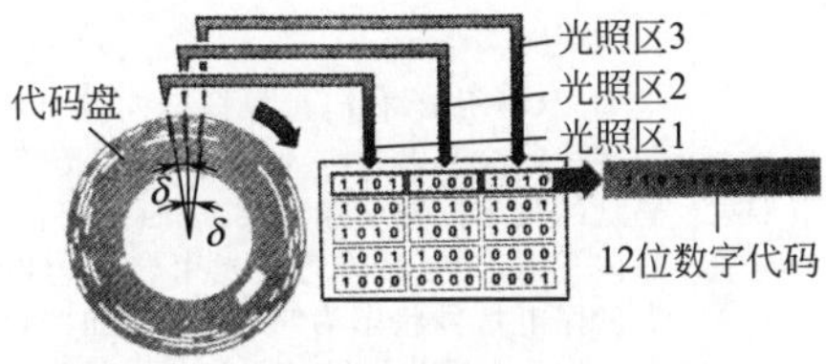</td></tr>
<tr><td>转向角探测过程</td><td>转向角探测过程如右图所示。发光二极管以脉冲宽度调制方式获得供电，且为光缆单元提供红外线。光缆单元将光线照射到代码盘上，光电晶体管接收光信号，并通过电子装置处理后转化为“1”或“0”，12 个光电晶体管的信号汇集在一起形成数字代码。移位存储器接收数字代码，并将其持续发送至转向柱开关中心的电子装置
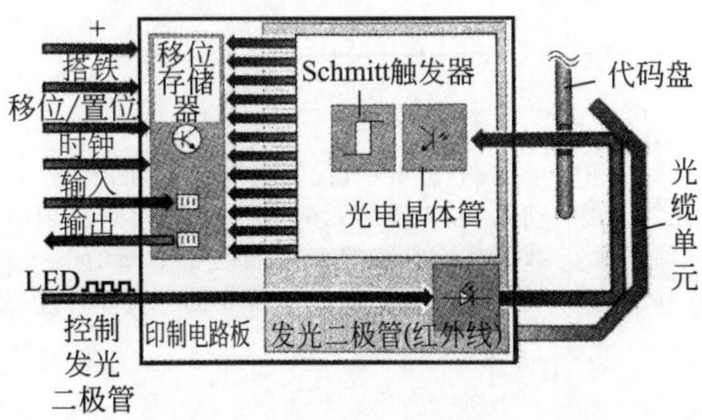</td></tr>
</table>

③ 光学转向角传感器在系统中的安装位置见表 8-69。

表 8-69　光学转向角传感器在系统中的安装位置

项目	具体说明	
传感器安装位置示意图	右图所示为转向角传感器在转向柱开关中心系统中的位置示意图	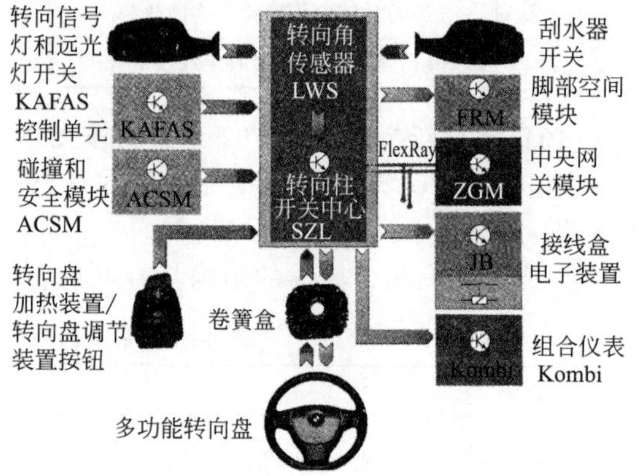
示意图说明	转向柱开关中心的左右侧各有一个组合开关杆。右侧为启用/停用刮水和清洗装置功能；左侧为启用/停用远光灯、转向信号灯以及操作车载计算机功能。转向柱开关中心带有光学转向角传感器，转向角传感器属于一种非接触式光学检测系统，用于识别转向角	

④ 光学转向角传感器的工作情况说明见表 8-70。

表 8-70　光学转向角传感器的工作情况说明

项目	具体说明
光电转换情况	转向角传感器采用一个发光二极管与一个光缆单元从上方照射代码盘。受代码盘上的纹路所限，从上方射入的光线只能到达下部的特定区域内，光线在此处照射到光电晶体管上。代码盘的纹路与转向角的数字代码相匹配，光电晶体管将光信号转化为电信号
电子装置信号处理方式	由于光电晶体管转化的电信号不够清晰，因此通过一个连接在后面的电子装置进行处理。随后对信号进行数字化处理，信号状态为“1”或“0”。转向柱开关中心以此方式获得转向角、数字代码的当前数值，并通过 FlexRay 总线传输这些数据。具体工作情况见下面的介绍

⑤ 光学转向角传感器的工作原理见表 8-71。

表 8-71　光学转向角传感器的工作原理

项目	具体说明	
光线照射到光电管	如图(a)所示，代码盘根据转向盘自动转动，代码盘上的数字代码纹路以 0.5°为步幅变化，光缆单元的光线穿过代码盘的数字代码纹路，光束按照数字代码纹路照射到光电晶体管上，光电晶体管将光束转化为电信号，电子装置负责确保电信号状态为“1”或“0”，如图(b)所示。因此将转向角作为数字代码发送至转向柱开关中心	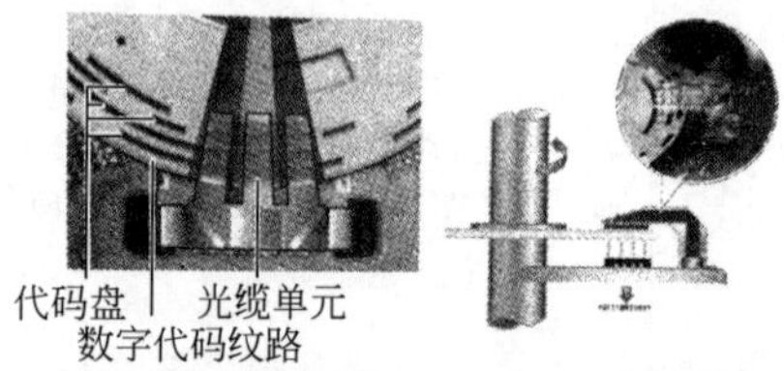(a) 代码盘上扇区　(b) 光学传感器
光线照射到其他区域	如图(a)所示，代码盘继续转动，代码盘上的纹路也会自动改变，光缆单元的光线穿过代码盘射入其他区域，根据数字代码纹路的变化产生一个新的数字代码，如图(b)所示。因此将新的转向角作为数字代码发送至转向柱开关中心	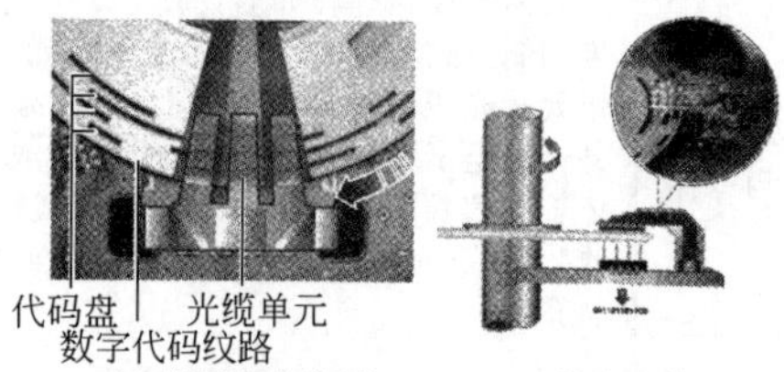(a) 代码盘上扇区　(b) 光学传感器

⑥ 光学转向角传感器的相对转向角、绝对转向角与转向角速度说明见表 8-72。

表 8-72 光学转向角传感器的相对转向角、绝对转向角与转向角速度说明

项目	具体说明
相对转向角（±640°）	相对转向角表示转向盘的角度位置，即使控制单元断电，相对转向角信息也始终保留。只有更换转向柱开关中心后，才需要重新校准零位。更换动态稳定控制系统后或维修转向系统/转向柱后也要进行校准
绝对转向角	绝对转向角是根据相对转向角和转向盘圈数信息计算得出的数值。转向柱开关中心零位校准时规定了绝对和相对转向角，在整个转向角范围内识别转向盘的每个位置，前提是在每次零位校准前必须将车轮和转向盘调整到直线行驶位置
转向角速度	转向角速度是根据转动转向盘时各转向角数据变化得出的数值，并通过 FlexRay 总线传输到车载网络

⑦ 光学转向角传感器的检测与维修、注意事项见表 8-73。

表 8-73 光学转向角传感器的检测与维修、注意事项

项目		具体说明
检测与维修		由于光学转向角传感器主要是由发光二极管与光电晶体管为核心构成的，故可以采用万用表分别检测这两类管子的好坏来判断光学转向角传感器的性能，具体检测方法与检测普通发光二极管和光电晶体管的方法基本相同
注意事项	更换方面	更换转向柱开关中心或对转向柱进行维修时，必须小心谨慎，还要严格遵守维修说明中规定的要求。卷簧是转向柱开关中心内一个非常敏感的组件，如果更换转向柱开关中心时疏忽大意，可能会导致卷簧或其他组件损坏。结果可能会导致转向柱开关中心只能执行部分功能或根本无法工作。如果无法与转向柱开关中心通过 FlexRay 总线进行通信，接线盒电子装置就会将车窗玻璃刮水器切换到应急运行模式
	初始化	转向柱开关中心只能整体部件更换。更换后必须使转向柱开关中心与车辆适配。其中包括对转向柱开关中心进行初始化；对转向角传感器进行零位校准；使前车轮调整到直线行驶位置；进行功能测试
	安装要求	只有在更换转向柱开关中心后且即将安装转向盘前，才能取下转向柱开关中心运输安装装置

(11) 马自达 6 轿车转向传感器

转向传感器信号是汽车动力学控制的重要输入信号，马自达 6 轿车转向传感器信号不是直接给出转向盘转角值，而是输出 3 个方波信号。

① 转向传感器的类型与原理见表 8-74。

表 8-74 转向传感器的类型与原理

项目	具体说明
类型	马自达 6 轿车转向传感器安装在转向盘下部，固定在转向管柱上，属于光电耦合式，该传感器是通过光电耦合产生脉冲信号，由 3 个脉冲输出共同决定转角大小和转动的方向。光电耦合编码器是这类传感器中产生脉冲信号的部分
原理	接通点火开关后，蓄电池给传感器供电，当转动转向盘时，光电耦合编码器就会产生脉冲序列。该脉冲序列输入到 VDC 的 HU/CM(液压控制单元)后，HU/CM 就会根据该序列脉冲来确定转向盘的转角。例如马自达 6 轿车转向盘转角范围在 −500°～+500°之间，转向传感器的脉冲信号序列表示了转向盘绝对转角大小和转动方向

② 转向传感器的外形及其连接线路。

马自达 6 轿车转向盘转角传感器的连接线路与液压控制单元画在一起，如图 8-2 所示，具体情况说明如表 8-75 中所列。

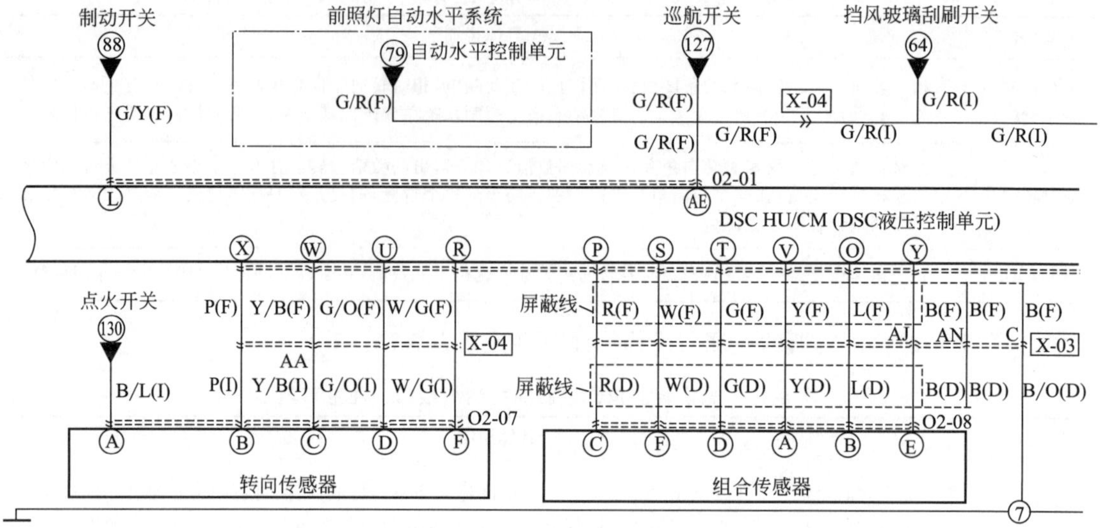

图 8-2 马自达 6 轿车转向盘转角传感器的连接线路示意图

表 8-75 马自达 6 轿车转向盘转角传感器连接线路读识说明

项目	具体说明
传感器外形与输出特性示意图	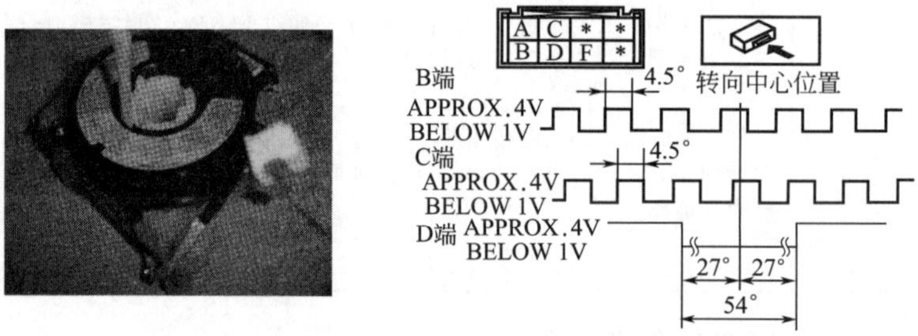 (a) 外形　(b) 输出特性
示意图与引脚功能说明	图(a)所示为马自达 6 轿车转向盘转角传感器的外形示意图，该传感器属于光电耦合方式，它有 5 个输出端脚。其中 A 端脚接点火开关，B～D、F 端脚分别与 DSC HU/CM 的 X、W、U、R 端脚相连接，F 端脚为搭铁端，B～D 端脚为信号输出端。而 B、C 信号用于计数，D 信号用于校准用。图(b)给出了各端口在转向传感器接头上的分布、输出信号的特性
电路图字母含义	在图 8-2 中，转向传感器相关的序号 X-04、02-07 分别表示插头。其他字母的具体含义见表 8-76 中所列

表 8-76 连接线路中其他字母的具体含义

字母	Y/B(I)	F	P	G	W
含义	Y 表示连接线的外壳为黄色；B 表示在黄色上有黑色细条；I 表示此段线连接传感器	表示此段线用于连接液压控制单元	表示紫色	表示绿色	表示白色

③ 转向传感器的检测与维修。

对马自达 6 轿车转向盘转角传感器进行检测时，采用示波器检测其输出信号的波形较为直观。

a. 示波器检测转角传感器时的连接电路见表 8-77。

表 8-77　示波器检测转角传感器时的连接电路

项目	具体说明	
检测电路	右图所示为采用示波器检测转角时的连接电路示意图。将转角传感器的 A 端脚与 12V 电源相连接，F 端脚搭铁	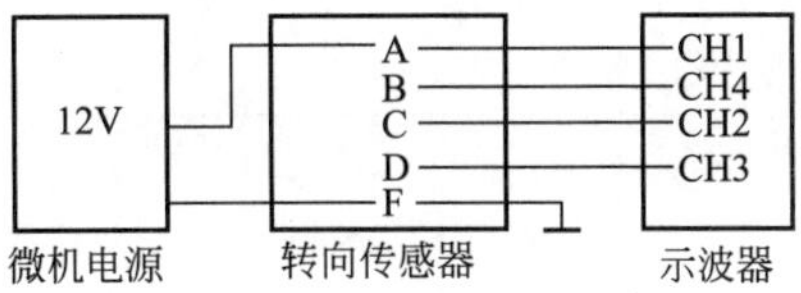
说明	采用示波器(以 TDS2024 型示波器为例)检测转角传感器 B～D 端脚上的信号，示波器 1～4 通道对应 A～B 端脚。可以通过检测车辆向左转、向右转以及混合转向的波形，来判断转角传感器的性能	

b. 转角传感器的向左转波形及其说明见表 8-78。

表 8-78　转角传感器的向左转波形及其说明

项目	具体说明	
向左转波形示意图	右图所示为转向盘从中间位置向左缓慢转动 27°的过程示意图。从该波形可以看出，中间位置时 2(C)、4(B)通道为 5V 高电平，随后 4 通道先于 2 通道从 5V 跳变为 0(副跳变)	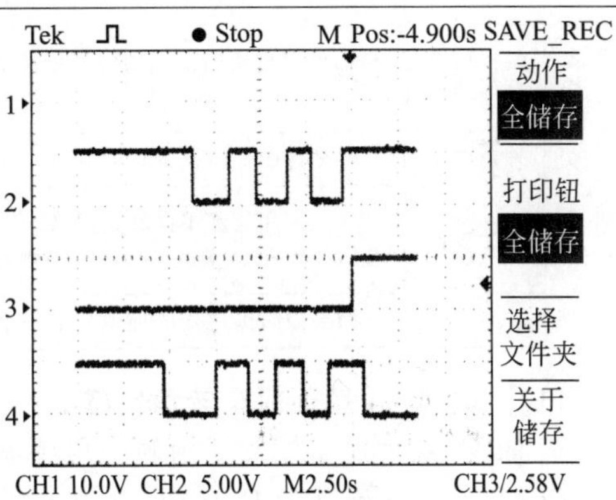
波形说明	车辆在整个向左转动过程中，2、4 两个信号交替跳变，在 3 通道跳变(达到 27°)前，2、4 通道的总跳变数为 12，再根据表 8-75 中的图(b)(即转向传感器接头上的分布、输出信号的形式图)，每一个高幅脉宽代表 4.5°，若假设低幅脉宽也代表 4.5°，则每一个跳变代表 2.25°，再验证一下右图，27°＝2.25°×12 成立	

c. 转角传感器的向右转波形及其说明见表 8-79。

表 8-79　转角传感器的向右转波形及其说明

项目	具体说明	
向右转波形示意图	右图所示为转向盘从中间位置向右缓慢转动 90°的过程示意图。从该波形可以看出，中间位置时 2(C)、4(B)通道为 5V 高电平，随后 4 通道后于 2 通道从 5V 跳变为 0(副跳变)，转向向右	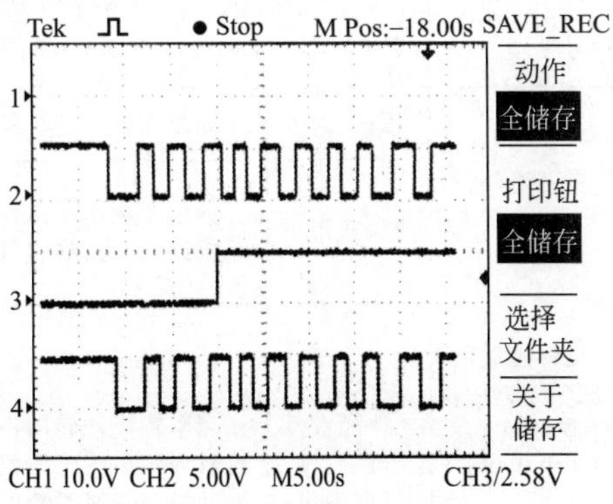
波形说明	车辆在整个向右转动过程中，2、4 两个信号交替跳变，达到 90°前，2、4 通道的总跳变数为 40，再根据表 8-75 中的图(b)(即转向传感器接头上的分布、输出信号的形式图)，每一个高幅宽度代表 4.5°，若假设低幅脉宽也代表 4.5°，则每一个跳变代表 2.25°，再验证一下右图，90°＝2.25°×40 成立	

d. 转角传感器的混合转向波形及其说明见表 8-80。

表 8-80 转角传感器的混合转向波形及其说明

项目	具体说明	
混合转向波形示意图	右图所示为转向盘混合转动过程时的波形示意图	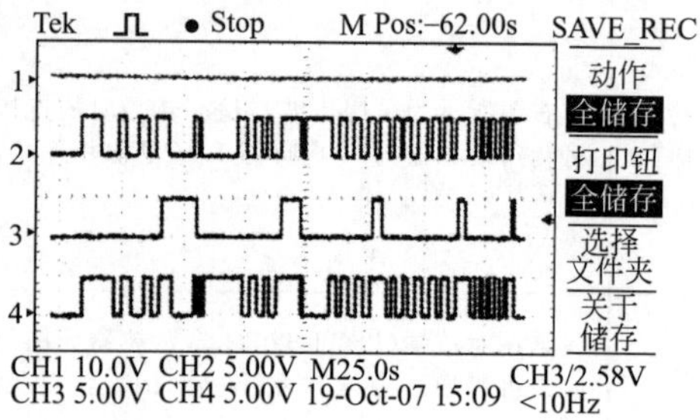
波形说明	从上述转向盘混合转动过程时的波形示意图可以看出，该转动过程中的方向不唯一，观察可见，2、4 通道信号不再是交替跳变，仔细研究发现，反向转向的条件是，该时刻跳变的通道若与上一个跳变的通道相同则发生反向转向	

e. 根据波形检测判断传感器的性能见表 8-81。

表 8-81 根据波形检测判断传感器的性能

项目		具体说明
简单说明	根据上述分析，可以将转向传感器的信号特征归纳总结如下，依据这些典型特性，就可以很快判断转向传感器的性能好坏	
典型特性	输出电平	转角传感器输出的信号为 0～5V 的方波，在正中间位置时，C、B 通道输出 5V 的高电平
	跳变规律	从正中间位置单向转动时，C、B 通道依次跳变，若第一个负跳变是 C 通道，则起始转向的方向向右，若第一个负跳变是 B 通道，则起始转向的方向为向左，每一个跳变代表 2.25°
	转向规律	如果该时刻跳变的通道与上一个跳变的通道相同则发生转向，即反向变化 2.25°

(12) 奥迪 A4 系列轿车转角传感器

奥迪 A4 系列轿车安装了由转角传感器组成的 ESP 系统，该系统单独设置了电子控制单元（ECU），通常称其为 ESP ECU。转向盘转角传感器用于检测转向盘的速度与角度，判断驾驶员的转向意图，为 ESP 系统调节功能提供依据。

① 转角传感器信号处理方式与 ESP 系统的工作情况见表 8-82。

表 8-82 转角传感器信号处理方式与 ESP 系统的工作情况

项目		具体说明	
ESP ECU 信号处理方式	ESP ECU 根据转向盘转角传感器与轮速传感器判断驾驶员想往什么方向行驶，同时 ECU 根据横摆率传感器与横向加速传感器判断车辆的实际行驶方向，具体判断情况如下所述		
ESP ECU 根据传感器信号经判断后，控制 ESP 系统的工作情况	意图相同	如果车辆实际行驶方向和驾驶员的意图相同，则 ESP 系统不会工作	
	跑偏或甩尾	如果车辆出现跑偏或甩尾现象，致使车辆的实际行驶方向和驾驶员的意图不同时，ESP 系统进入工作状态，调节车辆的实际行驶方向，以防止发生事故	
	转向不足	当车辆出现转向不足时，ESP 系统通过对内侧后轮施加相应的制动，并控制发动机与变速器管理系统，减小动力输出。也就是说，ESP 在一定程度内阻止车辆向外驶出弯道，如右图所示	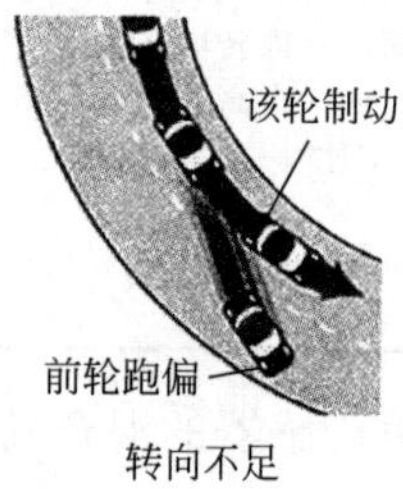 转向不足

续表

项目	具体说明		
ESP ECU 根据传感器信号经判断后，控制 ESP 系统的工作情况	过度转向	当车辆出现过度转向时，ESP 系统通过对外侧前轮施加相应的制动，并对发动机与变速器管理系统进行控制。也就是说，ESP 在一定程度内可以阻止车辆向内过度转向，如右图所示	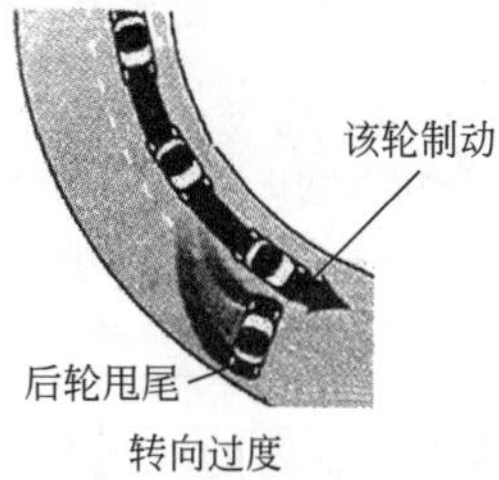

② 转角传感器的特点与外形结构、安装位置见表 8-83。

表 8-83 转角传感器的特点与外形结构、安装位置

项目	具体说明
特点	转角传感器的检测角度有正负 540°或 720°，对应转向盘转 3～4 圈。测量精度为 1.5°，分辨速度为 1°/s～2000°/s。在奥迪 A4 系列轿车中，转角传感器是 ESP 系统中唯一一个直接通过 CAN-Bus 总线向控制单元传递信息的传感器。接通点火开关后，转向盘被转动 4.5°(相当于 1.5cm)，传感器进行初始化
外形结构与安装示意图	 (a) 外形 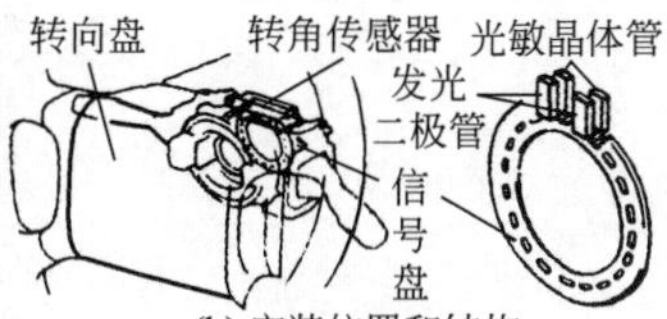 (b) 安装位置和结构 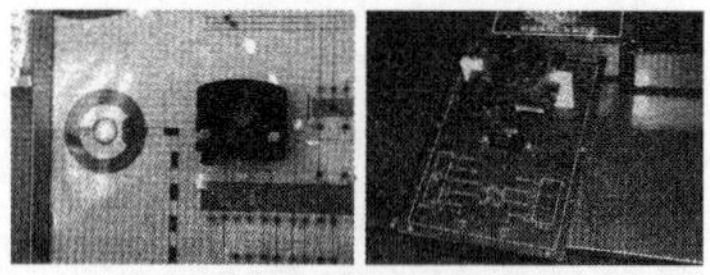 (c) 实物安装状态
示意图说明	图(a)所示为转角传感器的外形，图(b)所示为该传感器安装位置与结构示意图。转角传感器在有些车辆上安装在组合开关总成内或设置在组合开关下面。转角传感器由一个信号盘(有缝圆盘)与两组二极管组成。每组有一个发光二极管和一个光敏晶体管，两者相互对置，并固定在转向柱管上。其实物安装状态如图(c)所示。信号盘沿圆周开有 20 条光缝，它被固定在转向盘主轴上，随主轴转动而转动

③ 转角传感器的工作原理见表 8-84。

表 8-84 转角传感器的工作原理

项目	具体说明	
汽车转弯时传感器的工作情况	右图所示为转角传感器的工作原理示意图。当汽车转弯时，转向盘转动，信号盘也随之转动。从 ECU-IG 熔丝过来的电流使 2 个发光二极管发光。如下图(a)所示，当信号盘在 2 个发光二极管和光敏晶体管之间通过时，从发光二极管发出的光线被交替切断和通过，光敏晶体管也就被该光线交替导通(相当于集电极与发射极之间接通)和截止(相当于集电极与发射极之间断开)	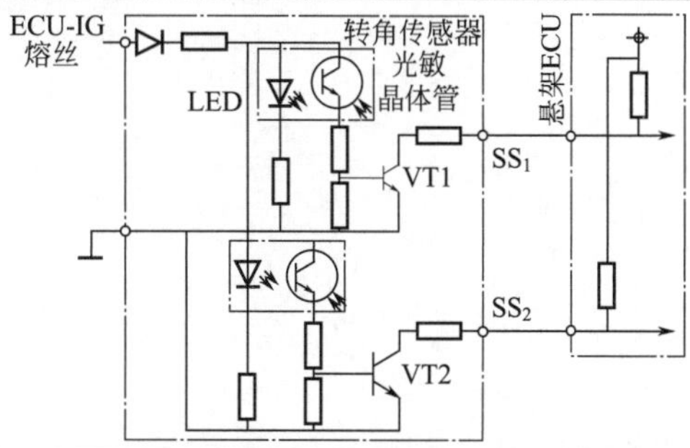
工作原理与输出特性示意图	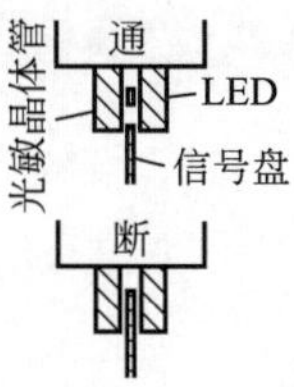 (a) 工作原理示意图 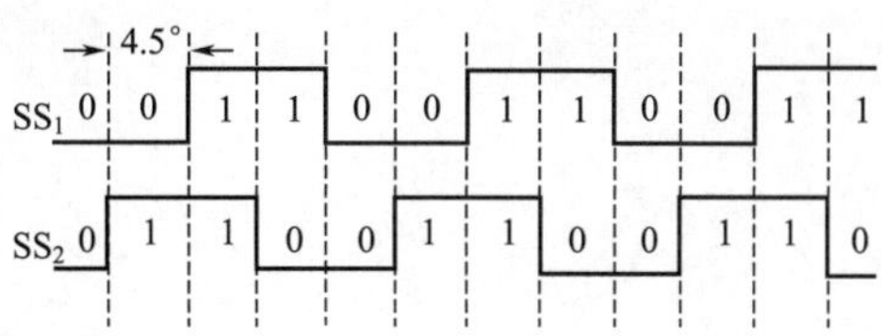 (b) 输出特性曲线	

续表

项目	具体说明
工作情况信号合成图	第一行中的图在上述传感器的内部电路中，晶体管 VT1 和 VT2 就按照来自光敏晶体管的信号而发出通信信号。所以，电流按照来自光敏晶体管的通/断信号，从悬架 ECU 的 SS1 和 SS2 端脚流到晶体管 VT1、VT2。如电流流动时信号为“1”，电流不流动时信号为“0”，则合成信号如上图(b)所示。悬架 ECU 就根据这些信号的变化来检测转弯的方向和转弯的角度
汽车静止	当车辆静止，转向盘不转动时，由于没有上述的信号，车辆无法识别其实际行驶方向，ESP 功能失效，ESP 系统故障灯将会点亮

④ 转角传感器的检测与维修。

对奥迪 A4 系列轿车转向盘转角传感器的检测与维修的方法，与上述转角传感器的通用检测和维修方法基本相同，限于篇幅，不再重述。

第9章 压力传感器

汽车上使用的压力传感器多用于检测气体或液体的压力，并把压力信号转换为电压信号提供给有关电路(多为电子控制单元)。

9.1 压力传感器概述

压力传感器的基本原理是依靠测定压力差来进行工作的，检测时的基准压力通常是指大气压。

(1) 发展历程

压力传感器的发展历程是随着微电子技术的不断进步而发展起来的，具体情况见表9-1中。

表9-1 压力传感器的发展历程

项目	具体说明
发展历程示意图	
说明	随着微电子(MEMS)技术的进步，汽车用传感器体积做得越来越小(见上图所示)，功能越来越智能化。微电子技术和集成化技术的压力传感器是将检测单元和处理电路直接集成在一个传感器芯片中。虽然不同的压力传感器所具有的不同检测范围及其相应的测量方法不一样，但它们的共同特点是先将被测压力转换为敏感材料的变形，再利用应变片将敏感材料的变形转换为电阻的变化，然后利用以电桥为基础的放大电路、温度补偿和校正电路，最后得到被测压力值

(2) 类型

压力传感器的种类较多，有膜片式（可变电感式）、应变片式、差动变压器式、半导体式等多种形式。

① 按原理分类的压力传感器类型见表9-2。

表 9-2 按原理分类的压力传感器类型

项目	具体说明	
广义分类	汽车压力传感器根据其原理可以广义地分为 3 类：压阻式传感器、电容式传感器和压电式传感器。在压阻传感器中，由于单晶硅压阻具有比薄膜压阻高 6 倍的灵敏度，易于集成及 LIS 加工等特点，被广泛应用在汽车压力传感器中。电控柴油发动机使用的压力传感器多为电容式与压电晶体式两大类，右图所示为几种汽车电控柴油发动机压力传感器的外形示意图，具体情况如下所述 	
两类传感器特点	电容式压力传感器	电容式压力传感器通过其内部的一个电容来感应压力的变化，当压力变化时，压力差使电容的 2 个极板之间的距离发生变化，进而输出一个电压信号给柴油发动机电子控制单元(ECU)
	压电式压力传感器	压电式压力传感器是通过其内部的一个压电晶体来感应压力的变化，一旦压力发生变化时，作用在压电晶体上的压力差就会使压电晶体输出一个电压信号给柴油发动机电子控制单元(ECU)

② 按产生的信号类型不同分类的压力传感器类型见表 9-3。

表 9-3 按产生的信号类型不同分类的压力传感器类型

项目	具体说明	
类型	压力传感器按产生的信号类型不同进行分类，可以分为电压型与频率型两大类。这两类传感器具体情况如下所述	
两类传感器的特点	电压型	电压型压力传感器有压电效应进气压力传感器(又称为半导体压敏电阻应变计式)、电磁式进气压力传感器(又称为膜盒传动的可变电感式)。应用较多的是半导体压敏电阻式进气歧管压力传感器
	频率型	频率型压力传感器有电容膜盒式与表面弹性波式(很少有应用)。应用较多的为电容膜盒式进气歧管压力传感器

③ 按压力范围分类的压力传感器类型见表 9-4。

表 9-4 按压力范围分类的压力传感器类型

项目	具体说明					
类型	汽车压力传感器根据其测量的压力范围进行分类，可以分为低端压力、中端压力与高端压力三大类型。低端压力与高端压力相差较大。同时由于汽车电子控制单元(ECU)对传感器的精度要求较高，从而决定了传感器的输出特性。右图所示为上述三种类型压力传感器的压力检测方式示意图 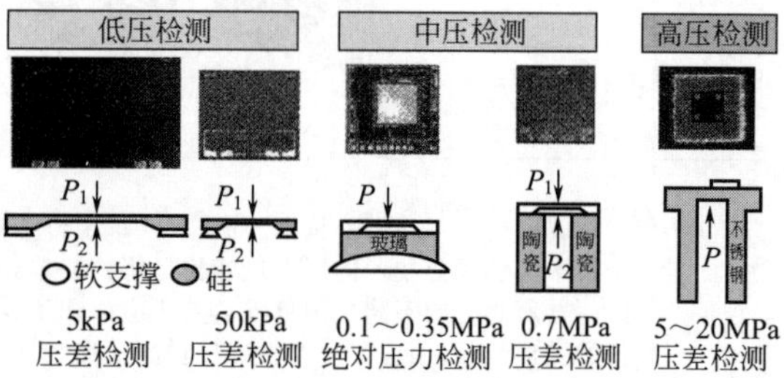					
三类传感器压力范围	传感器名称	汽油挥发压力传感器	进气压力传感器	空气悬挂压力传感器	燃料压力传感器	共轨压力传感器
	压力范围	5kPa(低)	100kPa(中)	1～10MPa(高)	20MPa(高)	200MPa(高)

④ 按参考压力不同分类的压力传感器类型见表 9-5。

表 9-5 按参考压力不同分类的压力传感器类型

项目	具体说明	
类型	根据参考压力的不同又分为相对压力传感器与绝对压力传感器两种。这两种传感器的具体情况如下所述	
两类传感器特点	相对压力传感器	相对压力传感器测量压力时的参考压力为大气压，因此其测量大气压时的测量值为零
	绝对压力传感器	绝对压力传感器测量压力时的参考压力是真空，其测得的压力值为绝对压力

⑤ 按传感器的作用分类的压力传感器类型与需要说明的问题见表 9-6。

表 9-6 按传感器的作用分类的压力传感器类型与需要说明的问题

项目	具体说明
按传感器的作用分类	按传感器的作用进行分类，可以分为进气歧管绝对压力传感器、机油压力传感器、燃油压力传感器、大气压力传感器、制动主缸压力传感器、蓄能器压力传感器等。天然气发动机通常还安装多个其他检测功能的压力传感器
需要说明的问题	电控柴油发动机上使用的压力传感器有时会与温度传感器集成在一起（例如将进气压力传感器和进气温度传感器集成在一起等）构成一个复合传感器，由此减少了系统零件的数量，也使发动机线束变得简单，但对压力传感器的检测方法则与其他单个检测压力传感器完全相同

(3) 连接电路与检测导线

无论是哪一种类型的压力传感器，对它们的检测思路十分相似，但必须对其连接方式要清楚，有些场合还需要准备一些专用检测工具。

① 压力传感器的连接电路与引脚功能说明见表 9-7。

表 9-7 压力传感器的连接电路与引脚功能说明

项目	具体说明
传感器接线图与装配图、连接电路示意图	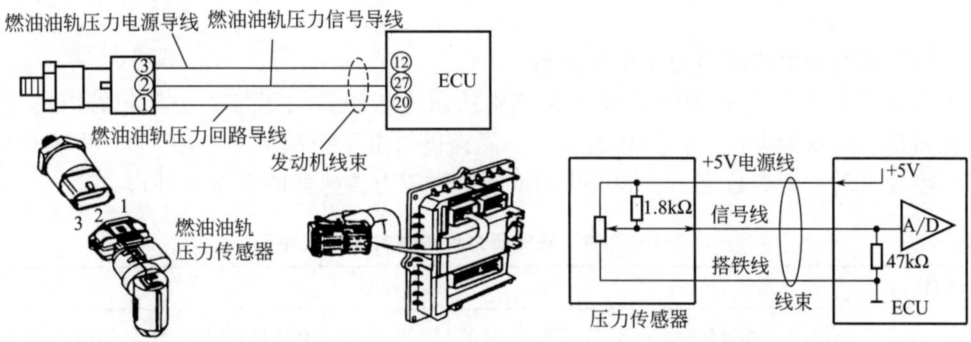 (a) 传感器接线图与装配图 (b) 连接电路
示意图说明	电控柴油发动机上使用的各种压力传感器与 ECU 之间的连接方式基本相同，图(a)所示为燃油压力传感器接线图与装配图，供参考。图(b)所示为柴油发动机上使用的压力传感器与电子控制单元（ECU）内部电路之间的连接方式示意图。压力传感器使用的工作电压为 5V，通常都由发动机电子控制单元（ECU）内部稳压电路把蓄电池电压稳压后提供给压力传感器
引脚说明	电控燃油喷射发动机上使用的压力传感器多为 3 线式，其中的一根为向 ECU 提供压力的信号线，另一根为电源线，还有一根为搭铁线。这类传感器与发动机电子控制单元（ECU）之间的连接方式也基本相同，仅是与 ECU 的引脚编号（或代号）不一样

② 压力传感器专用检测导线示意图与检测指导见表 9-8。

表 9-8 压力传感器专用检测导线示意图与检测指导

项目	具体说明
专用检测导线示意图	大部分压力传感器通常无法通过检测电阻的方式来判断其好坏，而是需要在压力传感器工作时通过检测其输出电压来判断。因此，在检测压力传感器时需要专用的检测导线，以保证传感器正常工作的同时将 3 条线引出，便于检测，不同的压力传感器需要使用不同的检测导线。右图所示为几种不同的压力传感器检测专用导线示意图 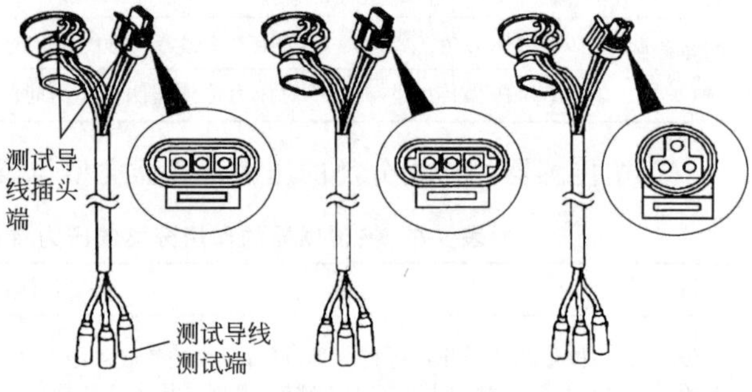 (a) 椭圆形三针凹型 (b) 椭圆形三针凸型 (c) 圆形三针型
检测指导	不同的压力传感器由于插头不同，故选用的专用检测导线也不一样，但检测方法基本相同，必须在发动机运行状态下进行，具体检测方法如下 ①断开压力传感器与线路的连接插头，并选择适合的检测专用导线（也就是专用检测导线插头和传感器插头要匹配） ②采用万用表在专用导线的检测端分别测出传感器的输入电压和输出信号电压，并将检测到的数据与发动机厂家提供的正常值进行对比，以此来判断被检测传感器是否正常

9.2 进气压力传感器

进气压力传感器为进气歧管压力传感器的简称，主要应用于 D 型电子控制燃油喷射系统中。

(1) 进气压力传感器的作用与类型

应用于 D 型电子控制燃油喷射系统中的压力传感器用于检测进气歧管内的压力变化，并把该信号转换为电信号，和转速信号一同提供给电子控制单元（ECU），作为确定喷油器基本喷油量的重要参数之一。表 9-9 列出了进气压力传感器的类型与外形。

表 9-9 进气压力传感器的类型与外形

项目	具体说明
类型	进气压力传感器的种类较多，但应用较广泛的主要有半导体压敏电阻式、真空膜盒式与电容式进气压力传感器
外形示意图	右图所示为汽车柴油发动机电子控制系统常用进气压力传感器的典型外形示意图，该传感器通常安装在缸盖上，采用连接管与进气管相连接，用于检测进气管中进气的绝对压力 

(2) 进气压力传感器的结构与原理

① 压敏电阻式进气压力传感器。

电喷发动机中采用进气压力传感器来检测进气量的系统称为 D 型喷射系统（速度密度型系统）。

a. 压敏电阻式进气压力传感器的结构与特点见表 9-10。

表 9-10 压敏电阻式进气压力传感器的结构与特点

项目	具体说明
结构示意图	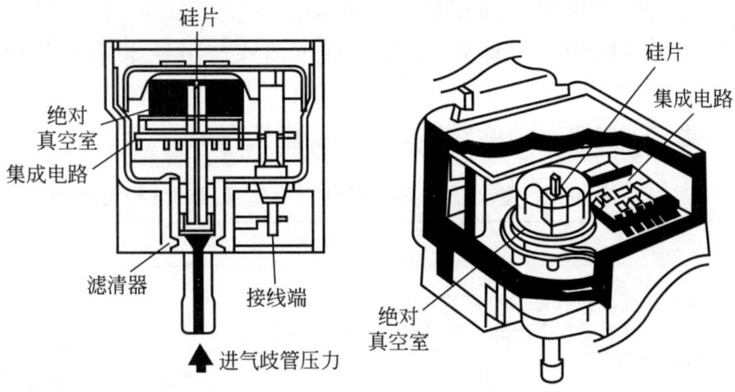
特点	上图所示为压敏电阻式进气压力传感器的结构示意图。该传感器主要由压力转换元件和放大压力转换元件输出信号的混合集成电路为主构成。压力转换元件是利用半导体的压电效应制成的硅(膜)片。硅(膜)片的一面是真空区,另一面作用的是进气管压力,其工作原理与电磁式进气压力传感器基本相同

b. 压敏电阻式进气压力传感器的控制方式。

进气压力传感器检测的是节气门后方的进气歧管的绝对压力，它根据发动机转速和负荷的大小检测出歧管内绝对压力的变化，然后转换成信号电压送至电子控制单元（ECU)，ECU 依据该信号电压的大小，去控制基本喷油量的大小。

c. 压敏电阻式进气压力传感器的工作原理与输出特性见表 9-11。

表 9-11 压敏电阻式进气压力传感器的工作原理与输出特性

项目	具体说明
压敏电阻式进气压力传感器的工作原理	右图所示为压敏电阻式进气压力传感器的工作原理示意图。图(a)中的 R 是图(b)中的应变电阻 R_1、R_2、R_3、R_4,它们构成惠斯顿电桥与硅膜片粘接在一起,硅膜片在歧管内的绝对压力作用下可以变形,从而引起应变电阻 R 阻值的变化,歧管内的绝对压力越高,硅膜片的变形越大,电阻 R 的阻值变化也越大,这就将硅膜片机械式的变化转变成了电信号,再由集成电路放大后提供给 ECU 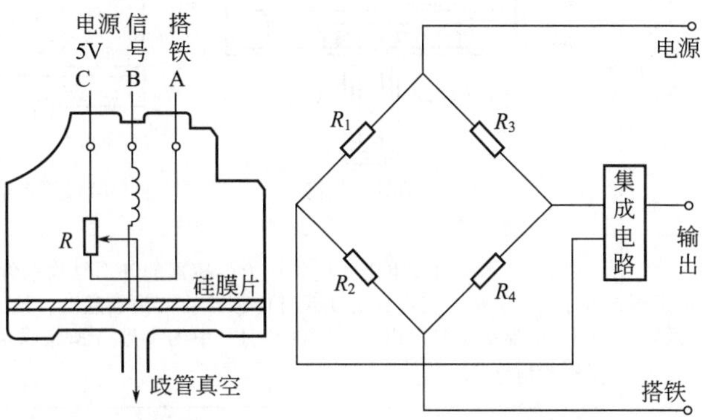(a) 结构 (b) 内部连接
压敏电阻式进气压力传感器的输出特性	发动机工作时,随着节气门开度的变化,进气歧管内的真空度、绝对压力以及输出信号特性曲线均在变化。D 型喷射系统中检测的是节气门后方的进气歧管内的绝对压力。在大气压力不变的条件下(标准大气压力为 101.3kPa),歧管内的真空度越高,反映歧管内的绝对压力越低,真空度等于大气压力减去歧管内绝对压力的差值。而歧管内的绝对压力越高,说明歧管内的真空度越低,歧管内的绝对压力等于歧管外的大气压力减去真空度的差值,即大气压力等于真空度和绝对压力之和 发动机工作中,节气门开度越小,进气歧管的真空度越大,歧管内的绝对压力越小,输出信号电压越低。节气门开度越大,进气歧管的真空度越小,歧管内的绝对压力越大,输出信号电压越大。输出信号电压与歧管内真空度的大小成反比(负特性),与歧管内绝对压力的大小成正比(正特性)

② 真空膜盒式进气压力传感器。

真空膜盒式进气压力传感器又称为膜盒测压器，该传感器在 D 型燃油喷射系统中用于测量进气管的进气压力，并提供给 ECU 作为燃油喷射与点火控制的主信号。

真空膜盒式进气压力传感器根据膜盒的机械运动变换成电信号输出方式的不同分类，可以分为可变电阻式（又称为电位计式）、差动变压器式与可变电感式三种。前两种应用较多，后一种应用较少。

a. 差动变压器式进气压力传感器的结构与原理见表 9-12。

表 9-12　差动变压器式进气压力传感器的结构与原理

项目	具体说明	
结构示意图	右图所示为节气门开启状态时电磁式进气压力传感器的结构示意图。该传感器主要由传感线圈、铁芯、弹片、真空膜盒、进气歧管接头等组成	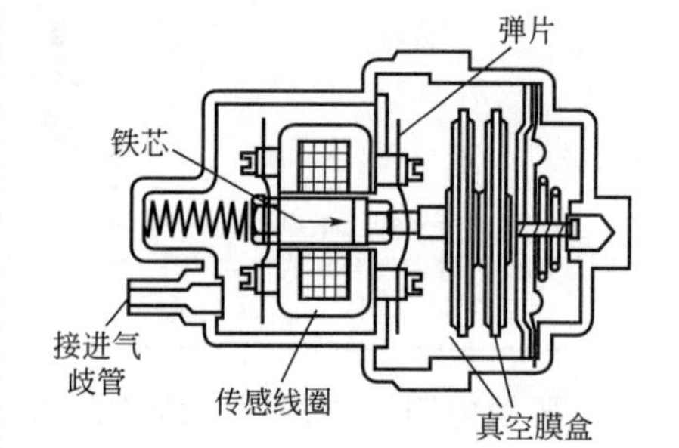
工作原理	当外部的气压变化时，视其压力或真空度的大小，膜盒就会产生凸出或凹进的现象，通过传动机构，便使线圈中铁芯的位置发生改变，从而使线圈中穿过的磁通量发生了改变，于是线圈便产生大小不同的感应电动势，由此就把电压变化的物理量转换成了由线圈两端输出的电量	

b. 可变电阻式进气压力传感器的结构与原理见表 9-13。

表 9-13　可变电阻式进气压力传感器的结构与原理

项目	具体说明
外形结构与原理示意图	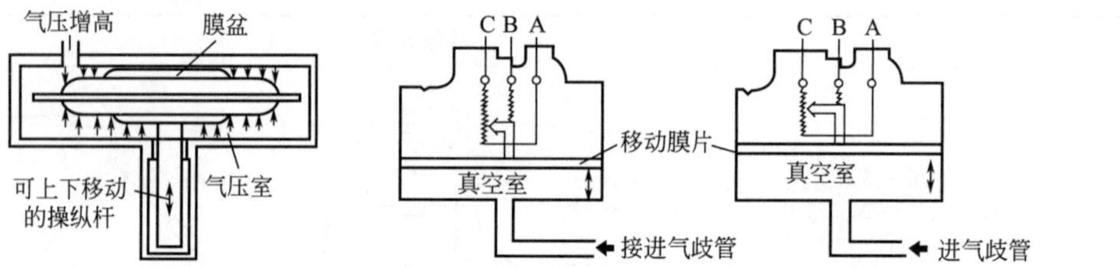(a) 外形结构　(b) 歧管真空度高　(c) 歧管真空度低
示意图说明	图(a)所示为可变电阻式进气压力传感器的外形结构示意图，图(b)所示为歧管真空度高时传感器的结构示意图，图(c)所示为歧管真空度低时传感器的结构示意图。该传感器主要由移动片(膜盒片)、可变电阻器、进气歧管接头、电器引出脚等组成。图(b)与(c)中的字母 A 脚接供电电源；B 脚接发动机电子控制单元(ECU)；C 脚接地，也就是搭铁
工作原理	电阻型进气压力传感器的工作原理与电磁式进气压力传感器基本相似。它是通过进气歧管内气体的绝对压力的增加或降低，使移动片上、下移动，由移动片带动电阻中间滑动点移动，由此就可使 B 端的电压上升或降低，这种变化的电压就反映了进气歧管内气体的绝对压力。B 端输出的电压送到 ECU 后，ECU 根据送来的信号控制喷油器打开的时间加长或缩短，以此来控制喷油量

③ 电容式进气压力传感器。

电容式进气压力传感器也应用在 D 型燃油喷射系统中，用于测量进气管的进气压力，并提供给 ECU 作为燃油喷射量的控制。表 9-14 列出了电容式进气压力传感器的结构与原理。

表 9-14 电容式进气压力传感器的结构与原理

项目	具体说明	
电容式进气压力传感器的结构示意图	右图所示为电容式进气压力传感器的结构示意图，主要由厚膜电极、氧化铝膜片、绝缘介质、电极引脚(引线)等组成。电容式进气压力传感器的检测信号为来自于进气歧管的进气压力信号	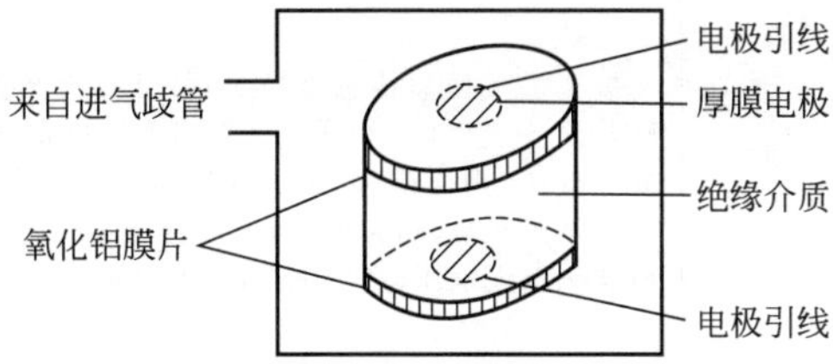
电容式进气压力传感器的原理	电容式进气压力传感器是将氧化铝膜片与底板彼此靠近排列、形成电容，利用电容随膜片上下压力差的变化而改变性能，来得到与压力成正比的电容值信号。该信号被送到与传感器集成在一起的混合集成电路的振荡电路中后，就可以获得可变频率的信号，该信号的输出频率通常在 80～120Hz 之间，与进气歧管的绝对压力成正比。这样，ECU 就会依据该信号的频率来感知进气歧管绝对压力的大小，进而对燃油喷射量进行控制	

(3) 进气压力传感器输出电压与节气门位置之间的关系

了解进气压力传感器输出电压与节气门位置之间的关系对于判断传感器的故障具有一定的帮助。表 9-15 列出了进气压力传感器输出电压与节气门位置之间的关系。

表 9-15 进气压力传感器输出电压与节气门位置之间的关系

<table>
<tr><th>项目</th><th colspan="3">具体说明</th></tr>
<tr><td>连接电路</td><td colspan="2">右图所示为汽车发动机燃油喷射系统压敏电阻式进气压力传感器与电子控制单元(ECU)之间的连接方式。车系不同，进气压力传感器端脚标记会有所不同</td><td rowspan="2">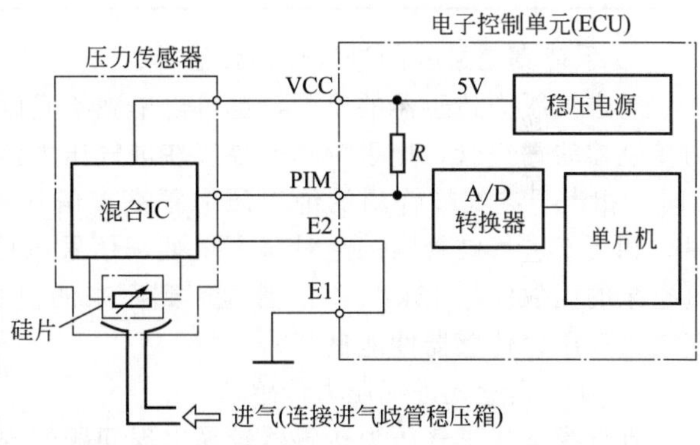</td></tr>
<tr><td rowspan="2">对应关系</td><td>输出电压与真空度的关系</td><td>正常情况下，进气压力传感器输出电压与歧管内真空度的大小成反比(负特性)，与歧管内绝对压力的大小成正比(正特性)</td></tr>
<tr><td>进气压力与电压之间的关系</td><td colspan="2">通常情况下，当发动机怠速运转时，节气门开度最小，传感器信号输出端脚 PIM 信号电压在 0.7～1.6V 之间(不同车系，该电压值有差异)；当节气门开度加大、发动机转速升高时，真空度随之降低，输出信号电压升高，但最高不会超过 5V</td></tr>
</table>

(4) 进气压力传感器的通用检测与维修方法

对任何类型进气压力传感器的检测，均应在确认传感器的连接线路、插接件均无问题的情况下进行。

① 压敏电阻式进气压力传感器。

对压敏电阻式进气压力传感器的检测主要是检测其供电电压与输出电压是否正常，以此来判断其好坏。表 9-16 列出了压敏电阻式进气压力传感器的通用检测与维修方法。

表 9-16 压敏电阻式进气压力传感器的通用检测与维修方法

项目	具体说明
供电检测	拔下进气压力传感器插头，打开点火开关，如右图所示，测量传感器插头上 VCC 端子与 E2 端子之间的电压，应为 4.5～5.5V。如无电压，则应检查 ECU 相应端子上的电压。若 ECU 相应端子上的电压正常，则为 ECU 至传感器之间的线路有故障；若 ECU 相应端子上无电压，则为 ECU 本身故障 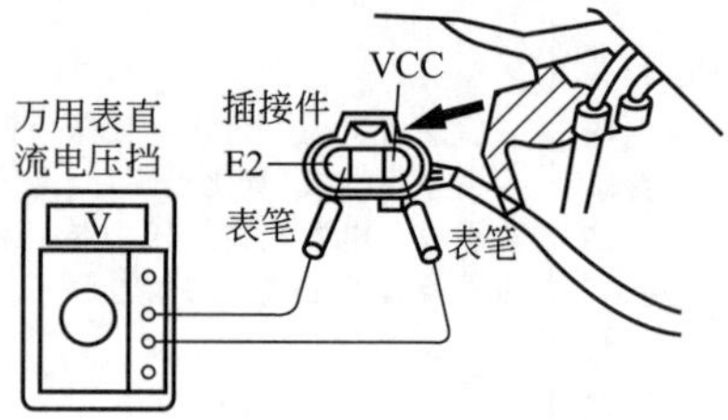
输出电压检测	如图(a)所示，采用手动真空泵(具体操作方法见下面的内容)对进气压力传感器施以 13.3～66.7kPa 的负压(真空度)，同时如图(b)所示采用万用表直流电压挡测量 ECU 连接器上 PIM 与 E2 两端脚之间的电压，应符合如表 9-17 所列值的变化规律。如果检测的结果不符合表 9-17 所列值的变化规律，且相差较大，则可能是进气压力传感器损坏 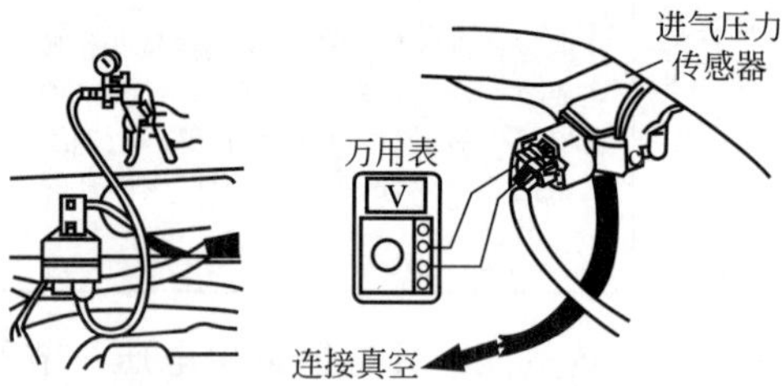 (a) 手动真空泵 (b) 检测输出电压

表 9-17 压敏电阻式进气压力传感器的真空度与电压值之间的关系

真空度/kPa	13.3	26.7	40	53.5	66.7
电压值/V	0.3～0.5	0.7～0.9	1.1～1.3	1.5～1.7	1.9～2.1

② 手持真空泵检测进气压力传感器。

对进气压力传感器的检测，也可以单独给它施加真空来进行。检测时，拆下通向进气压力传感器的真空管，把手持真空泵接在进气压力传感器的真空管接头上。当施加的真空度为 0 时，相当于进气歧管内的绝对压力很高，信号电压为 4.5V 左右；当施加的真空度为 75 时，相当于进气歧管内的绝对压力很低，信号电压为 1V 左右。这时若立即打开真空开关，真空泵的读数应从 75kPa 不停滞地回到原来的位置，同时信号电压也应跟随上升，这就说明该进气压力传感器性能良好。

③ 真空膜盒式进气压力传感器。

真空膜盒式进气压力传感器较易出现问题的部位是真空软管连接松动、破裂、感应线圈折断、短路等。表 9-18 列出了真空膜盒式进气压力传感器的检测与维修方法。

表 9-18 真空膜盒式进气压力传感器的检测与维修方法

项目	具体说明
供电检测	断开点火开关，拔下传感器插接件插头，万用表置于 50V DC 范围的电压挡，如右图所示，在连接器插头的一侧将万用表两表笔连接好后，接通点火开关，万用表应显示蓄电池电压(12V)。否则，应对连接线进行检测，看其是否有断裂、短路现象存在 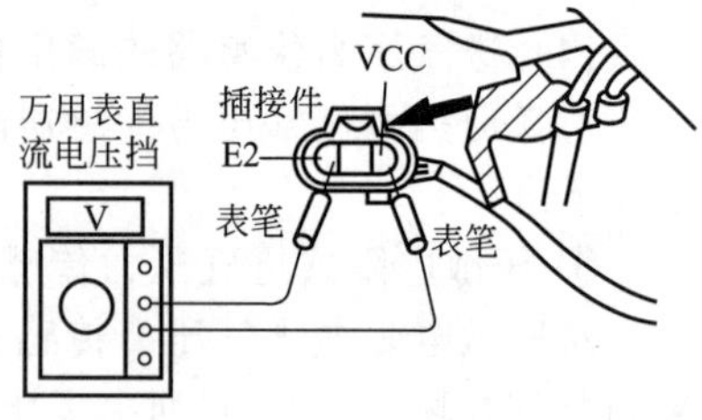

续表

项目	具体说明
输出电压检测	将插接件重新插好，万用表置于10V范围的直流电压挡，如右图所示，两表笔连接在信号输出端与搭铁端之间；然后将点火开关置于闭合“ON”位置，观察万用表指示的电压值是否随不同状况发生变化，具体情况见表9-19所列 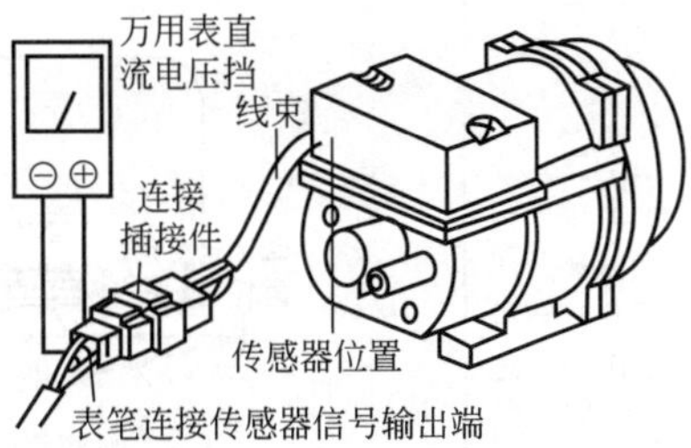

表9-19 不同状况时万用表指示的输出电压值关系

不同状况	脱开真空软管与大气压力直接相通时	用嘴吸吮真空软管	怠速运转	发动机转速升高
万用表指示电压值	1.5V左右	从1.5V向减小的方向摆动	约为0.4V	输出电压值相应升高

④ 电容式进气压力传感器。

电容式进气压力传感器在福特系列轿车D型喷射发动机上应用较多。连接方式与引脚功能和压敏电阻式进气压力传感器基本相同。表9-20列出了电容式进气压力传感器的通用检测与维修方法。

表9-20 电容式进气压力传感器的通用检测与维修方法

项目	具体说明
检测思路	对电容式进气压力传感器的检测，除了采用普通万用表检测其电源电压、信号电压、传感器与电源之间的连接导线导通性情况来判断其好坏外，也可以采用汽车数字式万用表检测其频率来判断其好坏
检测方法	接通点火开关，在发动机没有运转时，采用汽车数字式万用表检测电容式进气压力传感器两端之间的频率约为160Hz；减速时检测到的频率为80Hz左右；怠速时检测到的频率为105Hz左右。当进气压力输出信号消失或者超出其工作范围（频率小于80Hz或大于160Hz），则说明该传感器损坏或不良，应进行修理或更换

9.3 油压传感器

应用于汽车上的油压传感器常见的有机油压力传感器、制动主缸油压力传感器、自动变速器油油压传感器等。

(1) 机油压力传感器

① 机油压力传感器的结构与原理。无论是汽油发动机还是柴油发动机，均设置了机油压力传感器，在有的车辆电路图中将该传感器称为机油压力开关。

双金属片式机油压力传感器的结构、连接方式与原理见表9-21。

表 9-21 双金属片式机油压力传感器的结构、连接方式与原理

项目	具体说明
双金属片式机油压力传感器展开图以及其与机油压力表之间的连接方式	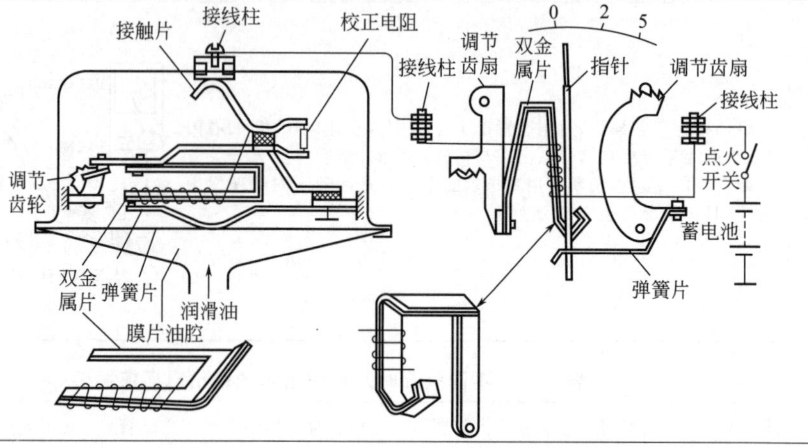
双金属片式机油压传感器原理	双金属片式机油压力传感器俗称感应盒，如上图所示，该传感器实际上为一个圆形钢壳密封件，其顶部中心有一个接线螺钉，底部为拧装于主油道上的管接头，低壳呈漏斗形，中间有个特殊形式的螺纹管接头，上面有一块圆形弹性膜片，形成机油压力腔。如果油面很低，则该圆形弹性膜片几乎没有变形，如果发动机润滑系统机油压力增大，传感器油腔内的油压也增大，膜片被迫向上拱曲，最终通过双金属片将检测到的压力从接线柱处输出提供给机油压力表

触点式机油压力传感器的结构与特点见表 9-22。

表 9-22 触点式机油压力传感器的结构与特点

项目	具体说明
结构与输出特性示意图	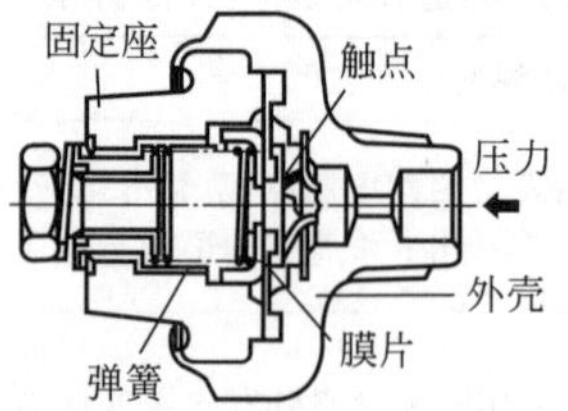 (a) 结构 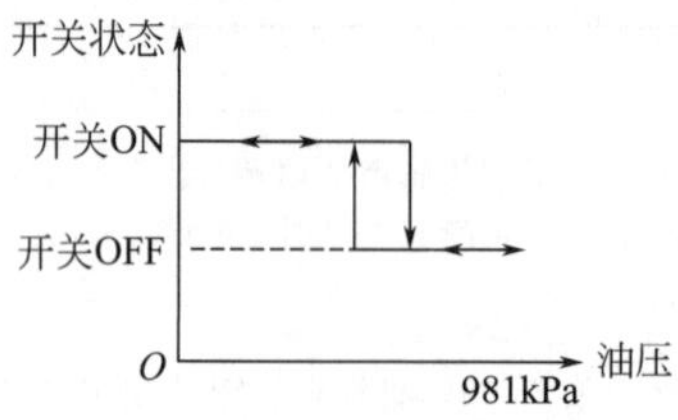 (b) 输出特性
特点说明	图(a)所示为触点式机油压力传感器的结构示意图，主要由膜片、触点、弹簧等组成。该传感器内有受油压作用而动作的膜片以及受油压作用而动作的触点。图(b)所示为触点式机油压力传感器的输出特性示意图，从该曲线可看出，当无机油压力作用时，弹簧推动膜片，使触点处于闭合接通(ON)状态；当机油压力达到设定值时，膜片克服弹簧的作用力，使触点断开(OFF)

触点式机油压力传感器的连接电路、报警灯示意图与工作原理见表 9-23。

表 9-23 触点式机油压力传感器的连接电路、报警灯示意图与工作原理

项目	具体说明
连接电路与报警灯示意图	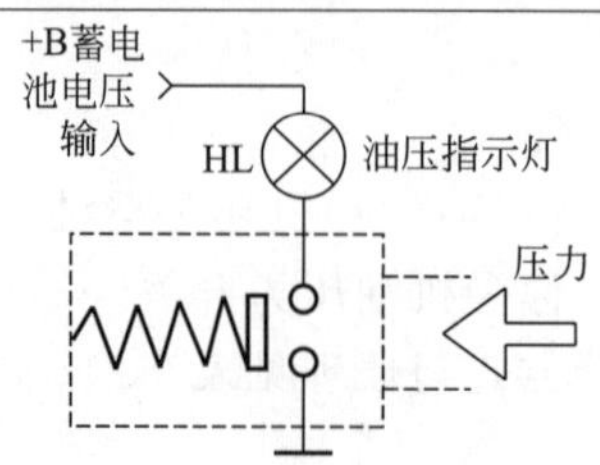 (a) 连接电路 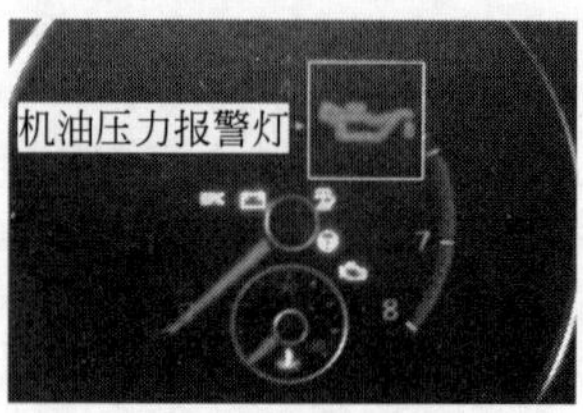 (b) 报警灯

续表

项目		具体说明
示意图说明		图(a)所示为机油压力传感器与油压指示灯之间的连接方式示意图。机油压力传感器安装在发动机润滑油路上,油压指示灯安装在组合仪表内。机油压力正确时才能保证把机油输送到发动机的所有摩擦件表面,过高或过低均会影响发动机正常工作,甚至导致发动机零部件损伤。故当机油压力报警灯报警[如图(b)所示]时,应立即停机查找原因,待排除故障后才可继续工作
工作原理	油压低于设定值	当油压低于设定值时,膜片不具有推动弹簧的作用力,触点处于闭合接通状态,故报警指示灯会点亮,以进行报警
	油压高于设定值	当油压高于设定值时,膜片推起弹簧,触点断开,报警指示灯也就自动熄灭,以示油压满足发动机润滑的需要。正常情况下,触点动作压力在 30～50kPa 之间

可变电阻式机油压力传感器的外形、安装位置与作用见表 9-24。

表 9-24 可变电阻式机油压力传感器的外形、安装位置与作用

项目	具体说明
外形、安装位置	右图所示为可变电阻式机油压力传感器的典型外形示意图,该传感器一般安装在机油冷却器后的主油道中 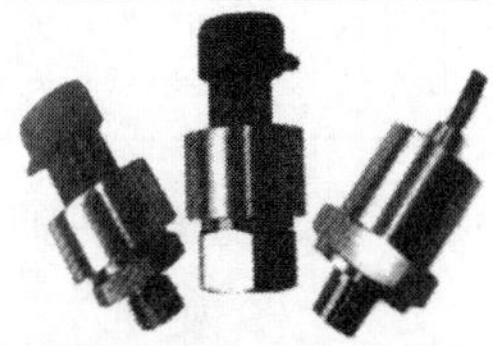
作用	可变电阻式机油压力传感器用于检测发动机的机油压力。ECU 根据机油压力的高低采取控制措施保护发动机,并通过仪表板上的机油压力报警灯进行报警

可变电阻式机油压力传感器的结构特点与工作原理见表 9-25。

表 9-25 可变电阻式机油压力传感器的结构特点与工作原理

项目		具体说明	
结构特点		可变电阻式机油压力传感器通常采用螺钉拧在缸体的油道里,其内部有一个可变电阻,一端输出信号,另一端与搭铁的滑动臂相连接	
工作原理	油压升高	如图(b)所示,当油压升高时,油压通过润滑油道接口推动膜片弯曲,膜片推动滑动臂移动到低电阻值位置,使电路中的输出电流增大	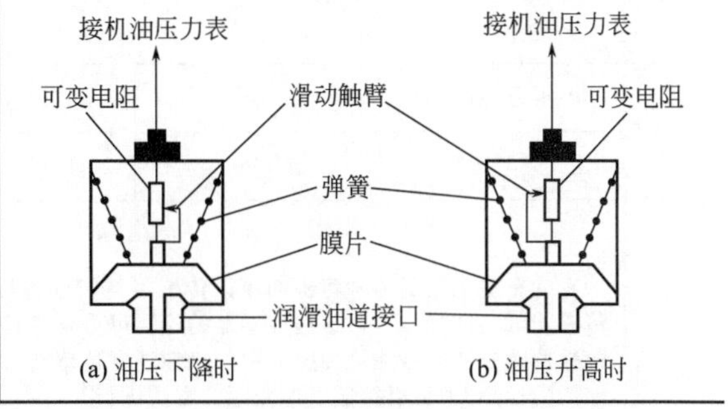 (a) 油压下降时 (b) 油压升高时
	油压下降	如图(a)所示,当油压下降时,膜片推动滑动臂移动到高电阻值位置,使电路中的输出电流减少,最终在机油压力表上把机油压力的大小用指针指示出来	

② 机油压力传感器的通用检测与维修方法。当出现机油压力报警灯失控或机油压力表不能指示故障时,有些情况下不一定是压力传感器故障引起的,这一点应注意到。

双金属片式机油压力传感器的通用检测与维修方法见表 9-26。

表 9-26 双金属片式机油压力传感器的通用检测与维修方法

项目	具体说明
判断故障部位	就车检测双金属片式机油压力指示系统时,可先接通点火开关,拆下油压传感器上的连接线,做瞬间搭铁试验来进行判断:若指示表立即从 0 向 0.5MPa 方向移动,说明指示表良好;装回拆下的传感器导线,用一根无尖头的铁钉塞进传感器油孔内,顶压膜片试验。如果机油压力表能走动,说明传感器良好;如表针不走动,说明传感器损坏,应更换

续表

项目	具体说明			
电阻检测	用万用表测双金属片式机油压力传感器两端的电阻，看其是否符合右表所列的参考值。若偏差较大，则说明此传感器已损坏	传感器线圈材料	传感器线圈直径/mm	传感器线圈电阻值/Ω
		双丝包康铜线	0.112	8～12

触点式机油压力传感器的通用检测与维修方法见表 9-27。

表 9-27　触点式机油压力传感器的通用检测与维修方法

项目	具体说明
报警灯不亮	接通点火开关后，如果机油压力指示报警灯不亮，则故障多为油压指示报警灯线束脱落，或供电熔丝熔断，或为报警指示灯本身灯丝烧断
报警灯始终亮	如果发动机启动后，且机油压力已经达到设定值，但机油压力报警指示灯始终不能点亮，则故障原因多为传感器触点开关动作不良、线束搭铁等

可变电阻式机油压力传感器的通用检测与维修方法见表 9-28。

表 9-28　可变电阻式机油压力传感器的通用检测与维修方法

项目	具体说明				
加压检测方法	把传感器装在一台小型手摇式油压机上，如右图所示，并串联一块标准油压表，然后按下面所列的压力对传感器进行加压，并检测其输出信号电压值(不同的发动机该数据有一定的差异，应以实际发动机的标准值为准)，如果检测的数据相差较大，则说明被检测的传感器有问题，应更换	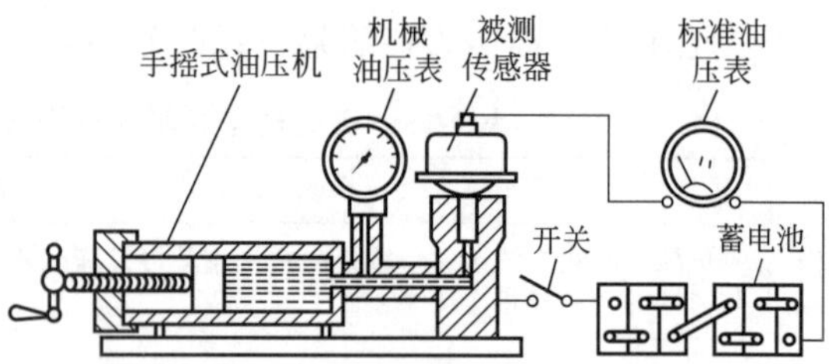			
检测数据	压力/kPa	0	172.37	344.74	517.11
	直流电压/V	0.11～0.16	1.17～1.59	2.24～3.04	3.3～4.49
说明	有的车型采用了一种将机油压力传感器与机油温度传感器组合在一起的集成式传感器，如右图所示，对这类传感器的检测可分别进行，也就是采用检测冷却液温度传感器的方法来检测该传感器中的机油温度传感器，而对该传感器内的机油压力传感器的检测，则可以按照上述介绍的方法进行	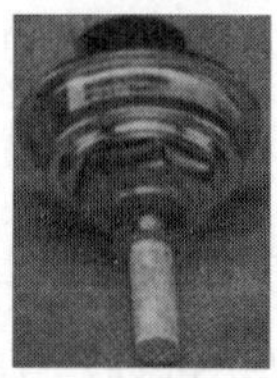			

(2) 制动主缸油压力传感器

制动主缸油压力传感器通常设置在制动主缸的下部，用于检测制动系统油压助力装置中的油液压力等。

① 制动主缸油压力传感器的结构与原理。制动主缸油压力传感器还可用来检测蓄能器压力，向外输出油泵接通与断开及油压异常的报警信号。表 9-29 列出了该传感器的结构与工作原理。

表 9-29 制动主缸油压力传感器的结构与工作原理

项目	具体说明	
结构示意图	右图所示为制动主缸油压力传感器的结构示意图，主要由基片、半导体应变片、传感元件、壳体、密封圈等组成	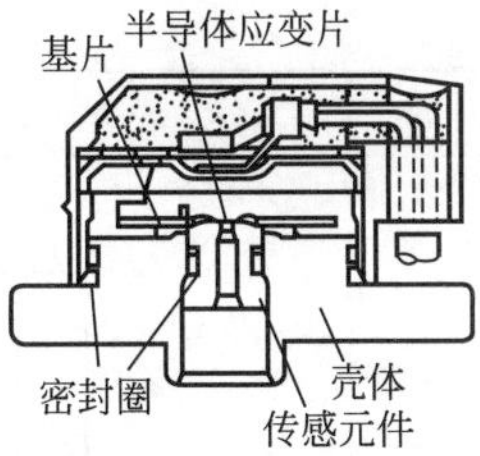
工作原理	当制动主缸油压力传感器正常工作时，在油压的作用下基片就会发生形状的变化，进而导致半导体应变片的电阻值发生变化，该变化的信息经传感器内部自带的桥式电路处理转换为电信号后，就会向外输出，并提供给电子控制单元	

② 三菱 V77 主动稳定牵引控制系统制动主缸油压力传感器的检测与维修。制动主缸油压力传感器用于感知制动主缸的压力，把制动踏板输入的总泵压力转换为电压值，然后提供给 ASTC-ECU。

主缸油压力传感器的安装位置与连接线路见表 9-30。

表 9-30 主缸油压力传感器安装位置与连接线路

项目	具体说明	
安装位置	制动主缸油压力传感器位于制动总泵上，如右图所示。该图中箭头所指的即为制动主缸油压力传感器	
原理	制动主缸油压力传感器属于半导体压敏电阻式，制动主缸内制动压力越大，传感器的 4 个应变电阻变形越大，经由传感器内惠斯顿电桥以电压信号的方式输出后，提供给 ASTC－ECU	

主缸油压力传感器的检测与维修方法见表 9-31。

表 9-31 主缸油压力传感器的检测与维修方法

项目	具体说明	
供电检测	右图所示为主缸油压力传感器与 ASTC-ECU 之间的连接方式。该传感器的 5V 电压来自于 ASTC-ECU 的 60 脚内部，可采用万用表直流电压挡对该电压进行检测	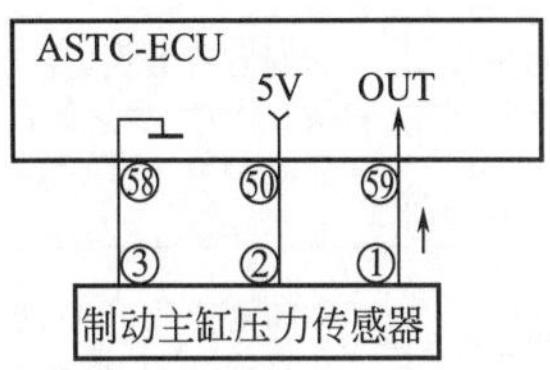
输出电压检测	采用万用表直流电压挡检测主缸油压力传感器的 1 脚与 3 脚之间的电压，该电压在点火开关接通时约为 0.5V，逐渐踩下制动踏板，该输出电压值会逐渐升高，当完全踩下制动踏板时，该电压将上升为 4.8V 左右	
数据流	主缸油压力传感器的输出电压还可以采用 MUT-Ⅲ 解码器读取数据流来读取，先进入 M-ASTC 系统菜单，查阅 data list(数据流)读取其 24 项。数据流 24 项为"M/C PRESS SNSR(制动主缸压力传感器)"，通过该项来读取输出电压的大小，其单位为 V	
故障码	主缸油压力传感器故障除了上述采用读取数据流的方法来判断其好坏外，也可以通过读取系统中存储的故障码来判断故障原因。M-ASTC 系统中存储的与主缸油压力传感器有关的故障码只有两个，一个为"61"，其含义为主缸压力传感器系统(断路或短路)，另一个为"85"，其含义为主缸压力传感器初始化没有完成	

(3) 自动变速器油压传感器

在神龙富康系列轿车的自动变速器电控系统中，使用了一种油压传感器，该传感器主要是用来对油的压力进行监测。

① 连接电路。油压传感器的作用是将主油道压力信号传送给 IC1，IC1 根据该信号控制

压力调节电磁阀，以校正主油道油液的压力。表 9-32 列出了该传感器的连接电路与供电和信号传输通路。

表 9-32　油压传感器的连接电路与供电和信号传输通路

项目	具体说明
连接电路示意图	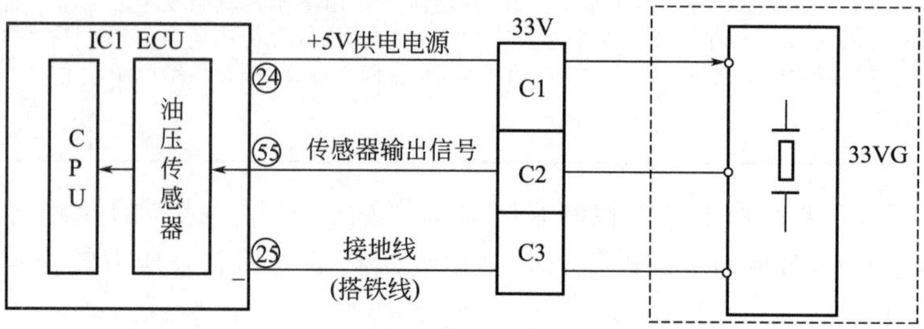
供电通路	油压传感器的供电取自 IC1 的㉔脚，其电流流程通路如下：IC1 的㉔脚→自动变速器电器接线盒 830 的 33VC1 引脚输入→油压传感器→830 的 33VC3 引脚输出→IC1 的㉕脚搭铁
信号传输通路	油压传感器输出的信号→830 的 33VC2 引脚输出→IC1 的㊺脚输入 ECU 内部。该信号电压为连续变化的电压

② 通用检测与维修方法。自动变速器控制系统中的油压传感器出现故障时，仪表盘上的“SPT”和“＊”指示灯均会点亮，表 9-33 列出了自动变速器油压传感器的检测与维修方法。

表 9-33　自动变速器油压传感器的检测与维修方法

项目	具体说明
测量电源电压	闭合点火开关，拔下自动变速器 ECU(IC1)的插接件，测量 IC1㉕脚与㉔脚之间电压应大于 4.5V。如果不对，应检查 IC1 的㉔脚上的连线及相关电路
测量线路导通情况	断开点火开关，用万用表 $R\times1\Omega$ 挡测量 ICl 的㉔脚与 33VC1 脚之间、ICl 的㊺脚与 33VC2 脚之间、IC1 的㉕脚与 33VC3 脚之间的线束，均应导通 如测得有不通之处或有较大的电阻存在，则可能是线束线路有开路处或接触不良之处，应进行修理或更换
测量信号电压	①闭合点火开关，启动发动机并使其运转 ②将变速杆置于 P 或 N 位，在油压为 0.25MPa 时，用万用表 10V DC 电压挡，测量 IC1 的㊺脚与㉕脚(56N25)之间的电压。该电压正常值约 1.4V。如测得值不符合规定，则要查找故障原因

9.4 轮胎压力监测系统传感器

轮胎压力监测系统的英文是 Tire Pressure Monitoring System，缩写为 TPMS。

(1) 机电式 TPMS 传感器

由于机电式 TPMS 传感器成本低、技术含量不高，制作简单，故在载货汽车、客车上应用较多，车轮数目不限。机电式 TPMS 传感器的结构与原理见表 9-34。

表 9-34 机电式 TPMS 传感器的结构与原理

<table>
<tr><th>项目</th><th colspan="3">具体说明</th></tr>
<tr><td>结构</td><td colspan="2">右图所示为机电式 TPMS 传感器的结构示意图，主要由套筒、弹簧、导柱、铜外壳、密封垫、螺母、铜垫片等组成</td><td rowspan="4">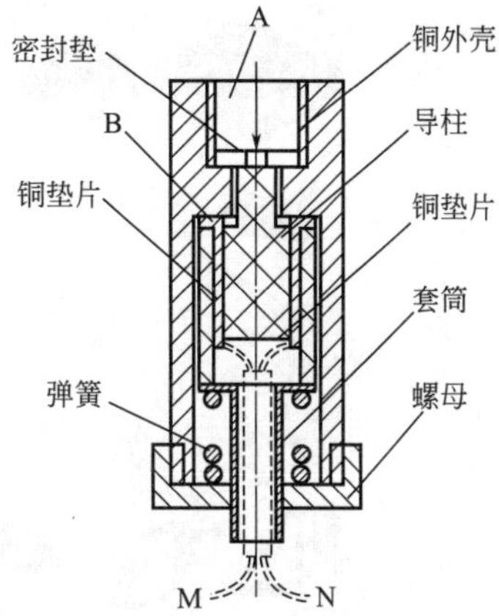
</td></tr>
<tr><td rowspan="3">原理</td><td colspan="2">传感器的顶针顶开轮胎气门芯的芯轴，轮胎的气压间接作用于弹簧上，具体工作情况可以分为以下两种状态来进行分析</td></tr>
<tr><td>标准气压</td><td>当轮胎的气压为标准气压时，弹簧受压收缩，导柱跟随移动，导柱上两铜垫片脱离铜外壳，即在 B 处产生一定的距离，导线 M 与 N 之间断开，传感器不会工作</td></tr>
<tr><td>低于标准气压</td><td>当轮胎的气压低于标准气压的某个值时，弹簧受力不平衡而伸长，导柱跟随移动，导柱上两铜垫片接触铜外壳，即在 B 处产生的距离为零，导线 M 与 N 之间接通，从而使传感器工作，无线发射模块得电，发射信号，接收模块得到信号，发出声光报警</td></tr>
</table>

对机电式 TPMS 传感器的检测也是通过对其施加一定的压力情况下进行的，具体情况见表 9-35 中所列。

表 9-35 机电式 TPMS 传感器的检测与维修

<table>
<tr><th>项目</th><th colspan="6">具体说明</th></tr>
<tr><td>检测思路</td><td colspan="6">对机电式 TPMS 传感器进行检测时，可以模拟其工作情况，在 A 处施加一定的标准气压或低于标准的气压，然后通过检测导线 M 与 N 之间的接通情况来判断其是否损坏。不同的轮胎型号，其工作压力范围有一定的差别，应根据实际情况施加相应的气压，例如 9.00R20 型轮胎(下表也以该型轮胎为例)的工作压力范围为 8.4～10.5kN</td></tr>
<tr><td rowspan="2">性能</td><td>项目</td><td>涉水时间/h</td><td>承受压力偏差/kN</td><td>环境温度/℃</td><td>工作压力范围/kN</td><td>使用寿命/年</td></tr>
<tr><td>参数</td><td>≥5</td><td>+0.3</td><td>−40～85</td><td>8.4～10.5</td><td>3～3</td></tr>
</table>

(2) 直接式 TPMS 轮胎电子传感器

现在的轿车对轮胎压力的监测多数都采用直接式 TPMS 轮胎电子传感器组成的轮胎压力监测系统来实现。

① 直接式 TPMS 轮胎电子传感器功能与安装位置。在由直接式 TPMS 轮胎电子传感器组成的轮胎压力监控系统中，不同的车辆，除了轮胎电子压力传感器都安装在轮胎处外，其他部件安装位置有一定的差异。直接式 TPMS 轮胎电子传感器功能与轮胎压力监控系统在车辆上的位置见表 9-36。

表 9-36 直接式 TPMS 轮胎电子传感器功能与轮胎压力监控系统在车辆上的位置

项目	具体说明
功能说明	直接式 TPMS 轮胎电子传感器用于汽车行驶过程中对轮胎压力、温度进行实时检测，并通过无线调制发射到安装在仪表板里的接收器。由接收器发送数据到组合仪表，组合仪表对轮胎漏气、低气压情况进行及时提示、报警，以便驾驶人员及时进行处理，保障行车安全

续表

<table>
<tr><th colspan="2">项目</th><th>具体说明</th></tr>
<tr><td colspan="2">轮胎压力监控系统在车辆上的安装位置与控制关系示意图</td><td>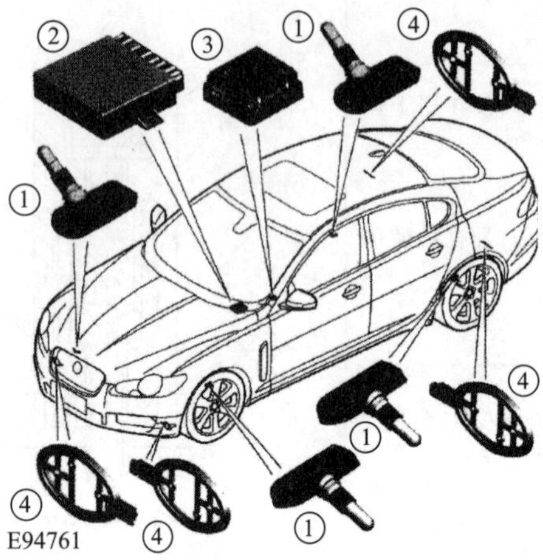

(a) 安装位置示意图
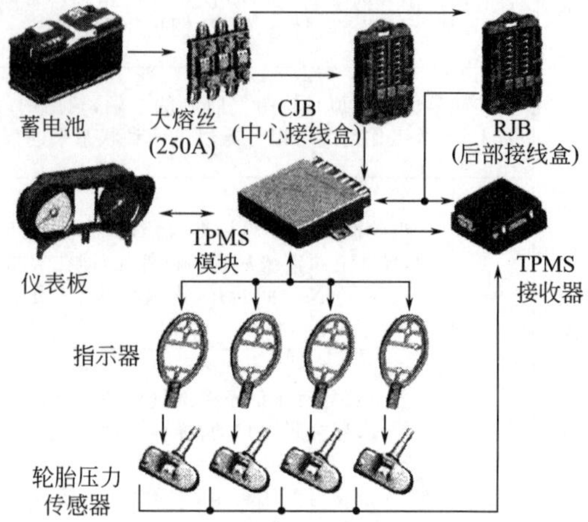

(b) 控制关系示意图</td></tr>
<tr><td rowspan="2">安装位置与控制关系说明</td><td>安装位置说明</td><td>图(a)所示为轮胎压力监控系统在车辆上的位置(以捷豹 XF 轿车为例),主要由 TPMS 模块、4 个轮胎压力监控系统指示器、4 个轮胎压力传感器、轮胎压力接收器、仪表等组成。该图中带圆圈中的数字含义分别为:①表示轮胎压力传感器;②表示 TPMS 模块;③表示轮胎压力接收器;④表示轮胎压力监控系统指示器</td></tr>
<tr><td>控制关系说明</td><td>图(b)所示为轮胎压力监控系统中各功能控制部件之间的连接与控制关系示意图。从该图中可以看出,蓄电池供电通过大熔丝、CJB 与 RJB 为 TPMS 模块与 TPMS 接收器提供工作电源;而轮胎压力传感器监测到的轮胎压力信号主要提供给 TPMS 模块,TPMS 模块内含发射器,由 TPMS 模块控制发射器与 TPMS 接收器之间的无线联系,并通过仪表板上的轮胎压力报警指示灯进行轮胎低气压报警</td></tr>
</table>

② 直接式 TPMS 轮胎电子传感器的结构与原理。直接式 TPMS 轮胎电子传感器能够精确检测轮胎内的压力和温度，这类传感器内部由发射器与 ECU 电路组合在一起，形成模块。

a. 直接式 TPMS 轮胎电子传感器的外形与安装位置见表 9-37。

表 9-37 直接式 TPMS 轮胎电子传感器的外形与安装位置

<table>
<tr><th>项目</th><th>具体说明</th></tr>
<tr><td>实物外形与安装位置示意图</td><td>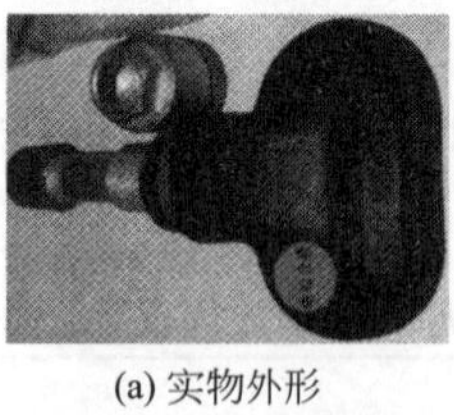
(a) 实物外形
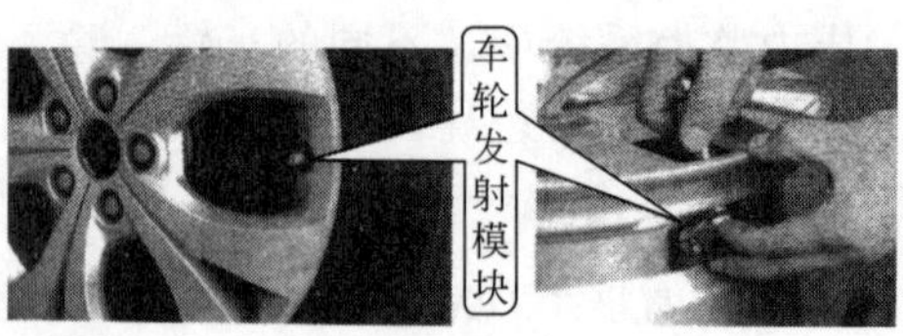

(b) 安装位置</td></tr>
<tr><td>示意图说明</td><td>图(a)所示为直接式 TPMS 轮胎电子传感器实物外形示意图,图(b)所示为该传感器安装位置示意图。车辆的 4 个车轮均安装有发射器模块,车轮发射器模块装有与无线电发射器相连接的压力和温度传感器、运动检测传感器。其中的运动检测传感器属于压电陶瓷型。在车轮的气门上安装有发射天线</td></tr>
</table>

b. 直接式 TPMS 轮胎电子传感器的结构与内部电路方框图见表 9-38。

表 9-38 直接式 TPMS 轮胎电子传感器的结构与内部电路方框图

项目	具体说明
结构与内部电路方框示意图	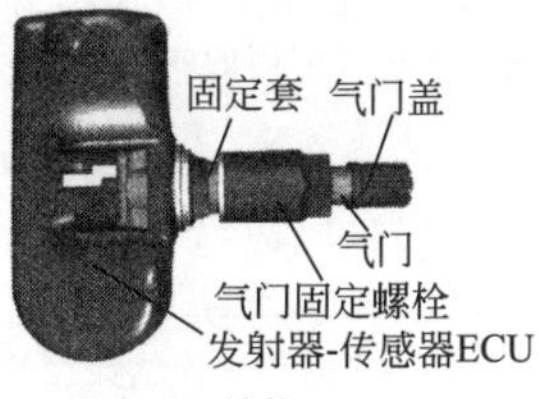(a) 结构 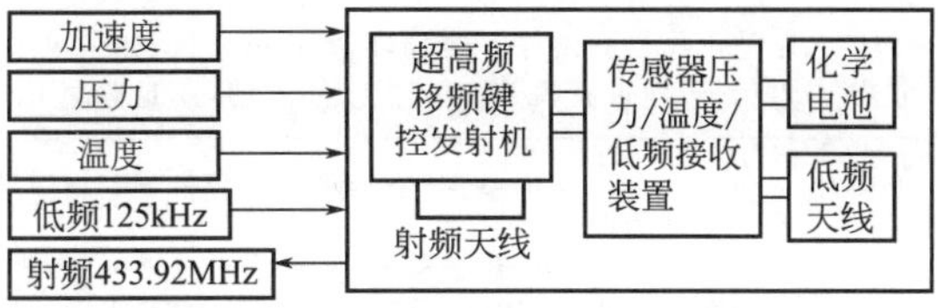(b) 内部电路方框图
工作原理	图(a)所示为直接式 TPMS 轮胎电子传感器的结构示意图，该传感器组合模块主要由气门盖、气门、气门固定螺栓、固定套、发射器-传感器 ECU 等部件构成。图(b)所示为该传感器内部电路方框图。直接式 TPMS 轮胎电子传感器由强力电池供电，内部设置有射频电路，设置在各个轮胎内的传感器以相同的频率定期发射信息，发送的信息包含压力、温度、唯一的 ID 码、运动状态信息和检验信息，各个传感器发射的信息不同步，以减少相互间的干扰。传感器还有低频接收电路，通过该电路能够接收外部低频发生装置的触发。传感器内部射频电路的发射频率大都为 433.92MHz，调制方式为 FSK 方式

c. 车轮发射器模块内部的压力传感器外形见表 9-39。

表 9-39 车轮发射器模块内部的压力传感器外形

项目	具体说明
外形示意图	右图所示为硅压阻式压力传感器的典型外形示意图。车轮发射器模块内部的压力传感器常见有硅集成电容式压力传感器和硅压阻式压力传感器，后者使用较广泛。为了便于 TPMS 接收器的识别，压力传感器都具有 6～8 位独特的 ID 码 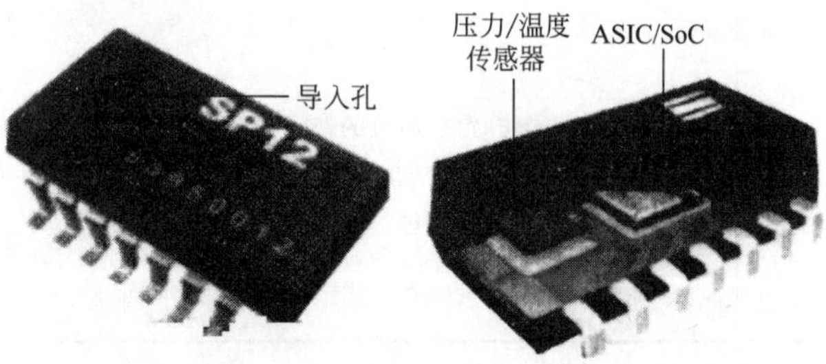
工作原理	压力/温度传感器输出的信号，经 TPMS 传感器模块内部有关电路处理后，传输给发射模块内的信号处理单元(MCU)，经综合成数据流再进入同一封装内部的 RF(射频)发射集成电路，按设定的超高频率(UHF)调制发射给中央接收机

d. 车轮发射传感器信号处理方式见表 9-40。

表 9-40 车轮发射传感器信号处理方式

项目	具体说明
信号处理框图	右图所示为车轮发射传感器信号处理方框图。轮胎内的压力、温度和加速度信息会被 PTMS 传感器内的微控制器转化为数字信号，在处理信号的过程中，传感器内的微控制器需要离心开关的信号来判断车辆是静止还是运动，需要低频线圈的信号来激活与中央接收机认证的 ID 码，最终通过高频信号保证传感器与接收器之间时刻进行通信。车轮发射传感器模块电源通常由锂电池提供，其使用寿命约为 10 年 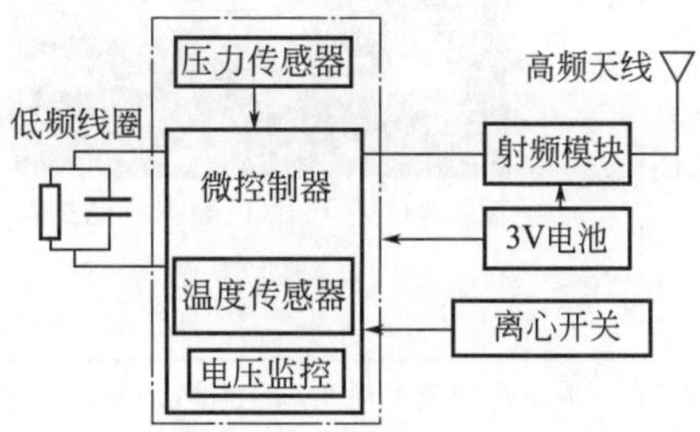

续表

项目		具体说明
基本工作原理	信号传输方式	车轮发射器模块将轮胎压力检测值、温度检测值、加速度检测值、识别码以及车轮发射器模块的蓄电池电压检测值等电信号，以一定频率（例如东风雪铁龙系列轿车使用的频率为 433.92MHz）的无线电信号，通过高频天线传输到轮胎气压不足监测 ECU
	车辆停止	当车辆处于停止状态时，车轮发射器每隔一段时间（例如东风雪铁龙系列轿车每隔 13h，以下均以该系列车型为例）发射一个数据帧
	车辆起步	当车辆起步后，如以不低于 20km/h 的车速行驶，则此时运动检测传感器就会检测到轮胎旋转时产生的离心力，车轮发射器模块就将以每分钟发射一个数据帧的方式进行数据传送。如果检测到泄漏，则每 5s 发射一个信息帧；如果在 10min 内运动检测传感器始终没有检测到车轮运动，发射器就会自动进入车辆停止时的工作模式

③ 直接式 TPMS 轮胎电子传感器的拆卸与安装

对直接式 TPMS 轮胎电子传感器的拆卸和安装，有一定的技能要求，下面介绍这方面的知识。

a. 直接式 TPMS 轮胎电子传感器的拆卸见表 9-41。

表 9-41　直接式 TPMS 轮胎电子传感器的拆卸

项目	具体说明
拆卸步骤	在更换直接式 TPMS 轮胎电子传感器进行拆卸时，先要将轮胎拆下来，并对轮胎进行放气，采用扒胎机拆开外胎，将旧的传感器拆下来
注意事项	在进行上述操作时，扒胎机的铲子不要在传感器上方下铲，否则会损坏传感器；如右图所示，必须在离气门嘴 15cm 距离处下铲 

b. 直接式 TPMS 轮胎电子传感器的安装。

直接式 TPMS 轮胎电子传感器通常安装在轮胎内部、轮毂气门嘴孔上，安装时必须使用扭力扳手检验力矩值，电动套筒的规格型号必须和螺母规格相同，具体安装方法与步骤如下所述。

直接式 TPMS 轮胎电子传感器安装步骤 1 见表 9-42。

表 9-42　直接式 TPMS 轮胎电子传感器安装步骤 1

项目	具体说明
安装示意图	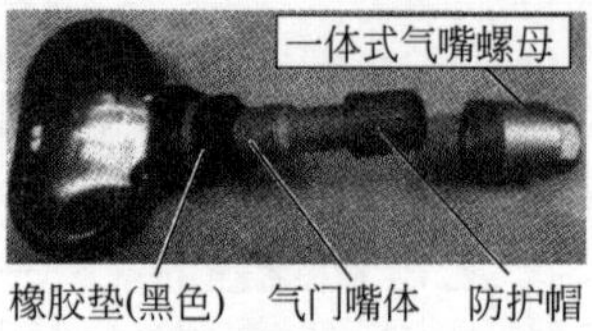 (a) 安装结构图  (b) 传感器穿入轮毂气门嘴孔 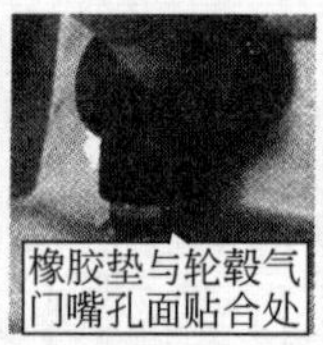 (c) 橡胶垫与轮毂面贴合 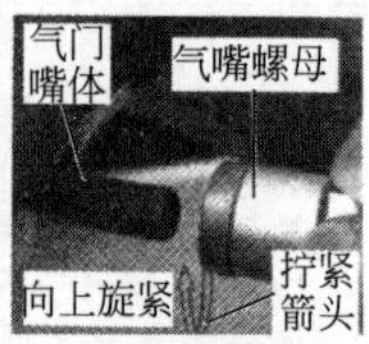 (d) 气门嘴螺母旋入气门嘴上
安装说明	取下传感器的防护帽[如图(a)所示]，将传感器穿入轮毂气门嘴孔[如图(b)所示]，并使橡胶垫与轮毂面贴合[如图(c)所示]，再将气门嘴螺母旋入气门嘴上[如图(d)所示]

直接式 TPMS 轮胎电子传感器安装步骤 2 见表 9-43。

表 9-43　直接式 TPMS 轮胎电子传感器安装步骤 2

项目	具体说明
拧紧气门嘴螺母	右图所示为拧紧气门嘴螺母示意图  
注意事项	在进行上述操作时一定要注意：气门嘴螺母应向右旋入气门嘴体，拧紧力矩为(4.5±0.5)N·m，由于力矩的大小对轮胎的密封性产生直接的影响，故拧紧力矩必须确保在上述数据范围内

直接式 TPMS 轮胎电子传感器安装步骤 3 见表 9-44。

表 9-44　直接式 TPMS 轮胎电子传感器安装步骤 3

项目	具体说明
安装示意图	如图(a)所示，把防护帽旋入气门嘴体即可完成对传感器的安装，图(b)所示为安装结束后的结构示意图 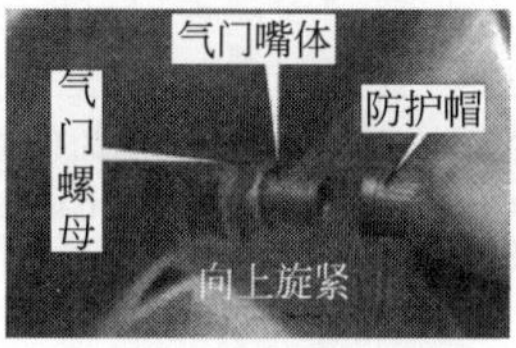 (a) 装防护帽  (b) 安装结束示意
注意事项	在安装防护帽时，先应检查前道工序气门嘴螺母安装是否到位，然后再旋入防护帽并拧紧，拧紧力矩应控制在 0.17～0.2N·m 之间

c. 直接式 TPMS 轮胎电子传感器的 ID 学习见表 9-45。

表 9-45　直接式 TPMS 轮胎电子传感器的 ID 学习

项目		具体说明
操作要求		要使直接式 TPMS 轮胎电子传感器进入 ID 学习状态，维修人员需要根据提示，采用设定器触发传感器学习相应的轮胎电子传感器
学习顺序		右图所示为直接式 TPMS 轮胎电子传感器 ID 学习示意图，设备学习的顺序为左前轮(1 号)→右前轮(2 号)→左后轮(3 号)→右后轮(4 号)。在设备提示某号传感器时，在 5s 内使用设定器触发该号的传感器 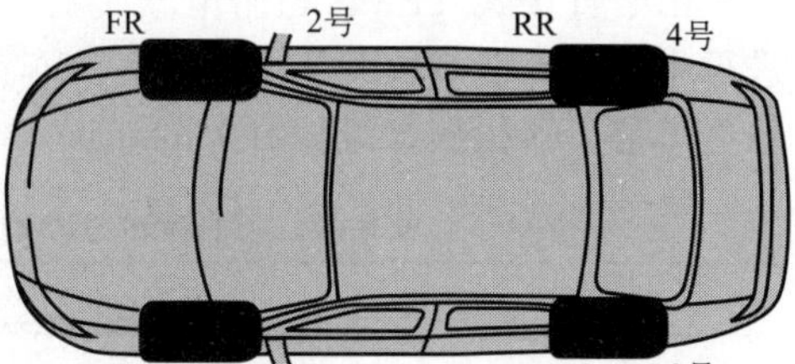
具体操作	激活 1 号传感器	进入学习状态后，学习设备会播报语音：请学习传感器 1。维修人员在 5s 之内按一下设定器上的“FL”按键，激活左前轮的传感器
	激活 2 号传感器	在上述过程之后，学习设备会播报语音：请学习传感器 2。维修人员在 5s 之内按一下设定器上的“FR”按键，激活右前轮的传感器
	激活 3 号传感器	在上述过程之后，学习设备会播报语音：请学习传感器 3。维修人员在 5s 之内按一下设定器上的“RL”按键，激活左后轮的传感器

续表

项目		具体说明
具体操作	激活号传感器	在上述过程之后，学习设备会播报语音：请学习传感器 4。维修人员在 5s 之内按一下设定器上的“RR”按键，激活右后轮的传感器
	结束语	在 4 个轮胎学习结束以后，设备便会播报语音：学习完毕

d. 直接式 TPMS 轮胎电子传感器学习过程中应注意的问题。

直接式 TPMS 轮胎电子传感器在 ID 的学习过程中，通常还应注意表 9-46 中所列的几个具体细节问题，以防学习不成功。

表 9-46　直接式 TPMS 轮胎电子传感器学习过程中应注意的问题

项目	具体说明
维修场所的唯一性	在维修场所，一定要保证只有一个设定器在操作。因为设定器激活传感器发送出来的学习信号属于高频信号，传播范围比较远，接收主机进入学习模式后，哪个传感器的信号先被接收到，就保存哪个 ID 号码。若是附近又有一个设定器在激活其他传感器，这样接收主机学习到的 ID 码有可能为另一个 ID 码，这样会导致修理后的车辆行驶约 15min，TPMS 灯点亮报警
防误触发	在维修场所、直接式 TPMS 轮胎电子传感器的学习区域内，不要放置多余的传感器，以免学习时被设定器误触发
操作时间要求	严格按照学习设备的提示，及时对相应轮胎的传感器进行触发，在听到语音播报后每次学习一个轮胎的时间<5s。每次学习一个轮胎只按一次，每次按下设定器的时间应控制在 1.5～2s 之内，这样才能够保证设定器发送的触发信号及时激活传感器
触发位置	每次学习时，一定要看清楚当前轮胎中气门嘴所在位置。设定器的延长面和气门嘴口处的轮毂要保持相切；同时，触发距离保持在 0～45cm 以内时效果最佳。右图所示为气门嘴在上、下、左、右 4 种角度时的触发示意图 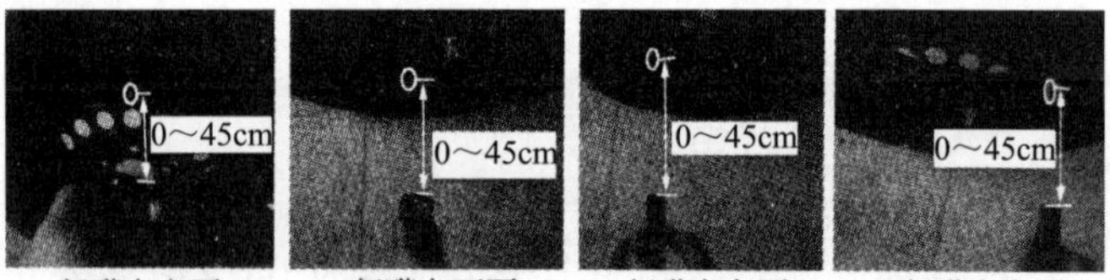 气嘴在上面　气嘴在下面　气嘴在左面　气嘴在右面
误操作处理	传感器在学习过程中，如果出现误操作而造成学习不成功时，较简便的方法就是先清除接收主机中保存的 ID 码，然后再对车辆进行一次重新学习的操作

e. 直接式 TPMS 轮胎电子传感器的检测与维修。

由于直接式 TPMS 轮胎电子传感器内部结构较为复杂，通常使用长寿命的电池（3V）进行供电，一般可以使用 5 年左右（车型不同有差异）。表 9-47 中列出了与直接式 TPMS 轮胎电子传感器检测与维修有关的知识。

表 9-47　与直接式 TPMS 轮胎电子传感器检测与维修有关的知识

项目	具体说明
自检	右图所示为轮胎压力报警指示灯位置示意图。发动机启动时，TPMS 将进行功能自检：如果 TPMS 指示灯和 TREAD(低压报警)指示灯点亮 3s 后熄灭，则说明系统功能正常，自检通过；如果 TPMS 指示灯闪烁，则表示系统自检没有通过，主机没有成功学习所有 TPMS 传感器；如果 TREAD 指示灯常亮，则说明轮胎气压异常；当轮胎气压调整正常，发动机启动后等待 15min，TREAD 指示灯才会熄灭 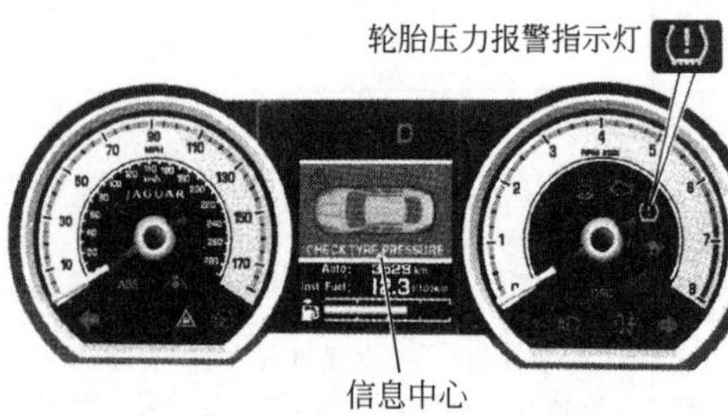

续表

项目	具体说明
报警原因	当TPMS系统发生故障时，TPMS接收器将持续点亮TPMS报警指示灯。其可能的原因为：①TPMS传感器总成电池电压过低；②TPMS传感器总成不发射信息；③TPMS传感器过温热关闭等
检测与维修	对于直接式TPMS轮胎电子传感器的检测，主要是检测其长寿命的电池电压是否过低，如果电压正常，则多为传感器内部电路有损坏引起的，通常只能更换传感器总成

9.5 共轨压力传感器

共轨压力传感器又称为轨压传感器，主要应用在柴油发动机电控高压共轨燃油喷射系统中。

(1) 结构与安装位置

共轨压力传感器用于实时检测共轨管中的实际压力信号，该信号提供给发动机电子控制单元（ECU）后，用于对压力控制阀（PCV）或者是进油计量阀进行反馈控制，以稳定油压。

① 共轨压力传感器的外形与安装位置见表9-48。

表9-48 共轨压力传感器的外形与安装位置

<table>
<tr><th>项目</th><th>具体说明</th></tr>
<tr><td>实物外形与安装位置示意图</td><td>
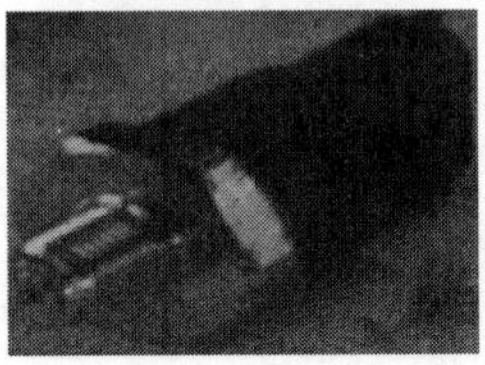
(a) 实物外形
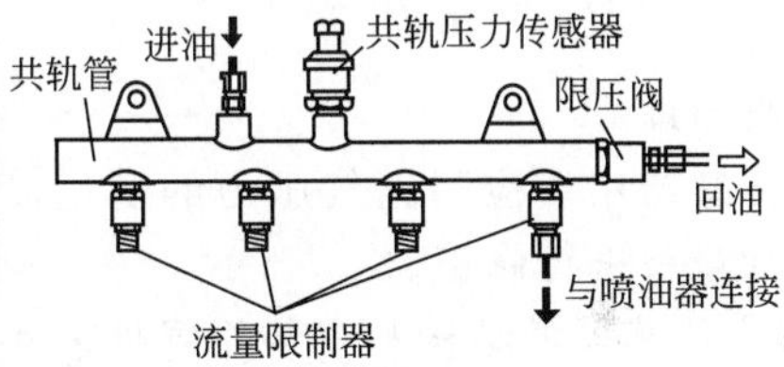

(b) 安装位置
</td></tr>
<tr><td>示意图说明</td><td>图(a)所示为共轨压力传感器的实物外形示意图。图(b)所示为共轨压力传感器的安装位置示意图，该传感器通常安装在共轨管上。对共轨压力传感器进行拆卸时，一定要仔细小心，以防发生泄漏的危险</td></tr>
</table>

② 共轨压力传感器的结构与连接电路见表9-49。

表9-49 共轨压力传感器的结构与连接电路

<table>
<tr><th>项目</th><th>具体说明</th></tr>
<tr><td>结构与连接电路示意图</td><td>
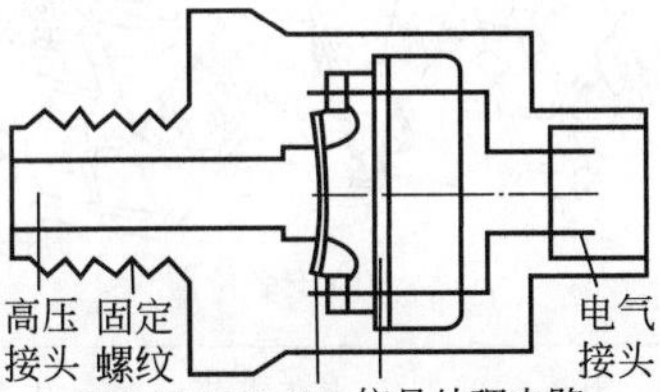

(a) 结构
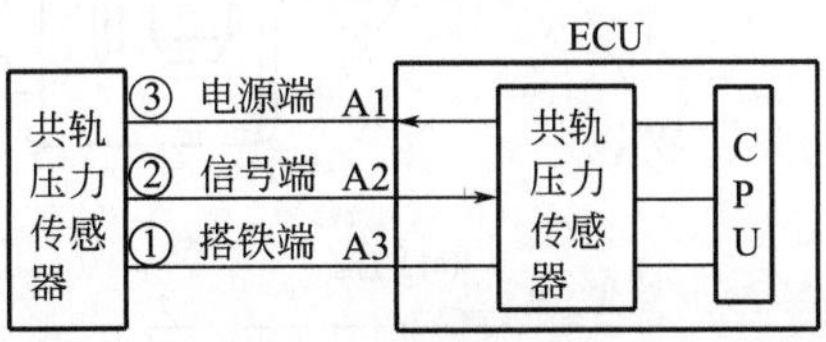

(b) 连接电路
</td></tr>
<tr><td>示意图说明</td><td>图(a)所示为共轨压力传感器的典型结构示意图，主要由高压接头、带传感器的膜片、信号处理电路、电气接头等组成。图(b)所示为该传感器与ECU之间的连接方式。共轨压力传感器通常有三根引出脚，其③脚为电源端，工作电压通常为5V；②脚为信号输出端；①脚为搭铁端，通过ECU内部电路搭铁</td></tr>
</table>

(2) 通用检测与维修方法

对共轨压力传感器的检测除了对其连接线路、输出电压进行检测来判断其好坏外，还可以采用专用诊断仪读取柴油机电子控制单元（ECU）中的数据流来判断故障原因。表 9-50 列出了共轨压力传感器的通用检测与维修方法。

表 9-50　共轨压力传感器的通用检测与维修方法

项目	具体说明
连接线路的检测	采用万用表的电阻挡，分别检测传感器①～③脚到 ECU 的 A1～A3 端脚之间的电阻值，以判断连接线路是否有短路、断路和搭铁故障
电压的检测	拔下共轨压力传感器的连接插接器后，接通点火开关后，检测传感器侧插头③脚与搭铁之间的电压应为 5V，②脚与搭铁之间的电压应为 0.5V 左右，①脚与搭铁之间的电压为 0
读取数据流	采用专用诊断仪读取柴油发动机电子控制单元（ECU）中的数据流，可以对某些软性、疑难故障原因进行准确的判断，与共轨压力数据流有关的参数一般有以下几种：燃油系统共轨压力设定值、共轨压力值、共轨压力传感器的输出电压、实际共轨压力最大值，但不同的车型可能有差别

9.6 大气压力传感器

在某些车辆柴油发动机电控共轨燃油喷射系统中，使用了一种大气压力传感器，用于对大气压力的变化进行监测。

(1) 结构与原理

大气压力传感器用于检测大气压力的变化，发动机电子控制单元（ECU）得到该信号后，用来对喷油量等进行修正。

① 大气压力传感器的结构与安装位置见表 9-51。

表 9-51　大气压力传感器的结构与安装位置

项目	具体说明
结构与安装位置示意图	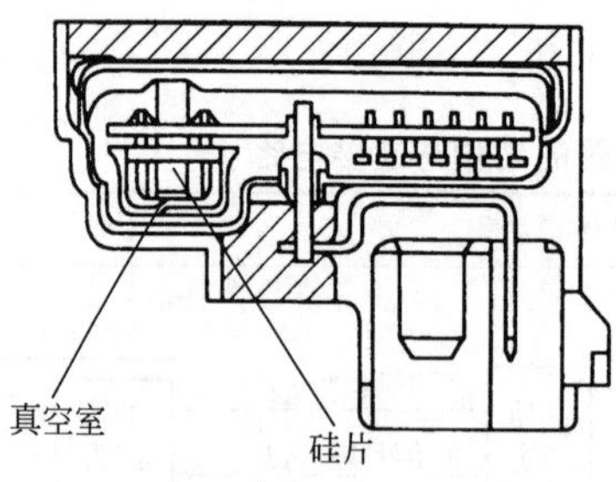(a) 结构 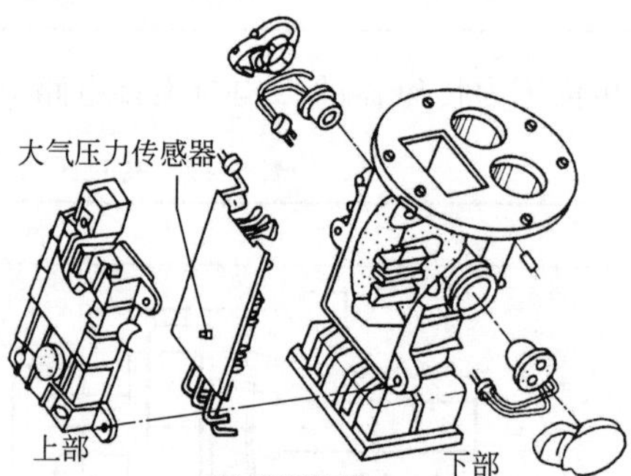(b) 安装位置
示意图说明	图(a)所示为大气压力传感器结构示意图，图(b)所示为该传感器安装在空气流量计内的示意图，也有的大气压力传感器安装在电子控制单元（ECU）内或前保险杠内，用于在不同海拔高度时感知外界压力，并将变化的压力信号输入给 ECU，从而对喷油量等进行修正

② 大气压力传感器的制作特点与工作原理见表 9-52。

表 9-52 大气压力传感器的制作特点与工作原理

项目	具体说明
传感器的制作特点	大气压力传感器是采用集成电路与微加工技术制作而成的，它是将压力传感元件、温度补偿电路与放大电路制作在一块半导体基片（硅片）上。在硅片的中间，从反面经异向腐蚀形成一个正方形的膜片（利用膜片将压力变换为应力），在膜片的表面，通过扩散杂质形成4个P型的测量电阻[如右图(a)所示]，采用惠斯通电桥方式进行连接[如右图(b)所示] 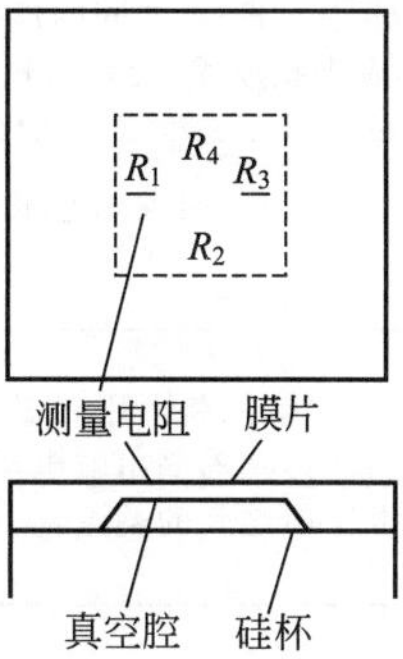 (a) 膜片部分结构 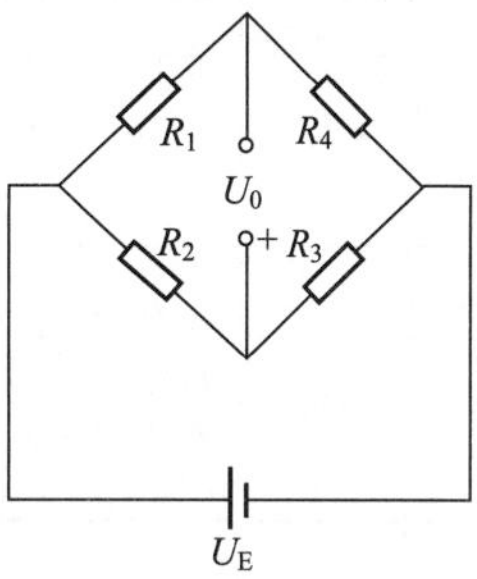 (b) 惠斯通电桥连接方式
工作原理	大气压力传感器是利用膜片的压阻效应（将加在膜片上的压力变换成电阻的变化），以便在其两个输出端脚之间输出与大气压力成比例的电位差 另外，膜片的里面与硅杯之间设置有真空腔，用于缓和外部的应力，并以此真空腔的压力为基准来测量大气压力

③ 大气压力传感器连接电路与输出特性曲线见表 9-53。

表 9-53 大气压力传感器连接电路与输出特性曲线

项目	具体说明
连接电路与输出特性曲线示意图	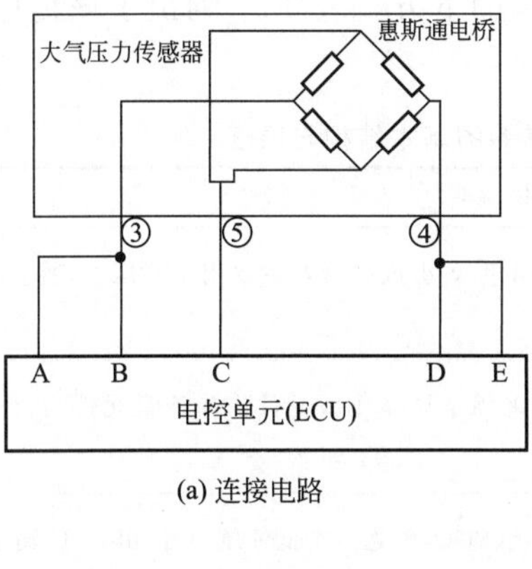 (a) 连接电路 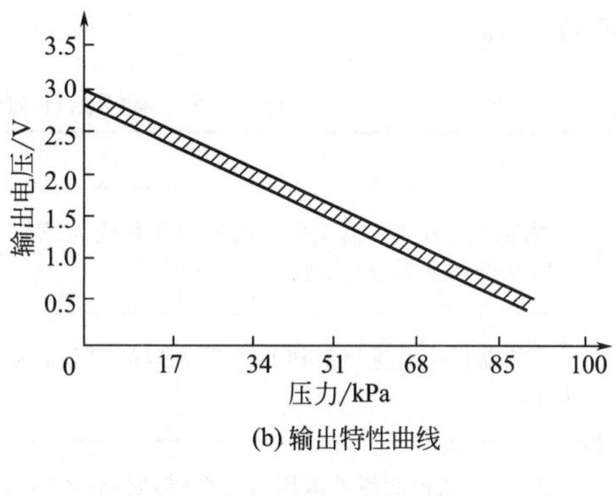 (b) 输出特性曲线
示意图说明	图(a)所示为大气压力传感器与电子控制单元（ECU）之间的连接方式。该传感器通常有三个引出脚，其③脚为电源电压输入端，该电压来自于ECU内部，通常为5V左右；⑤脚为信号输出端；④脚为搭铁端。图(b)所示为大气压力传感器输出电压与大气压力之间的特性曲线示意图

(2) 通用检测与维修方法

为了减少接触电阻，许多大气压力传感器与发动机电子控制单元（ECU）之间的连接，都采用多端脚并联方式。表 9-54 列出了大气压力传感器的通用检测与维修方法。

表 9-54 大气压力传感器的通用检测与维修方法

项目	具体说明
搭铁情况的检测	拆下大气压力传感器与ECU之间的连接插接件，采用万用表电阻挡检测ECU的D脚与搭铁之间的电阻值，应近于0。否则应查找原因，使搭铁良好
供电电压的检测	将万用表置于直流电压挡，两表笔连接在传感器插接件的③与④脚之间，接通(ON)点火开关后，检测供电电压应在4.5～5.5V之间。如有问题，应对传感器与ECU之间的连接线路进行检测
输出电压的检测	插好传感器的连接插接件，将万用表置于直流电压挡，两表笔连接在传感器插接件的⑤与④脚之间，接通(ON)点火开关后，检测传感器输出端电压，应在0.5～4.3V之间(不同车型有差异，表9-55为本田雅阁轿车大气压力与输出电压值之间的关系)。如有问题，应对传感器或其连接插接件进行检查

表 9-55 本田雅阁轿车大气压力与输出电压之间的关系

大气压力/进气歧管压力/kPa	17	33	50	67	83
输出电压/V	2.5	2	1.5	1	0.5

9.7 蓄能器压力传感器

蓄能器压力传感器主要应用于汽车牵引力控制（TRC)系统，用于对蓄能器油液压力进行监测。

(1) 结构与原理

蓄能器压力传感器通常安装在油压控制组件的下方，表9-56列出了该传感器的基本结构与原理。

表 9-56 蓄能器压力传感器的基本结构与原理

项目		具体说明
基本结构		蓄能器压力传感器主要由压力检测系统与信号处理电路等组成。后者主要用于对压力检测系统检测到的微弱信号进行整形、放大等
原理		蓄能器压力传感器的核心为压力检测系统，该系统采用半导体压敏元件作为测量元件，具体检测原理如下所述。
	油压过低	当蓄能器油液压力过低时，它向电子控制单元(ECU)输送一个低油压信号，由ECU输出控制信号启动油泵工作，使其运转
	油压过高	当蓄能器油液压力过高时，它向电子控制单元(ECU)输送一个高油压信号，由ECU输出控制信号使油泵停止运转

(2) 通用检测与维修方法

为便于说明，下面以丰田系列轿车牵引力控制系统使用的蓄能器压力传感器为例，来介绍这类传感器的通用检测与维修方法。

① 蓄能器压力传感器的连接电路与检测前的准备见表9-57。

表 9-57 蓄能器压力传感器的连接电路与检测前的准备

项目	具体说明	
连接电路	右图所示为汽车牵引力控制系统(TRC)蓄能器压力传感器与 ECU(ABS 和 TRC 系统)之间的连接方式	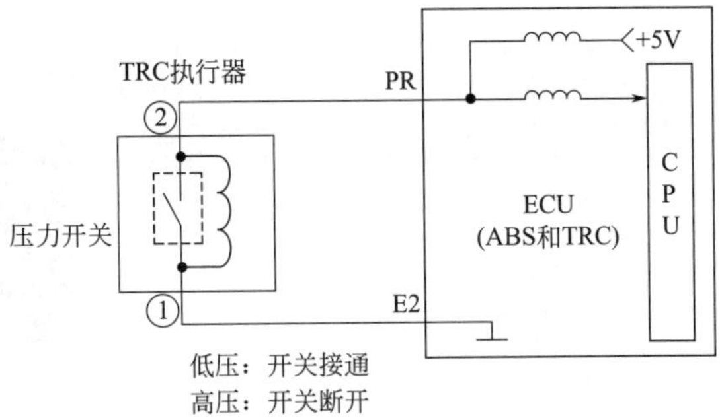
检测前的准备	拆下 ABS 和 TRC 的 ECU,在不拆下连接器的情况下,启动发动机,使其怠速运转 30s,使 TRC 执行器油压升高到一定的程度	

② 蓄能器压力传感器的供电与电阻检测见表 9-58。

表 9-58 蓄能器压力传感器的供电与电阻的检测

项目	具体说明
检测用示意图	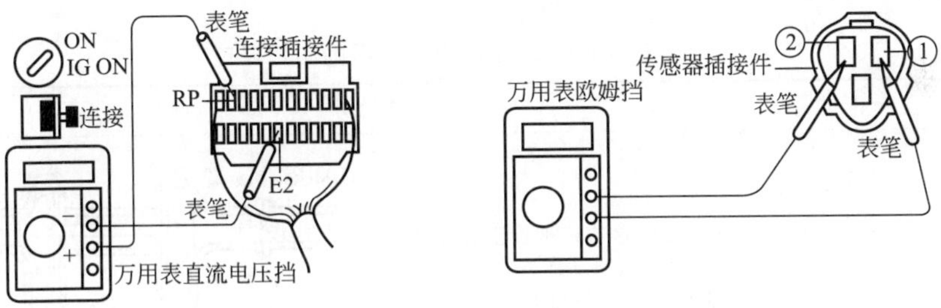(a) 检测PR与E2间+5V电压　(b) 检测①与②脚间电阻
供电检测	关闭发动机,在点火开关处于"ON"位置时,万用表置于直流电压挡,如图(a)所示,用两表笔检测 ECU 插接器 RP 与 E2 之间的+5V 电压是否正常,如发现异常,应查找原因并进行处理。检查后应向储油室内加油
电阻检测	拆下压力开关导线插接器,如图(b)所示,采用万用表电阻挡检测压力开关(传感器)插接器①与②脚之间的电阻值,该电阻值正常情况下为 0 插好传感器的插接器后启动发动机,使其怠速运转 30s 左右,以使 TRC 执行器压力升高到一定程度后,关闭发动机。在点火开关接通(ON)的状态下,检测压力开关(传感器)插接器①与②端脚之间的电阻值,该电阻值正常情况下为 1.5kΩ 在上述检测过程中,如果检查到的数据不符合上述数值,应查找故障原因并进行处理

9.8 增压压力传感器

涡轮增压压力传感器用于检测涡轮增压机的增压压力，以便修正喷射脉冲和对增压压力进行控制。

(1) 结构与原理

奔驰 275 型发动机上就使用了增压压力传感器，该发动机由戴姆勒-克莱斯勒柏林发动机厂生产，应用于德国戴姆勒集团不莱梅汽车制造厂生产的 CL600、S600 和 SL65 车型上。

① 增压压力传感器的安装位置与工作特点见表 9-59。

表 9-59 增压压力传感器的安装位置与工作特点

项目		具体说明
安装位置		右图所示为奔驰 275 发动机增压控制压力传感器安装示意图，该传感器位于左侧气缸列的气缸盖后部。由来自发动机电子控制单元的脉冲宽度可调(PWM)信号驱动，驱动频率大约为 30Hz，根据此信号可使真空室产生调制增压压力，而由线圈电枢操控的阀门，会随占空比的增大而增加通向大气的开启时间，因此，仅有来自接头 1 的部分增压压力作用于真空室上 Y31/5增压控制压力传感器  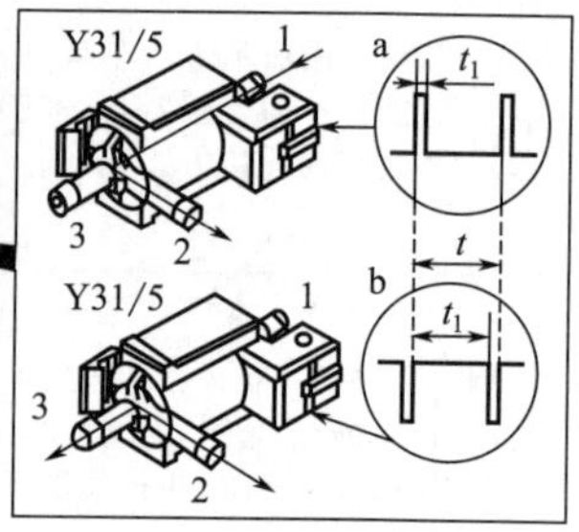
工作特点	较小占空比	来自增压空气冷却器的增压压力供给右侧气缸列。由较小占空比($t_1<5\%$)促动，作用于真空室的总增压压力(调压阀开启，增压压力低)
	较大占空比	通向真空室的调制增压压力，由较大占空比($t_1>95\%$)促动，无真空作用于真空室(调压阀关闭，增压压力高)

② 增压压力传感器的工作原理见表 9-60。

表 9-60 增压压力传感器的工作原理

项目	具体说明	
未促动	右图所示为增压控制压力传感器未被促动控制原理示意图。当增压控制压力传感器没有被促动时，真空室与大气导通，从而使真空室中不再有增压压力，弹簧克服另一侧的大气压，带动操纵杆长的一端向右移动，而短的一侧则向左移动，将加压控制阀关闭，这样，全部废气一起驱动涡轮，形成最大增压压力 在右图中，各个零件或零部件名称前的数字或数字与字母组合为该零件或零部件的编号，该编号与电路图中的编号是一致的	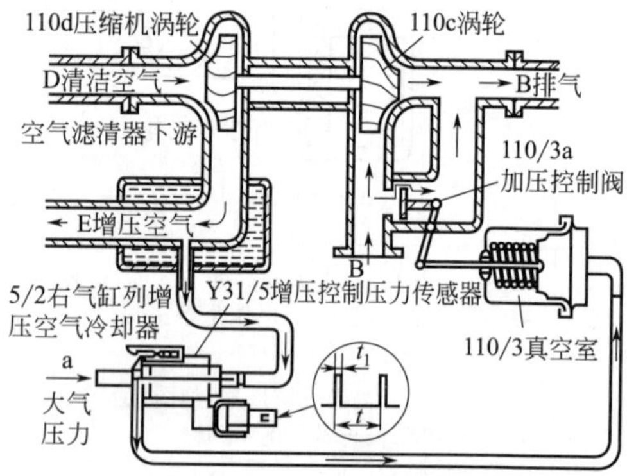
被促动	右图所示为增压控制压力传感器被促动控制原理示意图。当增压控制压力传感器被促动时，真空室中的全部增压压力均得到利用，增压压力克服弹簧弹力，压缩操纵杆长的一端向左移动，从而使短的一侧向右移动，将增压压力控制阀打开，这样，就可以通过改变流经涡轮的气体流量来控制涡轮的转速，以达到控制增压压力的目的。另外，加压控制阀在增压压力约为 0.03MPa(机械基本增压压力)时打开	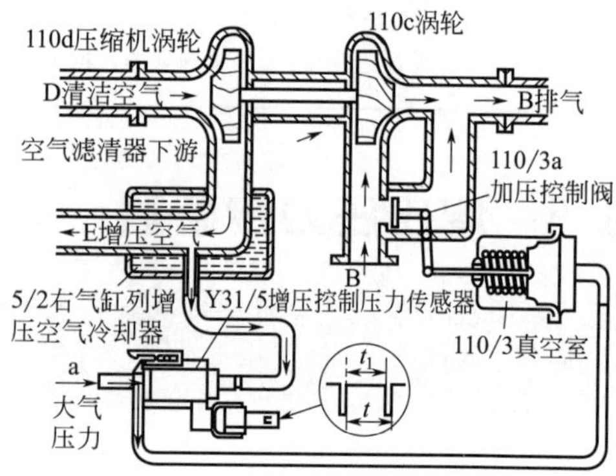

(2) 通用检测与维修方法

仍然以奔驰 275 型发动机上使用的增压压力传感器为例，表 9-61 列出了该类传感器的连接电路、检测与维修。

表 9-61 增压压力传感器的连接电路、检测与维修

项目	具体说明
连接电路	右图所示为奔驰 275 发动机增压控制压力传感器与发动机电子设备控制单元 N3/10 之间的连接方式。增压控制压力传感器在电路中的编号为 Y31/5,其有两个端脚,一个端脚与发动机电子设备控制单元 N3/10 的 23 端脚相连接,另一个通过 N3/10 的 4 端脚搭铁 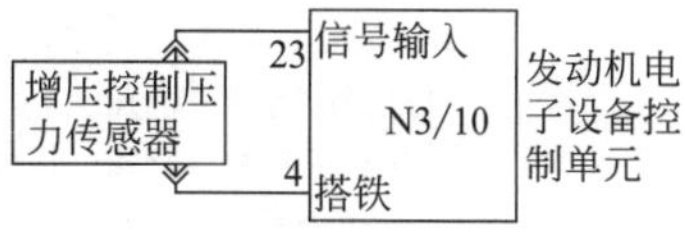
检测与维修	对于增压控制压力传感器的检测,可以采用万用表检测其两引脚之间的电阻值来判断其好坏,该电阻正常值约为 23Ω,如果检测到的电阻值为 0 或∞,均说明该传感器已经损坏,应更换新件

9.9 制冷剂压力传感器

制冷剂压力传感器用于防止汽车自动空调制冷系统在异常高压下工作，以保护冷凝器和高压管路不会爆裂，压缩机的排气阀不会折断，压缩机其他零件和离合器不会损坏。

(1) 结构、功能与连接电路

东风雪铁龙 C5 轿车自动空调系统应用了制冷剂压力传感器，该轿车为神龙汽车有限公司生产，C5 全系列车型均配备了自动空调系统以提升乘坐的舒适性。表 9-62 列出了制冷剂压力传感器的结构、功能与连接电路。

表 9-62 制冷剂压力传感器的结构、功能与连接电路

项目	具体说明
结构与功能	右图所示为东风雪铁龙 C5 轿车自动空调系统制冷剂压力传感器的结构示意图,该传感器安装在制冷管路上,用于检测制冷剂的压力。制冷剂压力传感器属于电容型绝对压力传感器,其电容量会随着压力的不同而发生改变 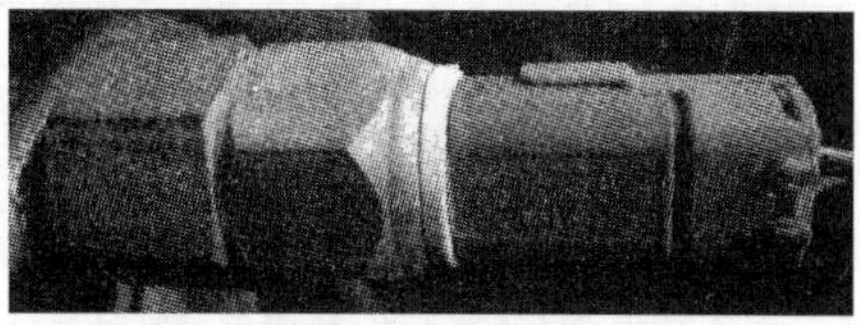
连接电路	右图所示为制冷剂压力传感器与发动机计算器(电子控制单元)1320 之间的连接方式示意图。在该图中,发动机电子控制单元 1320 输出的+5V 电压加到制冷剂压力传感器的 1 端脚,传感器的 3 端脚为信号输出端,这是一个与压力成比例的电压信号,该信号提供给发动机电子控制单元 1320 后,发动机电子控制单元 1320 就会根据该电压信号控制空调冷凝器风扇的工作 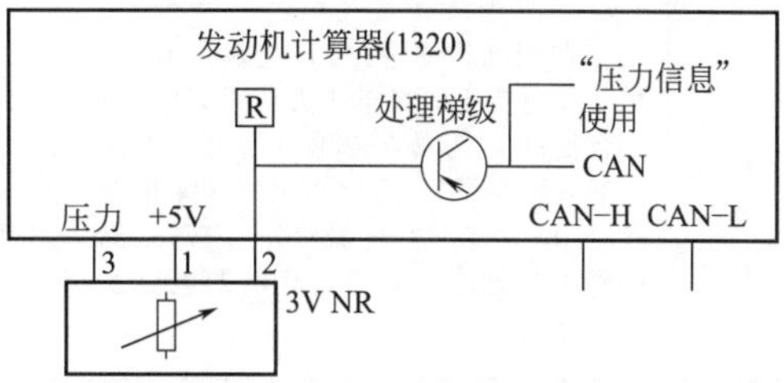

(2) 通用检测与维修方法

对制冷剂压力传感器的检测，应在排除其连接线路、插接件出现问题的可能性以后，再采用加压检测电压的方法进行判断，具体情况见表 9-63。

表 9-63 制冷剂压力传感器的检测与维修

项目	具体说明	
检测数据与特性曲线	右图所示为制冷剂压力传感器信号参数与制冷剂绝对压力之间的关系曲线。信号转换方式为:信号(%)=(2+0.03×绝对压力 kPa)×100%,1bar=100kPa,U=5V。例如:当信号电压为5bar时,信号=(2+0.03×500)×100%=17%,信号电压=17%U=17%×5V=0.85V	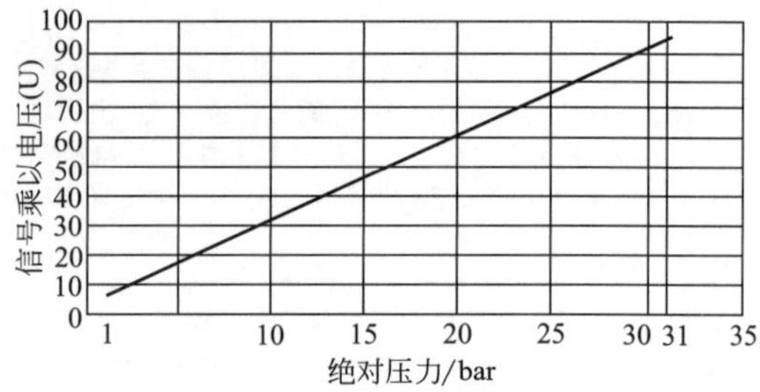
检测思路	可以根据上图所示的特性曲线,采用加压(绝对压力)和检测信号电压的方法,来检测判断制冷剂压力传感器的好坏	

9.10 废气再循环系统真空控制气压传感器

真空控制传感器主要用于汽车废气再循环系统 (EGR) 中,属于一种特殊的气压传感器装置。

(1) 结构与原理

真空控制传感器虽然属于气压传感器类,但其与气压传感器又有很大的区别,从其工作原理中就可以看出。

① 废气再循环系统真空控制气压传感器结构与各种接口连接方式见表 9-64。

表 9-64 废气再循环系统真空控制气压传感器结构与各种接口连接方式

项目	具体说明	
结构示意图	图(a)所示为废气再循环系统真空控制传感器的结构剖视图,其中传感器接头与传感器外壳之间采用超声波焊接为一体,右图(b)所示为传感器后视图。该传感器主要由接头、外壳、密封板、线圈带芯管总成、隔膜、大小弹簧、过滤器和上盖等组成	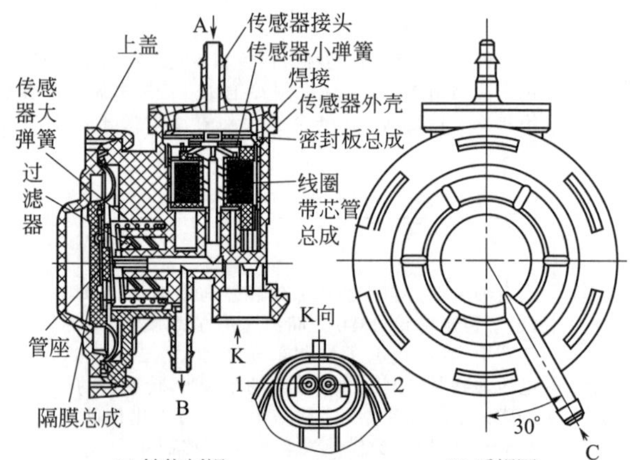(a) 结构剖视 (b) 后视图
各种接口连接方式	在右图结构图中,A 口接输入真空,发动机工作时产生的真空压力信号,通常为恒定的数值;B 口为真空传感器输出压力信号;C 口通入汽车尾气,为汽车尾气送来的压力信号;K 口为传感器电器接口,内部线圈引出端脚 1、2 通过开关与整车电源电路及相关元器件连接	

② 废气再循环系统真空控制气压传感器的工作原理见表 9-65。

表 9-65 废气再循环系统真空控制气压传感器的工作原理

项目	具体说明
密封板总成不动作	在没有汽车尾气输入和电器控制的情况下,密封板总成在大、小弹簧的支撑下,处于不工作状态,此时不论 A 口输入多大压力的真空,B 口始终与外界大气压相通,输出为大气压数值,不受输入的控制,EGR 系统也处于不工作状态

续表

项目	具体说明
密封板总成动作	当手动控制开关使传感器电器接口 1、2 之间接入＋13.5V 电压，电压通过线圈时，根据电磁感应定律，产生一定的磁场和芯管（纯铁材料）作用，起到电磁铁的作用。在磁场的作用下使密封板总成动作，中间的硅橡胶部分堵塞住芯管通气孔，切断气路，使 A 口输入的真空无法传送进入。此时，无论汽车尾气加多大的压力，也无论 A 口输入多大压力真空。B 口始终无真空输出，为正常大气压。内部过滤器的作用是滤去大气中的杂质
堵塞管座	当传感器电器接口不接入电源电压时，C 口输入汽车尾气；当压力达到一定的数值，由于气压的影响使隔膜向上动作，克服弹簧的压力与管座接触，堵塞管座，此时 B 口与外界大气压断开，与 A 口相通，A 口的真空通过气路传输到 B 口，从而使 B 口有输出，数值略低于 A 口数值（输出 B 口有一个直径为 0.5mm 的小孔与大气相连）。传感器输出真空送到下一级，从而实现控制下一级的动作

(2) 检测与维修参数

这里所说的参数是指废气再循环系统真空控制传感器的技术参数与检测参数，尤其是后者，是检测真空控制传感器的重要依据，具体情况见表 9-66 所示。

表 9-66 废气再循环系统真空控制气压传感器通用检测与维修方法

项目	具体说明
技术参数	真空控制传感器的技术参数主要有以下几个方面：输入真空数值为（50～51.7kPa；当隔膜通入正压为 18.6～22kPa 时，传感器渗漏量为 0～20mL/min（标准状况）；隔膜动作的正压为 19.5～21.7kPa 时，隔膜耐温性达到 230℃
检测参数	真空控制传感器的检测参数主要有以下几个方面：真空控制传感器密封性检查压力为－90kPa；线圈通电工作电压为＋(13.5±0.5)V，线圈电阻为(1350±20)Ω；传感器输出为真空和大气两种状态

第10章 速度传感器

10.1 速度传感器概述

应用在汽车上的速度传感器，主要有轮速传感器与加减速度传感器、车速传感器、发动机转速传感器、横摆角速度传感器等。

(1) 轮速传感器与加减速度传感器

轮速传感器与加减速度传感器主要应用于车辆的ABS（防抱死制动系统）系统中，表10-1中列出了这类传感器的简单情况。

表10-1 轮速传感器与加减速度传感器的简单情况

项目		具体说明
轮速传感器	功能特点	轮速传感器是车辆速度传感器的简称，用于检测车轮速度，并把检测到的信号转换为电信号后提供给ABS-ECU，ABS-ECU据此就可以计算出车轮的圆周速度。由于该传感器的广泛应用，将会逐步取代减速度传感器、车身速度传感器
	类型	轮速传感器主要有电磁感应式和霍尔效应式两大类。汽车制动防滑控制系统中还使用了一种新型的磁阻式轮速传感器(MRE)
加减速度传感器	功能特点	加减速度传感器是加速度传感器与减速度传感器的简称。实际上减速度传感器就是加速度为负情况下的加速度传感器，用于检测车辆制动时的减速度，并把检测到的信号转换为电信号后提供给ABS-ECU，ABS-ECU据此就可以对路面情况进行判断和控制
	类型	加减速度传感器通常应用在四轮驱动的汽车上，主要有光电式、差动变压器式、惯性负压式、水银式等几种

(2) 车速传感器

车速传感器是车辆速度传感器的简称，该传感器提供的信号往往会被多个电控系统使用，表10-2中列出了这类传感器的简单情况。

表10-2 车速传感器的简单情况

项目	具体说明
功能特点	车速传感器通常用于检测汽车的行驶速度，并将该信号转换为电信号提供给多个电控系统，以保证对发动机的控制，以及自动启动、ABS、牵引力控制系统、活动悬架、导航系统等装置能够正常工作
类型	车速传感器主要有光电式、电磁感应式、霍尔效应式、磁阻元件式、簧片开关式等几种，但簧片开关式属于早期产品，现在已很少使用

(3) 发动机转速传感器

发动机转速传感器也就是曲轴位置传感器，表 10-3 中列出了这类传感器的简单情况。

表 10-3 发动机转速传感器的简单情况

项目	具体说明
功能特点	发动机转速传感器用于检测发动机的转速，并将该信号转换为电信号提供给发动机电子控制单元(ECU)，作为燃油喷射与点火时刻的确认信号，同时也是发动机转速指示系统的信号源
类型	发动机转速传感器类型较多，除了电磁式、霍尔式、光电式外(这三类发动机转速传感器，也就是曲轴位置传感器，已经在第 5 章位置传感器中做过介绍)，还有舌簧开关式等多种

(4) 横摆角速度传感器

横摆角速度传感器主要应用于汽车 ESP（电子稳定程序）系统中，表 10-4 中列出了这类传感器的简单情况。

表 10-4 横摆角速度传感器的简单情况

项目	具体说明
别称	横摆角速度传感器又称为横摆率传感器、偏摆率传感器、偏航率传感器、侧滑传感器、旋转传感器、旋转率传感器、翻转角速度传感器等
功能	横摆角速度传感器用于检测车辆绕垂直于地面轴线方向的旋转角度，记录汽车绕垂直轴线的运动情况，监测车辆后部因侧滑发生的甩尾状况，识别车辆实际运动方向，偏转角的大小决定了车辆的稳定程度
特点	横摆角速度传感器类似于飞机陀螺，用于随时监视汽车方向的稳定性，以便确定车辆是发生侧滑还是甩尾，进而通过 ESP 系统的控制，来确保车辆相对于垂直轴线的稳定性。如果横摆角速度传感器信号不良或消失，则 ESP 系统将无法工作

10.2 轮速传感器

轮速传感器是制动防抱死系统 (ABS)、牵引力控制系统 (TCS)、电子制动力分配系统 (EBD)、电子稳定程序 (ESP) 电控系统重要的信号源。

(1) 轮速传感器概述

轮速传感器提供给各个电子控制单元的信号，作为与车速传感器对比的信号，以便确定车轮是否抱死和滑移，进而确定执行器是否进行制动。

① 轮速传感器的型式见表 10-5。

表 10-5 轮速传感器的型式

<table>
<tr><th>项目</th><th colspan="2">具体说明</th></tr>
<tr><td>按数量分</td><td colspan="2">按照车辆上安装的数量，轮速传感器可分为单轮、双轮、三轮与四轮共四种型式，分别对应实现单通道、双通道、三通道与四通道的控制功能</td></tr>
<tr><td rowspan="2">按传感头外形分</td><td colspan="2">按照传感头外形来分，可分为菱形极轴轮速传感器头、圆柱形极轴轮速传感头和长方形(或凿式)极轴轮速传感头，但菱形极轴轮速传感器头极少见到，应用广泛的主要为后两者</td></tr>
<tr><td>圆柱形传感头</td><td>圆柱形传感头的外形如右图所示。它是一个静止部件，由永久磁铁、电磁线圈和磁极等组成。一般安装在车轮上，并放置于安装孔的弹性衬套中。传感头磁极与齿圈端面之间一般有约 1mm 的间隙 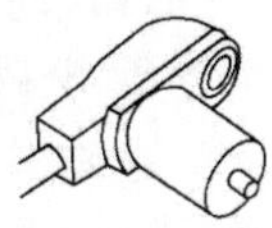</td></tr>
</table>

续表

项目		具体说明
按传感头外形分	长方形传感头	长方形传感头的外形如右图所示。它也是一个静止部件，由永久磁铁、电磁线圈和磁极等组成。一般也安装在车轮上，并放置于安装孔的弹性衬套中。传感头磁极与齿圈端面之间一般有约 1mm 的间隙 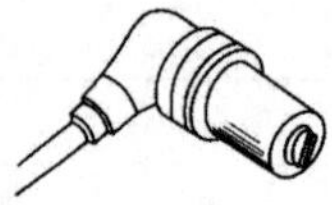

② 轮速传感器本体安装位置见表 10-6。

表 10-6　轮速传感器本体安装位置

项目	具体说明
轮速传感器本体安装位置示意图	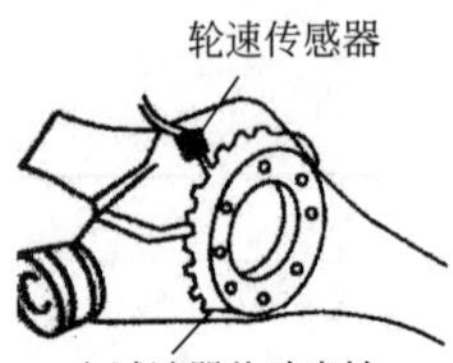 (a) 安装在后桥主减速器壳体部位 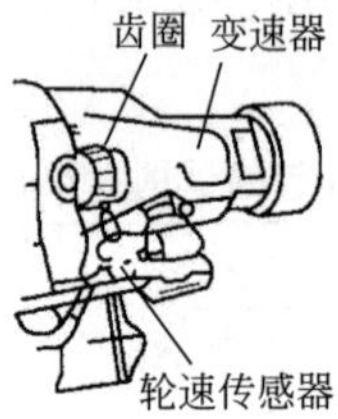 (b) 安装在变速器输出轴部位 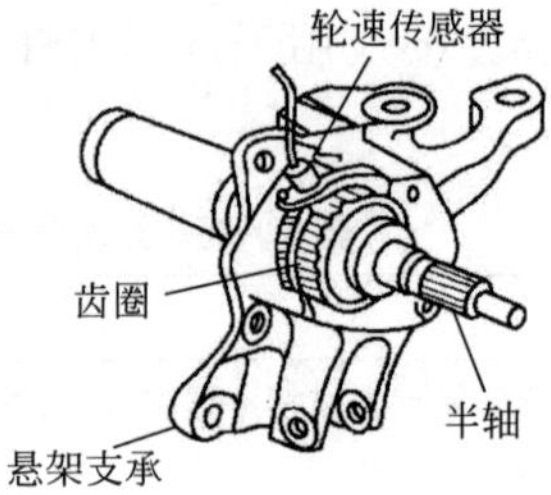 (c) 安装在驱动轮部位 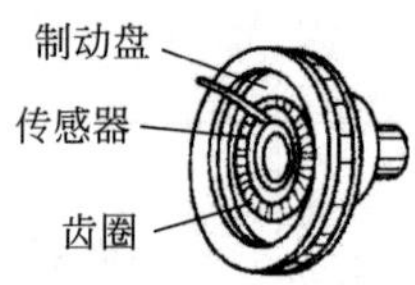 (d) 安装在从动轮部位
示意图说明	轮速传感器本体通常安装在车轮附近不随车轮转动的部件上

③ 轮速传感器感应齿圈安装位置。

车辆上安装的轮速传感器的数量和通道数目的不同，感应齿圈安装的位置也不一样。通常情况下，感应齿圈安装在随车轮或传动轴一同旋转的部件上，例如从动车轮、主减速器或变速器的输出轴、轮毂或制动盘、驱动车轮上等。

④ 轮速传感器本体与感应齿圈相对安装位置见表 10-7。

表 10-7　轮速传感器本体与感应齿圈相对安装位置

项目	具体说明
传感器本体与感应齿圈相对安装位置示意图	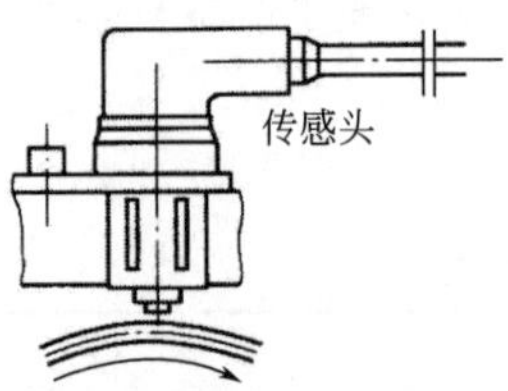 (a) 径向安装径向信号方式 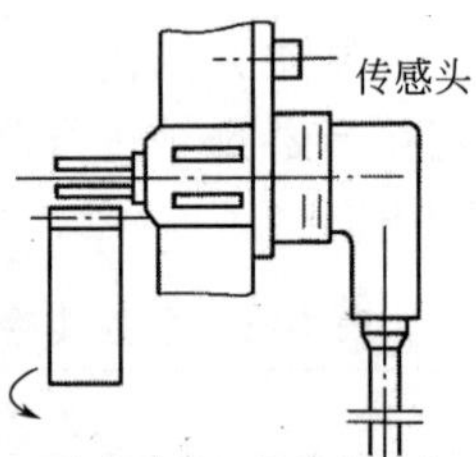 (b) 轴向安装径向信号方式  (c) 轴向安装轴向信号方式
示意图说明	轮速传感器本体与感应齿圈相对安装位置通常有上图所示的三种情况

(2) 轮速传感器的结构与原理

① 电磁感应式轮速传感器。

电磁感应式轮速传感器主要由传感头与感应齿圈两个部分组成，该传感器具有结构简单、不怕泥污、抗干扰能力强等特点。

a. 电磁感应式轮速传感器的结构示意图与组成特点见表 10-8。

表 10-8 电磁感应式轮速传感器的结构示意图与组成特点

<table>
<tr><th>项目</th><th>具体说明</th></tr>
<tr><td>电磁感应式轮速传感器的结构示意图</td><td>
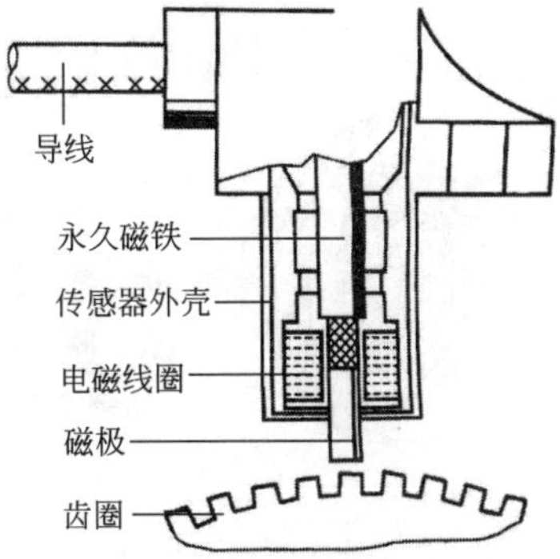

(a) 圆柱形电磁感应凿式极轴方式的轮速传感器的结构

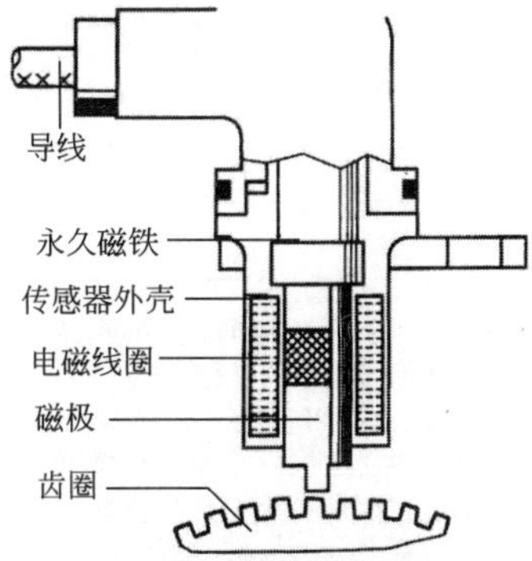

(b) 长方形电磁感应柱式极轴方式的轮速传感器的结构
</td></tr>
<tr><td>圆柱形传感器的组成</td><td>图(a)所示为圆柱形电磁感应凿式极轴方式的轮速传感器典型结构示意图。所谓圆柱形是指其磁极形状为圆柱形。这类车轮转速传感器由带凸齿的转子、永久磁铁等组成，实际上它分为传感器与齿圈两部分。这是一种利用磁通量变化而感应电压的非接触式元件。传感器的极轴传感头与齿圈端面之间的间隙通常在 1～2mm 之间</td></tr>
<tr><td>长方形传感器的组成</td><td>图(b)所示为长方形电磁感应柱式极轴方式的轮速传感器典型结构示意图。所谓长方形是指其磁极形状为长方形。这类车轮转速传感器也由带凸齿的转子、永久磁铁等组成，实际上它也分为传感器与齿圈两部分</td></tr>
<tr><td>其他说明</td><td>无论是凿式极轴方式还是柱式极轴方式的电磁感应轮速传感器，它们的结构相对都比较简单，都具有不怕泥污、抗干扰能力强等特点</td></tr>
</table>

b. 电磁感应式轮速传感器总成与齿圈外形示意见表 10-9。

表 10-9 电磁感应式轮速传感器总成与齿圈外形示意

<table>
<tr><th>项目</th><th>具体说明</th></tr>
<tr><td>总成与齿圈外形示意图说明</td><td>图(a)所示为轮速传感器总成外形示意图，轮速传感器用来检测车轮转速，它完全密封在一个由不锈钢制成的外壳内，传感器和连接电线要求耐高温、耐震，保养时不需要取出传感器。图(b)所示为电磁感应式轮速传感器齿圈外形示意图，齿圈一般安装在车轮的轮毂或后桥上。它的端面加工有若干个凸齿(如 Bosch 公司的齿圈有 100 个凸齿)，随车轮或传动装置一起旋转</td></tr>
<tr><td>总成与齿圈外形示意图</td><td>
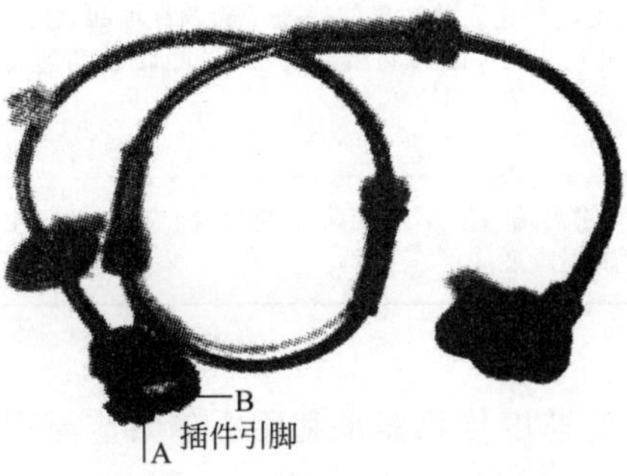

(a) 总成外形示意图

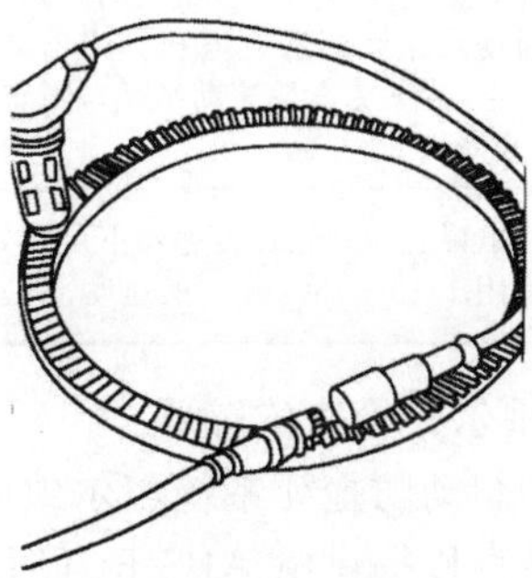
(b) 齿圈外形示意图
</td></tr>
</table>

c. 电磁感应式轮速传感器的安装位置与安装方式见表 10-10。

表 10-10 电磁感应式轮速传感器的安装位置与安装方式

项目	具体说明	
安装位置示意图	图(a)所示为轮速传感器在前轮的安装位置，图(b)所示为轮速传感器在后轮的安装位置	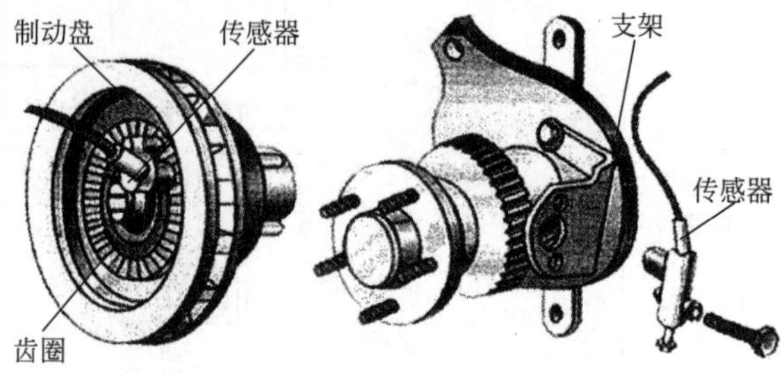(a)前轮 (b)后轮
安装方式	为了检测车轮的转速，在前、后、左、右各车轮上都安装一个轮速传感器。在前轮驱动汽车上，也可使用三传感器方式，即在前差速器前部安装一个轮速传感器，然后在左右后轮各安装一个轮速传感器	
其他方面	齿轮脉冲信号发生器通常安装在车轮上，齿轮脉冲信号发生器产生的脉冲数和车轮的转速成正比。以上传感器信号都输往电子控制器(ABS-ECU)	

d. 电磁感应式轮速传感器的工作原理与不足之处见表 10-11。

表 10-11 电磁感应式轮速传感器的工作原理与不足之处

项目	具体说明
工作原理示意图	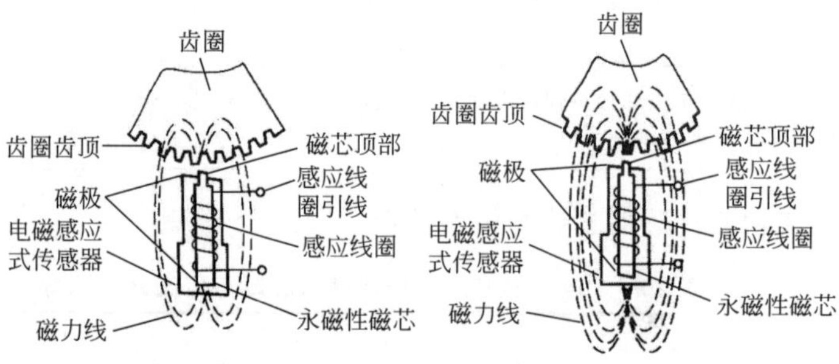(a) 齿圈的齿间与磁头端部相对时 (b) 齿圈的齿顶与磁头端部相对时
工作原理	上图所示为电磁感应式轮速传感器的工作原理示意图，该传感器的信号产生原理与普通交流发电机的原理相同。永久磁铁产生一定强度的磁场，齿圈在磁场中旋转时，齿圈顶齿和电极之间的间隙就以一定的速度变化，这样就会使齿圈和电极组成的磁路中的磁阻发生变化。其结果使磁通量周期性增减，在线圈两端产生正比于磁通量增减速度的感应电压。测出交变电压的周期 T，设齿圈齿数为 z，齿圈转动角速度为 $\omega=2\pi/zT$；又因为 $\omega=v/r$（r 为车轮滚动半径），则车速为 $v=2\pi r/zT$
不足之处	电磁感应式轮速传感器不足之处主要为：输出信号随车速变化而变化；响应过慢；抗电磁波干扰能力差，且只适用于 15～160km/h 的速度，超过该速度则很难适应

② 霍尔式轮速传感器。

汽车制动防抱死系统霍尔效应式车轮速度传感器是利用霍尔效应原理制成的，产生的数字式信号直接提供给 ABS-ECU 使用。

a. 霍尔式轮速传感器的特点与结构见表 10-12。

表 10-12 霍尔式轮速传感器的特点与结构

项目	具体说明
特点	霍尔效应式轮速传感器属于主动式轮速传感器，它克服了电磁式转速传感器的不足，能保证在很低的速度下都有很强的信号，由于输出为数字信号，故抗干扰能力强、不受车轮转速的影响，ABS-ECU 对该信号可以直接使用
结构	霍尔效应式轮速传感器主要由传感器头与齿圈组成，传感器由永久磁铁、霍尔元件与电子电路等构成。采用密封式封装，也就是把传感器感应部分与齿圈密封在一起，以保证在各种恶劣的环境下均能够可靠地工作

b. 霍尔式轮速传感器的原理见表 10-13。

表 10-13 霍尔式轮速传感器的原理

<table>
<tr><td>项目</td><td colspan="2">具体说明</td></tr>
<tr><td>工作原理示意图</td><td colspan="2">霍尔效应式轮速传感器是利用霍尔效应的原理制成的，如右图所示，霍尔效应是指在一个矩形半导体薄片上有电流通过，此时如有磁场也作用于该半导体材料上，则在垂直于电流方向的半导体两端，会产生一个很小的电压，该电压就称为霍尔电压
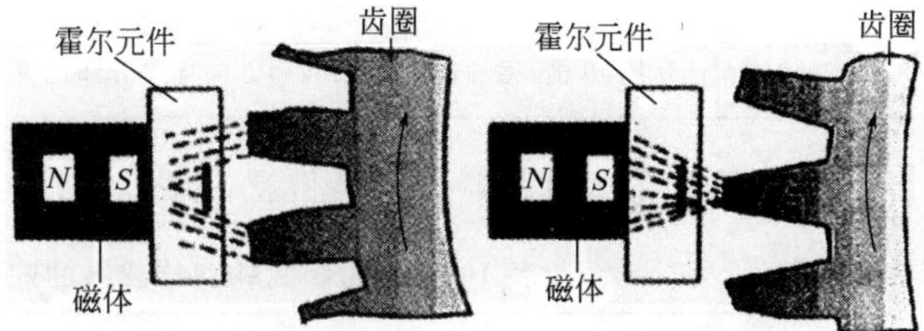

(a) 磁体在两齿中间 (b) 磁体正对齿顶</td></tr>
<tr><td rowspan="3">工作原理说明</td><td colspan="2">当磁性材料制成的传感器转子上的凸齿交替经过永久磁铁的空隙时，就会有一个变化的磁场作用于霍尔元件（半导体材料）上，使霍尔电压产生脉冲信号。根据所产生的脉冲数目即可检测转速。具体工作情况如下所述</td></tr>
<tr><td>齿缝正对传感器头</td><td>如图(a)所述，当齿圈转动到磁铁在两齿中间（也就是齿缝正对传感器头）时，永久磁铁的磁力线穿过霍尔元件通向齿圈的磁力线较为分散，磁场也相对较弱</td></tr>
<tr><td>凸齿正对传感器头</td><td>如图(b)所述，当齿圈转动到凸齿正对传感器头（也就是磁体正对齿顶）时，永久磁铁的磁力线穿过霍尔元件通向齿圈的磁力线较为集中，磁场也相对较强</td></tr>
</table>

c. 霍尔式轮速传感器引脚类型、内电路结构、信号处理方式与工作参数见表 10-14。

表 10-14 霍尔式轮速传感器引脚类型、内电路结构、信号处理方式与工作参数

<table>
<tr><td>项目</td><td>具体说明</td></tr>
<tr><td>引脚类型</td><td>霍尔式轮速传感器根据其引脚数量的不同主要有二引脚型与三引脚型两种。前者的一个引脚为电源端脚，另一个引脚为信号兼搭铁端脚；后者是将二引脚型的信号兼搭铁引脚分别单独引出而形成三引脚型</td></tr>
<tr><td>传感器内部电路示意图</td><td>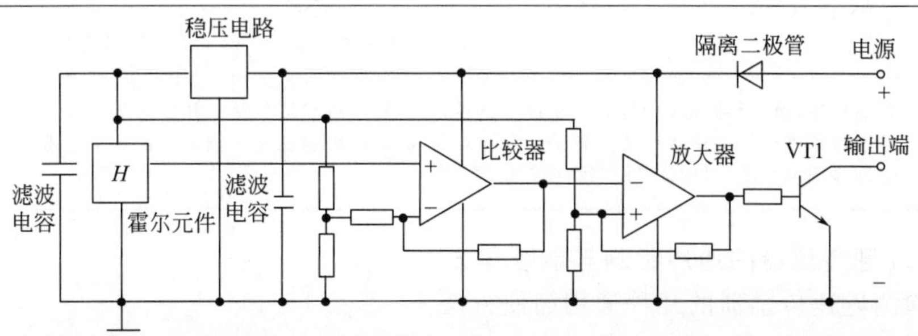
</td></tr>
<tr><td>信号处理方式</td><td>上图所示为霍尔效应式轮速传感器内电路结构示意图，这是一种具有三引脚的传感器。霍尔元件在齿轮的运动下产生并向外输出一个毫伏级的正弦波霍尔电压，该电压在传感器内部经有关电路进行整形、放大变为标准的、有一定幅度（伏特级电压）的脉冲信号后输出</td></tr>
<tr><td>工作参数</td><td>霍尔式轮速传感器的工作电压在 8～15V 之间，负载电流为 100mA，工作频率为 20kHz，输出电压幅值在 7～14V 之间</td></tr>
</table>

③ 磁阻式轮速传感器。

磁阻式轮速传感器是磁阻式半导体车轮速度传感器（MRE）的简称，主要应用于汽车制动防滑控制系统中。

a. 磁阻式轮速传感器的功能特点与结构见表 10-15。

表 10-15　磁阻式轮速传感器的功能特点与结构

项目	具体说明
功能特点	磁阻式轮速传感器除了具有主动型轮速传感器的功能外，还可检测出车轮的旋转方向。该传感器内部有两个磁阻，在车轮转动时产生两个信号，并将两者叠加在一起提供给电子控制单元（ECU）。由于车辆向前或向后行驶时，两个磁阻发出的信号是不同的，故 ECU 就可依据该信号判断出车轮的旋转方向和车辆的实际行驶方向
结构	磁阻式轮速传感器主要由传感器感应元件与磁性转子两部分组成。磁性转子是由内置带磁性粒子的橡胶制成，上下共 48 极，磁极是一种按圆周方向均匀分布的环状垫片，镶嵌在后轮轴承内圈中，和车轮旋转速度相同

b. 磁阻式轮速传感器的安装位置、工作原理与特点见表 10-16。

表 10-16　磁阻式轮速传感器的安装位置、工作原理与特点

项目	具体说明
安装位置示意图	右图所示为磁阻式轮速传感器的安装位置示意图。传感器感应元件通常安装在轮毂上固定不动［如图（b）所示］，与磁性转子之间有 0.5～0.8mm 的空气间隙。图（a）所示为磁阻式轮速传感器磁性转子的安装位置示意图，磁性转子和车轮同速度旋转 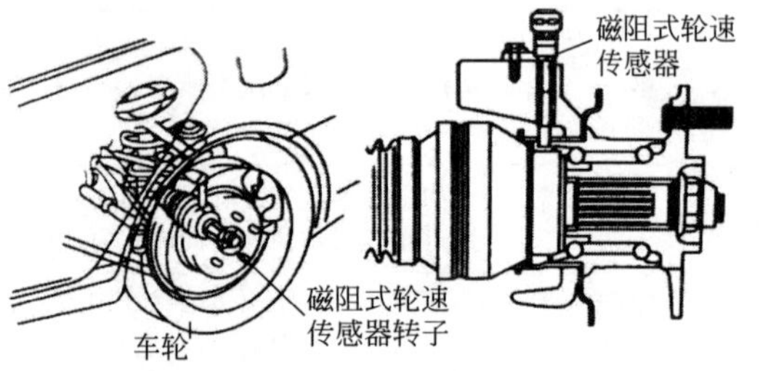 (a) 转子安装位置　(b) 感应元件安装位置
工作原理	右图所示为磁阻式轮速传感器的工作原理示意图。当磁性转子随车轮旋转时，就会使磁场发生变化，传感器内的磁阻值也因此发生相应变化，该变化的信号经相关电路整形、处理以后，产生的脉冲信号提供给 ABS-ECU 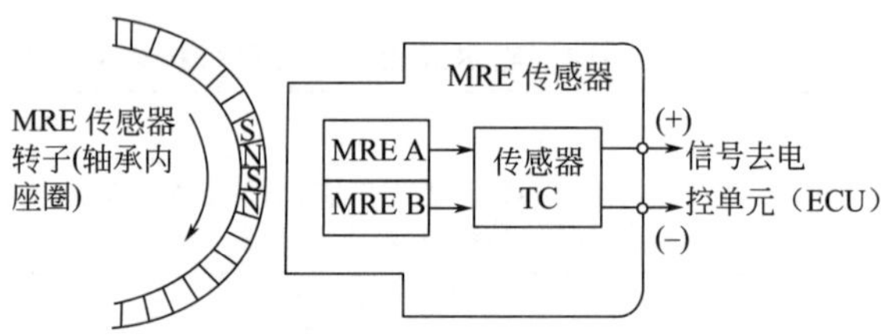
工作特点	磁阻式轮速传感器和其他方式的轮速传感器相比，它可以检测到从 0 开始的车速。由于 ABS-ECU 依据磁阻式轮速传感器提供的信号检测到转子的旋转方向，故系统可以区分车辆是向前运动还是向后运动，由此可以为坡道起步辅助系统（HAC）提供制动控制信号

(3) 轮速传感器的通用检测与维修方法

① 检测轮速传感器的几种通用简便方法。

对轮速传感器的检测，有些方法既通用又简便，例如采用示波器检测传感器输出波形，采用感应法、舌头感觉电流法来快速判断传感器的性能等。

a. 示波器测波形法。采用示波器检测波形主要是检查轮速传感器的输出波形，可就车进行检测，检测到的波形直观、简单、可靠，故适用于对各种轮速传感器输出信号的检测。

示波器测波形具体操作与分析方法见表 10-17。

表 10-17 示波器测波形具体操作与分析方法

项目	具体说明
具体操作	①将示波器探头连接在轮速传感器信号输出端，启动发动机，把变速器选挡杆放在1挡，如果检测前轮轮速传感器，则把后轮架起，前轮用手匀速旋转 ②确认传感器连线与连接器连接可靠后，即可从示波器屏幕上观测波形(在汽车行驶中，也可观测示波器)
分析方法	①如出现无波形或波形振幅小，说明轮速传感器不良，应换新件 ②如出现波形振幅变化大(超过100mV，可视为正常)，是由于轮毂摆动或偏心所致，应更换轮毂；或者是由于微电脑搭铁不良，需要修整 ③如果出现波形紊乱或噪声大，是因为轮速传感器断线、线束断线、传感器安装不良、轮齿缺齿等因素所致。如轮速传感器断线，应更换传感器；如线束断线，应进行修理；如传感器安装不良，应重新安装；若轮齿缺齿，应更换齿圈

电磁感应式与磁阻式轮速传感器参考波形与检测说明见表 10-18。

表 10-18 电磁感应式与磁阻式轮速传感器参考波形与检测说明

项目	具体说明
参考波形示意图	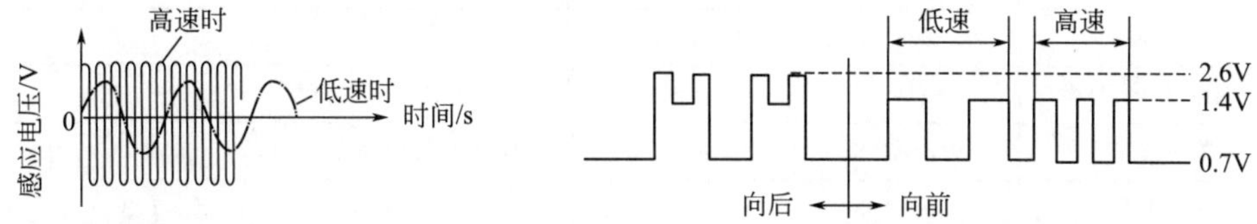(a) 电磁感应式轮速传感器的波形　(b) 磁阻式轮速传感器的波形
检测说明	采用示波器检测轮速传感器的波形时，正常情况下检测到的波形应均匀，且随车轮转速的加快波形也变化，也就是轮速传感器的输出电压随车轮速度变化，速度越快，电压越高

b. 感应检查法见表 10-19。

表 10-19 感应检查法

项目	具体说明
感应检查法	有些轿车如皇冠、奔驰车等，其后轮传感器只使用一个，而且安装在后轴差速器或变速器上，对这种车轮传感器的检查方法是，拆下传感头，并从配线插件上拔下插头；用一个2～10kΩ的电阻器与其串联后并接在电压表两端(注意不要短接任何一个端子)，在车轮转速传感头前后摆动时，用螺丝刀检查电压表是否交替显示2～12V电压，否则应更换传感头

② 电磁感应式轮速传感器。

在对电磁感应式轮速传感器进行检测时，应先排除与其连接的导线及其插接件出问题的可能性以后，再对传感器本身部分进行检查，由于四个车轮轮速传感器的检测方法基本相同，故这里仅以前轮轮速传感器为例。

a. 电磁感应式轮速传感器常见故障原因与电阻检测见表 10-20。

表 10-20 电磁感应式轮速传感器常见故障原因与电阻检测

项目	具体说明
常见故障原因	电磁感应式轮速传感器出现的故障通常多为传感器感应电路(感应线圈)短路或断路、传感器头或齿圈被油污染、传感器固定松动、传感器消磁等

续表

项目	具体说明
电阻检测	如右图所示，拔下传感器插接件插头，采用万用表检测传感器两接线端脚之间的电阻值，该电阻值通常在 0.6～1.8kΩ 之间(车型不同有一定的差异，应根据实际车型要求进行检查)。阻值过大或过小，均说明该传感器有问题，应更换传感头。表 10-21 列出了部分车型的车轮转速传感器线圈的正常电阻值，供检测时对照参考 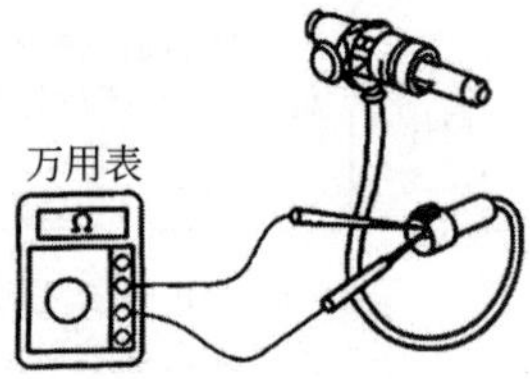

表 10-21 部分车型轮速传感器线圈电阻值

车　型	前轮传感器线圈电阻/kΩ	后轮传感器线圈电阻/kΩ	车　型	前轮传感器线圈电阻/kΩ	后轮传感器线圈电阻/kΩ
本田 CR-V	0.75～1.05(20℃)	0.95～1.45(20℃)	大众波罗(劲情)SVW7144DRI 轿车	0.65～1.3	0.65～1.3
丰田雷克萨斯 LS400	0.9～1.3	0.9～1.3	奔驰	1.1～2.3	0.6～1.6
丰田雷克萨斯 LS300	0.9～1.3	0.9～1.3	沃尔沃	0.9～2.2	0.6～1.6
皇冠 3.0 轿车	1.2～1.6	0.185～0.210	通用鲁米娜	0.988～1.208	2.1～2.4
丰田大霸王	0.92～1.22	1.05～1.4	丰田阿瓦龙	0.6～1.8	1.6～1.8
金龙 KLQ6109 型客车	0.98～1.2	0.98～1.2	长丰猎豹 CFA2030 汽车	1.17～1.35	1.3～1.5
奥迪轿车	0.8～1.8	0.8～1.8	捷达两气门轿车	1.1	1.1
别克轿车	0.9～1.3	0.9～1.3	桑塔纳 2000GSi	1～1.3	1～1.3

b. 电磁感应式轮速传感器的搭铁与输出电压的检测见表 10-22。

表 10-22 电磁感应式轮速传感器的搭铁与输出电压的检测

项目	具体说明
搭铁检测	拆下车轮转速传感器的连接插头，用万用表的 $R\times100$ 挡检查每个引脚与车身搭铁间的导通情况。正常时应不导通，否则说明传感器有搭铁故障，应予以更换
输出电压检测	①先检查轮速传感器与齿圈之间的间隙(在齿圈上取 4 点进行检测)是否符合要求，其标准值通常在 1.1～1.97mm 之间(车型不同有一定的差异，应根据实际车型要求进行检查)，然后检查线束安装是否有误 ②举升起前轮，使其离开地面，解除驻车制动器的作用；拆开 ABS 微电脑接线插座或拔下轮速传感器的接线插头，以便于在线束插接器处进行检测 ③使被测车轮以 0.5r/s 的速度转动时，用万用表 AC(交流)mV 挡检测传感器两端输出的电压，万用表指示值应为 70mV 以上(该电压通常在 70～310mV 之间，属于脉冲电压，因车型不同而有一定的差异，应根据实际车型要求进行检查)。如测量值低于正常值，原因可能是传感器与轮齿的间隙过大或传感器本身有问题，需进行调整或换新件

c. 电磁感应式轮速传感器齿圈的检测见表 10-23。

表 10-23 电磁感应式轮速传感器齿圈的检测

项目	具体说明
外观检查	轮速传感器使用的齿圈属于机械系统，长时间使用以后会出现磨损等故障。前轮转速传感器的安装位置如右图所示。主要是检查转子齿圈的齿数，检查转子齿圈有无裂纹，检查转子齿圈有无缺齿和断齿，检查转子齿圈的齿与齿之间是否吸附有铁屑。传感器头部端面与齿圈凸起端面要保留约 1mm 的空气间隙，可用无磁性的厚薄规进行检查 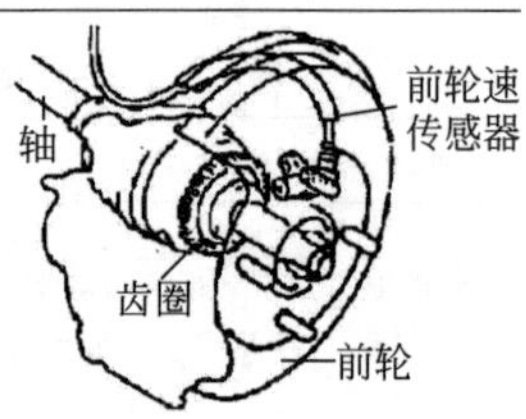

续表

项目	具体说明	
前轮齿圈的检查	汽车前轮轴承损坏或轴承轴向间隙过大时，就会对前轮传感器的间隙产生重大影响。检测与维修方法如下：举升起前轮，使其离开地面，用双手转动前轮，凭感觉检查前轮摆动是否正常。如果发现轴承轴向间隙过大，则可以按右图所示检查齿圈轴向摆差(偏差)。轴向摆差应不大于0.3mm。如果发现前轮轴承损坏或轴向间隙过大，则应更换新的、同规格的轴承；如果发现齿圈轴向摆差过大，而造成传感器和齿圈之间出现了擦碰，导致齿圈变形或齿数残缺不全，应更换前轮齿圈；如果前轮齿圈没有问题，但被泥土或其他脏物堵塞，则应先清除齿圈空隙中的脏物后，再进行一次清洗	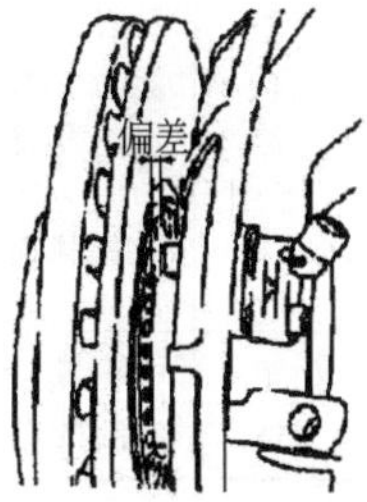

③ 霍尔效应式轮速传感器。

不同型号的车辆，使用的霍尔效应式轮速传感器的数量可能也不一样，但对任一传感器的检测方法基本上是一样的。

霍尔效应式轮速传感器输出电压的检测见表10-24。

表10-24 霍尔效应式轮速传感器输出电压的检测

项目	具体说明
检测前的准备	举起车辆使其车轮离开地面，拔下轮速传感器导线插接件，另用一根导线将拆下的传感器插接件的电源端脚与传感器电源端脚接通，使传感器能够工作
连接万用表	将万用表置于交流电压挡，两表笔连接在传感器信号输出端进行电压检测，但表笔的极性不要接错
检测与维修	接通点火开关后，用手转动车轮，同时观察万用表显示的交流电压是否在7～14V之间。如检测到的电压值不符合要求，则应检测传感器与齿圈之间的间隙

霍尔效应式轮速传感器间隙的检测见表10-25。

表10-25 霍尔效应式轮速传感器间隙的检测

项目	具体说明	
检测要求	当检测到霍尔轮速传感器输出的电压值不在允许值范围内，且相差不是太大时，一般可以采取调整传感器与齿圈之间间隙的方法来解决，如果电压值相差较大或根本检测不到输出电压，则说明传感器已经损坏，应更换新的配件	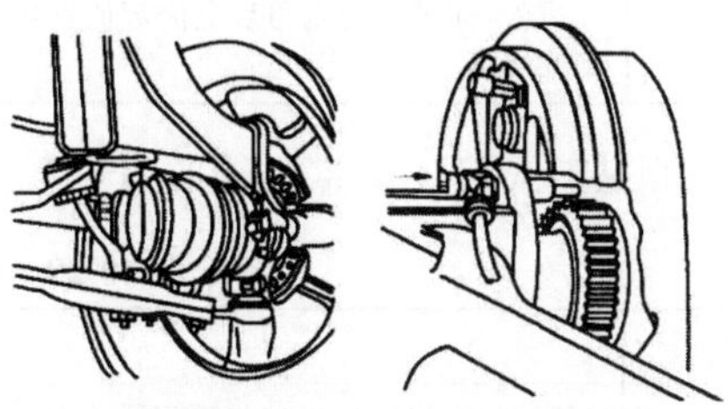 (a) 前轮 (b) 后轮
间隙检测与调整	当怀疑传感器与齿圈之间的间隙有问题时，如右图所示，可以采用塞尺检测传感器头与齿圈之间的间隙，该间隙通常在0.2～0.5mm范围内。如不符合要求应进行调整	

④ 磁阻式轮速传感器。

磁阻式轮速传感器（MRE），可以用来判断车轮的旋转方向和车辆的实际行驶方向。

a. 磁阻式轮速传感器的连接电路与供电检测见表10-26。

表 10-26　磁阻式轮速传感器的连接电路与供电检测

<table>
<tr><th>项目</th><th colspan="2">具体说明</th></tr>
<tr><td>连接电路示意图</td><td>右图所示为汽车制动防滑控制系统磁阻式半导体轮速传感器与 ECU 之间的连接方式示意图(以前轮为例,以下同)。该传感器有两个引脚,引脚①为搭铁端,也是输出信号负极端;引脚②为信号正输出端,该引脚还是供电电压输入端,供电电压来自制动防滑系统 ECU 内部</td><td>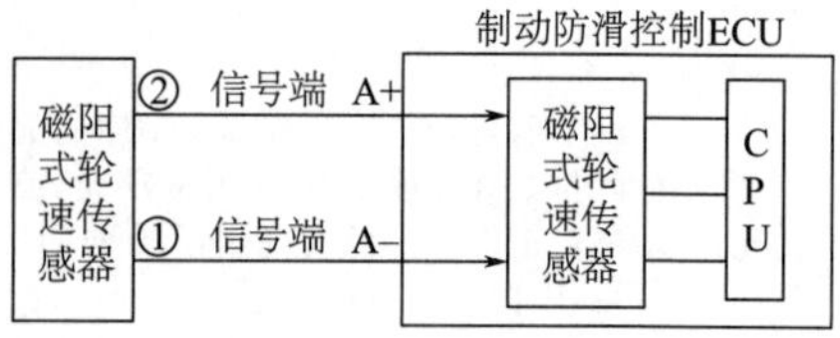
</td></tr>
<tr><td>供电检测</td><td colspan="2">在拆下轮速传感器插接件的情况下,接通点火开关,采用万用表直流电压挡检测传感器引脚②与车身搭铁之间的电压,该电压正常值在 8～12V 之间</td></tr>
</table>

b. 磁阻式轮速传感器线路导通性与绝缘情况的检测见表 10-27。

表 10-27　磁阻式轮速传感器线路导通性与绝缘情况的检测

项目	具体说明
线路导通性检测	在断开轮速传感器插接件与制动防滑控制 ECU 插接件的情况下,采用万用表欧姆挡检测这两端插接件被断开的这段线束导通情况,也就是检测传感器端引脚②与 A+之间、引脚①与 A-之间的电阻,其值应小于 1Ω
绝缘情况的检测	在断开制动防滑控制 ECU 插接件的情况下,采用万用表检测 A+与搭铁之间、A-与搭铁之间的电阻,其值应大于 12kΩ(不同车型有差别)

c. 磁阻式轮速传感器电流的检测见表 10-28。

表 10-28　磁阻式轮速传感器电流的检测

<table>
<tr><th>项目</th><th colspan="2">具体说明</th></tr>
<tr><td>检测连接方式示意图</td><td>所谓电流检测,也就是通过检测流过磁阻式轮速传感器线圈中的电流来判断其好坏的一种检测方法。右图所示即为采用电流法检测磁阻式轮速传感器时的连接方式示意图</td><td rowspan="2">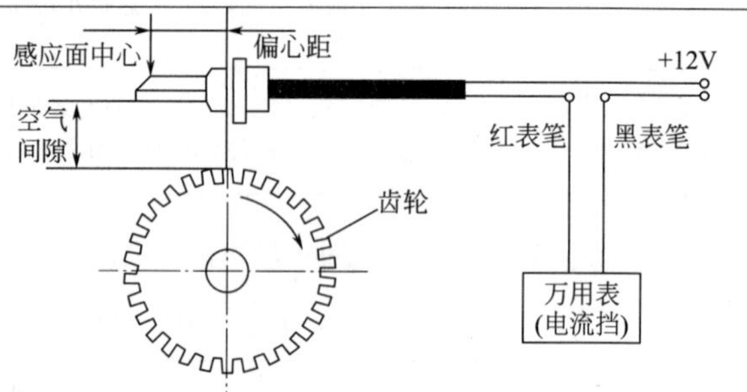
</td></tr>
<tr><td>万用表的连接</td><td>将万用表拨至电流挡处(注意量程要设置在 200mA 以上),如右图所示,将万用表表笔串在轮速传感器其中一根输出线上,另一根输出正常接线(如采用指针式万用表则要注意极性)</td></tr>
<tr><td>检测方法</td><td colspan="2">接通汽车电路使 ABS 系统通电,用手缓慢地转动传感器安装侧的车轮。正常情况下,电流指示应在 7～14mA 之间来回波动,如果读数值只固定在 7mA 或 14mA 上,同时调整空气间隙无效时,则说明传感器失效
另外,如果接通电路后电流数值直接显示为 0 或 100mA 以上时,确认万用表接线无误,则说明传感器已经断路或短路</td></tr>
</table>

d. 磁阻式轮速传感器波形的检测见表 10-29。

表 10-29　磁阻式轮速传感器波形的检测

<table>
<tr><th>项目</th><th colspan="2">具体说明</th></tr>
<tr><td>检测连接方式示意图</td><td>所谓波形检测,也就是采用示波器通过检测磁阻式轮速传感器输出的波形来判断其好坏,右图所示即为波形检测磁阻式轮速传感器时的连接方式示意图</td><td rowspan="2">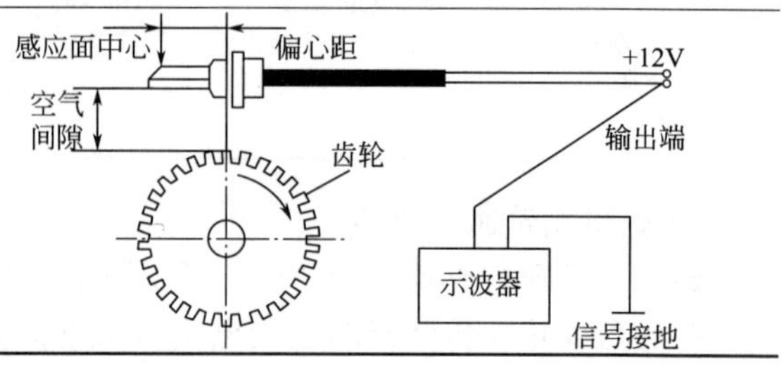
</td></tr>
<tr><td>示波器的连接</td><td>将示波器的信号输入接线分别接在传感器输出端与信号处理电路的接地端,如右图所示。但应注意区分传感器电源端进线及信号输出端</td></tr>
</table>

续表

项目	具体说明
检测方法	接通汽车电路使ABS通电。此时用手缓慢转动传感器安装侧的车轮。正常情况下，示波器应显示出方形脉冲波形，如右图所示，这说明传感器正常。如果没有脉冲波形，则要调整传感器的安装空气间隙；如果调整后仍没有脉冲波形，则说明传感器失效，应换新件 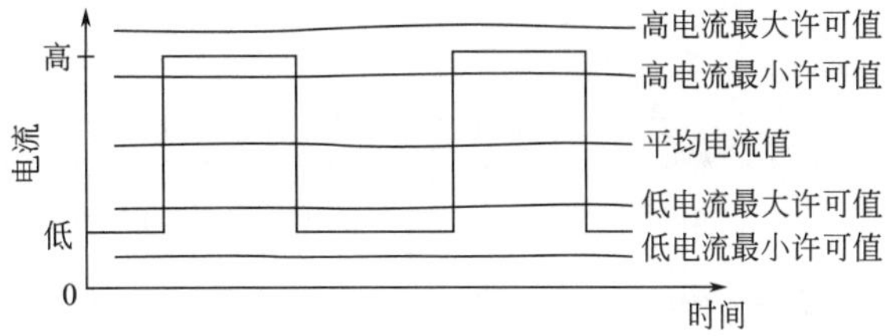

重要维修部件的更换，尤其是轮速传感器等部件，一定要采用原厂配套部件，这是因为不同厂家的产品尺寸、安装要求、空气间隙保证方法等项目都有其不同之处，如果随意更换会导致ABS不能稳定、有效地工作，甚至会导致事故的发生。

(4) 品牌汽车轮速传感器的检测与维修

① 大众波罗轿车轮速传感器。

大众波罗劲情系列SVW7144DRI型轿车的制动防抱死系统使用了4个车轮轮速传感器，用于检测车轮的运动状态。表10-30列出了大众波罗轿车轮速传感器的检测与维修方法。

表10-30 大众波罗轿车轮速传感器的检测与维修方法

项目	具体说明
轮速传感器在车辆上的安装位置与极轴传感头的安装位置示意图	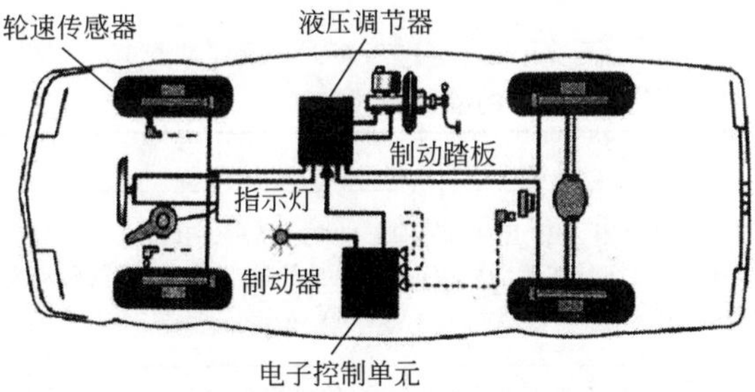 (a) 轮速传感器的安装位置  (b) 极轴传感头的安装位置
安装位置示意图说明	图(a)所示为轮速传感器在汽车上的安装位置示意图，每个车轮都安装一个，图(b)所示为轮速传感器极轴传感头的安装位置示意图。轮速传感器将检测到的车轮速度转换为电压信号提供给电子控制单元(ECU)。ECU对轮速传感器等输入的信号进行处理，并输出控制指令控制制动压力调节器等执行元件工作
检测与维修	右图(a)所示为轮速传感器原理示意图。采用万用表检测轮速传感器感应线圈的直流电阻，该电阻值应在650Ω～1.3kΩ之间；检查轮速传感器的输出电压，在车轮转动时应有电压，且转速升高，电压也应升高；采用示波器检测信号电压波形，应为正弦电压波形，如图(b)所示；检查轮速传感器的极轴传感头与齿圈端面之间的间隙，应在1～2mm之间 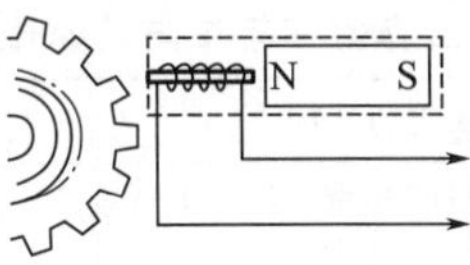 (a) 原理示意 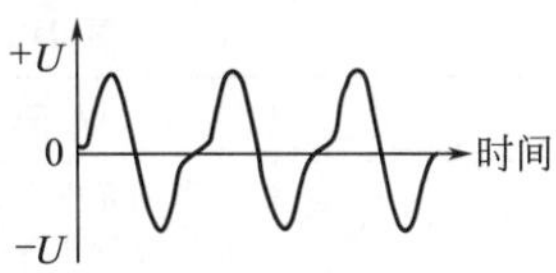 (b) 输出波形

② 本田奥德赛轿车轮速传感器。

本田（HONDA）奥德赛（ODYSSEY）轿车防抱死制动系统使用了4个轮速传感器，用于把检测到的车轮信息提供给ABS ECU。

轮速传感器的安装位置与连接电路见表10-31。

表 10-31　轮速传感器的安装位置与连接电路

项目	具体说明
安装位置	右图所示为本田奥德赛轿车几个轮速传感器在整车上的实际安装位置示意图。这几个轮速传感器均是由安装在可以转动的轮毂上的信号齿圈和固定在车体上的轮速传感器组成的，轮速传感器又是由永久磁铁上缠着线径很细的漆包线圈构成的。永久磁铁铁芯与齿圈端面之间的间隙通常在 0.4～1mm 之间。下图所示为本田奥德赛轿车几个轮速传感器与 ABS ECU 之间的连接方式示意图，供检测故障时参考 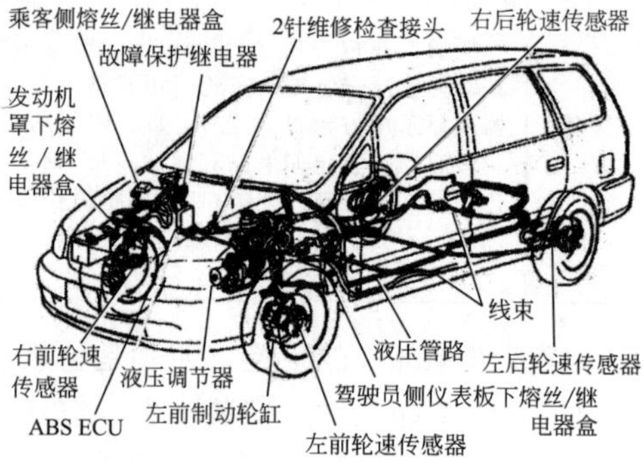
连接线路示意图	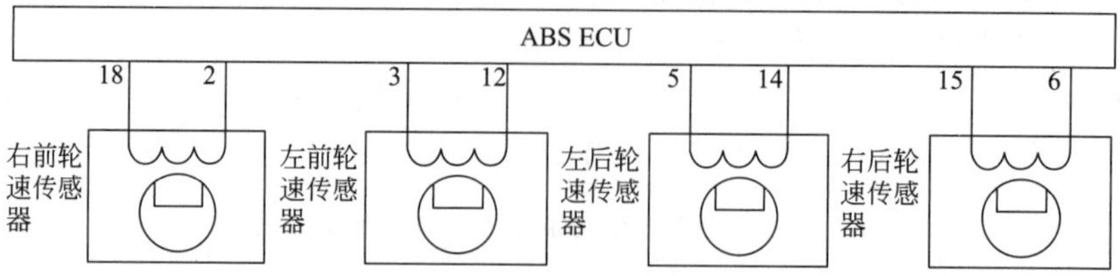

轮速传感器的检测与维修见表 10-32。

表 10-32　轮速传感器的检测与维修

项目	具体说明
电压检测	在接通点火开关(ON)的状态下，分别检测 ABS ECU 的引脚 18 与引脚 2、引脚 3 与引脚 12、引脚 5 与引脚 14、引脚 15 与引脚 6 之间的电压，它们均是在转动相应(也就是检测哪个传感器，就转动安装该传感器的车轮)车轮的情况下进行检测的，检测到的电压均为：$u_{交流}\geqslant 0.053V$，$u_{峰峰值}\geqslant 0.15V$
电阻检测	逐一拔下轮速传感器的 2 针插头，单独对各个轮速传感器线圈的电阻值进行检测，它们的电阻值均应在 400～2000Ω 之间(20℃时)
间隙检测	信号齿轮与轮速传感器之间的气隙应在 0.4～1mm 之间，不应有崩齿或松动现象
故障码	本田奥德赛轿车 ABS ECU 具有故障自诊断功能，与轮速传感器有关的故障码及其含义见表 10-33 中所列，供参考

表 10-33　本田奥德赛轿车与轮速传感器有关的故障码及其含义

故障码	故障部位或可能的原因	故障码	故障部位或可能的原因
11(12)	右前轮速传感器断路或短路(电气干扰或间歇性中断)	17(18)	左后轮速传感器断路或短路(电气干扰或间歇性中断)
13(14)	左前轮速传感器断路或短路(电气干扰或间歇性中断)	21(22)	右前(左前)脉冲发生器(信号齿轮)崩齿或安装不到位、气隙不对
15(16)	右后轮速传感器断路或短路(电气干扰或间歇性中断)	23(24)	右后(左后)脉冲发生器(信号齿轮)崩齿或安装不到位、气隙不对

③ 桑塔纳 2000GSi 型轿车轮速传感器。

桑塔纳 2000GSi 型轿车采用了 MK20-I 型 ABS 微电脑电子控制系统电路，主要由 4 个轮速传感器（右后轮 RR、右前轮 FR、左后轮 RL、左前轮 FL）构成。

a. 轮速传感器的电阻检测见表 10-34。

表 10-34 轮速传感器的电阻检测

项目	具体说明
检测前的准备	将点火开关拨至 OFF(断开)位置,拔下发动机舱内制动防抱死电子控制单元(ABS ECU)的线束插头
检测方法	将万用表置于 $R\times100$ 挡,分别检测 ABS ECU 线束插头⑪与④端脚(见右图所示)、⑱与③端脚、⑩与②端脚、⑰与①端脚之间 4 个车速传感器线圈的电阻值,正常值应为 1~1.3kΩ。如测得的电阻值偏差较大,则应检查传感器导线是否断路或搭铁,传感器本身是否有问题 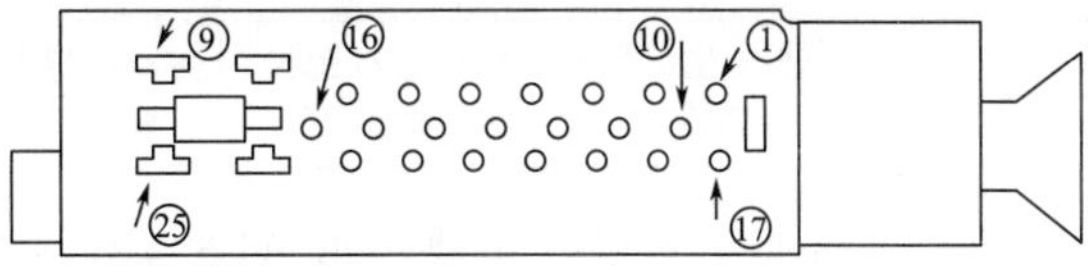

b. 轮速传感器的电压检测见表 10-35。

表 10-35 轮速传感器的电压检测

项目	具体说明			
检测前的准备	①将点火开关置于 OFF(断开)位置,拔下发动机舱内制动防抱死电子控制单元(ABS ECU)的线束插头 ②用举升机(或千斤顶)将安装被测传感器的车轮顶起,使车轮离开地面能够旋转			
检测方法	将被测传感器的车轮以每秒约 1 转的速度旋转时,用万用表交流电压(ACV×2V)挡检测 ABS ECU 线束插头各车轮传感器线圈两个端脚之间的输出电压值,其正常值如下			
检测数据	引脚	①与⑰	②与⑩	③与⑱	④与⑪之间
	电压/mV	190~1140	190~1140	70~310	70~310
分析处理	如测得的输出电压偏差过大,应检查传感器导线是否断路或搭铁及传感器磁头与齿圈转子之间的气隙是否符合标准,正常时的气隙应为,前轮气隙正常值应在 1.1~1.97mm 之间;后轮气隙正常值应在 0.42~0.8mm 之间 检查传感器气隙时,应在齿圈转子上取 4 个对称点进行检查,以防止齿圈变形造成误差			

c. 轮速传感器的示波器电压检测。

采用示波器检测轮速传感器输出电压的方法与上述采用万用表交流电压挡检测的方法基本相同,表 10-36 中列出了示波器检测轮速传感器电压时的正常值。

表 10-36 示波器检测轮速传感器电压时的正常值

引脚	①与⑰	②与⑩	③与⑱	④与⑪之间
示波器检测的电压/mV	>12.2	>12.2	3.4~14.8	3.4~14.8

④ 长丰猎豹 CFA2030 汽车 ABS 系统轮速传感器。

长丰猎豹 CFA2030 为四驱越野汽车,其制动防抱死(ABS)系统中的轮速传感器有 4 个,每个车轮设置 1 个。表 10-37 列出了长丰猎豹 CFA2030 汽车 ABS 系统轮速传感器的检测与维修方法。

表 10-37 长丰猎豹 CFA2030 汽车 ABS 系统轮速传感器的检测与维修方法

项目	具体说明
万用表检测	长丰猎豹 CFA2030 四驱越野汽车的轮速传感器属于电磁式,转子为 47 个齿。采用万用表检测轮速传感器的输出电压可以判断传感器的故障,具体方法如下:抬起汽车并解除停车制动器,脱开 ECU 配线连接器,测量配线侧的连接器;以 0.5~1r/s 的速度转动要测量的车轮,采用万用表检测传感器的输出电压,该电压应大于 70mV,如果输出电压小于 70mV,可能为轮速传感器故障、转子与传感器的磁极间隙过大,应更换轮速传感器
示波器检测	采用示波器检测轮速传感器的输出电压的方法,与上述用万用表检测传感器输出电压时的方法基本相同,仅是用示波器取代万用表,然后根据检测到的波形参考表 10-38 所列的情况进行故障原因分析和判断

表 10-38 根据检测到的波形情况进行故障原因分析和判断

波形	波幅太小或没有波形		波幅波动过大		噪声或失真的波形	
可能原因	轮速传感器故障	磁极与 ABS 转子之间间隙过大	传感器或其配线断线	轮毂偏心或跳动过大	轮速传感器位置发生移动	ABS 转子偏心或 ABS 转子齿断裂
故障处理	更换轮速传感器	对间隙进行适当调整	更换传感器或修复断线	更换新的轮毂	正确安装传感器	更换新的 ABS 转子

⑤ 上海通用雪佛兰乐骋轿车 ABS 系统轮速传感器。

上海通用雪佛兰乐骋 1.4L 轿车 ABS 系统轮速传感器出现问题时，ABS 故障指示灯就会点亮。

轮速传感器的外形、安装位置与连接电路见表 10-39。

表 10-39 轮速传感器的外形、安装位置与连接电路

项目	具体说明
外形与安装位置	图(a)所示为上海通用雪佛兰乐骋 1.4 轿车 ABS 系统轮速传感器外形示意图；图(b)所示为轮速传感器安装位置示意图(该图为左前轮轮速传感器安装位置) 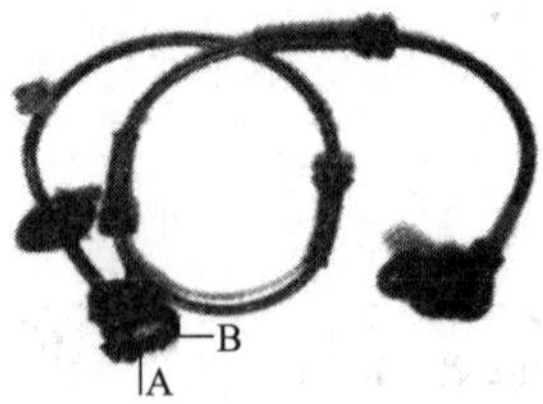 (a) 外形 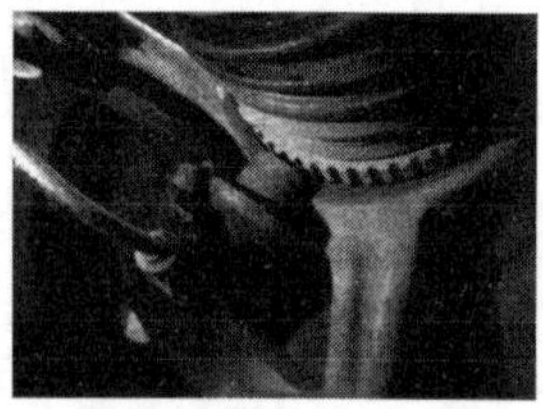 (b) 安装位置
连接电路	右图所示为上海通用雪佛兰乐骋 1.4 轿车 ABS 系统中 4 个车轮速度传感器与 EBCM 之间的连接方式。EBCM 是一种大规模集成式微处理器，它有 3 项处理功能：对输入的信号进行计算；输出控制信号；进行故障自诊断 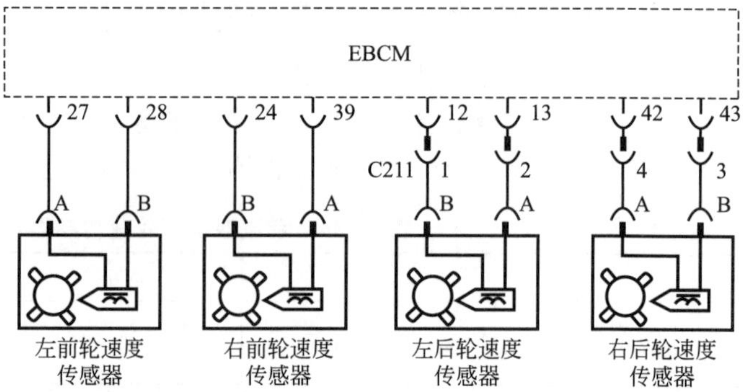

轮速传感器的检测与维修见表 10-40。

表 10-40 轮速传感器的检测与维修

项目	具体说明
检测说明	4 个车轮的轮速传感器的检测方法相同，以左前轮轮速度传感器为例，将点火开关置于 OFF 位置，拔掉与左前轮轮速度传感器相连接的连接器端脚，用数字式万用表就可以对其电阻和输出电压(要插好插头)进行检测
电阻检测	将万用表两表笔与传感器的两个端脚 A 与 B 相连接，万用表置于欧姆挡(20kΩ)，检测到的电阻值应在 800～1600Ω 范围内。如果检测到的电阻值为 0 或∞，则说明传感器有短路或断路现象存在
电压检测	重新把传感器插头插好，将万用表两表笔与传感器连接器的两个端脚 A 与 B 相连接，万用表置于电压挡(2V)，然后转动左前轮，检测到的输出电压正常值应≥100mV。如检测不到电压或检测到的电压与正常值相差较大，则说明该传感器有问题或已经损坏

⑥ 东风雪铁龙富康系列轿车轮速传感器。

东风雪铁龙富康系列轿车采用了BOSCH5.3电控制动防抱死ABS系统，该系统由4个轮速传感器构成。表10-41列出了东风雪铁龙富康系列轿车轮速传感器的检测与维修。

表10-41 东风雪铁龙富康系列轿车轮速传感器的检测与维修

项目	具体说明
电阻检测	拔下轮速传感器两端子插接器，测量传感器两端子之间的电阻，4个轮速传感器电阻均为(1600±320)Ω(20℃条件下测得)
信号电压检测	将车轮悬空并转动车轮，测量传感器两端子之间的交流电压应大于0.1V，并随着车轮转速加快，测得的电压值也随之增大。也可以用示波器检测轮速传感器的输出电压波形来检测传感器是否良好
安装情况检查	如果轮速传感器电阻正常但信号不良，则需检查传感器的安装是否正常，传感器铁芯与感应齿圈轮齿的间隙应为0.3～1.2mm

⑦ 奔驰W220系列轿车轮速传感器。

奔驰系列轿车防抱死制动系统的轮速传感器共有3个，分别设置在左前轮、右前轮和后轮的差速器上。表10-42列出了奔驰W220系列轿车轮速传感器的检测与维修。

表10-42 奔驰W220系列轿车轮速传感器的检测与维修

<table>
<tr><th>项目</th><th colspan="4">具体说明</th></tr>
<tr><td rowspan="6">电阻检测</td><td>检测方法</td><td colspan="3">检测时，点火开关置于OFF挡，拆下防抱死制动系统ABS电脑接头，用万用表$R\times100$挡在ABS电脑接头侧检查左前轮、右前轮和后轮差速器处传感器的内部电阻是否符合规定。其电脑引脚号和传感器内部电阻的正常值如下所列</td></tr>
<tr><td rowspan="4">检测数据</td><td>轮速传感器</td><td>检测的ABS电脑引脚</td><td>电阻值/kΩ</td></tr>
<tr><td>左前轮</td><td>④脚与⑥脚之间</td><td>1.1～2.3</td></tr>
<tr><td>右前轮</td><td>㉑脚与㉓脚之间</td><td>1.1～2.3</td></tr>
<tr><td>后轮差速器</td><td>⑦脚与⑨脚之间</td><td>0.6～1.6</td></tr>
<tr><td>注意事项</td><td colspan="3">轮速传感器的线路不应与车体(搭铁)相通。如用万用表在上述接脚与车体(搭铁)之间测量时有短路现象，应再次检查轮速传感器本身有无短路之处，以免诊断时因外部线路短路而误判</td></tr>
<tr><td>电压检测</td><td colspan="4">轮速传感器的故障，除了其本身的感应电路可用万用表测量电阻值进行检查外，还有其他一些部件，如轮速传感器的松动、脉冲齿轮的距离、车轮轮毂的轴承、制动器的分泵、制动器的蹄片等处存在故障时，也将对其正常工作产生影响。因此，为判断轮速传感器能否正常产生信号，应用设备将车辆顶起，并用示波器或交流电压表进行检测。检测时，一方面转动车轮；另一方面查看示波器显示的波形或交流电压表的指示值。此时，在ABS电脑接头处测量，应有0.1～3V的电压信号产生</td></tr>
</table>

⑧ 东风雪铁龙凯旋轿车ESP系统ESP传感器。

东风雪铁龙凯旋(C-Triomphe)中级轿车安装了电子稳定系统(ESP)，该系统中使用的4个ESP传感器在电路中的编号分别为7810、7815、7820、7825，它们的结构基本相同。

ESP传感器的外形与安装位置见表10-43。

表 10-43 ESP 传感器的外形与安装位置

项目	具体说明
外形与安装位置示意图	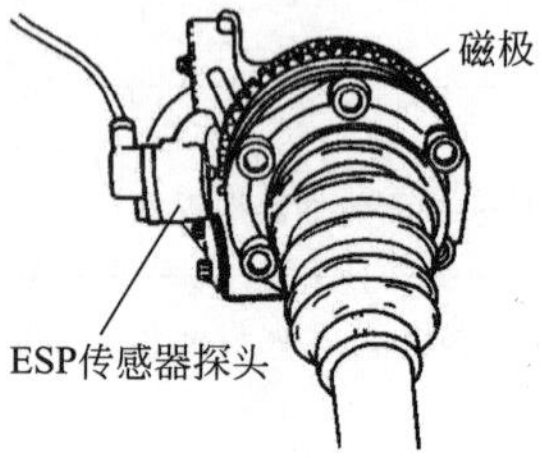 (a) 外形 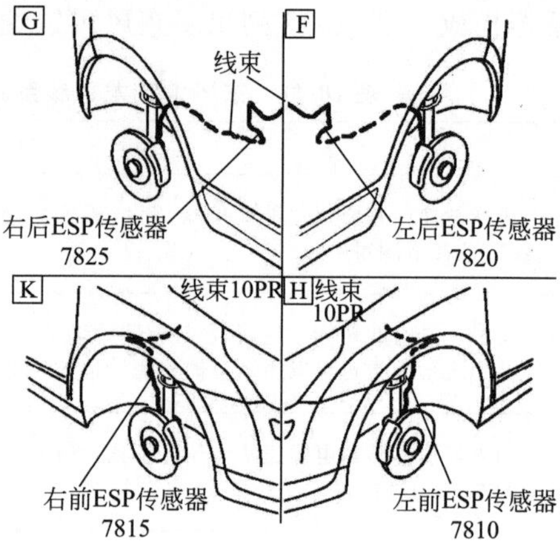 (b) 安装位置
示意图说明	图(a)所示为东风雪铁龙凯旋轿车 ESP 系统 ESP 传感器的外形示意图，7810、7815、7820、7825 这 4 个 EPS 传感器结构相同，用于检测车轮的速度信息，并将检测到的信息转换为电压信号后提供给 ESP 计算机，供 ESP 计算车轮附着条件。ESP 传感器有 48 个磁极，而 ABS 磁轮仅有 29 个，故 ESP 传感器传递轮速的信息更精确、更迅速。编号为 7810、7815、7820、7825 这 4 个 EPS 传感器位于车轮上，每个车轮上安装一个，具体安装位置如图(b)所示

ESP 传感器的连接电路、检测与维修见表 10-44。

表 10-44 ESP 传感器的连接电路、检测与维修

项目	具体说明
连接电路示意图	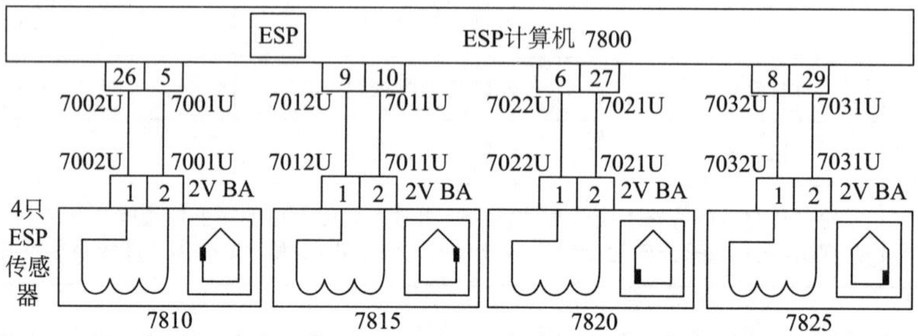
示意图说明	上图所示为东风雪铁龙凯旋轿车 ESP 系统中 4 个 ESP 传感器与 ESP 计算机(7800)之间的连接方式。4 个传感器的连接方式一样，均采用 2 针插接件通过导线(导线旁的数字与字母组合表示线号，如 7002U、7001U 等)与 ESP 计算机相连接
检测与维修	由于 ESP 传感器的工作情况与 ABS 系统十分相似，故对这类传感器的检测可以参考 ABS 系统中轮速传感器的检测方法进行。轮速传感器的电阻值 $R=1.3\sim1.8\text{k}\Omega$(20℃左右时)；对于传感器与 ESP 之间连接导线的导通性，可以参考上图对各个导线两端的电阻值进行检测

⑨ 沃尔沃 6120 豪华客车 ABS 系统轮速传感器。

沃尔沃 6120 豪华客车制动防抱死 ABS 系统布置为 4S/4M 形式，即布置 4 个轮速传感器（即 4S），4 个电磁阀（4M）。

轮速传感器的安装位置示意图与说明见表 10-45。

表 10-45 轮速传感器的安装位置示意图与说明

<table>
<tr><th>项目</th><th>具体说明</th></tr>
<tr><td>安装位置示意图</td><td>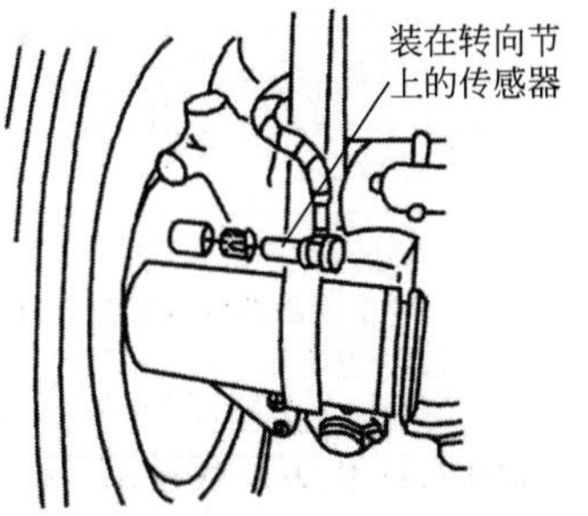

(a) 前轮
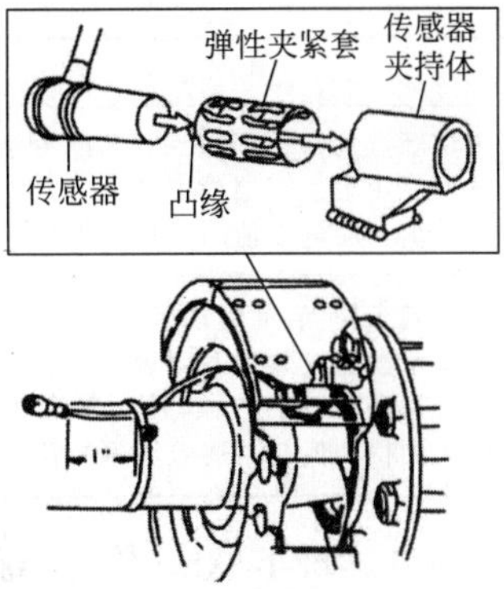

(b) 后轮</td></tr>
<tr><td>示意图说明</td><td>沃尔沃 6120 豪华客车 ABS 系统左、右前轮轮速传感器安装在转向节上，如图(a)所示，左、右后轮轮速传感器安装在后轴凸缘上，如图(b)所示</td></tr>
</table>

轮速传感器的连接情况、检测与维修见表 10-46。

表 10-46 轮速传感器的连接情况、检测与维修

项目		具体说明
连接情况		4 个轮速传感器与 ABS-ECU 的 18 针脚插接件的有关引脚相连接，具体连接情况：左前轮轮速传感器信号正极与 18 针脚插接件的 12 引脚连接，左前轮轮速传感器的搭铁线与 18 针脚插接件的 15 引脚连接；右前轮轮速传感器信号正极与 18 针脚插接件的 10 引脚连接，右前轮轮速传感器的搭铁线与 18 针脚插接件的 13 引脚连接；左后轮轮速传感器信号正极与 18 针脚插接件的 11 引脚连接，左后轮轮速传感器的搭铁线与 18 针脚插接件的 14 引脚连接；右后轮轮速传感器信号正极与 18 针脚插接件的 17 引脚连接，右后轮轮速传感器的搭铁线与 18 针脚插接件的 18 引脚连接
检测与维修	电压	架起前后桥→用手转动各车轮，使其转速达到 30r/min 以上→采用万用表电压挡检测轮速传感器两端脚之间的感应电压应大于 0.2V，否则应更换轮速传感器
	电阻	采用万用表电阻挡检测轮速传感器两引脚之间的电阻值，该电阻正常值应在 1100～1250Ω 之间，否则应更换新的轮速传感器
	间隙	轮速传感器探头与齿圈间隙应为 0.7～2mm，齿圈的轴向偏差应小于 0.2mm，相邻齿的高度偏差应小于 0.04mm；轮速传感器探头与齿圈间隙用不带磁性的塑料片测量，严禁用铁制千分尺测量

⑩ 奔驰 560 系列轿车轮速传感器。

对奔驰 560 系列轿车 ABS 轮速传感器的检测，主要是检查其电阻和信号电压，前轮与后轮分别进行检查。

前轮轮速传感器的检测与维修见表 10-47。

表 10-47 前轮轮速传感器的检测与维修

项目	具体说明
电阻检测	①切断点火开关，脱开 ABS ECU 接线器 ②用万用表欧姆挡检查 ABS ECU 接线器④引脚与⑥引脚(左前轮)、㉑引脚与㉓引脚(右前轮)之间的电阻。其正常值应为 1.1～2.3kΩ 如测得的电阻值与上述数据不符，应检查或更换轮速传感器
信号电压检测	①将示波器或数字万用表(置交流电压挡)连接在 ABS ECU 接线器④引脚与⑥引脚或㉑引脚与㉓引脚之间 ②将汽车支起，当转动车轮时，应产生 0.1～3V 的交流电压 如测得的值与上述数据不相符，应检修或更换左前轮或右前轮轮速传感器；反之则应重点检查 ABS ECU

后轮轮速传感器的检测与维修见表10-48。

表10-48 后轮轮速传感器的检测与维修

项目	具体说明
电阻检测	①切断点火开关，脱开ABS ECU接线器 ②用万用表欧姆挡检查ABS ECU接线器⑦引脚与⑨引脚之间的电阻，其正常值应为0.6～1.6kΩ 如果测得的电阻值与上述数据不符，应检查或更换轮速传感器
信号电压检测	①顶起车轮，启动发动机 ②将示波器或数字万用表(交流电压挡)连接在ABS ECU连接器⑦引脚与⑨引脚之间 ③将换挡杆置于D挡，转动车轮时，应产生0.1～3V交流电压 如果测得的值与上述数据不相符，应检修或更换轮速传感器；反之则应重点检查ABS ECU微电脑组件

⑪ 一汽马自达轿车ABS轮速传感器。

一汽马自达CA7230AT型轿车ABS使用的轮速传感器属于电磁感应式，对该传感器的检测与维修方法如下介绍。

轮速传感器的结构示意图与安装位置见表10-49。

表10-49 轮速传感器的结构示意图与安装位置

项目	具体说明
结构示意图	右图所示为一汽马自达CA7230AT型轿车轮速传感器结构展开示意图，主要由传感器和齿圈转子组成。图中：1表示外壳防尘套卡箍；2表示内笼防尘套卡箍；3表示内球笼；4表示卡簧；5表示十字轴；6表示滚针轴承；7表示内笼防尘套；8表示齿圈转子；9表示外球笼；10表示转向角调整螺钉 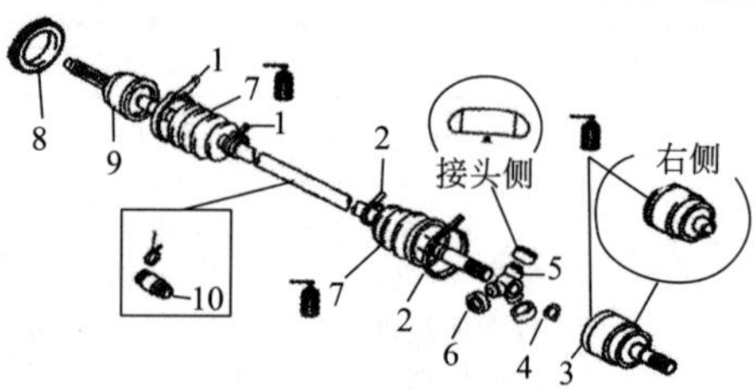
安装位置	轮速传感器位于等速万向节球笼与连接轮毂凸缘盘之间的轴承外壳(俗称牛腿)上，齿圈转子位于等速万向节球笼上，传感器由永久磁铁、感应线圈、极轴组成。传感器的永久磁铁具有一定强度的磁场，其磁力线经永久磁铁N→极轴→磁隙→齿圈转子→空气→永久磁铁S→永久磁铁N构成回路

轮速传感器的原理、检测与维修见表10-50。

表10-50 轮速传感器的原理、检测与维修

项目	具体说明
原理	当齿圈转子随球笼、外半轴、车轮一同转动时，齿圈转子上的齿顶和齿隙便周期性接近、离开传感器的极轴，造成极轴与齿圈转子的空气间隙(或磁隙)交替变化，引起磁路中磁阻变化和传感线圈中磁通变化。磁隙小时，磁阻减小，通过传感器线圈的磁通强；磁隙大时，磁阻增大，通过传感器线圈的磁通弱(影响传感线圈磁通的因素除磁隙外，还有极轴、齿圈转子的材料、内部结构和空气隙的大小等)。由于磁通周期性变化，在感应线圈的两端便产生出与转子齿数相同的脉冲电动势即交变电压。交变电压信号的频率与齿圈的齿数和转速成正比。当齿数转子的齿数一定时，轮速传感器输出的交变电压信号频率只与相应的车轮转速成正比，所以通过车轮轮速传感器输出的频率信号可以确定车轮转速，并根据转速的变化控制执行器的工作
检测与维修	在检测之前，应检查轮速传感器与齿圈转子之间有无异物，两者之间的间隙是否正常；检测轮速传感器的电阻值是否正常，该电阻应在1.4kΩ左右；采用示波器检查传感器的输出波形，正常时为规则的正弦波形，有故障时为失真、不规则的波形

⑫ 三菱V77汽车轮速传感器。

三菱V77主动稳定牵引控制系统又称为驱动防滑控制系统，这项技术在目前高档汽车上应用较多，别克汽车和丰田汽车等也应用了该项技术。

a. 轮速传感器的安装位置与连接电路示意图及其说明见表 10-51。

表 10-51 轮速传感器的安装位置与连接电路示意图及其说明

项目	具体说明
安装位置与连接电路示意图	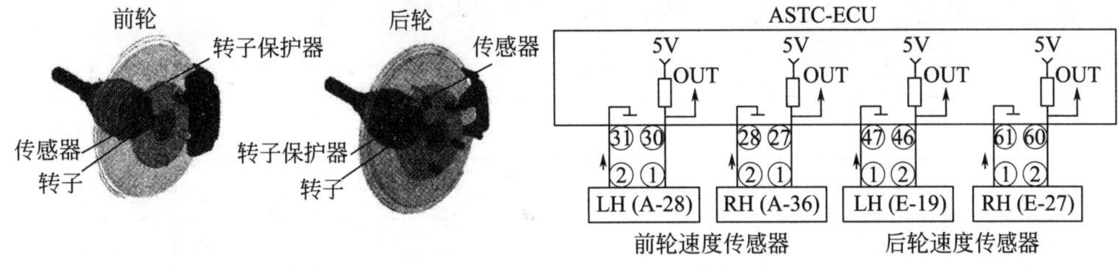 (a) 安装位置 (b) 连接电路
示意图说明	汽车主动稳定牵引控制系统轮速传感器采用电磁式，前、后轮速传感器的安装位置如图(a)所示，该传感器与 ASTC-ECU 之间的连接方式如图(b)所示

b. 轮速传感器的检测与维修见表 10-52。

表 10-52 轮速传感器的检测与维修

项目	具体说明
电阻值的检测	轮速传感器在 20℃时的电阻值在 1～1.5kΩ 之间，传感器电磁线圈与传感器外壳之间应绝缘，传感器与转子之间的间隙约 0.85mm。故可以通过采用万用表检测其电阻值，采用厚薄规检查其间隙是否合格来判断其好坏
电压检测	汽车轮速传感器输出信号可以采用万用表进行检测，将待测量车轮转动 1/2～1 圈，使用万用表的交流 mV 挡检测输出电压，其值应大于或等于 42mV
示波器检测波形	轮速传感器输出信号可以采用示波器进行检测，其峰值电压应大于或等于 120mV P-P。车轮转速较低时，输出电压也较低；随着车轮转速的升高，输出电压也会升高。其正常的输出波形如右图所示 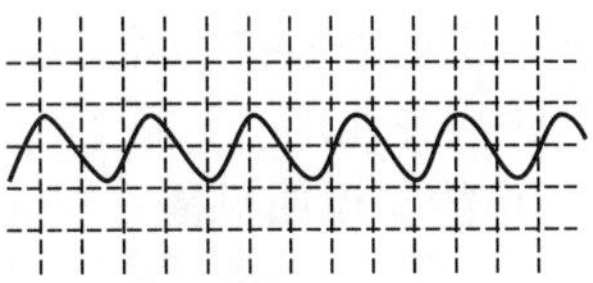 用手转动时的波形 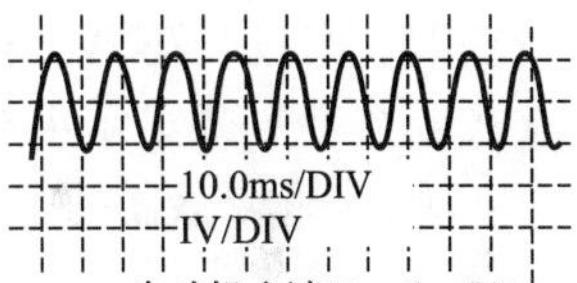 发动机怠速(5～6km/h) D挡或1挡时的波形

c. 轮速传感器出现故障时万用表或示波器检测到的电压或波形现象、原因与处理方法见表 10-53。

表 10-53 轮速传感器出现故障时万用表或示波器检测到的电压或波形现象、原因与处理方法

检测到的现象	故障原因	处理方法
波形太小或没有检测到波形	轮速传感器本身已经损坏	更换新的、同规格的轮速传感器
	轮速传感器与转子之间的间隙过大	对轮速传感器与转子之间的间隙进行适当调整
	车轮速度转子齿折断或变形	更换新的、同规格的车轮速度转子
	轮速传感器顶端的突出部分有金属异物附着	对金属异物进行彻底清理
波幅偏差太大	轮毂偏摆或偏移太大	修理或更换新的、同规格的配件
	主动稳定牵引控制系统 ECU 搭铁出现了问题	应进行修理
波形中出现噪声或波形发生了畸变（波形变形）	轮速传感器出现了断路现象	修理或更换新的、同规格的轮速传感器
	轮速传感器安装位置发生了移动	对轮速传感器的安装位置进行适当调整并固定牢固
	转子齿缺损或断裂	更换新的、同规格的车轮速度转子

d. 读取故障码判断轮速传感器故障原因。

轮速传感器故障除了上述采用万用表或示波器检测的方法来判断其好坏外，也可以通过读取系统中存储的故障码来判断故障原因。表 10-54 中列出了三菱 V77 主动稳定牵引控制系统中与轮速传感器有关的故障码的含义，供检修故障时参考。

表 10-54 三菱 V77 主动稳定牵引控制系统中与轮速传感器有关的故障码的含义

故障码	检查项目	故障码	检查项目
11	轮速传感器(右前)断路或短路	21	轮速传感器(右前)系统出现异常故障
12	轮速传感器(左前)断路或短路	22	轮速传感器(左前)系统出现异常故障
13	轮速传感器(右后)断路或短路	23	轮速传感器(右后)系统出现异常故障
14	轮速传感器(左后)断路或短路	24	轮速传感器(左后)系统出现异常故障

10.3 车速传感器

车速传感器（VSS）是车辆速度传感器的简称， VSS 是英文 Vehicle Speed Sensor 首字母的缩写，用于检测车辆的行驶速度。

(1) 车速传感器概述

汽车一般不使用 GPS（全球卫星定位系统）作为标准车速信号，而是采用车速传感器来获取。车速传感器又称为车速里程表传感器，输出的信号通常提供给车速里程表，以指针方式或数字方式显示出车辆的行驶速度。

① 车速传感器的定义、功能与说明见表 10-55。

表 10-55 车速传感器的定义、功能与说明

项目	具体说明
定义	车速传感器是指安装在变速器输出轴附近的壳体上(或车辆行驶速度显示仪表内)，可以通过检测车辆运动产生相应电信号的装置
电控自动变速器	用于电控自动变速器的车速传感器，也被称为变速器(输入或输出轴)转速传感器，检测到的车速信号提供给 ECU 后，由 ECU 来对变速器的换挡时刻、变矩器锁止离合器的锁止进行控制；同时，车速信号还提供给车速里程表，用于显示车辆行驶速度，记录行驶里程
手动变速器	用于手动变速器的车速传感器，检测到的车速信号主要提供给车速里程表，用于显示车辆行驶速度，记录行驶里程
巡航控制系统	用于巡航控制系统的车速信号(该车速信号是利用其他系统车速传感器提供的信号，例如变速器系统等)，是巡航 ECU 控制设定车速的重要参考依据
说明	车速传感器在大多数情况下能够反映车辆的行驶速度，但在有些情况下反映的不是车辆的实际行驶速度，例如车轮打滑、车辆后退等

② 车速传感器的类型与安装位置见表 10-56。

表 10-56　车速传感器的类型与安装位置

项目	具体说明	
类型	按功能分类	车速传感器按功能分可分为智能型(可输出实时车速信号和加密的数据信号)和普通型(只输出实时的车速信号)
	按接口形式分类	车速传感器按接口形式可分为接触式与非接触式。图(a)所示为接触式霍尔车速传感器外形示意图,图(b)所示为非接触式霍尔车速传感器外形示意图。具体采用哪一种传感器,主要取决于车辆上车速输出机构对外接口的形式  (a) 接触式 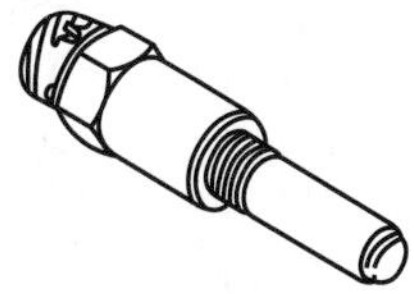 (b) 非接触式
	按信号产生方式分类	车速传感器按信号产生方式可分为电磁感应式、霍尔效应式、磁阻式、光电式、多普勒雷达探测式、舌簧开关式等多种。舌簧开关式车速传感器属于早期产品,现在的轿车已经很少应用,但在一些货车上仍然有应用。而多普勒雷达探测式车速传感器由于造价昂贵,故应用也相当少。应用最多的是电磁感应式、霍尔效应式、磁阻式、光电式(主要应用于数字式车速里程表显示系统)车速传感器
安装位置	车速传感器通常安装在变速器输出轴附近的壳体上,也有的设置在车辆行驶速度显示仪表内	

(2) 车速传感器的结构与原理

① 电磁感应式车速传感器。

电磁感应式车速传感器又称为变磁阻式（VR）车速传感器，是利用电磁感应的原理制成的，用于检测自动变速器输出轴的转速。

a. 电磁感应式车速传感器的外形、安装位置与说明见表 10-57。

表 10-57　电磁感应式车速传感器的外形、安装位置与说明

项目	具体说明
外形与安装位置示意图	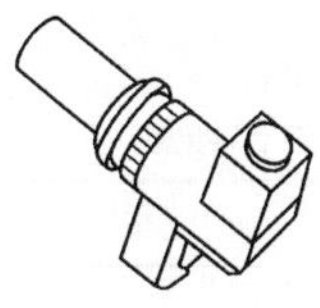 (a) 输入速度传感器 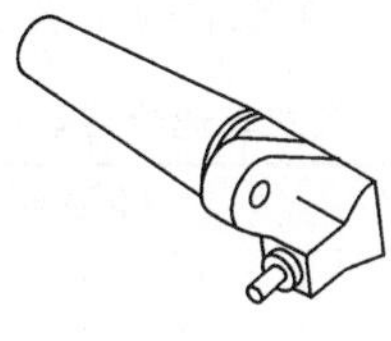 (b) 输出速度传感器 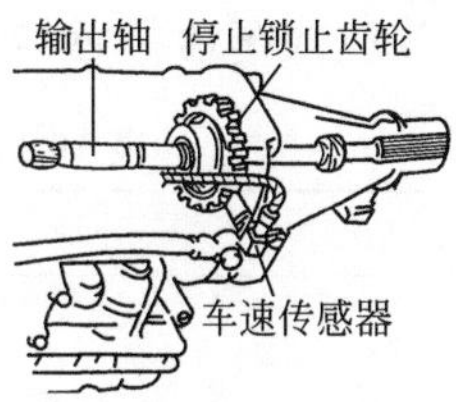 (c) 安装位置
示意图说明	图(b)所示为电磁感应式车速传感器外形示意图,图(c)所示为该类传感器的安装位置示意图,通常安装在自动变速器输出轴附近,传感器中产生的感应电压的脉冲频率提供给 ECU 后,由 ECU 计算出汽车的行驶速度
需要说明的问题	有些采用自动变速器的车辆,还设置了输入轴转速传感器,该传感器的外形示意图如图(a)所示,也属于电磁感应式,该传感器用于检测变速器输入轴的转速,该信号提供给 ECU 后,会使 ECU 控制变速器的换挡过程更精确。此外,ECU 还将该信号与来自发动机控制系统的发动机转速信号进行比较,计算出液力变矩器的传动比,使油量压力控制过程与锁止离合器的控制过程得到进一步的优化,以改善换挡感觉,提高车辆的行驶性能

b. 电磁感应式车速传感器的结构与输出特性见表 10-58。

表 10-58　电磁感应式车速传感器的结构与输出特性

<table>
<tr><th>项目</th><th>具体说明</th></tr>
<tr><td>结构与输出特性示意图</td><td>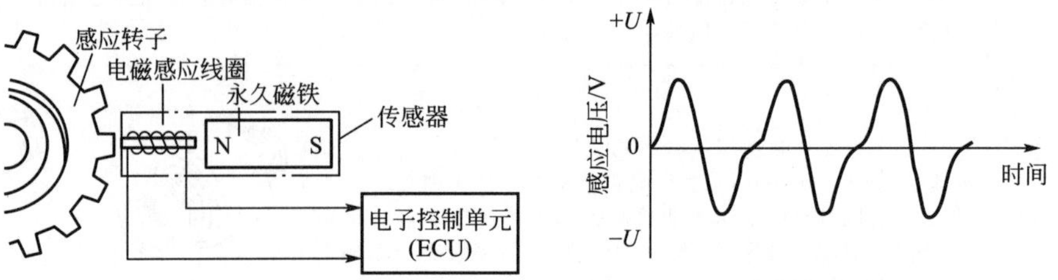

(a) 结构　　(b) 输出特性</td></tr>
<tr><td>示意图说明</td><td>图(a)所示为电磁感应式车速传感器结构示意图，该传感器主要由永久磁铁与电磁线圈构成。图(b)所示为该传感器输出信号特性曲线示意图</td></tr>
</table>

c. 电磁感应式车速传感器的工作原理见表 10-59。

表 10-59　电磁感应式车速传感器的工作原理

项目	具体说明
工作过程	由于电磁感应式车速传感器安装在自动变速器输出轴附近的壳体上，故当输出轴旋转时，输出轴上的停车锁止齿轮随其一同旋转，进而使齿轮上的凸齿不断地靠近或离开车速传感器感应元件，通过传感器线圈中的磁通量不断发生变化，由此就会在线圈中产生一个周期性变化的感应电压信号，该信号提供给电子控制单元(ECU)
工作特点	车辆行驶的速度(车速)越快，输出轴的转速也越快，电磁感应式车速传感器中产生的感应电压的脉冲频率也越高。这样，ECU 就会根据感应电压脉冲的大小计算出车轮的行驶速度

② 霍尔效应式车速传感器。

霍尔效应式车速传感器是根据霍尔效应的原理制成的，用于对车辆的速度进行检测，并把该信号提供给电子控制单元（ECU）。

a. 霍尔效应式车速传感器的外形、内部结构见表 10-60。

表 10-60　霍尔效应式车速传感器的外形、内部结构

<table>
<tr><th>项目</th><th>具体说明</th></tr>
<tr><td>外形、内部结构示意图</td><td>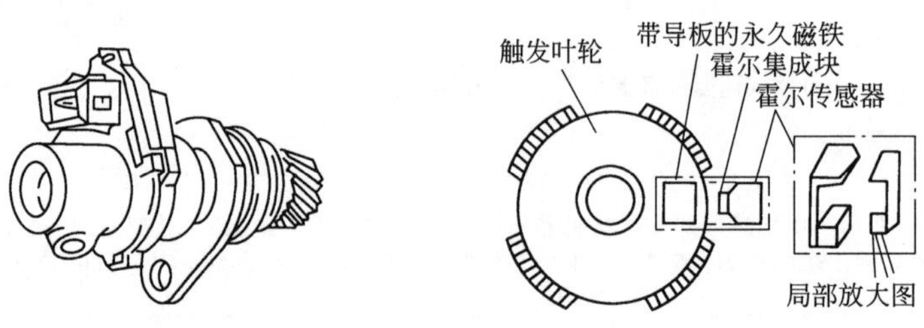

(a) 外形　　(b) 内部结构</td></tr>
<tr><td>示意图说明</td><td>图(a)所示为霍尔式车速传感器的典型外形示意图，图(b)所示为霍尔式车速传感器内部结构示意图。该传感器主要由带导板的永久磁铁、触发叶轮、霍尔元件与集成电路等组成</td></tr>
</table>

b. 霍尔效应式车速传感器的内部电路与输出特性见表 10-61。

表 10-61 霍尔效应式车速传感器的内部电路与输出特性

项目	具体说明
内部电路与输出特性曲线示意图	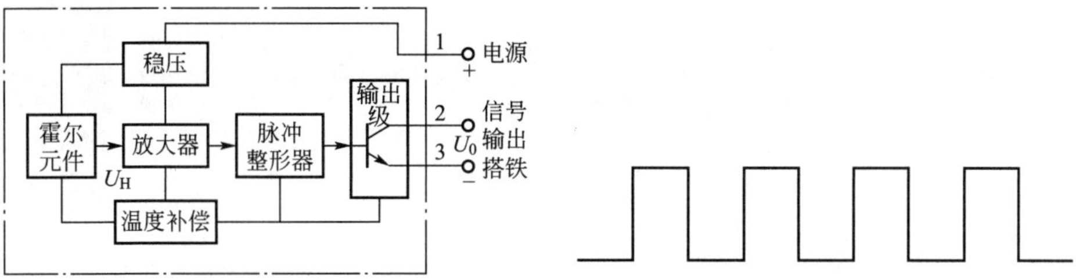 (a) 内部电路　(b) 输出特性曲线
示意图说明	图(a)所示为霍尔式车速传感器内部电路示意图，该传感器内部主要由霍尔元件、集成放大与整形电路、稳压电路、温度补偿电路等组成。当触发叶轮转动时，传感器翼片在永久磁铁与霍尔元件之间转动，由此就会使通过霍尔元件的磁通量发生变化，根据霍尔效应原理，当霍尔元件通上电流时，该元件就会产生一个霍尔电压，该电压经集成电路放大、整形电路处理后，就会有如图(b)所示的矩形方波信号输出

c. 霍尔式车速传感器工作时的典型特点见表 10-62。

表 10-62 霍尔式车速传感器工作时的典型特点

项目	具体说明
驱动方式	霍尔式传感器属于有源工作方式，输出为开关量信号，由于其不受转速的影响，在低速或高速时输出的信号幅值基本相同。霍尔式传感器通常由永久磁铁与磁路等组成，当发动机运转时，动力通过发动机、离合器、变速器，带动变速器输出轴转动，触发安装在输出轴上的齿轮随之旋转，不断地与永久磁铁形成关断磁场
霍尔效应特性	当触发的两个齿与霍尔元件对正时，永久磁铁传到霍尔元件的磁力线分散，磁场较弱[如图(a)所示]，输出的霍尔电压小；当齿圈转到一个齿与霍尔元件对正时，永磁体到霍尔元件的磁力线集中，磁场较强[如图(b)所示]，输出的霍尔电压较大 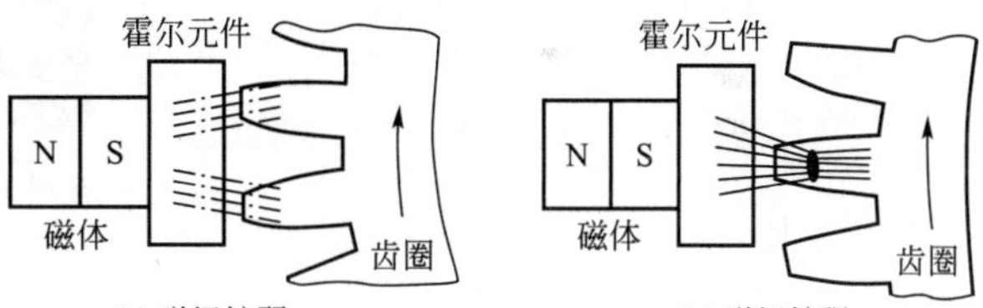 (a) 磁场较弱　(b) 磁场较强 磁铁叶片转子用来穿过磁极间的气隙，而在叶片转子上设置有多个缺口。在缺口处由于有磁场作用到霍尔元件上，故传感器就会有信号输出；而在没有缺口的位置上，由于没有磁场作用到霍尔元件上，故传感器就不会有信号输出 这样，在整个转动的过程中，随着通过霍尔元件磁通量的变化，会引起霍尔电压的变化，就会有准正弦电压输出
信号处理情况	一般情况下，霍尔元件产生的信号需要信号放大电路、施密特触发器、稳压电源电路等进行处理，才会形成数字方波信号输出，如右图所示。通常霍尔传感器内部已经集成了永久磁铁，以及相应的信号放大电路、施密特触发器、稳压电源电路等。霍尔元件输出电压值不受转速的影响，响应频率高，可达 20kHz，相当于车速为 1000km/h 时所检测到得频率，抗电磁波干扰能力也比较强 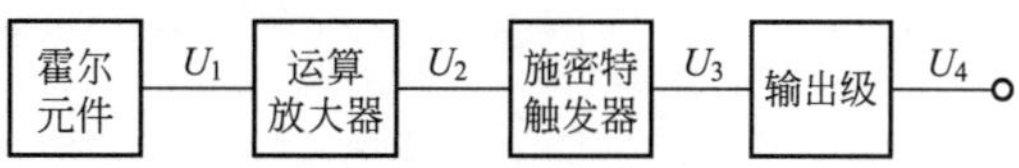

d. 接触式与非接触式霍尔车速传感器的特性比较见表 10-63。

表 10-63 接触式与非接触式霍尔车速传感器的特性比较

项目		具体说明
接触式与非接触式的含义		所谓接触式是指霍尔传感器的探头与变速器的输出轴之间需要通过蜗轮蜗杆传动系统过渡。也就是说，接触式霍尔车速传感器与变速器输出轴之间有蜗轮蜗杆传动，如右图所示。蜗轮蜗杆是一套动力传动机构，主要由蜗轮和蜗杆组成，用于传递空间交错两轴之间的运动和动力，交错角通常为 90°。对于没有蜗轮蜗杆过渡的霍尔车速传感器，则属于非接触方式的 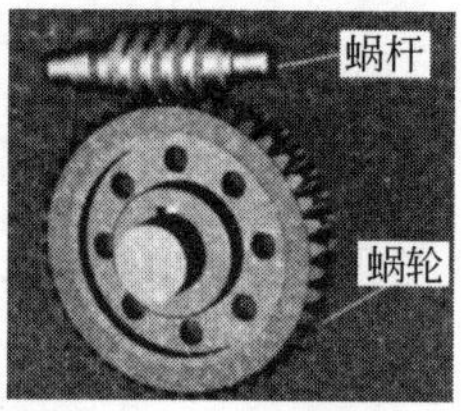
特性比较	接触式	接触式霍尔车速传感器在早期的车辆上应用较广泛。但由于该类传感器存在传动部件的机械磨损问题，而且变速器输出轴的轴向窜动可能还会造成蜗轮或蜗杆断裂，这种结构性的缺陷导致其故障率较高，维修也不便。同时，这种刚性配合引起的轴心偏差有可能造成变速器漏油，由于轴向跳动，输出信号也会出现缺失与不稳定
	非接触式	非接触式霍尔车速传感器由于其零件少，去除了机械传动机构后，故障点减少，维修方便，是今后车速传感器的发展方向，会逐步取代接触式霍尔车速传感器

e. 接触式与非接触式霍尔车速传感器的安装位置与工作原理。

由于接触式霍尔车速传感器与非接触式霍尔车速传感器相比多了一套蜗轮蜗杆机构，故两者的安装位置与工作情况有一定的差别。

接触式霍尔车速传感器的安装位置与工作原理见表 10-64。

表 10-64 接触式霍尔车速传感器的安装位置与工作原理

项目	具体说明
接触式霍尔车速传感器的安装位置与内部结构示意图	右图所示为接触式霍尔车速传感器的内部结构与安装位置示意图。该传感器安装在变速器输出轴上方，与输出轴成一定角度。主要由变速器输出主轴、里程表主动齿轮、里程表被动齿轮及传感器等组成 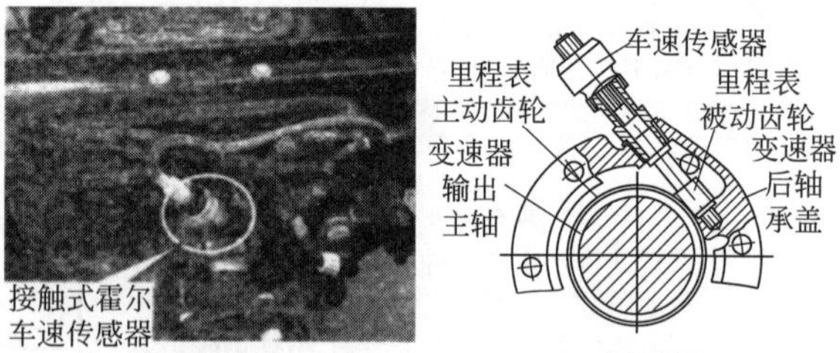 (a) 安装位置 (b) 内部结构
工作原理	里程表主动齿轮安装在变速器输出轴上，随着变速器输出轴的转动而旋转，带动里程表被动齿轮（蜗杆）旋转。其上有 4 对 8 个齿，改变霍尔传感器的磁场大小从而产生脉冲输出。变速器输出轴（里程表主动齿轮）转动 1.33 圈，里程表被动齿轮转动 1 圈，霍尔传感器输出 8 个脉冲

非接触式霍尔车速传感器的安装位置与工作原理见表 10-65。

表 10-65 非接触式霍尔车速传感器的安装位置与工作原理

项目	具体说明
非接触式霍尔车速传感器的安装位置与内部结构示意图	右图所示为非接触式霍尔车速传感器的内部结构与安装位置示意图。由于该传感器没有蜗轮蜗杆传动机构，故非接触式霍尔车速传感器与变速器输出轴垂直，主要由变速器输出轴、4 对 8 个齿的靶轮及传感器等组成 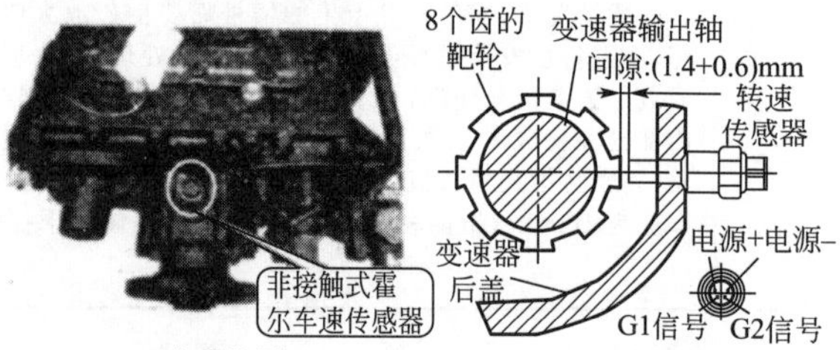 (a) 安装位置 (b) 内部结构

续表

项目	具体说明
工作原理	当改变霍尔传感器的磁场大小时，就会有脉冲信号产生并输出，变速器输出轴(靶轮)转动1圈，霍尔传感器有8个脉冲信号输出

③ 可变磁阻式车速传感器。

可变磁阻式车速传感器是根据磁阻元件的特性制成的，用于对车辆的速度进行检测，并把该信号提供给电子控制单元（ECU）。

a. 磁阻元件的特性见表10-66。

表10-66 磁阻元件的特性

项目	具体说明
磁阻元件特性示意图	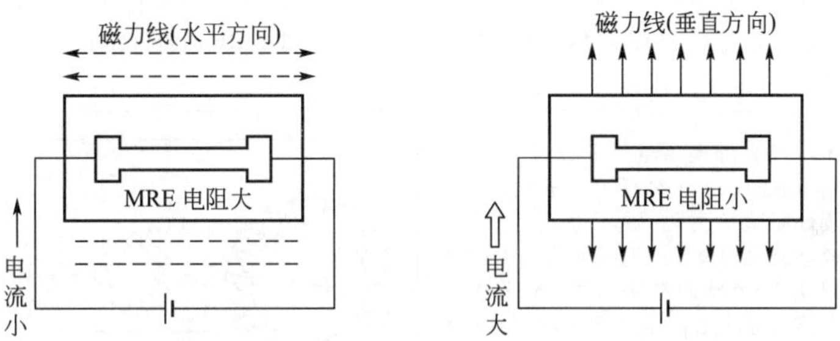 (a) 电流方向和磁力线平行　(b) 电流方向和磁力线垂直
磁阻元件原理	当给磁阻元件通上电流时，如果流向磁阻元件的电流方向与磁力线方向平行时，磁阻元件呈现的电阻值最大，如图(a)所示；如果流向磁阻元件的电流方向与磁力线方向垂直时，则磁阻元件呈现的电阻值最小，如图(b)所示

b. 可变磁阻式车速传感器的结构与安装位置见表10-67。

表10-67 可变磁阻式车速传感器的结构与安装位置

项目	具体说明
结构与安装位置示意图	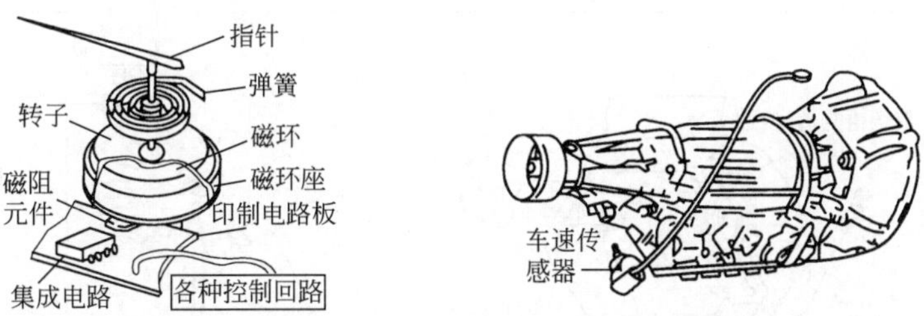 (a) 结构　(b) 安装位置
示意图说明	图(a)所示为可变磁阻式车速传感器结构示意图，该传感器主要由磁阻元件、集成电路、磁环、转子、指针等组成。图(b)所示为可变磁阻式车速传感器安装位置示意图，该传感器一般安装在变速器的壳体上，由变速器齿轮进行驱动

c. 可变磁阻式车速传感器的工作原理与输出特性曲线见表10-68。

表 10-68 可变磁阻式车速传感器的工作原理与输出特性曲线

项目	具体说明
工作原理与输出特性曲线示意图	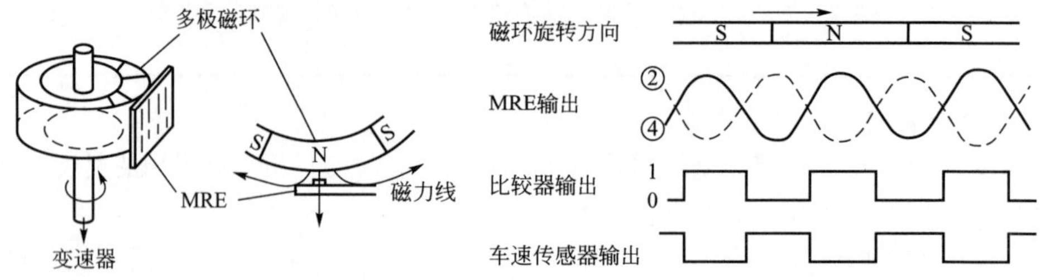(a) 原理主示意图　(b) 原理顶部示意图　(c) 输出特性曲线
原理说明	图(a)与图(b)所示为可变磁阻式车速传感器工作原理示意图，当传感器轴被变速器齿轮驱动旋转时，如图(a)所示，和传感器轴连接在一起的多极磁环就会同时旋转，磁环旋转引起通过其旁边的集成电路内的磁阻元件的磁通量发生变化。如图(b)所示，由于磁环上 N 极与 S 极的交替排列，伴随着磁环的旋转，就会使磁阻元件的磁通量和磁力线的方向均不断变化，进而使磁阻元件 MRE 的阻值发生变化，且磁通量的变化和磁环转速成正比
输出特性说明	右图所示为可变磁阻式车速传感器内部电路示意图。由上分析可以看出，由于磁阻元件阻值的变化，磁环每旋转一周，在集成电路内部设置的磁阻元件 MRE 中就会出现 20 个脉冲电压信号，该信号经集成电路内部的比较器进行比较，经比较后的信号用于控制输出级晶体管的导通或截止，进而就可以检测出车速，输出信号的波形如上图(c)所示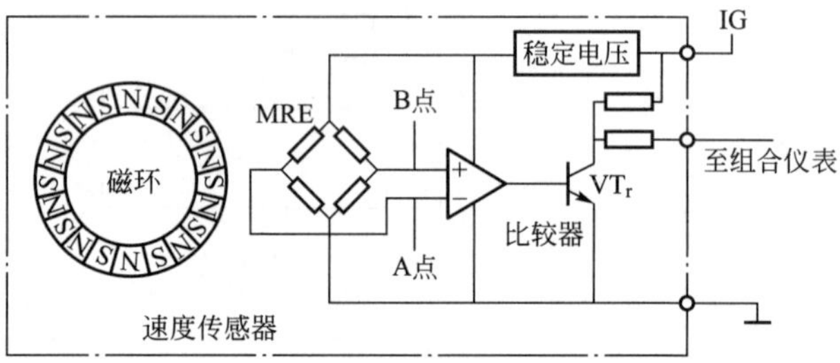

④ 光电式车速传感器。

光电式车速传感器多用于采用数字式车速表的车辆上，通常在一些高档轿车、豪华客车上应用较多。

光电式车速传感器的结构与原理说明见表 10-69。

表 10-69 光电式车速传感器的结构与原理说明

项目	具体说明
结构与原理示意图	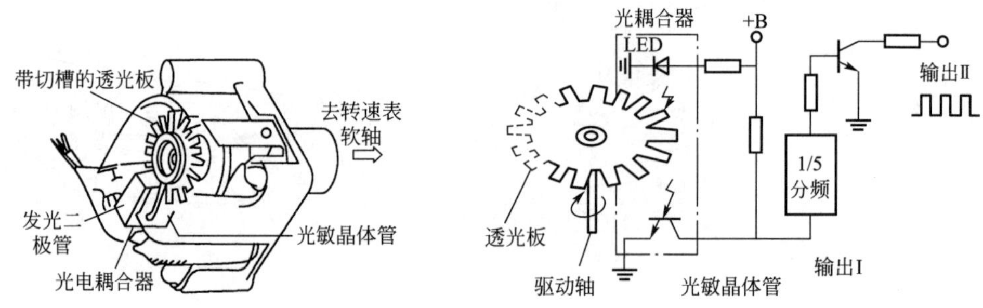(a) 结构　(b) 原理
原理示意图说明	图(a)所示为光电式车速传感器结构示意图，该传感器主要由发光二极管(LED)、光敏晶体管以及安装在速度表驱动轴的透光板等组成。图(b)所示为光电式车速传感器工作原理示意图，该传感器中带切槽的透光板受速度表驱动轴的驱动，在发光二极管与光敏晶体管中间转动，当透光板切槽凸齿部分经过发光二极管时，就会遮挡住发光二极管发出的光线，光敏晶体管就没有光线照射；当透光板切槽凹进去的部分经过发光二极管时，就不会遮挡发光二极管发出的光线，光敏晶体管就会有光线照射

光电式车速传感器的电路工作情况与输出特性曲线见表 10-70。

表 10-70 光电式车速传感器的电路工作情况与输出特性曲线

项目	具体说明
内部电路与输出特性曲线示意图	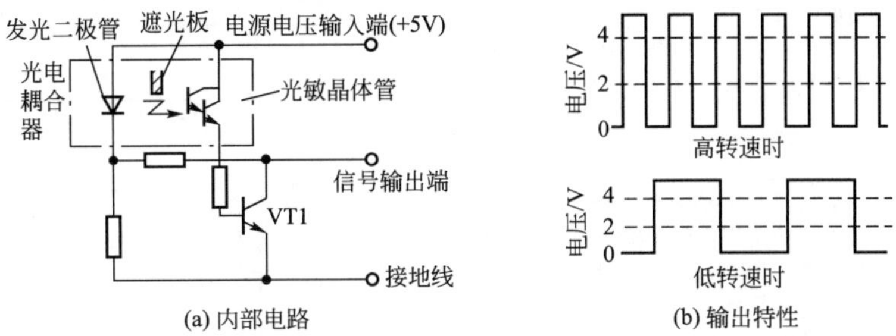 (a) 内部电路 (b) 输出特性
示意图说明	图(a)所示为光电式车速传感器内部电路示意图。当发光二极管发出的光照射到光敏晶体管上时，光敏晶体管导通，信号输出端就会有 5V 左右的脉冲电压输出；当发光二极管发出的光照射不到光敏晶体管上时，光敏晶体管截止，信号输出端就没有脉冲电压输出。由于脉冲频率取决于车速，在车速为 60km/h 时，仪表驱动轴的转速为 637r/min，而驱动仪表的软轴每转一周，传感器就会有 20 个脉冲电压信号输出。图(b)所示为光电式车速传感器在高速与低速时输出端的输出特性曲线，供采用示波器检测时参考

⑤ 舌簧开关式车速传感器。

舌簧开关式车速传感器又称为车速里程表信号传感器，这类传感器有的应用于车速报警，有的应用于车速里程表。

舌簧开关式车速传感器的工作频率与结构见表 10-71。

表 10-71 舌簧开关式车速传感器的工作频率与结构

项目	具体说明
工作频率	奥迪系列轿车电子车速里程表，要求信号传感器中舌簧开关管的触点闭合频率与变速器输出轴的转速及电子车速表的基本工作频率相互配合。也就是说，当舌簧开关管内触点闭合、断开 4127 次(车速里程表的外壳上标有 4127)，里程表指示行程为 1km
结构示意图	右图所示为奥迪系列轿车电子车速里程表信号传感器的结构示意图，主要由一个舌簧开关管与一个有 4 对磁极的塑料环组成。带有 4 对磁极的塑料环安装在变速器输出轴的减速齿轮轴上，与轴一同旋转形成旋转磁场。舌簧开关管安装在靠近塑料环的变速器壳体上，其内部的触点靠近磁场时闭合，离开磁场时断开，这样就发出了与行驶速度相对应的脉冲信号 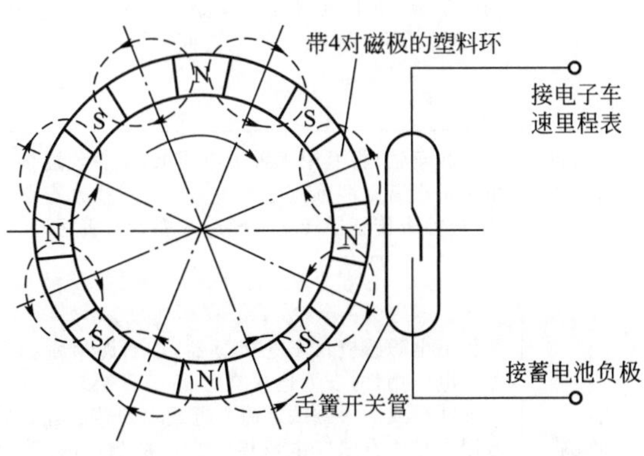

舌簧开关式车速传感器的连接电路与工作原理见表 10-72。

表 10-72　舌簧开关式车速传感器的连接电路与工作原理

项目	具体说明	
连接电路示意图与连接关系	右图所示为与电子车速里程表信号传感器配合使用的控制电路。在该电路中，A 端接车内 12V 直流电源的正极，B 端与传感器的一端相连接，传感器的信号就从该处进入信号处理与控制电路，传感器的另一端与蓄电池负(－)极相连接	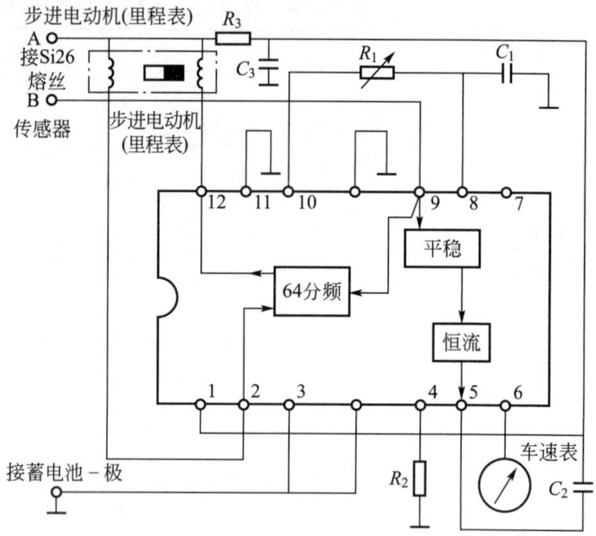
电路组成	电子车速里程表信号传感器的电子电路主要由稳压电路、单稳态触发电路、恒流源驱动电路和 64 分频电路构成。其外电路主要由调整输出脉冲宽度来确定仪表精度的电阻 R_1、电容 C_1、调整仪表初始工作电流的电阻 R_2、电源滤波电阻 R_3、电容 C_3，以及车速表和里程表的步进电动机组成	
工作原理	电子车速里程表信号传感器输出的是不同的触点闭合频率的脉冲信号，该信号经 B 端被送进仪表的集成电路内，经单稳态电路整形后，一路经恒流源电路转换为电流供车速表线圈使用；另一路经分频电路转换成里程表步进电动机的驱动信号	

(3) 车速传感器的检测与维修

① 电磁感应式车速传感器。

对电磁感应式车速传感器的检测主要为电阻检测、在路输出电压检测与开路输出电压检测。

电磁感应式车速传感器的电阻、在路输出电压检测见表 10-73。

表 10-73　电磁感应式车速传感器的电阻、电压检测

项目	具体说明	
电阻检测	在断开电磁感应式车速传感器导线插接件的情况下，如右图所示，采用万用表电阻挡检测传感器两端脚之间的电阻值，该电阻值因不同型号的自动变速器而有差别，通常在几百到几千欧姆之间	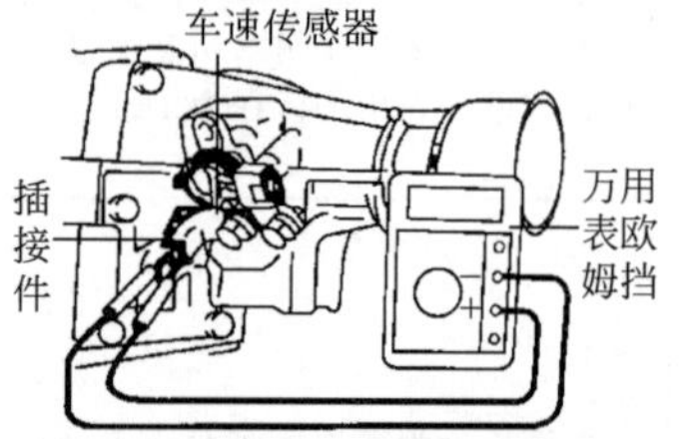
在路输出电压检测	支起车辆，将万用表置于电压挡，两表笔连接在传感器两端脚之间，然后转动悬空的驱动车轮，同时观察万用表是否有脉冲感应电压指示。如果指针有摆动现象，说明传感器有脉冲电压输出。否则，说明传感器有问题，应检查传感器转子与感应线圈是否脏污	
开路输出电压检测	拆下电磁感应式车速传感器，如右图所示，将万用表置于电压挡，两表笔连接在传感器两端脚之间，然后用一根铁棒或一块磁铁迅速靠近或离开传感器，同时观察万用表是否有感应电压指示。如检测到的感应电压很微弱或没有感应电压，均说明该传感器不良或损坏	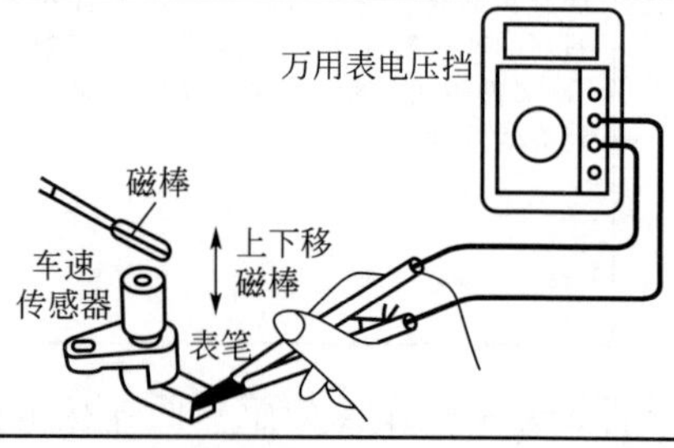

电磁感应式车速传感器的交流电压和频率的检测见表 10-74。

表 10-74 电磁感应式车速传感器的交流电压和频率的检测

项目	具体说明
检测前的检查	磁电式转速传感器主要由线圈与磁铁等组成。当铁质环状齿轮转动经过传感器时，线圈中就会产生出交变的电压信号。采用汽车数字式万用表检测磁电式转速传感器的性能时，应先对该传感器的线圈进行检查，确认无误后再检查其输出的信号是否正常
检测方法	①将汽车数字式万用表置于交流(AC)挡，按压功能转换按键选择“AC”与“Hz”，以便同时对传感器输出的交流电压和频率进行检测，然后将两表笔连接在磁电式转速传感器信号输出端 ②转动铁质环状齿轮，同时观察数字式万用表检测到的信号幅值与频率是否随转速的增加而增加。如是，则说明被测的传感器工作正常。如检测到的信号幅值较小，则可能为传感器的间隙太大；如检测到的信号幅值和频率不随转速变化或变化很小，或检测不到信号幅值和频率，均说明被检测的传感器不良或损坏

② 霍尔效应式车速传感器。

对霍尔效应式车速传感器的检测主要为线路检测、供电检测、输出电压检测，有条件的还可以进行频率检测。

霍尔效应式车速传感器的连接电路与引脚功能见表 10-75。

表 10-75 霍尔效应式车速传感器的连接电路与引脚功能

<table>
<tr><th>项目</th><th>具体说明</th></tr>
<tr><td>连接电路与引脚说明</td><td>霍尔效应式车速传感器有三引脚与四引脚两种方式，右图所示为三引脚式与发动机电子控制单元(ECU)之间的连接方式，其中的引脚①为供电电压输入端，该电压为受控的蓄电池电压；引脚②为信号输出端，输出的信号直接提供发动机电子控制单元(ECU)；引脚③为搭铁端，也就是接地线端
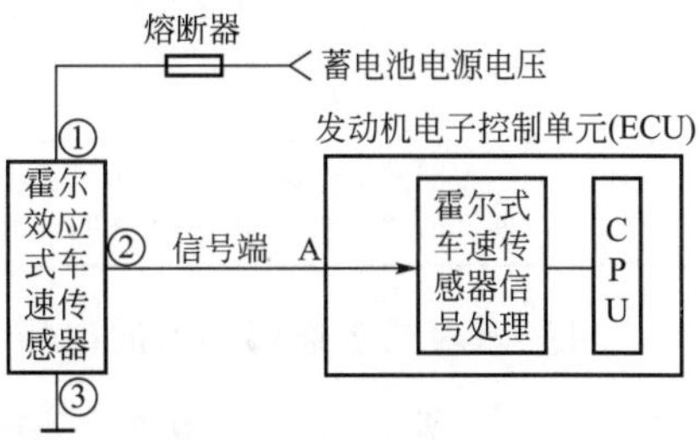

</td></tr>
<tr><td>四引脚式霍尔车速传感器输出信号特性</td><td>四引脚霍尔效应式车速传感器，其各引脚功能见表 10-65 中图(b)右下角所示。电源正、负极两引脚通常与 12V 电压相连接，用于产生工作电流，该电压一般由仪表或车身控制器提供；G1 与 G2 为转速信号输出端，齿轮每转动一圈，霍尔效应式车速传感器输出 8 个周期的正弦波，该信号经处理后就会形成 8 个脉冲的方波，其输出信号占空比一般为 50%，电压为 5V 左右。输出转速信号的频率会随着转速的改变而发生变化，G1、G2 对应的输出脉冲占空比之和为 1，其波形形式如右图所示
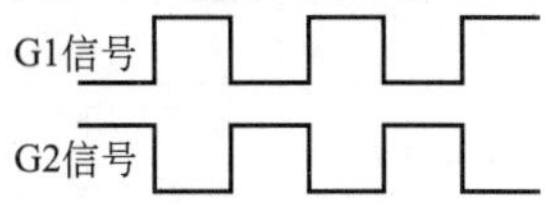

</td></tr>
</table>

霍尔效应式车速传感器的检测与维修方法见表 10-76。

表 10-76 霍尔效应式车速传感器的检测与维修方法

项目	具体说明
供电检测	以三引脚霍尔效应式车速传感器为例，在断开传感器连接插接件的情况下，接通点火开关，采用万用表直流电压挡，检测与传感器断开的插接件①与③引脚之间的蓄电池电压是否正常。如该电压为 0，应检查熔断器以及相关连接导线
线束电阻检测	分别断开传感器端与 ECU 端的两个连接插接器，然后选择万用表电阻挡，采用两表笔分别检测这两端插接件之间的连接线束导线的导通性、线束导线之间是否有短接现象、导线与搭铁之间是否有短路处
输出电压检测	对于霍尔效应式车速传感器输出电压的检测，既可采用万用表观察是否有变化的脉冲电压产生来判断，也可以采用示波器检测是否有方波信号输出来判断

续表

项目	具体说明
频率检测	采用汽车数字式万用表检测霍尔效应式传感器性能的方法如下 ①由于霍尔效应式传感器的脉冲幅度不变，频率会随转速而变，故可以采用汽车数字式万用表的“DUTY”“Hz”来检测这类传感器的占空比和频率，也可以检测“DC”和“Hz”来判断其性能 ②接通点火开关后，测量霍尔效应式传感器三个引脚之间的电压，当检测到某两个引脚之间有 5V 或 12V 直流电压时，黑表笔的连接不动，将红表笔改接到另一引脚上 ③把汽车数字式万用表置于直流（DC）电压挡，按压功能转换按键选择“DC”和“Hz”，当霍尔效应式传感器的叶片转子转动时，表上显示的频率和电压，即为所测传感器的输出信号的数据。正常情况下，该数据的频率会随转速的上升而增加

③ 可变磁阻式车速传感器。

可变磁阻式车速传感器的连接电路与供电检测见表 10-77。

表 10-77　可变磁阻式车速传感器的连接电路与供电检测

项目	具体说明
连接电路与引脚功能	右图所示为可变磁阻式车速传感器与组合仪表电子控制单元（ECU）之间的连接电路。该传感器为三引脚方式，引脚①为供电电压输入端，该电压为受控的蓄电池电压；引脚②为信号输出端，输出的信号直接提供组合仪表电子控制单元（ECU）；引脚③为搭铁端，也就是接地线端 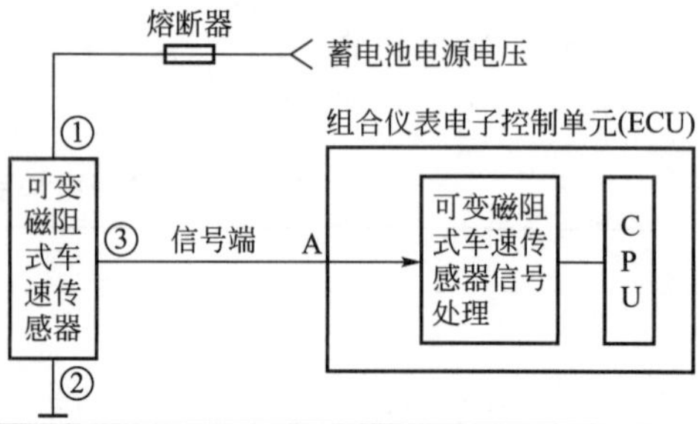
供电检测	在断开可变磁阻式车速传感器连接插接件的情况下，接通点火开关，采用万用表直流电压挡，检测与传感器断开的插接件①与②引脚之间的蓄电池电压是否正常。如该电压为 0，应检查熔断器以及相关连接导线

可变磁阻式车速传感器的电压与搭铁的检测见表 10-78。

表 10-78　可变磁阻式车速传感器的电压与搭铁的检测

项目	具体说明
输出电压的检测	采用万用表直流电压挡，两表笔连接在传感器的③与②引脚之间，然后用手转动传感器轴，同时观察万用表是否有脉冲电压信号输出。如万用表指针不动，则应更换新的传感器，否则应检查与传感器连接的导线及其连接插接件
搭铁情况的检测	采用万用表电阻挡，检测传感器②引脚与车身搭铁之间的电阻值，该电阻值近似于 0。否则说明传感器搭铁不良

④ 光电式车速传感器。

对光电式车速传感器的检测主要为供电的检测、输出电压与波形的检测，具体情况见表 10-79 中所列。

表 10-79　光电式车速传感器的通用检测与维修方法

项目	具体说明
供电检测	在点火开关接通的情况下，采用万用表电压挡，两表笔检测光电式车速传感器插接件的供电端脚与搭铁之间的电压，该电压正常值一般多为＋5V 左右
输出电压检测	在点火开关接通的情况下，采用万用表电压挡，两表笔检测光电式车速传感器插接件的信号输出脚与搭铁之间的电压，该电压正常值一般在 0～＋5V 之间波动
波形检测	对于光电式车速传感器，也可以采用示波器检测其输出波形来判断其好坏，该传感器在车辆低速与高速时的波形见表 10-70 中图（b）所示。

⑤ 舌簧开关式车速传感器。

早期的奥迪系列轿车采用舌簧开关式车速传感器组成了电子车速里程表，使用传感器来检测车速。这里以该车型的舌簧开关式车速传感器为例来介绍其检测与维修方法。具体情况见表 10-80 所列。

表 10-80　舌簧开关式车速传感器的通用检测与维修方法

项目	具体说明
区分故障部位	拔下传感器插接件，断开点火开关，插接件中与棕底色红道线相连接的即为 2 号电极（也就是与电子电路 B 端相连接的端脚），用一根自制带插头的电线延伸出，对车身搭铁部位虚划动，给仪表输入脉冲信号，此时如车速表指针转动，说明仪表正常，故障出在传感器舌簧开关管或磁环上。但如车速表指针不转动，则说明仪表或连接线路有故障，应继续进行下一步的故障区分
查找故障点	参考右图所示，将万用表置于电压挡，两表笔连接在仪表板总成红色 26 个插头的 8 引脚与 14 引脚之间，然后把汽车左前轮升起，挂空挡，接通点火开关，用手转动左前轮，万用表应有约 4.5V 电压显示。如果不符合要求，则应按照电路图检测线路是否有断路处或更换车速传感器，若显示值正常，则应检查线路连接情况以及车速里程表本身是否有问题（观察是否过脏或有连接不良情况等） 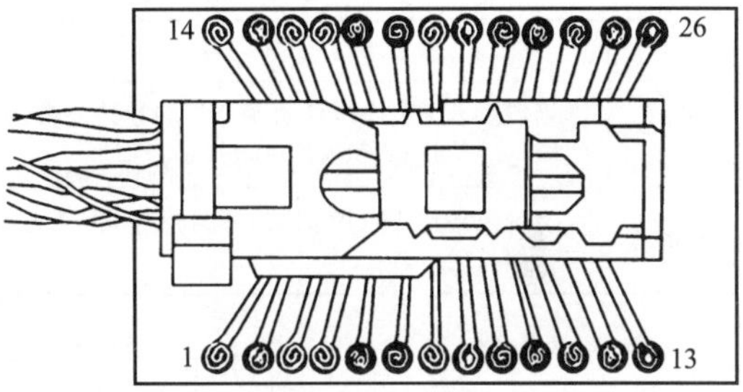

(4) 品牌汽车车速传感器的检测与维修

① 长安悦翔轿车电磁式输入轴车速传感器。

长安悦翔轿车自动变速器转速传感器也称为输入轴车速传感器，英文缩写为 TSS，通常位于变速器上部。

a. 电磁式输入轴车速传感器的安装位置与连接方式见表 10-81。

表 10-81　电磁式输入轴车速传感器的安装位置与连接方式

项目	具体说明
安装位置与连接方式示意图	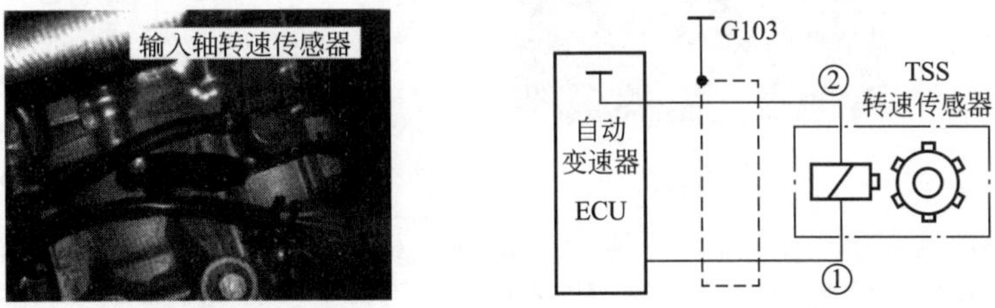 (a) 安装位置　(b) 连接方式
示意图与引脚功能说明	图(a)所示为长安悦翔轿车自动变速器转速传感器安装位置示意图，图(b)所示为该传感器与自动变速器电子控制单元(ECU)之间的连接方式示意图。转速传感器有两个引出脚，引脚①为信号输出端，输出的信号提供给自动变速器电子控制单元(ECU)（在实际电路中称为变速器电控模块 TCM）；引脚②为搭铁端，通过自动变速器电子控制单元(ECU)内部电路搭铁

b. 电磁式输入轴车速传感器的工作特点与主要功能见表 10-82。

表 10-82 电磁式输入轴车速传感器的工作特点与主要功能

项目	具体说明
工作特点	①自动变速器转速传感器是一种电磁式传感器，用于检测直接离合器 C2 的转速，由于 C2 是由变速器输入轴直接驱动的，故其转速也就是输入轴的转速 ②转速传感器主要由永久磁铁与绕在该磁铁上的线圈共同构成。这样，当输入轴带动离合器 C2 旋转时，每旋转一周，在永久磁铁的线圈中就会感应出 16 个交变的信号电压输出，该信号提供给变速器电控模块 TCM
主要功能	自动变速器转速传感器提供给变速器电控模块（TCM）的信号主要有以下几个方面的作用 ①变速器电控模块（TCM）用于将转速传感器输送来的信号和车速传感器信号（VSS）一起计算出自动变速器的传动比，同时也利用这两个信号来确定变速器的换挡时机，对换挡时的油压进行调节，以减小换挡冲击 ②变速器电控模块（TCM）用于将转速传感器输送来的信号和发动机转速传感器信号（NE）一起计算出变矩器锁止离合器的滑动速度

c. 电磁式输入轴车速传感器的检测与维修见表 10-83。

表 10-83 电磁式输入轴车速传感器的检测与维修

项目	具体说明
电阻检测	当温度在 20℃时，自动变速器转速传感器的电阻值在 550～700Ω 之间，故可以根据该数据，采用万用表对其线圈电阻值进行检测来判断其是否损坏
故障码	出现故障码 P0717 时，故障灯点亮，含义为输入速度传感器（NC1）无信号。此时的故障保护方式为 TCM 锁定 4 挡齿轮

② 长安悦翔轿车自动变速器蜗杆式输出转速传感器。

长安悦翔轿车自动变速器蜗杆式输出转速传感器实际上就是车速传感器，即 VSS 传感器。

a. 蜗杆式输出转速传感器的安装位置与连接方式见表 10-84。

表 10-84 蜗杆式输出转速传感器的安装位置与连接方式

项目	具体说明
安装位置与连接方式示意图	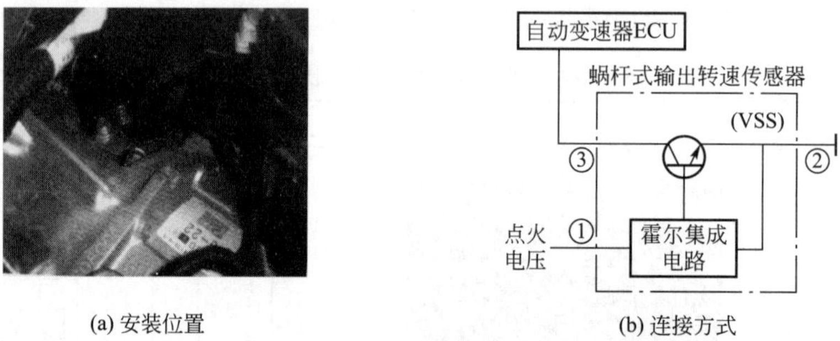(a) 安装位置　(b) 连接方式
示意图与引脚功能说明	图(a)所示为长安悦翔轿车自动变速器蜗杆式输出转速传感器安装位置示意图，图(b)所示为该传感器与自动变速器电子控制单元(ECU)之间的连接方式示意图。蜗杆式输出转速传感器有三个引出脚，引脚①为供电电压输入端，该电压来自于蓄电池，属于受控电压；引脚③为信号输出端，输出的信号提供给自动变速器电子控制单元(ECU)[在实际电路中称为变速器电控模块(TCM)]；引脚②为搭铁端

b. 蜗杆式输出转速传感器的工作特点与主要功能见表 10-85。

表 10-85 蜗杆式输出转速传感器的工作特点与主要功能

项目	具体说明
工作特点	蜗杆式输出转速传感器是一种霍尔效应式传感器，它是根据差速器的转速来检测车速的。该传感器每转一周感应出 4 个脉冲信号，该信号提供给变速器电控模块（TCM）

续表

项目	具体说明
主要功能	自动变速器蜗杆式输出转速传感器提供给变速器电控模块(TCM)的信号主要有以下几个方面的作用 ①变速器电控模块(TCM)用于将蜗杆式输出转速传感器输送来的信号和节气门位置信号一起来确定换挡曲线 ②变速器电控模块(TCM)用于将蜗杆式输出转速传感器输送来的信号和输入轴转速传感器信号(TSS)一起计算出自动变速器的传动比 ③变速器电控模块(TCM)根据蜗杆式输出转速传感器输送来的信号,对主油压进行调节,也就是当车辆在低速挡行驶时,由于变速器传递的力矩较大,使主油路油压增高;而当车辆在高速行驶时,由于变速器传递的力矩较小,而使主油路油压降低

c. 蜗杆式输出转速传感器的检测与维修见表10-86。

表10-86 蜗杆式输出转速传感器的检测与维修

项目	具体说明
供电检测	采用万用表对蜗杆式输出转速传感器进行检测时,可以先测量其①引脚上的12V蓄电池供电电压是否正常,②引脚搭铁是否良好
输出电压检测	如果上述检测均无问题,则再检测蜗杆式输出转速传感器③引脚输出的信号是否正常。正常情况下该引脚在车轮每转一周,应有4次0～12V的电压变化情况。如果电压不会变化或变化的电压不对,均说明该传感器不良或损坏,应更换新的、同规格的配件
故障码	出现故障码P0722时,故障灯点亮,含义为输出速度传感器(SP)无信号,输出速度传感器电路低压。此时的故障保护方式为TCM锁定4挡齿轮

③ 东风雪铁龙系列轿车AL4电控自动变速器输入速度传感器。

东风雪铁龙系列轿车AL4型自动变速器控制系统使用的输入速度传感器主要用于对输入轴的速度进行监测。

a. 自动变速器输入速度传感器的连接电路与引脚功能见表10-87。

表10-87 自动变速器输入速度传感器的连接电路与引脚功能

项目	具体说明
连接电路示意图	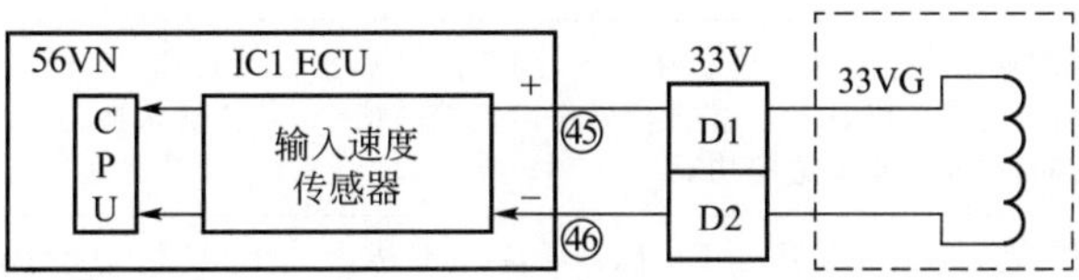
示意图与引脚功能说明	上图所示为东风雪铁龙系列轿车AL4型自动变速器控制系统使用的输入速度传感器与电子控制单元(ECU)(56VN)之间的连接方式示意图。该传感器有两个引出脚,引脚D1为信号输出端(+);引脚D2为信号输出端(−),也就是搭铁端,通过ECU内部电路搭铁

b. 自动变速器输入速度传感器的安装位置、作用与工作特点见表10-88。

表10-88 自动变速器输入速度传感器的安装位置、作用与工作特点

项目	具体说明
安装位置与作用	输入速度传感器位于热交换器的下方,它用于测量变矩器蜗轮的转速,并将测得的信号提供给ECU(IC1),供IC1计算变矩器的滑差率及控制变矩器的锁止与分离,从而正确地做出换挡指令
工作特点	输入速度传感器为电磁感应式,当信号齿转动时,就会引起线圈中磁通量的变化,产生的感应电压由IC1的㊺引脚和㊻引脚进入计算机内,这是一个随转速而变化的电压。对输入速度传感器的检测,主要是对其间隙、线圈电阻及电压进行检查

c. 自动变速器输入速度传感器的检测与维修见表 10-89。

表 10-89　自动变速器输入速度传感器的检测与维修

项目	具体说明
开路电阻检测	断开点火开关，拔下传感器插接件，测量传感器组件 33VD1 与 33VD2 脚之间的电阻，应为(330±40)Ω；测量 33VD1 与 IC1 的㊺引脚(56N45)、33VD2 与 IC1 的㊻引脚(56N46)之间的导线，应导通
电压检测	闭合点火开关，测量 IC1 的㊺引脚与㊻引脚之间的电压，该电压与转速有关。当转速为 850r/min 时，电压为 0.3V；当转速为 6300r/min 时，电压为 1.5V
传感器与信号齿间隙的检测	自动变速器控制系统中输入速度传感器与信号齿之间的间隙正常值约为 1.5mm。由于该间隙不可调整，当查得间隙不对时，应重换相应的新件

④ 东风雪铁龙系列轿车 AL4 电控自动变速器输出速度传感器。

东风雪铁龙系列轿车 AL4 电控自动变速器使用的输出速度传感器主要用于对输出轴的速度进行监测。

a. 输出速度传感器的连接电路与引脚功能说明见表 10-90。

表 10-90　输出速度传感器的连接电路与引脚功能说明

项目	具体说明
连接电路示意图	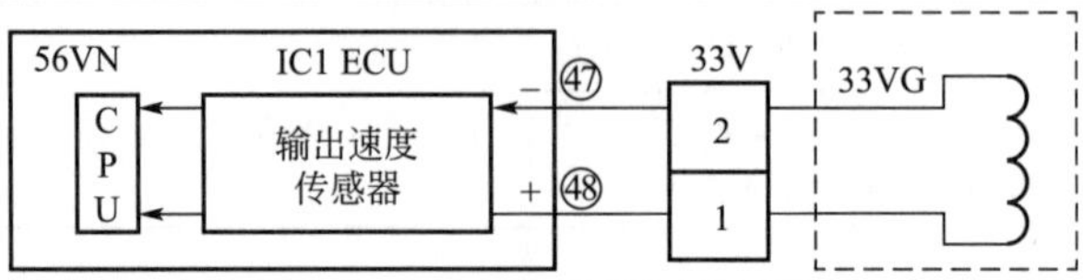
示意图与引脚功能说明	上图所示为东风雪铁龙系列轿车 AL4 型自动变速器控制系统使用的输出速度传感器与电子控制单元(ECU)(56VN)之间的连接方式示意图。该传感器有两个引出脚，引脚 1 为信号输出端(+)；引脚 2 为信号输出端(−)，也就是搭铁端，通过 ECU 内部电路搭铁

b. 输出速度传感器的作用与故障特征见表 10-91。

表 10-91　输出速度传感器的作用与故障特征

项目	具体说明
作用	输出速度传感器一般安装在传动轴上方，用于测量输出轴的转速，以电信号的方式提供给自动变速器 ECU(IC1)的㊼引脚与㊽引脚，IC1 根据该信号作出换挡的指令，以及确认换挡时离合器和制动器的滑差率，以此来调整换挡时间，以及校正自适应功能
故障特征	轿车自动变速器使用的输出速度传感器异常时，仪表盘上“SPT”和“ * ”指示灯会同时闪亮，且汽车进入强制 3 挡运行方式。因此，可依据这种典型特征来初步判断输出速度传感器的工作情况

c. 输出速度传感器的检测与维修见表 10-92。

表 10-92　输出速度传感器的检测与维修

项目	具体说明
电阻检测	断开点火开关，用万用表 $R\times1k\Omega$ 挡测量输出速度传感器两引脚①、②之间的电阻，其正常值应为(1200±200)Ω
电压检测	闭合点火开关，用万用表 DC 电压挡测 IC1 的㊽引脚与㊼引脚之间的电压值，该电压随发动机转速的不同而不同。当发动机转速为 850r/min 时，电压为 0.5V；当发动机转速为 6300r/min 时，电压为 6V
间隙检测	用不带磁性的塑料塞片，检查传感器与信号齿间的间隙，正常值应为 1.5mm。由于该间隙不可调，当查得间隙不对时，应重换相应的新件

⑤ 北京现代索纳塔轿车 F4A42-2 型自动变速器输入与输出轴传感器。

北京现代索纳塔轿车 F4A42-2 型自动变速器输入与输出轴传感器的作用与上述相同，不重述。

a. 输入与输出轴传感器的安装位置与连接电路示意图及其说明见表 10-93。

表 10-93 输入与输出轴传感器的安装位置与连接电路示意图及其说明

项目	具体说明
安装位置与连接电路示意图	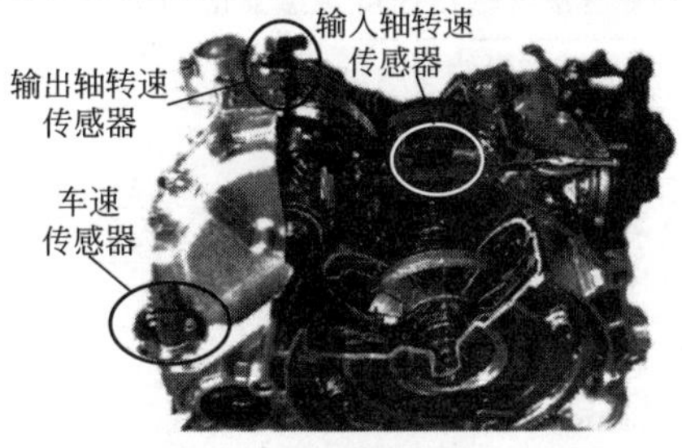(a) 安装位置 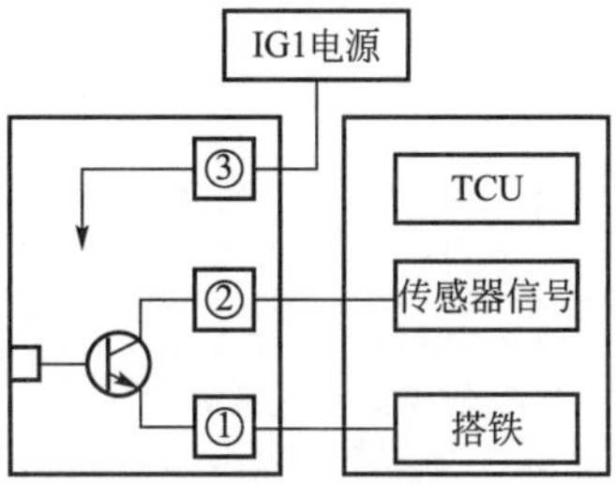(b) 连接电路
示意图说明	北京现代索纳塔轿车 F4A42-2 型自动变速器输入与输出轴传感器均为霍尔式，两者的安装位置如图(a)所示 北京现代索纳塔轿车 F4A42-2 型自动变速器输入与输出轴传感器的内部结构基本相同，与自动变速器电子控制单元(TCU)之间的连接方法基本一样，如图(b)所示，不同的仅是输入到自动变速器电子控制单元(TCU)的引脚号不一样。输入与输出轴传感器连接接插件均为三引脚方式

b. 输入与输出轴传感器的故障典型特征见表 10-94。

表 10-94 输入与输出轴传感器的故障典型特征

项目	具体说明
输入轴故障典型特征	当挡位在 D、车速超过 30km/h、发动机转速在 2000r/min 以上超过 1s 没有信号时，系统就会形成故障码 P0717。如果在 D 挡、3 挡行驶时，可以维持 3 挡(利用挡位杆手动换挡，可以转换到 2～3 挡)
输出轴故障典型特征	当挡位在 D、车速超过 30km/h、发动机转速在 2000r/min 以上时，输出轴转速传感器的信号与标准值进行比较，低于 50%或超过 150%的状态下、持续时间在 1s 以上时，系统就会形成故障码 P0721。如果在 D 挡、3 挡行驶时，可以维持 3 挡(利用挡位杆手动换挡，可以转换到 2～3 挡) 如果显示的故障码为 P0722，则故障判定条件要在以上所述的条件下持续 1s 以上没有信号输入时

c. 输入与输出轴传感器的检测与维修见表 10-95。

表 10-95 输入与输出轴传感器的检测与维修

项目		具体说明
电压检测		输入与输出轴传感器在进入工作状态时，随着转速的改变成 0/5V 的信号，故可以采用电压表通过检测传感器输出端输出的这个电压是否正常来判断传感器的好坏
波形检测	传感器输出电压波形示意图	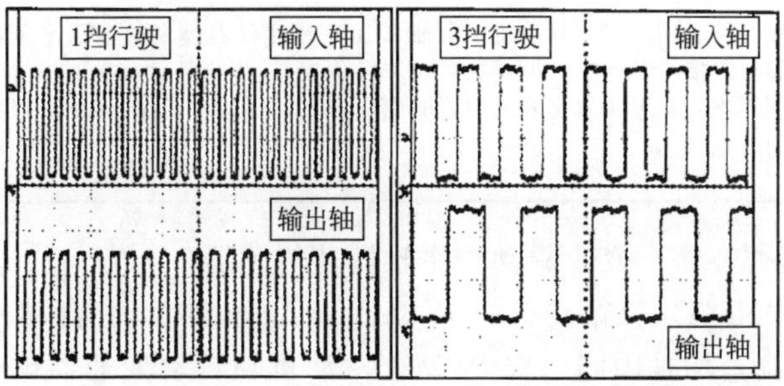
	波形检测说明	如果采用示波器来检测输入、输出传感器输出端输出的电压波形来判断传感器的好坏则更直观可靠，输入与输出轴传感器正常工作时输出的电压波形如上图所示，供判断故障时参考

⑥ 北方重型 TR60 汽车变速系统输出速度传感器。

内蒙古北方重型汽车股份有限公司生产的 TR50、TR100 汽车变速系统使用的输出速度传感器与 TR60 车型相同，检测方法也一样。表 10-96 列出了北方重型 TR60 汽车变速系统输出速度传感器的检测与维修方法。

表 10-96 北方重型 TR60 汽车变速系统输出速度传感器的检测与维修方法

项目	具体说明
连接电路	右图所示为北方重型 TR60 汽车变速系统输出速度传感器与 ECU 之间的连接方式示意图。该传感器的 A 端脚通过一根土黄色且编号为 139 号导线与 ECU 的 T 插头中的 16 号脚相连接；B 端脚通过一根绿色且编号为 148 号导线与 ECU 的 T 插头中的 32 号端脚相连接 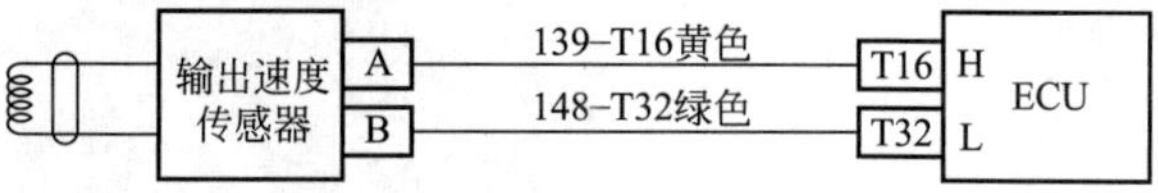
检测与维修	在检测输出速度传感器之前，应拔下传感器的连接器，然后采用数字式万用表检测该传感器两引脚之间的电阻值，该电阻值随温度的不同而不一样：当温度为－40℃时，电阻值为 200Ω；当温度为 20℃时，电阻值为 300Ω；当温度为 110℃时，电阻值为 400Ω。如果检测传感器本身没有问题，则应检测传感器线束的断路和短路情况（线与线之间、线与搭铁之间），仔细检查接头中各引脚是否存在腐蚀、污染和损坏情况

⑦ 本田奥德赛轿车变速驱动桥中间轴转速传感器。

本田（HONDA）奥德赛（ODYSSEY）轿车对手动/自动一体化自动变速器的控制与对发动机的控制，均是用同一块 PCM（发动机与自动变速器电子控制单元）来实现的，在电路中的编号为 10。表 10-97 列出了本田奥德赛轿车变速驱动桥中间轴转速传感器的检测与维修方法。

表 10-97 本田奥德赛轿车变速驱动桥中间轴转速传感器的检测与维修方法

项目	具体说明
连接电路与引脚功能	右图所示为本田奥德赛轿车变速驱动桥中间轴转速传感器与发动机和自动变速器电子控制单元（PCM）之间的连接方式示意图，该传感器有 3 个引脚。与 PCM 的 D10 引脚相连接的引脚为检测副轴转速的传感器信号输出端；与 PCM 的 C19 引脚相连接的引脚为传感器供电电压输入端；与 PCM 的 D16 引脚相连接的引脚为传感器搭铁端 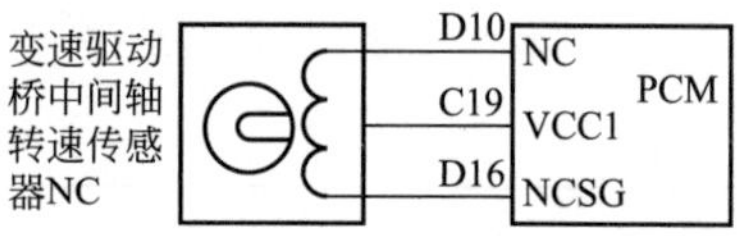
检测与维修	可采用万用表检测变速驱动桥中间轴转速传感器各引脚上的电压来判断其好坏。正常情况下，与 PCM 的 D10 引脚相连接的引脚在点火开关置于 ON 位置时，用手转动前轮时有脉冲信号输出；与 PCM 的 C19 引脚相连接的引脚在点火开关置于 ON 位置时电压为 5V，点火开关置于 OFF 位置时电压为 0；与 PCM 的 D16 引脚相连接的引脚电压为 0

⑧ 本田奥德赛轿车变速驱动桥主轴转速传感器。

本田（HONDA）奥德赛（ODYSSEY）轿车对手动/自动一体化自动变速器的控制与对发动机的控制，均是用同一块 PCM（发动机与自动变速器电子控制单元）来实现的，在电路中的编号为 10。表 10-98 列出了本田奥德赛轿车变速驱动桥主轴转速传感器的检测与维修方法。

表 10-98 本田奥德赛轿车变速驱动桥主轴转速传感器的检测与维修方法

项目	具体说明
连接电路与引脚功能	右图所示为本田奥德赛轿车变速驱动桥主轴转速传感器与发动机与自动变速器电子控制单元(PCM)之间的连接方式示意图。该传感器有 2 个引脚,与 PCM 的 D11 相连接的引脚为检测主轴转速的传感器信号输出端;与 PCM 的 D12 相连接的引脚为传感器搭铁端 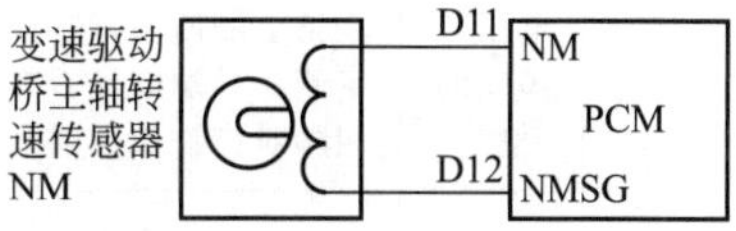
检测与维修	可采用万用表检测变速驱动桥主轴转速传感器各引脚上的电压来判断其好坏。正常情况下,与 PCM 的 D11 相连接的引脚在发动机运转时应有脉冲信号输出;与 PCM 的 D12 相连接的引脚电压为 0

⑨ 三菱帕杰罗(PAJERO)V97 型 SUV 汽车自动变速系统转速传感器。

三菱帕杰罗(PAJERO)V97 型 SUV 汽车自动变速系统使用的转速传感器包括输入轴转速传感器和输出轴转速传感器。

自动变速系统转速传感器的功能、作用与结构原理见表 10-99。

表 10-99 自动变速系统转速传感器的功能、作用与结构原理

项目	具体说明
两传感器的组合功能	ECU 根据来自输入轴与输出轴转速传感器的信号,决定最佳换挡时刻并检测当前挡位,同时还可监控变速器的机械传动机构的工作状态。换挡结束后,如果输出轴转速传感器的输出转速乘以速比与输入轴转速传感器的输出转速不相同,说明相关离合器或制动器有打滑现象,则设置相应挡位传动比不正确的故障码 另外,ECU 还根据转速传感器信号修正变速器的工作压力,并且在信号超出范围时执行时效保护模式
输入轴转速传感器功能	输入轴转速传感器安装在变速器壳体左侧,用于检测倒挡离合器保持架的速度,由于倒挡离合器保持架与液力变矩器的蜗轮相连接,故输入轴转速传感器实际测出的是蜗轮转速。自动变速器 ECU 根据输入轴转速传感器的信号可以更精确地控制换挡 另外,ECU 通过比较该信号与发动机转速信号,计算出变矩器的转速比,使主油压(油路压力控制过程)和锁止离合器的控制得到优化,以改善换挡,提高行驶性能
输出轴转速传感器功能	输出轴转速传感器安装在变速器壳体右侧。由于直接行星架与变速器输出轴相连接,因此检测直接行星架上定位器的转速就代表了输出轴转速。ECU 根据输出轴转速传感器的输入信号控制自动变速器的换挡和锁止离合器的锁止
结构原理	输入轴转速传感器与输出轴转速传感器均采用霍尔式,这两个传感器分别采用倒挡离合器保持架和直接行星架上的触发轮齿进行触发。由于触发轮齿的齿顶和齿槽导磁能力不同,引起通过霍尔元件上的磁场强度发生变化,产生不同的霍尔电压,从而触发和关闭晶体三极管,产生脉冲信号

自动变速系统转速传感器的检测与维修见表 10-100。

表 10-100 自动变速系统转速传感器的检测与维修

项目	具体说明
连接电路示意图	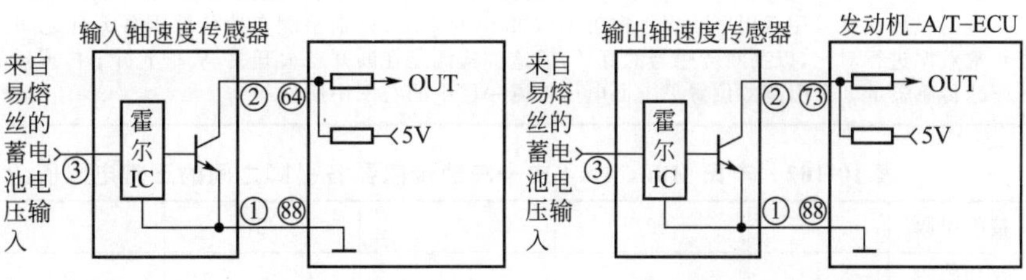 (a) 输入轴速度传感器的连接电路 (b) 输出轴速度传感器的连接电路

续表

<table>
<tr><th>项目</th><th colspan="3">具体说明</th></tr>
<tr><td rowspan="4">检测与维修</td><td>电压与搭铁的检测</td><td colspan="2">见上图所示，断开点火开关，拔掉转速传感器插头，然后再接通点火开关，用万用表的电压挡检测线束侧 3 号端脚是否有蓄电池电压，2 号端脚是否有 ECU 提供的 4.8～5.2V 的参考电压，同时确认 1 号端脚对搭铁应导通</td></tr>
<tr><td rowspan="3">输出电压的检测</td><td colspan="2">对自动变速系统转速传感器输出信号的检测可以使用 2 种方法，也就是万用表检测电压和示波器检测波形，具体情况如下所述</td></tr>
<tr><td>万用表</td><td>把转速传感器的 2 号引脚信号线引出一条测量线，或利用背插法，在线路连接完好的情况下，启动发动机进行 2 号引脚与搭铁之间的电压检测，启动时电压应为 0.4～4V，怠速时电压应为 1.5～2.5V</td></tr>
<tr><td>示波器</td><td>右图所示为采用示波器检测到的转速传感器的正常输出信号波形示意图。采用示波器检测时，可以将检测到的实际波形与该正常波形进行对比，就可以很直观地发现问题
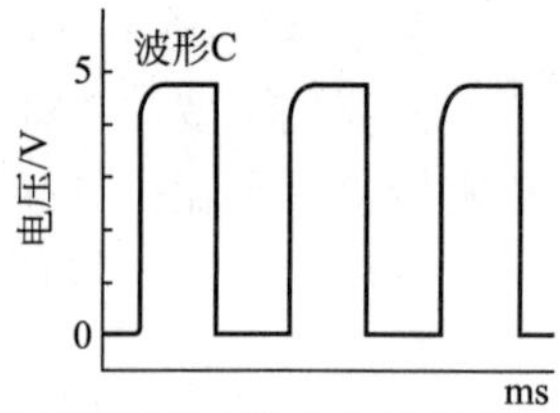
</td></tr>
</table>

⑩ 丰田 Hilux 4×4 皮卡车速传感器。

丰田 Hilux 4×4 皮卡车的型号为 KUN25R-TRMDH，配装 2KD-FTV 型电控涡轮增压高压共轨柴油发动机和手动变速器。表 10-101 列出了丰田 Hilux 4×4 皮卡车速传感器的检测与维修。

表 10-101 丰田 Hilux 4×4 皮卡车速传感器的检测与维修

<table>
<tr><th>项目</th><th>具体说明</th></tr>
<tr><td>外形与引脚功能</td><td>右图所示为丰田 Hilux 4×4 皮卡车速传感器的外形示意图，该传感器属于霍尔效应式，有 3 个引脚，引脚 1 为供电电压输入端，该脚电压为受控的蓄电池电压；引脚 2 为搭铁端，电压为 0；引脚 3 为信号输出端，有脉冲信号输出
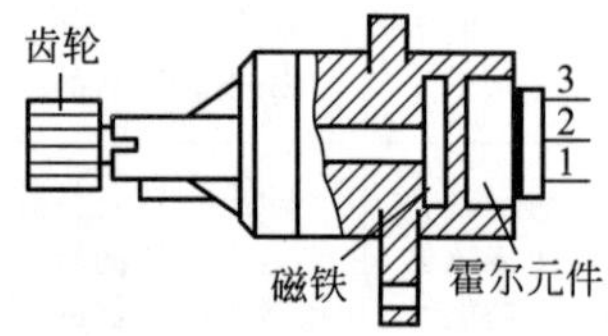
</td></tr>
<tr><td>波形检测</td><td>对于霍尔式车速传感器中的电子元器件性能发生变化的故障，通常可以采用示波器进行检测，通过对脉冲波形进行分析，来判断故障原因</td></tr>
<tr><td>电压检测</td><td>按右图所示连接好检测电路，使用指针式万用表电压挡检测车速传感器引脚 3 与引脚 2 之间的输出电压，来大致判断传感器的好坏。也就是转动车速传感器轴，同时观察电压表指示的电压是否在 0～12V 之间变化，传感器轴每转 1 圈，电压应变化 4 次，如果电压没有按该规律变化，则说明传感器有问题，应更换新件
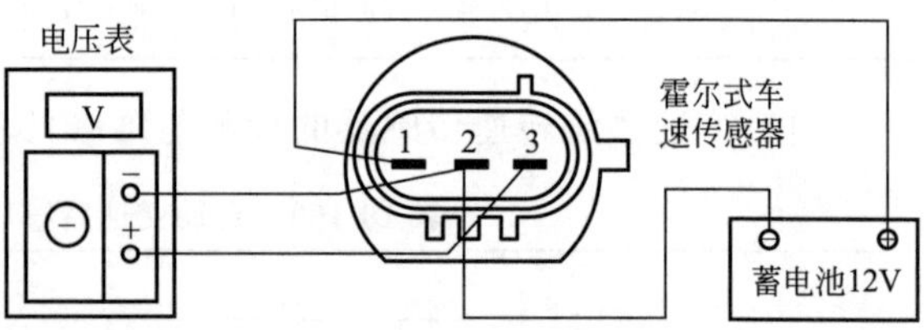
</td></tr>
<tr><td>电阻检测</td><td>电阻检测就是采用万用表欧姆挡按表 10-102 中的要求，分别检测车速传感器各元件之间的电阻值，并与该正常数据进行对比，以判断传感器的好坏，但这种检测是在断开点火开关，从车上拆下传感器的情况下进行的。车速传感器的 3 个引脚的位置见上面电压检测一栏中的右图中所标</td></tr>
</table>

表 10-102 丰田 Hilux 4×4 皮卡车速传感器各引脚之间的正常电阻值

红表笔连接的引脚	1	2	1	2	3	3
黑表笔连接的引脚	2	3	3	1	2	1
电阻值/kΩ	4	22	12～15	9	4.51	5

⑪ 东风悦达起亚千里马轿车车速传感器。

东风悦达起亚千里马轿车车速传感器在电路图中用 VSS 表示，安装在速度表上，是一种舌簧开关式，用于将变速齿轮转数转换成脉冲信号，提供给 ECM。表 10-103 列出了东风悦达起亚千里马轿车车速传感器的检测与维修。

表 10-103　东风悦达起亚千里马轿车车速传感器的检测与维修

项目	具体说明
故障码	与车速传感器有关的故障码及其含义分别为：P0501——车速传感器量程/性能故障；P0506——怠速转速低于预期值；P0507——怠速转速高于预期值
检测与维修	如果车速传感器信号系统有短路或断路现象，当车辆减速至停车时，发动机可能会失速。对车速传感器的检测，可用万用表欧姆挡检测其通、断两种状态，以此来判断其性能好坏

⑫ 一汽佳宝 6350/6360 系列微型车车速传感器。

表 10-104 列出了一汽佳宝 6350/6360 系列微型车车速传感器的连接电路、检测与维修方法。

表 10-104　一汽佳宝 6350/6360 系列微型车车速传感器的连接电路、检测与维修方法

项目	具体说明
连接电路	右图所示为一汽佳宝 6350/6360 系列微型车车速传感器与发动机 ECM 之间的连接方式示意图。车速传感器属于霍尔效应方式，输出的信号提供给 ECM 内部电路使用 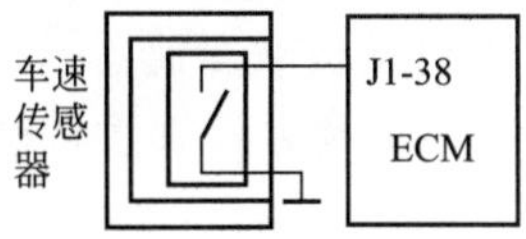
检测与维修	当整车线束及其他系统零部件功能正常时，可用诊断仪读取其故障码 P0500。当传感器损坏、插接件脱落、线束故障等，均会使整车驾驶性能恶化 另外，提供给 ECM 的车速传感器信号为数字化的方波，该方波幅值在 5～14V 之间；整车每千米对应的方波数量在系统开发时已设定。系统利用该信号改善整车的驾驶性能。故也可以采用示波器来检测车速传感器输出的方波信号是否正常来判断车速传感器的好坏

⑬ 昌河北斗星 CH7100A 轿车电动助力转向 EPS 控制系统车速传感器。

表 10-105 列出了昌河北斗星 CH7100A 轿车电动助力转向 EPS 车速传感器的结构特点、原理、检测与维修。

表 10-105　昌河北斗星 CH7100A 轿车电动助力转向 EPS 车速传感器的结构特点、原理、检测与维修

项目	具体说明
结构特点	右图所示为昌河北斗星 CH7100A 系列轿车电子控制电动助力转向 EPS 控制系统的车速传感器外形及信号处理过程示意图。在该图中，各个数字的含义分别为：1 表示车速传感器（VSS）；2 表示里程表；3 表示 EPS 控制器；4 表示信号波形 A，该波形为车速传感器输出的波形；5 表示信号波形 B，该波形为经过里程表处理后的波形，此波形被提供给 EPS 控制器 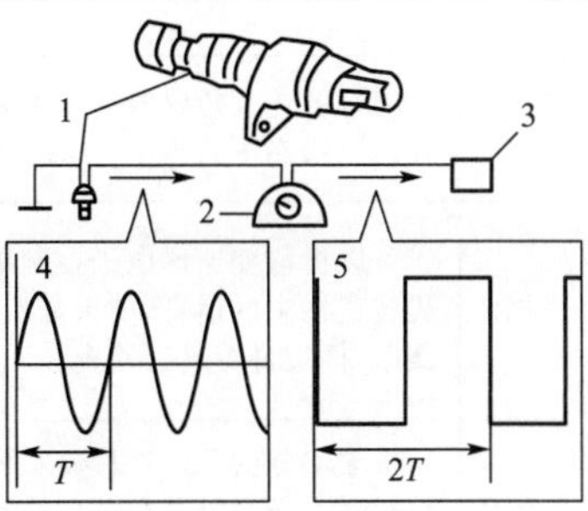

续表

项目	具体说明
原理	车速传感器安装在变速器输出轴上，是一种电磁感应式传感器。该传感器可以产生频率与车速成正比的正弦脉冲信号，该信号经里程表相关电路处理以后得到的方波信号，一路提供给里程表进行里程累计数；另一路加到 EPS ECU 的 A 插件②脚，为电子控制单元提供车速信号，当该信号的高低电平被 EPS ECU 解析后，就决定了电动助力的大小，以保证低速时助力大，转向轻；高速时助力减小，提高路感及操纵的稳定性
电压检测	将汽车前端顶起，锁住前右侧轮胎，接通（ON）点火开关，快速转动左前侧轮胎，用万用表检测车速传感器输出的电压，应在 0.1～1V 和 4～6V 之间
故障码	与车速传感器有关的故障码主要有两个，分别为 21 与 22，这两个故障码的含义见表 10-106

表 10-106　EPS 系统车速传感器的故障码及其含义

故障码	故障原因	处理方法
21	高于 2500r/min 时车速信号异常	应重点检查发动机在 2500r/min 或更高转速下运转时，持续 60s 没有车速信号输入的原因
22	2500r/min 时车速信号异常	应重点检查发动机在 2500r/min 转速下运转时，持续 60s 没有车速信号输入的原因

⑭ 奇瑞 QQ 的 AMT 系统离合器速度传感器。

AMT 是英文 Automated Mechanical Transmission 英文首字母的缩写，其含义为手自一体自动机械变速器。

a. 离合器速度传感器的安装位置与连接电路见表 10-107。

表 10-107　离合器速度传感器的安装位置与连接电路

项目	具体说明
安装位置	离合器速度传感器又称为摩擦盘转速传感器，属于电磁式，通常安装在变速器壳体上输入轴附近，用于检测输入轴转速，即离合器摩擦盘转速，其信号轮直接采用输入轴上的 3 挡齿轮
连接电路与引脚功能	右图所示为奇瑞 QQ 的 AMT 系统离合器速度传感器与变速器电子控制单元（TCU）之间的连接方式示意图。该传感器有 2 个引出脚，引脚 1 为信号（＋）输出端；引脚 2 为信号（－）输出端 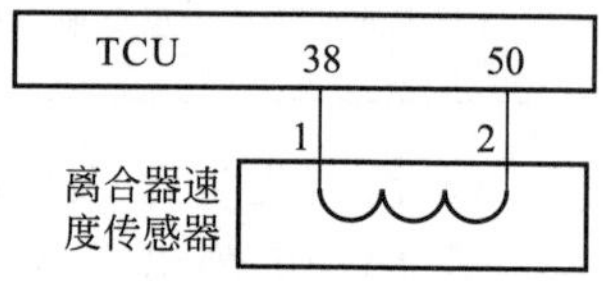

b. 离合器速度传感器的检测与维修见表 10-108。

表 10-108　离合器速度传感器的检测与维修

项目	具体说明
电阻检测	离合器速度传感器属于电磁式，其内线圈有一定的电阻，故可以采用万用表电阻挡检测其电阻，该电阻正常值在热车状态下约为 1.14kΩ，如检测到的电阻值与正常值相差较大，则就说明传感器不良或损坏
数据流	可以提取变速器电子控制单元（TCU）内部存储的数据流来判断故障，应重点观察数据流中离合器转速与发动机转速栏中的信息，如果显示的数据与正常数据相差较大，则应重点对与离合器速度传感器本身及与其有关的线路、插接件等进行检查
故障码	奇瑞 QQ 的 AMT 系统采用的马瑞利系统，自诊断能力较强，当读取的故障码为 P0715 时，就说明离合器速度传感器本身或与其有关的线路、连接器等有问题。表 10-109 列出了厂家提供的维修手册中对 P0715 故障码的说明

表 10-109 厂家提供的维修手册中对 P0715 故障码的说明

错误信息/功能（DTC 代码）	症状（错误类型）	检测时状况	可能原因	检测方法	备注
离合器速度（P0715）	无效信号（1000）	发动机启动；离合器接合并有挡位	电磁干扰，机械损伤	发动机转速≠离合器转速，并且发动机转速≠传动系统速度×传动比+1500r/min	确认时间 1.02s；解除时间 1.92s；警报灯 ON
	没有信号（0100）	发动机启动	不确定	—	
		发动机启动并且离合器接合；或者发动机启动且汽车带挡移动	传感器没有连接	检测到离合器接合但离合器速度=0；检测到已挂挡且传动比大于极限	

⑮ 北方重型 TR60 汽车变速系统涡轮转速传感器。

内蒙古北方重型汽车股份有限公司生产的 TR50、TR100 汽车变速系统使用的涡轮转速传感器与 TR60 车型相同，检测方法也一样。表 10-110 列出了北方重型 TR60 汽车变速系统涡轮转速传感器的检测与维修方法。

表 10-110 北方重型 TR60 汽车变速系统涡轮转速传感器的检测与维修方法

项目	具体说明
连接电路	右图所示为北方重型 TR60 汽车变速系统涡轮转速传感器与 ECU 之间的连接方式示意图。该传感器的 A 端脚通过一根橘色且编号为 149 号导线与 ECU 的 T 插头中的 15 号端脚相连接；B 端脚通过一根蓝色且编号为 140 号导线与 ECU 的 T 插头中的 31 号端脚相连接 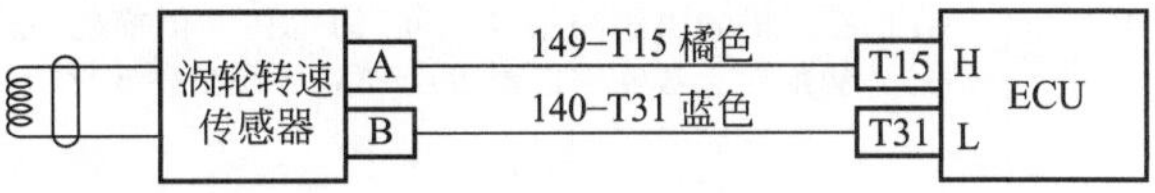
检测与维修	在检测涡轮转速传感器之前，应拔下传感器的连接器，然后采用数字式万用表检测该传感器两引脚之间的电阻值，该电阻值随温度的不同而不一样：当温度为−40℃时，电阻值为 200Ω；当温度为 20℃时，电阻值为 300Ω；当温度为 110℃时，电阻值为 400Ω。如果检测传感器本身没有问题，则应检测传感器线束的断路和短路情况（线与线之间、线与搭铁之间），仔细检查接头中各端脚是否存在腐蚀、污染和损坏情况

⑯ 本田 CR-V 型轿车巡航控制系统车速传感器。

在本田 CR-V 型轿车巡航控制系统电路中，所使用的车速传感器采用一个 3 引脚插接件与外电路进行连接。

a. 检测仪器的准备。

将试验线束（07LAJ-PT3020A）与车速传感器线束侧插接件相连接，把数字式万用表的正极和试验线束的红色导线夹子连接，把试验线束的白色和绿色导线夹子用绝缘胶布包扎好，以供下面的检测使用。

b. 车速传感器的检测方法与步骤。

采用万用表对巡航控制系统车速传感器故障的检测的方法与步骤可以参考表 10-111 中的要求进行。

表 10-111 巡航控制系统车速传感器故障的检查方法与步骤

检修步骤	检查方法	检查方法一栏中的是与否的判断	
		是	否
1	把数字式万用表的负表笔搭铁，检查试验线束红色导线是否导通	如导通，则进入下一步检查	如不导通，则检查车速传感器与 G101 搭铁点之间的黑色导线是否有断路或接触不良现象

续表

检修步骤	检查方法	检查方法一栏中的是与否的判断	
		是	否
2	把数字式万用表的正极连接到试验线束的白色导线夹子上，负极连接到红色导线夹子上，点火开关置于 ON 位置，看是否有蓄电池电压	若有电池电压，则进入下一步检查	检查车速传感器与仪表板下熔断器/继电器盒之间的黑色/黄色导线是否有断路现象
3	断开数字式万用表正极与试验线束白色导线夹子的连接，把数字式万用表正极与试验线束绿色导线夹子连接。检查电压是否大于或等于 5V	若电压大于或等于 5V，则进入下一步检查	采用万用表检测车速传感器与 PCM（动力控制模块）之间的蓝色/白色导线是否有短路现象
4	断开点火开关，把试验线束的另一个插接器与车速传感器进行连接，支起汽车前桥，把变速杆置于 N 位置，接通点火开关，固定住一侧前轮，缓慢转动另一侧前轮。看电压是否在 0～5V 之间交替变化	如电压在 0～5V 之间交替变化，则进入下一步检查	更换新的、同规格的车速传感器
5	拔下仪表总成 16 引脚的插接件，如下图（巡航控制系统仪表板总成线束插接件的引脚位置）所示，将数字式万用表连接在插接件的⑪引脚与搭铁之间，固定住一侧前轮，缓慢转动另一侧前轮。看电压是否在 0～5V 之间交替变化 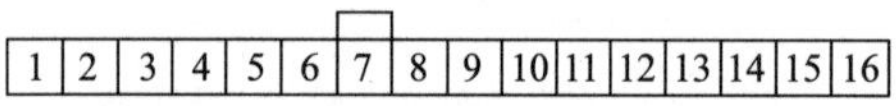	如电压在 0～5V 之间交替变化，则更换新的车速传感器	采用万用表检测车速传感器与车速表之间的蓝色/白色导线是否有断路现象

10.4 发动机转速传感器

电控发动机 ECU 使用的发动机转速信号，通常取自曲轴位置传感器输出的信号，而发动机转速表使用的信号，有使用曲轴位置传感器提供的信号，也有使用点火系统提供的信号。

发动机转速传感器也就是曲轴位置传感器，该传感器的各种类型、结构和原理本书已经做过详细的介绍，本小节不再赘述。仅介绍舌簧开关式发动机转速传感器与柴油发动机上常用的发动机转速传感器。

（1）发动机转速传感器的结构与原理

① 舌簧开关式发动机转速传感器。

根据使用的情况来看，舌簧开关式发动机转速传感器常见的主要有直接断开型与阻断型两大类。用于检测发动机的转速。

a. 舌簧开关式发动机转速传感器的结构、安装位置及其说明见表 10-112。

表 10-112　舌簧开关式发动机转速传感器的结构、安装位置及其说明

项目	具体说明
舌簧开关的结构	舌簧开关是一种触点密封在容器内的、开关触点采用强磁体制成的一种装置，容器中充有惰性气体，以保证开关触点不与大气直接接触。开关触点受外界磁场的作用会吸合或断开

续表

项目	具体说明
安装位置示意图	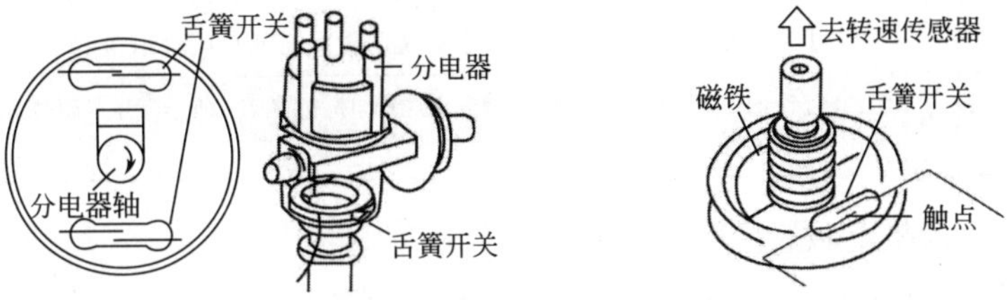 (a) 安装在分电器中的传感器　(b) 安装在组合仪表内的传感器
示意图说明	图(a)所示为安装在分电器中的舌簧开关式发动机转速传感器示意图，图(b)所示为安装在组合仪表内的舌簧开关式发动机转速传感器示意图

b. 直接断开型舌簧开关的工作原理见表 10-113。

表 10-113　直接断开型舌簧开关的工作原理

项目	具体说明
工作原理示意图	右图所示为直接断开型舌簧开关式发动机转速工作原理示意图，该传感器受安装在分电器轴上磁铁的作用而动作，当曲轴转两圈、分电器轴转一圈时，分电器内的磁铁也转一圈。具体工作情况可以从下面的磁铁靠近或远离舌簧开关两个方面来说明 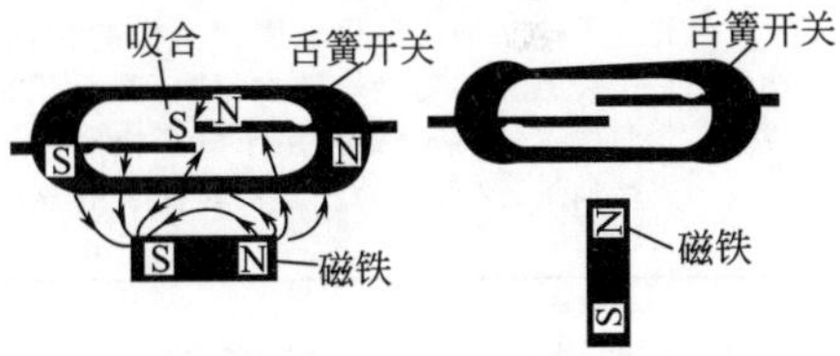 (a) 磁铁靠近　(b) 磁极远离
磁铁靠近舌簧开关	如图(a)所示，当磁铁靠近舌簧开关时，在磁力线的作用下，使舌簧开关触点带磁性。由于触点的磁性和磁铁近侧极性相同，故而使舌簧开关触点靠自身磁性吸引而接通
磁铁远离舌簧开关	如图(b)所示，当磁铁随分电器轴旋转，一旦磁极远离或只有一端靠近舌簧开关时，由于舌簧开关触点不受磁力线的影响，故而导致触点在自身弹力的作用下断开
循环转换过程	这样，两个舌簧开关触点在分电器轴上旋转磁铁的作用下，相互以 180°的相位差不停地进行通、断转换，由此就可将发动机的转速信号提供给有关电路

c. 阻断型舌簧开关的工作原理见表 10-114。

表 10-114　阻断型舌簧开关的工作原理

项目	具体说明
工作原理和工作过程示意图	右图所示为阻断型舌簧开关式发动机转速的工作原理和工作过程示意图。如图(a)所示，为了使阻断型舌簧开关式发动机转速传感器的舌簧开关触点能进行通、断转换，磁铁必须设置在一个转动的轴上，使磁铁转动或采用一个转动的齿轮来隔断其磁通。具体工作情况可以从下面的齿轮凸齿处于磁铁与舌簧开关之间与齿轮凹齿处于磁铁与舌簧开关之间两个方面来进行说明 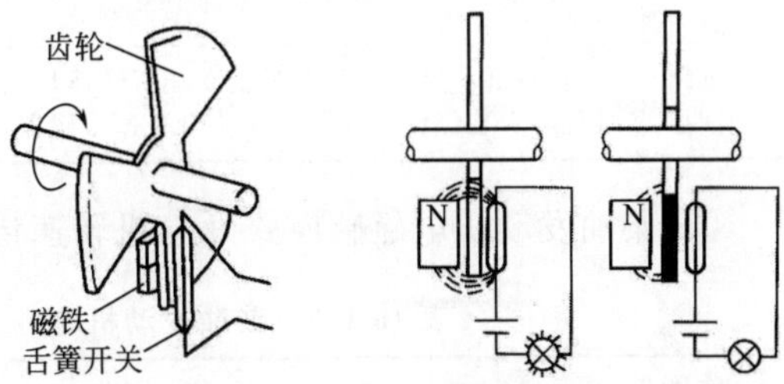 (a) 相关结构　(b) 触点接通　(c) 触点断开

续表

项目	具体说明
齿轮凸齿处于磁铁与舌簧开关之间	当齿轮的齿处于磁铁与舌簧开关之间时，如图(c)所示，由于磁铁与舌簧开关被隔开，磁通离开舌簧开关的触点，故触点被弹开(也就是两触点断开)，试验用指示灯熄灭
齿轮凹齿处于磁铁与舌簧开关之间	当齿轮的凹齿处于磁铁与舌簧开关之间时，如图(b)所示，由于磁铁与舌簧开关没有被隔开，磁通作用于舌簧开关的触点，故触点被吸合(也就是两触点闭合接通)，试验用指示灯点亮

② 柴油发动机电磁感应式发动机转速传感器。

在柴油发动机上使用的电磁感应式发动机转速传感器，大都是从喷油泵处获取发动机转速信号的。

a. 柴油发动机电磁感应式发动机转速传感器的结构与功能说明见表10-115。

表10-115 柴油发动机电磁感应式发动机转速传感器的结构与功能说明

项目	具体说明	
结构示意图	右图所示为柴油发动机上使用的电磁感应式发动机转速传感器的结构示意图，该传感器主要由永久磁铁、电磁线圈、信号转子(有的车型电路中称其为脉冲轮或信号齿轮或信号轮等)等组成	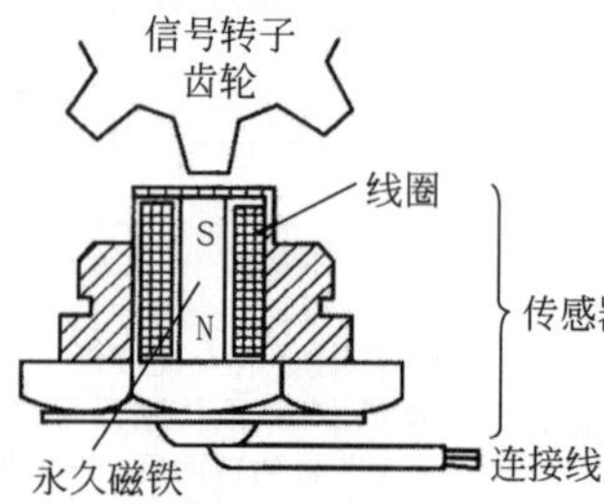
功能说明	不论柴油发动机采用什么样的供油方式，它所采用的发动机转速传感器的功能均基本相同，都是用来检测发动机的转速与曲轴的位置，该信号既可用于电子控制单元(ECU)来计算喷油始点与喷油量，又可作为发动机转速表的显示驱动信号	

b. 柴油发动机电磁感应式发动机转速传感器的安装位置及其说明见表10-116。

表10-116 柴油发动机电磁感应式发动机转速传感器的安装位置及其说明

项目	具体说明
安装位置示意图	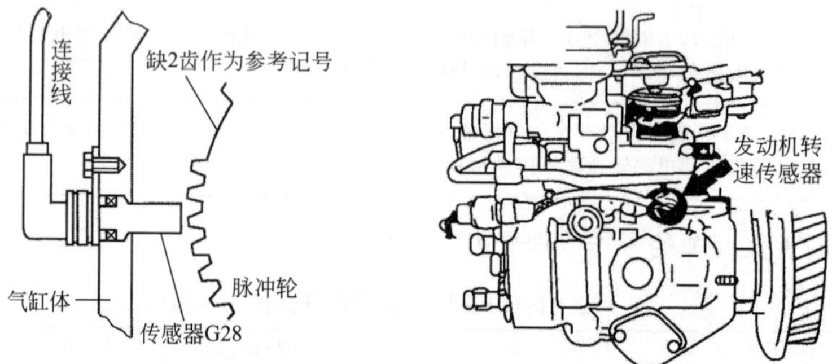(a) 大众系列车型　(b) 三菱系列车型
示意图说明	图(a)所示为大众系列车型发动机转速传感器的安装位置示意图，图(b)所示为三菱系列车型发动机转速传感器的安装位置示意图。发动机转速传感器通常安装在喷油泵或发动机缸体上

c. 柴油发动机电磁感应式发动机转速传感器的工作原理见表10-117。

表10-117 柴油发动机电磁感应式发动机转速传感器的工作原理

项目	具体说明
结构特点	电磁式发动机转速传感器的永久磁铁周围绕有电磁线圈，电磁线圈的周围设置有采用铁质材料制成的齿轮(也称为信号齿轮或信号轮、信号转子等)

续表

项目	具体说明
工作原理	当柴油发动机的喷油泵工作时，传感器的信号轮被带动旋转，由于信号齿轮既有凸起的部分，也有凹进去的部分，当这两部分随着信号轮不断旋转交替地经过永久磁铁时，就会使信号齿轮的齿顶与永久磁铁之间的空气间隙不断地变化，使通过线圈的磁力线也发生了变化，于是线圈中就会有交变电压产生
输出信号的特点	电磁式发动机转速传感器输出的交变电压的频率与发动机的转速成正比，当该交变电压被提供给转速表后，经转速表内部的集成电路进行整形、放大以后，就可以由转速表显示出发动机的实际转速

(2) 发动机转速传感器的检测与维修

① 舌簧开关式发动机转速传感器。

对舌簧开关式发动机转速传感器进行检测，主要是检测其输出的脉冲信号是否正常。表 10-118 列出了舌簧开关式发动机转速传感器的通用检测与维修方法。

表 10-118 舌簧开关式发动机转速传感器的通用检测与维修方法

项目	具体说明
连接电路与引脚功能	右图所示为舌簧开关式发动机转速传感器与发动机电子控制单元(ECU)之间的连接方式示意图。这类传感器通常有两个引出脚，引脚①为信号输出端，输出的信号提供给发动机电子控制单元(ECU)(也可以提供给组合仪表，用于发动机转速表的显示信号)；引脚②为搭铁端 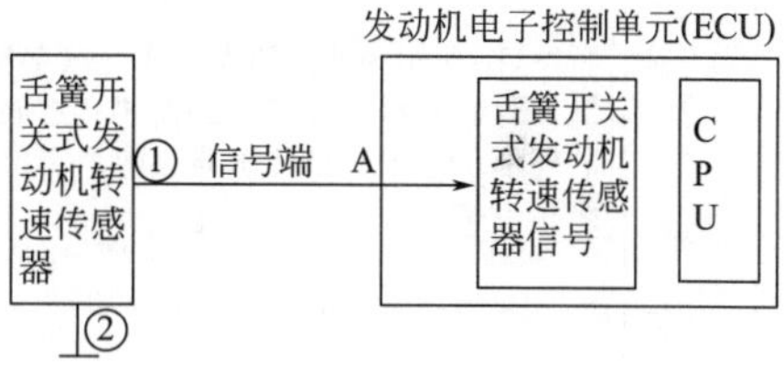
检测与维修	采用指针式万用表电阻挡检测汽车舌簧开关式发动机转速传感器故障时，先将分电器从发动机上拆下来，如右图所示，万用表两表笔连接在传感器①与②两端，然后用手转动分电器轴，观察万用表指示的电阻值是否在断开(电阻值∞)和导通(电阻值为0)两种状态下交替变化。如果始终不变化，则被检测的传感器损坏 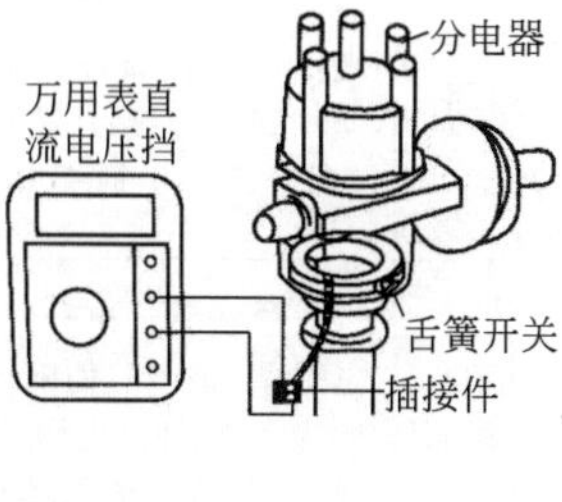

② 柴油机电磁式发动机转速传感器。

判断柴油机电磁式发动机转速传感器的好坏，既可采用测电压、测电阻的方法，又可采用测波形的方法来进行。表 10-119 列出了柴油机电磁式发动机转速传感器的通用检测与维修方法，供参考。

表 10-119 柴油机电磁式发动机转速传感器的通用检测与维修方法

项目	具体说明
连接电路与引脚功能	右图所示为柴油机电磁式发动机转速传感器与组合仪表中发动机转速传感器之间的连接方式。该传感器有两个引出脚，一个引脚为信号输出端，输出的信号提供给组合仪表中的发动机转速表；另一个引脚为搭铁端 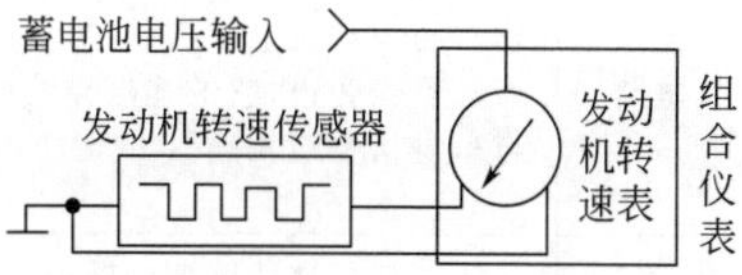
检测与维修	对柴油机电磁式发动机转速传感器的检测，可以参考电磁感应式曲轴位置传感器的检测方法来进行。由于这类传感器的两引脚之间为线圈电阻，判断该线圈是否正常，可以采用万用表检测其电阻值，该电阻值通常在1～2.5Ω之间(车型不同、温度不同会有一定的差异)

③ 捷达 GIF、CIF 春天，Gix、Cix 前卫轿车发动机转速传感器。

捷达 GIF、CIF 春天，Gix、Cix 前卫轿车发动机转速传感器 G28 安装在发动机第 4 缸曲轴箱前侧（按汽车前进方向）。它是一个磁电式传感器，在永久磁铁芯上绕有传感线圈，其电阻值为 800～1000Ω。永久磁铁前端气隙 1mm 以外为转速信号靶轮，用螺钉固定在曲轴第 4 缸曲轴柄上，可从曲轴后端拆装。靶轮共有 60 齿，其中 2 齿为盲齿，用以作为上止点的参考基准，确定 1 缸或 4 缸上止点的位置。齿轮每一周节含曲轴转角 6°（其中齿顶 3°，齿槽 3°）。

④ 北方重型 TR60 汽车变速系统发动机转速传感器。

内蒙古北方重型汽车股份有限公司生产的 TR50、TR100 汽车使用的发动机转速传感器与 TR60 车型相同，检测方法也一样。表 10-120 列出了北方重型 TR60 汽车变速系统发动机转速传感器的检测与维修方法。

表 10-120 北方重型 TR60 汽车变速系统发动机转速传感器的检测与维修方法

项目	具体说明
外形	图(b)所示为北方重型 TR60 汽车发动机转速传感器的外形示意图，图(a)所示为与该传感器相连接的发动机电子控制单元(ECU)的外形示意图。该传感器有两个引出脚 A 与 B 通过插接件与外电路相连接 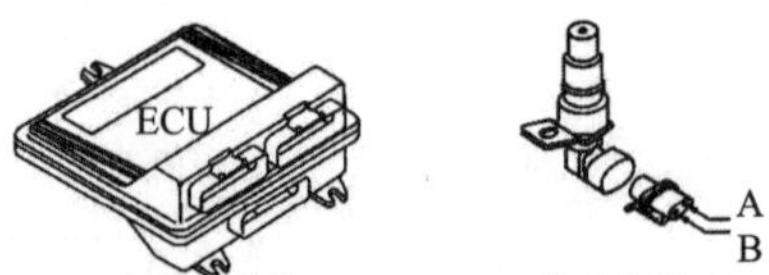 (a) ECU外形 (b) 传感器外形
连接电路	右图所示为北方重型 TR60 汽车发动机转速传感器与 ECU 之间的连接方式示意图。该传感器的 A 端脚通过一根土黄色且编号为 141 号导线与 ECU 的 T 插头中的 14 号端脚相连接；B 端脚通过一根橘色且编号为 150 号导线与 ECU 的 T 插头中的 30 号端脚相连接 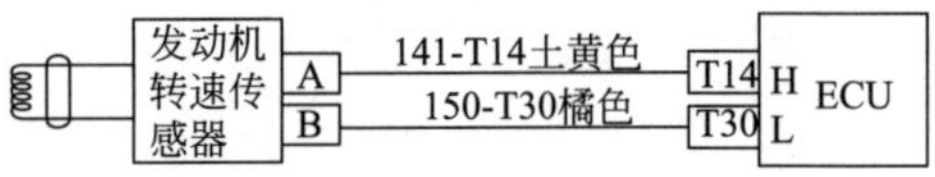
检测与维修	在检测发动机转速传感器之前，应拔下传感器的连接器，然后采用数字式万用表检测该传感器两引脚之间的电阻值，该电阻值随温度的不同而不一样：温度为－40℃时，电阻值为 200Ω；温度为 20℃时，电阻值为 300Ω；温度为 110℃时，电阻值为 400Ω。如果检测传感器本身没有问题，则应检测传感器线束的断路和短路情况（线与线之间、线与搭铁之间），仔细检查接头中各端脚是否存在腐蚀、污染和损坏情况

⑤ 桑塔纳 3000 志俊发动机双燃料控制系统发动机转速传感器。

桑塔纳 3000 志俊发动机双燃料控制系统使用的发动机转速传感器在电路中的编号为 G28，对该传感器的检测方法如表 10-121 中所列。

表 10-121 桑塔纳 3000 志俊发动机双燃料控制系统发动机转速传感器的检测与维修

项目	具体说明
连接电路	右图所示为桑塔纳 3000 志俊发动机双燃料控制系统发动机转速传感器与发动机电子控制单元 J220 之间的连接方式。该传感器安装在离合器壳旁边，它的连接导线（包括外壳）采用屏蔽线进行连接，屏蔽线与车身搭铁线相连接 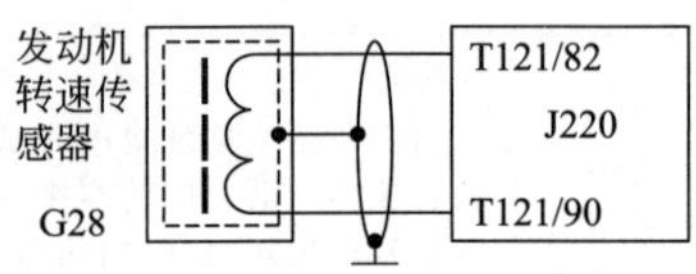
检测与维修	发动机转速传感器为磁电式结构，其间隙为 0.5mm，可以采用厚薄规进行检测；电磁线圈的电阻值在 400～1000Ω 之间（电阻值与温度有关），可采用万用表进行检测

⑥ 沃尔沃豪华客车 THD 系列发动机发动机转速传感器。

沃尔沃豪华客车使用的 THD 系列电控发动机的型号常见主要有 THD103、THD104、

THD123 等。电子控制单元在电路中的英文缩写为 EDC（相当于常说的 ECU），在电路中的编号为 9058。表 10-122 列出了沃尔沃豪华客车 THD 系列发动机转速传感器的检测与维修，供参考。

表 10-122　沃尔沃豪华客车 THD 系列发动机转速传感器的检测与维修

项目	具体说明
连接电路	右图所示为沃尔沃豪华客车 THD 系列发动机转速传感器与发动机 EDC 之间的连接方式示意图。该传感器通过 EDC 继电器的 4 脚与 EDC 的 32 脚相连接，EDC 继电器内部设置的放大器用于把发动机转速传感器信号进行适当的放大后才提供给发动机 EDC 的 32 脚 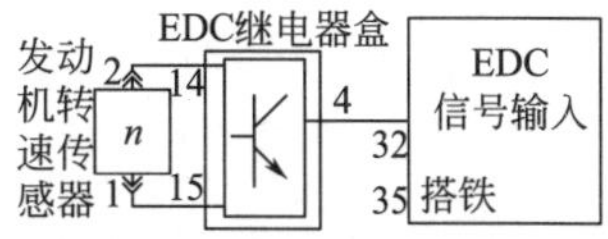
检测与维修	将点火钥匙置于运行位置，不启动发动机，采用万用表检测 EDC 的 32 脚与 35 脚之间的正常电压应为 19V 左右；在发动机怠速运转（300Hz）时，检测 EDC 的 32 脚与 35 脚之间的正常电压应为 9.7V 左右；在发动机以 1650r/min 的速度运转（840Hz）时，检测 EDC 的 32 脚与 35 脚之间的正常电压应为 9.4V 左右

10.5 加速度与减速度传感器

车辆上使用的加速度传感器多应用于 ABS、电控悬架系统、安全气囊系统、电控自动变速器系统、防盗报警系统等。而减速度传感器则多应用在和制动有关的系统中。

加速度与减速度传感器检测到的信号提供给有关电控系统后，以便于这些系统及时了解汽车运行速度情况，并进行相应的控制。

加速度与减速度传感器的主要类型见表 10-123。

表 10-123　加速度与减速度传感器的主要类型

项目	具体说明
加速度	应用于车辆上的加速度传感器除了开关式加速度传感器之外，多为 MEMS 加速度传感器，MEMS 是英文 Micro Electro Mechanical Systems 首字母的缩写，其含义为微电子机械系统。MEMS 加速度传感器主要有压阻式 MEMS 加速度传感器、电容式 MEMS 加速度传感器与谐振式 MEMS 加速度传感器三大类
减速度	应用于车辆上的减速度传感器根据其检测原理的不同分类，主要有压阻式、光电式、水银式、差动变压器式、压电式等几种，前三种应用较多

加速度与减速度传感器的安装位置见表 10-124。

表 10-124　加速度与减速度传感器的安装位置

项目	具体说明
电控悬架系统加速度传感器安装位置示意图	 (a) 车身加速度传感器的安装位置 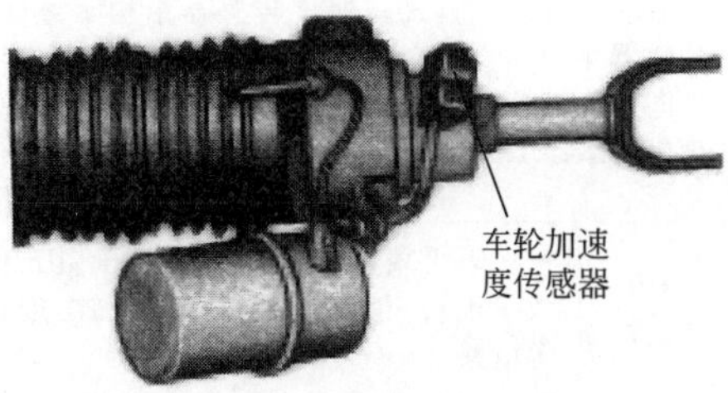 (b) 车轮加速度传感器的安装位置

续表

项目	具体说明
加速度传感器示意图说明	车身加速度传感器的安装位置如图(a)所示，主要用来检测车身的垂直加速度，并将其转换为电信号后提供给悬架 ECU
	车轮加速度传感器的安装位置如图(b)所示，主要用来检测车轮的加速度，并将其转换为电信号后提供给悬架 ECU，用来计算支柱相对车身的运动方向
减速度传感器安装位置	右图所示为使用在制动防抱死 ABS 中水银式减速度传感器的安装位置示意图，这类传感器安装位置因车型不同而不一样，右图所示是日本原装日产系列 4×4 全轮驱动车辆上使用的水银式减速度传感器的安装位置，它安装在变速杆的后部，在电路中简称为 G 传感器 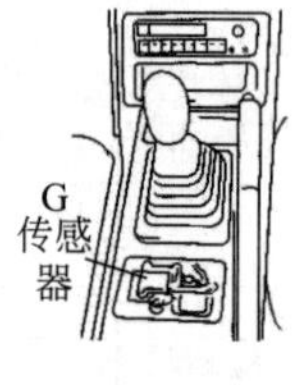

(1) 开关式加速度传感器

汽车制动防抱死制动系统开关式加速度传感器又称为横向加速度开关，用来检测汽车的横向加速度。表 10-125 列出了开关式加速度传感器的结构、原理与检测方法。

表 10-125　开关式加速度传感器的结构、原理与检测方法

项目		具体说明
结构与原理		右图所示为开关式加速度传感器外形示意图，该传感器主要应用在博世公司 ABS 2S 系统中，其内部串联有两对开启方向相反的开关触点，通过这两对触点的接通或断开来检测车辆的横向加速度，具体工作情况如下所述 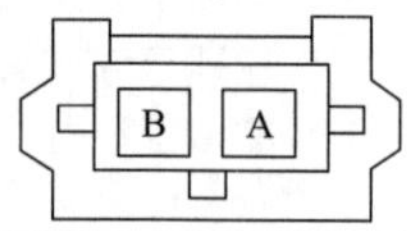
	加速度低于设定值	当车辆运行过程中的横向加速度低于设定值时，传感器内部的这两对触点均处于闭合接通状态，这样就可使连接在该传感器 A 与 B 端脚之间的电路接通
	加速度超过设定值	当车辆运行过程中的横向加速度超过设定值时，传感器内部的这两对触点中的一对在自身惯性力的作用下处于断开状态，这样就可使连接在该传感器 A 与 B 端脚之间的电路也断开
检测与维修		在拆下开关式加速度传感器线束插接件的情况下，采用万用表电阻挡，检测传感器 A 与 B 两引脚之间的电阻，该电阻值近于 0。如果电阻值较大或为∞，则说明该传感器已经损坏

(2) 压阻式减速度传感器

压阻式减速度传感器是惯性压阻式减速度传感器的简称，又称为应变计式减速度传感器。日本三菱 V 系列（例如 V31、V33 车型等）车辆 ABS 就使用了这类传感器。

① 压阻式减速度传感器的结构特点见表 10-126。

表 10-126　压阻式减速度传感器的结构特点

项目		具体说明	
结构示意图		右图所示为压阻式减速度传感器结构示意图，该传感器主要由塑料外壳、配重块、压阻元件、信号处理电路等组成。在塑料外壳的内部，还装有硅油，以确保传感器工作时的最佳动态性能	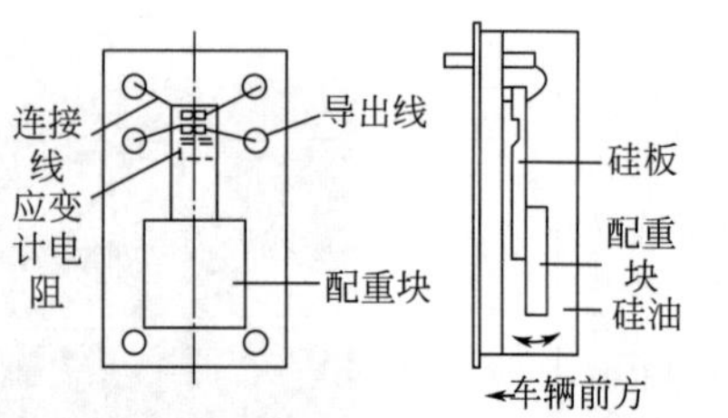 (a) 主视图　(b) 侧视图
组成特点	压阻元件	压阻式减速度传感器中的压阻元件组成了电桥、恒压电路、抗干扰和温度补偿等电路	
	信号处理电路	压阻式减速度传感器中的信号处理电路主要包括由放大电路、降噪电路以及其他元件组成的复合集成电路	

② 压阻式减速度传感器的工作原理与配重块的工作特点见表 10-127。

表 10-127 压阻式减速度传感器的工作原理与配重块的工作特点

项目	具体说明
工作原理	在紧急制动时，压阻式减速度传感器上的配重块会随减速度的大小产生相应的惯性力，当该惯性力施加在压阻元件上时，就会使其内部电桥的电阻发生改变，由此就破坏了电桥的平衡，进而使传感器输出的电压发生了变化，就会输出一个随减速度变化的电压差
配重块的工作特点	传感器上的配重块悬挂在硅板上一端，硅板上贴有应变片。当车辆加速或减速时，惯性力作用在配重块上，配重块的运动就会使硅板上的应变片向其中一方拉长或压缩，进而就引起了应变片电阻发生变化，通过电桥电路就可以把这种电阻的变化转换为电压的变化，来代表纵向的加速度或减速度的大小

③ 压阻式减速度传感器的内部电路与输出特性见表 10-128。

表 10-128 压阻式减速度传感器的内部电路与输出特性

项目	具体说明
示意图	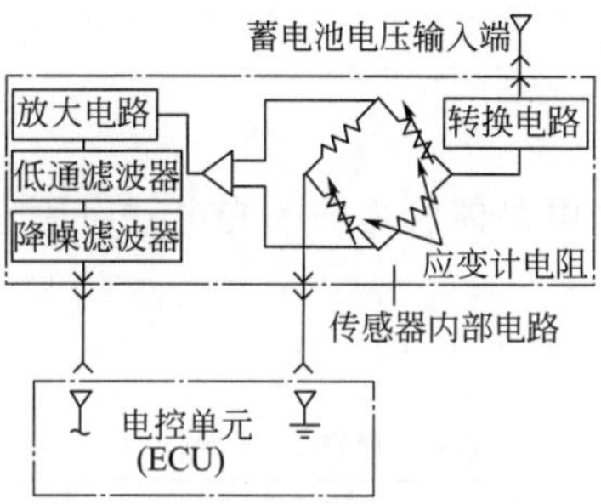 (a) 内部电路 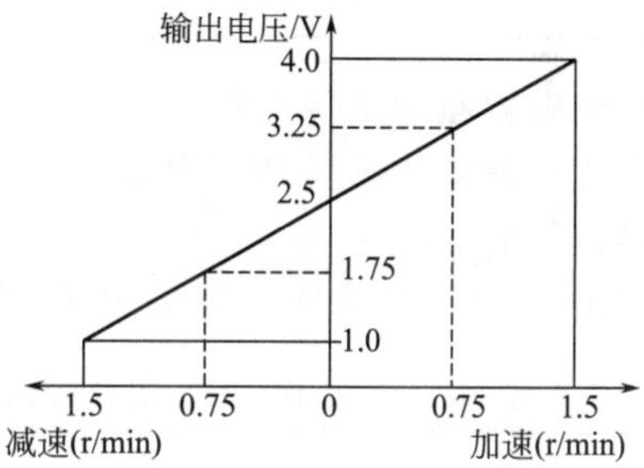 (b) 输出特性
示意图说明	图(a)所示为压阻式减速度传感器内部电路结构示意图，从该图中可以清楚地看出传感器内部信号的处理流程，图(b)所示为压阻式减速度传感器输出特性曲线示意图，从该图中可以看出，传感器的输出电压与加、减速度之间呈线性关系

④ 压阻式减速度传感器的连接电路与供电和搭铁的检测与维修见表 10-129。

表 10-129 压阻式减速度传感器的连接电路与供电和搭铁的检测与维修

项目	具体说明
连接电路与引脚功能	右图所示为压阻式减速度传感器与 ABS ECU 之间的连接方式示意图。这类传感器通常为三引脚方式，引脚①为供电电压输入端，该电压为受控的蓄电池电压；引脚②为信号输出端，输出的信号提供给 ABS ECU；引脚③为搭铁端 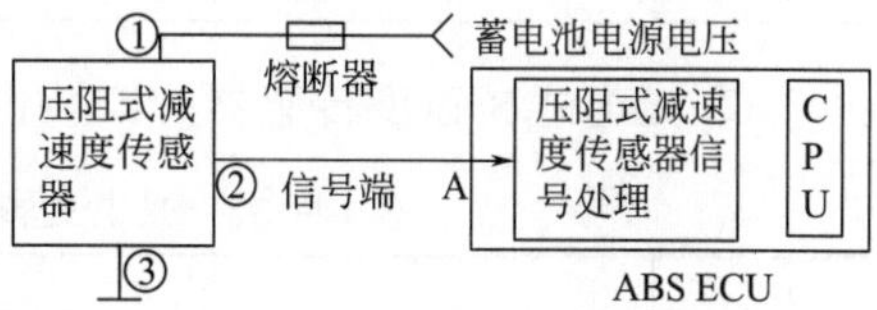
供电检测	断开应变计压阻式半导体型减速度传感器与 ABS ECU 的插接件，接通点火开关，采用万用表直流电压挡检测应变计压阻式半导体型减速度传感器线束侧端脚①与蓄电池负极之间的电压，该电压正常值应为蓄电池电压
搭铁检测	断开应变计压阻式半导体型减速度传感器与 ABS ECU 的插接件，断开点火开关，采用万用表电阻挡检测应变计压阻式半导体型减速度传感器线束侧③端脚与蓄电池负极之间的电阻，该电阻应小于 1Ω

⑤ 压阻式减速度传感器输出信号的检测与维修见表 10-130。

表 10-130　压阻式减速度传感器输出信号的检测与维修

<table>
<tr><th>项目</th><th colspan="3">具体说明</th></tr>
<tr><td>检测前的准备</td><td colspan="2">在断开应变计压阻式半导体型减速度传感器插接件的情况下，为便于检测，连接一个专用三通插头进行线束组的检测，检测部位应在断开的插接件端脚之间进行，如右图所示</td><td rowspan="2">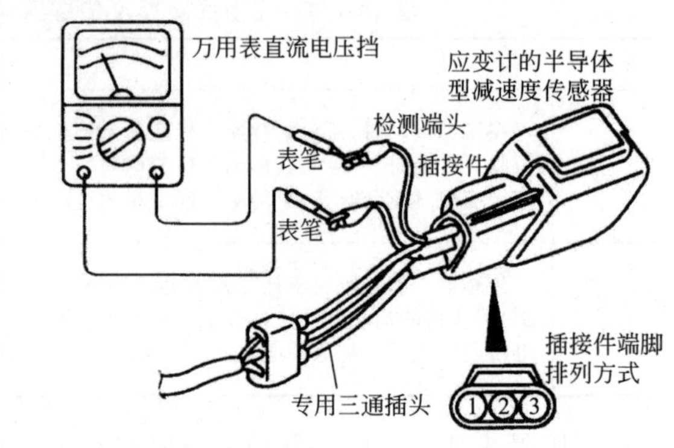</td></tr>
<tr><td rowspan="3">电压检测</td><td>断开插接件检测</td><td>在断开传感器插接件的情况下，接通(ON)点火开关，采用万用表检测②与③端脚之间的电压，该电压正常值在 2.4～2.6V 之间</td></tr>
<tr><td>连接好插接件检测</td><td colspan="2">在连接好传感器插接件的情况下，采用万用表检测②与③端脚之间的电压，该电压正常值在 3.4～3.6V 之间</td></tr>
<tr><td>检测后的分析</td><td colspan="2">如果检测到的电压值偏离正常值较多，在检测电源供电与搭铁均正常的情况下，就可判断被检测的传感器不良或损坏</td></tr>
</table>

(3) 光电式减速度传感器

光电式减速度传感器是利用发光二极管与光电晶体管之间的光电效应原理制成的，用于检测车辆运行时的减速度。

① 光电式减速度传感器的结构示意图及其说明见表 10-131。

表 10-131　光电式减速度传感器的结构示意图及其说明

<table>
<tr><th>项目</th><th>具体说明</th></tr>
<tr><td>结构示意图</td><td>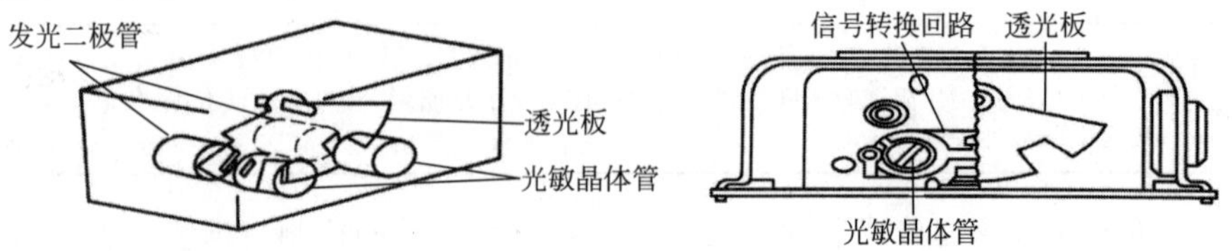(a) 主视图　　(b) 侧剖视图</td></tr>
<tr><td>示意图说明</td><td>图(a)所示为光电式减速度传感器结构主视图，图(b)所示为侧剖视图。该传感器主要由两个发光二极管(LED)、两个光敏晶体管、一块透光板与信号处理电路等组成</td></tr>
</table>

② 光电式减速度传感器的安装位置与透光板工作情况见表 10-132。

表 10-132　光电式减速度传感器的安装位置与透光板工作情况

<table>
<tr><th>项目</th><th>具体说明</th></tr>
<tr><td>安装位置与工作原理示意图</td><td>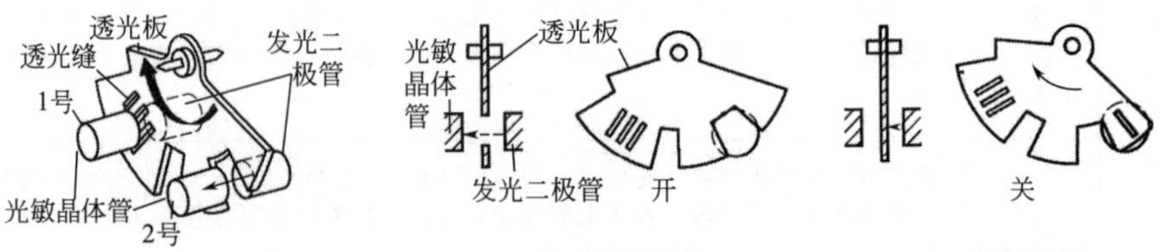(a) 安装位置　　(b) 光线未遮住　　(c) 光线被遮住</td></tr>
</table>

续表

项目	具体说明	
传感元件安装位置	图(a)所示为光电式减速度传感器各元件安装位置示意图。具有开口的透光板位于发光二极管与光敏晶体管之间，透光板会随车辆速度的不同而摆动。具体情况如下所示	
透光板工作情况	透光板不能遮住光线	如图(b)所示，当透光板的摆动无法遮住发光二极管发出的光线时，由于光敏晶体管有光线照射，故其进入导通状态
	透光板遮住光线	如图(c)所示，当透光板的摆动遮住发光二极管发出的光线时，由于光敏晶体管没有光线照射，故其处于截止状态
	循环工作情况	在车辆运行过程中，随着透光板的不断摆动，就会使发光二极管发出的光线或透过透光板，或被透光板遮住，从而使光敏晶体管时而导通，时而截止，由此就可以输出与车辆速度有关的电压信号

③ 光电式减速度传感器的工作原理见表 10-133。

表 10-133　光电式减速度传感器的工作原理

项目	具体说明	
车辆匀速行驶	如图(a)所示，当车辆处于匀速行驶状态时，由于透光板静止不动，故光电式减速度传感器就不会有信号输出	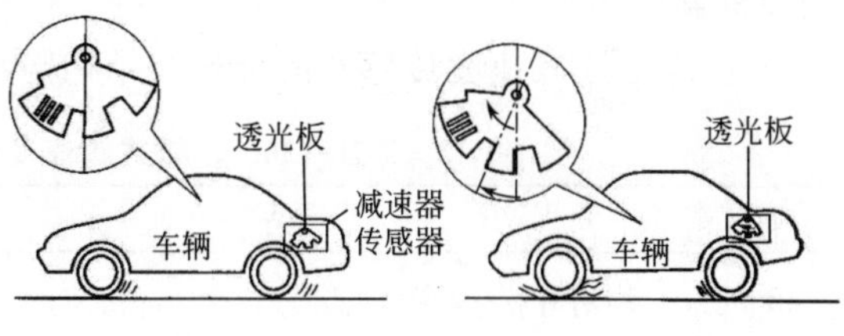 (a) 匀速行驶　(b) 减速行驶
车辆减速行驶	如图(b)所示，当车辆减速时，透光板沿车辆纵向摆动。透光板摆动角度会随减速度的变化而发生改变，两个光敏晶体管导通与截止状态也随之变化。减速度越大，透光板摆动的角度也越大。根据两个光敏晶体管的输出信号，车辆的减速度就可以形成如表 10-134 中所列的四个等级。这样，ABS ECU 就可以依据这些信号，判断出行驶路面的状况，以便采取相应的措施，保证车辆行驶的平稳性	

表 10-134　减速度（减速率）的等级

减速率	低减速率 1	低减速率 2	中等减速率	高减速率
光敏晶体管 1	开	关	关	开
光敏晶体管 2	开	开	关	关
透光板位置	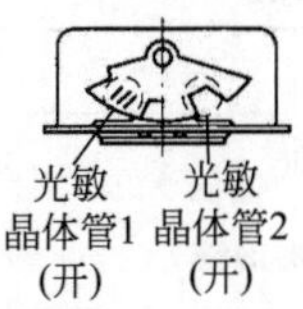 	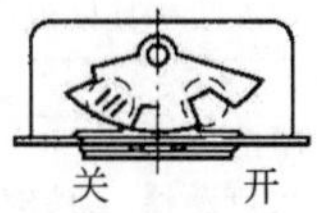 	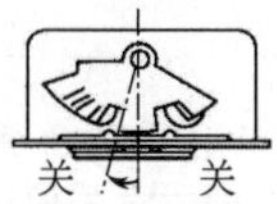 	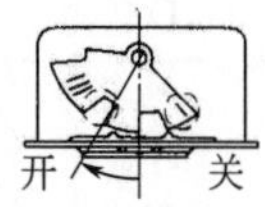

④ 光电式减速度传感器的检测与维修见表 10-135。

表 10-135　光电式减速度传感器的检测与维修

项目	具体说明
检测思路	对光电式减速度传感器进行检测时，应先检查其透光板是否有损坏或不良，确认无误后再分别检测发光二极管、光敏晶体管是否损坏，检测方法类似于一般的发光二极管、光敏晶体管

续表

项目		具体说明
发光二极管的检测	用 $R\times$10k 挡检测	发光二极管的正向工作电压一般为 1.5～1.8V，工作电流在 1mA 以上，因此，用万用表测量发光二极管时，应采用万用表"$R\times$10k"挡(表内用 9～15V 电池为工作电压)。正常的发光二极管用"$R\times$10k"挡测量，其正向电阻应为几千欧姆至十几千欧姆，而反向电阻应为∞
	用 $R\times$1k 挡检测	对于某些只有"$R\times$1k"挡(表内工作电压只有 1.5V)的万用表，则可用万用表"$R\times$1k"挡加接一节干电池进行测量，其负极接黑表笔，用正极接发光二极管的一个引脚，用红表笔去测发光二极管的另一个引脚。正向测量时，万用表的指针向右大幅度偏转，且发光二极管发亮，反向测量时，万用表指针不动，且发光二极管也不亮
光敏晶体管的检测		①分别测量接收三极管的集电结与发射结间的 $R_{正}$、$R_{反}$，均应单向导通，然后用读取电流法测量穿透电流 I_{ceo}，应为零 ②将万用表黑表笔接 c 极，红表笔接 e 极，表针应只有微动 ③交换表笔再测，表针应不动 在进行上述测量时，无论正、反向测量其电阻值均应为无穷大。否则，说明光敏三极管已损坏

(4) 水银式减速度传感器

水银式减速度传感器是利用车辆在行驶过程中水银会在玻璃管内流动使电路接通或断开的原理制成的。

① 水银式减速度传感器的外形、结构与特点见表 10-136。

表 10-136　水银式减速度传感器的外形、结构与特点

项目		具体说明
外形结构示意图		图(a)所示为水银式加速度传感器外形示意图，图(b)所示为其结构示意图，该传感器主要由玻璃管与水银组成
功能特点	设置与检测	水银式加速度传感器可用于检测车辆前后两个方向的加、减速度；也可以横向设置，用于检测左右方向上的加、减速度
	横向设置	当采用横向设置车辆在急转弯时，水银在惯性作用下会产生移动，从而使传感器电路断开，向 ABS ECU 提供一个低电平信号。ABS ECU 依据该信号，就会输出控制信号来修正左右车轮制动分泵的压力，以此来提高 ABS 的制动性能

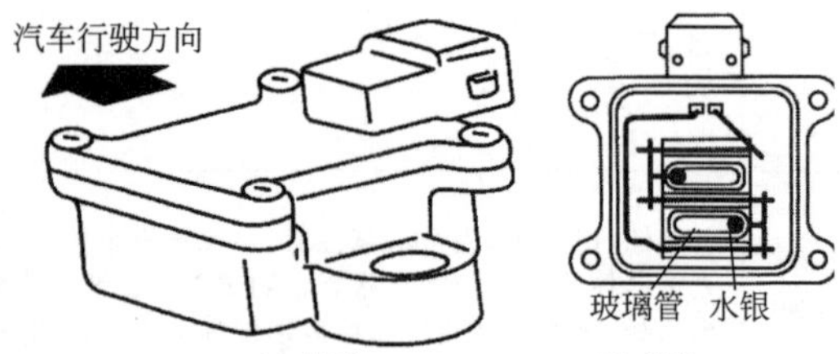

(a) 外形　(b) 结构

② 水银式减速度传感器的工作原理见表 10-137。

表 10-137　水银式减速度传感器的工作原理

项目	具体说明
在低附着系数路面制动	当车辆在低附着系数的路面(例如潮湿的路面等)上制动时，由于车辆的减速度较小，故传感器玻璃管内部的水银在玻璃管中几乎不动，如图(a)所示。此时，传感器两引脚之间的电路处于接通状态，该信号提供给 ABS ECU 后，ABS ECU 就会按照预先存储在存储器内的低附着系数路面上的控制程序控制制动系统的工作
在高附着系数路面制动	当车辆在高附着系数的路面上制动时，由于车辆的减速度较大，故传感器玻璃管内部的水银在惯性力的作用下前移，如图(b)所示。此时，传感器两引脚之间的电路处于断开状态，这实际上就断开了 ABS 控制系统，车辆进入无 ABS 控制的制动状态，由此也可以保持车辆的稳定性

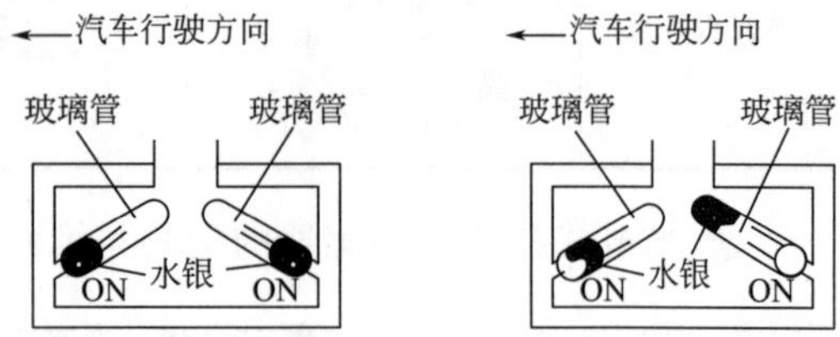

(a) 湿路路面制动　(b) 高附着系数路面制动

③ 水银式减速度传感器的检测与维修见表10-138。

表10-138 水银式减速度传感器的检测与维修

项目	具体说明
外部电路的检测	在对水银减速度传感器进行检测之前，应先直观检查传感器的外表面，看其是否破损，然后再检查其连接线路与插接件是否有开路、短路、漏电等现象存在。如果有，应先予以排除
检测与维修	对水银减速度传感器进行检测时，可以模拟其工作情况来进行，可先在静态下检测其两端脚之间的导通情况，一般应导通；然后模拟车辆制动时的情况，检测其两引脚之间应能够断开，否则说明被检测的传感器不良或损坏

10.6 角速度传感器

这里所介绍的角速度传感器包括转向角速度传感器（通常应用于助力转向系统）与横摆角速度传感器（通常应用于ESP系统）。

(1) 转向角速度传感器

转向角速度传感器在液压助力转向系统中应用较多，常见的主要有可变电容式转向角速度传感器与霍尔感应式转向角速度传感器两大类。

① 转向角速度传感器的安装位置与功能、特点见表10-139。

表10-139 转向角速度传感器的安装位置与功能、特点

项目	具体说明
安装位置与功能	转向角速度传感器安装在液压转向机总成输入轴上，用来检测转向盘旋转角速度，也就是用来检测驾驶员采用多大的角速度转动转向盘
特点	在其他条件不变的情况下，当液压助力转向系统电子控制单元(ECU)收到的转向盘旋转的角速度越大，则对应泵的转速越高，转向的助力越大；反之，当转向盘旋转的角速度越小，则转向助力越小

② 可变电容式转向角速度传感器的外形、剖面结构与工作原理见表10-140。

表10-140 可变电容式转向角速度传感器的外形、剖面结构与工作原理

项目	具体说明
外形、剖面结构与工作原理示意图	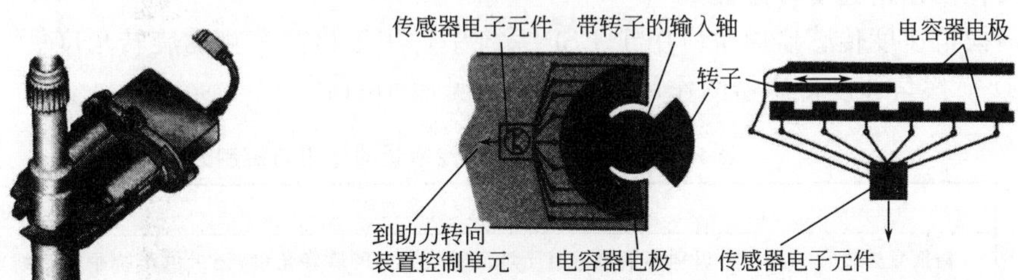 (a) 外形　(b) 剖面结构　(c) 工作原理
示意图说明	图(a)所示为TRW公司生产的可变电容式转向角速度传感器外形示意图，图(b)所示为该传感器的剖面结构，图(c)所示为工作原理示意图

续表

项目	具体说明
基本组成与工作原理	可变电容式转向角速度传感器主要由与转向盘柱一体并可随之转动的翼状金属挡片和相对固定的9个平板电容器及放大电路等构成。当挡片夹在电容器的两极板中间的时候，该电容器的电容量增大；而当挡片离开时，该电容器的容量值减小。这样，放大电路就会通过接收到的9个电容器容量值的变化速度与趋势，来判断转向盘的转向角度以及角速度的大小，该转换后的信号提供给电控液压助力转向系统的电子控制单元(ECU)后，来确定助力的大小

③ 霍尔感应式转向角速度传感器外形、结构与工作原理见表10-141。

表10-141　霍尔感应式转向角速度传感器外形、结构与工作原理

项目	具体说明
外形、结构示意图	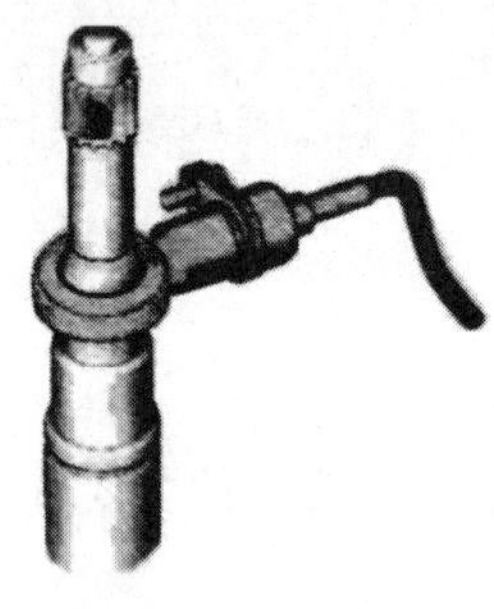 (a) 外形 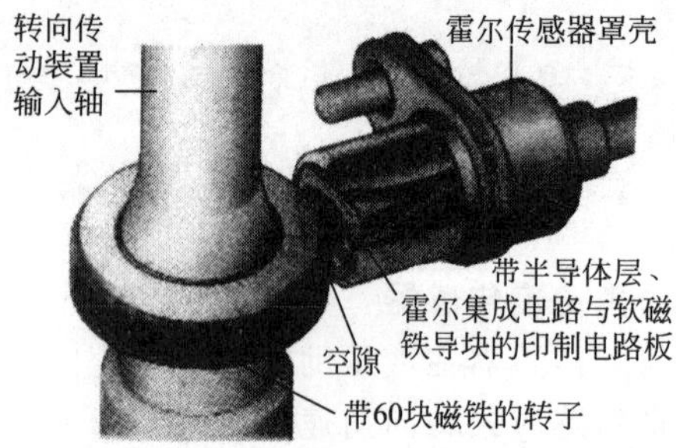 (b) 结构
示意图说明	图(a)所示为KOYO公司生产的霍尔感应式转向角速度传感器外形示意图，图(b)所示为该传感器的结构示意图
工作原理	右图所示为KOYO公司生产的霍尔感应式转向角速度传感器的工作原理示意图，该传感器相当于一个电子开关，主要由与转向盘轴一体并可随之转动的60对磁极和相对固定的霍尔电路及放大电路构成。通过60对磁极转子的相对转动，在传感器的霍尔电路上就可以产生相应的霍尔电压，该精确的电压经放大后提供给电控液压助力转向系统的电子控制单元(ECU)后，来确定助力的大小 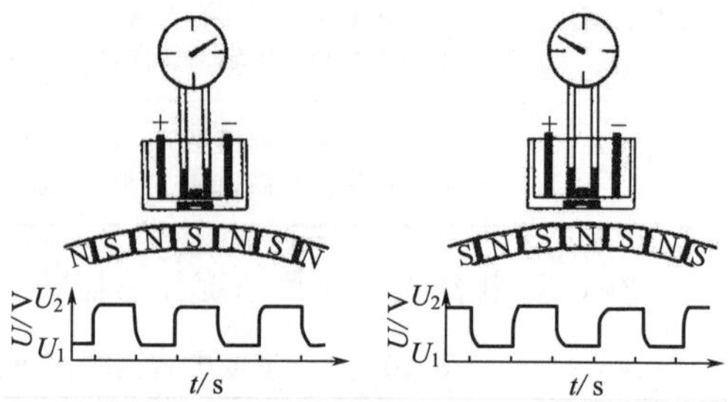

(2) 横摆角速度传感器

横摆角速度传感器通常应用于ESP系统中，用于检测车辆的旋转角度。

① 横摆角速度传感器的作用与控制方式见表10-142。

表10-142　横摆角速度传感器的作用与控制方式

项目	具体说明
作用	横摆角速度传感器用于识别车辆绕垂直于地面轴线方向的旋转角度，记录汽车绕垂直轴线的运动情况，监测车辆后部因侧滑发生的甩尾，识别车辆实际运动方向
控制方式	车辆偏转角的大小表达了汽车行驶过程中的稳定程度。横摆角速度传感器类似于飞机的陀螺，时刻监视着车辆方向的稳定性，以判断车辆是否发生了侧滑或甩尾，以便及时控制ESP系统的工作状况，保证车辆相对于垂直轴线的稳定性。一旦横摆角速度传感器输出的信号消失或异常，则ESP功能就会失效

② 横摆角速度传感器的安装位置与类型见表10-143。

表 10-143 横摆角速度传感器的安装位置与类型

项目	具体说明
安装位置	横摆角速度传感器通常安装在后座椅下方、转向柱下方偏右侧、后备厢上方、车辆中部变速杆旁
类型	横摆角速度传感器常见的主要有单独的横摆角速度传感器以及和侧向加速度传感器集成在一起的组合式传感器

(3) 大众系列轿车液压助力转向系统转向角速度传感器

由转向角速度传感器组成的电子控制液压助力转向系统在大众系列轿车的多种车型中都有应用。

① 转向角速度传感器的液压助力转向系统构成及其说明见表 10-144。

表 10-144 转向角速度传感器的液压助力转向系统构成及其说明

项目	具体说明
系统示意图	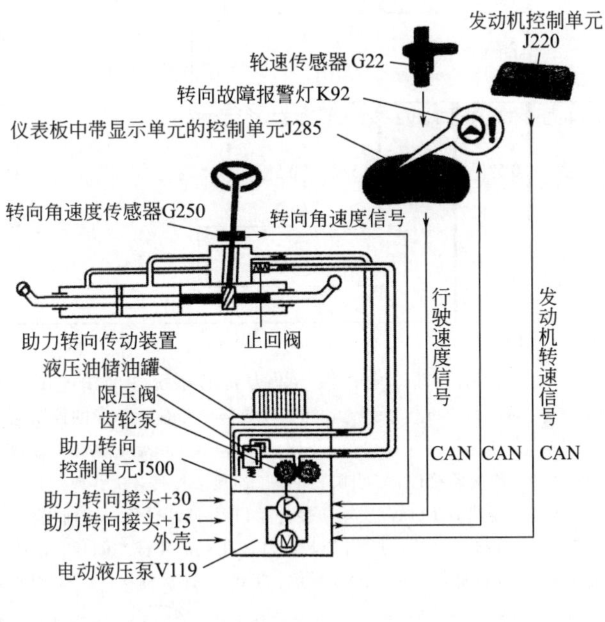
系统示意图说明	上图所示为由转向角速度传感器组成的电子控制液压助力转向系统原理示意图(以大众 POLO 系列轿车为例,以下均同,不再说明),该系统主要由电子控制单元(ECU)、各种传感器以及执行器等构成,执行器配合机械系统工作
其他方面说明	电控系统主要由转向角传感器 G250(对于带电子稳定程序 ESP 系统的车型,则未设置 G250,而是由转向盘转角传感器 G85 通过 CAN-BUS 总线经 ABS-ECU 传输转向角速度信号)、电子控制单元、液压泵总成 J500 以及受仪表板带显示单元的控制电路 J285 控制的故障报警灯 K92 共同组成

② 转向角速度传感器电路的连接方式。

如图 10-1 所示为大众系列轿车电控液压助力转向系统电路原理图，转向角速度传感器在电路中的编号为 G250，通过导线与转向助力控制单元 J500 进行连接，由 J500 的数据总线端脚与车载网络控制单元 J519 进行数据通信。

③ 大众系列轿车液压助力转向系统转向角速度传感器的检测与维修见表 10-145。

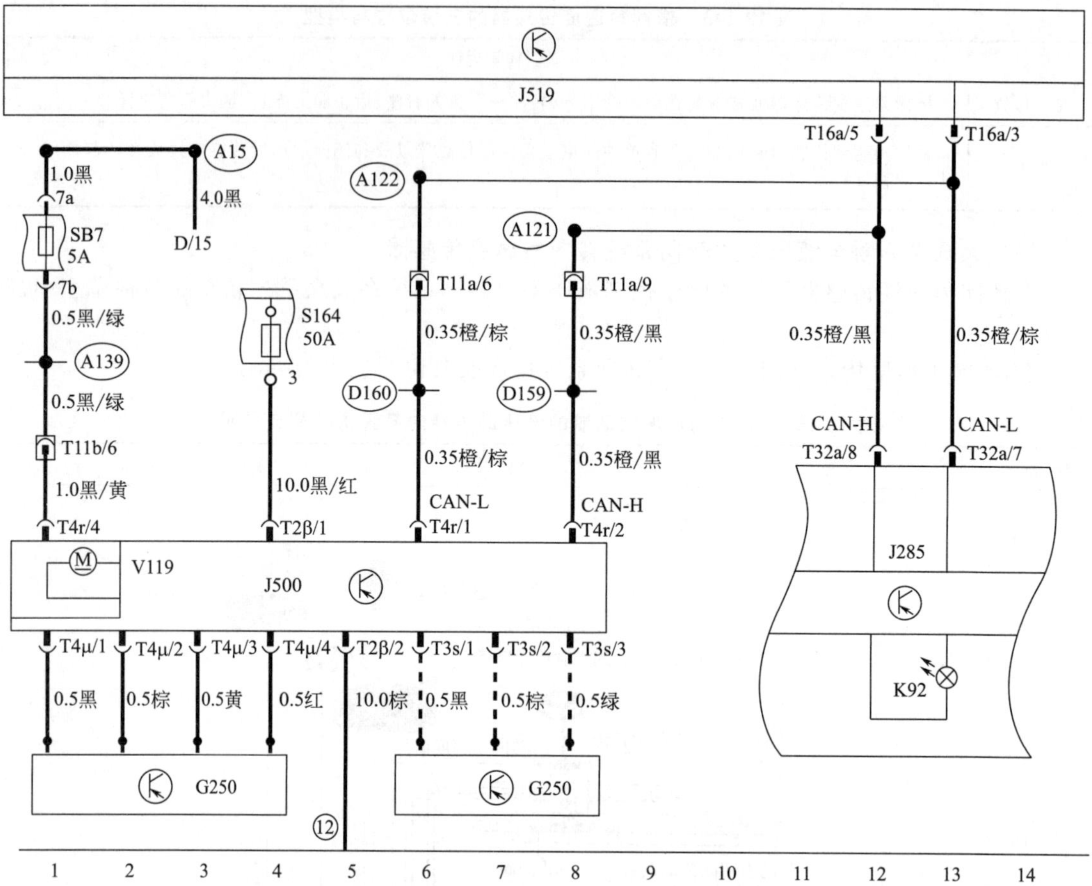

图 10-1 大众系列轿车电控液压助力转向系统转向角速度传感器原理图

D—点火/启动开关；G250—转向角速度传感器；J285—仪表板中带显示单元的控制电路；J500—转向助力控制单元；J519—车载网络控制单元；K92—故障报警灯；S164—熔丝 3（30A），在熔丝支架/蓄电池中；SB7—熔丝 7，在熔丝支架上；T2β—连接插接件，2 引脚；T3s—连接插接件，3 引脚；T4r—连接插接件，4 引脚；T4μ—连接插接件，4 引脚；T11a—连接插接件，11 引脚，白色，在前隔板左侧，在紧凑型组合插座 D 号位上；T11b—连接插接件，11 引脚，红色，在在前隔板左侧，在紧凑型组合插座 K 号位上；T16a—连接插接件，16 引脚，黑色，XS6 号位；T32a—连接插接件，32 引脚；V119—电动液压泵；⑫—搭铁点，在发动机舱的左侧，左纵梁前部上面；(A15)—正搭铁点，在仪表板线束中；(A121)—连接（High-Bus），在仪表板线束中；(A122)—连接（Low-Bus），在仪表板线束中；(A139)—连接 3（15），在仪表板线束中；(D159)—连接（High-Bus），在发动机舱线束中；(D160)—连接（Low-Bus），在仪表板线束中

表 10-145 大众系列轿车液压助力转向系统转向角速度传感器的检测与维修

项目	具体说明
3 引脚传感器的检测	TRW 公司的转向角速度传感器属于三引脚方式，这类传感器的一个引脚与＋5V 供电电压相连接，另有一个引脚搭铁，剩下的即为信号输出引脚。与电控液压助力转向系统的电子控制单元（J500）之间的连接方式见图 10-1 中右端虚线连接的 G250 所示。对该传感器进行检测时，应先检测其＋5V 的供电是否正常，搭铁端连接是否牢固，采用示波器检测其输出端是否有信号输出
4 引脚传感器的检测	KOYO 公司的转向角速度传感器则属于四引脚方式，该传感器的一个引脚与＋5V 供电电压相连接，另有一个引脚搭铁，剩下的即为正、负信号输出引脚。与电控液压助力转向系统的电子控制单元（J500）之间的连接方式见图 10-1 中左端实线连接的 G250 所示。对该传感器进行检测的方法与上述 3 引脚的基本相同

10.7 组合传感器

所谓组合传感器，就是把两种或多种与加速度或角速度有关的单件传感器集成在一起，以形成传感器总成。

(1) 组合传感器概述

与加速度或角速度有关的组合传感器在进口车型的电路图中通常采用英文 Sensor Cluster 来表示。

① 组合传感器的组合与通信方式见表 10-146。

表 10-146 组合传感器的组合与通信方式

项目	具体说明
组合传感器的组合方式	组合传感器根据实际需要的不同，通常有将横向加速度传感器与纵向加速度传感器组合在一起，将横向加速度传感器、纵向加速度传感器与横摆角速度传感器组合在一起，将横摆角速度传感器与减速度传感器组合在一起，将横向加速度传感器与横摆角速度传感器组合在一起等几种类型，但最常用的是将横向加速度传感器与横摆角速度传感器组合在一起的组合传感器
组合传感器的通信方式	组合传感器与电子控制单元(ECU)之间的通信方式主要有普通线束通信方式与数据总线的双绞线通信方式两大类

② 双组合式传感器的作用与外形见表 10-147。

表 10-147 双组合式传感器的作用与外形

项目	具体说明	
作用	所谓双组合传感器这里是指将横向加速度传感器与横摆角速度传感器的组合。用于检测车辆横摆率(车辆转角速度)以及横向惯性力，并将信号传输给动态稳定控制系统液压控制单元(DSC HU/CM)	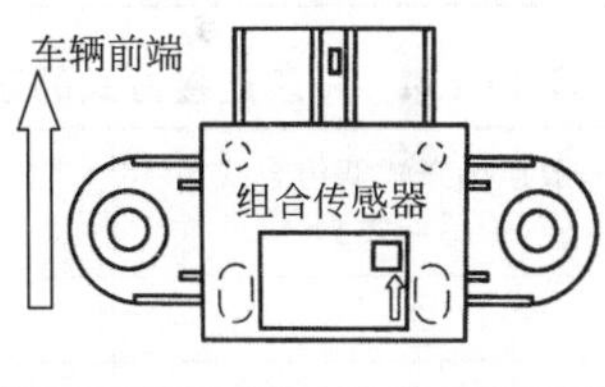
外形	右图所示为双组合传感器的外形示意图，该传感器主要应用于汽车动态稳定控制系统中，与 ECU 之间通常采用一般连接方式	

③ 三组合式传感器的外形、安装位置与作用见表 10-148。

表 10-148 三组合式传感器的外形、安装位置与作用

项目	具体说明
外形与安装位置示意图	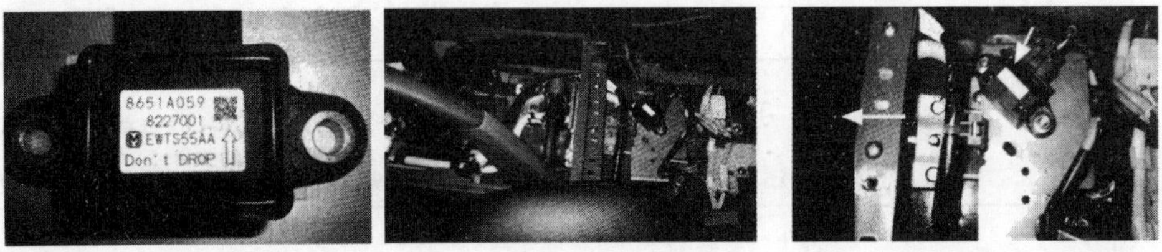(a) 外形 (b) 安装位置 (c) 局部放大
示意图说明	图(a)所示为组合传感器的外形示意图。组合传感器通常安装在中控箱下，图(b)所示为组合传感器在整车上的安装位置示意图，图(c)所示为局部放大示意图

续表

项目	具体说明	
作用	组合传感器用于监测车辆的横向、纵向加速度以及偏摆率，通过 CAN 总线把信号发送到 M-ASTC-ECU 和其他 ECU。具体检测情况如下所述	
	横向加速度传感器	横向加速度传感器用于监测车辆前后方的加速度，从而确定车辆是处于加速状态还是减速状态
	纵向加速度传感器	纵向加速度传感器用于检测车辆左右方向的加速度，也就是对转弯时产生的离心率大小进行检测，以确定汽车在通过弯道时是否打滑
	偏摆率传感器（横摆角速度传感器）	偏摆率传感器用于监测车辆沿垂直轴的偏转，并提供转动速率。M-ASTC-ECU 利用转向盘转角信号与横摆率传感器横摆率的大小，来确定车辆的稳定程度

（2）普通导线通信双组合式传感器

由于双组合式传感器内部集成的两个传感器的引脚，通常都采用单独引出的方式引出，故在检测时，可以采用分别检测的方法进行判断。

① 双组合式传感器连接电路与引脚功能说明见表 10-149。

表 10-149　双组合式传感器连接电路与引脚功能说明

项目	具体说明	
连接电路	右图所示为双组合式传感器与动态稳定控制系统液压控制单元（DSC HU/CM）之间的连接方式示意图。两者之间采用屏蔽线进行连接，用于防止外界干扰信号通过导线干扰动态稳定控制系统液压控制单元 DSC HU/CM 的工作	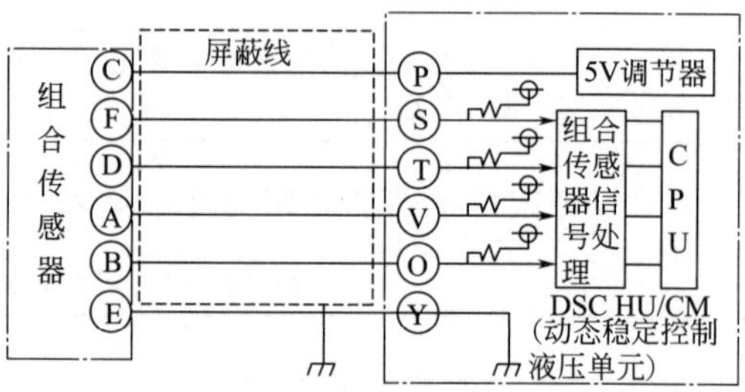
引脚功能说明	一般连接方式的双组合式传感器与动态稳定控制系统液压控制单元 DSC HU/CM 各端脚功能说明如表 10-150 中所列	

表 10-150　一般连接方式的双组合式传感器与动态稳定控制系统液压控制单元各端脚功能说明

一般连接方式双组合式传感器端脚	动态稳定控制系统液压控制单元端脚	功能说明
A	V	其他功能信号输出端
B	O	横向加速度传感器信号（横向 G 信号）输出端
C	P	组合传感器的功率信号输出端（为传感器提供＋5V 电源）
D	T	横摆脚速度传感器信号输出端
E	Y	组合传感器搭铁端
F	S	组合传感器诊断信号（为 3.5～5V 之间的电压）

② 双组合式传感器供电与搭铁的检测与维修见表 10-151。

表 10-151　双组合式传感器供电与搭铁的检测与维修

项目	具体说明
供电检测	接通（ON）点火开关，但不要启动发动机，采用万用表电压挡检测组合传感器插接件线束一侧 C 端脚与车身搭铁之间的电压，该电压正常值在 4.5～5.5V 之间
搭铁检测	在断开组合传感器插接件的情况下，采用万用表电阻挡检测组合传感器线束侧的端脚 E 与蓄电池负极之间的导通情况，正常的电阻值应小于 1Ω

③ 横向加速度与横摆角速度传感器的检测与维修见表 10-152。

表 10-152 横向加速度与横摆角速度传感器的检测与维修

<table>
<tr><th>项目</th><th colspan="4">具体说明</th></tr>
<tr><td rowspan="3">横向加速度传感器的检测</td><td colspan="4">将组合传感器插接件连接好，接通点火开关，然后根据下面的要求，采用万用表直流电压挡检测 B 和 E 之间的电压。如果检测的数据差别较大，则说明其不良或损坏</td></tr>
<tr><td>传感器状态</td><td>水平方式</td><td>顶面向上（与水平面上倾 90°）</td><td>顶面向下（与水平面下倾 90°）</td></tr>
<tr><td>检测到的 E 与 B 之间的电压范围/V</td><td>2.4～2.8</td><td>3.3～3.8</td><td>1.2～1.8</td></tr>
<tr><td rowspan="3">横摆角速度传感器的检测</td><td colspan="4">将组合传感器插接件连接好，接通点火开关，在静态条件下，检测横摆角速度传感器的电压。然后根据下面的要求，采用万用表直流电压挡检测 D 和 E 之间的电压。如果检测的数据差别较大，则说明其不良或损坏</td></tr>
<tr><td>传感器状态</td><td colspan="2">向右旋转</td><td>向左旋转</td></tr>
<tr><td>检测到的 D 与 B 之间的电压范围</td><td colspan="2">在 2.5～4.8V 之间波动</td><td>在 2.5～0.3V 之间波动</td></tr>
</table>

(3) CAN-BUS 通信双组合式传感器

采用 CAN-BUS 通信可以大大减少组合式传感器的引出脚，由此可使连接传感器的导线也相应减少。

① CAN-BUS 通信双组合式传感器的连接电路与供电检测见表 10-153。

表 10-153 CAN-BUS 通信双组合式传感器的连接电路与供电检测

<table>
<tr><th>项目</th><th colspan="2">具体说明</th></tr>
<tr><td>连接电路</td><td>右图所示为采用 CAN-BUS 通信双组合式传感器与电子控制单元(ECU)之间的连接方式示意图。日本新皇冠轿车的动态稳定控制系统中就采用了该传感器。它是将横摆角速度传感器与减速度传感器组合在一起</td><td>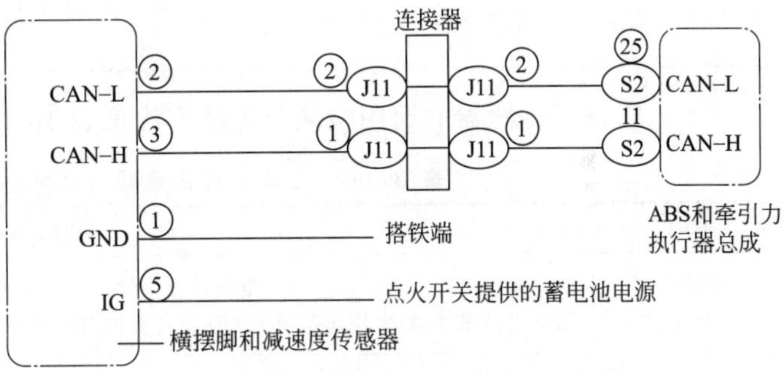
</td></tr>
<tr><td>供电检测</td><td colspan="2">在断开组合传感器插接件的情况下，接通点火开关，采用万用表电压挡检测传感器线束侧⑤脚与搭铁之间的电压，该电压正常值在 10～14V 之间</td></tr>
</table>

② CAN-BUS 通信双组合式传感器的搭铁检测与故障码见表 10-154。

表 10-154 CAN-BUS 通信双组合式传感器的搭铁检测与故障码

项目	具体说明
搭铁检测	在断开组合传感器插接件的情况下，采用万用表电阻挡检测组合传感器线束侧的端脚①与蓄电池负极之间的导通情况，正常的电阻值应小于 1Ω
故障码	以日本新皇冠轿车动态稳定控制系统中双组合式传感器为例，读取这类传感器的故障码时，应采用专用故障诊断仪来进行，具体方法见该车辆的维修手册，与双组合式传感器有关的故障码及其含义见表 10-155 中所列，供参考

表 10-155 日本新皇冠轿车的动态稳定控制系统中与双组合式传感器有关的故障码及其含义

故障码	含义	故障码	含义
C1210/36	没有进行横摆角速度传感器零点校正	C1279/79	减速度传感器或其连接线路有问题
C1232/32	减速度传感器方面的问题(查阅维修手册)	C1336/39	没有进行减速度传感器零点校正
C1234/34	横摆角速度传感器或其连接线路有问题	C1371/71	横摆角速度传感器输出信号故障
C1243/43	减速度传感器方面的问题(查阅维修手册)	C1381/97	横摆角速度传感器/减速度传感器电源电压故障
C1244/44	减速度传感器电路开路或短路	U0123	失去与横摆角速度传感器模块的通信
C1245/45	减速度传感器方面的问题(查阅维修手册)	U0124	失去与减速度传感器模块的通信

(4) 三组合式传感器

三菱 V77 主动稳定牵引控制系统组合传感器主要由横向加速度传感器、纵向加速度传感器与横摆率传感器组合而成。该组合传感器的型号为 EWTS55AA，由松下公司生产。

① 三组合式传感器检测思路与连接电路见表 10-156。

表 10-156 三组合式传感器检测思路与连接电路

项目	具体说明	
检测思路	由于 EWTS55AA 型组合传感器输出端信号是通过 CAN 总线来传送检测到的信息的，故采用万用表无法测得有关数据，通常采用解码器查其数据流来判断其工作情况	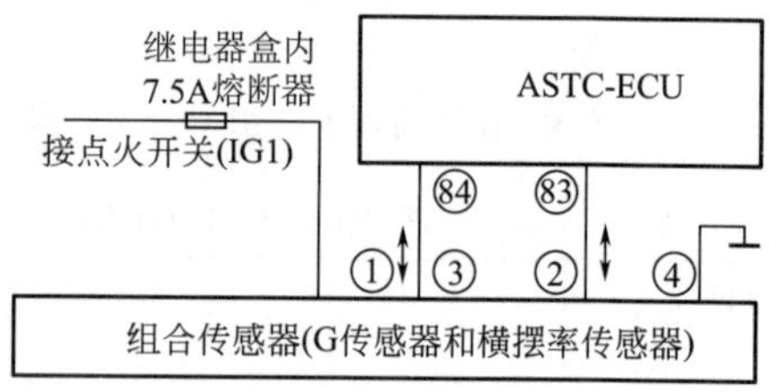
连接电路与引脚功能	右图所示为组合传感器与 ASTC-ECU 之间的连接方式。传感器的 1 脚为供电输入端；2 脚与 3 脚为 CAN 总线端；4 脚为搭铁端	

② 三组合式传感器的通用检测与维修方法见表 10-157。

表 10-157 三组合式传感器的通用检测与维修方法

项目		具体说明
供电的检测		首先检测组合传感器的供电电压是否正常。可采用万用表电压挡，检测组合传感器的 1 脚与 4 脚之间的直流电压，该电压正常情况下应为蓄电池电压
输出信号的检测		组合传感器的 2 脚与 3 脚为 CAN 总线端，无法用万用表进行检测。采用三菱专用的 MUT-Ⅲ 解码器进行检测时，先进入 M-ASTC 系统菜单，查阅数据流，读取其第 19～21 项。数据流第 19～21 项的具体情况见表 10-158 中所列，如果读取的数据流的具体数值与该表中所列的正常值相差较大，则说明组合传感器或其连接线路有问题，如果检查线路正常的话，则为组合传感器本身不良或损坏
初始化	初始化的原因	当更换组合传感器时，横向加速度传感器、纵向加速度传感器与横摆率传感器的空档点学习值会被清除，ASC OFF 指示灯会点亮，以提示 M-ASTC-ECU 尚未初始化，同时会设置故障码 81 与 82，此时就应对新换的组合传感器进行初始化
	具体操作方法	采用三菱专用的 MUT-Ⅲ 解码器来对加速度和横摆率传感器进行初始化的方法与步骤如下：将车辆停放在水平路面上→把点火开关置于 LOCK(OFF)位置→将 MUT-Ⅲ 解码器连接到车辆的诊断插接器上→点火开关转到 ON 位置→执行第 15 项(Yaw 横摆率传感器)和第 16 项(G 加速度传感器)促动器测试→确定 ASC OFF 指示灯已经熄灭→把点火开关转至 LOCK 位置→拆下 MUT-Ⅲ 解码器
维修注意事项		更换组合传感器时，一定要进行标定。维修过程中，不要使组合传感器掉落或受到冲击

表 10-158 数据流第 19～21 项的具体情况

项目	19	20	21
具体情况	GS(Straight)(前部和后部),其单位为 m/s^2,该数值介于－14.7～14.7m/s^2 之间	GS(Lateral)(左侧和右侧),其单位为 m/s^2,该数值介于－14.7～14.7m/s^2 之间	Yaw Rate Snsr(横摆率传感器),其单位为(°)/s

③ 三组合式传感器的故障码。

三组合式传感器故障除了上述采用读取数据流的方法来判断其好坏外，也可以通过读取系统中存储的故障码来判断故障原因。表 10-159 中列出了与三组合式传感器有关的故障码的含义，供检修故障时参考。

表 10-159 与三组合式传感器有关的故障代码及其含义

故障码	检查项目	故障码	检查项目
63	加速度传感器输出故障(输出异常)	74	加速度和横摆率传感器通信线路故障
64	加速度传感器卡滞(卡滞故障)	76	加速度传感器故障(加速度传感器主动检查故障)
65	加速度传感器自诊断故障	77	横摆率传感器故障(横摆率传感器主动检查故障)
71	横摆率传感器自诊断故障	81	加速度传感器初始化没有完成
72	横摆率传感器 0 位置故障	82	横摆率传感器初始化没有完成
73	横摆率传感器输出故障		

10.8 空调压缩机转速锁定传感器

在汽车自动空调系统中，压缩机是一种贵重部件，为了对压缩机进行保护，有的车辆空调系统设置了空调压缩机转速锁定传感器。

(1) 功能特点

空调压缩机转速锁定传感器通常应用于高档轿车上，这类传感器的功能、特点与连接电路见表 10-160 中所列。

表 10-160 空调压缩机转速锁定传感器的功能特点与连接电路

项目	具体说明
功能特点	汽车空调压缩机锁定传感器通常安装在空调压缩机的内部,用于检测压缩机的转速,压缩机每转 1 圈,锁定传感器产生 4 个脉冲信号提供给空调电子控制单元(ECU)。如果压缩机转速与发动机转速之比小于设定值,则空调电子控制(ECU)就会控制压缩机停转,并控制报警指示灯以 1s 的间隔闪光一次
连接电路与引脚功能	右图所示为丰田佳美轿车自动空调压缩机锁止传感器与空调 ECU 之间的连接方式。该传感器有 2 个引出脚,一个引脚通过空调 ECU 内部电路搭铁,另一个引脚为信号输出端,该引脚的 12V 供电来自于空调 ECU 的内部,是经一个限流电阻后得到的 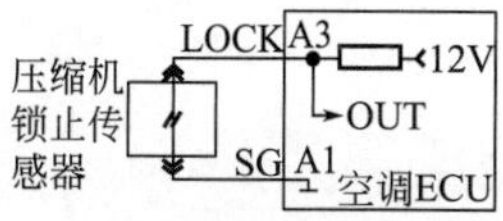

(2) 通用检测与维修方法

对空调压缩机转速锁定传感器的检测与维修，既可以采用万用表进行电阻检测，又可以通过读取故障码的方法来判断故障原因。表 10-161 列出了空调压缩机转速锁定传感器的通用检测与维修方法。

表 10-161 空调压缩机转速锁定传感器的通用检测与维修方法

<table>
<tr><td>项目</td><td colspan="4">具体说明</td></tr>
<tr><td>检测与维修方法</td><td colspan="3">采用万用表检测汽车空调压缩机锁定传感器时，采用万用表的电阻挡，如右图所示，检测传感器两引脚之间的电阻值，该电阻值在不同温度时的参考值如下表所示，供参考</td><td rowspan="3">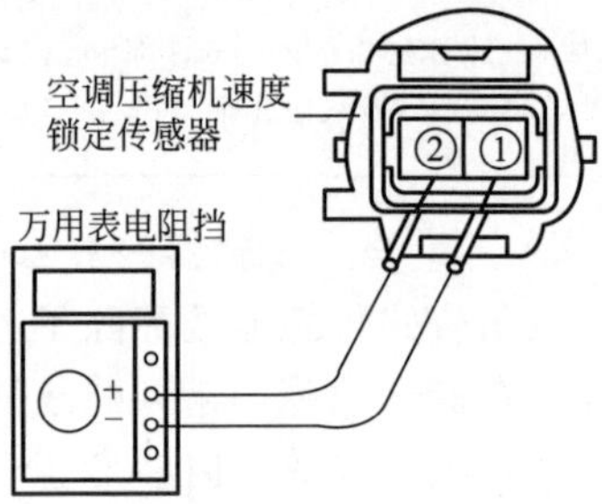
</td></tr>
<tr><td rowspan="2">检测数据</td><td>温度/℃</td><td>25</td><td>100</td></tr>
<tr><td>电阻值参考范围/Ω</td><td>530～650</td><td>670～890</td></tr>
</table>

(3) 丰田佳美轿车自动空调压缩机锁止传感器

丰田佳美 SXV20（搭载 5S-FE 型电喷发动机）型轿车与 MCV20（搭载 5MF-FE 型电喷发动机）型轿车采用的自动空调类型基本相同，使用的压缩机锁止传感器也一样，表 10-162 列出了对该传感器的检测与维修方法。

表 10-162 丰田佳美轿车自动空调压缩机锁止传感器的检测与维修方法

项目	具体说明
自检与读取故障码	空调 ECU 内设置有自检程序。在接通点火开关的情况下，同时按下 AUTO 与循环(R/F)2 个按钮，ECU 则进入自检程序，先对指示灯进行检测，然后自动检测传感器，并将检测结果显示在显示器上。当显示器显示故障码“22”时，其含义为压缩机锁止传感器故障。对此，应检查压缩机传动皮带，压缩机本身，压缩机锁止传感器本身，以及压缩机和空调控制盒、压缩机锁止传感器与空调控制盒之间的线束或连接器
需要注意的问题	故障码 22 仅是一个即时出现的故障，如果要确认故障码 22，可按以下步骤进行：在发动机运行的同时，进入传感器检查模式后，按下 F/R 按键进入驱动器检查模式，按下 AUTO 按键返回传感器检查模式，大约 3s 后就开始显示故障码

第11章 气体浓度传感器

汽车上应用的气体浓度传感器常见主要有氧传感器、全范围空燃比传感器、稀薄混合气传感器与烟尘浓度传感器等。

11.1 气体浓度传感器概述

汽车上使用的氧传感器、全范围空燃比传感器与稀薄混合气传感器主要应用于发动机的排放系统中。而烟尘浓度传感器主要应用于车内空气净化系统中，具体情况见表 11-1 中所列。

表 11-1 气体浓度传感器概述

项目		具体说明
氧传感器	外形示意图	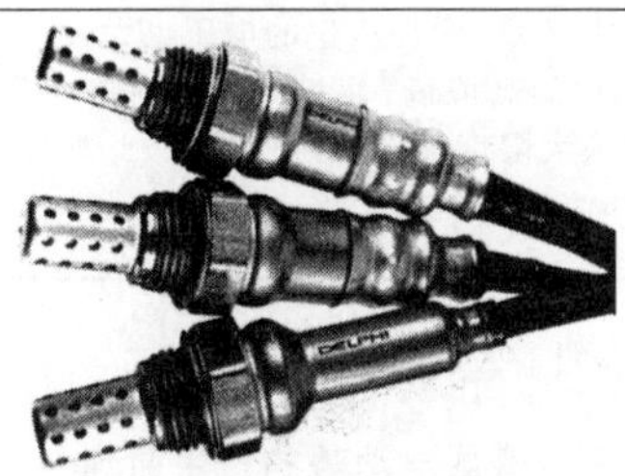 (a) 氧传感器外形  (b) 氧传感器与插接件总成
	作用	氧传感器通常安装在发动机的排气管上，用于检测废气中氧的含量，确定可燃混合气过浓还是过稀，空燃比是否偏离了理论值（14.8∶1，有的资料上标注为 14.7∶1），并输出一个反馈信号给发动机电子控制单元（ECU），以供随时修正喷油量的大小，从而使混合气空燃比保持在理论值附近，以保证汽车尾气的有害气体含量不超过环保要求
	类型	氧传感器根据使用的材料不同，主要有氧化钛（TiO_2）与氧化锆（ZrO_2）两大类，后者又分为非加热型氧传感器与加热型氧传感器两大类
宽频氧传感器		宽频氧传感器又称为宽域空燃比传感器或全范围空燃比传感器，用于连续检测混合气从浓到稀的整个范围的空燃比，以使发动机在整个运行过程中实现空燃比的反馈控制，在各个区域内实现最佳油耗、最佳排放与最佳运转性能
稀薄混合气传感器		稀薄混合气传感器主要应用于稀燃发动机的领域，连续检测出稀薄燃烧区的空燃比，以实现稀薄领域的反馈控制
烟尘浓度传感器		烟尘浓度传感器用于检测车厢内烟尘的浓度，自动控制空气净化器的运行或停止，以便达到净化车内空气的目的

11.2 氧传感器

氧传感器随时监测排气中的氧浓度，并随时向发动机电子控制单元（ECU）反馈信号。发动机ECU 根据反馈信号及时调整喷油量。

(1) 氧传感器概述

氧传感器是实现闭环控制必不可少的重要部件，它对发动机排放控制起着不可缺少的作用。

① 氧传感器的类型与组成、安装方式见表 11-2。

表 11-2 氧传感器的类型与组成、安装方式

项目	具体说明
类型与组成	氧传感器根据其引脚不同进行分类，可以分为单引脚、2 引脚、3 引脚与 4 引脚几种形式。但基本上是由凸缘、铂电极、固体电解质（氧化锆或钛元素）、发热棒、陶瓷涂层、套管及导线等组成的。其中单引脚与 2 引脚没有发热棒，只有 3 引脚与 4 引脚才具有发热棒。发热棒受发动机电子控制单元（ECU）的控制，它的作用是当空气进气量小（排气温度低）时，ECU 控制电流流向发热棒，使发热棒对氧传感器进行加热，以便能够精确地检测出氧气的浓度
安装方式	氧传感器安装在汽车的排气管上，头部装进排气管内，尾部暴露在空中，大气空气可以从尾部流入传感器内部，传感器外部则与废气直接接触。氧传感器头部里面是二氧化锆（ZrO_2），这个元件内外均薄薄地镀上一层铂，在 400℃或更高温度时，元件内部表面上氧气浓度（大气空气）与外表面上的氧气浓度（发动机排气）相差很大，ZrO_2 元件就产生电压。当空气和燃油混合气很稀时，废气中氧气含量多，因此传感器内、外氧气浓度就没有多大差别，ZrO_2 元件产生的电压就很小（接近于 0）。相反，如果空气和燃油混合气很浓，废气中几乎没有氧气，这就使传感器内、外的氧气浓度差别很大，于是由 ZrO_2 元件产生的电压也大（约 1V）。发动机电子控制单元（ECU）根据来自氧传感器的电动势信号判别空燃比的高或低，并相应地控制喷油时间，精确控制它接近理论空燃比。通过闭环控制，再利用三元催化器，就可以最大限度地降低尾气排放，此外发动机性能也可处于最佳状态，并提高了燃烧效率，使汽车的经济性更好

② 氧传感器电动势的产生原理见表 11-3。

表 11-3 氧传感器电动势的产生原理

项目	具体说明
氧传感器电势差公式	氧传感器的电动势产生机理如右图所示。在一定的温度下，当 ZrO_2 固体电解质两端的气体压力不同时，由于 O_2 在固体电解质内的迁移而使两边电极上产生不同电势，形成电势差。该电势差可通过能斯特公式计算得出 $E=\frac{RT}{4F}\ln\frac{p_1}{p_2}$ 式中，R 表示通用气体常数；T 表示锆固体电解质活性区的热力学温度；F 表示法拉第常数；p_1 表示外层电极的电极-电解质交界面处的氧分压；p_2 表示大气中的氧分压 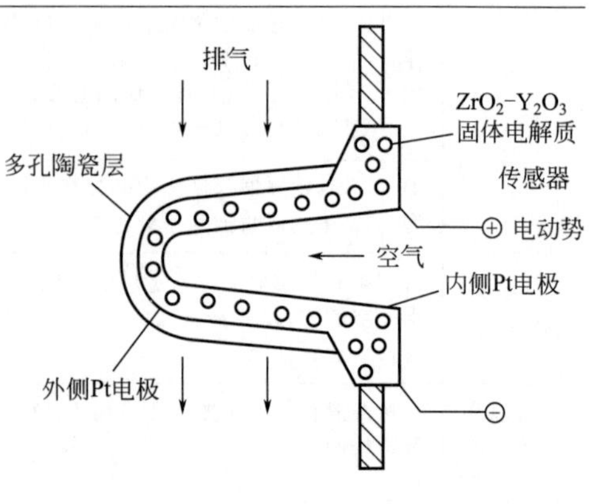

续表

项目	具体说明
氧传感器电动势产生原理	把铂涂覆在二氧化锆管上，除起电极作用外，还有下述催化作用：$CO+1/2O_2 \rightarrow CO_2$，靠这种作用，浓混合气燃烧所排放的废气与氧传感器催化剂铂接触时，因为废气中残存的低浓度氧(O_2)与一氧化碳(CO)几乎全部都参与化学反应，铂表面的 O_2 浓度为零，CO 浓度也减少，故氧浓度之差变得非常大，由此就产生了 1V 左右的电动势 当稀薄混合气燃烧时，因为排放气体中存在有高浓度的 O_2 和低浓度的 CO，即使 CO 与 O_2 进行化学反应，还是有多余的 O_2 存在，氧浓度差很小，所以几乎不产生电压

③ 氧传感器的空燃比关系曲线见表 11-4。

表 11-4 氧传感器的空燃比关系曲线

项目	具体说明	
空燃比关系曲线	右图所示为氧传感器输出电压与发动机空燃比之间的关系示意图	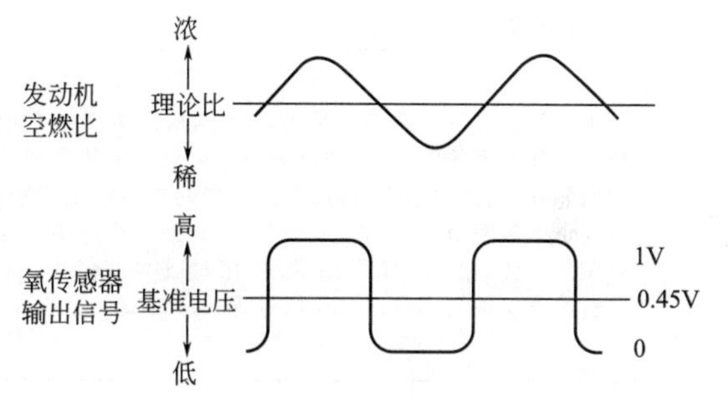
空燃比关系说明	当汽车发动机空燃比接近理论值时，因为排放气体中的 CO 与 O_2 的浓度很低，所以，在铂的表面 O_2 与 CO 从完全进行化学反应(CO 过剩，O_2 为零)的状态急剧变化为氧含量过剩(CO 为零，O_2 过剩)的状态，氧浓度之比急剧变化，电动势也急剧变化	
曲线特点	氧传感器在理论空燃比值附近形成了一个开关(输出电压突变)，偏浓输出高电平，偏稀输出低电平，电压差接近 1V	

④ 氧传感器的反馈控制见表 11-5。

表 11-5 氧传感器的反馈控制

项目	具体说明
氧传感器在反馈控制中的重要性	目前，三元催化方式(氧传感器、三元催化剂与电子控制供油系统，即三元系统)在降低汽车排放技术中处于主导地位。为了使废气中的 CO、HC、NO_x 三种成分在各种工况下都能得到很高的净化率，发动机就必须在各种工况下一直把空燃比控制在理论值附近。为此，利用氧传感器检测排放气体中的氧浓度及微机反馈控制来调整发动机的空燃比，成为必不可少的手段；同时也表明，氧传感器是使该系统最有效地发挥作用必不可少的部件
氧传感器反馈控制示意图	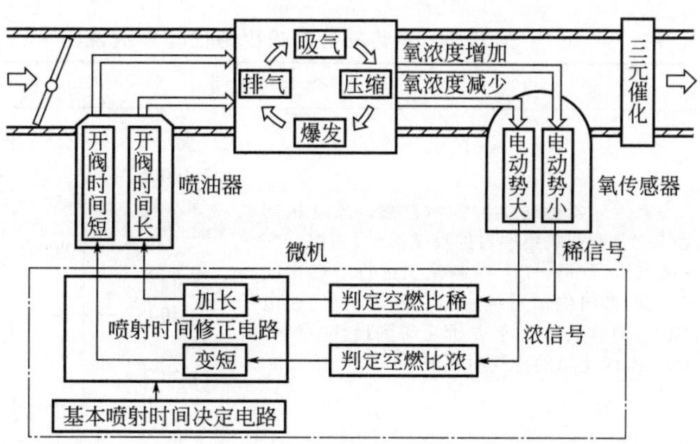

续表

项目	具体说明	
反馈控制原理	发动机空燃比反馈控制原理如上图所示。该系统的具体工作情况如下所述。反馈控制系统就是这样按下述情况往复动作，从而把空燃比控制在理论值附近	
	空燃比稀薄	当空燃比稀薄时，排放气体中的氧浓度增加，氧传感器把“稀薄状态”通知微机，微机发出信号增加喷油量
	空燃比较浓	当空燃比较浓时，排放气体中的氧浓度降低，氧传感器把“较浓状态”通知微机，微机发出信号减少喷油量，又回复到原来状态

⑤ 平板加热式氧传感器的应用情况与特点见表 11-6。

表 11-6　平板加热式氧传感器的应用情况与特点

项目	具体说明	
应用情况	现在使用的氧传感器大多为加热型氧传感器，这类传感器又有两种，一种是在传统不加热管式传感器的基础上经过工艺改进形成的管式加热型氧传感器，还有一种就是平板加热式氧传感器。前者使用广泛，后者属于新型氧传感器	
特点	平板加热式氧传感器的核心部件结构示意图如右图所示。其最大的特点是，加热器的热量会直接传导至氧化锆元件上，热效率高，再加上传感器的总容量比较小，因此可大幅缩短启动时间；另外，由于加热器与感应元件制成一体，铂金及锆粉用量小，相对成本也较低。这类传感器会成为主流产品而取带管式加热型氧传感器	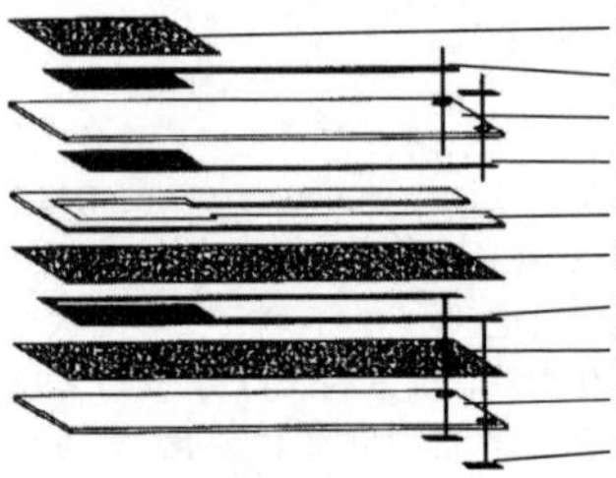

⑥ 氧传感器的温度与电动势之间的关系见表 11-7。

表 11-7　氧传感器的温度与电动势之间的关系

项目	具体说明	
温度较低	实际上，氧传感器相当于电池与电阻的组合，当温度较低时，传感器内阻很大，所以传感器没有电压产生，只有电阻	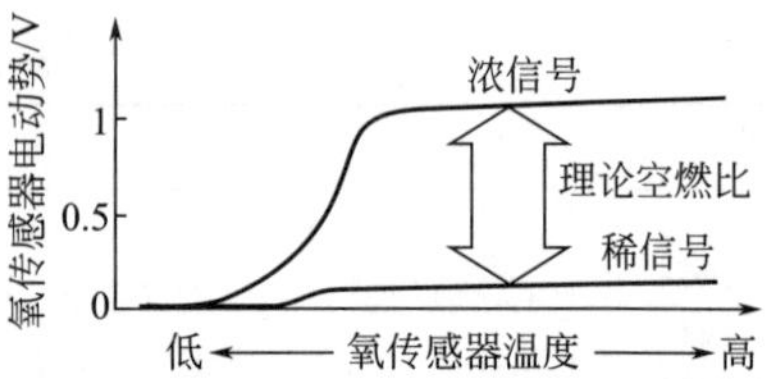
温度不断升高	随着温度不断升高，传感器内阻逐渐变小，浓稀状态下的电压差也逐渐加大。当温度升高到一定程度时，便会得到稳定的电压输出，而且电压差足够大，便于发动机 ECU 拾取信号，此时所对应的温度点，就称为氧传感器激活温度。氧传感器的输出电压与温度之间的关系如右图所示	

⑦ 氧传感器的输出特性与参数说明见表 11-8。

表 11-8　氧传感器的输出特性与参数说明

项目	具体说明	
输出特性曲线示意图	右图所示为氧传感器的输出特性示意图。发动机的电子控制单元(ECU)根据氧传感器的反馈信号（为混合气偏浓还是偏稀的电压信号），作为控制系统进行空燃比闭环反馈修正的依据，再向供油系统发出负反馈信号，让电子控制单元(ECU)调整喷油时间，从而可得到最佳空燃比的可燃混合气，以实现理想的排气净化效果	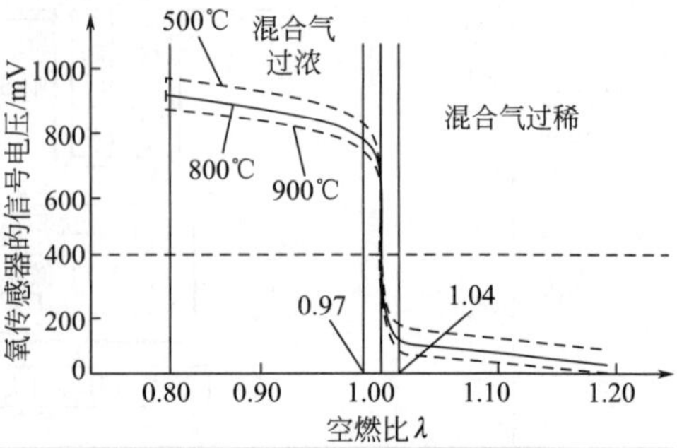

续表

项目	具体说明
几种特性参数说明	空燃比=空气质量/燃油质量=14.8∶1；过量空气系数 λ=实际空燃比/理论空燃比；最佳空燃比是指过量空气系数 $\lambda=1$。当氧传感器的信号电压高于 0.4V 时，说明燃油混合气过浓，发动机电子控制单元会减少喷油时间，直到电压低于 0.4V 时，说明燃油混合气过稀，发动机电子控制单元增加喷油时间，直到氧传感器的信号电压高于 0.4V。如此循环就可以实现燃油混合气的闭环控制

⑧ 双氧传感器的连接方式、安装位置及其特点见表 11-9。

表 11-9 双氧传感器的连接方式、安装位置及其特点

项目	具体说明
双氧传感器的连接方式	双氧传感器是在原有的催化转化器后再增加一个氧传感器，就构成所谓双氧传感器排放监视结构（也就是催化转化器的 OBD 监视系统），该系统的结构及其与有关部件或元器件之间的连接方式示意图如右图所示 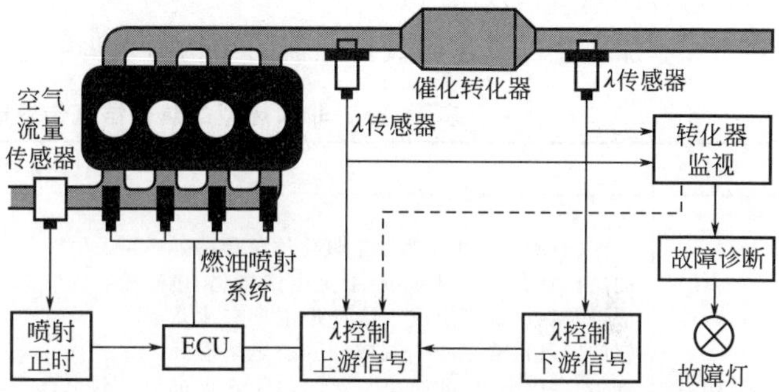
双氧传感器的安装位置及其特点	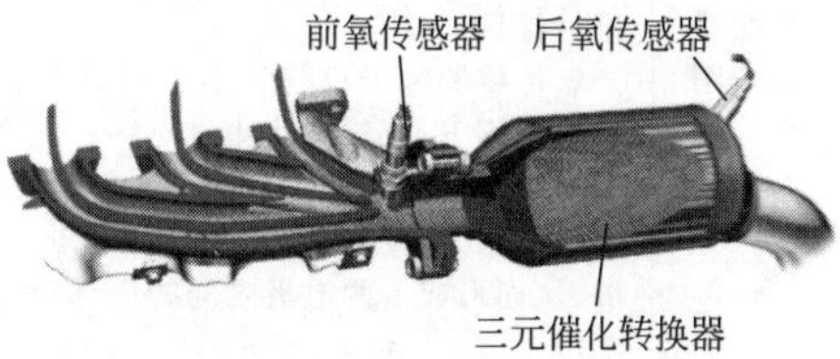 如右图所示，在双氧传感器排放监视结构中，第 1 个氧传感器（前氧传感器）安装在催化转化器的上游，第 2 个氧传感器（后氧传感器）设置在催化转化器的下游。前氧传感器和电控系统、燃油喷射系统共同构成 λ 闭环控制系统。前氧传感器由后氧传感器来辅助工作，后氧传感器监测的废气已经通过了催化转化且达到了化学平衡，所以可提供更准确的检测参数来适当修正前氧传感器提供给闭环控制的数据。后氧传感器的另外一个作用就是和前氧传感器一起构成催化转化器的双氧传感器监视方式，所以后氧传感器有时又称为催化监视氧传感器（CMS，英文 Catalyst Monitor Sensor）

⑨ 部分品牌轿车氧传感器的应用情况。

目前，国内有些车型仍然采用传统管式加热型氧传感器，表 11-10 列出了部分品牌轿车应用的氧传感器情况

表 11-10 部分品牌轿车使用的氧传感器情况

车型	生产厂家	氧传感器型号（生产厂家）	氧传感器形式
BMW M6	德国宝马汽车有限公司	LSH25，LSU4.9（BOSCH）	前者为管式，后者为线性
标致 407	法国标致汽车公司	LSF4.2（BOSCH）	平板式
东风标致 307	神龙汽车有限公司	LSF4.2（BOSCH）	平板式
SGM7360CTS	上海通用汽车有限公司	前为 LSU4（BOSCH），后为 LSF4（BOSCH）	前为线性，后为平板式
现代索纳塔	北京现代汽车有限公司	LSF4.2（KEFICO）	平板式
奇瑞旗云	奇瑞汽车有限公司	OZA522－BB1（NTK）	管式
奇瑞 QQ	奇瑞汽车有限公司	LSH25（联合汽车电子有限公司）	管式
HFJ6370U	哈飞汽车股份有限公司	LSH25（联合汽车电子有限公司）	管式

续表

车型	生产厂家	氧传感器型号(生产厂家)	氧传感器形式
五菱	上汽通用五菱汽车股份有限公司	LSH(UAES)	管式
JL7131U	浙江豪情汽车制造有限公司	LSH25(联合汽车电子有限公司)	管式
夏利	天津一汽夏利汽车股份有限公司	341－JB4(NTK)或 LSH23(联合电子)或 25338822(德尔福)	管式

(2) 氧传感器的结构与原理

① 二氧化锆氧传感器。

二氧化锆氧传感器常见的有非加热型二氧化锆氧传感器与加热型二氧化锆氧传感器两大类。后者应用较广泛。

a. 非加热型二氧化锆氧传感器的结构与引脚数量见表 11-11。

表 11-11 非加热型二氧化锆氧传感器的结构与引脚数量

项目	具体说明
结构与输出特性曲线示意图	图(a)所示为非加热型二氧化锆氧传感器的结构示意图，该传感器主要由锆管、铂电极以及保护罩等组成。锆管是由含有少量钇的二氧化锆(ZrO_2)制成的固态电解质元件，在锆管的内、外两侧涂覆一层多孔性的铂膜作为电极。锆管内侧通大气，外侧与排气接触 氧传感器装于排气管中，工作时，在排气高温作用下，氧气发生电离，由于锆管内侧氧离子浓度高，外侧氧离子浓度低，在浓度差的作用下，氧离子从大气侧向排放侧扩散，从而形成了两电极之间的电动势 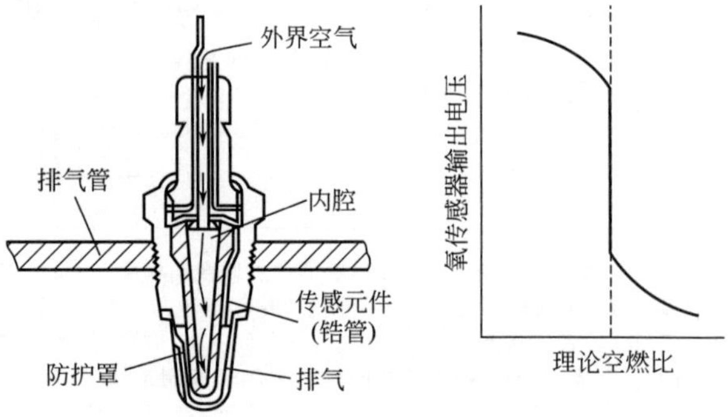 (a) 结构 (b) 输出特性
电动势的产生	当混合气偏稀时，排气中含氧量高，锆管内外两侧浓度差小，产生的电动势小，约为 100mV；当混合气偏浓时，产生较高的电动势，约为 900mV，且电动势的高低以理论空燃比为界发生突变，如图(b)所示
引脚数量	非加热型二氧化锆氧传感器的引脚有一线制与两线制两种。一线制的传感器只有一根信号线与发动机 ECU 相连接，传感器的另一极直接搭铁。两线制的传感器，其两根线均与 ECU 相连接，一根为信号线，另一根进入 ECU 后搭铁

b. 加热型二氧化锆氧传感器的结构与引脚数量见表 11-12。

表 11-12 加热型二氧化锆氧传感器的结构与引脚数量

项目	具体说明
结构	右图所示为加热型二氧化锆氧传感器的结构示意图，该传感器将陶瓷加热器置于锆管内侧。发动机工作时，由电子控制单元控制加热器工作，当发动机负荷小、排气温度低时，加热器通电，以保证氧传感器正常的工作温度。这类传感器可以安装在离发动机较远的排气管路上，且可以承受长时间全负荷运行而不损坏 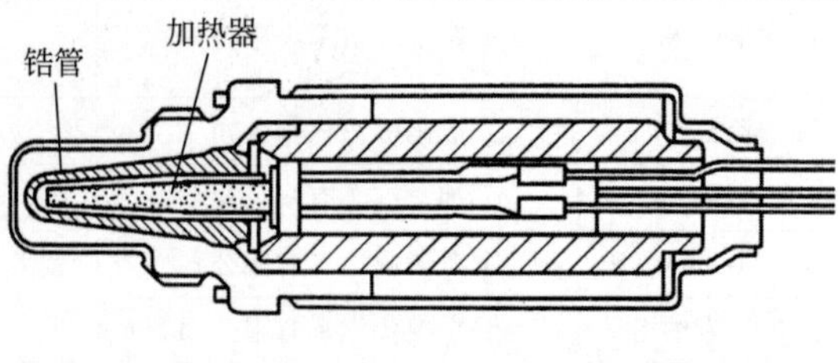
引脚数量	加热型二氧化锆氧传感器主要为三线制与四线制两大类。它们均是在非加热型二氧化锆氧传感器的一线制与两线制的基础上增加了两根加热电阻得到的。加热电阻的两根引出线，一根直接与控制继电器或主继电器控制触点输出的约 12V 供电引脚相连接；另一引脚由发动机 ECU 控制搭铁，以此来对加热时间进行控制

c. 氧传感器的安装位置见表11-13。

表11-13 氧传感器的安装位置

项目	具体说明
非加热型氧传感器	汽车非加热型二氧化锆氧传感器的输出特性与排气温度有关，当排气温度低于一定值(约300℃)时，氧传感器的输出特性不稳定，因此非加热型氧传感器通常安装在排气温度较高的位置(例如右图所示的排气管上)。为此，有些车型上还装有排气温度传感器，当排气温度传感器的信号达到一定值后，ECU才开始根据氧传感器的信号进行空燃比反馈修正，即发动机开始闭环运行 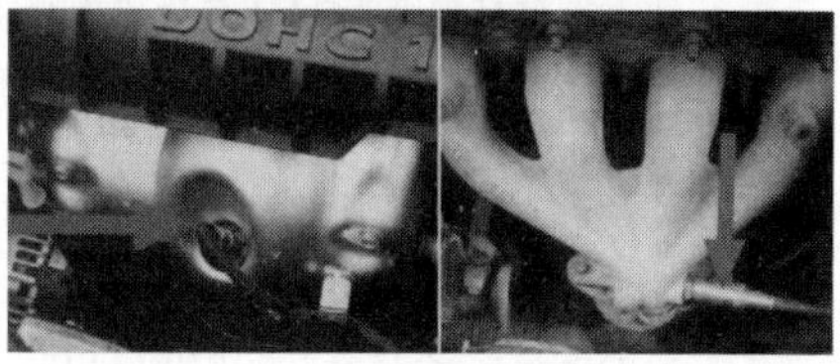
加热型氧传感器	加热型二氧化锆氧传感器可以安装在离发动机较远的排气管路上，且可以承受长时间全负荷运行而不会损坏

d. 传感器连接电路见表11-14。

表11-14 传感器连接电路

项目	具体说明
加热型二氧化锆氧传感器连接电路与引脚功能说明	右图所示为加热型二氧化锆氧传感器的连接电路示意图，这是一种四引脚加热型二氧化锆氧传感器与发动机电子控制单元(ECU)之间的连接方式。这四个引脚中的④脚为加热器供电电压输入端，该电压为受点火开关控制的蓄电池电压；③脚为受ECU输出信号控制的端脚；②脚为信号输出端，输出的信号提供给ECU；①脚为搭铁端 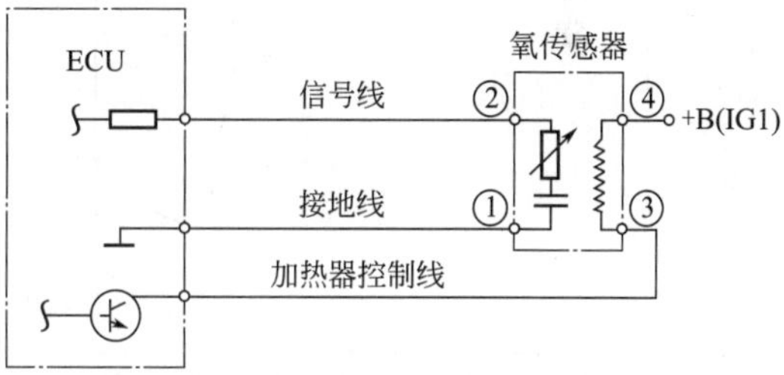
非加热型二氧化锆氧传感器连接电路	非加热型二氧化锆氧传感器连接电路与加热型二氧化锆氧传感器连接电路基本相同，仅是取消了加热器部分

② 二氧化钛氧传感器。

二氧化钛氧传感器是利用高纯度的半导体二氧化钛（TiO_2）制成的，和二氧化锆氧传感器在监测氧气浓度的原理上有很大的差别。

a. 二氧化钛氧传感器与二氧化锆氧传感器的主要差别见表11-15。

表11-15 二氧化钛氧传感器与二氧化锆氧传感器的主要差别

项目	具体说明	
依据的监测原理	二氧化锆氧传感器	二氧化锆氧传感器是以浓度差电池原理为基础，通过浓度差异产生电压，来判断混合气的稀与浓
	二氧化钛氧传感器	二氧化钛氧传感器则是利用气敏电阻的原理，通过氧气浓度引起的二氧化钛电阻值的改变来判断混合气状态的，通常又称其为电阻型氧传感器
主要差别	二氧化锆氧传感器	二氧化锆氧传感器是把排气中的氧含量的变化转换为电压的变化后提供给发动机电子控制单元(ECU)的
	二氧化钛氧传感器	二氧化钛氧传感器则是把排气中氧含量的变化转换为电阻的变化后提供给发动机电子控制单元(ECU)的

b. 二氧化钛氧传感器的结构与类型见表11-16。

表 11-16　二氧化钛氧传感器的结构与类型

项目	具体说明
结构示意图	右图所示为二氧化钛氧传感器的典型结构示意图，该传感器主要由二氧化钛传感元件（钛管）、加热元件、传感器护管、护套、钢质壳体以及接线端脚等组成 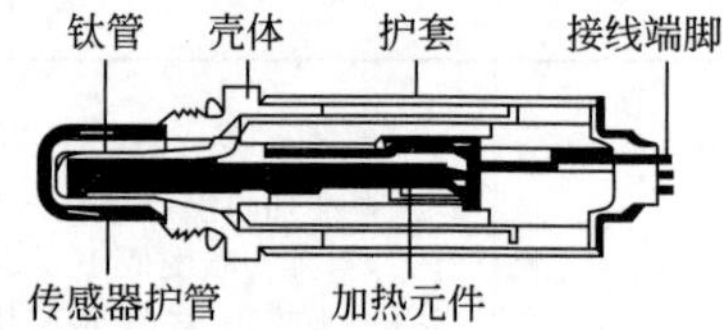
类型	从应用情况来看，较常见的二氧化钛氧传感器主要有三大类，它们分别为采用芯片方式组成的二氧化钛氧传感器（该类传感器是将铂金属线埋入二氧化钛芯片中，金属铂兼作催化剂用）、采用厚膜方式组成的二氧化钛氧传感器（这类传感器是采用半导体封装工艺中的氧化铝层压板工艺制成的）以及具有热敏电阻进行温度补偿的二氧化钛氧传感器

c. 二氧化钛氧传感器的工作原理见表 11-17。

表 11-17　二氧化钛氧传感器的工作原理

项目		具体说明
特性曲线与原理示意图		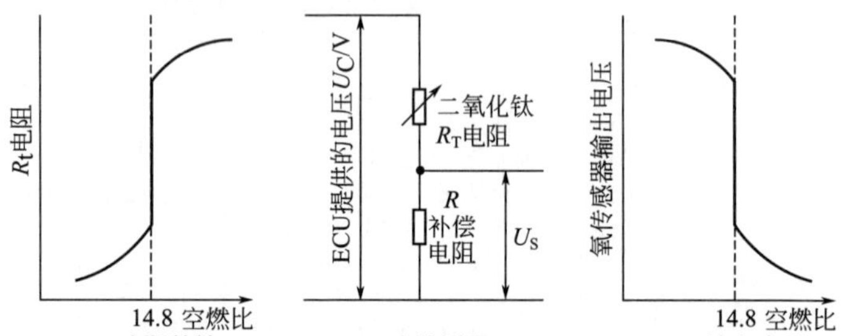 (a) 电阻特性　(b) 电路原理　(c) 输出波形
工作原理	混合气稀	当发动机混合气稀（过量空气系数大于 1）时，排气中氧离子含量较多，传感元件周围的氧离子浓度较大，二氧化钛呈高阻状态
	混合气较浓	当发动机混合气较浓（过量空气系数小于 1）时，传感元件周围的氧离子很少，同时在催化剂铂的作用下，剩余氧离子与排气中的一氧化碳（CO）发生化学反应生成二氧化碳（CO_2），将排气中的氧离子进一步消耗掉，二氧化钛呈低阻状态，从而大大提高了传感器的灵敏度
	电阻特性	如图（a）所示，二氧化钛氧传感器的电阻特性将在混合气的过量空气系数为 1（空燃比 A/F≈14.8）时产生突变，也就是说，其电阻值的变化在理论空燃比附近发生突变。二氧化钛氧传感器的输出信号特性曲线如图（c）所示
电路说明		由于二氧化钛氧传感器的电阻受温度影响较大，故在电路中一般接有起温度补偿作用的热敏电阻 R，该电阻的具体连接方法如图（b）所示

d. 二氧化钛氧传感器的连接电路与引脚功能说明见表 11-18。

表 11-18　二氧化钛氧传感器的连接电路与引脚功能说明

项目	具体说明	
连接方式示意图	右图所示是一种四引脚加热型二氧化钛氧传感器与发动机电子控制单元（ECU）之间的连接方式	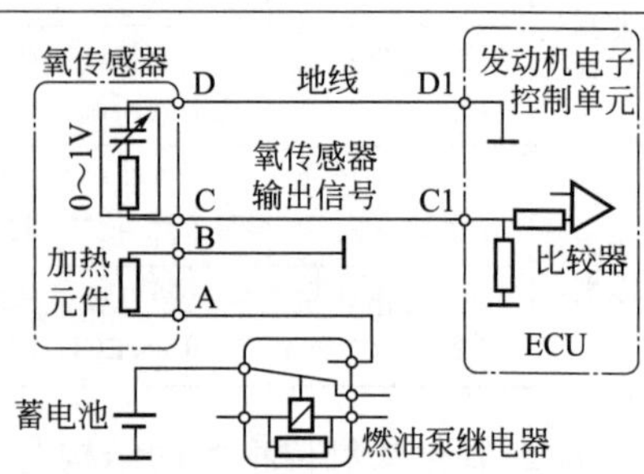
引脚功能说明	四引脚加热型二氧化钛氧传感器的引脚 A 为加热元件供电电压输入端，该电压为受燃油泵继电器控制的蓄电池电压；引脚 B 为加热元件搭铁端；引脚 C 为传感器信号输出端，输出的信号提供给发动机电子控制单元（ECU）；引脚 D 为传感器搭铁端，通过 ECU 内部搭铁	

(3) 氧传感器的检测与维修

① 几种快速判断氧传感器故障的简便方法。

氧传感器异常时，不仅会使汽车尾气中的有害气体含量超标，而且还会使发动机的燃油消耗增加。

a. 观察氧传感器外观颜色判断氧传感器故障见表 11-19。

表 11-19 观察氧传感器外观颜色判断氧传感器故障

<table>
<tr><th>项目</th><th colspan="5">具体说明</th></tr>
<tr><td>外部破损的检查</td><td colspan="5">先从排气管上拆下氧传感器，直观检查氧传感器外壳上的通风孔是否被堵塞，陶瓷芯是否破损。如有破损，则应更换新的氧传感器</td></tr>
<tr><td rowspan="3">观察传感器颜色</td><td colspan="5">通过观察氧传感器顶尖的颜色，可以大致判断出故障的原因。如果发现氧传感器顶尖颜色发生变化，则预示着氧传感器存在故障或故障隐患。故通过观察氧传感器顶尖部位的颜色也可以判断故障原因。具体情况如下，供判断故障时参考</td></tr>
<tr><td>颜色</td><td>淡灰色顶尖</td><td>白色顶尖</td><td>棕色顶尖</td><td>黑色顶尖</td></tr>
<tr><td>故障原因</td><td>氧传感器正常</td><td>由硅污染造成的，应更换新的氧传感器</td><td>由铅污染造成的，如果严重，应更换新的氧传感器</td><td>由积炭造成的，在排除发动机积炭后，一般可以自动清除氧传感器上的积炭</td></tr>
</table>

b. 汽车尾气分析仪检测判断氧传感器故障见表 11-20。

表 11-20 汽车尾气分析仪检测判断氧传感器故障

项目	具体说明
检测分析	采用汽车尾气分析仪检测汽车排放情况时，可以在车辆怠速情况下对汽车的尾气进行检测，并与表 11-21 中所列的正常值（以采用 FLA-501 型电子尾气分析仪检测奥迪 A4 系列轿车为例）范围进行对比，以此来判断氧传感器的好坏。如果检测值与正常值相差较多，则说明氧传感器及其连接线路不良。如果检测连接线路没有问题，就可以确定氧传感器损坏
采用尾气分析仪检测汽车尾气时，通常应注意的问题	①在尾气分析仪接通工作电源之前，应先将检测仪表可靠接地，并保证其工作电压正常 ②尾气分析仪在保管时或使用过程中，应防止水、灰尘或其他气态物质进入仪表内，以免影响正常的检测 ③应在通风良好的场所使用尾气分析仪，并采用聚氯乙烯管连接排气口，将仪表排出的废气引到室外安全的区域，以防检测人员发生一氧化碳中毒事故 ④不要在温度过高、过低或温度变化剧烈的环境中使用尾气分析仪，不要把仪表直接暴露在太阳下，仪表工作温度在 0～40℃之间 ⑤取样探头、测试装置及导线、手、衣服、头发和其他物体必须远离车辆的运动部分，如传动轴、风扇叶片等 ⑥在使用完尾气分析仪以后，应对其进行一次清洁处理，然后将其存放在干燥、安全的固定位置

表 11-21 尾气排放范围值

参数	CO/%	$HC\times10^{-8}$	NO/%	CO_2/%	O_2/%	λ
正常范围	0.01	40	0	15.6	20	0.99
断开后氧传感器	0.03	50	0	15.8	0	0.99
断开前氧传感器	0.3	148	0	15.7	0	0.99

c. 指针式万用表检测氧传感器加热器电阻判断氧传感器故障。

拔下氧传感器线束插头，采用指针式万用表的 $R\times1$ 挡，两表笔检测氧传感器接线端中加热器接线柱与搭铁接线柱之间的电阻值，该电阻值通常在 4～40Ω 之间（不同的车型电阻值也不一样，应根据具体车型说明书中的数据）。如检测到的电阻值差别较大，应更换氧传感器。

d. 汽车数字式万用表检测氧传感器性能判断氧传感器故障见表 11-22。

表 11-22 汽车数字式万用表检测氧传感器性能判断氧传感器故障

项目		具体说明
氧气浓度与电压间的关系		汽车发动机电喷系统使用的氧传感器用来监测车辆排放气体中氧气的浓度，并将监测到的氧气浓度转换为电压信号提供给发动机 ECU，以判断发动机是否按理论空燃比进行燃烧。当监测到的氧气浓度较浓时，提供给发动机 ECU 的电压较高；当监测到的氧气浓度较稀时，提供给发动机 ECU 的电压较低
氧传感器正常工作时的典型特征		正常情况下，车辆的排气浓时，氧传感器输出电压为 0.8～0.9V，排气稀时输出电压为 0.1～0.2V。当氧传感器工作温度低于 360℃时（发动机处于开环工作状态），氧传感器处于开路状态，无电压输出
检测与维修	对氧传感器进行预热	首先拆下氧传感器线束，用一根跨接线将此线束与氧传感器相连接，启动发动机，使其在 2500r/min 转速下运转约 90s，用于对氧传感器进行预热，使其工作温度达到 360℃以上
	检测操作方法	将汽车数字式万用表功能选择开关置于直流（DC）mV 挡，黑线搭铁，红线与氧传感器输出端相连接，用来测量氧传感器信号输出端与搭铁之间的直流电压。正常情况下，在 10s 之内，表的示值应在 100～900mV 内跳变 8 次以上。否则，说明被检测的氧传感器不良或损坏
	可以判断的故障	通过对氧传感器工作性能的检测，可以判断发动机燃油喷射系统是在闭环工作，还是开环工作，或氧传感器是否失效

e. 指针式万用表检测氧传感器反馈电压判断氧传感器故障见表 11-23。

表 11-23 指针式万用表检测氧传感器反馈电压判断氧传感器故障

项目		具体说明
检测前的准备	引出检测线	检测汽车氧传感器反馈电压之前，应先拔下氧传感器的线束插头，按照电路图，从氧传感器反馈电压输出接线柱上引出一根细导线，然后插好线束插头，在发动机运转时，在该引出线上测反馈电压
	检测表的选择	在对氧传感器的反馈电压进行检测时，最好采用具有低量程（通常为 2V）和高阻抗（内阻大于 10MΩ）的指针式万用表
检测方法	预热发动机	把发动机热车到正常工作温度（或启动后以 2500r/min 的转速运转 2min）
	连接表笔	把万用表电压挡的负表笔接传感器连接插件的接地线（搭铁端）；正表笔接传感器的信号输出引脚，或接氧传感器线束插头上的引出线
	以 2500r/min 左右运转	使发动机以 2500r/min 左右的转速保持运转，同时检查电压表指针能否在 0～1V 之间来回摆动，记下 10s 内电压表指针摆动的次数
检测数据与分析		在正常情况下，检查氧传感器两接头（线束侧）端脚之间的正常电压值，应在 0.4～0.5V 之间，10s 内反馈电压的变化次数应不少于 6～8 次。如果少于 6～8 次，则说明氧传感器反馈控制系统工作异常。究其原因可能为氧传感器表面积炭，导致灵敏度降低所致。此时，可将发动机以 2500r/min 左右的转速运转约 2min，以清除氧传感器表面的积炭，然后再检测反馈电压。如果电压表指针变化仍然缓慢，则可能为氧传感器本身不良，或 ECU 反馈控制电路有问题

f. 动态模拟检测氧传感器反馈电压判断氧传感器故障见表 11-24。

表 11-24 动态模拟检测氧传感器反馈电压判断氧传感器故障

项目	具体说明
检测前的准备	拔下氧传感器的线束插头，使氧传感器不再和发动机 ECU 相连接，使反馈控制系统处于开环控制状态
拆卸管路与电阻动态模拟	①将万用表置于直流电压挡，红表笔直接与氧传感器反馈电压输出接线柱相连接，黑表笔可靠搭铁 ②在发动机运转中检测反馈电压，先脱开接在进气管上的曲轴箱强制通风管或其他真空软管，人为地形成稀混合气，同时观察电压表，其指针指示的读数应下降 ③把上述脱开的管路重新连接好，再拔下水温传感器的接头，用一个 4～9kΩ 的电阻代替水温传感器，人为地形成浓混合气，同时观察电压表，其指针指示的读数应上升

续表

项目	具体说明
操作加速踏板动态模拟	当采用踩下或松开加速踏板模拟混合气浓氧时，万用表的连接方式与上相同，具体检测操作方法如下 ①采用突然踩下加速踏板的方法来模拟混合气变浓，同时观察电压表，其指针指示的读数应上升 ②采用突然松开加速踏板的方法来模拟混合气变稀，同时观察电压表，其指针指示的读数应下降
故障分析	无论采用哪一种模拟混合气浓度方式来对反馈电压进行检测，如果检测到的氧传感器的反馈电压没有上述变化，均说明氧传感器已经损坏
需要说明的问题	采用上述方法检测二氧化钛式氧传感器时，如果传感器良好，其输出端的电压应以 2.5V 为中心上下波动。否则，应拆下该传感器并暴露在空气中，当其冷却后采用万用表检测其电阻值。如电阻值为∞，说明传感器是好的，否则应更换新的、同规格的氧传感器

② 二氧化锆氧传感器。

采用万用表测压法检查氧传感器时，应先使氧传感器处于工作状态，也就是使二氧化锆（ZrO_2）处于 400℃以上的温度。

a. 二氧化锆氧传感器的电阻检测及其说明见表 11-25。

表 11-25　二氧化锆氧传感器的电阻检测及其说明

项目	具体说明	
传感器电阻检测	如右图所示，万用表测阻法是利用氧传感器的阻抗特性来判断其在暖机状态和非暖机状态下的电阻值，以此来判断其是否损坏。正常氧传感器的电阻值为，充分暖机状态电阻值约在 300kΩ；不在暖机状态时电阻值为无穷大	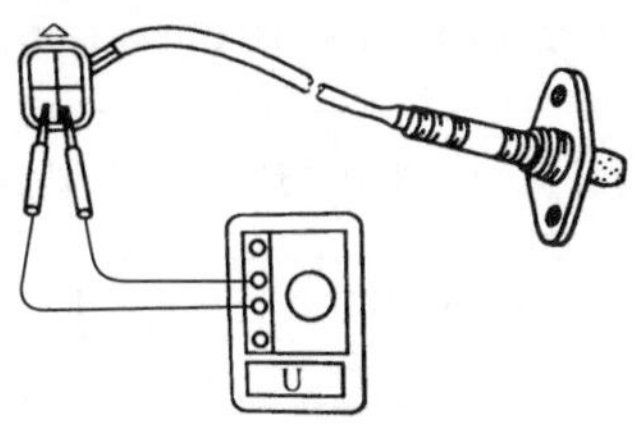
说明	在对氧传感器进行检测之前，应先对传感器的连接线路、插接件、搭铁情况等进行检查，确认无误后再对传感器本体进行检测	

b. 二氧化锆氧传感器的输出电压检测及其检测数据见表 11-26。

表 11-26　二氧化锆氧传感器的输出电压检测及其检测数据

项目	具体说明	
输出电压检测方法及其示意图	如右图所示，使发动机转速在 2500r/min 运行 90s 左右，用万用表测氧传感器信号输出端电压，该电压正常值如下所述：当发动机尾气浓时，氧传感器输出电压为 0.9～1V；当发动机尾气稀时，氧传感器输出电压为 0～0.1V；当氧传感器工作温度低于 360℃时，氧传感器呈开路状态，无信号输出	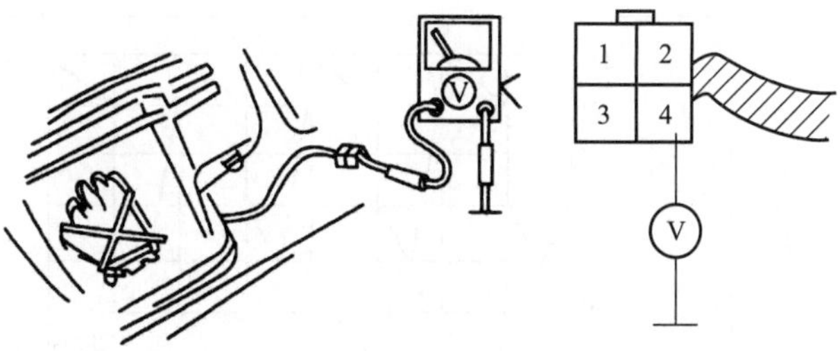
检测数据	表 11-27 中列出了各种常见品牌轿车发动机常用氧传感器(λ)实用检测数据，供判断故障时对比参考	

表 11-27　各种常见品牌轿车发动机常用氧传感器（λ）信号电压数据

车型或发动机型号	氧传感器(λ)实用检测数据
桑塔纳 2000GSi 型 AJR 1.8L 发动机	ECU 的㉕与㉖脚：运转时，信号电压在 0.3～0.9V 之间反复变化
桑塔纳 2000GLi 型 AFE 1.8L 发动机	ECU 的⑩与㉘脚：运转时，信号电压在 0.3～0.9V 之间反复变化
帕萨特 B5 型 ANQ　1.8L 发动机	ECU 的㉕与㉖脚：运转时，信号电压在 0.2～0.9V 之间反复变化

续表

车型或发动机型号	氧传感器(λ)实用检测数据
奥迪 A6 型 ATX 2.8L 发动机(电子油门)	ECU 的(51)与(70)脚、⑫与⑬脚、(68)与(69)脚、⑩与⑪脚：运转时，信号电压在 0.2～0.9V 之间反复变化
猎豹 6470E 型 4G64 2.35L 发动机	ECU 的(76)、(79)与(92)脚：运转时，信号电压在 0.4～1V 之间反复变化
丰田雷克萨斯 LS-400 型 IUZ-FE 4.0L 发动机	ECU 的 OXR、OXL 与 E2 脚：运转时，信号电压在 0.1～0.9V 之间反复变化
东风本田 CR-V 发动机	ECM/PCM 的 A31 芯插座的⑥与⑩脚：怠速或节气门快速关闭时，信号电压为 0.5V 左右
2003 年款广州本田雅阁 VTEC2.0L/2.4L/3.0L 发动机	ECM/PCM 的 E31 芯插座的⑳与④脚：迅速加油时，信号电压≥0.6V 左右，速收油门时≤0.4V
捷达 CT、CTX、GT、GTX、AT 型 AHP (EA113)1.6L 5 气门发动机	ECU 的㉕与㉖脚：运转时，信号电压在 0.3～0.9V 之间反复变化
捷达 GIF、CIF 春天和捷达 Gix、Cix 前卫轿车	ECU 的⑭与㉛脚：当燃油充分燃烧、排放废气中未燃的成分较少时，信号电压为 0.1～0.3V；当燃油未能充分燃烧、排放废气中未燃的成分较多(较浓)时，信号电压为 0.6～0.9V；加热器两引脚①与②之间的电阻值为 1～5Ω
奇瑞 CAC480M 1.6L 发动机	ECU 的⑫与㉙脚：运转时，信号电压在 0.1～0.9V 之间反复变化
上海别克 GL、GLX 新世纪 L463.0L 发动机	PCM 的 C2 插座的⑩脚与 C1 插座的⑯脚：运转时，信号电压在 0.1～1V 之间反复变化
切诺基(1997 年以后)4 缸 2.5L 发动机	ECU 的 A24 与 A4 和 A25 与 A4 脚，运转时，信号电压在 0.1～1V 之间反复变化
夏利 2000(TJ7131U)型 8A-FE 1.3L 发动机	ECU 的 OX 与 E1 脚：3000r/min 运转时，应有脉冲信号电压
宁波美日 MR6370A 型 8A-FE 1.3L 发动机	ECU 的 OX 与 E1 脚：运转时，信号电压在 0.1～0.9V 之间反复变化

c. 二氧化锆氧传感器的波形检测见表 11-28。

表 11-28 二氧化锆氧传感器的波形检测

项目	具体说明
波形示意图	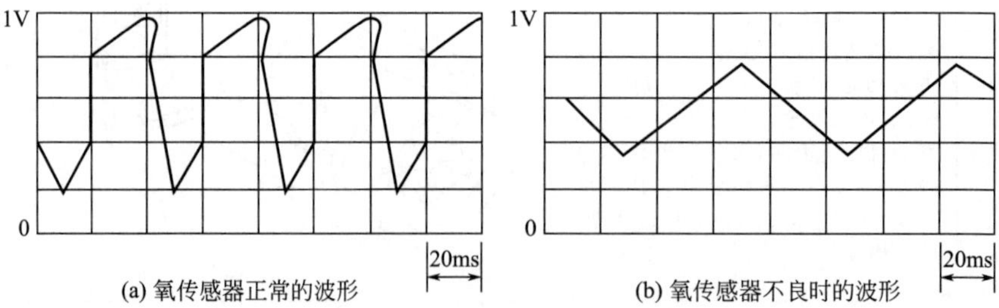 (a) 氧传感器正常的波形　(b) 氧传感器不良时的波形
波形检测	用电子示波器检测氧传感器输出的信号波形，可以很直观地确定氧传感器是否良好，正常的氧传感器信号波形如图(a)所示。图(b)所示是氧传感器不良时的波形，供检测时对比参考

③ 二氧化钛氧传感器。

检测二氧化钛氧传感器好坏的方法较多，通常可用万用表对其进行检查，也可用专用仪器进行检测。

二氧化钛氧传感器的加热器电阻与传感器供电的检测见表 11-29。

表 11-29 二氧化钛氧传感器的加热器电阻与传感器供电的检测

项目	具体说明	
加热器电阻的检测	在拔下氧传感器线束插接件的情况下，采用高阻抗数字式万用表电阻挡检测传感器 A 与 B(见表 11-28 的图中所注，以下同)接线柱之间的电阻值。该电阻值应在 5～7Ω 之间。如检测到的电阻值为∞，则说明加热器电阻烧断，应更换新件	
氧传感器供电的检测	接通点火开关，如右图所示，采用万用表直流电压挡，检测二氧化钛氧传感器 C 与 D 端脚之间的约 1V 的供电电压是否正常	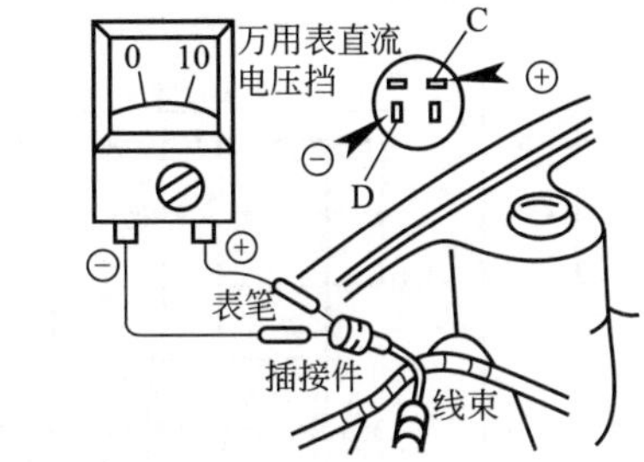
氧传感器加热器供电的检测	接通点火开关，采用万用表直流电压挡检测二氧化钛氧传感器 A 与 B 端脚之间的蓄电池电压是否正常	

二氧化钛氧传感器的电压检测见表 11-30。

表 11-30 二氧化钛氧传感器的电压检测

项目	具体说明
反馈电压的检测	接通点火开关，启动发动机使其进入怠速状态，采用万用表电压挡检测电子控制单元(ECU)的 C1 端(见表 11-28 的图中所注，以下同)与搭铁之间的电压值，该电压应在 0.2～0.8V 之间变化；当发动机提高转速后，该电压在 0.6～1V 之间变化
动态电压的检测	在发动机充分预热的情况下，拔下燃油压力调节器的真空软管，堵上歧管，使混合气加浓(空燃比减小)。在怠速状态下，采用万用表电压挡检测氧传感器插接件 C 与 D 端脚之间的电压，该电压应大于 0.5V，否则应更换新的氧传感器

④ 根据氧传感器的波形判断断火故障的原因。

发动机出现断火故障时，会引起催化剂异常发热，容易导致催化剂老化。根据检测到的氧传感器的波形，可以判断是否发生了断火以及出现断火的原因，具体情况如表 11-31 中所列。

表 11-31 根据氧传感器的波形判断断火故障的原因

项目	喷油器堵塞	点火失误	点火失误(快速响应传感器)
波形	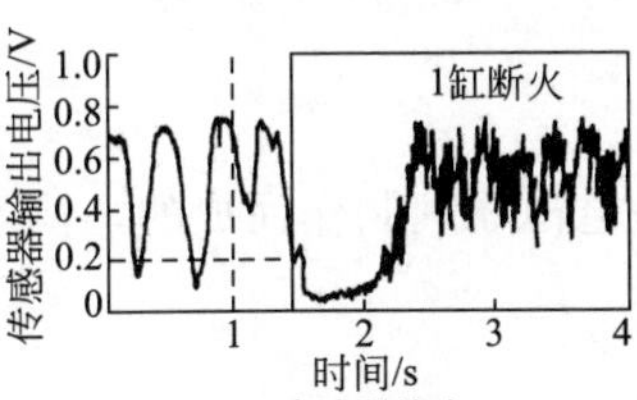(a) 喷油器堵塞	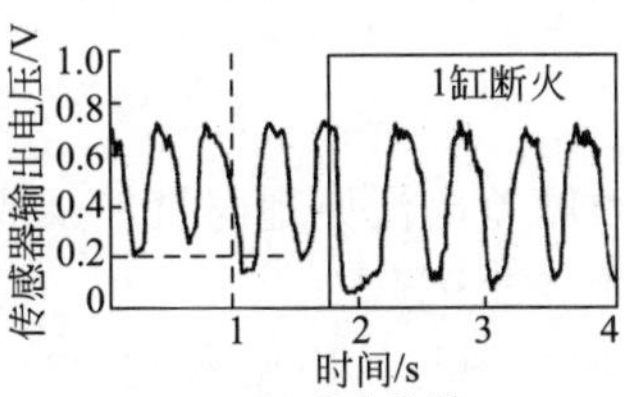(b) 点火失误	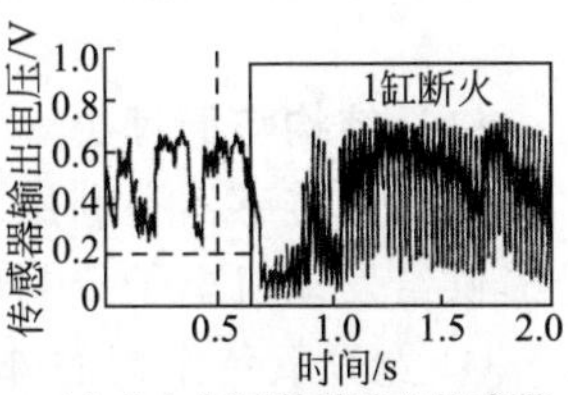(c) 点火失误(快速响应传感器)
故障原因	喷油器堵塞引起的断火会造成没有燃烧气体的严重不平衡，故很容易检测出来	点火失误引起的断火，当没有燃烧气体会在氧传感器的表面燃烧完，就会出现上述波形	当氧传感器的表面有一层很薄的陶瓷保护层时，没有燃烧的气体在此就无法燃烧，就会出现上述波形
检测原理	利用氧传感器检测断火的原理是这样的：当发生断火时，尾气中剩有未燃烧的燃油与空气，其中有一部分在排气歧管及氧传感器的表面燃烧，但大部分还是残存于尾气中。因此，可以用氧传感器检测残存的空气，因为这时的输出信号表示为“稀”，即其数量为 0，故可用氧传感器检测是否发生了断火		

⑤ 根据氧传感器的波形判断喷油器故障。

上海大众桑塔纳 GSi 车型（装配 AJR 发动机）1 缸喷油器堵塞时，会导致车辆怠速不稳、加速滞后、动力不足。通过检测氧传感器波形可以判断故障原因，具体情况如表 11-32 所示。

表 11-32 根据氧传感器的波形判断喷油器故障

项目	具体说明
氧传感器波形示意图	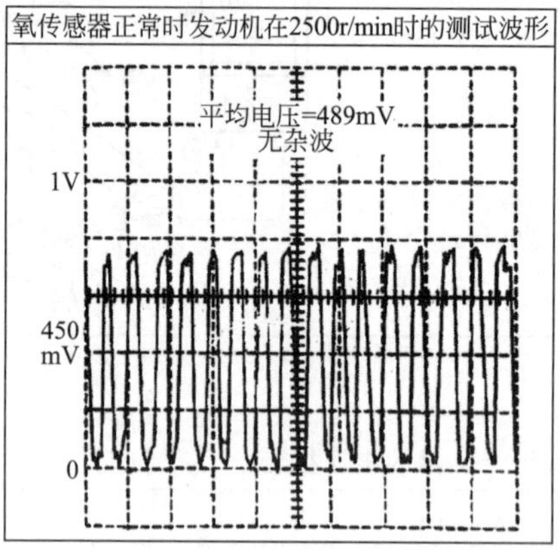 (a) 正常波形 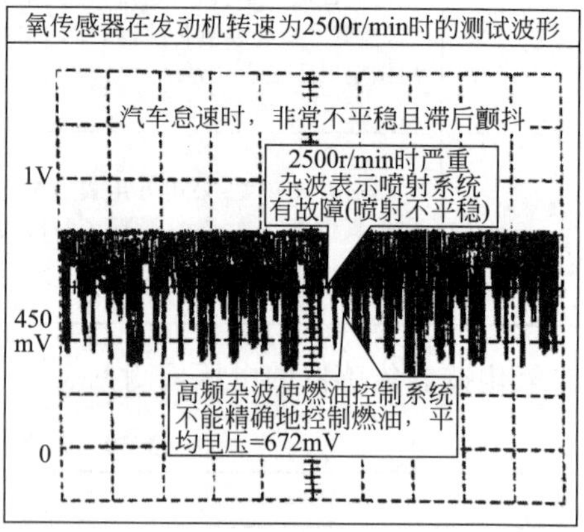 (b) 1缸喷油器堵塞波形
示意图说明	图(a)所示为上海大众桑塔纳 GSi 车型(装配 AJR 发动机)氧传感器正常波形示意图，图(b)所示为 1 缸喷油器堵塞时氧传感器的故障波形示意图
检测方法	保持汽车在 2500r/min 速度下运行 24min，直到发动机和氧传感器达到正常工作温度。连接示波器进行检测，如果为 1 缸喷油器堵塞，就会出现上述图(b)所示的波形。在该波形中，可以明显地看出氧传感器输出的波形中出现了严重的杂波。该杂波说明排气中氧气不平衡(或点火不良)。这个杂波破坏了燃油反馈控制系统的正常控制空燃比的能力

11.3 宽频氧传感器

随着发动机电控技术的发展，普通 4 线制氧传感器由于其检测范围的局限性，已不能满足汽车工况的需求，故宽频氧传感器在车辆上的应用越来越广泛。

(1) 结构与原理

宽频氧传感器是利用氧浓度差电池原理与氧气泵的泵电池原理制作而成的，检测到的信号提供给发动机电子控制单元（ECU）。

① 宽频氧传感器的外形示意图与作用见表 11-33。

表 11-33 宽频氧传感器的外形示意图与作用

项目	具体说明
外形示意图	
作用	上图所示为宽频氧传感器外形示意图。宽频氧传感器又称为全范围空燃比传感器，其主要作用就是用来检测混合气从过浓状态到理论空燃比再到稀薄状态整个过程

② 宽频氧传感器的基本结构与内部连接方式见表 11-34。

表 11-34 宽频氧传感器的基本结构与内部连接方式

<table>
<tr><th>项目</th><th>具体说明</th></tr>
<tr><td>基本结构与内部连接方式示意图</td><td>
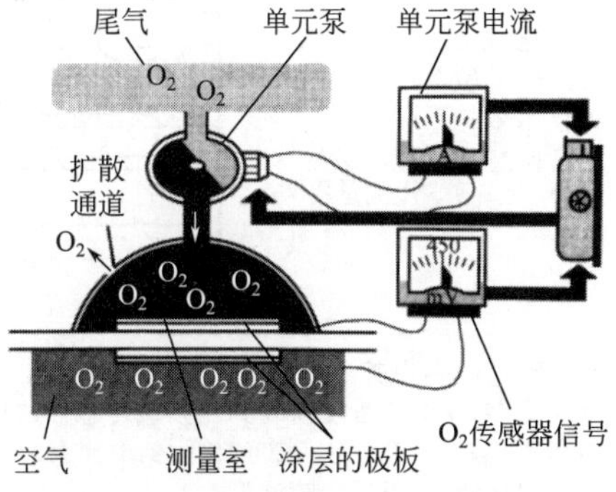

(a) 基本结构
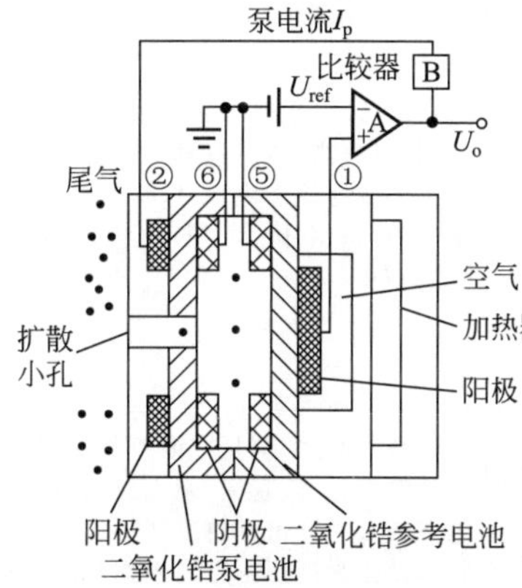

(b) 内部连接方式
</td></tr>
<tr><td>示意图说明</td><td>图(a)所示为宽频氧传感器的基本结构示意图，图(b)所示为该传感器的内部连接方式。宽频氧传感器主要由一个氧气泵单元(由氧气泵 B 与比较放大器 A 等组成)、普通窄范围浓度差电压型二氧化锆式氧传感器、加热器等构成。也就是说，该传感器是由氧浓电池型检测理论空燃比的传感器和检测临界电流的氧泵组合而成的</td></tr>
</table>

③ 宽频氧传感器的控制方式及其特点见表 11-35。

表 11-35 宽频氧传感器的控制方式及其特点

<table>
<tr><th>项目</th><th colspan="2">具体说明</th></tr>
<tr><td>控制方式</td><td colspan="2">宽频氧传感器是利用氧泵供给出入测量室的氧气，使排放废气保持在理论空燃比上。主要是依据氧泵的电流值来检测排放气体的空燃比的，具体控制方式的特点如下所述</td></tr>
<tr><td rowspan="2">控制方式的特点</td><td>混合气空燃比稀薄</td><td>当宽频氧传感器监测到排放的废气比混合气空燃比稀薄时，氧气泵就会从测量室中放出氧气到排气中</td></tr>
<tr><td>混合气空燃比过浓</td><td>当宽频氧传感器监测到排放的废气比混合气空燃比过浓时，氧气泵就会吸入氧气到测量室中</td></tr>
</table>

④ 宽频氧传感器的基本特性见表 11-36。

表 11-36 宽频氧传感器的基本特性

<table>
<tr><th>项目</th><th colspan="2">具体说明</th></tr>
<tr><td>空燃比的测定方式</td><td colspan="2">上面已经说过，宽频氧传感器是利用氧气泵来调整测量室内氧气量的，以保证排放气体保持在理论空燃比上，而吸入氧气与排出氧气时氧气泵的工作电流是不一样的，通过测定氧气泵电流值 I_P，就可以得到排放气体中的空燃比(A/F)</td></tr>
<tr><td>基本特性</td><td>右图所示为宽频氧传感器的基本特性曲线示意图，从该曲线中可看出，混合气空燃比在过浓一侧对应为负电流，在稀薄一侧对应为正电流。当理论空燃比(A/F)=14.8 时，电流值为零，由此就可连续检测出空燃比，进而控制喷油脉宽</td><td>
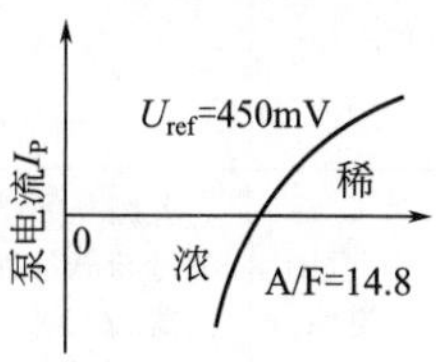

</td></tr>
</table>

⑤ 宽频氧传感器的工作原理见表 11-37。

表 11-37 宽频氧传感器的工作原理

项目	具体说明
标准空燃比特性	如右图所示，在宽频氧传感器的结构中，废气流通过测量室，且只有当"测量室氧浓度"为标准空燃比 14.8 时，宽频氧传感器的反馈电压才为 0.45V，此时，电子控制单元泵不泵气，也不排出测量室内的氧气，信号电压保持在 1.5V 左右 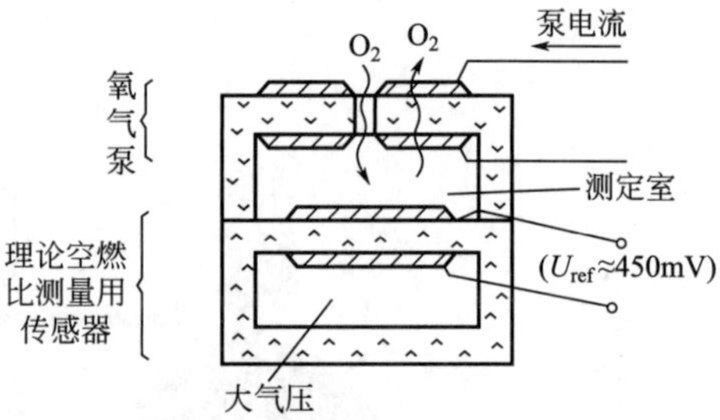
混合气浓时的特性	当混合气浓时，测量室内氧气浓度会低，电压高于 0.45V，电控系统识别后使泵电流改变方向，以向测量室内泵入氧气，电流越大，泵入氧气越多，测量室氧气变多，就会使浓度恢复到宽频氧传感器的反馈电压 0.45V。泵电流的大小即可反映废气中氧的浓度，信号电压在 1～1.5V 之间。ECU 接收到单元泵的工作电流(控制单元将其转换为电压信号)，根据增加的泵电流，计算出空燃比，以减少喷油量
混合气稀时的特性	当混合气稀时，测量室内氧气浓度会高，电压低于 0.45V，电控系统识别后使泵电流改变方向，以向测量室内排出氧气，电流越大，排出氧气越多，测量室氧气变少，就会使浓度恢复到宽频氧传感器的反馈电压 0.45V，泵电流大小即可反映废气中氧的浓度，信号电压在 1.5～2V 之间。ECU 接收到单元泵的工作电流(控制单元将其转换为电压信号)，根据减少的泵电流，计算出空燃比，以加大喷油量

(2) 通用检测与维修方法

判断宽频氧传感器的好坏，通常也可采用像普通氧传感器那样观察这类传感器顶尖的颜色来进行判断，但最终结果最好还是通过检测来确定。

① 宽频氧传感器的连接电路及其说明见表 11-38。

表 11-38 宽频氧传感器的连接电路及其说明

项目	具体说明
连接电路示意图	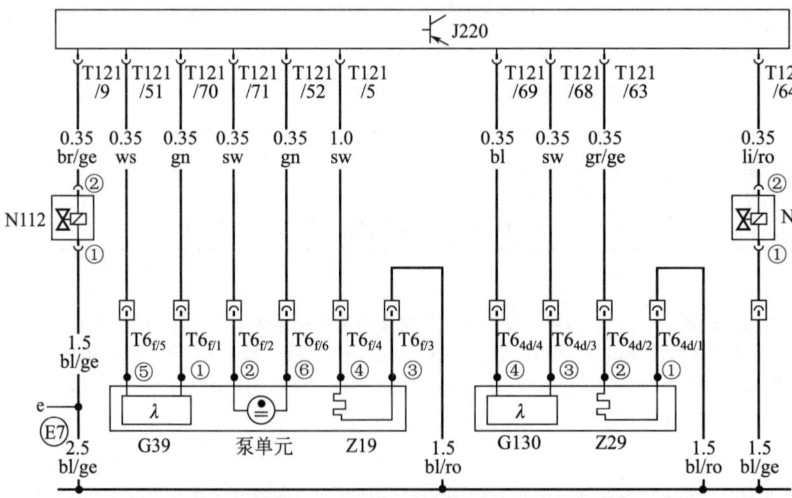
示意图说明	上图所示为宽频氧传感器与电子控制单元(ECU)(J220，以大众系列车型为例)之间的连接方式。该图中的字母与数字组合所表示的含义如下：G39 代表尾气催化净化器前氧传感器；G130 代表尾气催化净化器后氧传感器；Z19 代表尾气催化净化器前氧传感器加热器；J220 代表发动机电子控制单元(ECU)；Z29 代表尾气催化净化器后氧传感器加热器

② 宽频氧传感器的电阻检测见表 11-39。

表 11-39 宽频氧传感器的电阻检测

<table>
<tr><th>项目</th><th colspan="3">具体说明</th></tr>
<tr><td rowspan="3">氧传感器加热器电阻的检测</td><td colspan="3">在发动机温度达到正常状态时，拔下氧传感器的连接插接件，采用万用表电阻挡检测传感器端脚之间的电阻值，其正常值如下表中所列</td></tr>
<tr><td>项目</td><td>前氧传感器加热器③与④端脚之间</td><td>后氧传感器加热器①与⑤端脚之间</td></tr>
<tr><td>电阻值范围/Ω</td><td>2.5～10</td><td>6.4～47.5</td></tr>
<tr><td>单元泵电阻的检测</td><td colspan="3">采用万用表电阻挡，两表笔检测氧传感器连接插接件中的单元泵端脚②与⑥端之间的电阻值，应为77.5Ω左右</td></tr>
</table>

③ 宽频氧传感器的电压与数据流检测见表 11-40。

表 11-40 宽频氧传感器的电压与数据流检测

项目	具体说明
二氧化锆参考电池输出电压的检测	在连接好氧传感器插接件的情况下，采用万用表电压挡检测氧传感器插接件①与⑤端脚之间的电压，该电压应保持在 0.4～0.5V 之间
数据流检测	对于宽频氧传感器故障的检测，也可以采用专用解码器读取数据流的方法来检查判断故障原因。以大众宝来系列轿车为例，其正常值为 1～2V，发动机运转时宽频氧传感器的输出电压应在 1～2V 之间波动。如果电压值大于 1.5V，表示混合气过稀；如果电压值小于 1.5V，表示混合气过浓。当电压值为 0、1.5V、4.9V 的恒定值时，说明氧传感器本身或其连接线路、插接件等有问题

11.4 空燃比测定传感器

汽车发动机空燃比测定 (或称稀薄混合气)传感器使用的也是二氧化锆元件，用于检测排气中的氧浓度，以此来测定空燃比。

(1) 结构与原理

空燃比测定传感器主要应用于电控燃油喷射型发动机的稀薄燃烧空燃比反馈控制系统中。

① 空燃比测定传感器的功能与特点见表 11-41。

表 11-41 空燃比测定传感器的功能与特点

项目	具体说明
功能	安装有空燃比测定传感器的电控燃油喷射型发动机，可以降低发动机工作时的燃油消耗，减少有害尾气的排放
特点	空燃比测定传感器是利用二氧化锆元件的锆管两侧的氧浓度差异导致锆管两极产生电压差异，来测定排气中的氧浓度，以此来获得空燃比的

② 空燃比测定传感器的结构、原理与输出特性见表 11-42。

表 11-42　空燃比测定传感器的结构、原理与输出特性

项目	具体说明
结构与输出特性曲线示意图	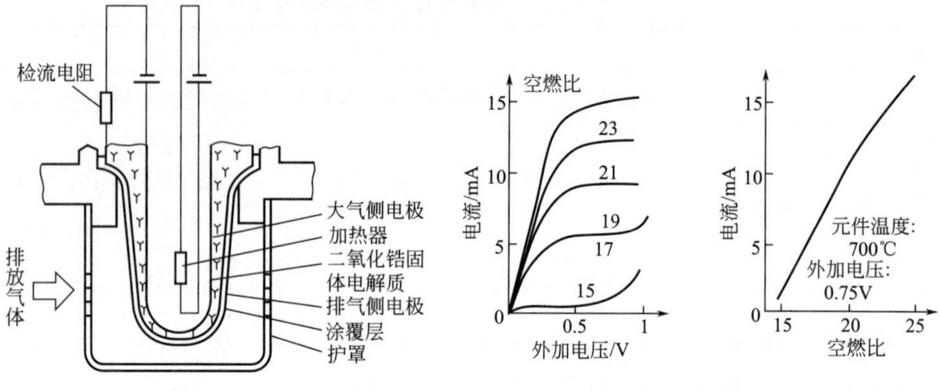 (a) 结构　(b) 输出特性曲线
结构与原理说明	图(a)所示为空燃比测定传感器的结构示意图，该传感器主要由检流电阻、加热器、大气侧电极、二氧化锆固体电解质、护罩、涂覆层等组成。空燃比测定传感器是利用在传感器电极两端施加一定电压时通过的电流与排气中氧浓度成正比这一特性来连续检测稀薄燃烧状态时的空燃比的。图(b)即为空燃比测定传感器的输出特性曲线，供检测波形时参考

(2) 通用检测与维修方法

对空燃比测定传感器的检测，通常也是在确认其连接线、插接件完好的情况下再检测其电阻、电压等，具体检测与维修方法见表 11-43 中所列。

表 11-43　空燃比测定传感器的通用检测与维修方法

项目	具体说明
加热器电阻的检测	在拔下氧传感器导线插接件的情况下，采用万用表电阻挡检测氧传感器接线端中加热器端脚与搭铁之间的电阻，该电阻通常在 4～40Ω 之间
输出信号的检测	在连接好氧传感器导线插接件的情况下，接通点火开关，采用万用表电流挡串接在氧传感器信号输出端脚之间，用于检测氧传感器的输出电流，该电流值应随空燃比的增大而增大

11.5　NO_x 传感器

NO_x（氮氧化物）为汽车发动机工作时可燃混合气在高温、高压下燃烧后的产物，是 **NO** 与 **NO_2** 等的总称。

(1) 结构与原理

汽车尾气中的 NO_x 的排放量，主要取决于燃烧温度、时间和空燃比等多种因素。NO_x 传感器就是用于检测 NO_x 的含量的。

① NO_x 传感器的功能、外形、各部分名称与结构见表 11-44。

表 11-44　NO_x 传感器的功能、外形、各部分名称与结构

项目	具体说明
功能	氮氧传感器用于检测发动机尾气中氮氧浓度、空燃比及氧含量。以满足发动机后处理系统闭环控制的需求及车载 OBD 诊断系统的需要

续表

<table>
<tr><th>项目</th><th>具体说明</th></tr>
<tr><td>总成外形与各部分名称与结构</td><td>
(a) NO_x传感器总成
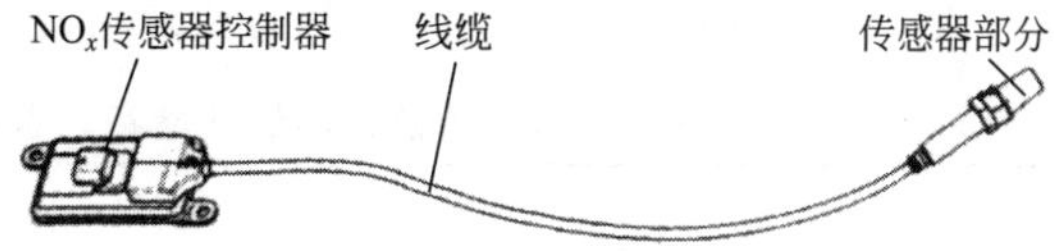

(b) 各部分名称与结构</td></tr>
<tr><td>示意图说明</td><td>上图(a)所示为 NO_x 传感器总成示意图，该传感器总成主要由陶瓷探头、线缆与控制器(称为 ECU)三个部分构成。图(b)所示为 NO_x 传感器各部分名称与结构</td></tr>
</table>

② NO_x 传感器的安装位置见表 11-45。

表 11-45 NO_x 传感器的安装位置

<table>
<tr><th>项目</th><th>具体说明</th></tr>
<tr><td>安装位置示意图</td><td>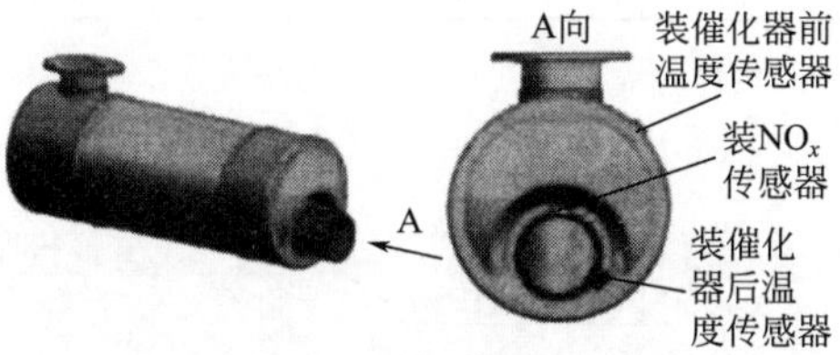

(a) 第1种
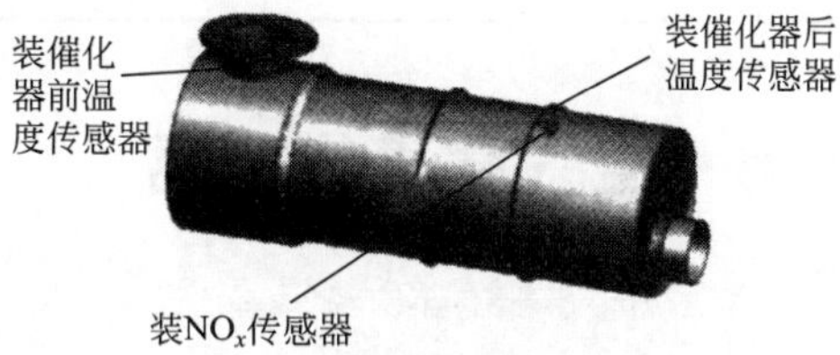

(b) 第2种</td></tr>
<tr><td>示意图说明</td><td>NO_x 传感器主要应用于汽车柴油发动机排气净化后处理系统，通常安装在距离排气管较近的位置上图所示为 NO_x 传感器在两种桶式催化消声器上的安装位置示意图，这两种桶式催化消声器的区别主要是两个传感器(温度传感器和 NO_x 传感器)的安装位置不同</td></tr>
</table>

③ NO_x 传感器的工作原理见表 11-46。

表 11-46 NO_x 传感器的工作原理

<table>
<tr><th>项目</th><th colspan="2">具体说明</th></tr>
<tr><td>工作情况</td><td>氮氧传感器的陶瓷探头用于采集发动机的尾气，并经过气体分离、电离分解与测量浓度 3 个过程。ECU 用于提供探头完成 3 个过程所需要的电流，并采集各过程的电信号，经过计算，采用 CAN 总线的方式发送出检测到的信息</td><td rowspan="2">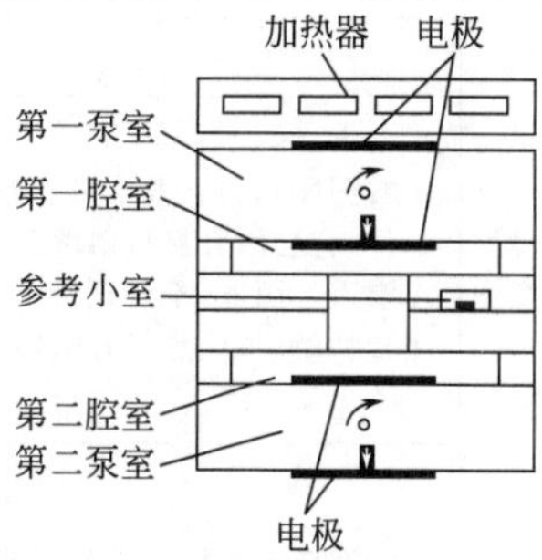
</td></tr>
<tr><td>内部结构示意图</td><td>右图所示为 NO_x 传感器内部结构示意图，其内部主要由两个腔室、两个泵室、四个电极与一个加热器等组成。NO_x 传感器的检测原理是以氧气测量为基础，并且可以从一个宽带 λ 探针上检测到氧气含量。该传感器的工作原理可以从以下两个阶段来分析说明</td></tr>
<tr><td>确定第一腔室中的 λ 数值</td><td colspan="2">NO_x 传感器工作时，一部分废气流入第一腔室中。由于废气中的氧气残留量与参考小室中的氧气残留量不同，就能在电极上测量出一个电压，氮氧化物传感器控制单元将此电压设定为恒定的 450mV，这相对于空气/燃油比 λ=1。如果偏离该数值，氧气被泵出或泵入，使 450mV 的电压保持恒定</td></tr>
<tr><td>确定第二腔室中氮氧化物的残留量</td><td colspan="2">不含氧气的废气从第一腔室进入第二腔室，废气中的氮氧化物分子被一个特殊的电极分裂成氮气和氧气。因为第二腔室内部电极和外部电极上电压被调整到恒定的 450mV，所以氧气泵必须通入电流，使氧离子从内部电极迁移到外部电极。在此过程中，氧气泵流动的电流表示的是第二腔室中的氧气残留量。因为氧气泵的电流大小与废气中的氮氧化物成正比，由此就可以确定氮氧化物的残留量</td></tr>
</table>

(2) 通用检测与维修方法

氮氧传感器主要用于气体或柴油发动机的 SCR 后处理系统中，在车载 OBD 诊断系统中起重要作用。表 11-47 列出了 NO_x 传感器的连接电路、通用检测与维修方法。

表 11-47　NO_x 传感器的连接电路、通用检测与维修方法

项目	具体说明
连接电路	右图所示为 NO_x 传感器与柴油发动机 SCR 后处理系统中 DCU 之间的连接方式示意图。NO_x 传感器通常是通过 CAN 总线与 DCU 之间进行信息交换的 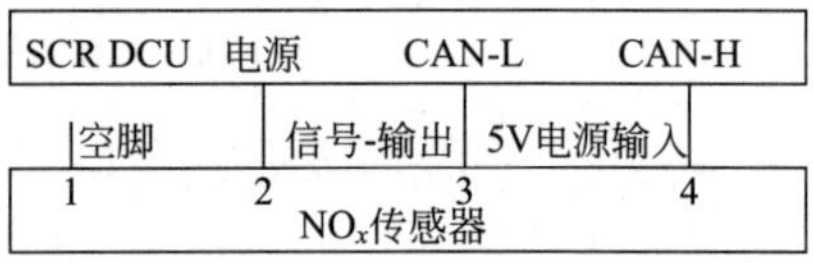
检测与维修	氮氧传感器故障多为陶瓷探头与传感器、ECU 之间的连接线缆出现断裂。这主要是由于陶瓷探头与传感器、ECU 之间的连接线缆安装时处于松弛状态，或线缆固定位置发生松动等原因，致使车辆在行驶过程中排气管振动造成线缆拉紧而损坏。对此，可采用万用表检测电阻的方法来进行检测判断。必要时，还要增加传感器线缆的固定位置，以防同类故障再次发生

11.6 空气质量传感器

空气质量传感器的英文缩写是 AQS，具有 AQS 功能的汽车自动空调系统，就具有空气污染度检测功能。

(1) 结构与原理

奥迪 A6L 轿车自动空调系统的空气质量传感器 G238 就具有 AQS 功能，但仅在装备有“舒适”型空调器的汽车上安装。下面以这类车型为例，来介绍空气质量传感器的结构、原理、检测与维修。

① 空气质量传感器的外形与拆卸见表 11-48。

表 11-48　空气质量传感器的外形与拆卸

项目	具体说明
外形示意图	右图所示为空气质量传感器 G238 的外形示意图，该传感器是一个高灵敏度的电子部件，它会因直接接触溶剂、燃油和某些化学化合物而损坏。例如污物可以通过区域 A 渗入。因此，不要把拆下的空气质量传感器 G238 放置在能接触到溶剂、燃油和某些化合物(液体或蒸气)的区域 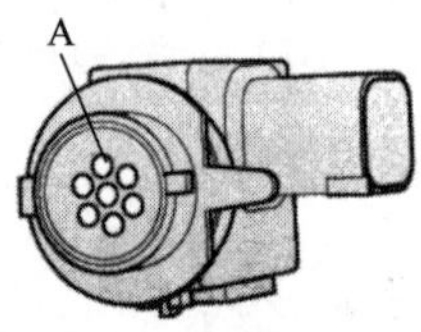
拆卸	右图所示为拆卸空气质量传感器 G238 的示意图[该图插头中的数字 1 为电源正极端脚(总线端 15)；数字 2 为电源负极端脚(总线端 31)；数字 3 为操作与显示单元、Climatronic 控制单元 J255 的信号线引脚]，具体拆卸步骤为，拆下排水槽盖板→松开横梁(不是对所有汽车都必要)→将空气质量传感器 G238 旋转 90°，然后把传感器 B 向上从固定架中拔出→将插头 A 从空气质量传感器 G238 上拔出 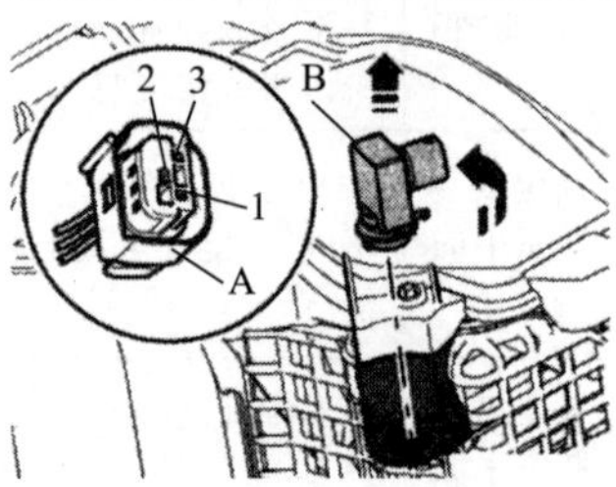

② 空气质量传感器的工作原理见表 11-49。

表 11-49 空气质量传感器的工作原理

<table>
<tr><th>项目</th><th colspan="2">具体说明</th></tr>
<tr><td>模式切换的前提条件</td><td colspan="2">根据在 MMI(多媒体)中的设置,只要操作与显示单元、Climatronic 控制单元 J255 将空调器切换到车内空气循环运行模式(通过空气质量传感器进行自动车内空气循环或通过操纵车内空气循环按钮进行手动车内空气循环),滑动天窗就立即关闭
空气质量传感器 G238 识别大气中的有害物质(大多数是汽油和柴油废气),并命令操作与显示单元、Climatronic 控制单元 J255 把可调器切换到车内空气循环运行模式</td></tr>
<tr><td rowspan="3">模式自动切换方式</td><td colspan="2">操作与显示单元、Climatronic 控制单元 J255 通过来自空气质量传感器的信号识别空气污染的种类和严重程度,然后根据车外温度和空气污染的严重程度决定(显示分组 022)工作模式,具体情况如下所述</td></tr>
<tr><td>温度高于约 2℃</td><td>在车外温度高于约 2℃时,若有害物质浓度略微上升,就立即切换到车内空气循环运行模式</td></tr>
<tr><td>温度低于约 −1℃</td><td>当车外温度低于约 −1℃且处于“Econ(经济)运行模式”时,在有害物质浓度上升较大时才进行切换,且只持续约 15s。如果在 2min 之内重新出现有害物质浓度上升,则操作与显示单元、Climatronic 控制单元 J255 在这段时间之内不切换到“自动车内空气循环运行模式”</td></tr>
<tr><td>切换到新鲜空气运行模式的条件</td><td colspan="2">如果压缩机已关闭,如在“Econ(经济)运行模式”下,则“自动车内空气循环运行模式”的最大持续时间将由操作与显示单元、Climatronic 控制单元 J255 限制在约 15s(以免车窗玻璃蒙上水雾)。如果有害物质浓度降低,空调器重新切换到新鲜空气运行模式;“自动车内空气循环运行模式”的持续时间与操作和显示单元、Climatronic 控制单元 J255 的型号有关。当车外温度低于约 10℃时,空调器如在“自动车内空气循环运行模式”下持续运转 30s,这段时间结束后将切换到新鲜空气运行模式。如果在 2min 之内重新出现有害物质浓度上升,则操作与显示单元、Climatronic 控制单元 J255 在这段时间内不切换到“自动车内空气循环运行模式”</td></tr>
<tr><td>压缩机受控情况</td><td colspan="2">如果“自动车内空气循环运行模式”已激活,则该功能可随时关闭,当请求“自动车内空气循环运行模式”时,压缩机即使在车外温度低于 2℃也会接通。但在车外温度低于约 −8℃时,则无法再让压缩机运行
在 MMI(多媒体界面)中设定“自动车内空气循环运行模式”时,即使在手动接通车内空气循环(通过“车内空气循环按钮”)时,压缩机也可在温度最低约 −8℃时接通</td></tr>
<tr><td>自学习功能</td><td colspan="2">为避免空调器在空气中有害物质含量始终较高的地区持续在车内空气循环运行模式下工作,空气质量传感器 G238 具有自学习功能(它能使自己的灵敏度与环境污染程度相匹配)
如果车外空气中的有害物质含量长时间保持较高,空气质量传感器 G238 通过一个学习程序与改变了的环境条件相匹配,这样在一个均匀污染的大气中,车内空气循环请求在通常情况下短于 12min。如果多个浓度峰值依次出现,空调器也可更长时间地在循环空气运行模式下运行</td></tr>
<tr><td>过滤器</td><td colspan="2">空调器风门的换向需要一定的时间。为了避免在有害物质浓度突然上升时(例如在穿过柴油废气烟雾时),在关闭速滞压力风门/新鲜空气风门和车内空气循环风门前,气态有害物质就会随吸入的新鲜空气进入乘客车厢,在装备空气质量传感器 G238 的汽车上安装了一个带活性炭涂层的粉尘及花粉过滤器,用于对这种有害物质进行过滤。因此,当该过滤器被有害物质饱和污染后,应及时进行更换,以免过滤器无法继续执行过滤任务</td></tr>
<tr><td>预热</td><td colspan="2">接通点火开关后,空气质量传感器 G238 需要约 30s 才能准备就绪(预热时间)。在这段时间内,空气质量传感器 G238 不会向操作和显示、Climatronic 控制单元 J255 发送任何“自动车内空气循环运行模式”的请求</td></tr>
</table>

(2) 通用检测与维修方法

不同的车辆(尤其是不同汽车生产厂家生产的车辆),其使用的空气质量传感器外形可能有一定的差异,但对它们的检测与维修思路基本是相同的,或大同小异。表 11-50 列出了空气质量传感器的通用检测与维修方法(以奥迪 A6L 轿车为例)。

表 11-50 空气质量传感器的通用检测与维修方法

项目	具体说明
连接电路与引脚功能	右图所示为空气质量传感器 G238 与自动空调控制单元 J255 之间的连接方式示意图。该传感器的 1/15 端为供电电压输入端，该电压来自熔断器盒中 SB5(5A)熔断器的电压输出端；空气质量传感器 G238 的 2/11 端脚搭铁；空气质量传感器 G238 的 3 端脚为信号输出端，该信号经 C13 脚进入自动空调控制单元 J255 内部 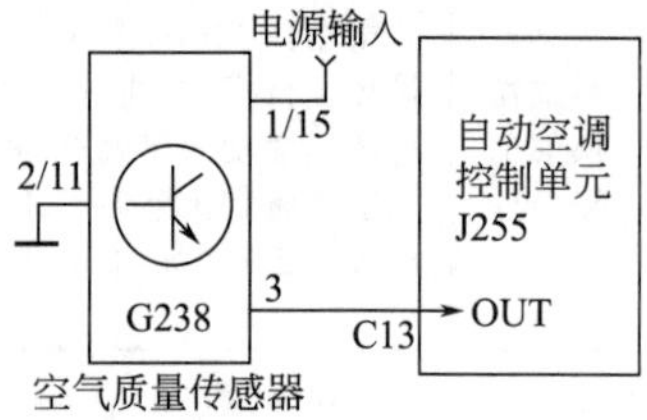
检测与维修	对于空气质量传感器 G238 的供电电压，可以采用万用表检测其 1/15 端脚与 2/11 端脚之间的蓄电池电压是否正常；对于空气质量传感器 G238 的搭铁情况，可以检测 2/11 与车辆搭铁之间的接触电阻，该电阻应小于 0.5Ω；对于空气质量传感器 G238 输出的矩形波信号，无法用万用表检测，通常可以调出操作与显示单元、Climatronic 控制单元 J255 内部存储的测量值块中显示测量值(显示分组 022)来进行分析、判断传感器的性能

11.7 烟度传感器

烟度传感器主要应用在汽车电控柴油喷射型发动机上，用于检测发动机排气管处的烟气情况。

(1) 结构与原理

烟度传感器从整体结构上看，类似于汽油发动机的火花塞，通常安装在车辆的排气管上。

① 烟度传感器的典型结构示意图与特点说明见表 11-51。

表 11-51 烟度传感器的典型结构示意图与特点说明

项目	具体说明
烟度传感器典型结构示意图	右图所示为汽车柴油机烟度传感器典型结构示意图，主要由传感器感应头本体、催化剂、金属体、中间体、铂丝、接线盒、陶瓷粉末与黏合剂等组成。催化剂通常采用 Gr_2O_3、SnO_2 或 Fe_2O_3，也有采用氧化金属的混合物，高档一些的传感器多采用铂黑作为炭烟的催化剂 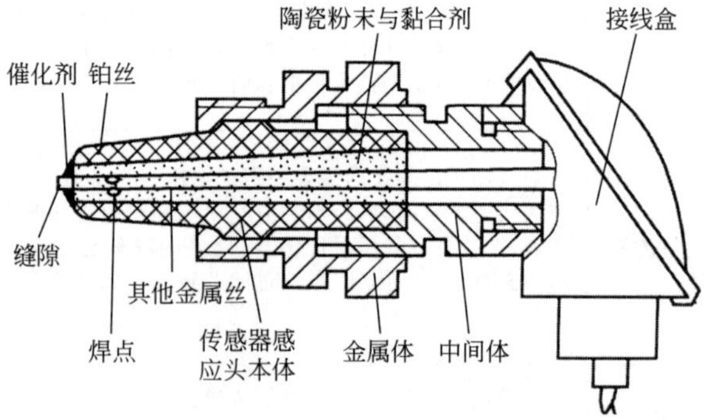
特点说明	烟度传感器的感应头安装在金属体内，通过中间体与接线盒相连接，金属体的左端有螺纹供安装时拧在排气管上。传感器感应头的本体通常为陶瓷体，暴露在烟气中的电极多为贵金属铂或铂合金材料。为了降低成本，采用贵金属的电极多采用组合结构，也就是采用 15mm 左右长的铂丝与其他金属丝点焊在一起

② 烟度传感器的工作原理见表 11-52。

表 11-52 烟度传感器的工作原理

<table>
<tr><th>项目</th><th colspan="2">具体说明</th></tr>
<tr><td>烟度传感器连接电路与工作原理示意图</td><td colspan="2">右图所示为烟度传感器的工作原理示意图，绝缘体中埋有两个电极，电极下端伸出绝缘体，两电极之间保持很小的缝隙，并涂有绝缘的强催化剂。电极的下端接上直流供电电源，该电压通常为12V或24V直流电源，直流电流表(表盘上标有对应的烟度值)连接在传感器两引脚之间(通过供电电源)，H1与H2与电子控制单元(ECU)相连接
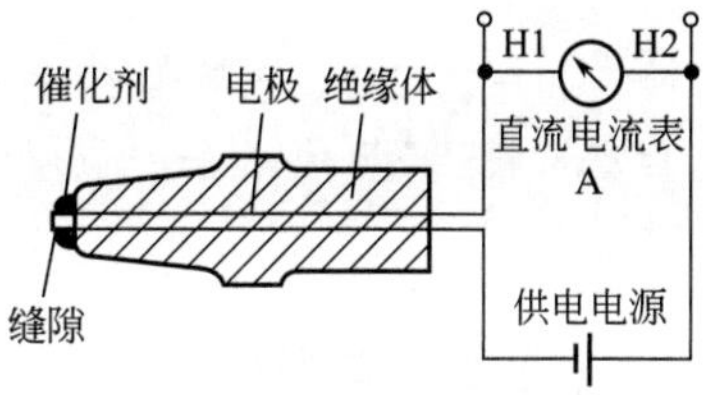
</td></tr>
<tr><td rowspan="2">工作原理说明</td><td>感应头未插入烟气中</td><td>当感应头接入电路时，由于传感器两电极之间的电阻值很大，故直流电流表A中没有电流指示，或只有微小的电流指示</td></tr>
<tr><td>感应头插入烟气中</td><td>当感应头插入烟气中时，就会使缝隙中充满炭烟，从而形成炭桥，炭桥与电极之间的电阻值发生变化，炭烟少电阻大，炭烟多电阻小，直流电流表A就会随着炭烟的多少作相应的指示。传感器输出的信号提供给电子控制单元(ECU)后，ECU就会依据炭烟的多少进行相应的控制</td></tr>
<tr><td>需要说明的问题</td><td colspan="2">由于感应头的电极端涂有催化剂，加上烟气中有充足的氧气存在，故沉积在电极上的炭烟能迅速氧化，不会由于电极上的炭烟堆积而造成检测失效，尤其是在排气温度较高的情况下，连续检测结果可以完全反映排气中炭烟量的变化情况</td></tr>
</table>

(2) 通用检测与维修方法

对烟度传感器进行检测时，应结合直流电流表的指示值、柴油机负荷的变化等因素来进行，具体检测方法见表 11-53 中所列。

表 11-53 烟度传感器的通用检测与维修方法

项目	具体说明
检测方法	采用万用表对柴油机烟度传感器进行检测时，在汽车上观察直流电流表与柴油机负荷变化的排温、烟度之间的变化情况，应符合表11-54中所列的电流值(发动机转速保持在2000r/min，传感器供电为24V直流电源)
烟度与传感器电流之间的关系	随着柴油机负荷的增加，排温、烟度传感器电流均应增加，烟度与传感器电流之间的关系，应满足以下关系式 $R=KI$ 式中，R 表示波许烟度；K 表示比例常数；I 表示传感器电流值

表 11-54 柴油机负荷与排温、烟度、传感器电流之间的变化关系

功率/kW	排温/℃	烟度/BSU	传感器电流/μA	功率/kW	排温/℃	烟度/BSU	传感器电流/μA
0	0	0	1	9.71	325	1.8	15
5	190	0.3	2.5	10.29	350	2	19
5.74	200	0.5	3	11.47	390	2.7	33
7.79	240	0.8	5.5	11.84	405	3	42
8.75	260	1.1	7	12.13	420	3.4	50
9.04	290	1.3	10	12.35	430	4.3	65
9.41	300	1.5	12	12.57	440	5	80

11.8 光电式烟雾浓度传感器

汽车自动空调系统中使用的烟雾浓度传感器用于监测汽车车厢内部空气中烟雾等污染的含量，自动接通空气净化器对空气进行净化。

(1) 结构与原理

光电式烟雾浓度传感器又称为光电式烟尘浓度传感器或简称为烟尘传感器，是利用光电效应原理制成的。

① 光电式烟雾浓度传感器的结构与安装位置见表 11-55。

表 11-55 光电式烟雾浓度传感器的结构与安装位置

<table>
<tr><th>项目</th><th>具体说明</th></tr>
<tr><td>结构
示意图</td><td>右图所示为光电式烟雾浓度传感器的典型结构示意图，该传感器主要由发光元件、光敏元件、电路部分、本体与盖板等组成。电路部分包括检测信号的整形、脉冲振荡、延时、定时、放大、供电的稳压处理电路等。传感器本体部分设置有感测灵敏度调整旋钮（也就是检测灵敏度调整电位器旋钮），调整该旋钮，就可以对传感器的感测灵敏度进行调整。传感器本体部分还设置有多个可使烟雾自由进入的细缝，也就是右图中的烟雾进口
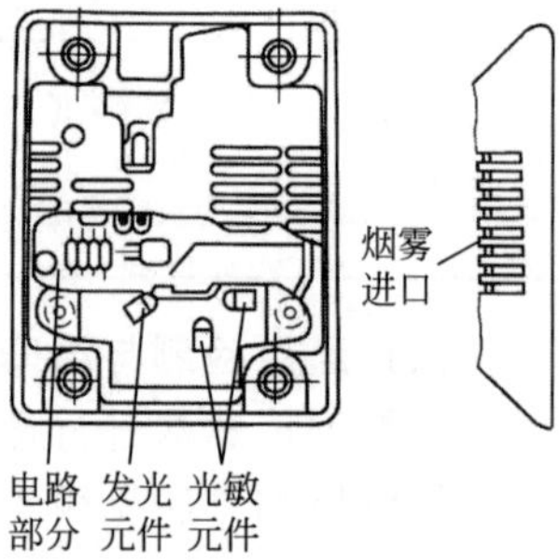
</td></tr>
<tr><td>安装
位置</td><td>光电式烟雾浓度传感器因车辆生产厂家的不同、车辆型号的不同，安装位置有一定的差异，有的安装在车室顶棚上室顶灯旁边，也有的安装在顶棚其他位置上</td></tr>
</table>

② 光电式烟雾浓度传感器的工作原理见表 11-56。

表 11-56 光电式烟雾浓度传感器的工作原理

<table>
<tr><th>项目</th><th colspan="2">具体说明</th></tr>
<tr><td rowspan="3">工作
原理
示意图</td><td colspan="2">右图所示为光电式烟雾浓度传感器的工作原理示意图。从该传感器烟雾进口（细缝）进入的空气，可以在传感器内部自由流动，传感器内部的发光元件为发光二极管（LED），该 LED 在对烟雾进行监测过程中会间歇地发出肉眼看不见的红外线。具体工作情况如下所述
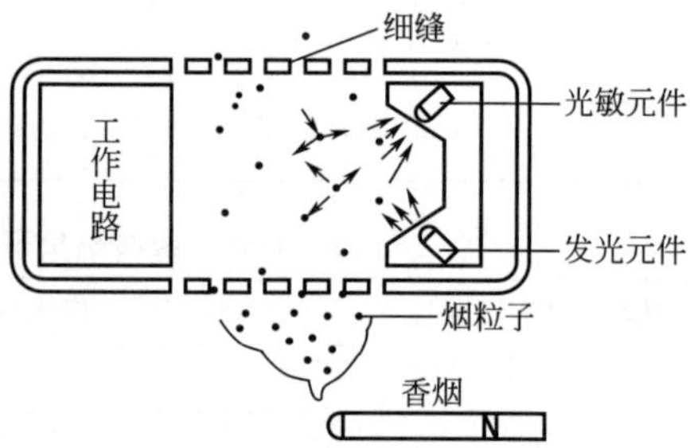
</td></tr>
<tr><td>没有监测到烟雾</td><td>当进入光电式烟雾浓度传感器中的空气中没有烟雾时，发光二极管（LED）发出的红外线照射不到光敏元件（光敏晶体管），电路不会工作</td></tr>
<tr><td>监测到烟雾</td><td>当进入光电式烟雾浓度传感器中的空气中有烟雾时，由于烟雾粒子对发光二极管（LED）发出的间歇的红外线进行漫反射，使部分红外线照射到光敏元件（光敏晶体管）上，由此就会使光敏元件产生电信号并提供给 ECU，ECU 就会输出控制信号驱动空气净化器的鼓风机电动机旋转</td></tr>
<tr><td>防干扰
措施</td><td colspan="2">为了防止外界干扰导致光电式烟雾浓度传感器出现误动作，该传感器内部控制电路采用脉冲振荡工作方式，由此即使有相同红外线射入传感器内部，因脉冲周期不同，故传感器也不会出现误判断，只有当红外线与传感器的间歇光同步时，烟雾浓度传感器才会判断出有烟雾</td></tr>
</table>

续表

项目	具体说明
鼓风机工作情况	光电式烟雾浓度传感器控制电路中的延时、定时电路，会在检测到有烟雾时，输出控制信号给 ECU，使 ECU 输出控制信号驱动鼓风机，使其一次连续工作至少 2min。当传感器测知有少量烟雾进入时，即使烟雾逐渐消失，延时电路也会使鼓风机持续工作 2min

(2) 通用检测与维修方法

由光电式烟雾浓度传感器为核心构成的车辆内部空气净化系统，在检测到车内空气被烟雾等污染时，会自动接通空气净化器，使其工作。

① 光电式烟雾浓度传感器的连接电路与搭铁检测见表 11-57。

表 11-57 光电式烟雾浓度传感器的连接电路与搭铁检测

项目	具体说明	
连接电路与引脚功能	右图所示为光电式烟雾浓度传感器与空调放大器之间的连接方式示意图。该传感器通常为三引脚方式，引脚①为搭铁端；引脚②为传感器检测信号输出端，输出的信号提供给空调放大器；引脚③为供电电压输入端，该电压为受控的蓄电池电压	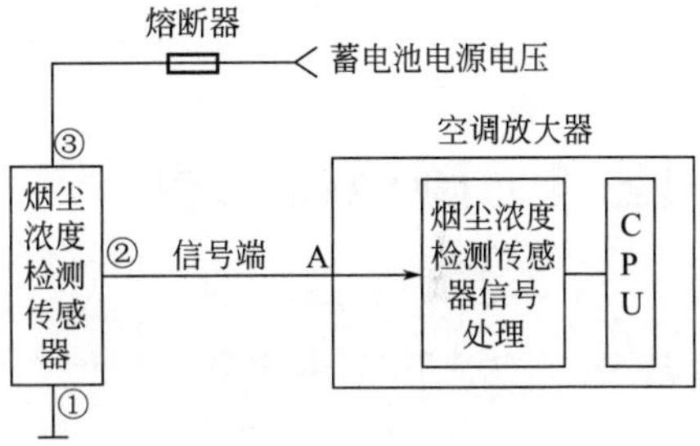
搭铁检测	在点火开关断开、拆下传感器导线插接件的情况下，采用万用表电阻挡检测传感器插件①脚与车身搭铁之间的电阻，该电阻应近于 0	

② 光电式烟雾浓度传感器的供电检测、信号电压检测与检测数据见表 11-58。

表 11-58 光电式烟雾浓度传感器的供电检测、信号电压检测与检测数据

项目	具体说明		
供电检测	在拆下传感器导线插接件的情况下，接通点火开关，采用万用表电压挡检测传感器插接件③端脚与车身搭铁之间的电压，该电压应在 10～14V 之间		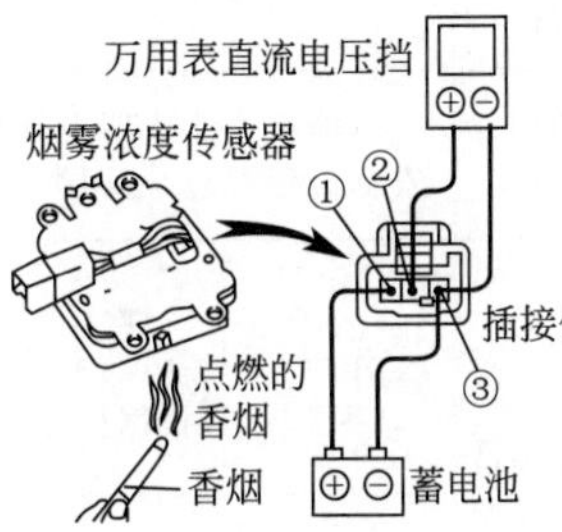
信号电压检测	在拆下烟尘浓度传感器导线连接器的情况下，按右图所示的方法连接好蓄电池与万用表的表笔，然后检测在无烟和点燃一根香烟并置于传感器旁边两种情况下，观察万用表指示的电压值，应符合以下所列的正常值		
检测数据	万用表表笔检测的两端脚	没有烟雾时传感器插件的②与③端脚之间	有烟雾时传感器插件的②与③端脚之间
	电压正常值/V	<1	>4

第12章 碰撞传感器与爆震传感器

碰撞传感器主要应用于SRS系统，SRS为英文Supplemental Restraint System首字母的缩写，含义为辅助约束系统，也称为安全气囊系统。爆震传感器应用于发动机点火系统。这里将车辆防盗系统的振动传感器也归在这一章里。

12.1 碰撞传感器

应用于汽车安全气囊系统中的碰撞传感器，主要用来检测车辆碰撞时冲击力的大小，如果超过限定值，就会引爆安全气囊。

(1) 碰撞传感器概述

汽车安全气囊系统中使用的碰撞传感器相当于一个自动控制开关，其工作状态取决于汽车碰撞时减速度的大小。

① 按功用分类时碰撞传感器的类型与安装位置见表12-1。

表12-1 按功用分类时碰撞传感器的类型与安装位置

<table>
<tr><th>项目</th><th colspan="2">具体说明</th></tr>
<tr><td>按功用分类</td><td colspan="2">碰撞传感器按功用分类可以分为碰撞烈度传感器(通常简称碰撞传感器)与碰撞防护传感器(通常简称为安全传感器)。这两类传感器的具体情况见下面的介绍</td></tr>
<tr><td rowspan="2">碰撞传感器的作用与安装位置</td><td>作用</td><td>碰撞传感器是安全气囊系统中主要的信号输入装置，用于在车辆发生碰撞时，检测车辆碰撞强度，并将碰撞时的减速度信号提供给SRS ECU，以便判定是否发生碰撞，也就是SRS ECU根据碰撞传感器提供的信号判断是否需要引爆气体发生器使气囊充气</td></tr>
<tr><td>安装位置</td><td>碰撞传感器的安装位置通常有两种情况：一种情况是安装在车辆前部(前保险杠后部及翼子板下面，或前排座椅下面，如奥迪A6系列轿车)，通常称其为前碰撞传感器；还有一种情况是安装在汽车左前、右前部中央和SRS ECU的内部，通常称其为中央碰撞传感器或简称为中央传感器</td></tr>
<tr><td rowspan="2">安全传感器的作用与安装位置</td><td>作用</td><td>安全传感器又称为碰撞防护传感器(简称防护传感器)或碰撞保险传感器(简称保险传感器)，通常设置两个，用来控制气囊点火器电源电路，防止安全气囊系统在非碰撞状态时发生误引爆现象</td></tr>
<tr><td>安装位置</td><td>碰撞防护传感器通常安装在SRS ECU的内部</td></tr>
</table>

② 按结构分类时碰撞传感器的类型与特点见表12-2。

表 12-2 按结构分类时碰撞传感器的类型与特点

<table>
<tr><th>项目</th><th colspan="3">具体说明</th></tr>
<tr><td>按结构分类</td><td colspan="3">碰撞传感器按结构可分为机电结合式、电子式和水银开关式三大类，这三类传感器的具体情况见下面的介绍</td></tr>
<tr><td rowspan="5">三大类传感器的类型与特点</td><td>机电结合式</td><td colspan="2">机电结合式利用机械运动(滚动或转动)来控制触点动作，再由触点的断开与闭合来控制气囊点火电路通断，常用的有滚轴式、滚球式、偏心锤式三种类型</td></tr>
<tr><td rowspan="3">电子式</td><td colspan="2">电子式碰撞传感器常见的有压阻效应式或压电效应式，一般用于中心碰撞传感器。它们各自的工作情况如下所述</td></tr>
<tr><td>压阻效应式</td><td>压阻效应式碰撞传感器在发生碰撞时应变电阻发生变形，使电阻值发生变化，经转换为电压后会使电压也发生变化，一旦该电压超过设定值时，气囊就会被触发</td></tr>
<tr><td>压电效应式</td><td>压电效应式碰撞传感器在车辆发生碰撞时，压电晶体片就会发生压电效应而使输出电压发生变化，一旦该电压超过设定值时，气囊就会被触发</td></tr>
<tr><td>水银开关式</td><td colspan="2">水银开关式碰撞传感器是利用水银的良好导电特性来控制气囊点火电路的通断，一般用于防护传感器</td></tr>
</table>

③ 各种传感器的连接方式见表 12-3。

表 12-3 各种传感器的连接方式

项目	具体说明
连接电路示意图	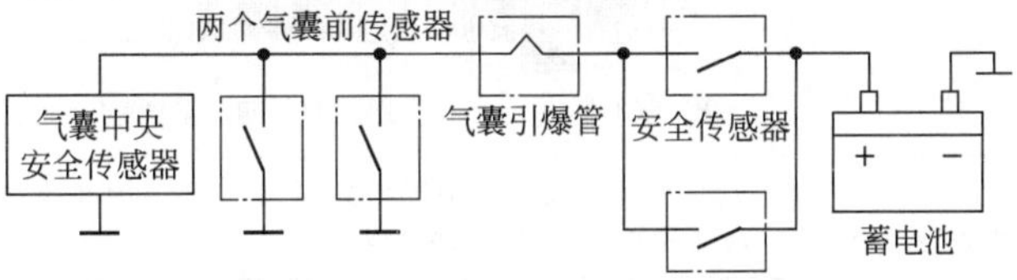
连接电路示意图说明	安全气囊系统检测车辆碰撞情况的传感器通常有 3 个，即气囊前碰撞传感器、安全传感器、气囊中央安全传感器。安全传感器触点闭合所需的减速度较另外两者小。三种传感器的连接关系如上图所示
需要说明的问题	只有当碰撞防护传感器与任一碰撞信号传感器同时接通时，点火引爆电路才能接通，气囊才能充气。这两种传感器的结构、原理基本相同，仅是碰撞防护传感器设定的阈值稍小一些

④ 安全气囊系统各种传感器在车辆上的安装位置见表 12-4。

表 12-4 安全气囊系统各种传感器在车辆上的安装位置

项目	具体说明
安装位置示意图	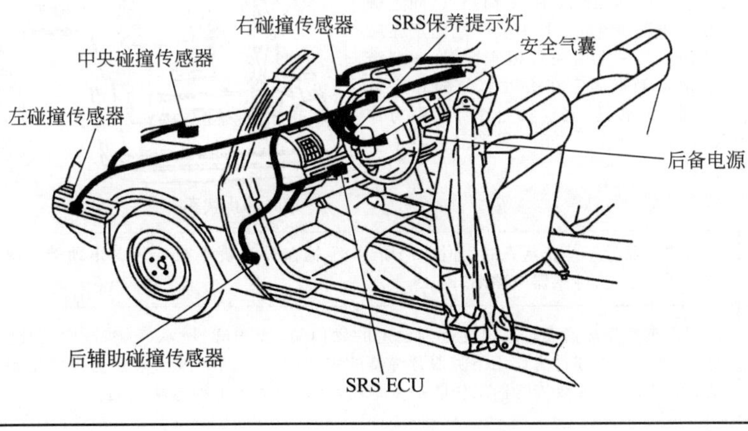

续表

项目	具体说明
示意图说明	不同的车辆，其安全气囊系统各种传感器在车辆上的安装位置有一些差别，上图是某一种车辆传感器安装位置示意图，图中黑的粗实曲线表示安全气囊系统各种零件安装的位置（包括各种传感器）

⑤ 安全气囊系统安全防护传感器在 SRS ECU 内部的安装位置见表 12-5。

表 12-5 安全气囊系统安全防护传感器在 SRS ECU 内部的安装位置

项目	具体说明
安装位置示意图	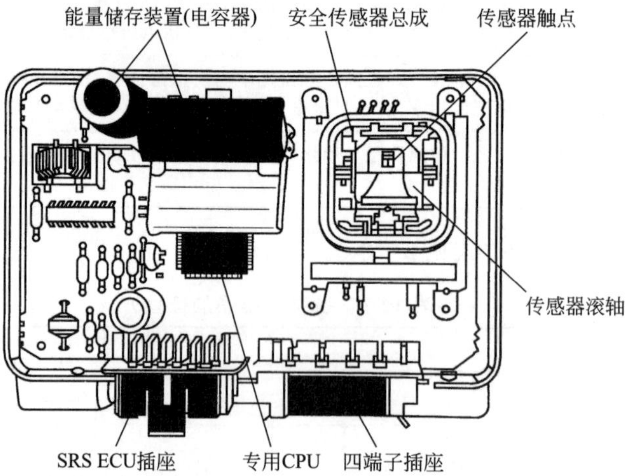
示意图说明	上图所示为安全气囊系统中使用的安全防护传感器在 SRS ECU 内部的安装位置示意图。安全防护传感器通常都设置在 SRS ECU 内部的某个区域内，并自成一体

(2) 滚轴式碰撞传感器

由滚轴式碰撞传感器组成的安全气囊系统的车型较多，如丰田、本田、三菱系列轿车，美国福特林肯城市（LICOIN CITY）系列轿车等。表 12-6 列出了滚轴式碰撞传感器的结构与原理。

表 12-6 滚轴式碰撞传感器的结构与原理

项目		具体说明
结构		图(a)所示为滚轴式碰撞传感器结构示意图，该传感器主要由止动销、滚轴、滚动触点、固定触点、底座和片弹簧等组成。片弹簧一端固定在底座上，并与传感器一个引线脚相连接，另一端绕在滚轴上，滚动触点固定在滚轴部分的片弹簧上，可随滚轴一起转动；固定触点片弹簧则与片弹簧绝缘并固定在底座上，和传感器的另一个引线脚相连接 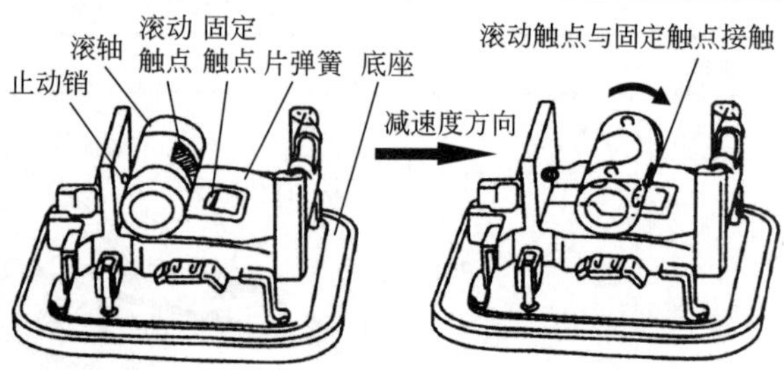 (a) 静止状态　(b) 撞击状态
原理	静止	当传感器处于静止状态时，如图(a)所示，滚轴在片弹簧作用下滚向止动销一侧，滚动触点与固定触点处于断开状态，传感器电路断开
	碰撞	当汽车遭受碰撞而且减速度达到设定的阈值时，如图(b)所示，滚轴产生的惯性力大于片弹簧的弹力时，滚轴就会在惯性力作用下克服片弹簧的弹力向右滚动→滚动触点与固定触点接触，把碰撞信号输送给 SRS ECU。如果传感器用作防护传感器，则把点火器电源电路接通

(3) 滚球式碰撞传感器

由滚球式碰撞传感器组成的安全气囊系统的车型较多，如日本尼桑、马自达汽车的SRS系统，德国BOSCH公司也生产这种碰撞传感器。表12-7列出了滚球式碰撞传感器的结构与原理，供参考。

表 12-7 滚球式碰撞传感器的结构与原理

项目	具体说明		
外形示意图	右图所示为滚球式碰撞传感器的外形示意图。该传感器的两个触点分别和传感器引脚相连接，滚球在导缸内可以移动或滚动，以此来感测减速度的大小		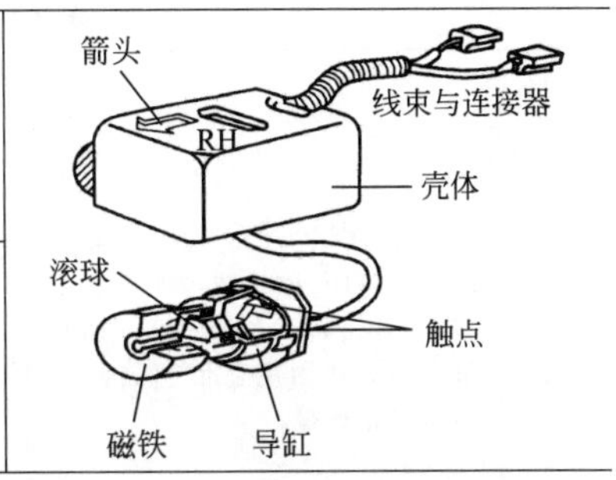
安装注意事项	滚球式碰撞传感器壳体上都印有箭头，如右图所示，箭头的方向和传感器的结构有关，有的规定指向车辆前方，有的规定指向车辆后方，故在安装传感器时应注意，箭头方向一定要和说明书上的要求一致，这一点一定要注意到		
结构示意图	图(a)所示为滚轴式碰撞传感器结构示意图，该传感器主要由铁质滚球、导缸、永久磁铁、固定触点和壳体等组成		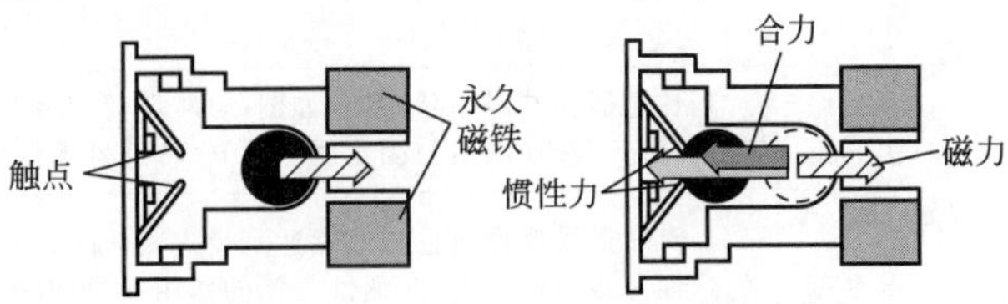(a) 静止状态 (b) 撞击状态
原理	静止	当传感器处于静止状态时，如图(a)所示，在永久磁铁作用下，导缸内的滚球被吸向磁铁，两个触点分离，传感器电路断开	
	碰撞	当汽车遭受碰撞而且减速度达到设定阈值时，如图(b)所示，滚球产生的惯性力大于永久磁铁的电磁吸力，滚球在惯性力作用下，克服磁场力沿导缸向两个固定触点运动，并将两个固定触点接通，从而将碰撞信号输送给SRS ECU	

(4) 偏心转子式碰撞传感器

由偏心转子式碰撞传感器组成的安全气囊系统的车型较多，如日本丰田、马自达汽车的SRS系统常用这种碰撞传感器。

① 偏心转子式碰撞传感器的外形与结构见表12-8。

表 12-8 偏心转子式碰撞传感器的外形与结构

项目	具体说明
外形与结构示意图	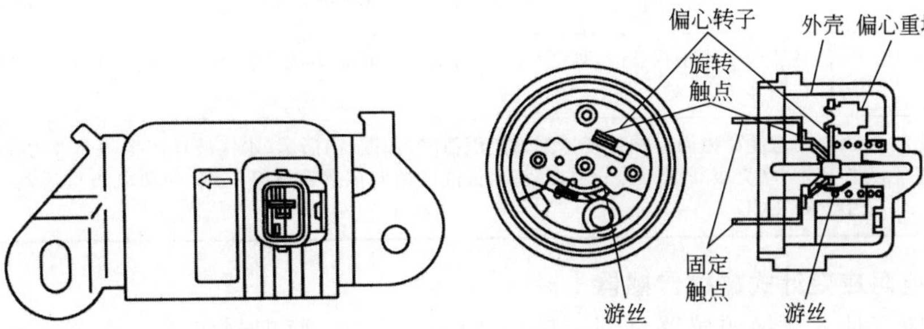(a) 外形 (b) 结构

续表

项目	具体说明
示意图说明	图(a)所示为偏心转子式碰撞传感器的外形示意图,图(b)所示为该传感器的结构示意图。偏心转子式碰撞传感器又称为偏心锤式碰撞传感器,属于惯性开关式碰撞传感器。主要由偏心转子、偏心重块、固定触点、旋转触点、外壳等组成

② 偏心锤式碰撞传感器的工作原理见表 12-9。

表 12-9 偏心锤式碰撞传感器的工作原理

<table>
<tr><th>项目</th><th colspan="2">具体说明</th></tr>
<tr><td>工作原理示意图</td><td colspan="2">图(a)所示为偏心转子式碰撞传感器的工作原理示意图,该传感器主要由转子总成组成,有偏心锤、转动触点臂、转动触点、两个固定触点绝缘并固定在传感器外壳上,用导线与插接件相连接
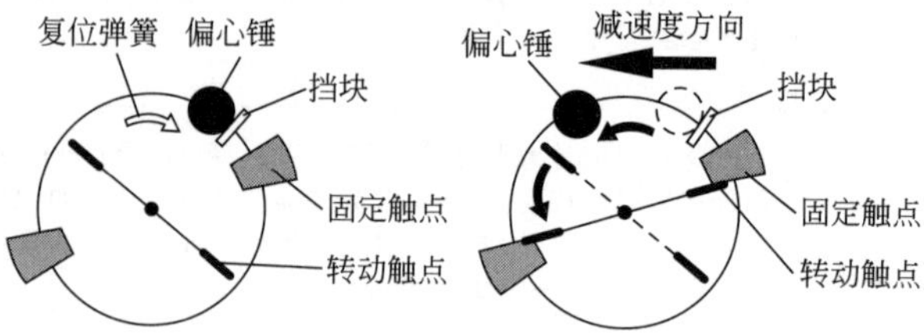

(a) 静止状态　(b) 撞击状态</td></tr>
<tr><td rowspan="2">原理</td><td>静止</td><td>当传感器处于静止状态时,如图(a)所示,在复位弹簧的作用下,偏心转子与挡块相触,转子总成也处在静止状态。转动触点与固定触点断开,传感器无信号输出</td></tr>
<tr><td>碰撞</td><td>当汽车遭受碰撞而且减速度达到设定阈值时,如图(b)所示,偏心转子产生的惯性力矩将大于复位弹簧的弹性力矩,转子总成在惯性力矩的作用下,克服弹簧力矩沿逆时针方向转动一定角度,同时带动能转动的触点臂转动,并使其与固定触点接触,电路接通,从而将碰撞信号输送给 SRS ECU</td></tr>
</table>

(5) 水银开关式碰撞传感器

由水银开关式碰撞传感器组成的安全气囊系统的车型较少,仅在一些国产早期车辆的 SRS 系统中使用这种碰撞传感器。表 12-10 列出了水银开关式碰撞传感器的结构与原理。

表 12-10 水银开关式碰撞传感器的结构与原理

<table>
<tr><th>项目</th><th colspan="2">具体说明</th></tr>
<tr><td>结构</td><td colspan="2">图(a)所示为水银开关式碰撞传感器的结构示意图,该传感器主要由水银、密封圈、壳体与电极等组成
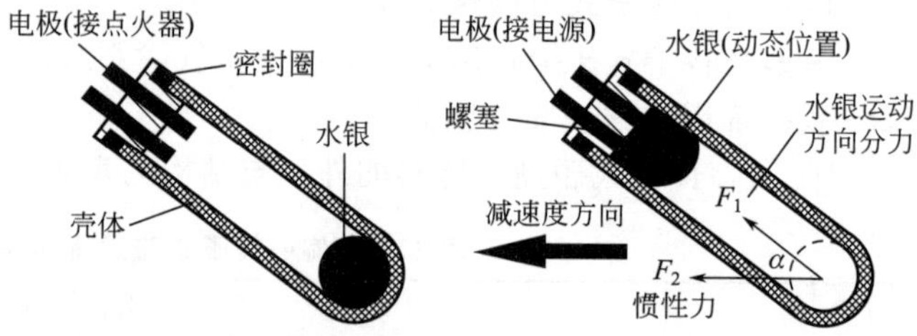

(a) 静止状态　(b) 撞击状态</td></tr>
<tr><td rowspan="2">原理</td><td>静止</td><td>当传感器处于静止状态时,如图(a)所示,水银在其重力的作用下处于壳体下端处,传感器的电极接线端脚处在断开状态,对电路不产生影响</td></tr>
<tr><td>碰撞</td><td>当汽车遭受碰撞而且减速度达到设定阈值时,如图(b)所示,水银液球产生的惯性力在其运动方向的分力作用下,将克服其重力的分力,而将水银液球抛向传感器电极一端,使两电极接通,从而将碰撞信号输送给 SRS ECU</td></tr>
</table>

(6) 电阻应变计式碰撞传感器

电阻应变计式碰撞传感器是利用硅膜片的电阻效应原理制成的。这类传感器的基本结构及其工作原理见下面的介绍。

① 电阻应变计式碰撞传感器的结构与电路示意图见表 12-11。

表 12-11 电阻应变计式碰撞传感器的结构与电路示意图

项目	具体说明
结构与电路示意图	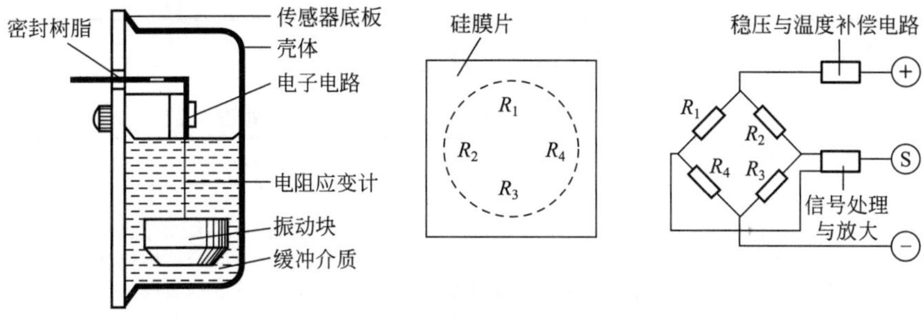 (a) 结构 (b) 电阻应变计 (c) 电路连接情况
示意图说明	图(a)所示为电阻应变计式碰撞传感器的结构示意图，主要由壳体、传感器底板、电阻应变计、缓冲介质与电子电路等组成。电子电路主要由供电稳压电路 W、温度补偿电路 t、信号处理与放大电路 A 等组成 图(b)所示为电阻应变计的结构示意图，电阻应变计式碰撞传感器的电阻 R_1、R_2、R_3、R_4 均制作在硅膜片上。当硅膜片产生变形时，应变电阻的阻值就会发生变化 图(c)所示为传感器内部连接电路示意图。应变电阻通常都连接成电桥方式，并设置有稳压和温度补偿电路

② 电阻应变计式碰撞传感器的工作原理见表 12-12。

表 12-12 电阻应变计式碰撞传感器的工作原理

项目	具体说明
传感器信号检测方式	当车辆发生碰撞时，就会使碰撞传感器的振动块振动→缓冲介质随之振动→应变计的应变电阻产生变形→应变电阻发生变化。由于应变电阻采用电桥连接方式，故电桥输出的电压就会随着电阻值的变化而改变，该信号经处理、放大后提供给 SRS ECU
SRS ECU 信号处理	当 SRS ECU 接收到碰撞传感器的信号后，经解析判断碰撞的强度或碰撞的激烈度。一旦判断到碰撞的强度超过设定值时，SRS ECU 就会向点火器输出点火指令引爆点火剂，进而向气囊充气，打开气囊进行保护

(7) 应变仪式安全传感器

应变仪式安全传感器与电阻应变计式碰撞传感器的原理基本相同，但通常主要作为安全传感器使用。

① 应变仪式安全传感器的结构与内部电路示意图及其说明见表 12-13。

表 12-13 应变仪式安全传感器的结构与内部电路示意图及其说明

项目	具体说明
结构与内部电路示意图	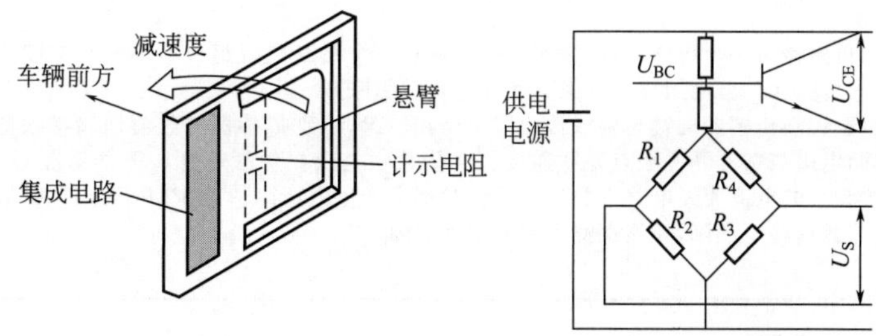 (a) 结构 (b) 电路连接情况

续表

项目	具体说明
示意图说明	图(a)所示为应变仪式安全传感器的结构示意图，主要由悬臂、计示电阻与集成电路等组成，计示电阻是一种半导体应变片，该应变片两端被悬臂架压住。图(b)所示为该传感器的内部电路示意图

② 传感器信号检测方式与 SRS ECU 信号处理见表 12-14。

表 12-14 传感器信号检测方式与 SRS ECU 信号处理

项目	具体说明
传感器信号检测方式	应变仪式安全传感器通常安装在 SRS ECU 内部。当车辆发生碰撞时，就会使半导体应变片在悬臂架惯性力的作用下发生弯曲应变→受压后的半导体应变片的电阻值发生变化→应变计的应变电阻的变化就会引起集成电路输出电压 U_S 的变化。车辆的速度越快→碰撞后产生的减速度越大→传感器输出的电压越高。由于半导体应变仪传感器的输出特性受温度的影响，故多采用晶体管的基极-发射极间的电压变化来对温度进行修正。修正后的信号经处理、放大后提供给 SRS ECU
SRS ECU 信号处理	当 SRS ECU 接收到应变仪式安全传感器的信号后，经解析判断碰撞的强度或碰撞的激烈度。一旦判断到碰撞的强度超过设定值时，SRS ECU 就会向点火器输出点火指令引爆点火剂，进而向气囊充气，打开气囊进行保护

(8) 识别传感器

表 12-15 列出了识别传感器的结构与原理。

表 12-15 识别传感器的结构与原理

项目	具体说明
安装位置示意图	上海别克系列轿车类型较多，不同车型所安装的识别传感器情况不同，有些车型有 2 个前方识别传感器，有些车型有一个前方识别传感器和一个乘客舱识别传感器，或 2 个中部识别传感器。右图所示为上海别克轿车辅助气囊约束系统前方识别传感器的安装位置示意图，该传感器位于散热器支架上或横拉杆上。乘客舱识别传感器位于仪表板/控制台中央下方或前排乘客座椅下方，中部识别传感器位于发动机舱内中部横梁侧。右图中箭头所指的方向即为汽车前端 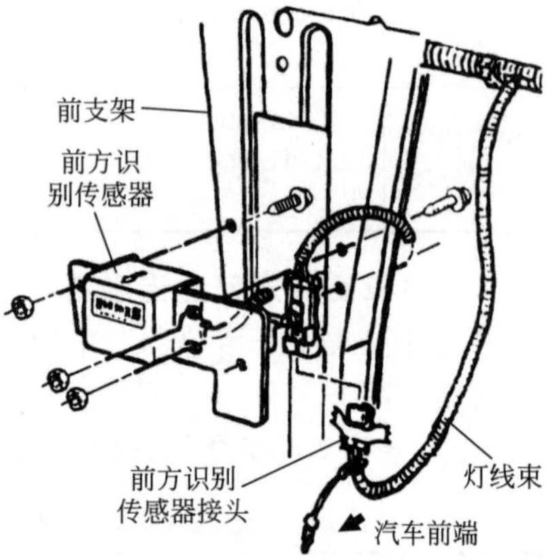
结构特点	识别传感器由一个传感元件、常开开关触点和一个诊断电阻组成。当汽车速度改变的程度大到需要气囊膨胀开时，传感元件就会闭合常开触点使气囊及时膨胀开 乘客舱识别传感器通常与警戒传感器组合在一起，识别传感器与气囊回路搭铁侧并联连接。在每个传感器里，诊断电阻与常开开关触点并联连接。这些并联电阻在气囊非膨胀开的情况时，使流经气囊回路的电流搭铁。这些小的电流流经电路中的每个部件时都会产生电压降。DERM(诊断能量储存组件)/SDM(传感和诊断组件)监测这些电压降，还能探测电路或部件故障

(9) 警戒传感器

表 12-16 列出了警戒传感器的结构与原理。

表 12-16　警戒传感器的结构与原理

<table>
<tr><th>项目</th><th>具体说明</th></tr>
<tr><td>安装位置</td><td>右图所示为上海别克轿车辅助气囊约束系统警戒传感器的安装位置示意图，该传感器被校准成在一个较小的速度改变时（低于识别传感器）闭合。这样可以保证当任何一个识别传感器闭合时，系统都能识别。每个气体发生器组件直接连接到能量储存组件的23V回路的输出端。23V电源属于备用电源，该电源由DERM（诊断能量储存组件）内部的储备电源电路提供，在一个正面碰撞中，当点火电压丧失时，DERM就会提供一个23V电源约2min，这完全可以使气囊顺利胀开，以保护人体的安全
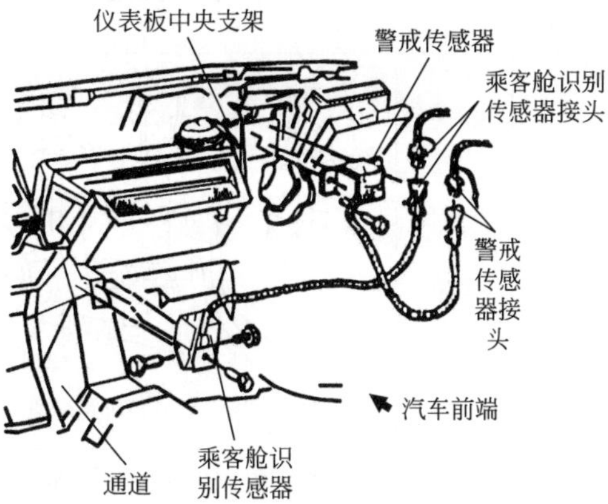
</td></tr>
<tr><td>结构特点</td><td>警戒传感器包括一个传感元件、常开开关触点、2个故障诊断电阻和2个二极管。当汽车速度以一个需要气囊膨胀开的速率改变时，传感元件闭合常开开关触点。第1个故障诊断电阻与常开开关触点并联连接，允许在正常的未膨胀开的情况下，气囊回路里流过一个较小的电流。这个小电流流过气囊回路的每个部件时，产生一个电压降。第2个故障诊断电阻与二极管并联，使诊断能量储存组件（DERM）监测加到电路正极侧的电压，以便探测电路或部件故障。二极管使DERM的电路储备电源输出，与点火电压绝缘</td></tr>
</table>

(10) 碰撞传感器的通用检测与维修方法

对安全气囊传感器的检测，主要是检查其是否断路或短路，连接线路及其插接件是否损坏或接触不良等。下面以三菱帕杰罗汽车安全气囊系统传感器为例，来介绍安全气囊传感器的检测与维修方法。

① 前碰撞传感器的检测与维修见表12-17。

表 12-17　前碰撞传感器的检测与维修

<table>
<tr><th>项目</th><th colspan="2">具体说明</th></tr>
<tr><td rowspan="4">拆卸后的检测</td><td>外观检查</td><td>对拆卸下来的前碰撞传感器外观进行检查，看其是否有压痕、裂纹、变形或生锈。如有，应更换新的传感器</td></tr>
<tr><td>检测示意图</td><td>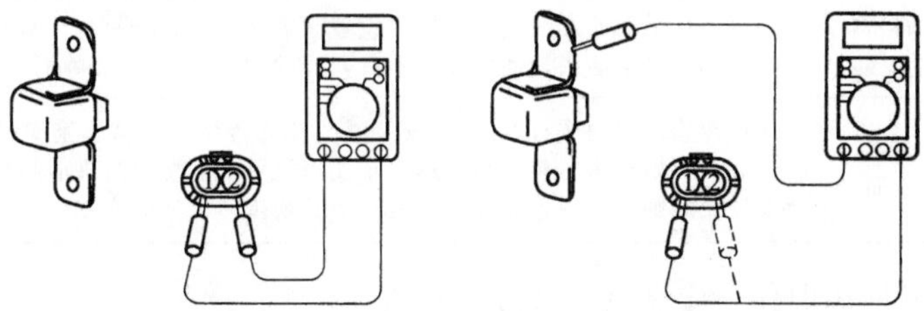
(a) 测量电阻　　(b) 检查绝缘性</td></tr>
<tr><td>电阻检测</td><td>如图(a)所示，检查前碰撞传感器引脚间有无短路（电阻值≤1Ω）或断路（电阻值≥1MΩ）。如有，应更换新的传感器</td></tr>
<tr><td>绝缘检测</td><td>如图(b)所示，检查前碰撞传感器的引脚与支架之间是否导通。如果导通，说明绝缘破坏，应更换新的传感器</td></tr>
<tr><td>安装后的检查</td><td colspan="2">将点火开关置于ON位置→观察SRS报警灯，看其是否点亮约7s，然后再断开（OFF）点火开关之后保持熄灭至少5s。如果SRS报警灯的点亮情况不符合上述要求，应进行故障码诊断</td></tr>
</table>

② 侧碰撞传感器的检测与维修见表 12-18。

表 12-18 侧碰撞传感器的检测与维修

项目		具体说明
拆卸后的检测	拆卸与安装示意图	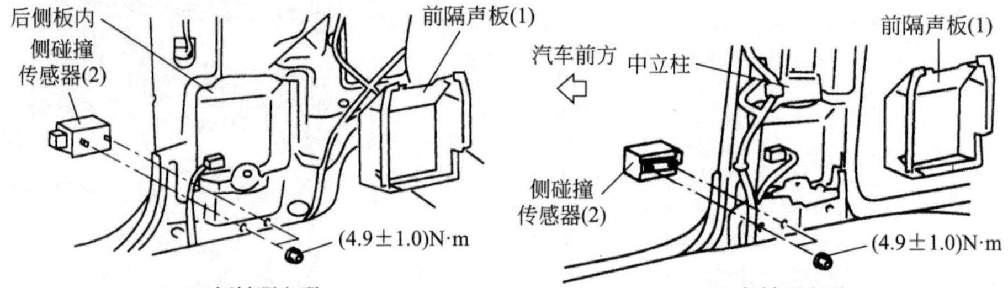 (b) 短轴距车型 (b) 长轴距车型
	示意图说明	侧碰撞传感器的拆卸方法如图(a)与(b)所示。但在拆卸侧碰撞传感器之前，应先拆卸前座椅安全带。图中部件后括号中的数字序号为拆卸顺序编号，安装顺序与拆卸顺序相反
	外观检查	对拆卸下来的侧碰撞传感器外观进行检查，看其是否有压痕、裂纹、变形或生锈。检查插接件有无损坏，端子有无变形；检查中立柱、后侧板和内装饰板有无变形和生锈。如有，应更换新的传感器
安装后的检查		侧碰撞传感器安装后的检查方法与前碰撞传感器安装后的检查方法基本相同，不再重述

(11) 检测与维修碰撞传感器必须注意的问题

检测与维修碰撞传感器是一项细致的工作，一定要注意一些操作细节，以确保自身与车辆的安全。

① 对系统进行充分放电、安装必须注意的问题见表 12-19。

表 12-19 对系统进行充分放电、安装必须注意的问题

项目		具体说明
对系统进行充分放电		在对碰撞传感器进行检测之前，应对安全气囊系统进行充分的放电，也就是先要放干净气囊系统备用电力电容中存储的电荷。具体方法是，将点火开关置于 OFF 位置，拔掉 SRS 系统熔断器，等待一段时间(约 2min)后，才可进行检测与维修操作
安装方面	插接器的安装	前碰撞传感器的导线插接器通常设置有电路连接诊断机构。故在安装插接器时，插头与插座必须插牢固。如果插头与插座接触不良，自诊断系统会认为故障而产生故障码，并存储在存储器中
	安装方向	碰撞传感器的动作有方向性，安装时要注意传感器壳体上箭头的指向，一定要按规定的方向进行安装。例如日本尼桑与马自达汽车使用说明书上规定箭头应指向汽车后方，丰田汽车前碰撞传感器安装时则要求传感器壳体上的箭头必须指向车辆的前方

② 不能使用旧件、应注意更换方式见表 12-20。

表 12-20 不能使用旧件、应注意更换方式

项目	具体说明
不能使用旧件	碰撞传感器属于一次性使用的零件(安全气囊系统中的其他电器元件也是如此)，当其受过摔碰或其壳体、支架、导线连接器有损坏时，不能使用修理(或使用过但没有损坏)过的旧件，应更换同规格的新件
更换方式	更换的新传感器(也包括 SRS 系统其他部件)，不能放在太阳下暴晒或靠近火源的地方；左前与右前碰撞传感器更换时必须一同更换，由于前碰撞传感器的定位螺栓与螺母都经过了防锈处理，拆卸或更换前碰撞传感器时，定位螺栓与螺母也必须一同更换；更换下的水银开关式防护传感器，不要随意乱扔，因水银有毒，要进行有害物品处理

(12) 丰田雷克萨斯 LS400 系列轿车安全气囊系统前碰撞传感器

丰田雷克萨斯 LS400 系列轿车安全气囊系统主要由安全气囊微机（SRS 微机）、碰撞传感器、SRS 指示灯、SRS 气囊、气体发生器、点火器等组成。表 12-21 列出了丰田雷克萨斯 LS400 系列轿车安全气囊系统前碰撞传感器的检测与维修。

表 12-21 丰田雷克萨斯 LS400 系列轿车安全气囊系统前碰撞传感器的检测与维修

项目		具体说明	
电路的检测	端脚间电阻检测	拔下 SRS 微机线束插头，如右图所示，采用万用表检测 ＋SR 与 －SR 端脚、＋SL 与 －SL 端脚之间的电阻值，该电阻正常值在 755～885Ω 之间。如果电阻值不正常，说明端脚至前碰撞传感器之间的线束搭铁或前碰撞传感器电路搭铁	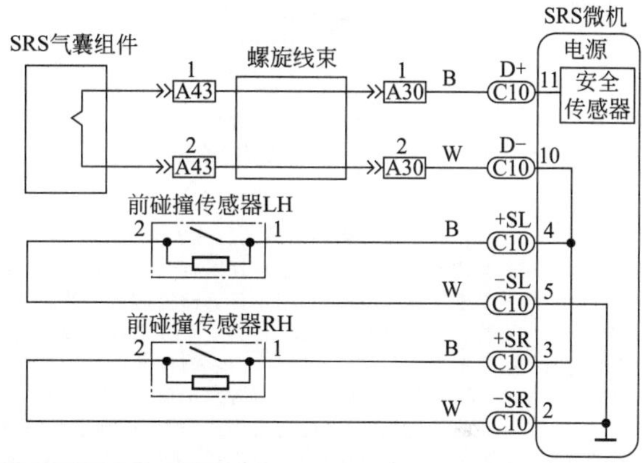
	绝缘情况检测	检测＋SR、＋SL 端脚与车身搭铁之间的电阻值，该电阻值正常时应为∞。如果电阻值正常，说明前碰撞传感器有问题，应更换新件；如电阻值不为∞，则说明＋SR、＋SL 端脚至前碰撞传感器之间线束搭铁或严重漏电，应进行修理或更换	
传感器的检测	脱开前碰撞传感器线束连接器插头，采用万用表检测传感器端脚 1 与端脚 2 之间的电阻值，该电阻正常值在 755～885Ω 之间。如果检测到的电阻值相差较大或为 0 或∞，均需要更换新的碰撞传感器		

(13) VOLVO V40 型汽车行人安全气囊系统碰撞传感器

VOLVO V40 型汽车具有行人安全气囊系统，用于保护车辆前端行人的安全，该系统中使用了碰撞传感器。

① 行人安全气囊系统传感器的组成与安装位置见表 12-22。

表 12-22 行人安全气囊系统的组成与安装位置

项目	具体说明
系统组成与安装位置示意图	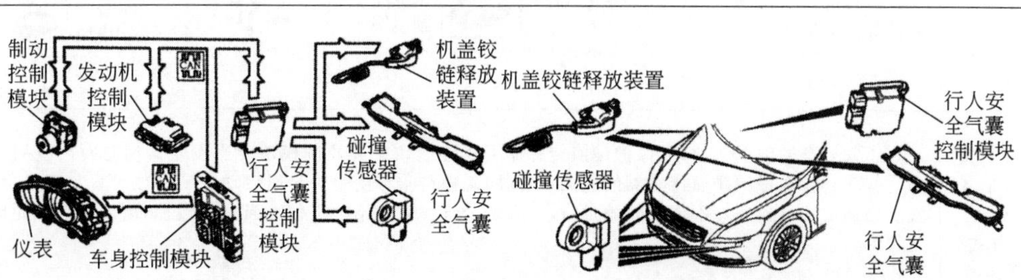(a) 组成　(b) 安装位置
示意图说明	图(a)所示为由行人碰撞传感器组成的行人安全气囊系统的组成情况示意图，图(b)所示为行人碰撞传感器组成的行人安全气囊系统主要部件在车辆上的安装位置

② 行人安全气囊系统传感器的功能与特点见表 12-23。

表 12-23 行人安全气囊系统传感器的功能与特点

项目	具体说明
传感器分布与仪表内文字信息示意图	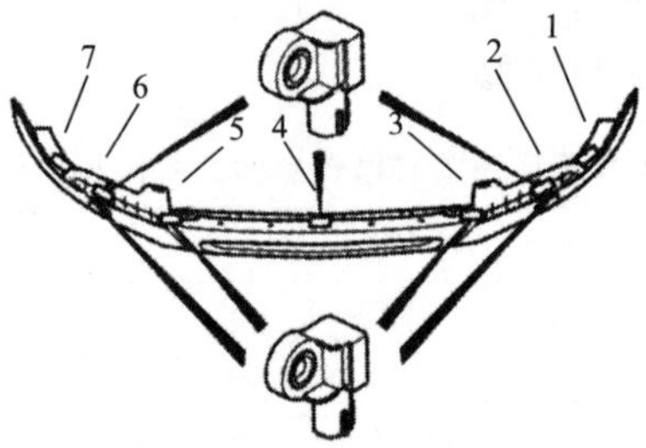 (a) 具体分布情况 1～7—加速度型传感器 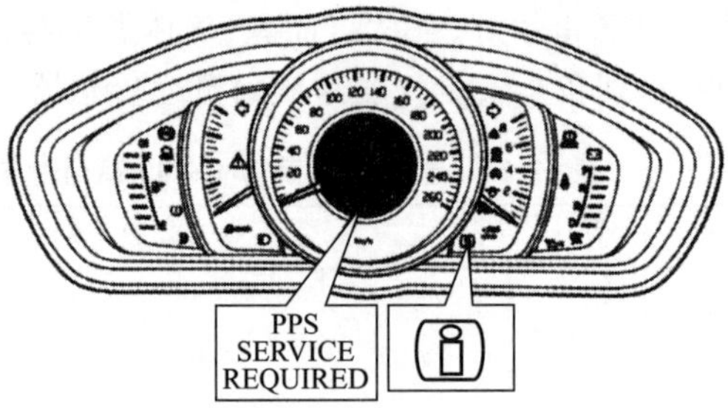 (b) 仪表内文字信息
功能与特点说明	由行人碰撞传感器组成的行人安全气囊系统用于在车辆与行人发生碰撞时吸收撞击能量。该系统采用7个加速度型传感器，位于前保险杠内，具体分布情况如图(a)所示。来自行人保护碰撞传感器的数据传送至行人安全气囊控制模块，用于计算碰撞时产生的能量，并决定是否要触发行人保护安全气囊及左/右机盖铰链释放装置。如果条件满足，行人安全气囊控制模块就会启动以下组件：左/右机盖铰链释放装置；行人安全气囊；通过车身控制模块打开危险报警灯；通过制动控制模块使制动系统工作；通过发动机控制模块断开发动机油路；采用仪表内文字信息[如图(b)所示]提示，在车主手册中查找如何处理已展开的行人安全气囊。 此时，机盖后端在铰链解锁后上移，在刮水器挡板下的行人安全气囊得以弹出，保护因撞击而移到机盖上部的行人。行人安全气囊的主要任务就是在发生碰撞时实现缓冲，降低行人受伤程度

③ 行人安全气囊系统传感器的工作原理示意图与控制模块信号处理方式见表 12-24。

表 12-24 行人安全气囊系统传感器的工作原理示意图与控制模块信号处理方式

项目	具体说明
工作原理示意图	右图所示为行人安全气囊信息处理流程示意图。当点火在行车挡时，行人安全控制模块会不断地检测来自发动机控制模块的室外温度信号和来自制动控制模块的车辆运行速度，当温度在－20～70℃之间且时速在20～50km/h时，行人安全气囊系统会自动启动，且不能手动关闭。系统启动后会不断监测行人保护碰撞传感器、行人安全气囊、左右机盖铰链释放装置 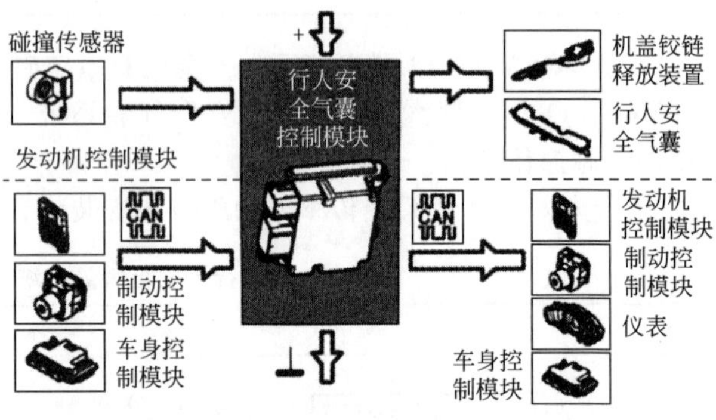
控制模块信号处理方式	在正常行车的情况下，行人保护碰撞传感器不断传送数据到控制模块。当发生碰撞时，行人保护模块会利用这些来自行人保护碰撞传感器的数据，来判断碰撞严重程度是否足以启动铰链释放装置与行人保护安全气囊。当温度和车速条件不能同时满足时，行人安全气囊系统不会工作。当发生碰撞，启动条件满足时，行人安全气囊启动

④ 行人安全气囊系统传感器的检测与维修。

如果有一个或多个碰撞传感器出现问题，则控制模块会形成一个或多个故障码。如果有一个行人安全保护碰撞传感器因某种原因停止工作，则整个行人安全气囊也不能工作。

a. 碰撞传感器的连接电路和是否正常的判断见表 12-25。

表 12-25 碰撞传感器的连接电路和是否正常的判断

项目	具体说明	
连接电路	右图所示为碰撞传感器与行人安全气囊控制模块之间的连接方式示意图。行人安全气囊控制模块是通过两个插接件 C1 与 C2 和碰撞传感器以及其他有关电路进行连接的，该图仅画出了与碰撞传感器有关的部分。实际上，行人安全气囊控制模块还通过 CAN 总线与以下控制模块进行通信：车身控制模块，接收钥匙挡位及车辆配置信息；发动机控制模块，获取环境温度信号；制动控制模块，获取车辆速度信息；驾驶员信息模块，向驾驶员显示行人安全气囊信息	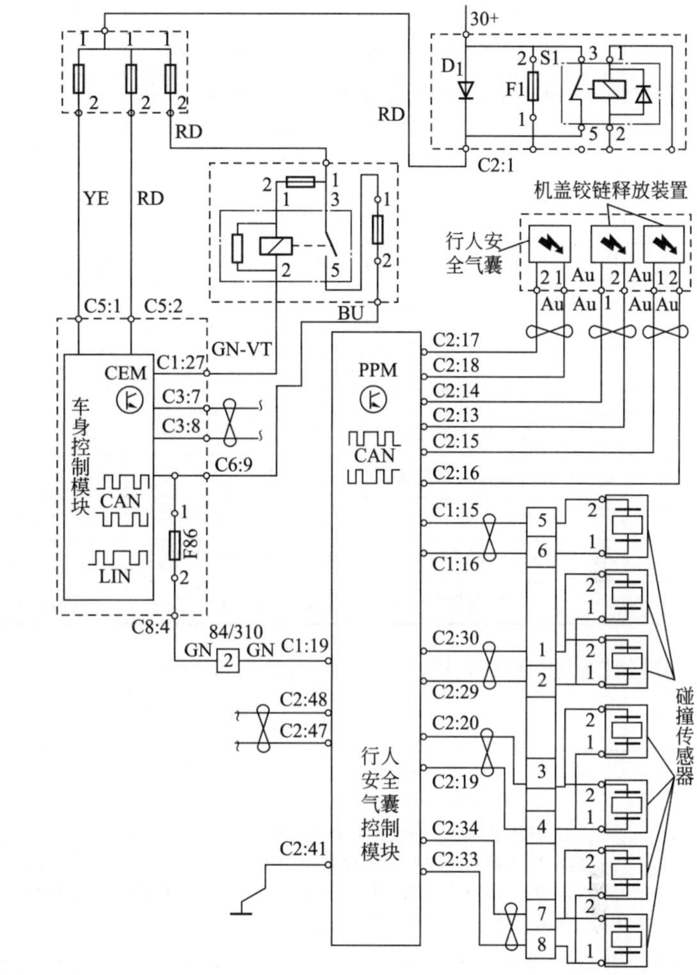
是否正常的判断	判断由碰撞传感器组成的行人安全气囊是否正常，较简单的方法是，把点火钥匙置于行车挡，启动行人安全气囊系统进行自诊断。如果系统没有问题，仪表就不会出现信息；如果系统诊断到问题，则仪表中就会出现报警信息灯以及文字信息	

b. 传感器的诊断方法见表 12-26。

表 12-26 传感器的诊断方法

项目	具体说明
常用的诊断方法	①采用故障诊断仪读取故障码，进行故障追踪 ②采用故障诊断仪读取系统中存储的数据流，根据数据的变化情况分析系统工作情况，判断故障原因 ③采用故障诊断仪进行动态功能检测，看动作是否正常 ④根据电路图进行线路电阻、电流、电压的检测，看是否符合标准
检测参考数据	表 12-27 中列出了行人安全气囊控制模块各引脚功能说明与正常数据，供判断碰撞传感器时参考

表 12-27 行人安全气囊控制模块与传感器有关的引脚功能说明与正常数据

插接件	引脚号	引脚功能	相关数据
C1	15	行人保护碰撞传感器信号搭铁端	电压大约为 0
	16	行人保护碰撞传感器信号输入端	电压在 4.9～11V 之间
	19	行人保护模块供电电源电压输入端	为蓄电池电压

续表

插接件	引脚号	引脚功能	相关数据
C2	13	铰链释放装置左(+)控制信号输出端	正常位置时为监控信号,启动时为点火脉冲
	14	铰链释放装置左(−)控制信号输出端	
	15	铰链释放装置右(−)控制信号输出端	正常位置时为监控信号,启动时为点火脉冲
	16	铰链释放装置右(+)控制信号输出端	
	17	行人保护安全气囊(+)控制信号输出端	正常位置时为监控信号,启动时为点火脉冲
	18	行人保护安全气囊(−)控制信号输出端	
	19	行人保护碰撞传感器信号输入端	电压在 4.9～11V 之间
	20	行人保护碰撞传感器信号搭铁端	电压大约为 0
	29	行人保护碰撞传感器信号输入端	电压在 4.9～11V 之间
	30	行人保护碰撞传感器信号搭铁端	电压大约为 0
	33	行人保护碰撞传感器信号输入端	电压在 4.9～11V 之间
	34	行人保护碰撞传感器信号搭铁端	电压大约为 0
	41	电源搭铁端	电压为 0,通过车身搭铁
	47	CAN 数据总线低电平信号输入、输出端	通信期间电压在 1～2.5V 之间
	48	CAN 数据总线高电平信号输入、输出端	通信期间电压在 2.5～4.0V 之间

c. 检修注意事项见表 12-28。

表 12-28 检修注意事项

项目	具体说明
安装位置	7 个位于前保险杠的行人保护碰撞传感器有两种不同类型,都已进行了机械编码。该编码用于判定行人保护碰撞传感器在保险杠内的位置是否正确。由于这 7 个碰撞传感器有固定位置,故在进行故障检修时,它们之间的位置不能互换。如果某个(或某些)碰撞传感器损坏需要更换时,则更换后的系统需要重新进行编码,否则系统无法正常工作
前保险杠的更换	由于前保险杠内传感器较多,且有固定位置和形状要求,为了保证系统能够正常工作,当发生碰撞损坏后,保险杠不能修复,只能更换新件
检测方面	绝不能使用万用表或类似的工具来检测行人保护安全气囊的电阻、电流或电压。在开始进行行人安全气囊作业之前,必须切断电路电源,并进行自身的静电释放

12.2 爆震传感器

在发动机集中控制系统中，爆震传感器的作用是把爆震时传到缸体上的机械振动转化成电压信号，输送给 ECU，作为发动机爆震时推迟点火提前角的依据，改善发动机的工作性能，延长发动机的使用寿命。

(1) 爆震传感器概述

汽车发动机爆震传感器是由能够感知机械压力或振动的特殊材料构成的，用于检测发动机工作时出现的爆震信息。

① 爆震的含义、产生与危害见表12-29。

表 12-29 爆震的含义、产生与危害

项目	具体说明
爆震的含义	爆震，俗称敲缸，是一种不理想的燃烧方式。它是自发地和随机地产生的，是由于气缸压力和温度异常升高，造成部分混合气不等火焰传播就自行着火燃烧的现象
爆震的产生	发动机缸内混合气正常燃烧时，火焰从离火花塞近的可燃混合气以30～40m/s的速度，向四周未燃烧的混合气区传播，使混合气循序燃烧，直到结束。在发生爆震的情况下，点火后刚开始燃烧的传播是正常的，在火焰传播过程中，远离火花塞的未燃烧混合气（尾气），因受了燃烧后气体膨胀所造成的压缩作用，使其体积缩小，温度和压力升高，超过燃料的自燃温度，在正常火焰传播到达以前先行发火燃烧。火焰以300～1000m/s的速度迅速向外传播，当正常燃烧和爆震两个方向相反的燃烧压力波相遇时，会产生剧烈的气体振动，并发出特有的金属撞击声，故称其为“爆震”
爆震的危害	爆震是汽油机运行中最有害的一种故障现象。发动机工作如果持续产生爆震，火花塞电极或活塞就可能产生过热、熔损等现象，造成严重故障，甚至会缩短发动机的使用寿命，因此必须防止爆震的产生

② 爆震传感器的类型与特点见表12-30。

表 12-30 爆震传感器的类型与特点

项目		具体说明
按检测方式分类		根据对发动机缸体振动频率的检测方式的不同，爆震传感器通常分为非共振型与共振型两大类，非共振型主要为压电式；共振型则分为磁致伸缩式与压电式2种。非共振型与共振型爆震传感器的主要特点如下所述
	共振型	如图(a)所示，共振型爆震传感器由与爆震几乎具有共振频率的振子和能够检测振子振动压力并将其转换成电压信号的压电元件构成。由于共振型传感器在发动机爆燃时输出电压较高，故不需要使用滤波器就可判断出是否有爆震产生。现在的车辆多数都采用共振型压电式爆震传感器，其输出电压的大小，直接表示了爆震的强度 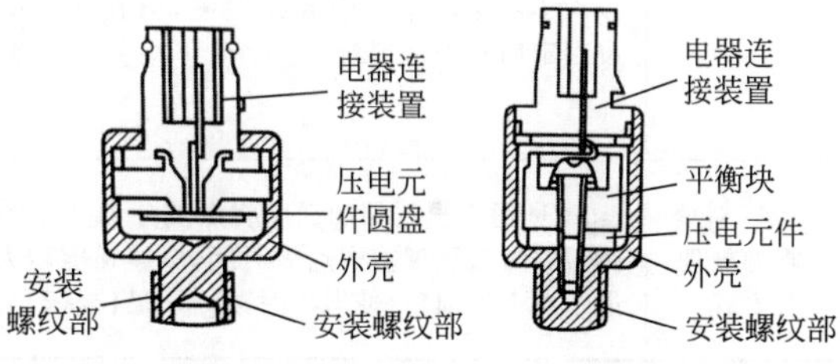 (a) 共振型 (b) 非共振型
	非共振型	如图(b)所述，非共振型爆震传感器用压电元件来检测爆震信息，但需要经过滤波器检测出爆燃的信号，并将振动压力转换成电压信号输出
按结构不同分类		按结构不同分类，爆震传感器可以分为压电式、磁致伸缩式与火花塞金属垫式几种。前两种传感器的结构情况见后面的介绍，右图所示为火花塞座金属垫型爆震传感器的结构示意图，该传感器是在火花塞的垫圈部位装上压电元件，根据燃烧压力直接检测爆震信息，并将振动压力转换成电压信号输出。这类爆震传感器一般每缸火花塞都安装一个 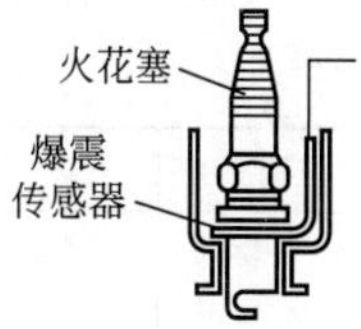

③ 共振与非共振型压电式爆震传感器的特性比较见表12-31。

表 12-31 共振与非共振型压电式爆震传感器的特性比较

项目	具体说明
输出电压特性	共振型压电式爆震传感器在发生爆震时的输出电压会明显增大，而非共振型压电式爆震传感器在发生爆震时的输出电压增大不明显

续表

<table>
<tr><th>项目</th><th colspan="2">具体说明</th></tr>
<tr><td>波形特性</td><td>右图所示为共振与非共振型压电式爆震传感器的输出特性曲线示意图。共振型压电式爆震传感器的输出波形可以直接观察到爆震点(又称为爆燃点),但非共振型压电式爆震传感器则需要经滤波器才能检出爆震信号</td><td rowspan="2">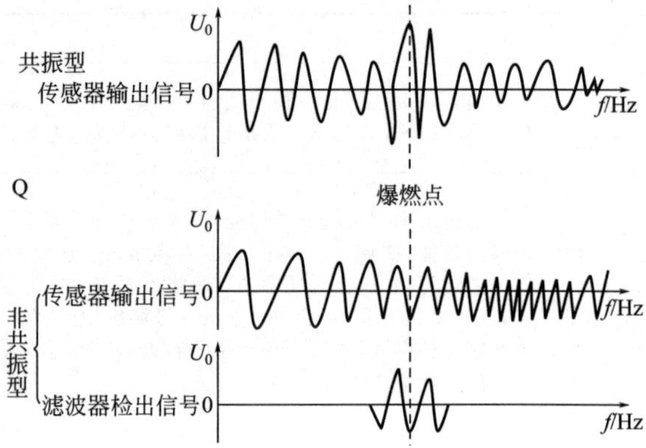</td></tr>
<tr><td>检测特性</td><td>共振型压电式爆震传感器的输出电压便于检测,但传感器要与发动机配套使用。而非共振型压电式爆震传感器应用于不同的发动机时,仅需要调整滤波器的频率范围就可正常工作,其通用性较强,但爆震信号的检测不是很方便</td></tr>
</table>

④ 爆震信号的输入控制回路见表 12-32。

表 12-32 爆震信号的输入控制回路

<table>
<tr><th>项目</th><th colspan="2">具体说明</th></tr>
<tr><td>爆震信号处理示意图</td><td>右图所示为爆震信号的输入控制回路示意图。爆震传感器把信号输入 ECU 后先要进行滤波处理,并判断有无爆震产生。因为爆震只在燃烧期间产生,所以为了避免因干扰引起误检测,只在爆震判定期间进行判断处理</td><td>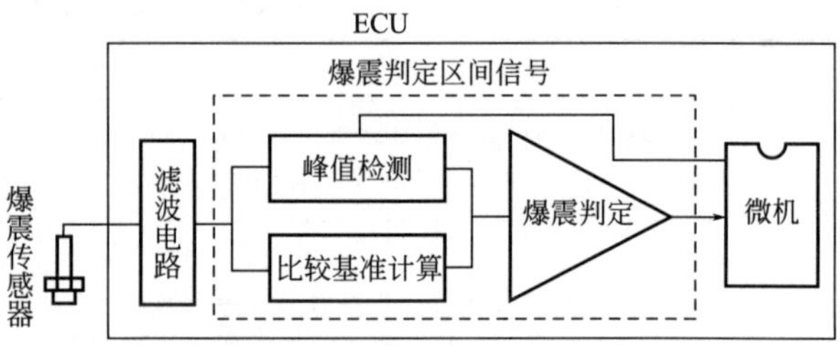</td></tr>
<tr><td>ECU 对爆震的处理方式</td><td colspan="2">ECU 通常根据振动强度将爆震分为几个等级,其中有强爆震、中等爆震、弱爆震。一旦爆震产生,ECU 将根据爆震强度推迟点火时间,爆震强度越大,推迟量也大;反之就小。当爆震停止时,ECU 又以一定角度递增点火提前角,使点火时刻处于最佳状态</td></tr>
</table>

(2) 共振压电式爆震传感器

爆震传感器一般都安装在发动机的侧面某个部位上(车型不同,侧面具体部位有一定的差异)。

① 共振压电式爆震传感器的结构见表 12-33。

表 12-33 共振压电式爆震传感器的结构

项目	具体说明
结构与感应部分局部示意图	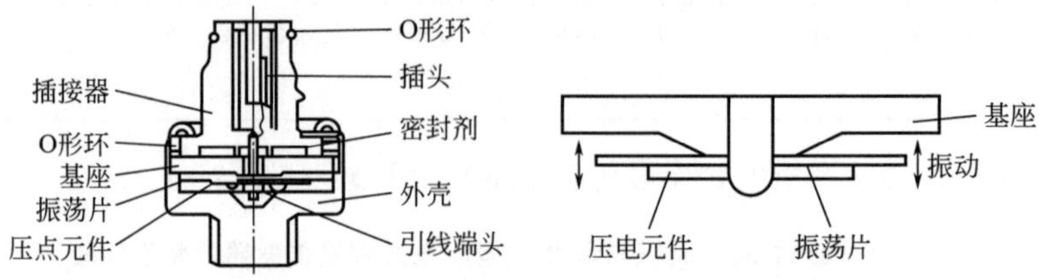(a) 结构示意图　(b) 感应部分局部图
示意图说明	上图所示为共振压电式爆震传感器的结构示意图,该传感器主要由压电元件、振荡片、基座、外壳、插接器、插头、O 形环等组成

② 共振压电式爆震传感器的工作原理与输出特性曲线见表 12-34。

表 12-34　共振压电式爆震传感器的工作原理与输出特性曲线

项目	具体说明	
振荡原理	共振压电式爆震传感器中的压电元件紧紧地贴合在振荡片上，而振荡片则固定在传感器的基座上。振荡片随发动机的振动而振荡→压电元件随振荡片的振荡而发生形变，进而在其上产生一个电压信号	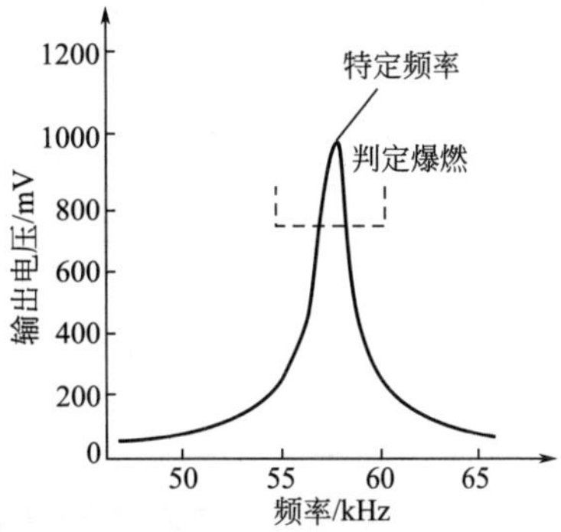
爆震原理	一旦发动机出现爆震，气缸的振动频率和传感器振荡片的固有频率相符合时，则振荡片就会产生共振，压电元件就会产生最大的电压信号输出，该信号的输出特性曲线如右图所示	
输出特性说明	从共振压电式爆震传感器的输出特性曲线可以明显地看出，这类传感器在发动机出现爆震时输出的电压较高，且无需使用滤波器就可判断是否有爆震产生	

(3) 共振磁致伸缩式爆震传感器

共振磁致伸缩式爆震传感器是利用电磁感应原理制作而成的，这类传感器实质上就是一个加速度计，检测到的信号提供给发动机电子控制单元（ECU）进行爆震控制。

① 共振磁致伸缩式爆震传感器的外形、结构示意图与说明见表 12-35。

表 12-35　共振磁致伸缩式爆震传感器的外形、结构示意图与说明

项目	具体说明
外形与结构示意图	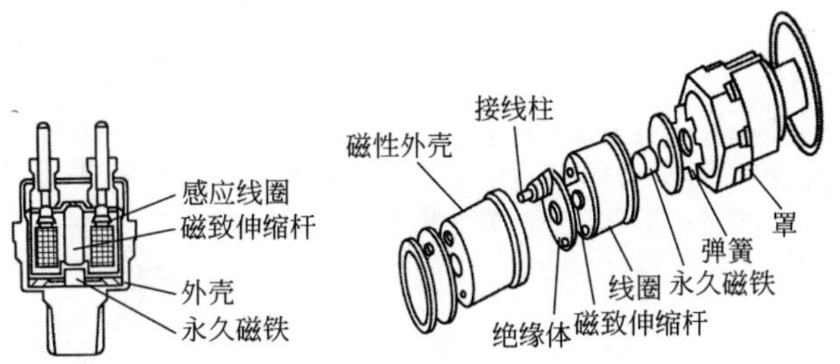(a) 外形　　(b) 结构
示意图说明	图(a)所示为共振磁致伸缩式爆震传感器外形示意图，图(b)所示为其结构展开示意图，该传感器主要由感应电磁线圈、磁致伸缩杆、永久磁铁、外壳等组成。磁致伸缩杆采用高镍合金制成，在其一端设置有永久磁铁，另一端放置在弹性部件上。感应电磁线圈缠绕在伸缩杆周围，线圈两端引出的电极用于和控制电路相连接

② 共振磁致伸缩式爆震传感器的工作原理与输出特性见表 12-36。

表 12-36　共振磁致伸缩式爆震传感器的工作原理与输出特性

项目	具体说明
工作原理	当发动机的气缸体出现振动时，就会导致共振磁致伸缩式爆震传感器的外壳与感应线圈绕组随发动机振动，磁铁因弹簧的存在由于惯性而保持不动，由此就会使磁铁与感应线圈之间存在相对运动，根据电磁感应原理，线圈绕组中就会产生感应电动势。一旦运动频率达到设定值(通常为 7kHz 左右)时，传感器就会产生共振，就会使传感器感应线圈产生的感应电压显著增大

续表

<table>
<tr><th>项目</th><th>具体说明</th></tr>
<tr><td>输出特性</td><td>右图所示为共振磁致伸缩式爆震传感器的输出特性曲线示意图，从该曲线中可以清楚地看出，当共振达到一定频率时，就会产生爆震(见图中虚线所示)，产生爆震时的输出电压曲线明显上升，而没有发生爆震时的输出电压较低
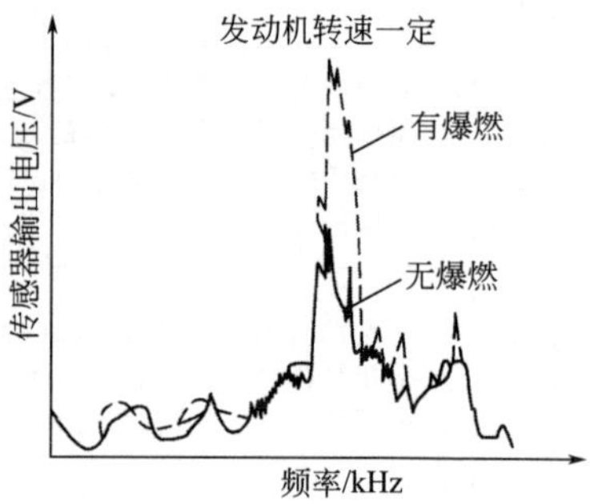
</td></tr>
</table>

(4) 非共振压电式爆震传感器

非共振压电式爆震传感器又称为非共振压电晶体型爆震传感器，这类传感器根据其固定方式的不同通常有两种。

① 固定螺栓式非共振压电晶体型爆震传感器的结构与原理见表 12-37。

表 12-37 固定螺栓式非共振压电晶体型爆震传感器的结构与原理

<table>
<tr><th>项目</th><th>具体说明</th></tr>
<tr><td>结构示意图</td><td>右图所示为固定螺栓式非共振压电晶体型爆震传感器的外形、内部结构示意图，该传感器主要由压电元件、配重块、壳体、套筒底座、绝缘线圈、电极、接线插座等组成。整个传感器大多安装在气缸体上
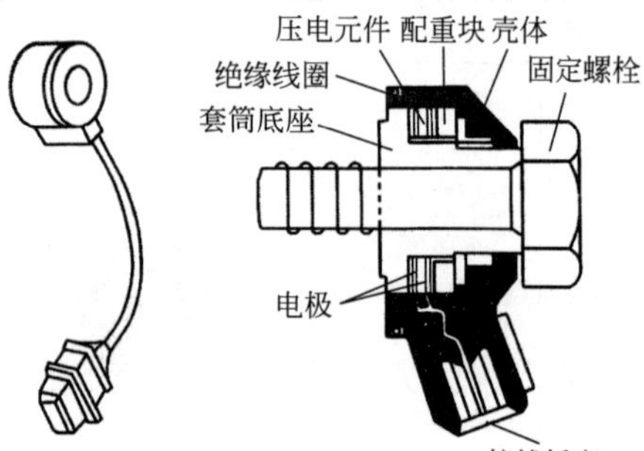

(a) 外形 (b) 内部结构</td></tr>
<tr><td>交变电压信号的产生</td><td>当压电晶体在一定方向上受到机械应力的作用时，晶体表面就会产生电荷，外力作用消除后，电荷随即消失
安装在发动机机体上的压电晶体型爆震传感器，在发动机工作时随发动机振动，使压电元件受到拉、压的作用，从而产生交变的电压信号</td></tr>
<tr><td>共振特性</td><td>当机体振动的频率与压电元件的固有频率一致时，将产生共振。共振时传感器产生的电压信号的幅值迅速增加。在设计时将压电元件的固有频率调节到发动机爆震时引起的机体振动的频带之内，则在发动机爆震时，传感器将输出较大的电压信号</td></tr>
</table>

② 螺纹旋入式非共振压电晶体型爆震传感器的结构与原理见表 12-38。

表 12-38 螺纹旋入式非共振压电晶体型爆震传感器的结构与原理

项目	具体说明
结构与安装位置示意图	图(a)所示为螺纹旋入式非共振压电晶体型爆震传感器的结构示意图，该传感器主要由压电晶体、配重、壳体、电气连接装置等组成。图(b)所示为传感器安装位置示意图，通常也安装在发动机的气缸体上 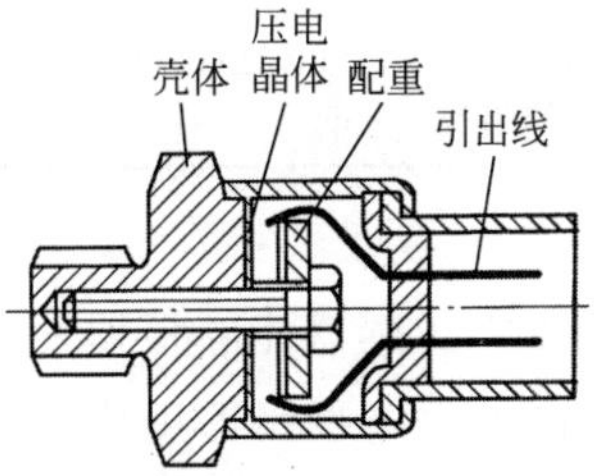 (a) 结构 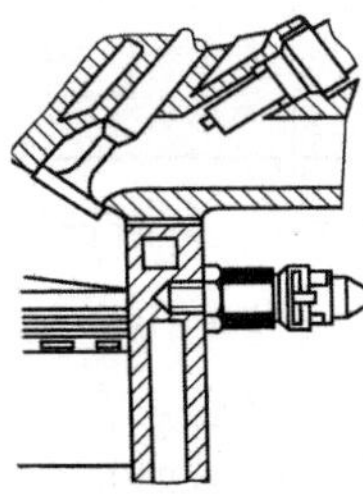 (b) 安装位置
工作原理	螺纹旋入式非共振压电晶体型爆震传感器的两个压电晶体同极性相向对接，平衡配重由螺钉固定在壳体上。当发动机产生爆震时，传感器内部配重受振动的影响而产生加速度，配重将该加速度惯性力转变为作用在压电晶体上的力，压电晶体受到该加速度惯性压力后就会产生输出电压，输出电压由两个压电晶体的中央取出
输出特性曲线示意图	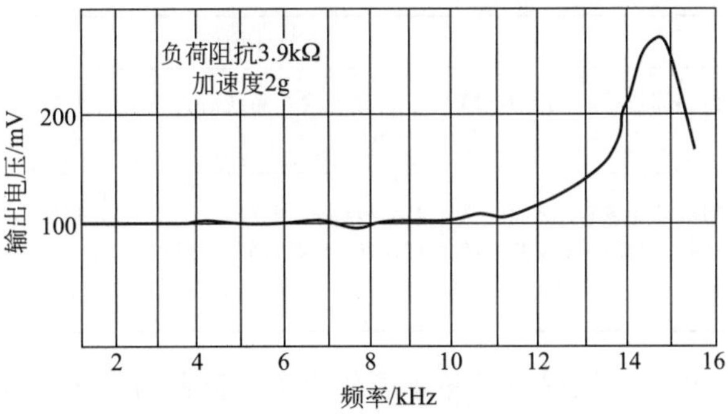
输出特性曲线说明	上图所示为螺纹旋入式非共振压电晶体型爆震传感器的输出特性曲线示意图。由该曲线可以明显地看出，在发动机发生爆震时，由于这类传感器输出的电压不大，且具有平缓的输出特性。因此，需要把反映发动机振动频率的输出电压信号提供给识别爆震的滤波器中进行判别，以确定是否有爆震产生

(5) 火花塞座金属垫式爆震传感器

火花塞座金属垫式爆震传感器又称为垫圈式压力传感器或垫圈型压力检测式爆震传感器。

① 火花塞座金属垫式爆震传感器的安装方式与输出特性见表 12-39。

表 12-39 火花塞座金属垫式爆震传感器的安装方式与输出特性

项目	具体说明
安装方式与输出特性曲线示意图	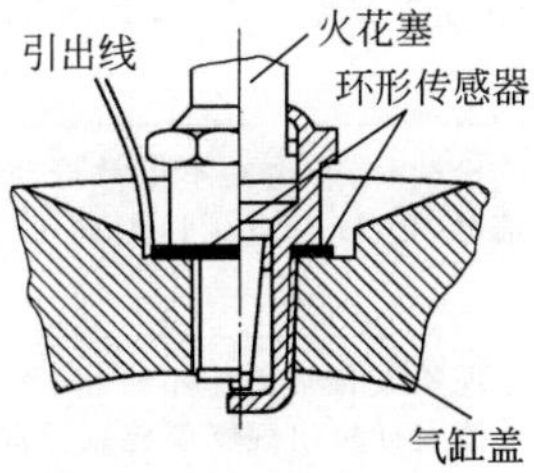 (a) 安装位置 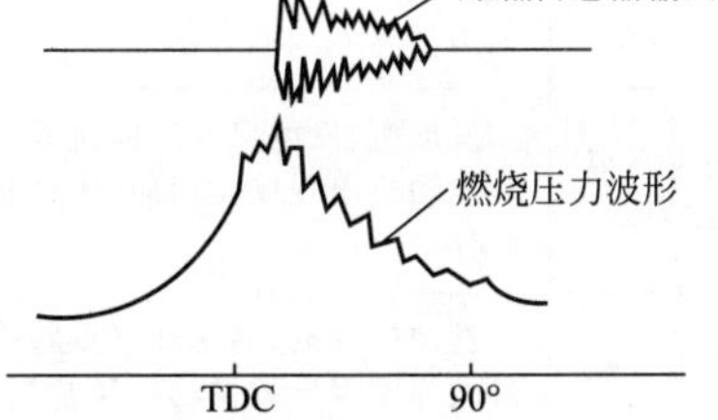 (b) 输出特性曲线

续表

项目	具体说明
示意图说明	图(a)所示为火花塞座金属垫式爆震传感器安装方式示意图。该传感器主要由环形压电元件为核心构成，通常安装在火花塞的垫圈与发动机缸体之间。每缸火花塞都安装一个这类爆震传感器。图(b)所示为火花塞座金属垫式爆震传感器的输出特性曲线

② 工作原理。

火花塞座金属垫式爆震传感器能够根据发动机燃烧压力直接检测出爆震信息。一旦发动机发生爆震，在爆震期间传感器输出的电压信号波形的振幅将明显增大，该信号经 ECU 内部的滤波电路进行处理后，就会依据该数值来判断是否产生了爆震。

(6) 爆震传感器的通用检测与维修方法

在对汽车爆震传感器进行故障诊断时，先应按照电控汽车故障诊断的一般程序，向用户了解故障产生的情况。

① 对爆震传感器进行故障诊断的一般思路见表 12-40。

表 12-40 对爆震传感器进行故障诊断的一般思路

项目	具体说明
直观检查	在对爆震传感器进行检测与维修时，先应直观检查系统各部件有无丢失，传感器配线有无松脱、线路有无接错等
专用故障诊断仪检查	①采用专用故障诊断仪(例如大众车系的故障诊断仪 VAG1551 等)进行故障码的读取。如果某个故障码一直存在，则说明该故障码代表的故障一直存在，否则为间歇故障 ②根据故障诊断仪读取到的故障码，查找其含义提示，就可以对相应的部件进行检测，排除故障

② 在没有读得故障码情况下排除爆震传感器故障的方法见表 12-41。

表 12-41 在没有读得故障码情况下排除爆震传感器故障的方法

项目		具体说明
检测思路		爆震传感器反馈的是发动机的综合工况，其反映许多相关联的其他部位故障信息。因此，如果故障检测仪显示“没有识别出故障”，一般情况下，应从爆震传感器、发动机、发电机及压缩机等几个方面去考虑
爆震传感器安装不当，过紧或过松		爆震传感器是采用螺栓安装在发动机缸体上的，由其压电元件感应配重块的振动而产生电压信号，而配重块被传感器螺栓以一定的预压力压紧在压电元件上，传感器螺栓拧紧力矩的大小直接影响到配重块的压紧力，从而影响到其振动程度，进而影响到压电元件的受力程度。所以，调整螺栓的拧紧力矩就可以对传感器的输出电压进行调整。故在安装传感器时应严格按照车辆生产厂家提供的标准力矩来拧紧螺栓
	拧紧力矩过大	如果拧紧力矩过大，则惯性配重块预压力过大，惯性配重块振动减轻，由于爆震传感器感知到的气缸爆震信号电压太低，就会出现点火过早现象
	拧紧力矩过小	如果拧紧力矩过小，配重块振动加重，由于爆震传感器感知到的气缸爆震信号电压太高，就会出现点火过迟现象
发动机、发电机及压缩机等固定不牢	固定不牢或松动	发动机、发电机及压缩机等固定不牢或松动时，产生的不正常振动就会使爆震传感器误判为发动机出现爆震而向 ECU 提供控制信号，ECU 一直延迟点火正时，由此出现点火时刻控制异常
	严重磨损	发动机气缸、活塞环严重磨损产生敲缸现象或各缸工作不平稳，气门间隙过大及轴承间隙过大等原因导致发动机异常振动时，也会使发动机出现爆震控制异常

③ 检测爆震传感器常用的方法见表 12-42。

表 12-42 检测爆震传感器常用的方法

项目		具体说明
实车检测	检测电阻	断开点火开关，拔开爆震传感器导线插头，用万用表的电阻挡检测爆震传感器的接线端子与外壳间的电阻，正常应为∞，否则更换爆震传感器
	检测电压	拔开爆震传感器导线插头，在发动机怠速时用万用表的电压挡检测爆震传感器的接线端脚与搭铁间的电压，正常应有脉冲信号输出
单体检测		取下爆震传感器，把万用表置于电压挡，两表笔连接在爆震传感器的两个引脚之间，然后用木锤敲击其外壳，万用表应有电压数值显示，否则应更换新的爆震传感器

④ 两引脚爆震传感器的通用检测与维修思路见表 12-43。

表 12-43 两引脚爆震传感器的通用检测与维修思路

项目	具体说明
线路检测	如果采用万用表检测爆震传感器开路电阻基本正常，但其工作不良，就要对爆震传感器的连接线路电阻进行检测，判断导线的通断情况。也就是采用万用表检测爆震传感器两信号端脚到 ECU 之间的连接导线，爆震传感器搭铁引脚到搭铁之间的导线。正常的导线两端电阻值应小于 0.5Ω 如果上述检测部位的电阻值为∞，说明线路有断路点；如果电阻值大于 0.5Ω，说明线路有接触不良处，一般为锈蚀、脏污所致
输出电压检测	先使发动机处于怠速运转状态，采用万用表检测爆震传感器两信号端脚之间的电压，该电压正常值在 0.3～1.1V（车型不同有一定的差别）之间，也可以采用示波器进行检查，应有脉冲信号电压输出。如果检测到的输出信号电压不正常，则为被检测的爆震传感器损坏

⑤ 三引脚爆震传感器的通用检测与维修思路见表 12-44。

表 12-44 三引脚爆震传感器的通用检测与维修思路

项目	具体说明
拆卸方法	断开点火开关，等待 10s 以后，拆下爆震传感器连接器插头，单独对其三个引脚进行检测
引脚之间的检测	采用万用表检测爆震传感器三引脚中的任意两引脚之间的电阻值均应为∞，如有电阻值存在或电阻值为零，均说明被检测的爆震传感器损坏
绝缘电阻的检测	采用万用表检测爆震传感器三引脚与其外壳之间的电阻是否为∞，如有电阻值存在或电阻值为零，均说明被检测的爆震传感器绝缘不良，已经损坏

⑥ 压电式爆震传感器的检测与维修见表 12-45。

表 12-45 压电式爆震传感器的检测与维修

项目	具体说明
连接电路示意图	无论是哪一种类型的压电式爆震传感器，它们的连接电路、检测方法都基本相同。右图所示为压电式爆震传感器与发动机电子控制单元（ECU）之间的连接方式示意图 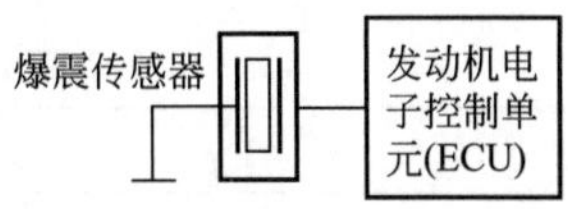
提高转速进行判断	在确认传感器连接良好的情况下，使发动机运转，在万用表监测传感器输出电压的情况下，缓慢提高发动机的转速到 3000r/min，同时观察电压是否随转速提高而上升，如是，则说明该传感器有问题
敲击进行判断	在确认传感器连接良好的情况下，使发动机运转，在万用表监测传感器输出电压的情况下，采用扳手或其他金属物体轻敲排气歧管，同时观察电压是否随敲击而上升，如不是，则说明该传感器有问题
测波形进行判断	也就是采用示波器检测发动机工作时爆震传感器的输出电压波形。如检测不到波形或检测到的波形不随发动机工作状况的变化而变化，则说明该传感器有问题

⑦ 共振磁致伸缩式爆震传感器的通用检测与维修方法见表 12-46。

表 12-46 共振磁致伸缩式爆震传感器的通用检测与维修方法

项目	具体说明	
连接电路示意图	右图所示为共振磁致伸缩式爆震传感器与发动机电子控制单元(ECU)之间的连接方式示意图	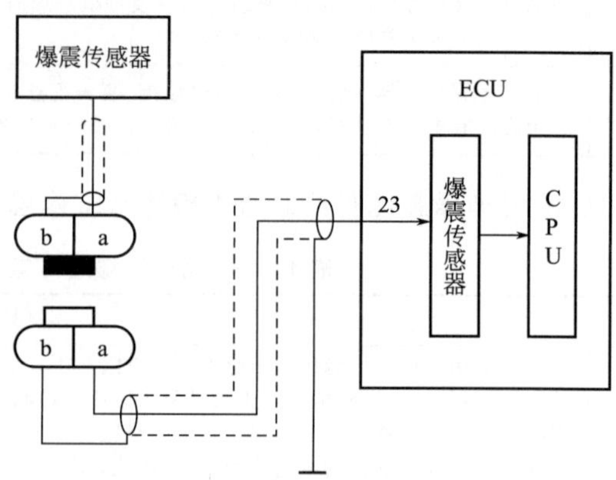
连接线的检测	①切断点火开关,脱开爆震传感器接线端,脱开 ECU 接线器 ②用万用表测量 ECU 爆震传感器信号输入端与爆震传感器的一个信号输出端 a 之间的连线是否通,如右图所示。如果不通,应检查这段配线及接线器 ③如果检查上述线路无问题,再检查爆震传感器的另一个信号输出端 b 与地间是否通。如果不通,说明接地不良	
电阻的检测	如果检查 b 端接地良好,可进一步脱开爆震传感器接线器,如右图所示,单独测量传感器的 a、b 两个输出端引脚之间应有很小的电阻存在。如果不对,则说明该传感器已经损坏	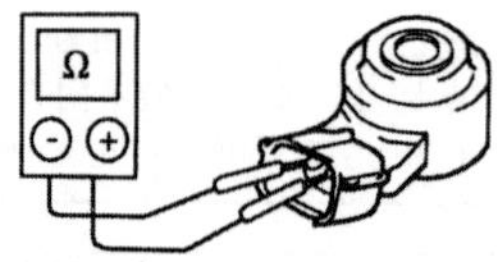
波形检测	正常情况下,爆震传感器的输出电压波形如表 12-36 所示。如果测得的波形不对或无波形,或在发生爆震时,波形振幅基本不变,则可能是传感器损坏	
敲击缸体检测	判断汽车爆震传感器的好坏时,可以就车采用敲击发动机缸体的方法来进行判断,具体方法如下 采用扳手或其他金属物体轻轻敲击一下发动机缸体,如果发动机会突然"抖"一下又恢复原状,同时观察发动机转速表突然下降后又恢复,则说明爆震传感器起作用,爆震传感器及其连接线路基本正常;否则就说明爆震传感器或其连接线路有问题	

⑧ 火花塞座金属垫式爆震传感器的通用检测与维修方法。

对于火花塞座金属垫式爆震传感器的检测与维修,既可以按照上述的检测与维修思路来进行,也可以参考上述各种类型爆震传感器的通用检测与维修方法。

(7) 奥迪 A6 系列轿车爆震传感器

奥迪 A6 轿车爆震传感器出现问题时,故障的典型特征是,车辆爆震声很响,故障灯会点亮,燃油消耗大。表 12-47 列出了奥迪 A6 系列轿车爆震传感器的检测与维修方法。

表 12-47 奥迪 A6 系列轿车爆震传感器的检测与维修方法

项目	具体说明	
连接电路与引脚功能说明	右图所示为奥迪 A6 系列轿车爆震传感器与发动机电子控制单元(ECU)(J220)之间的连接方式。该图中的 G61 与 G66 均为爆震传感器,两者的型号相同,检测方法也一样。这里以 G61 为例(下面的检测方法也一样)来说明引脚功能。G61 连接器有 3 个引脚,引脚 1 为信号输出端;引脚 2 为搭铁端;引脚 3 为屏蔽线连接搭铁端	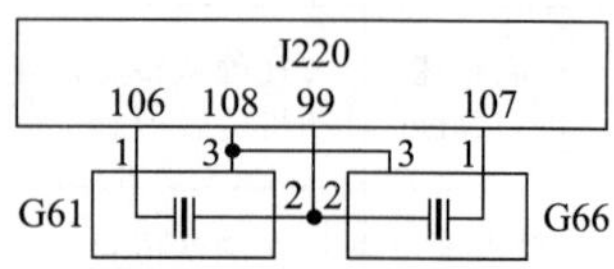
一般检查	拔下爆震传感器 3P 插头,先检查爆震传感器是否松动(正确拧紧力矩约为 20N·m),检查插头与传感器插座接触是否良好。再检查传感器插座 3 个触点间是否有短路(正常时相互间电阻应为∞),否则应更换爆震传感器	

续表

项目	具体说明
导通情况检查	在J220线束导线插座上连接VAG1598/31，检查爆震传感器G61、G66插头触点1与J220引脚106、触点2与J220引脚99、触点3与J220引脚108之间的导线电阻，应不大于1Ω，否则应更换导线
电压检测	也就是采用仪表检测爆震传感器的输出端电压，正常情况下，G61传感器1引脚与2引脚之间在爆震时的脉冲电压应在0.3～1.4V之间

(8) 别克新世纪轿车爆震传感器

别克新世纪轿车采用V型6缸、3.0L、L46发动机，发动机系统采用了动力系统控制模块PCM。表12-48列出了别克新世纪轿车爆震传感器检测与维修方法。

表12-48 别克新世纪轿车爆震传感器检测与维修方法

项目	具体说明
安装位置	右图所示为别克新世纪轿车爆震传感器的安装位置示意图，该传感器安装在靠近起动机的发动机缸体上，用于检测缸体的振动，并将其转换为电压信号提供给PCM，由PCM判断发动机是否发生爆震，并调整相应的点火时刻 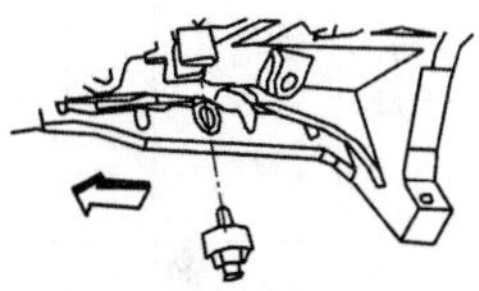
连接电路与检测	右图所示为别克新世纪轿车爆震传感器与动力系统控制模块PCM之间的连接方式。检测该传感器两个引脚的电压情况应为，引脚1为信号输出端，输出的信号提供给PCM的33脚，该脚在振动其外壳时有信号输出；引脚2为搭铁端，该脚电压为0 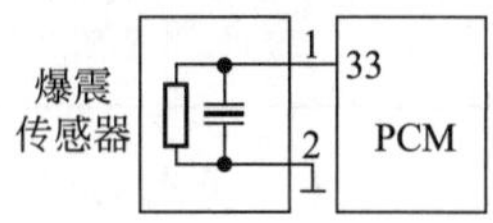

(9) 天津威驰轿车爆震传感器

爆震传感器的输出信号是抑制发动机出现爆震的最主要、最基本信号之一。表12-49列出了天津威驰轿车爆震传感器的检测与维修方法。

表12-49 天津威驰轿车爆震传感器的检测与维修方法

项目	具体说明
连接电路	右图所示为爆震传感器与发动机电子控制单元(ECU)之间的连接电路。该传感器安装在气缸体上。传感器内部装有压电元件，当发动机爆震而造成气缸体振动时，压电元件便会变形而产生电压。如发动机爆震，点火正时会延时，抑制爆震 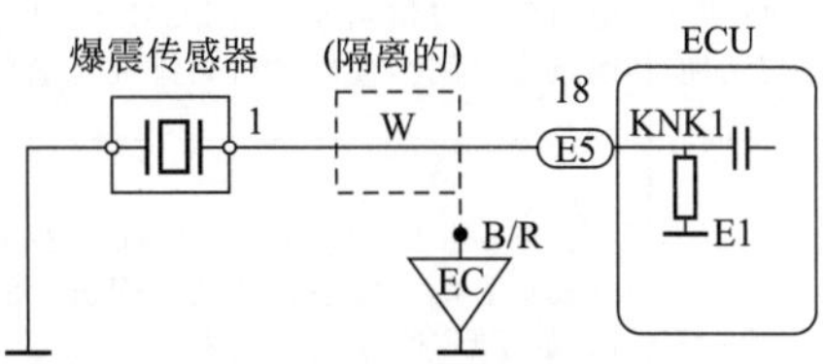
电阻的检测	断开爆震传感器的连接器，采用欧姆表检测ECU连接器引脚KNK1与爆震传感器连接器引脚1之间的电阻，该电阻应不大于1Ω。检测ECU连接器端脚KNK1与车身搭铁之间的电阻，该电阻应大于1MΩ。如不符合要求，应检查爆震传感器与ECU之间的导线是否有短路或断路现象
电压的检测	在发动机高速空转(4000r/min)时，检测ECU连接器引脚KNK1与车身搭铁之间的频率，如正常状态的振荡频率不是8.1kHz，则说明该传感器失效或损坏
故障码	与爆震传感器有关的故障码为P0325/52，其含义为1号爆震传感器电路故障

(10) 丰田佳美轿车爆震传感器

丰田佳美(CAMRY)配装3VZ-FE型V6、3.0L多点电喷发动机的轿车。表12-50列出了压电式爆震传感器故障的检测与维修方法。

表 12-50 压电式爆震传感器故障的检测与维修方法

项目		具体说明
拆卸		右图所示为丰田佳美(CAMRY)配装 3VZ-FE 型 V6、3.0L 多点电喷发动机的爆震传感器结构示意图,该传感器安装在两排气缸的内侧缸体上,在拆卸时,必须把进气歧管等一系列零件拆掉后才能看到爆震传感器。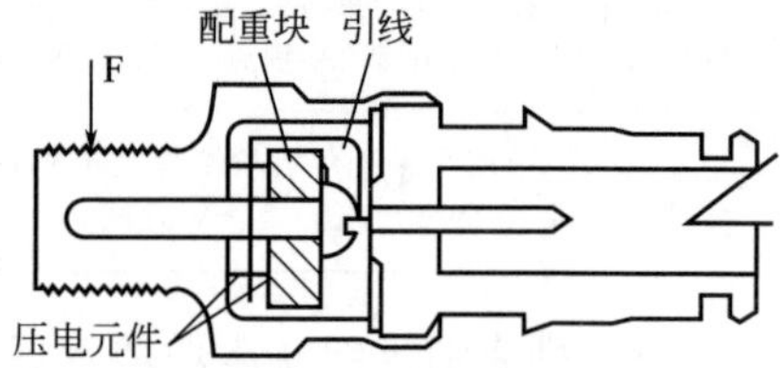箭头所示方向即为垂直于螺纹的方向
检测与维修	万用表检测	把数字式万用表置于 Hz(频率)挡。将红表笔接爆震传感器的信号输出引脚,黑表笔接外壳。然后用硬器(如扳手)敲击传感器的螺纹端(要在垂直螺纹的方向 F 处敲击,如上图所示),在敲击的瞬间,万用表应有数字显示。敲击力大,显示的数字也大;敲击停止,数字也应消失。由此就可说明爆震传感器受振动时,有信号输出,传感器没有问题。否则,就要更换新的传感器
	流量计检测仪检测	采用美国产 CP9085 型汽车空气流量计测试仪检测爆震传感器时,先把空气流量计测试仪的转换开关置于 FREQUNY(频率)挡(HIGH 或 LOW 位置均可),将测试仪正极线接爆震传感器信号输出引脚,负极线接外壳。敲击传感器时,LED 灯应闪亮。敲击一次,闪亮一次;敲击力大,闪烁亮度也大。否则,说明爆震传感器已损坏
	传感器测试仪检测	采用美国产 CP9080 型汽车传感器测试仪检测爆震传感器时,由于该仪器有 4 个线夹,把黄色线夹接在爆震传感器的信号输出端,黑色线夹接外壳,然后将转换开关置于 RELUCTANCE(磁阻)挡或 OXYGEN(氧)挡,此时敲击爆震传感器,LED 灯应闪亮。否则,说明爆震传感器已损坏

(11) 现代 G4JS 2.4L 电控发动机爆震传感器

G4JS 型 2.4L 电控发动机为韩国现代汽车公司生产的产品,江淮瑞风系列商务车的有些车型上就配装该型号的发动机。表 12-51 列出了现代 G4JS 2.4L 电控发动机爆震传感器的检测与维修。

表 12-51 现代 G4JS 2.4L 电控发动机爆震传感器的检测与维修

项目		具体说明
安装位置与功能		发动机爆震传感器安装在气缸体的左侧,位于进气歧管的下方,用于检测发动机的爆震信号,并将其转换为电压信号提供给发动机 ECM。一旦发动机 ECM 接收到发动机爆震信号后,就会自动对点火正时进行调整(推迟点火时间),使发动机始终处于最佳工作状态
检测		右图所示为现代 G4JS 2.4L 电控发动机爆震传感器与发动机 ECM 之间的连接方式示意图。爆震传感器各引脚上的连接情况及其工作参数(点火开关置于 ON 挡)如下所述,供检测时参考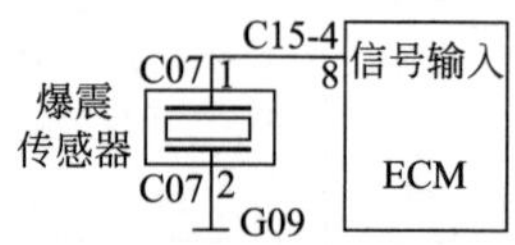
	1 脚	引脚 1 与发动机 ECM 的 C15-4 连接器引脚 8 相连接,用于把爆震信号转换为电压信号后提供给发动机 ECM。当发动机出现爆震时,在该脚与搭铁之间可测得一定的电压,该电压大小与爆震强度有关
	2 脚	引脚 2 经 C07 连接器与发动机 G09 搭铁点相通,也就是爆震传感器的搭铁线,该脚电压始终为 0

(12) 长安悦翔轿车 JL475Q7 发动机爆震传感器

长安悦翔轿车 JL475Q7 型发动机采用 BOSCH(博世)公司生产的 Motronic 7(M7)发动机管理系统(EMS),达到国Ⅳ排放标准。

① 爆震传感器的外形与连接电路见表 12-52。

表 12-52 爆震传感器的外形与连接电路

项目	具体说明
外形示意图	右图所示为长安悦翔轿车 JL475Q7 发动机爆震传感器外形示意图。该传感器是一种振动加速度传感器,其敏感元件是一个压电晶体,安装在发动机气缸体上。由于传感器信号相对较弱,因此引线采用了屏蔽线 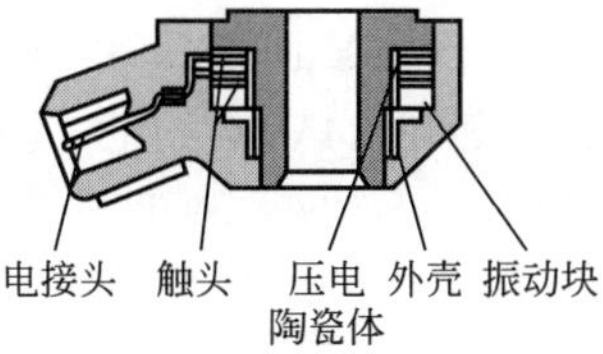
连接电路与引脚功能	右图所示为长安悦翔轿车 JL475Q7 发动机爆震传感器与发动机 ECU 之间的连接方式示意图。该传感器的引脚 1 为传感器信号 A 端,在着车时该脚电压为 2.49V;引脚 2 为传感器信号 B 端,在着车时该脚电压为 2.49V 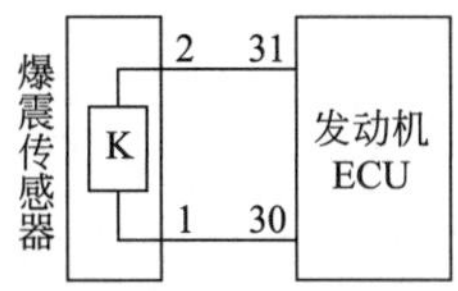

② 爆震传感器的故障检测与维修见表 12-53。

表 12-53 爆震传感器的故障检测与维修

项目	具体说明
故障特征与损坏原因	线束信号使用的屏蔽线没有接地(搭铁)或屏蔽线接地不良,均会导致爆震信号失效,从而引起加速不良。故障原因多是由于各种液体长时间接触到传感器,对传感器造成腐蚀,或是发动机高温造成的部件损坏及线路方面的人为故障
数据流	通过诊断仪可以读出由系统诊断的故障,通过数据流来进行失效判定。爆震传感器涉及的数据流项目主要有:爆震传感器 1 信号,爆震传感器 2 信号,1～4 缸爆震控制点火推迟
信号与频率关系	爆震传感器输出信号与频率之间的对应关系如表 12-54 中所列,供检测时参考,在任何情况下其信号输出都应＞17mV/g,其电阻值＞1MΩ
电阻检测	检测爆震传感器的电阻值时,可以采用数字式万用表的欧姆挡,两表笔分别接传感器的引脚 1 与引脚 2 之间,常温下,该电阻值应＞1MΩ
电压检测	检测爆震传感器的电压值时,可以采用数字式万用表的毫伏挡,两表笔分别连接在传感器的引脚 1 与引脚 2 上,然后用小锤在爆震传感器附近轻敲,此时应有电压信号输出。如果万用表没有反应,则为爆震传感器损坏,应更换新件

表 12-54 爆震传感器输出信号与频率之间的对应关系

频率/kHz	5	8	13	10
输出信号/(mV/g)	17～37	20～43	22～48	44～96

(13) 东风悦达起亚千里马轿车爆震传感器

爆震传感器安装在气缸体的侧面,用于感应发动机的爆燃,然后将机体的振动转化为电压信号提供给 ECM,ECM 则通过推迟点火来抑制发动机爆燃。表 12-55 列出了东风悦达起亚千里马轿车爆震传感器的检测与维修方法。

表 12-55 东风悦达起亚千里马轿车爆震传感器的检测与维修方法

项目	具体说明
故障码	东风悦达起亚千里马轿车与爆震传感器有关的故障码及其含义为:P0325——爆震传感器回路故障
检测	判断爆震传感器的好坏,可采用万用表欧姆挡检测其引脚两端的电阻值来进行判断。检测时,先断开传感器的插接件,检测其引脚 1 与引脚 2 之间的电阻值,该电阻值在 20℃时约为 5MΩ,如果检测到的数据不符合要求,则更换传感器

(14) 丰田陆地巡洋舰轿车爆震传感器

日本丰田陆地巡洋舰（LAND CRUISER）2004～2005年款原装进口轿车的主要车型有4.5L的GX-R AT、GM-MT，4.7L的VX-MT等，但它们使用的发动机均为直列6缸双顶置凸轮轴24V（气门）电控汽油机。2006～2008年款装配4.7L、5.0L及5.7L电控汽油发动机。表12-56列出了丰田陆地巡洋舰轿车爆震传感器的检测与维修方法

表 12-56　丰田陆地巡洋舰轿车爆震传感器的检测与维修方法

项目		具体说明
安装位置与检测示意图		右图所示为丰田陆地巡洋舰轿车两个爆震传感器的安装位置以及采用数字式万用表检测传感器电阻时的示意图。爆震传感器1与爆震传感器2型号相同，故对两者的检测方法完全一样。爆震传感器有两个引出脚，通过插接件以及连接导线与发动机电子控制单元（ECU）相连接 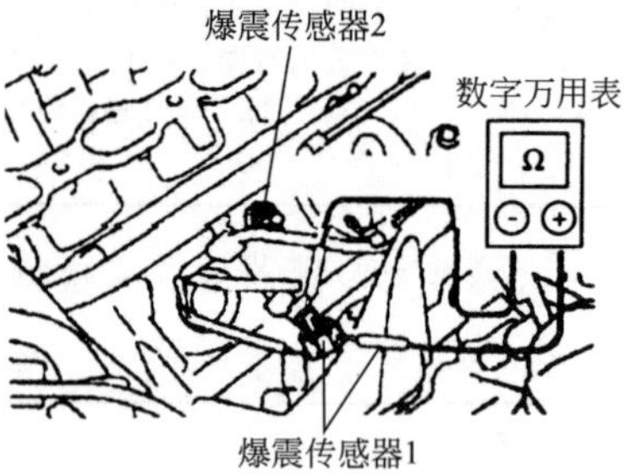
检测与维修	2004～2005年款	将点火开关置于OFF挡，拔下爆震传感器线束2P插接件，用数字式万用表检测爆震传感器两引脚之间的电阻值（见右图所示），该电阻值正常情况下在120～280kΩ之间（20℃时）；用数字式万用表检测爆震传感器引脚与其外壳之间的电阻，该电阻应为∞ 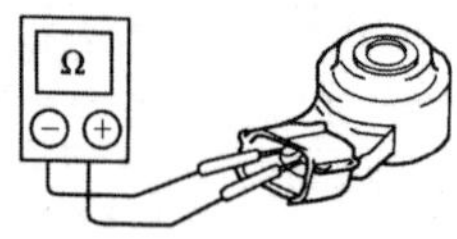
	2006～2008年款	将点火开关置于OFF挡，拔下爆震传感器线束2P插接件，用数字式万用表检测爆震传感器端脚与其外壳之间的电阻值，该电阻值正常情况下应为∞

(15) 本田奥德赛轿车爆震传感器

本田（HONDA）奥德赛（ODYSSEY）轿车对手动/自动一体化自动变速器的控制与对发动机的控制，均是由同一块PCM（发动机与自动变速器电控单元）来实现的，在电路中的编号为10。表12-57列出了本田奥德赛轿车爆震传感器的检测与维修方法。

表 12-57　本田奥德赛轿车爆震传感器的检测与维修方法

项目	具体说明
连接电路与引脚功能	右图所示为本田奥德赛轿车爆震传感器与发动机/自动变速器电控单元（PCM）之间的连接方式示意图，该传感器有2个引脚。与发动机/自动变速器电控单元（PCM）的C3连接的引脚为爆震信号输出端；另一引脚搭铁 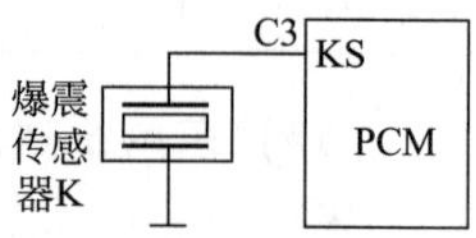
检测与维修	可采用万用表检测爆震传感器各引脚上的电压来判断其好坏。正常情况下，与发动机/自动变速器电控单元（PCM）的C3连接的引脚在发动机出现爆震时有脉冲信号输出；另一引脚电压为0

(16) 桑塔纳2000GSi轿车爆震传感器

桑塔纳2000GSi（时代超人）轿车采用BOSCH（博世）公司生产的压电式爆震传感器，部件编号为0261231038。

① 压电式爆震传感器故障的特征与安装特点见表12-58。

表 12-58 压电式爆震传感器故障的特征与安装特点

<table>
<tr><th>项目</th><th colspan="2">具体说明</th></tr>
<tr><td>故障特征</td><td colspan="2">桑塔纳 2000GSi 轿车的 ECU(J220)内部存储有两个点火特性脉谱图。在发动机正常工作中，如果爆震传感器信号中断，ECU 就会将各缸的点火提前角推迟约 15°，驾驶员会明显感到发动机动力不足。此外还会出现加速易爆震、油耗增加等故障现象</td></tr>
<tr><td>安装特点</td><td>图(a)所示为桑塔纳 2000GSi 轿车爆震传感器与发动机电子控制单元(ECU)之间的连接方式，发动机每两缸用一个爆震传感器。爆震传感器 G61 用于 1、2 缸，安装在气缸体进气管侧 1、2 缸之间；G66 用于 3、4 缸，安装在气缸体进气管侧 3、4 缸之间。图(b)所示为爆震传感器连接器引脚排列方式与功能说明示意图。传感器插座上有 3 根引线，2 根为信号线，2 根为屏蔽线。爆震传感器压电元件产生的电压很微弱，屏蔽线的作用是防止外界和汽车本身各个用电器产生的电磁干扰对信号的影响，以防 ECU 得不到信号或得到错误信号</td><td>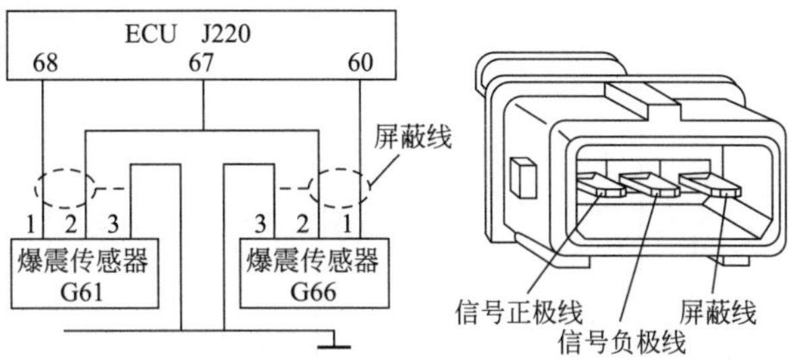

(a) 连接电路 (b) 插座引脚</td></tr>
</table>

② 压电式爆震传感器故障的检测与维修见表 12-59。

表 12-59 压电式爆震传感器故障的检测与维修

项目		具体说明
检测与维修	线路检测	在拔下 ECU 与爆震传感器插接件的情况下，采用万用表按表 12-60 中所列的要求对线路的导通性进行检测
	绝缘检测	也就是采用万用表检测传感器连接器 3 个引脚相互之间、3 个引脚与外壳之间的电阻值，检测到的电阻值均应为∞
拧紧力矩		桑塔纳 2000GSi 轿车爆震传感器在安装时，一定要按照厂家要求的力矩 20N·m 拧紧，否则会使传感器内惯性配重的预压力不足，惯性配重随发动机的振动增加，施加到压电元件上的力过大，导致压电元件向发动机的 ECU 输出较高电压，使 ECU 错误认为发动机发生了爆震而将点火时间推迟

表 12-60 桑塔纳 2000GSi 轿车爆震传感器线路的导通性检测方法

检测项目	检测部位	标准值/Ω
传感器信号正极线	ECU 的 60 端脚与传感器 G66 插头 1 脚之间	0.5
传感器信号正极线	ECU 的 68 端脚与传感器 G61 插头 1 脚之间	0.5
传感器信号负极线	ECU 的 67 端脚分别与两传感器插头 2 脚之间	0.5
传感器屏蔽线	发动机搭铁点(ECU 旁边)分别与两传感器插头 3 脚之间	0.5

12.3 振动传感器

在车辆上除了应用于安全气囊中的碰撞传感器、应用于点火系统中的爆震传感器外，在防盗报警系统中还应用了振动传感器。

(1) 结构与原理

现在的车辆电子防盗系统使用的振动传感器多为电子式，不同型号的电子振动传感器的电路结构大同小异，这里以四环 QBJ-868 系列防盗报警器的电子振动传感器为例，来说明振动传感器的检测与维修。

① 振动传感器原理电路见表 12-61。

表 12-61 振动传感器原理电路

项目	具体说明
四环QBJ-868系列放大报警器的电子振动传感器电路结构示意图	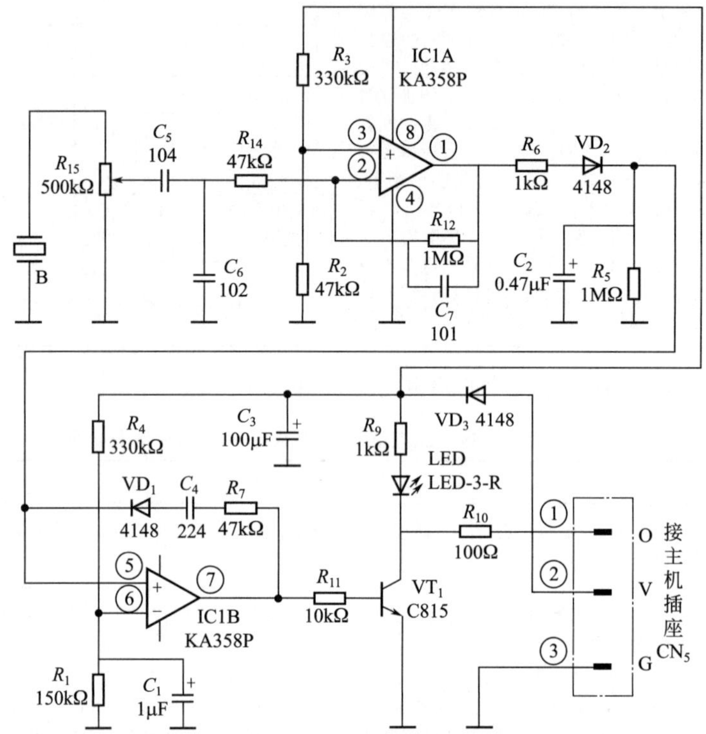
示意图说明	车辆电子防盗系统振动传感器用于探测车身受到振动后发出控制信号进行报警，主要由振动传感器 B、信号放大、电平转换和指示电路等组成。由于这部分电路是控制信号进入的最前端，生产厂家为了方便与不同的车辆进行配套，通常都把这部分电路单独制作在一小块电路板上，安装在车辆驾驶室内部隐蔽之处

② 振动传感器工作原理见表 12-62。

表 12-62 振动传感器工作原理

<table>
<tr><th>项目</th><th colspan="2">具体说明</th></tr>
<tr><td>振动传感器</td><td colspan="2">机械振动传感器是一种压电晶体陶瓷片，直径约为 20mm，在其上面焊有一根直径为 20mm 的螺旋弹簧，陶瓷片通过铜柱固定在电路板上。陶瓷片、螺旋弹簧与印制电路板平行放置，其作用是将机械振动转换为电信号。调整电位器 R_{15} 的电阻值，可以改变放大器输入信号的幅度，进而就可以改变振动探测灵敏度</td></tr>
<tr><td>放大和电平转换电路</td><td colspan="2">放大和电平转换电路由 IC1 内部的两个运算放大器及其外围的有关元器件共同构成。当汽车受到振动时，压电晶体陶瓷片 B 将机械能转换成微弱的电信号，经电位器 R_{15}、C_5、R_{14} 加到 IC1A 组成的电压放大器进行放大后，从①引脚输出，经 R_6、VD_2 二极管加到由 IC1B 运放组成的电压比较器的同相信号输入端⑤引脚</td></tr>
<tr><td rowspan="2">模拟电子开关电路</td><td>车辆未受振动</td><td>平时车辆未受振动时，IC1B 的反相输入端⑥引脚设置的基准电压由 R_4、R_1 分压决定，⑥引脚电位高于⑤引脚，VT_1 晶体管处于截止状态，传感器没有信号输出</td></tr>
<tr><td>车辆受振动</td><td>当压电晶体陶瓷片 B 检测到(车辆)机械振动时，IC1A 输出幅度较大的交流信号，该信号经 VD_2、C_2 转换为直流电压后加到 IC1B 的同相信号输入端⑤引脚，使该引脚电位大于⑥引脚，IC1B 的⑦引脚输出高电平，VT_1 由截止转换为导通，其集电极为低电平，该信号一方面使 LED 指示灯导通发光，以示振动传感器工作；另一方面被送到主机后进行报警</td></tr>
</table>

(2) 通用检测与维修方法

对于振动传感器的检测与维修，可以采用万用表检测电压配合人体注入感应电压的方法来进行。

① 振动传感器故障的典型特征与原因判断见表12-63。

表12-63 振动传感器故障的典型特征与原因判断

项目	具体说明
故障的典型特征	当振动传感器出现问题时，其典型特征是，车辆被振动时，电子振动传感器不起作用，传感器指示灯也不能点亮
故障原因判断	①将灵敏度调整电位器 R_{15} 顺时针调整到头(顺时针调整灵敏度高，逆时针调整灵敏度低，调整时应先记下其原来的位置，以便于恢复) ②从IC1集成电路的①引脚处注入人体感应信号，观察LED指示灯如无反应，则说明问题出在该引脚以后的电路；反之，则问题出在该引脚之前的电路

② 振动传感器电路故障的检测与维修见表12-64。

表12-64 振动传感器电路故障的检测与维修

项目	具体说明
问题出在IC1①引脚以后电路的检测与维修	将电位器 R_{15} 逆时针调整到头，采用万用表检测比较器IC1B各引脚的工作电压，其正常值如表12-65中所列。如果测得的电压基本正常，则应重点检查 R_6 或 VD_2 是否开路或损坏，R_{11} 电阻是否开路，VT_1 晶体管是否损坏
问题出在IC1①引脚以前电路的检测与维修	测量比较器IC1A各引脚的工作电压，其正常值如表12-65中所列。如果测得的电压基本正常，则应重点检查 R_{14} 或 C_5 是否开路或损坏，C_6 电容器是否击穿短路或严重漏电，R_{15} 本身是否损坏。 如果测得③引脚电压偏低或异常，应检查 R_3 电阻是否开路或损坏，IC1A集成电路③引脚内部是否短路损坏

表12-65 双运算放大器IC1(KA358P)各引脚工作电压参考值

引脚号	①	②	③	④	⑤	⑥	⑦	⑧
正常电压/V	0.4	0.4	0.6	0	0.2	1.2	0	4.6

正常电压是在将电位器 R_{15} 逆时针调整到头(也就是灵敏度处于最小状态下)的情况下测得；测量②引脚和③引脚电压时，指示灯闪亮，且CN5接插件的①引脚(信号输出端)有信号输出

第13章 汽车其他类型传感器

应用于汽车上的传感器，除了以上介绍的各种类型外，还有一些诸如雨量传感器、光量传感器、智能型蓄电池传感器等，本章将介绍这方面的内容。

13.1 雨量传感器

雨量传感器又称雨水传感器，它是通过自动检测降雨的强度，利用先进的光学传感技术、模拟信号处理技术、模式识别、预测控制算法，实时检测、分析、判断、控制刮水系统在合适的模式下工作。

(1) 雨量传感器的功用与类型

车用雨量传感器主要有电容式与红外散射式两大类。表 13-1 列出了这两大类车用雨量传感器的主要特点。

表 13-1 两大类车用雨量传感器的主要特点

项目	具体说明
功用	雨量传感器通过自动控制刮水系统，以便保持前挡风玻璃始终清洁，使驾驶员的可见度始终处于最佳状态，从而增加驾车的舒适度，消除事故的隐患
电容式车用雨量传感器	右图所示为电容式车用雨量传感器外形示意图。正常天气情况下，电容式雨量传感器有一个固定的电容值，当有雨下到电容的栅极之间时，就会改变电容的介电常数，从而使电容量发生改变，以此来判断雨量的大小 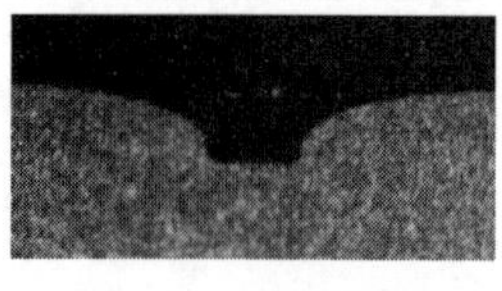
红外散射式车用雨量传感器	右图所示为红外散射式雨量传感器结构示意图，这类传感器是目前产品化雨量传感器的主要工作方式，红外散射式雨量传感器自身发出的红外光线透过玻璃入射到玻璃外表面。当有雨时，雨滴对光产生散射，从玻璃射回传感器接收端的光线变弱，从而判断是否下雨、雨量大小。目前，品牌车辆大都应用这类传感器 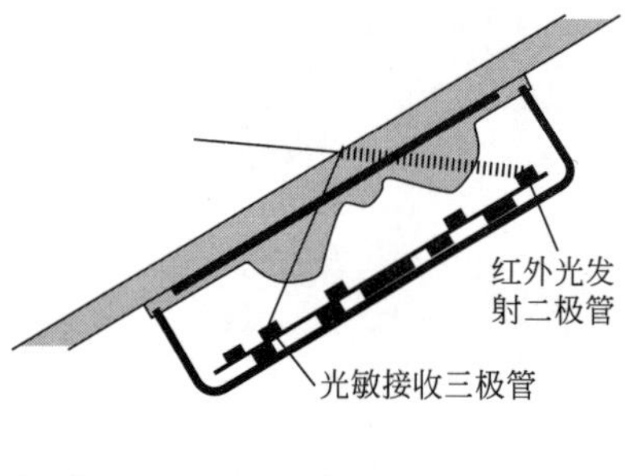

(2) 红外散射式雨量传感器的工作原理

目前，汽车上使用的雨量传感器主要以红外散射式为主，故这里介绍这类传感器的工作原理。

① 红外散射式雨量传感器的结构与特点见表 13-2。

表 13-2 红外散射式雨量传感器的结构与特点

项目	具体说明	
结构示意图	如右图所示，红外散射式雨量传感器中的光学元件(Optical Element)通过硅胶垫粘贴在前挡风玻璃的内侧，通常在内视镜支架座的下方	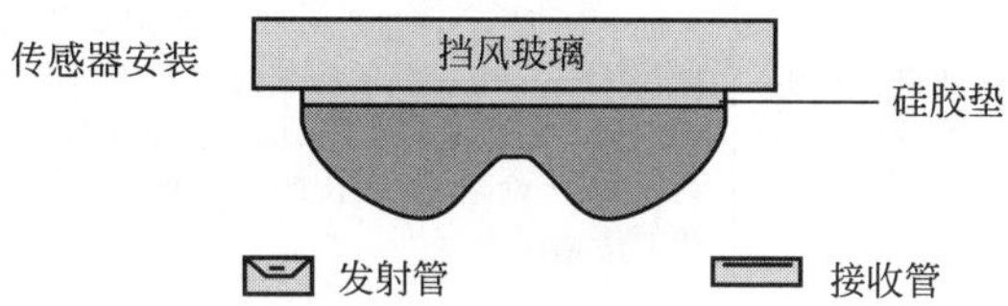
内部安装特点	发射管、接收管在雨量传感器的 PCB 板上，雨量传感器通过机械锁止机构固定在光学元件上。通常，光学元件、传感器、内视镜支架会由一个装饰盖整个包住，从乘客舱内看不出任何区别，从视觉上不会对驾驶员造成任何影响	

② 红外散射式雨量传感器的工作原理见表 13-3。

表 13-3 红外散射式雨量传感器的工作原理

项目	具体说明	
入射光线情况	从红外散射式雨量传感器的安装特点来看，光学元件的导光面为一个抛物面，当发射管、接收管均放置在抛物面的焦点上时，则通过光学元件入射到挡风玻璃上的光线可以认为是平行光线。雨量传感器的工作情况见下面的介绍	
挡风玻璃干燥	如右图所示，红外散射式雨量传感器属于相对量测量方式，在挡风玻璃外表面干燥的情况下，发射管发出的光平行入射到挡风玻璃上后被 100% 反射回来，通过光学元件汇聚后由接收管接收。接收到的信号在电路中首先对传感器进行初始化，由此可以得出在固定发射电流情况下接收的光强度。在这种情况下，光的强度通常较高	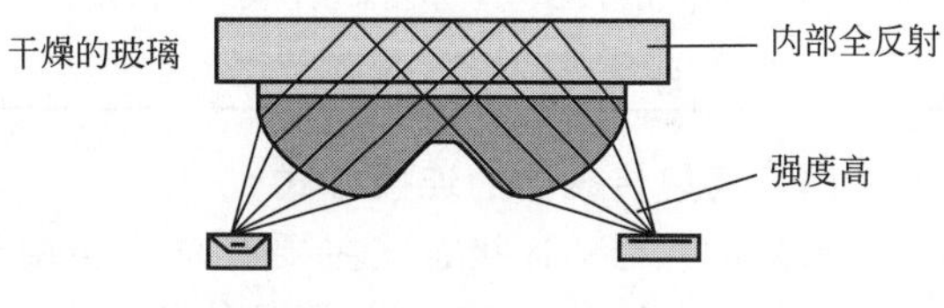
挡风玻璃有雨滴	如右图所示，当挡风玻璃外表面有雨滴时，入射到挡风玻璃上的光线被部分散射掉，反射后接收管的光线变少，雨量越大则反射回来的光线越少。通过与挡风玻璃干燥情况下接收光强的比较，就可以得出目前挡风玻璃上雨滴的大小、多少，进而可以判断出不同的下雨模式，发出刮水请求至车身控制器(BCM)或单独的控制器，控制刮水器完成间歇刮水、低速连续刮水以及高速连续刮水	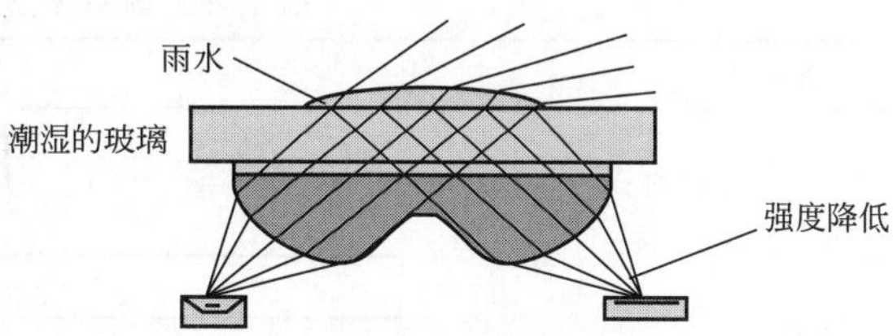

(3) 常见雨量传感器简介

目前，雨量传感器全球供应商主要有法雷奥、博世、科世达、天合、电装、海拉等，表 13-4 中列出了在国内使用量较大的主流车用雨量传感器的外形及其应用情况。

表 13-4 国内主流车用雨量传感器的外形及其应用情况

项目	具体说明
法雷奥公司生产的雨量传感器外形	如右图所示，法雷奥公司生产的雨量传感器被称为雨量/灯光/隧道传感器，简称RLT，由于其内部还同时集成了光传感器，故可以自动控制刮水、灯光系统。一汽大众奥迪系列、上海大众帕萨特领驭系列等轿车就采用该传感器 
博世公司生产的雨量传感器外形	如右图所示，博世公司生产的雨量传感器通常固定在挡风玻璃内侧，可在 120ms 内对突然溅起的水花进行判断并作出反应。依靠传感器检测到的下雨信号，还可以用于自动关闭车门窗和天窗。一汽大众速腾系列、上海大众途安系列、神龙汽车标志 307 系列等轿车就采用该公司生产的传感器 
科世达-华阳公司生产的雨量传感器外形	如右图所示，科世达-华阳公司生产的雨量传感器内部还同时集成了光传感器，可以通过车身控制器自动控制前刮水器，并根据环境光照情况开/关前照灯。一汽马自达 M6 系列、华晨宝马、宝马 3 系列、南京名爵 MG7 系列、上汽股份荣威 750 系列、神龙汽车标志 206 系列等轿车上就采用该类型的传感器 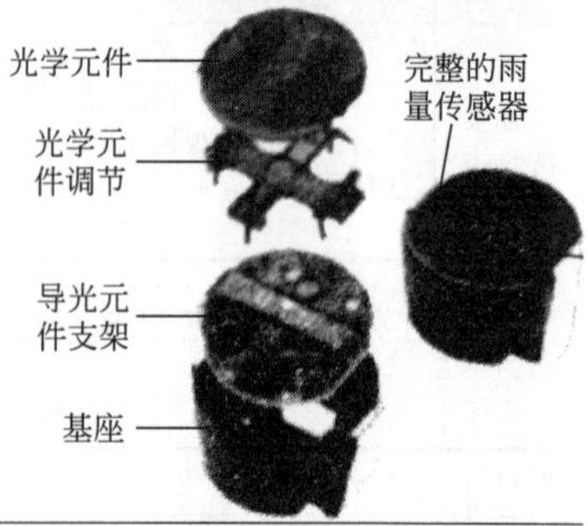
天合公司生产的雨量传感器外形	如右图所示，天合公司生产的雨量传感器安装在挡风玻璃后面，依靠红外检测和专利伺服控制技术，以适应环境条件的变化。该传感器还具有自动适应匹配功能，可以自动匹配、适应不同的挡风玻璃。上海通用凯越系列等轿车就采用该类型传感器 

(4) 雨量传感器的连接方式

雨量传感器的连接方式主要有总线连接与导线直接连接两种方式。前者连接方式包括LIN、CAN、VAN、K-BUS 等各种总线方式。

① 雨量传感器的总线连接方式见表 13-5。

表 13-5 雨量传感器的总线连接方式

项目	具体说明
总线连接方式示意图	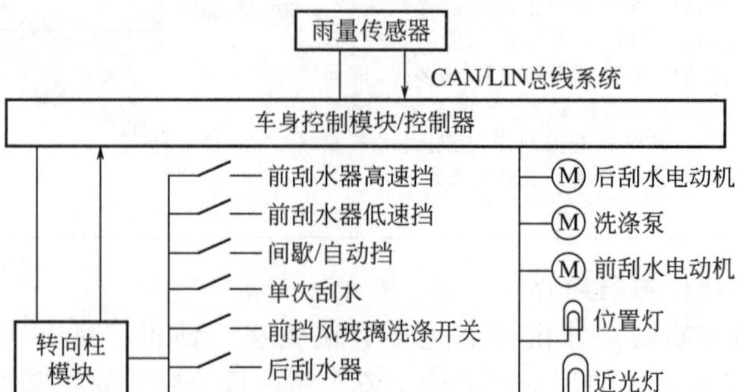

续表

项目	具体说明
示意图说明	上图所示为雨量传感器与车身控制模块/控制器配合构成的总线连接方式的刮水系统示意图，这种连接方式现在已经成为了主流的应用方式，许多车辆均采用这种连接方式。在总线连接方式的系统中，刮水手柄的相关信号由SMLS(转向盘转向模块)通过总线(可以根据需要采用不同类型的总线进行连接)经由车身控制模块(BCM)或控制器(Controller)发给雨量传感器，雨量传感器的刮水请求由BCM/Controller来实现驱动

② 雨量传感器的非总线连接方式见表13-6。

表13-6 雨量传感器的非总线连接方式

项目	具体说明
驱动方式	对于不支持总线的车辆，雨量传感器通常采用直接驱动刮水系统或通过独立的自动刮水控制器(Auto Wiping Controller，简称控制器)来间接驱动刮水系统
非总线连接方式示意图	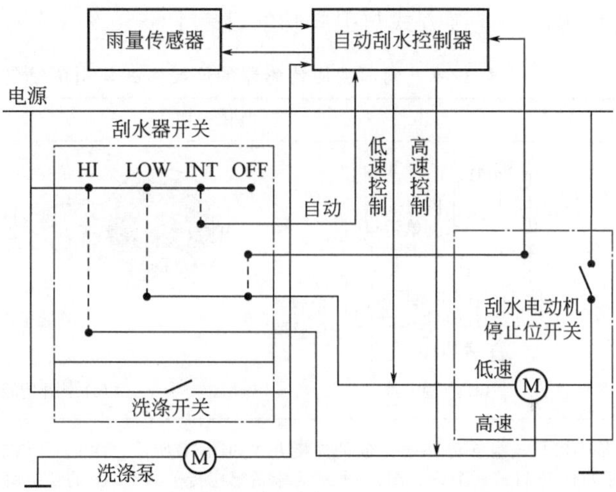
示意图说明	上图所示为雨量传感器与自动刮水控制器配合构成的非总线连接方式的刮水系统示意图。在该连接方式中，雨量传感器通过导线与自动刮水控制器相连接。自动刮水控制器用来驱动刮水电动机，并且收集雨量传感器工作所提供的信号。采用这种连接方式的系统，通过自动挡位(AUTO)在手动、自动模式之间切换，并保证手动优先。在实际应用时，大都利用刮水手柄在挡位切换中的逻辑关系，以保证刮水手柄在INT(自动AUTO)挡位时，手动低速、高速无效；而刮水手柄在高速、低速挡位时，AUTO挡位无信号，雨量传感器被禁止

(5) 奥迪A6L (C6) 轿车雨量感应传感器

雨量感应传感器通常与刮水电动机、刮水继电器、电子控制单元（ECU）和组合开关等共同构成电控智能型刮水系统。

① 雨量感应传感器的功能、安装位置与连接方式。

奥迪A6L (C6) 轿车采用组合雨量/光强度识别传感器（G397），该传感器中包括一个光辅助控制功能，可免除驾驶员手动接通行车灯的工作，还具有根据前挡风玻璃上的雨量情况控制刮水器的功能。

a. 雨量感应传感器的功能特点与安装位置见表13-7。

表 13-7 雨量感应传感器的功能特点与安装位置

<table>
<tr><th>项目</th><th>具体说明</th></tr>
<tr><td>功能说明</td><td>根据雨量不同，雨量感应传感器具有 4 种功能：自动打开或关闭刮水器，当打开刮水器时，可以以 7 种速度进行工作；下雨天会自动打开前照灯；关闭刮水停止 5s 后再次刮水一次；雨天车辆停止后自动关闭车门和车顶。当刮水拨杆位于“间歇”位置时，上述四种功能启用，雨量传感器有 4 种敏感程度可供选择。手动选择总是处于优先位置</td></tr>
<tr><td>外形与安装位置示意图</td><td>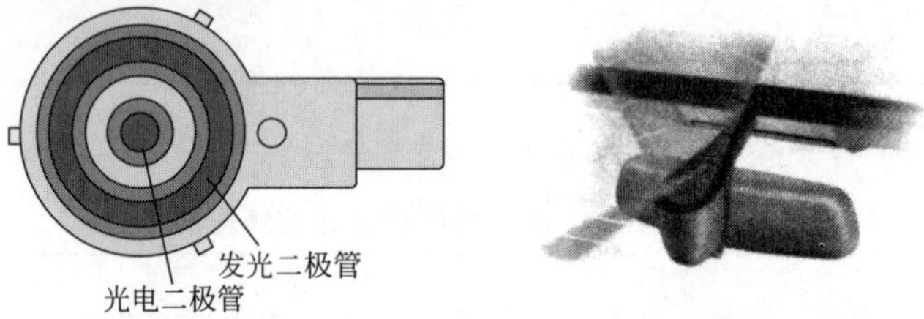
(a) 结构　(b) 安装位置
图(a)所示为雨量感应传感器结构示意图；该传感器位于前挡风玻璃上车内后视镜的安装底座内，如图(b)所示</td></tr>
</table>

b. 雨量感应传感器的连接方式与引脚功能见表 13-8。

表 13-8 雨量感应传感器的连接方式与引脚功能

<table>
<tr><th>项目</th><th>具体说明</th></tr>
<tr><td>连接方式与引脚功能示意图</td><td>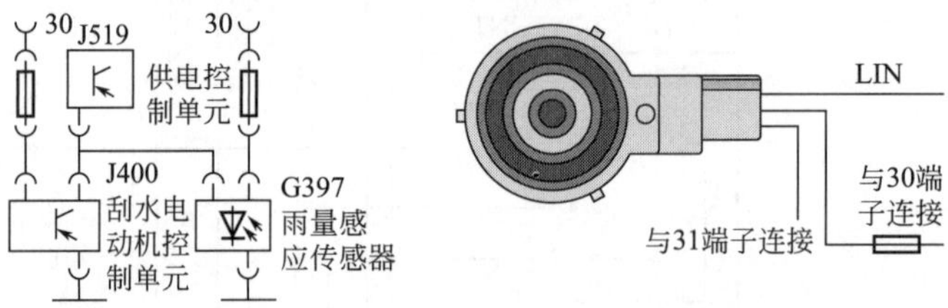
(a) 连接电路　(b) 引脚功能</td></tr>
<tr><td>示意图说明</td><td>雨量感应传感器与控制单元 J519 之间的连接方式如图(a)所示。G397 是供电控制单元(J519)的一个从控制单元，可通过 J519 进行诊断工作。图(b)所示为雨量感应传感器 G397 的各引脚功能和连接方式。要使 G397 内的发光二极管发出光线，光电二极管接收到光线后产生电压信号，就需要提供电源与搭铁回路，其信号是直接通过 LIN 总线发送的</td></tr>
</table>

c. 雨量感应传感器的接通行车灯方式见表 13-9。

表 13-9 雨量感应传感器的接通行车灯方式

<table>
<tr><th>项目</th><th colspan="2">具体说明</th></tr>
<tr><td>J519 的功能</td><td colspan="2">J519 作为 G397 的主控单元，可根据光强度识别传感器的信号自动接通或断开行车灯、激活回家/离家功能。实现白天/夜晚的识别。在拂晓、黄昏、黑暗、驶入穿行隧道或在树林中行驶时，光强度识别传感器会发送信息给 J519，以便自动接通行车灯</td></tr>
<tr><td>光强度识别传感器接收区域</td><td>为了能够识别出诸如树林内的道路以及穿行隧道等环境状况，光强度识别传感器接收来自全区和前区 2 个区域内的光强度信号。全区表示仅靠车辆附近的亮度，通常是车上部区域，而前区表示车辆前部区域的光线情况，如右图所示</td><td rowspan="2"></td></tr>
<tr><td>自动接通或关闭方式</td><td>J519 还根据 G397 感应的前挡风玻璃的沾水湿润程度，实现刮水器 7 个速度挡的自动接通或关闭，同时在下雨时自动接通行车灯</td></tr>
</table>

② 雨量感应传感器的工作原理。

奥迪 A6L（C6）轿车使用的雨量感应传感器属于光电检测方式，该传感器的激活条件及其工作原理见表 13-10 中所列。

表 13-10　雨量感应传感器的激活条件及其工作原理

<table>
<tr><th>项目</th><th colspan="2">具体说明</th></tr>
<tr><td>激活条件</td><td colspan="2">当刮水杆置于“间歇”位置时，G397 开始起作用，也就是被激活。驾驶员也可以通过刮水器间歇工作调节器的 4 个灵敏度来设置雨量感应传感器，在这种模式下就不再需要参考刮水动作（激活雨量感应传感器时的刮水动作）。当传感器被激活后，刮水拨杆总是处于间歇位置，出于安全考虑，只有在车速超过 16km/h 或通过刮水器间歇工作调节器来改变其工作灵敏度时，雨量感应传感器 G397 才会被激活</td></tr>
<tr><td rowspan="3">工作原理</td><td colspan="2">雨量感应传感器 G397 通过光的折射原理来判断挡风玻璃的湿度情况，该传感器内集成有环形的发光二极管，该二极管在驾驶室内透过前挡风玻璃发射出红外线光。具体工作情况如下所述</td></tr>
<tr><td>玻璃干燥</td><td>如果前挡风玻璃是干燥的，则上述发光二极管发射的红外光按照全反射原理进行反射，红外光由玻璃的表面反射回来，则集成在 G397 中央的光电二极管能够接收到较多的光，记录了高的光的强度，如图（a）所示

(a) G397晴天工作原理　(b) G397雨天工作原理</td></tr>
<tr><td>玻璃浸湿</td><td>如果前挡风玻璃是浸湿的，则玻璃表面的光学特性就会发生变化，玻璃表面因水滴的作用发生散射，则光线发生折射，反射的光量就会减少，这样，光电二极管接收到的光就会减少，于是信号电压就发生了改变，光电二极管记录了低的光的强度，如图（b）所示</td></tr>
</table>

(6) 雨量传感器的通用检测与维修方法

雨量传感器主要应用于车辆的刮水系统中，用于检测降雨量的大小，进而控制刮水器的间歇时间。

① 雨量传感器检测思路与判断雨量控制是否确失灵见表 13-11。

表 13-11　雨量传感器检测思路与判断雨量控制是否确失灵

项目	具体说明
雨量传感器检测思路	由雨量传感器组成的电子智能式间歇刮雨器是在传统刮水器与洗涤器的基础上，增加了雨量传感器及其控制电路后发展起来的，如果去除雨量传感器及其控制电路后，刮水器和洗涤器的工作情况与传统刮水器和洗涤器没有什么区别，故对传统刮水器和洗涤器的某些检修方法同样适用于电子智能式间歇刮雨器的刮水与洗涤器部分
判断雨量控制是否确失灵	可以采用模拟雨量的方法对挡风玻璃洒水，看雨量控制是否进入高速刮水状态。如果不能，则初步判断雨量控制确已失灵

② 判断故障大概部位与刮水电动机模块的检测见表 13-12。

表 13-12　判断故障大概部位与刮水电动机模块的检测

项目	具体说明
判断故障大概部位	仍然采用模拟雨量的方法对挡风玻璃洒水，也就是一人洒水，另一人采用万用表检测雨量传感器控制装置是否能够进行转换并控制刮水电动机进行工作，如果雨量传感器控制装置没有相应的控制刮水电动机的信号输出，则问题出在雨量传感器控制装置；否则问题出在刮水电动机模块

续表

项目	具体说明
刮水电动机模块的检测	对刮水电动机模块进行检测时，可先参考车辆维修手册中提供的数据检测其供电电压是否正常，搭铁端连接是否可靠。如果经检查没有发现问题，在断开供电的情况下，检测其内两个继电器线圈输出引脚是否短路或断路，如经检查也无问题，则重换一个刮水电动机模块试试

③ 雨量传感器控制装与雨量传感器的检测见表 13-13。

表 13-13 雨量传感器控制装置与雨量传感器的检测

项目	具体说明
雨量传感器控制装置的检测	对雨量传感器控制装置进行检测时，可先参考所修车辆维修手册中所列的数据检测其供电电压是否正常，搭铁端连接是否可靠。如果经检查没有发现问题，则重换一个雨量传感器控制装置试试
雨量传感器的检测	雨量传感器大多属于红外光散射方式，其内部集成有红外发光二极管与光敏三极管，对其的检测类似于光电耦合器，也可直接更换一个新的雨量传感器试试

13.2 光电传感器

光电传感器主要用于对光能进行检测，常见的光电传感器有应用于空调系统的日照传感器、应用于前照灯控制的光电传感器等。

(1) 光电传感器的功能与类型

光电传感器又称为阳光传感器、日照传感器、光照传感器、日光传感器、日照光电传感器、阳光传感器等。表 13-14 列出了光电传感器的功能与类型。

表 13-14 光电传感器的功能与类型

项目	具体说明
功能	由于车辆内部的温度与车辆在阳光下行驶和停放有很大的关系，特别是在炎热的南方，这种影响尤为显著。故许多高档轿车全自动空调系统设置了日照光电传感器，用于对车辆受光照射后的温度情况进行检测，以便实时地自动控制车内温度
类型	光电传感器多是采用半导体材料制成的，常见的光电传感器主要有光敏电阻式、光电二极管式、光电三极管式、光电池式。前两者应用较多，后两者应用较少，故这里不做介绍

(2) 光敏电阻式光电传感器的结构与原理

光敏电阻式光电传感器具有体积小、灵敏度高、性能稳定、寿命长、价格低等特点，在车辆的灯光自动控制系统中应用较多。

① 光敏电阻式光电传感器的外形与图形符号见表 13-15。

表 13-15 光敏电阻式光电传感器外形与图形符号

项目	具体说明
外形示意图	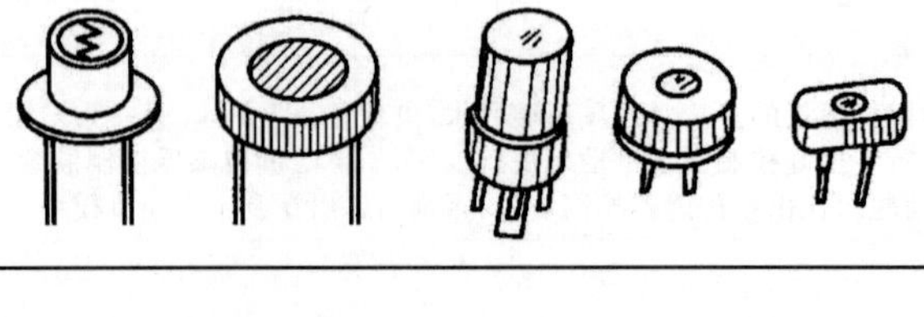

续表

项目	具体说明
图形符号	上图所示为几种常见的光敏电阻式光电传感器的外形示意图，右图所示为光敏电阻式光电传感器在电路中的图形符号，这类传感器在电路中用字母 R 或 RG、RL 来表示。光敏电阻式光电传感器有带外壳的，也有不带外壳的  (a) 新图形符号 (b) 旧图形符号

② 光敏电阻式光电传感器的光敏特性与工作特性见表 13-16。

表 13-16 光敏电阻式光电传感器的光敏特性与工作特性

项目	具体说明
光敏特性	光敏电阻式传感器多是采用硅、锗、硒化镉、硒化铅、硫化铅、硫化锌或锑化铟等材料制成的。它的工作区在一个很薄的光敏层上(也称为光导层，如右图所示)，光敏层具有电阻特性，两端用金属电极引出。当没有光照时，光敏电阻的阻值较大；一旦光线照射到光敏层上，半导体材料中的载流子迅速增加，阻值下降。光照越强，电阻值越小 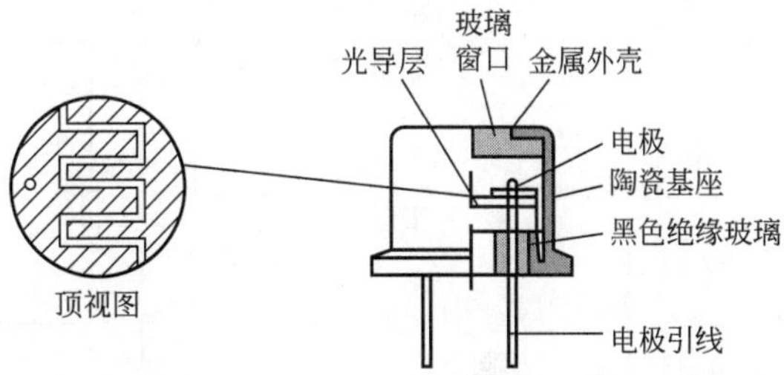
工作特性	光敏电阻式传感器是根据半导体光电效应原理制成的一种特殊电阻器。光敏电阻式传感器是一种对光敏感的有源元件，工作时必须加电源，其电阻值能随外界光照的强弱(明暗)变化而变化，其外形如上图所示。前照灯自动变光器的光敏电阻设置在车辆前部

③ 光敏电阻式光电传感器的特性参数见表 13-17。

表 13-17 光敏电阻式光电传感器的特性参数

项目	具体说明
照度特性曲线示意图说明	下图所示为典型的硫化镉光敏电阻式光电传感器的照度特性曲线示意图。所谓照度特性是指：当在光敏电阻传感器上加一定电压时，光敏电阻传感器的光电流或光电阻与照度之间的关系
照度特性曲线示意图	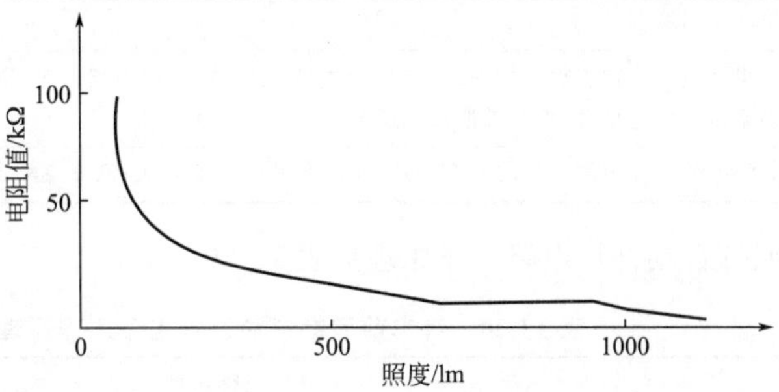
亮电阻与暗电阻	光敏电阻传感器受光照时的电阻值称为光(亮)电阻，没有光照时的电阻值称为暗电阻。暗电阻一般在 0.5～200MΩ 间；亮电阻一般在 0.5～20kΩ 间

④ 光敏电阻式光电传感器在汽车前照灯会车自动开灯系统中的应用。

光敏电阻式光电传感器在汽车前照灯会车自动开灯系统中的作用是，在汽车行驶过程中，当车前的自然光照强度降低到一定程度时，它会自动将前照灯的电路接通，以确保行车安全。同时还具有延时关灯的作用。

a. 汽车前照灯自动开灯电路原理示意见表 13-18。

表 13-18 汽车前照灯自动开灯电路原理示意

项目	具体说明
汽车前照灯自动开灯电路原理示意图	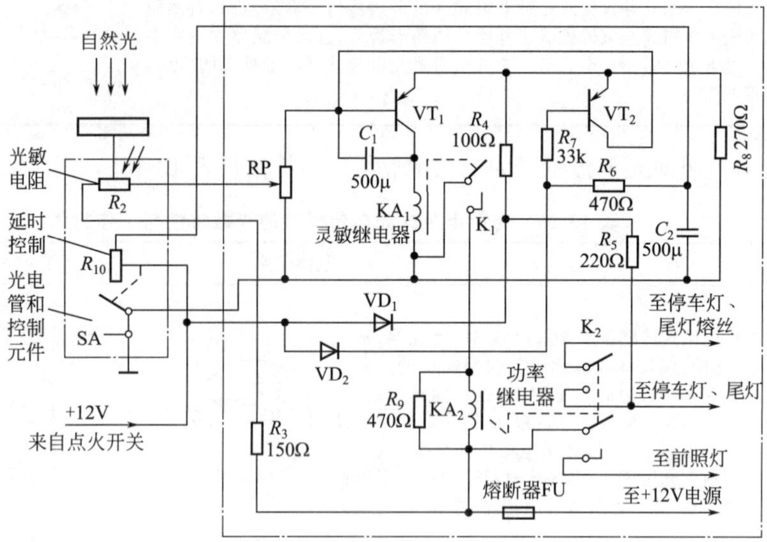
示意图说明	上图所示就是一种较典型的汽车前照灯自动开灯电路原理图，该电路主要由光传感器和控制元件以及晶体管放大器组件两大部分构成

b. 汽车前照灯自动开灯电路各组成件的具体情况说明见表 13-19。

表 13-19 汽车前照灯自动开灯电路各组成件的具体情况说明

项目	具体说明
光敏电阻传感器	R_2 为光敏电阻传感器，它的电阻值随着光照强度的变化而变化，光照强度越强，其电阻值越小。该元件的感光面安装在朝向天空方向
控制元件	控制元件由控制旋钮操纵，它用于变更手动或自动控制以及调整延时关灯的时间。顺时针转动旋钮，延时关灯时间增加
放大器组件	该组件包括晶体管放大器 VT_1、控制继电器 KA_1、中间继电器 KA_2 和延时关灯控制管 VT_2，它可根据光传感器传来的光信号，控制前照灯的通断
其他元件	电路中的 R_{10} 电阻起延时控制作用；SA_3 为关灯控制开关；功率继电器的触点用于驱动前照灯等

c. 汽车前照灯自动开灯电路工作原理见表 13-20。

表 13-20 汽车前照灯自动开灯电路工作原理

项目	具体说明
使用前的准备	在使用汽车前照灯自动开灯系统时，见表 13-18 中原理示意图（以下均同，不再重述）所示，应先将延时关灯的控制开关 SA 接通，再接通点火开关并关闭前照灯开关。此时，自动开灯系统即进入正常工作状态
自然光强度降低	汽车在行驶过程中，当自然光的强度降低时，光敏电阻 R_2 的阻值增大，使 VT_1 管基极电位降低。当下降到 VT_1 导通值时，VT_1 导通，控制继电器 KA_1 常开触点闭合，从而形成了如下的电流通路：蓄电池正极+12V 电源→VD_1→R_4→VT_1 导通的 c-e 结→KA_1 继电器线圈绕组→SA 开关→搭铁→蓄电池负极 上述这一电流通路，使 KA_1 继电器的常开触点 K_1 闭合，又使中间继电器 KA_2 线圈中有电流通过，从而又形成了如下的电流通路：蓄电池正极+12V 电源→保险器→KA_2 继电器线圈→KA_1 继电器的常开已闭合的 K_1 触点→SA 开关闭合触点→搭铁→蓄电池负极 上述电流通路使 KA_2 触点 K_2 吸合接通，前照灯电路接通，前照灯被点亮

续表

项目	具体说明
自然光强度增强	当自然光的强度增强时，光敏电阻 R_2 的电阻值减小，VT_1 管的基极电位升高。当这一电压值升高到某一值时，VT_1 管截止，继电器 KA_1 常开触点 K_1 断开，切断了前照灯电路，前照灯熄灭
延时功能	延时作用是通过 C_2 电容器和 VT_2 管来完成的。当点火开关断开时，C_2 电容两端的电压差不会立即消失，所以在一段时间内 VT_2 和 VT_1 仍然保持导通，继电器 KA_1、KA_2 触点仍维持现状，直到 C_2 电容两端的电压减小，使 VT_2 管截止为止，VT_1 也随之截止，继电器 KA_1 触点断开，从而切断了中间继电器 KA_2 绕组中的电流，前照灯熄灭。电路中的延时时间的长短可由电位器 R_{10} 进行调节
手动控制	表 13-18 中原理电路是手动操纵和自动开灯控制并存。如果需要用手动操纵，将延时关灯控制开关 SA 置于“断开”位置（顺时针将旋钮转到终止点）即可

d. 传感器安装位置与应用前照灯自动开灯电路的车辆情况见表 13-21。

表 13-21 传感器安装位置与应用前照灯自动开灯电路的车辆情况

项目	具体说明	
安装位置	光电传感器用于感受外界环境光的亮度，其通常安装在仪表板里面，如右图所示。在自动模式下，灯光手动开关应处于 OFF 挡位置	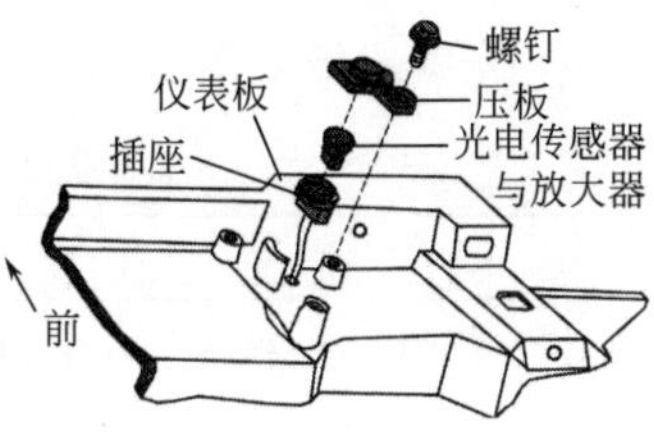
应用车辆情况	汽车前照灯自动开灯电路在国内外的各种车辆上均有应用，如奥迪 A6、奥迪 A8、奥迪 Q7、丰田凯美瑞、丰田卡罗拉、日产骐达、日产天籁、日产颐达、福特翼虎、福特霸道、奔腾 B70、奔腾 B90 以及欧宝雅特、保时捷卡宴、迈巴赫、克莱斯勒、绅宝 D 系列、捷豹、路虎神行者 2、雷诺纬度、辉腾、迈腾、速腾、奔驰、沃尔沃、现代名图、法拉利、宾利飞驰、力帆 620、凯迪拉克、宝马 X5 等	

(3) 光敏二极管式光电传感器的结构与原理

光敏二极管式光电传感器具有体积小、灵敏度高、性能稳定、寿命长、价格低等特点，在车辆的灯光和空调的自动控制系统中应用较多。

① 光敏二极管式光电传感器的结构与图形符号见表 13-22。

表 13-22 光敏二极管式光电传感器的结构与图形符号

项目	具体说明	
结构示意图	右图所示为光敏二极管式光电传感器结构示意图，该传感器主要由滤光片、光敏二极管、壳体、引出脚等组成。光敏二极管的管芯与一般二极管相似，由一个 P-N 结组成。它的外壳可用金属、玻璃、陶瓷树脂封装。凡是金属管壳封装的光敏二极管，都有一个进光的玻璃窗口或滤光片，光线通过滤光片照射到管芯上	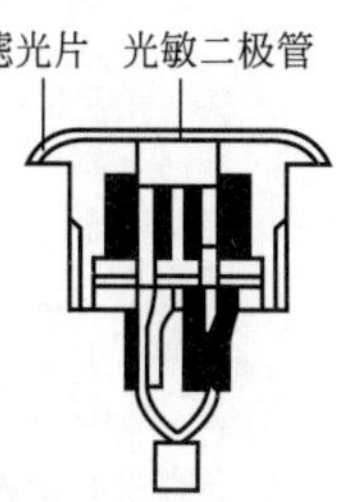
图形符号	右图所示为光敏二极管式光电传感器在电路中的图形符号，该传感器在电路中用字母 VD 或 V、D 表示	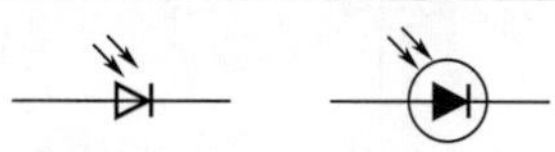 (a) 新图形符号 (b) 旧图形符号

② 光敏二极管的 P-N 结特性见表 13-23。

表 13-23 光敏二极管的 P-N 结特性

项目	具体说明
P-N 结特性与特性曲线示意图	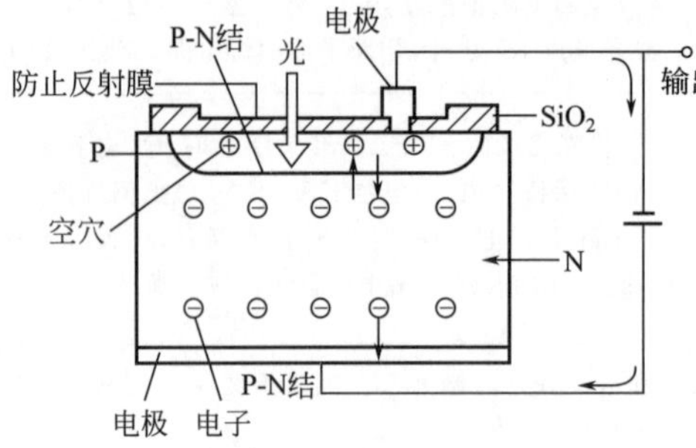 (a) 工作原理 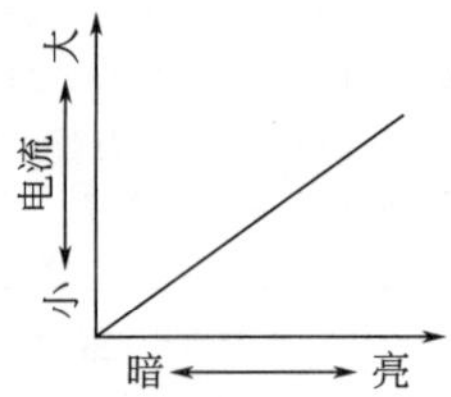 (b) 特性曲线
P-N 结特性说明	如图(a)所示，当光敏二极管的 P-N 结上有光照射时，P-N 结吸收光能产生大量的电子和空穴，P 型半导体上产生的电子向 N 型半导体中移动，N 型半导体上产生的空穴向 P 型半导体上移动。所以，当把半导体分别装上电极并从外部电路连接时，从 P 侧电极到 N 侧电极有光电流通过，光敏二极管就是利用这种特性制成的。光敏二极管中的电流与照射到元件上的光量成正比，如图(b)所示

③ 光敏二极管的工作特性、光敏特性与工作原理见表 13-24。

表 13-24 光敏二极管的工作特性、光敏特性与工作原理

项目	具体说明
工作特性	光敏二极管是一种高灵敏度半导体元件，当其没有阳光照射时，该二极管中产生的电流极小，阳光越强，电流越大，该信息提供给自动空调控制单元以后，控制单元就会输出相应的控制信号，来调节车内的温度
光敏特性	光敏二极管无光照射时的反向电流称为暗电流，有光照时的反向电流称为光电流（或亮电流），光电流具有恒流特性
工作原理	在全自动空调系统工作时，从前方、左方、右方、后侧等各个方向射入到车辆内部的太阳光（实际上就是照射到乘员身上起加热作用的光能量）被日照光电传感器的光学元件接收到以后，该光线经滤光器滤去光学元件上的紫外线，然后光学元件把大部分斜射到的阳光折射到光电二极管上

④ 光敏二极管式光电传感器的安装位置与需要说明的问题见表 13-25。

表 13-25 光敏二极管式光电传感器的安装位置与需要说明的问题

项目	具体说明
安装位置	右图所示为光敏二极管式光电传感器安装位置示意图，该传感器通常安装在仪表板的上侧较容易被太阳光照射到的地方。例如上海大众帕萨特领驭系列轿车全自动空调系统日照光电传感器 G107 就设置在仪表板前围中间上方 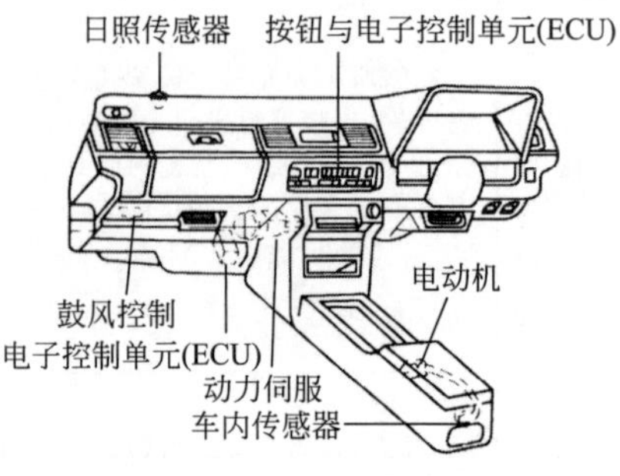
需要说明的问题	由于车辆不同位置所受阳光照射的情况不一样，故有的车辆的车内温度采用了分左、右两侧进行分别调节的方式，根据光敏二极管式光电传感器的信号可以使车辆两侧的温度不相等。这样，就可以起到一定的节能作用

⑤ 光敏二极管式光电传感器的连接电路见表13-26。

表13-26 光敏二极管式光电传感器的连接电路

项目	具体说明
应用于空调系统的连接电路	右图所示为光敏二极管式光电传感器应用于全自动空调系统时的连接电路示意图，上海大众帕萨特领驭系列轿车全自动空调系统就采用这种连接方式。其他车辆的连接方式与此基本相同，仅是与自动空调控制单元连接的引脚编号或字母代号不同 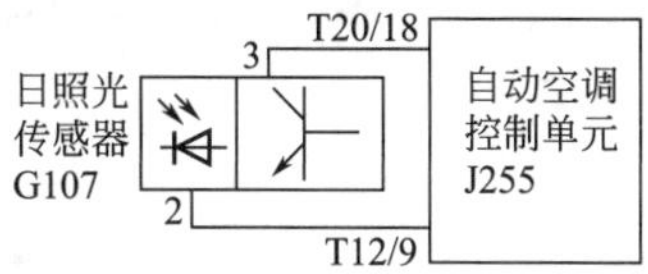
应用于灯光控制系统时的连接方式	光敏二极管式光电传感器应用于灯光控制系统时，其连接方式与光敏电阻式光电传感器的连接方式基本相同，有的车辆就采用光敏二极管式光电传感器替代光敏电阻式光电传感器。但光敏二极管式光电传感器连接时是采用反向连接方式接入电路中的，对光敏二极管式光电传感器以后的信号处理电路也进行了相应的改动

(4) 光敏电阻式光电传感器的通用检测与维修方法

光敏电阻式传感器广泛应用在前照灯自动控制系统中，如前照灯自动变光系统、自动开灯、延时关灯系统等。

① 仪表挡位的选择。

检测光敏电阻器时，应将数字式万用表置于200Ω挡位，也就是要根据光敏电阻式传感器电阻值大小拨至合适的挡位。

② 光敏电阻式光电传感器的通用检测与维修方法见表13-27。

表13-27 光敏电阻式光电传感器的通用检测与维修方法

项目	具体说明
亮电阻的检测	先测量光敏电阻式传感器在有光照射时的电阻值，也就是使光敏电阻置于一定的光线下，将红、黑表笔分别接在光敏电阻的两引脚，显示屏上的读数就为光敏电阻的亮电阻，如图(a)所示 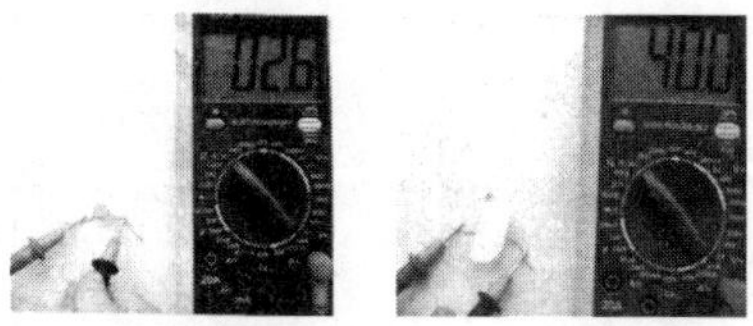 (a) 亮电阻检测 (b) 暗电阻检测
暗电阻的检测	在上述检测状态下，用一块遮光的厚纸片将光敏电阻式传感器覆盖严密，若光敏电阻式传感器是正常的，就会因无光照而使其电阻值剧增，出现如图(b)所示的显示；若光敏电阻式传感器变质或损坏，则其电阻值就会变化很小或者不变
需要说明的问题	在有光照射下，若测得光敏电阻式传感器的电阻值为零或者为无穷大(数字万用表显示溢出符号“1”或者“OL”)，也可判定所测光敏电阻式传感器损坏(内部短接或开路)

(5) 光敏二极管式光电传感器的通用检测与维修方法

对光敏二极管式光电传感器的通用检测方法类似于光敏电阻式光电传感器，下面以应用于汽车空调系统中光敏二极管式光电传感器为例来介绍其检测与维修方法。

① 光敏二极管式光电传感器的电阻检测见表13-28。

表13-28 光敏二极管式光电传感器的电阻检测

项目	具体说明
暗电阻的检测	拆下仪表板上的杂物箱，拔下日照传感器导线插接件，采用黑布遮住日照传感器，然后采用万用表电阻挡检测日照传感器插接件两端脚之间的电阻值，该电阻值正常值应为∞

续表

项目	具体说明
亮电阻的检测	去掉遮在日照传感器上的黑布，万用表两表笔仍然连接在日照传感器两脚上，然后采用灯光对日照传感器进行照射，观察万用表指示的电阻值。该电阻值应在 3～10kΩ 之间。且当灯光逐渐从传感器上移开，也就是光照由强变弱时，万用表指示的电阻值应逐渐增加

② 光敏二极管式光电传感器的电流检测见表 13-29。

表 13-29　光敏二极管式光电传感器的电流检测

项目	具体说明	
操作方法与检测电路	采用万用表检测日照传感器电流时的连接电路如右图所示，万用表置于直流微安挡。先把日照传感器置于强光区，就可以测得该传感器的亮电流；然后再把传感器置于弱光区，检测到的电流为该传感器的暗电流	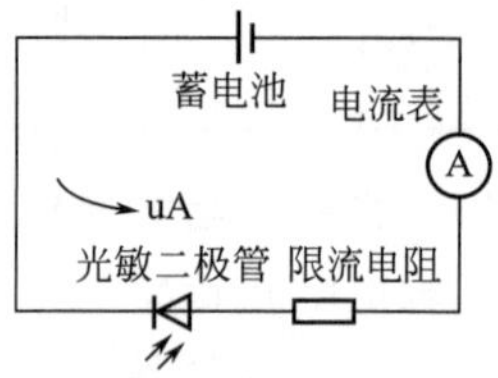
检测结果分析	正常情况下检测到的亮电流应大于暗电流，如果检测的结果不符合上述规律，则说明被检测的传感器损坏	

(6) 本田奥德赛轿车空调系统日光传感器

本田（HONDA）奥德赛（ODYSSEY）轿车空调系统日光传感器是一种由光电二极管构成的装置。表 13-30 列出了本田奥德赛轿车空调系统日光传感器的检测与维修方法。

表 13-30　本田奥德赛轿车空调系统日光传感器的检测与维修方法

项目	具体说明
连接电路	右图所示为本田奥德赛轿车空调系统日光传感器与空调控制器（AC-ECU）之间的连接方式示意图。该传感器的 1 引脚为信号输出端，该引脚上的供电电压来自于 AC－ECU 的 B18 引脚内部 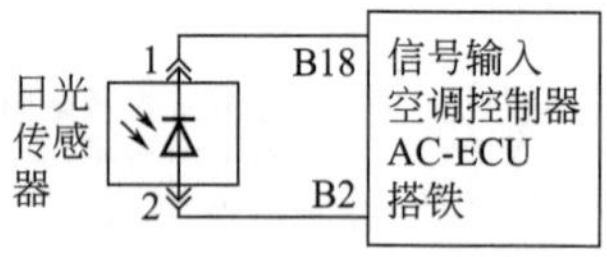
检测与维修	检测时，可以采用万用表电压挡，在点火开关置于 ON 位置时，红表笔与传感器的 1 引脚相连接，黑表笔与传感器的 2 引脚相连接，检测传感器的输出电压，该电压在阳光直射到传感器上时在 3.3～3.5V 之间，传感器避开光线时为 3.6～3.7V

(7) 东风雪铁龙 C5 轿车自动空调系统阳光传感器

东风雪铁龙 C5 轿车由神龙汽车有限公司生产，该全系列车型均配备了自动空调系统以提升乘坐的舒适性。

① 阳光传感器的结构、安装位置与功能说明见表 13-31。

表 13-31　阳光传感器的结构、安装位置与功能说明

项目	具体说明
功能说明	阳光传感器的作用是提供与日照热量成正比的电压信号。该传感器内部有一个光电二极管与电阻器并联。当太阳光照射光电二极管表面时，光电二极管产生与检测光子数量成正比的电压信号。如果装配双区域自动空调的车辆，其所发出的信号分为左侧信号和右侧信号，则两侧信号会因日照强度不同而不一样

续表

项目	具体说明
结构与安装位置示意图	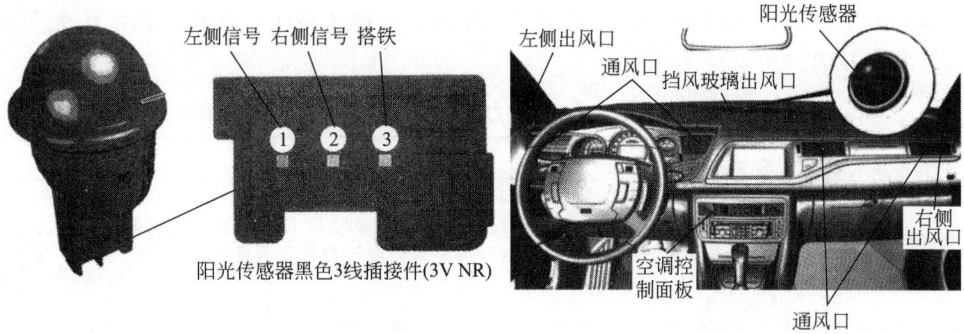 (a) 结构及其插接件引脚功能　(b) 安装位置
示意图说明	图(a)所示为东风雪铁龙C5轿车自动空调系统阳光传感器的结构及其插接件引脚功能说明示意图，图(b)所示为该传感器的安装位置，阳光传感器在电路中的编号为8033

② 阳光传感器的检测与维修见表13-32。

表13-32　阳光传感器的检测与维修

项目	具体说明
电阻检测	使阳光传感器的光信号接收窗口对准光源，然后检测其正、反向电阻值的变化。正常时，正、反向电阻值均应变小；阻值变化越大，说明该传感器的灵敏度越高
电压检测	将万用表置于1V DC电压挡，黑表笔接阳光传感器负极，红表笔接正极。光照时，万用表应有一定的电压显示，否则说明其损坏
电流检测	将万用表置于50μA或500μA电流挡，黑表笔接阳光传感器负极，红表笔接正极。正常光照时，随光照强度的增加，电流应从几微安增大至几百微安。如果没有电流或电流很大，则说明其不良或损坏

(8) 丰田佳美轿车自动空调光照传感器

丰田佳美SXV20（搭载5S-FE型电喷发动机）型轿车与MCV20（搭载5MF-FE型电喷发动机）型轿车采用的自动空调类型基本相同，使用的光照传感器也一样，表13-33列出了对该传感器的检测与维修方法。

表13-33　丰田佳美轿车自动空调光照传感器的检测与维修方法

项目	具体说明
安装位置与连接电路示意图	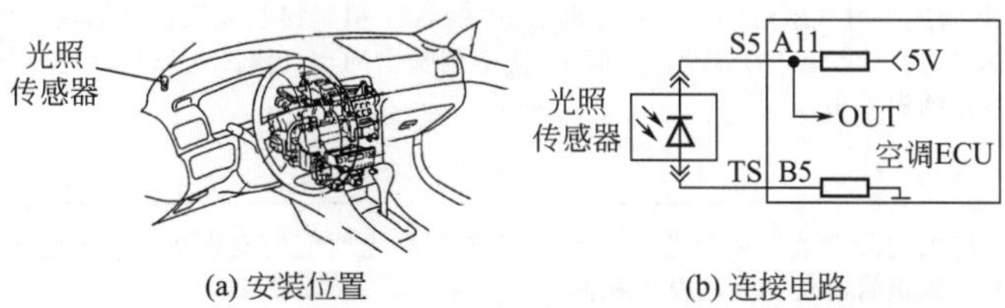 (a) 安装位置　(b) 连接电路
示意图说明	图(a)所示为丰田佳美轿车自动空调光照传感器安装位置示意图。该传感器安装在前挡风玻璃左侧(从驾驶室内部看)靠下部位。图(b)所示为光照传感器与空调ECU之间的连接方式示意图
检测与维修	空调ECU内设置有自检程序。在接通点火开关的情况下，同时按下AUTO与循环(R/F)2个按钮，ECU则进入自检程序，先对指示灯进行检测，然后自动检测传感器，并将检测结果显示在显示器上。当显示器显示故障码"21"时，其含义为光照传感器电路短路或断路。对此，应检查光照传感器本身以及该传感器与空调控制盒之间的线束或连接器

(9) 风神蓝鸟轿车自动空调系统光照传感器

风神蓝鸟轿车自动空调系统采用自动放大器 ECU 来接收各种传感器输入的信号，通过控制输出元件来自动进行调温。表 13-34 列出了风神蓝鸟轿车自动空调系统光照传感器的检测与维修方法。

表 13-34 风神蓝鸟轿车自动空调系统光照传感器的检测与维修方法

<table>
<tr><th>项目</th><th colspan="7">具体说明</th></tr>
<tr><td>连接电路</td><td colspan="7">右图所示为风神蓝鸟轿车自动空调系统光照传感器与自动空调 ECU 之间的连接方式。该传感器安装在除霜护栅上，利用光电二极管检测通过挡风玻璃进入的光照强度，然后转换成电流送入自动空调 ECU
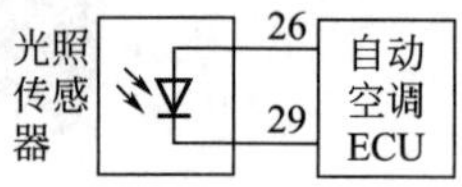
</td></tr>
<tr><td rowspan="3">检测</td><td colspan="7">拔下光照传感器的线束插接件，采用万用表检测自动空调 ECU 引脚 26 与 29 之间的电压、电流值，该电压与电流之间的对应正常值如下所列</td></tr>
<tr><td>输入电流/A</td><td>0</td><td>0.1</td><td>0.2</td><td>0.3</td><td>0.4</td><td>0.5</td></tr>
<tr><td>输出电压/V</td><td>5</td><td>4.1</td><td>3.1</td><td>2.2</td><td>1.3</td><td>0.4</td></tr>
</table>

(10) 东风悦达起亚远舰轿车自动空调系统光照传感器

东风悦达起亚远舰（OPTIMA）轿车自动空调系统使用的是 10 缸斜盘式（5 个双动式活塞）压缩机。表 13-35 列出了东风悦达起亚远舰轿车自动空调系统光照传感器的检测与维修方法。

表 13-35 东风悦达起亚远舰轿车自动空调系统光照传感器的检测与维修方法

<table>
<tr><th>项目</th><th>具体说明</th></tr>
<tr><td>安装位置示意图</td><td>右图所示为东风悦达起亚远舰轿车自动空调系统光照传感器安装位置示意图。该传感器安装在仪表板正中央前挡风除霜口中间，用来检测光照度
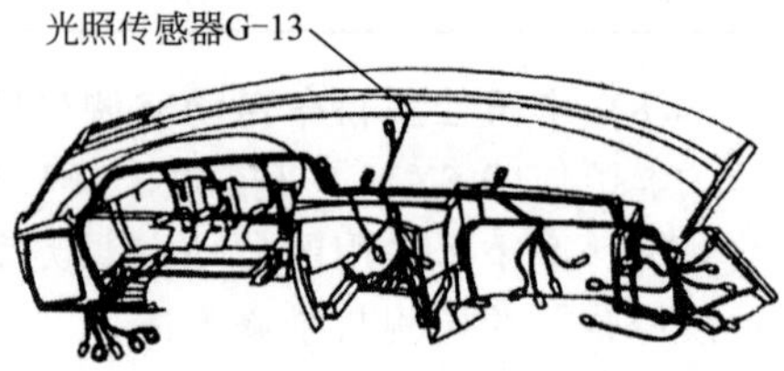
</td></tr>
<tr><td>连接电路</td><td>右图所示为东风悦达起亚远舰轿车自动空调系统光照传感器与自动空调 ECU 之间的连接方式示意图。自动空调 ECU 的 A21 引脚接收光照传感器输送来的信号，用于对设定的温度进行修正，使空调吹出的空气温度与风量始终接近于设定的温度值
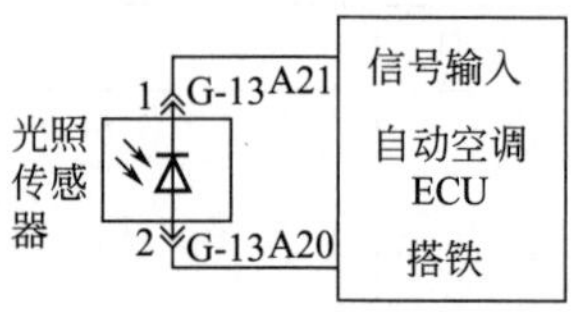
</td></tr>
<tr><td>检测与维修</td><td>光照传感器实际上就是一个光电二极管，它能根据光照度的变化使其输出电压发生变化。故对其的检测与普通的光电二极管的检测方法基本相同</td></tr>
</table>

(11) 东风雪铁龙 C5 轿车雨水阳光组合传感器

东风雪铁龙 C5 轿车搭载 ES9A 型电控燃油喷射发动机［发动机电子控制单元（ECU）的型号为 BOSCH ME7.4.7］的车辆，把刮水清洗系统使用的雨量传感器与前照灯控制系统使用的光电传感器组合在一起，电路中称其为雨水阳光组合传感器。

① 雨水阳光组合传感器的外形示意图见表 13-36。

表 13-36 雨水阳光组合传感器的外形示意图

项目	具体说明
外形示意图	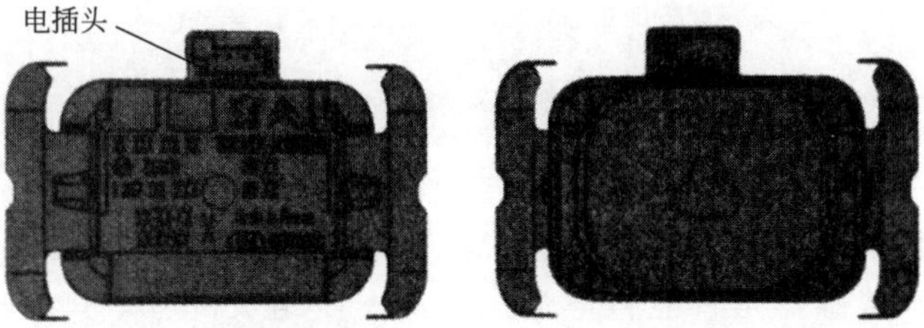 (a) 从车内看雨水阳光传感器 (b) 从车外看雨水阳光传感器
示意图说明	上图所示为东风雪铁龙 C5 轿车刮水清洗系统雨水阳光传感器的外形示意图。该传感器用于检测有无雨水和雨量的大小;检测车外光线的强弱;将雨水和阳光信号通过 CAN 车身总线传递给智能控制盒 BSI,BSI 根据该传感器的信号,控制刮水电动机自动工作和前照灯的自动点亮

② 雨水阳光组合传感器的安装位置与连接线路见表 13-37。

表 13-37 雨水阳光组合传感器的安装位置与连接线路

项目	具体说明
安装位置与连接线路示意图	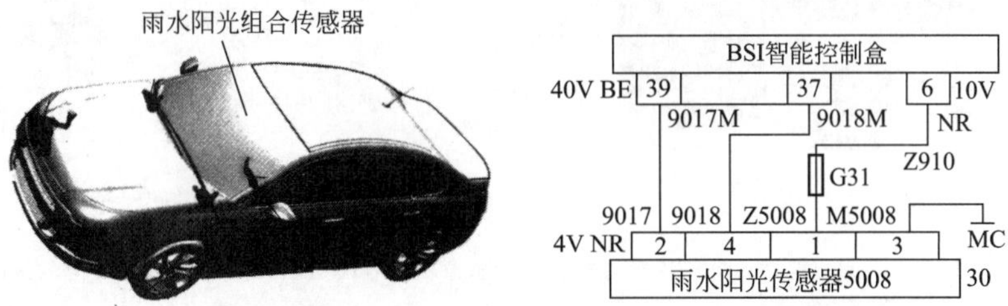 (a) 安装位置 (b) 连接电路
安装位置与连接线路示意图说明	图(a)所示为东风雪铁龙 C5 轿车刮水清洗系统雨水阳光组合传感器在汽车上的安装位置示意图,图(b)所示为该传感器与 BSI 智能控制盒之间的连接方式。雨水阳光传感器有 4 个引出脚,通过一个 4V NR 插接件与外电路相连接。其中:引脚 1 为供电电压输入端,为蓄电池电压,该电压受 BSI 智能控制盒内部电路的控制,从 6 脚(10V NR 插件)输出后提供给雨水阳光组合传感器 1 引脚;引脚 3 为搭铁端;引脚 2 与 4 为信号输出端,通过 9017 与 9018 号导线提供给 BSI 智能控制盒,属于 CAN 车身总线网信号

③ 雨水阳光组合传感器的检测与维修见表 13-38。

表 13-38 雨水阳光组合传感器的检测与维修

项目	具体说明
供电检测	检测时,先应检查提供给传感器 1 引脚上的蓄电池电压是否正常,如果该电压为 0,则应先检查 G31 熔丝是否熔断(该熔丝位于 BH12 座舱熔丝盒内),如果熔断,则应检查其熔断的原因并进行处理后再更换新的熔丝,否则新换的熔丝会再次熔断
导线检测	如果检查传感器的供电没有问题,再检查传感器其他引脚与 BSI 智能控制盒之间的连接导线是否有短路或断路现象,相关插接件是否有接触不良现象;如果检查不出异常,则更换一个新的传感器试试。如果更换后仍然无效,则多为 BSI 智能控制盒有问题

13.3 智能型蓄电池传感器

智能型蓄电池传感器通常都与安全蓄电池接线柱配合使用，后者是在发生事故时，通过引爆切断起动机、发电机电路，把发生短路和由燃油引起的燃烧爆炸的危险降至最低。

(1) 智能型蓄电池传感器的结构与原理

智能型蓄电池传感器是智能蓄电池系统的一个组成部分，其内部含有微控制器（μC，是一种机电式部件）。

① 智能型蓄电池传感器的外形与结构见表 13-39。

表 13-39 智能型蓄电池传感器的外形与结构

项目	具体说明
外形示意图	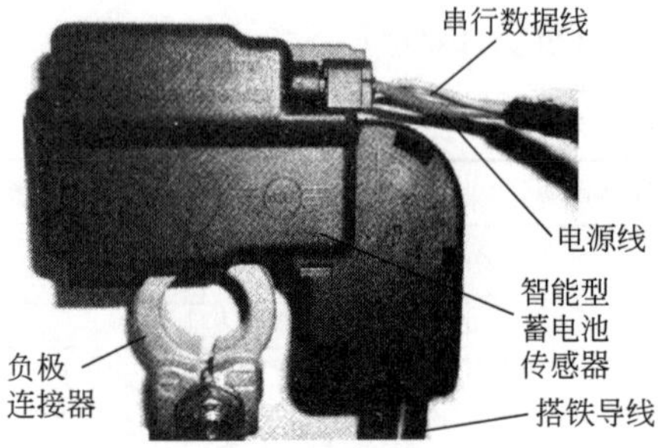 (a) 实物外形 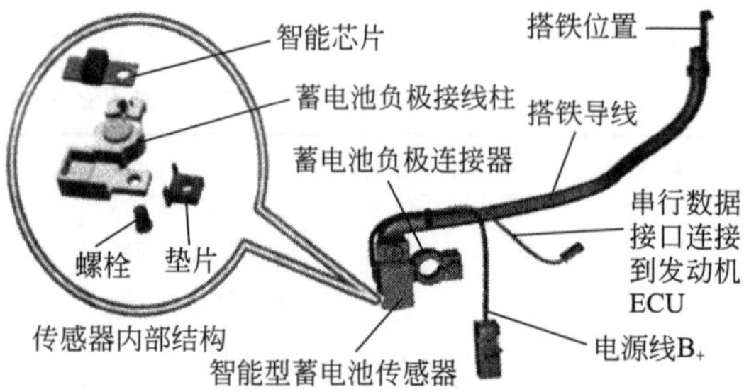 (b) 结构
示意图说明	图(a)所示为智能型蓄电池传感器实物外形示意图，图(b)所示为该传感器的结构示意图，主要由智能芯片、串行数据接口等组成

② 智能型蓄电池传感器的组成特点见表 13-40。

表 13-40 智能型蓄电池传感器的组成特点

项目	具体说明
组成情况	智能型蓄电池传感器主要由机械元件、智能芯片与软件三大部分组成，前两者的具体情况见下面的详细介绍。智能型蓄电池传感器内部智能芯片所使用的软件负责控制相关流程和与发动机 ECU 的通信，通过数据接口把数据提供给发动机 ECU
机械元件	机械元件的作用主要为以下几个方面：为车身与蓄电池负极接线柱之间提供电气触点；固定传感器元件以便于对电流进行检测；固定硬件，为温度传感器和蓄电池负极接线柱之间提供充足的热接触点；为电子组件提供保护功能；蓄电池接线柱同时是智能型蓄电池传感器内部电子元件（硬件）的搭铁口
智能芯片	右图所示为智能型蓄电池传感器内部智能芯片电路方框图，内部智能芯片通过电源线 B_+ 得到供电，同时提供蓄电池电压信号。其工作时可以连续测量以下一些参数：蓄电池电压；蓄电池充电/放电电流；蓄电池电解液温度

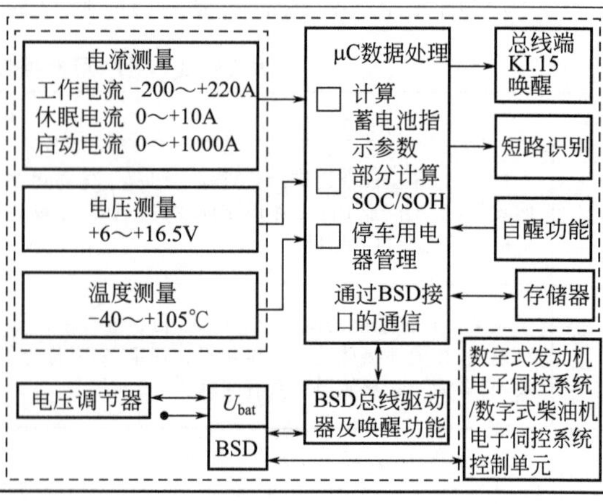

③ 智能型蓄电池传感器的软件功能。

智能型蓄电池传感器内部设置了电子控制单元（ECU）系统，该系统内部存储器预先储存了多种控制功能，具体情况如下所述。

a. 检测与计算、控制发电机电压功能见表13-41。

表13-41 检测与计算、控制发电机电压功能

项目	具体说明
检测与计算	也就是对数据进行检测和计算蓄电池的充电状态和技术状态。发动机工作时，持续检测车辆各种运行状态下的蓄电池电流、电压和温度，并通过数据接口传输给发动机ECU。发动机ECU通过计算蓄电池充电/放电电流，可以准确测定蓄电池的充电状态，还可以通过绘制启动时电流曲线，准确测得蓄电池的技术状态
控制发电机电压	发动机ECU可以根据蓄电池接线柱电压、蓄电池充电/放电电流、蓄电池电解液温度、蓄电池充电状态、蓄电池的技术状态以及发动机转速、冷却液温度、节气门开度、车速等汽车工作状态信号，控制发电机输出的电压，以保持蓄电池处于良好的技术状态

b. 监控休眠电流与唤醒总线端K1.15功能见表13-42。

表13-42 监控休眠电流与唤醒总线端K1.15功能

项目	具体说明
监控休眠电流	当车辆处于驻车状态时，智能型蓄电池传感器每隔40s查询一次测量值，以便节省能量，每次测量时间约50ms。测量值记录在智能型蓄电池传感器内部，并通过蓄电池传感器智能芯片计算蓄电池的充电状态。重新启动车辆时，发动机ECU读取智能型蓄电池传感器休眠状态存储的信息，如果出现休眠电流错误，发动机ECU就会将其转换为故障码的形式存储起来
唤醒总线端K1.15	在发动机ECU进入休眠模式之前，它会把当前蓄电池充电状态发送给智能型蓄电池传感器，智能型蓄电池传感器在发动机ECU休眠时继续监控蓄电池的充电状态。发动机再次启动时，发动机ECU向智能型蓄电池传感器发送唤醒信号，并从智能型蓄电池传感器处查询当前的蓄电池充电状态的数据。如果休眠时蓄电池充电处于临界状态，可能影响启动时，智能型蓄电池传感器就会向发动机ECU发送相关信息，发动机ECU关闭相关的用电器(但法律规定的驻车用电设备不会被关闭)。关闭用电器后，车辆再次进入休眠模式，以减小蓄电池的消耗，保证发动机正常启动

c. 提高怠速转速与降低最大负荷功能见表13-43。

表13-43 提高怠速转速与降低最大负荷功能

项目	具体说明
提高怠速转速	发动机启动后，当规定电压无法满足车辆需求且蓄电池电量不足时，发动机ECU就会通过提高发电机负荷的方式，提高发电机电压和输出电流。若发电机输出还不能满足车辆需求，发动机ECU就会将怠速转速提高到750r/min。提高怠速转速的标准是，发电机满负荷，同时蓄电池充电状态较低
降低最大负荷	虽然已提高怠速转速，但蓄电池电量始终不足，此时通过减小或关闭车内舒适系统和娱乐系统供电，减小车内的最大负荷，如通过控制后窗玻璃加热装置时钟脉冲周期等方法降低功率。降低功率效果不佳时，可关闭相关用电器

④ 智能型蓄电池传感器在车辆上的安装位置见表13-44。

表 13-44 智能型蓄电池传感器在车辆上的安装位置

<table>
<tr><th>项目</th><th colspan="2">具体说明</th></tr>
<tr><td>安装位置示意图</td><td>智能型蓄电池传感器通常安装在蓄电池负极，右图所示为该传感器在车辆上的安装位置示意图</td><td rowspan="2">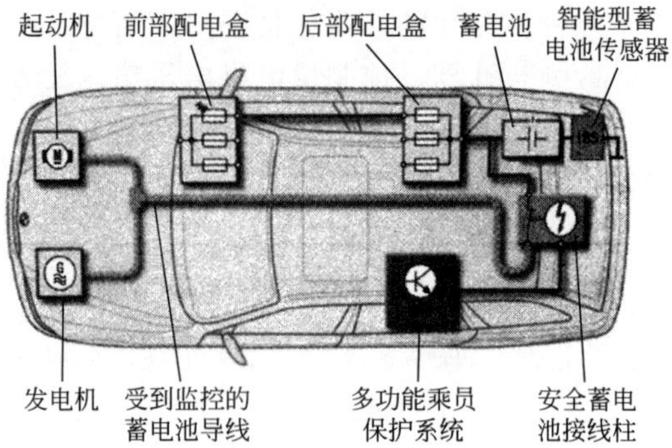
</td></tr>
<tr><td>作用</td><td>智能型蓄电池传感器可以准确地测定蓄电池的充电状态（SOC）和健康状态（及技术状态，SOH）</td></tr>
</table>

⑤ 传感器导线的连接与监控电路见表 13-45。

表 13-45 传感器导线的连接与监控电路

<table>
<tr><th>项目</th><th colspan="2">具体说明</th></tr>
<tr><td>传感器导线的连接</td><td>右图所示为受智能型蓄电池传感器监控时，传感器导线与蓄电池导线的连接方式示意图，主要是监控蓄电池正极到起动机的导线。受监控导线的两端都有传感器导线，传感器导线与监控屏蔽层相连接。传感器导线可以监控蓄电池导线是否对搭铁短路或对正极短路</td><td>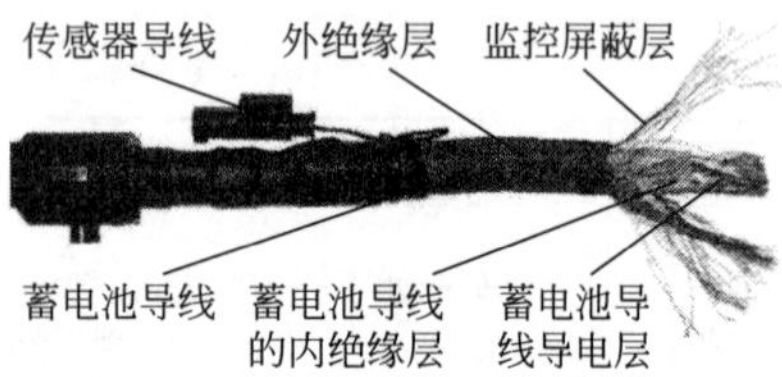
</td></tr>
<tr><td>监控电路</td><td>右图所示为智能型蓄电池传感器监控电路示意图。蓄电池正极端的监控导线连接在右侧蓄电池导线传感器（SBSR）上，起动机的监控导线连接在左侧蓄电池导线传感器（SBSL）上，被动安全系统高级安全电子电路通过这 2 个传感器对蓄电池导线进行监控。启动后，左侧传感器通过传感器导线发出一个数字信号给右侧传感器；同时，右侧传感器也会通过传感器导线发出一个数字信号给左侧传感器，2 个传感器都收到正常的信号后，产生 5V 的电压信号</td><td>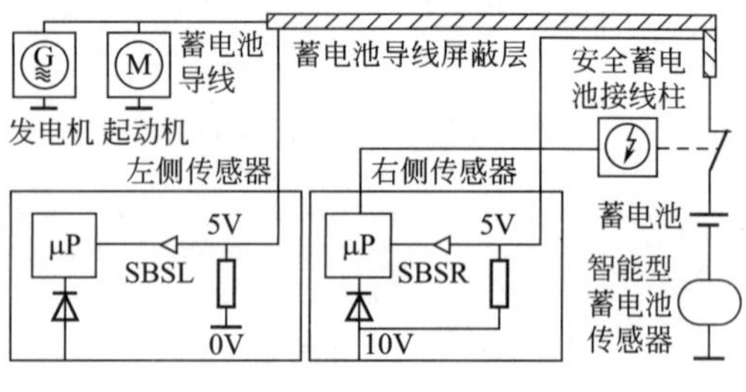
</td></tr>
</table>

(2) 智能型蓄电池传感器的通用检测与维修方法

在对智能型蓄电池传感器进行检测与维修时，通常优先观察由该传感器组成的监控系统是否有报警信号来判断传感器系统的工作情况。

① 系统监测方式、故障特征、检测与维修方法见表 13-46。

表 13-46 系统监测方式、故障特征、检测与维修方法

项目	具体说明
系统监测方式	蓄电池传感器中的被动安全系统高级安全电子电路在监测到蓄电池导线不正常的状态参数时，是通过数据线把信号传输给发动机 ECU 和仪表 ECU 的，并发出报警信号。故可以观察是否有报警信号来确认由智能型蓄电池传感器为核心组成的监控系统的工作是否正常
故障特征	当智能型蓄电池传感器对搭铁短路时，车辆将不会被唤醒。如果智能型蓄电池传感器出现对正极短路，车辆将不能进入休眠模式
检测与维修方法	当蓄电池导线出现问题时，左侧蓄电池导线传感器（SBSL）与右侧蓄电池导线传感器（SBSR）会产生差异明显的检测值，如表 13-47 中所列，故可以依据检测到的电压情况来判断故障的可能原因或部位

表 13-47 蓄电池导线状态检测数据

状态	SBRL 检测值/V	SBRR 检测值/V	状态	SBRL 检测值/V	SBRR 检测值/V
蓄电池导线正常	5	5	传感器导线对搭铁短路	0	0
传感器导线断路	0	10	蓄电池导线对正极短路	12	12

② 智能型蓄电池传感器检测与维修应注意的问题见表 13-48。

表 13-48 智能型蓄电池传感器检测与维修应注意的问题

项目	具体说明
连接方面	更换蓄电池时，必须注意导线、安全蓄电池接线柱和智能型蓄电池传感器之间的正确连接方式，不要随意连接
机械负荷方面	由于智能型蓄电池传感器使用分流式和两端的弹簧元件对电流进行检测，故智能型蓄电池传感器对机械负荷极为敏感，绝对不要往其上面放置重物
故障替代方式	当智能型蓄电池传感器损坏时，会在发动机 ECU 中存储故障码，发动机 ECU 采用替代值并进入智能型蓄电池传感器紧急运行状态。在此状态时，发动机怠速转速会提高，以确保蓄电池充电
软件相互配套	发动机 ECU 与智能型蓄电池传感器软件必须相互配套，如有必要，在更换软件时必须更换智能型蓄电池传感器

(3) 新款宝马 7 系能量管理系统智能型蓄电池传感器 IBS

新款宝马 7 系 F01/F02 能量管理系统功能很多，例如断开供电总线端、断开用电器、调节电气辅助加热器的功率大小、蓄电池充电电压规定值、授权蓄电池放电、提高怠速转速、识别蓄电池状态、车辆编程等。

① 智能型蓄电池传感器 IBS 的外形与内部集成的功能见表 13-49。

表 13-49 智能型蓄电池传感器 IBS 的外形与内部集成的功能

项目	具体说明
外形与功能	右图所示为智能型蓄电池传感器 IBS 外形示意图。这是一种用于监控蓄电池状态的机械电子部件。智能指的是 IBS 具有一个集成式微处理器，该微处理器对有时间要求的测量参数进行计算与评估。智能型蓄电池传感器 IBS 可以记录电流、电压、电极温度等蓄电池物理参数 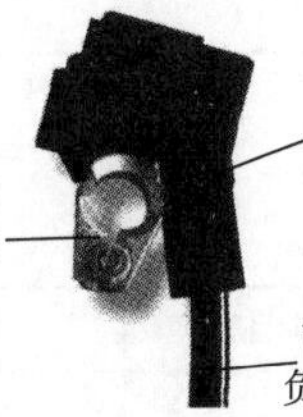
内部集成的功能	智能型蓄电池传感器 IBS 内部集成的功能主要有：持续测量车辆各种运行状态下的蓄电池电流、电压和温度；计算蓄电池指标，作为蓄电池充电和健康状态的基础。蓄电池指标是指车辆蓄电池的充电与放电电流、电压及温度。在计算蓄电池指标的同时还会事先计算出蓄电池充电状态(SOC)；平衡蓄电池充电/放电电流；持续监控蓄电池的充电状态，并在电量不足时传输相关数据；计算发动机启动时的电流特性曲线，以确保蓄电池的正常状态；监控车辆休眠电流；进行故障自诊断

② 车内能量循环回路与智能型蓄电池传感器 IBS 工作方框图见表 13-50。

表 13-50 车内能量循环回路与智能型蓄电池传感器 IBS 工作方框图

项目	具体说明
车内能量循环回路与工作情况方框图	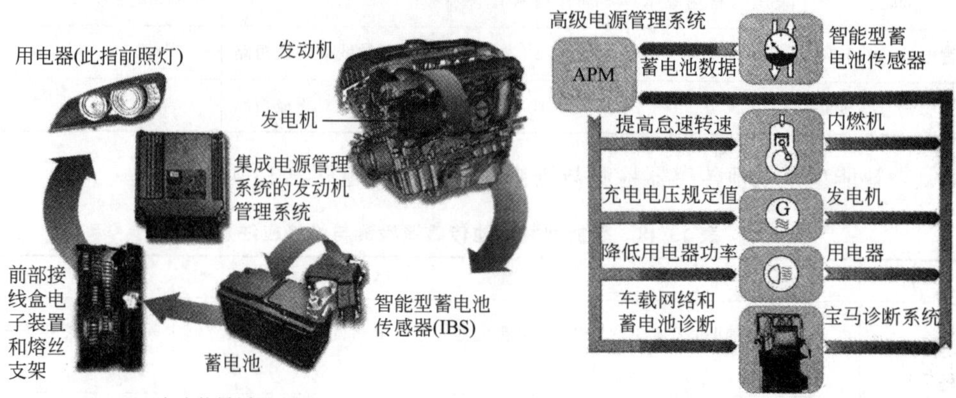 (a) 车内能量循环回路　(b) 工作情况方框图
示意图说明	图(a)所示为由智能型蓄电池传感器 IBS 构成的车内能量循环回路示意图，用于确保车内能量分配均衡。图(b)所示为智能型蓄电池传感器 IBS 构成的 APM(高级电源管理系统)工作情况方框图。该系统包括内燃机、发电机、车辆蓄电池、智能型蓄电池传感器 IBS、接线盒电子装置、发动机管理系统(电源管理系统)、用电器等组件

③ 智能型蓄电池传感器 IBS 的通信方式见表 13-51。

表 13-51 智能型蓄电池传感器 IBS 的通信方式

项目	具体说明	
通信方式	智能型蓄电池传感器 IBS 通过 LIN 总线与发动机控制单元之间进行数据传输以及实现 IBS 的唤醒功能	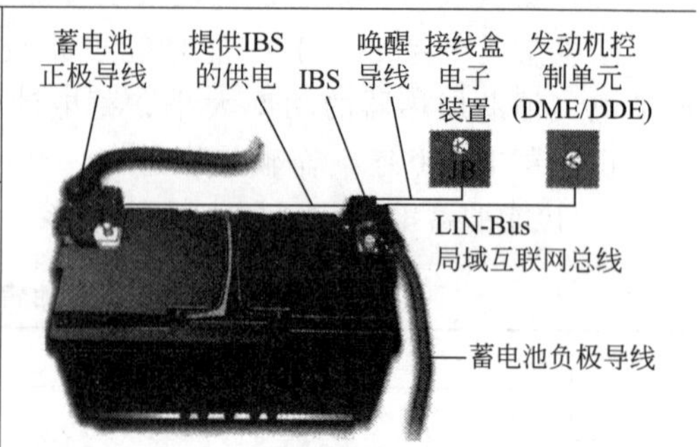
通信方式连接情况示意图	IBS 数据通过 LIN 总线传输给高级控制单元(DME/DDE)。根据需要，IBS 可通过一根单独导线唤醒接线盒电子装置，车载网络内的 IBS 连接情况如右图所示	

④ 智能型蓄电池传感器 IBS 的唤醒功能见表 13-52。

表 13-52 智能型蓄电池传感器 IBS 的唤醒功能

项目	具体说明
唤醒方式与记录休眠电流	车辆处于休眠状态时，IBS 持续记录与蓄电池指标有关的数值。根据编程要求，IBS 每 14s 唤醒一次，以便通过重新测量更新检测值，测量时间持续 50ms。测量值存储在 IBS 的存储器内，以便于记录休眠电流
唤醒功能适用状态	唤醒功能仅适用于车辆处于休眠状态时。如果 IBS 识别到一个唤醒原因，就会通过一个 PWM(脉宽调制)信号唤醒接线盒电子装置。IBS 通过一根导线直接连接在接线盒电子装置上
占空比下的唤醒原因	不同占空比下的唤醒原因：占空比 20%时，启动能力限值 1；占空比 40%时，启动能力限值 2；占空比 60%时，休眠电流提高。因休眠电流提高而唤醒最多可进行 3 次
执行操作情况	接线盒电子装置根据车辆状态和唤醒原因执行下列某项操作：唤醒车辆，从而确保 DME/DDE 可向驻车用电器发出断开请求；总线端 30F 复位(不会唤醒车辆)；总线端 30F 断开(不会唤醒车辆)。在各种情况下都会存储一条故障码在存储器中

⑤ 智能型蓄电池传感器 IBS 的首次使用见表 13-53。

表 13-53 智能型蓄电池传感器 IBS 的首次使用

项目	具体说明
首次使用时的工作情况	IBS 一经安装到蓄电池接线柱上(拧在搭铁点上并插接在信号导线上)就可正常工作,就可以立即获取蓄电池的电流、电压和温度等参数。但由此得到的用于电源管理系统的蓄电池状态、启动能力等参数必须经过重新计算。发动机重新启动后,DME 或 DDE 读取休眠电流特性曲线。如果与规定的休眠电流特性曲线存在差异,就会在 DME 或 DDE 故障码存储器内存储一条记录
其他方面	在发动机“关闭”到 DME 主继电器断开期间,DME 或 DDE 向 IBS 提供用于确保发动机启动的最大充电量信息。DME 主继电器断开后,IBS 就会持续检查蓄电池充电状态(SOC)和休眠电流

⑥ 智能型蓄电池传感器 IBS 的检测与维修见表 13-54。

表 13-54 智能型蓄电池传感器 IBS 的检测与维修

项目	具体说明	
检测与维修思路	由于智能型蓄电池传感器 IBS 具有微处理器控制系统,属于不可分解元件,当其损坏以后,只有更换新件。接线盒电子装置负责控制总线端 30F 继电器并存储能量管理方面的相关信息(历史记录数据和故障码存储器记录)。进行诊断时,可通过这些数据进行故障评估,并分析智能型蓄电池传感器 IBS 的情况	
检测与维修提示	发动机管理系统(电源管理系统)也负责分析和存储 IBS 数据,故也可以根据该部件(发动机管理系统的外形示意图如右图所示)内存储的 IBS 有关数据来判断智能型蓄电池传感器 IBS 的好坏	

(4) 中华骏捷 FSV 型轿车智能蓄电池传感器

智能蓄电池传感器主要应用在中华骏捷 FSV 型轿车启停系统阀控密封式铅酸蓄电池(AGM)上,英文缩写为 EBS,是一种智能蓄电池传感器。

① 智能型蓄电池传感器的外形结构见表 13-55。

表 13-55 智能型蓄电池传感器的外形

项目	具体说明	
外形与功能	右图所示为中华骏捷 FSV 型轿车电池传感器的外形示意图。该传感器的基本功能是探测蓄电池电流、电压与温度,然后由有关电路从这些物理量中计算出电池的实际状态	
电池状态算法	电池状态[包括 SOC(电池荷电状态)和 SOF(电池功能状态)]的计算通过一个特殊的电池状态检测(BSD)算法来实现。蓄电池电流、电压、温度以及 BSD 算法的输出量是通过 LIN 总线通信传输给 ECU 的	

② 智能蓄电池传感器的结构与安装位置见表 13-56。

表 13-56　智能蓄电池传感器的结构与安装位置

项目	具体说明
机械结构与安装位置示意图	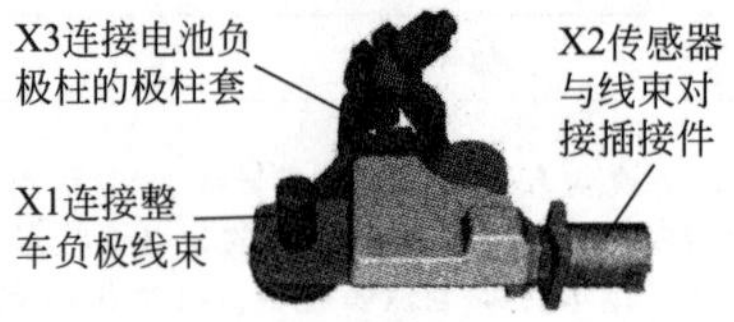 (a) 机械结构  (b) 安装位置
示意图说明	图(a)所示为电池传感器机械结构示意图。电池传感器的机械结构主要分为 3 个部分：连接整车负极线束、传感器与线束对接插接件和连接蓄电池负极柱的极柱套。电池传感器连接在蓄电池负极上，一端通过 X1[如图(a)中所示]连接蓄电池负极线束，另一端通过 X3 连接蓄电池负极柱。电池传感器安装位置如图(b)所示

③ 智能蓄电池传感器的电流信号检测电路见表 13-57。

表 13-57　智能蓄电池传感器的电流信号检测电路

项目	具体说明
电流信号检测电路示意图	右图所示为电池传感器的电流信号检测电路示意图。该电路主要由 EBS 电池传感器与 ASIC 专用集成电路等组成 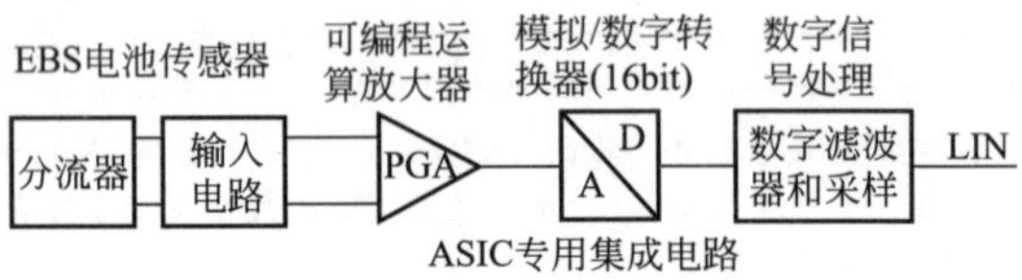
信号处理方式	电池传感器通过分流器对流过蓄电池的电流进行检测，检测后的电流信号接入电池传感器内部 IC(集成电路)后，通过运算放大和 A/D(模拟/数字)转换等信号处理过程转换为数字信号，并通过 LIN 总线传输给 ECU

④ 智能蓄电池传感器的电压与温度信号检测电路见表 13-58。

表 13-58　智能蓄电池传感器的电压与温度信号检测电路

项目	具体说明
电压与温度信号检测电路	右图所示为电池传感器的电压信号和温度信号检测电路示意图。该电路主要由输入电路、T 温度传感器、复用通道、A/D(模拟/数字)转换器、微控制器等组成 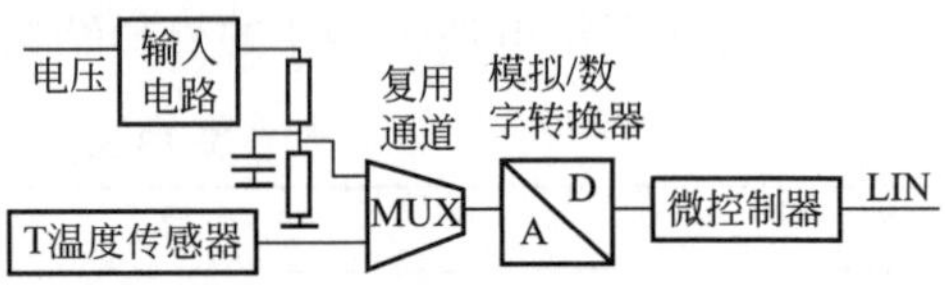
信号处理方式	电压信号检测的是蓄电池正、负极之间的电压；温度信号传感器集成在电池传感器 IC 内部。电压信号和温度信号检测通道共用 1 个 16 位的 A/D 转换器；电压通道和温度通道为多路传输。将电压信号和温度信号转换为数字信号后，通过 LIN 总线传输给 ECU

⑤ 智能蓄电池传感器的电池状态检测算法见表 13-59。

表 13-59　智能蓄电池传感器的电池状态检测算法

项目	具体说明
状态参数的计算与传输	电池传感器除了将直接检测到的蓄电池电流、电压和温度信号通过 LIN 总线传输给 ECU 外，还会通过电池传感器内部的电池状态检测算法，计算出蓄电池的状态参数传输给 ECU
ECU 的保护模式	ECU 通过电池传感器上报的参数能够了解蓄电池的状态，根据蓄电池的具体状态调整启停系统的工作模式，在节能环保的同时起到保护蓄电池的作用

13.4 湿度传感器

湿度传感器主要应用于汽车自动空调系统，实时地对车厢内空气湿度的情况进行检测，以便自动控制空调对车厢内的湿度进行调整。

(1) 湿度传感器的功能与类型

汽车车厢内的相对湿度如果大于 75%，车内空气中的水分就会逐渐凝结，如果前挡风玻璃上凝结雾，就会影响行车安全，故有的汽车空调系统设置了自动除湿功能。表 13-60 列出了湿度传感器的功能与类型。

表 13-60 湿度传感器的功能与类型

项目	具体说明
功能	具有除湿功能的自动空调系统中的湿度传感器一旦检测到车厢内的湿度超过设定值时，就会自动打开空调系统，并根据车内外的温度合理地自动调节空调温度和排风量，以降低车厢内的湿度
类型	应用于车辆上的湿度传感器主要有湿敏电阻式湿度传感器与结露式湿度传感器两大类型

(2) 湿敏电阻式湿度传感器

湿敏电阻式湿度传感器在汽车上通常用于汽车风窗玻璃的防霜、进气部位空气湿度的检测、自动空调系统中对车内湿度进行检测。

① 湿敏电阻式湿度传感器的外形结构与输出特性见表 13-61。

表 13-61 湿敏电阻式湿度传感器的外形结构与输出特性

项目	具体说明
湿敏电阻式湿度传感器的外形结构与输出特性曲线示意图	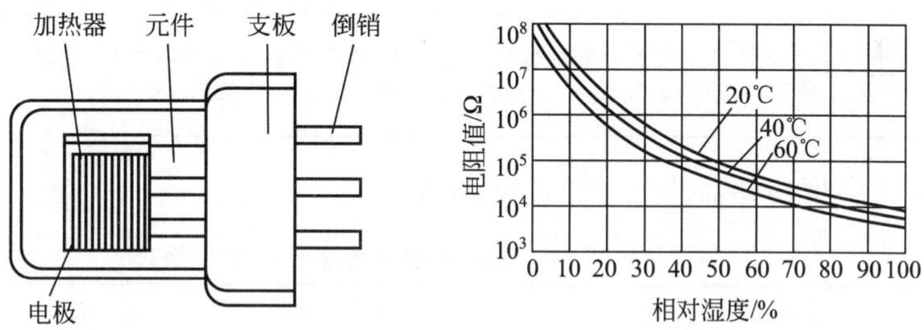 (a) 外形结构 (b) 输出特性曲线
示意图说明	图(a)所示为湿敏电阻式湿度传感器的外形结构示意图，图(b)所示为该传感器的输出特性曲线示意图。该曲线给出了这类传感器在 20℃、40℃、60℃时的相对湿度与热敏电阻值之间的对应关系，供检测传感器好坏时参考

② 湿敏电阻式湿度传感器的图形符合与工作原理见表 13-62。

表 13-62 湿敏电阻式湿度传感器的工作原理

项目	具体说明
图形符号	右图所示为湿敏电阻式湿度传感器在电路图中的图形符号示意图，该传感器在电路中的文字符号通常用字母 R 或 R_S 表示。 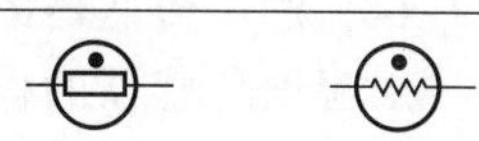 (a) 新图形符号 (b) 旧图形符号

续表

项目	具体说明
工作特性	湿敏电阻式湿度传感器是利用装有金属氧化物系列陶瓷材料制成的多孔烧结体表面对水分的吸附作用来工作的。也就是说，这种烧结体就是传感器的感湿层，该感湿层为微孔型结构，极易吸附空气中的水分子
湿度与电阻特性	当湿敏电阻式湿度传感器的感湿层吸附了水分时，其电阻值就会发生变化，当湿度增加时，传感器的电阻值减少，当相对湿度从0变化到100%时，传感器的电阻值变化数千倍。为了提高检测精度，湿敏电阻式湿度传感器通常都配以温度补偿热敏电阻

(3) 结露式湿度传感器

结露式湿度传感器在车辆上通常用来检测车窗玻璃的结露情况，一旦检测到玻璃结露，就会控制自动空调进行除霜。

① 结露式湿度传感器的结构与输出特性见表13-63。

表13-63 结露式湿度传感器的结构与输出特性

项目	具体说明
结露式湿度传感器的结构与输出特性示意图	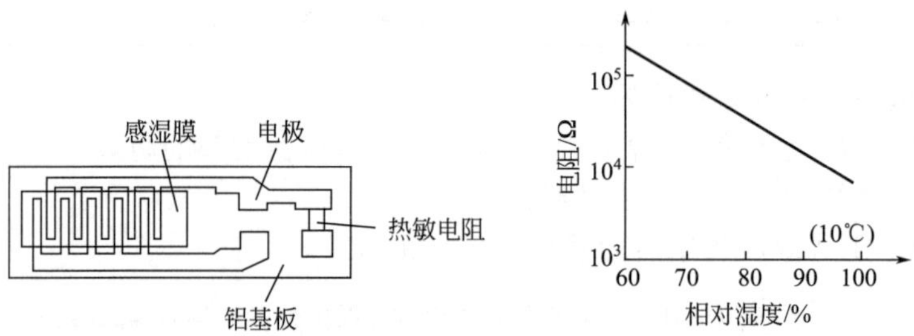(a) 结构　(b) 输出特性
示意图说明	图(a)所示为结露式湿度传感器的结构示意图，该传感器主要由感湿膜片、热敏电阻、铝基板与内部电极等组成，图(b)所示为该传感器的输出特性曲线示意图，供检测波形时参考

② 结露式湿度传感器的工作原理见表13-64。

表13-64 结露式湿度传感器的工作原理

项目		具体说明
制作方式		结露式湿度传感器是在一个陶瓷基板上印制一种高分子半导体电阻材料，然后引出两端的电极后得到的
工作原理	传感器表面干燥	当结露式湿度传感器表面干燥时，半导体电阻材料分子之间的接触电阻较小(通常电极两端的电阻约为1kΩ，该电阻值可作为检测电阻时的参考值)
	传感器表面结露	当结露式湿度传感器表面结露，也就是高分子材料吸收水分后，其内部分子空间迅速膨胀，分子间接触电阻变大，使电极两端的电阻率大大增加。电子控制系统通过传感器的电阻值变化情况，就可以感知或预知是否出现了凝露

(4) 湿度传感器的通用检测与维修方法

对湿度传感器的检测，通常采用检测电阻、检测输出电压来进行，两大类型湿度传感器的检测方法基本相同，以湿敏电阻式湿度传感器为例，具体检测方法如表13-65中所列。

表 13-65 湿度传感器的通用检测与维修方法

项目	具体说明
电阻的检测	采用万用表电阻挡，检测热敏电阻式湿度传感器两端脚之间的电阻值，该电阻值随着湿度的变化应符合所检测传感器类型输出特性曲线的变化规律。也就是说，湿度越大，电阻值越小；反之，则其电阻值越大
输出电压的检测	采用万用表直流电压挡，检测热敏电阻式湿度传感器两端脚之间的输出电压，该电压在不同湿度情况下，应符合规定值，否则应更换新的传感器

(5) 东风悦达起亚远舰轿车自动空调系统湿度传感器

东风悦达起亚远舰轿车自动空调制冷系统使用的冷冻油为 PAG 型，总加入量为 150mL。表 13-66 列出了东风悦达起亚远舰轿车自动空调系统湿度传感器的检测与维修。

表 13-66 东风悦达起亚远舰轿车自动空调系统湿度传感器的检测与维修

项目	具体说明
安装位置	右图所示为东风悦达起亚远舰轿车自动空调系统湿度传感器安装位置示意图。该传感器安装在后窗台装饰板中央，用于检测车内的湿度，自动空调 ECU 检测到该信号后，就会自动控制空调系统的运转和除湿 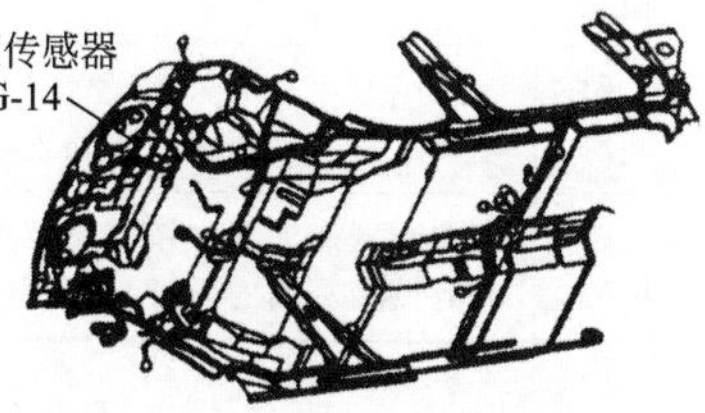
连接电路与引脚功能说明	右图所示为东风悦达起亚远舰轿车自动空调系统湿度传感器与自动空调 ECU 之间的连接方式示意图。该传感器有三个引出脚，引脚 1 为搭铁端；引脚 2 为信号输出端；引脚 3 为供电电压输入端。湿度传感器内部设置有一个运算放大器，湿度敏感元件就串联在该运算放大器的正极端与引脚 3 之间，运算放大器的负极端与引脚 1 相连接，引脚 2 为运算放大器的输出端 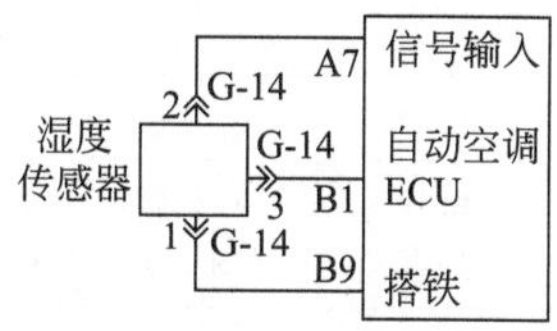
检测与维修	表 13-67 列出了湿度传感器检测的相对湿度与其输出电压之间的关系，判断该传感器的好坏，可以依据该表所列的正常数据进行检测判断。

表 13-67 湿度传感器检测的相对湿度与其输出电压之间的关系

相对湿度/%	30	35	40	45	50	55	60	65	70	75	80	85	90
输出电压/V	3.13	3.07	2.94	2.67	2.35	2.01	1.54	1.29	1.12	1.05	1.01	0.98	0.94

13.5 柴油发动机电控系统的常用传感器

在柴油发动机电控系统中，燃油含水率传感器与正时传感器是两种较常见的专用传感器，前者用于对燃油的含水量进行检测，后者用于检测实际的点火时刻。

(1) 燃油含水率传感器

燃油含水率传感器是利用水的可导电性的原理制成的，用于检测柴油发动机燃油中的含水量。

① 燃油含水率传感器的作用与连接电路见表 13-68。

表 13-68 燃油含水率传感器的作用与连接电路

项目	具体说明
作用	燃油含水率传感器安装在燃油滤清器的底部，用于监测燃油滤清器内水位的高度。一旦燃油滤清器内的水位（由于水的密度大于柴油的密度，故燃油滤清器内的水沉积于下部）达到设计高度时，仪表板内的水位报警灯就会点亮，以提醒驾驶员及时排水
连接电路示意图与引脚功能说明	右图所示为汽车电控柴油机燃油含水率传感器的典型连接方式示意图。该传感器通常有三个引脚，引脚①为受控的蓄电池电压输入端；引脚②为信号输出端，输出的信号提供给柴油机电子控制单元（ECU）；引脚③为搭铁端 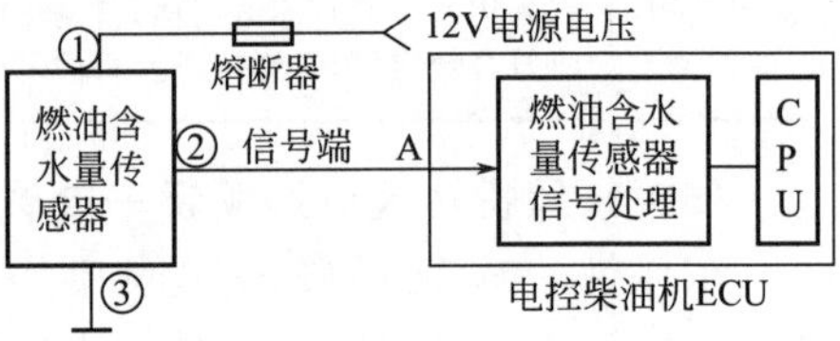

② 燃油含水率传感器线路与搭铁的检测见表 13-69。

表 13-69 燃油含水率传感器线路与搭铁的检测

项目	具体说明
线路检测	采用万用表电阻挡，检测燃油含水率传感器②引脚到电控柴油机 ECU 的 A 端脚之间的电阻值，以检查外连接线路是否有断路或短路现象
搭铁检测	在断开燃油含水率传感器插接件的情况下，采用万用表电阻挡检测燃油含水率传感器线束侧的引脚③与蓄电池负极之间的导通性，正常的电阻值应小于 1Ω

③ 燃油含水率传感器电压与电阻的检测见表 13-70。

表 13-70 燃油含水率传感器电压与电阻的检测

项目	具体说明
电压检测	在拆卸下燃油含水率传感器连接插接件的情况下，接通点火开关，采用万用表直流电压挡，检测传感器线束侧引脚①与搭铁之间的电压是否为 12V
电阻检测	采用万用表电阻挡，检测燃油含水率传感器三个引脚之间的电阻值，各引脚之间的电阻值如表 13-71 中所列，供参考

表 13-71 采用万用表电阻挡检测燃油含水率传感器三个端脚之间的电阻正常参考值

检测的引脚	①与②引脚之间	②与③引脚之间	①与③引脚之间
电阻值/MΩ	∞	约为 4	1.5～2.5

(2) 着火正时传感器

在柴油发动机 ECD-Ⅱ型电控系统中，使用的着火正时传感器是用于检测实际的着火时刻的。

① 着火正时传感器的结构见表 13-72。

表 13-72 着火正时传感器的结构

项目	具体说明
结构示意图	右图所示为 ECD-Ⅱ型电控系统中使用的着火正时传感器结构示意图，主要由光敏三极管、石英棒、信号线、外壳等组成 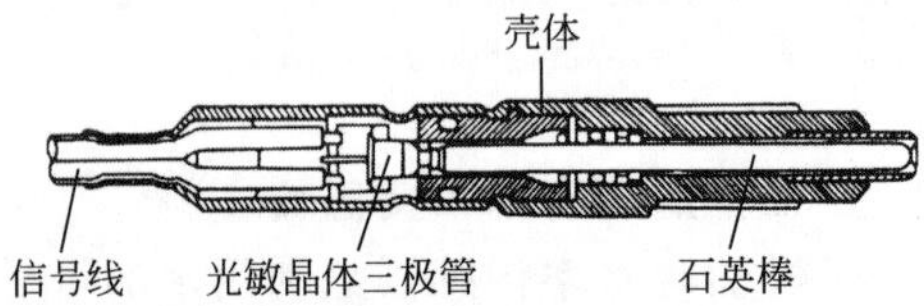
工作情况	燃烧室内燃烧光通过石英棒导入光敏三极管，由光敏三极管将燃烧光转变为电信号后，提供给电子控制单元（ECU）。这样，ECU 就会根据该信号判断出实际的着火时刻，并以此来对喷油提前角进行修正

② 着火正时传感器的特点与原理见表13-73。

表13-73 着火正时传感器的特点与原理

项目	具体说明
减少大气压力对发动机启动性能的影响	柴油机ECD-Ⅱ型电控系统使用了着火正时传感器以后,就可以及时地检测到实际的着火时刻,并对喷油提前角进行修正,由此就可减小因大气压力的变化对发动机启动性能的影响。这主要是由于在其他运行条件相同的情况下,进气压力的变化会造成实际着火时刻的变化,如果此时喷油提前角不进行相应的修正,必然对发动机的性能产生影响
不会受柴油品质的影响	ECD-Ⅱ型电控系统安装了着火正时传感器以后,还会使发动机的性能不受柴油品质的影响。这是由于在相同运行条件下,使用不同十六烷值(下图所示为十六烷值与发动机性能之间的关系曲线)的柴油时,其实际着火时刻是不一样的,通过着火正时传感器对实际着火时刻进行检测,再对喷油提前角进行修正,就可以消除因柴油品质差异对发动机性能的影响
十六烷值与发动机性能之间的关系曲线示意图	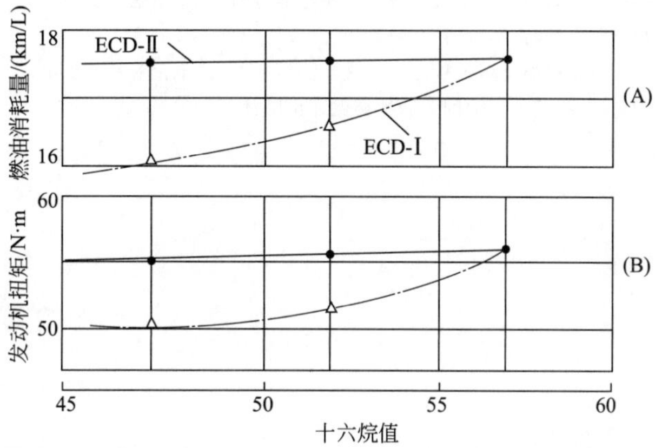
消除发动机性能差别	着火正时传感器还能够消除因喷油泵机械结构的差异与其他因素所引起的发动机性能的差别。这是由于同一类型的喷油泵,各喷油泵之间机械结构或多或少都存在一些差异,故在相同的控制条件下,实际的着火时刻也会有一定的差异,但上述这些差异在安装了着火正时传感器以后,就可以减小因这些差异对发动机性能的影响

参考文献

[1] 张明，张鹏，何乐，夏群生. Mazda6 轿车转向传感器信号的 simulink 识别. 汽车电器，2008(5)：63.
[2] 赵宝平，陈红. TOYOTA 陆地巡洋舰轿车传感器检测. 汽车电器，2014(1)：51.
[3] 王长建. 汽车曲轴位置传感器小议. 汽车电器，2012(6)：73.
[4] 吴文林. 汽车传感器原理与检修. 北京：机械工业出版社，2014.
[5] 徐宗炯，刘风波，王坤东，徐云晖. 本田奥德赛轿车电路. 汽车电器，2004(11)：8.
[6] 罗新闻. 常保利. 天津威驰轿车电控燃油喷射系统故障检修. 汽车电器，2008(1)：44.
[7] 李林. 一学就会的 500 项汽车维修技能. 北京：机械工业出版社，2014.
[8] 赵宝平，宗华. 桑塔纳 2000 AJR 电控发动机传感器与执行器的检测. 汽车电器，2015(7)：19.
[9] 周新勇. 电控柴油机传感器的结构原理及测试. 汽车电器，2008(6)：40.
[10] 陈子明. 韩国斗山大宇 DL08 发动机电控燃油喷射系统. 汽车电器，2007(10)：30.
[11] 刘汉涛. 汽车发动机维修轻松入门 800 问. 北京：机械工业出版社，2016.
[12] 刘国新，王晓华. 丰田智能电子节气门控制系统性能分析. 汽车电器，2013(7)：28.
[13] 张宗荣. 宝马智能蓄电池. 汽车电器，2013(7)：39.
[14] 孙余凯. 新型汽车电子电器元器件检测与修理. 北京：人民邮电出版社，2005.
[15] 徐瑾. 汽车原理与构造. 北京：中国劳动社会保障出版社，2007.